中华人民共和国税法

附 卷

文件清理

国家税务总局 ◎ 编

中国税务出版社

图书在版编目（CIP）数据

中华人民共和国税法. 附卷：文件清理 / 国家税务总局编. -- 北京：中国税务出版社, 2024.8. -- ISBN 978-7-5678-1527-8

Ⅰ. D922.220.9

中国国家版本馆 CIP 数据核字第 2024EF0828 号

版权所有·侵权必究

书　　名：	中华人民共和国税法·附卷：文件清理 ZHONGHUA RENMIN GONGHEGUO SHUIFA·FUJUAN：WENJIAN QINGLI
作　　者：	国家税务总局　编
责任编辑：	陈金艳　孙晓萍　董　淼
责任校对：	姚浩晴
技术设计：	林立志
出版发行：	中国税务出版社
	北京市丰台区广安路 9 号国投财富广场 1 号楼 11 层 邮政编码：100055 网址：https://www.taxation.cn 投稿：https://www.taxation.cn/qt/zztg 发行中心电话：(010)83362083/85/86 传真：(010)83362047/49
经　　销：	各地新华书店
印　　刷：	保定市中画美凯印刷有限公司
规　　格：	787 毫米×1092 毫米　1/16
印　　张：	30.5
字　　数：	723000 字
版　　次：	2024 年 8 月第 1 版　2024 年 8 月第 1 次印刷
书　　号：	ISBN 978-7-5678-1527-8
定　　价：	80.00 元
全套定价：	920.00 元

如有印装错误　本社负责调换

出 版 说 明

习近平总书记对税收工作高度重视,发表了一系列关于税收工作的重要论述,多次强调指出"深化税收制度改革","完善税收制度",为税收改革发展提供了根本遵循。党的二十届三中全会围绕深化财税体制改革,从多方面作出部署。随着税制改革不断深入和税收事业高质量发展,我国税收法治建设不断加强、法治环境不断改善,特别是党的十八大以来,税收在国家治理中的基础性、支柱性、保障性作用日益凸显,党中央、国务院推出一系列重大税收改革,"营改增"、个人所得税改革、进一步深化税收征管改革等各项改革举措相继落地,形成了比较完备的税收法律制度体系,为全面推进依法治税提供了有力保障。

为帮助各级税务机关和税务干部、广大纳税人缴费人及社会各界人士更好地学习税法、使用税法、宣传税法、研究税法,进一步提高税务干部依法治税能力和水平,共促税法遵从,高质量推进中国式现代化税务实践,我们组织编辑了这套《中华人民共和国税法》分卷丛书,汇集了全国人大及其常委会、国务院、财政部、税务总局、海关总署及相关部门发布的现行有效的税收法律、行政法规、规章及规范性文件。

本丛书一套七卷,涵盖增值税、消费税等18个税种,社会保险费和非税收入,税收征管等税收法律制度全部内容。其中:第Ⅰ卷货物和劳务税,包括增值税、消费税、车辆购置税、关税和进出口税收;第Ⅱ卷所得税,包括企业所得税、个人所得税;第Ⅲ卷财产和行为税,包括房产税、城镇土地使用税、城市维护建设税、印花税、资源税、土地增值税、车船税、烟叶税、契税、耕地占用税、环境保护税和船舶吨税；第Ⅳ卷社会保险费和非税收入，包括现行社会保险费和中央级非税收入；第Ⅴ卷综合税收政策，包括涉及多个税种的制度文件，分行业税收政策、区域税收政策、专项税收政策、其他税收政策和涉税相关法律规定；第Ⅵ卷税收征管，包括登记申报、票证管理、税款征收、税务检查、纳税服务等。此外，设附卷文件清理，包括清理过程中发布的修改、失效、废止的文件，鉴于这些文件与现行有效文件具有一定关联性，单独整理汇集成册，以备查阅参考。

　　本丛书各卷收录的每个文件均设三级编码，即卷号－类别(税费种)－顺序号。各税种法律、行政法规及实施细则等综合性文件按照法律级次排列在前，其他文件(或分类文件)按发文时间排序。部分条款失效、废止、修改和政策调整的文件，文末以"注释"方式列明具体条款、依据及相关延续政策；部分篇幅过长的文件附件，以"编者略"的形式对其内容作了删略，删略内容可通过国家税务总局网站"政策法规库"或中国税务出版社网站"税收法规库"检索查找。本丛书所收录文件截止时间为2023年12月31日，具体执行中请关注税收政策的调整变化。

　　由于时间仓促，难免有不足和疏漏之处，诚挚欢迎读者将使用过程中的意见建议反馈给我们(邮箱：fgxxb@163.com)，以便继续修订完善。

国家税务总局
2024年8月

目　录

1　国务院关于取消集市交易税、牲畜交易税、烧油特别税、奖金税、工资调节税和将屠宰税、筵席税下放给地方管理的通知
　　1994年1月23日　国发〔1994〕7号 ………………………………（1）
2　财政部关于公布废止和失效的财政规章和规范性文件目录（第七批）的通知（节录）
　　1999年7月19日　财法字〔1999〕57号 ……………………………（1）
3　国务院关于废止2000年底以前发布的部分行政法规的决定（节录）
　　2001年10月6日　中华人民共和国国务院令第319号 ……………（5）
4　财政部关于公布废止和失效的财政规章和规范性文件目录（第八批）的决定（节录）
　　2003年1月30日　财政部令第16号 …………………………………（8）
5　财政部关于公布废止和失效的财政规章和规范性文件目录（第九批）的决定（节录）
　　2006年3月30日　财政部令第34号 …………………………………（15）
6　国家税务总局关于发布已失效或废止的税收规范性文件目录的通知
　　2006年4月30日　国税发〔2006〕62号 ……………………………（20）
7　商务部　发展改革委　财政部　人民银行　国家税务总局联合发布关于废止有关文件的通知
　　2007年6月21日　商财发〔2007〕228号 ……………………………（42）
8　国务院关于废止部分行政法规的决定（节录）
　　2008年1月15日　中华人民共和国国务院令第516号 ……………（42）
9　国家税务总局关于发布已失效或废止的税收规范性文件目录（第二批）的通知
　　2008年1月17日　国税发〔2008〕8号 ………………………………（44）
10　财政部关于公布废止和失效的财政规章和规范性文件目录（第十批）的决定（节录）
　　2008年1月31日　财政部令第48号 …………………………………（46）
11　国家税务总局关于发布已失效或废止有关增值税规范性文件清单的通知
　　2009年2月2日　国税发〔2009〕7号 ………………………………（61）

12 财政部　国家税务总局关于公布废止和失效的消费税规范性文件目录
   的通知
   2009年2月25日　财税〔2009〕18号 ……………………………………（65）
13 财政部　国家税务总局关于公布若干废止和失效的增值税规范性文件
   目录的通知
   2009年2月26日　财税〔2009〕17号 ……………………………………（69）
14 国家税务总局关于公布废止的营业税规范性文件目录的通知
   2009年3月4日　国税发〔2009〕29号 …………………………………（71）
15 国家税务总局关于发布已失效或废止有关消费税规范性文件的通知
   2009年3月18日　国税发〔2009〕45号 …………………………………（74）
16 财政部　国家税务总局关于公布若干废止和失效的营业税规范性文件
   的通知
   2009年5月18日　财税〔2009〕61号 ……………………………………（75）
17 国家税务总局关于发布废止有关核定卷烟消费税计税价格文件清单的
   通知
   2009年7月17日　国税函〔2009〕385号 ………………………………（77）
18 财政部　国家税务总局关于发布部分到期停止执行税收规范性文件的
   通知
   2009年12月7日　财税〔2009〕138号 …………………………………（90）
19 税务部门现行有效　失效　废止规章目录
   2010年11月29日　国家税务总局令第23号 ……………………………（92）
20 国家税务总局关于公布现行有效的税收规范性文件目录的公告
   2010年12月13日　国家税务总局公告2010年第26号 …………………（95）
21 国家税务总局关于公布全文失效废止　部分条款失效废止的税收规范
   性文件目录的公告
   2011年1月4日　国家税务总局公告2011年第2号 ……………………（173）
22 国务院关于废止和修改部分行政法规的决定
   2011年1月8日　中华人民共和国国务院令第588号 …………………（215）
23 财政部现行有效规章目录
   2011年2月21日　财政部公告2011年第10号 …………………………（224）
24 财政部关于公布废止和失效的财政规章和规范性文件目录（第十一批）
   的决定（节录）
   2011年2月21日　财政部令第62号 ……………………………………（230）
25 国务院关于修改和废止部分行政法规的决定
   2012年11月9日　中华人民共和国国务院令第628号 …………………（256）
26 国务院关于废止和修改部分行政法规的决定
   2013年7月18日　中华人民共和国国务院令第638号 …………………（258）

27	国务院关于修改部分行政法规的决定	
	2013年12月7日 中华人民共和国国务院令第645号	(262)
28	国务院关于清理规范税收等优惠政策的通知	
	2014年11月27日 国发〔2014〕62号	(264)
29	财政部关于贯彻落实国务院清理规范税收等优惠政策决策部署若干事项的通知	
	2014年12月22日 财预〔2014〕415号	(267)
30	国务院关于税收等优惠政策相关事项的通知	
	2015年5月10日 国发〔2015〕25号	(269)
31	国务院关于修改部分行政法规的决定(节录)	
	2016年2月6日 中华人民共和国国务院令第666号	(270)
32	国家税务总局关于公布全文失效废止和部分条款废止的税收规范性文件目录的公告	
	2016年5月29日 国家税务总局公告2016年第34号	(271)
33	国家税务总局关于公布全文废止和部分条款废止的税务部门规章目录的决定	
	2016年5月29日 国家税务总局令第40号	(277)
34	财政部关于公布废止和失效的财政规章和规范性文件目录(第十二批)的决定(节录)	
	2016年8月18日 财政部令第83号	(278)
35	国家税务总局关于公布一批全文废止和部分条款废止的税收规范性文件目录的公告	
	2017年1月22日 国家税务总局公告2017年第1号	(298)
36	国家税务总局关于公布失效废止的税务部门规章和税收规范性文件目录的决定	
	2017年12月29日 国家税务总局令第42号	(299)
37	国家税务总局关于修改部分税收规范性文件的公告	
	2018年6月15日 国家税务总局公告2018年第31号	(303)
38	国家税务总局关于公布全文失效废止和部分条款失效废止的税收规范性文件目录的公告	
	2018年6月15日 国家税务总局公告2018年第33号	(417)
39	国家税务总局关于修改部分税务部门规章的决定	
	2018年6月15日 国家税务总局令第44号	(420)
40	国家税务总局关于修改《纳税人存款账户账号报告表》式样的公告	
	2018年6月26日 国家税务总局公告2018年第35号	(425)
41	国家税务总局关于修订个体工商户定额信息采集相关文书的公告	
	2018年6月26日 国家税务总局公告2018年第36号	(425)

42	国家税务总局关于公布一批全文废止的税收规范性文件目录的公告	
	2018年9月29日　国家税务总局公告2018年第47号	(426)
43	国家税务总局关于废止和修改部分税收规范性文件的公告	
	2018年12月29日　国家税务总局公告2018年第67号	(427)
44	国家税务总局关于公布取消一批税务证明事项以及废止和修改部分规章规范性文件的决定	
	2019年7月24日　国家税务总局令第48号	(429)
45	财政部公告2020年第7号（节录）	
	2020年1月23日　财政部公告2020年第7号	(436)
46	财政部关于公布废止和失效的财政规章和规范性文件目录（第十三批）的决定（节录）	
	2020年1月23日　财政部令第103号	(438)
47	国家税务总局关于公布一批全文失效废止的税务规范性文件目录的公告	
	2020年4月15日　国家税务总局公告2020年第8号	(449)
48	国家税务总局关于公布全文和部分条款失效废止的税务规范性文件目录的公告	
	2021年7月9日　国家税务总局公告2021年第22号	(451)
49	国家税务总局关于修订部分税务执法文书的公告	
	2021年7月16日　国家税务总局公告2021年第23号	(454)
50	国家税务总局关于公布全文和部分条款失效废止的税务规范性文件目录的公告	
	2022年11月27日　国家税务总局公告2022年第24号	(455)
51	国家税务总局关于公布全文和部分条款失效废止的税务规范性文件目录的公告	
	2023年5月26日　国家税务总局公告2023年第8号	(457)
52	国家税务总局关于公布废止的税务部门规章目录的决定	
	2023年6月1日　国家税务总局令第55号	(461)
53	国家税务总局关于公布部分失效废止的规范性文件目录的公告	
	2023年6月16日　国家税务总局公告2023年第10号	(462)
54	财政部关于公布废止和失效的财政规章和规范性文件目录（第十四批）的决定（节录）	
	2024年1月20日　财政部令第114号	(467)

国务院关于取消集市交易税、牲畜交易税、烧油特别税、奖金税、工资调节税和将屠宰税、筵席税下放给地方管理的通知

1994年1月23日　国发〔1994〕7号

为了简化和规范税制,推进分税制改革,现就有关问题通知如下:

一、国务院决定取消集市交易税、牲畜交易税、烧油特别税、奖金税和工资调节税,废止下列税收法规:

(一)《集市交易税试行规定》(1962年4月16日国务院批准、财政部发布);

(二)《牲畜交易税暂行条例》(1982年12月13日国务院发布);

(三)《关于征收烧油特别税的试行规定》(1982年4月22日国务院批转);

(四)《国营企业奖金税暂行规定》(1984年6月28日国务院发布、1985年7月3日国务院修订发布);

(五)《国营企业工资调节税暂行规定》(1985年7月3日国务院发布);

(六)《集体企业奖金税暂行规定》(1985年8月24日国务院发布);

(七)《事业单位奖金税暂行规定》(1985年9月20日国务院发布)。

二、下放屠宰税和筵席税的管理权

屠宰税和筵席税下放地方管理后,各省、自治区、直辖市人民政府可以根据本地区经济发展的实际情况,自行决定继续征收或者停止征收。继续征收的地区,省、自治区、直辖市人民政府可以根据《屠宰税暂行条例》和《中华人民共和国筵席税暂行条例》的规定,制定具体征收办法,并报国务院备案。

三、本通知自1994年1月1日起执行。

财政部关于公布废止和失效的财政规章和规范性文件目录(第七批)的通知(节录)

1999年7月19日　财法字〔1999〕57号

各省、自治区、直辖市和计划单列市财政厅(局)、国家税务局、地方税务局、国有资产管理局(办),财政部驻各省、自治区、直辖市和计划单列市财政监察专员办事处,新疆生产建设兵

团财务局：

为了适应深化财税改革、加强财政管理、依法理财、依法行政的需要，我部在1986年、1988年、1989年、1991年、1993年和1997年六次清理的基础上，对建国以来至1998年12月发布的现行财政规章和规范性文件（以下简称财政规章）进行了一次全面的清理，并逐一作出了鉴定。其中，已被有关法规、规章代替，应予废止或者已明令废止的财政规章125件；因规章的调整对象消失或者规章本身的适应期已过，自行失效的财政规章123件。现将这两部分共248件财政规章的目录予以公布，停止执行。请转知所属各单位及各有关部门。

附件：1. 废止的财政规章和规范性文件目录
　　　2. 失效的财政规章和规范性文件目录

附件1

废止的财政规章和规范性文件目录

············

（三）税收类

25. 关于对外商投资企业、外国公司、企业书立、领受应税凭证征、免印花税的通知（1989年4月15日财政部发出）

26. 关于加强契税工作的通知［1990年3月9日财政部（90）财农税字第8号发出］

27. 关于个人购买商品房照章征收契税的复函［1990年9月4日财政部（90）财农税字第65号发出］

28. 关于集资建商品房照征契税的复函［1990年11月7日财政部（90）财农税字第83号发出］

29. 关于对外国企业、外国人及华侨、港、澳、台同胞征收契税的通知［1991年1月23日财政部（91）财农税字第5号发出］

30. 关于对外国企业、外国人及华侨、港、澳、台同胞征收契税有关问题的复函［1991年4月3日财政部（91）财农税字第14号发出］

31. 关于以房抵债征收契税的复函［1991年6月20日财政部（91）财农税字第37号发出］

32. 关于以房产作投资、作股转让契税问题的复函［1991年6月20日财政部（91）财农税字第3号发出］

33. 关于对华侨、港、澳、台同胞投资企业购买房产征收契税的复函［1991年8月15日财政部（91）财农税字第44号发出］

34. 关于单位集资建房征收契税问题的复函［1992年1月9日财政部（92）财农税字第1号发出］

35. 关于支持住房制度改革做好契税工作的通知［1992年7月8日财政部（92）财农税字第32号发出］

36. 关于"集资"建房契税问题的批复［1992年8月1日财政部（92）财农税字第41号

发出]

37. 关于购买商品房征收契税的复函[1992年8月3日财政部(92)财农税字第42号发出]

38. 关于"集资"建房契税问题的复函[1992年10月24日财政部(92)财农税字第55号发出]

39. 关于房屋买卖中划分房价地价契税征收问题的批复[1993年6月16日财政部(93)财农税字第36号发出]

40. 关于在港澳地区销售广东境内房屋契税征收问题的答复函[1993年6月16日财政部(93)财农税政字第37号发出]

41. 关于对外商投资企业、外国公司、企业书立、领受应税凭证征、免印关于对未建成房屋产权转让征收契税问题的复函[1994年1月22日财政部(94)财农税字第2号发出]

42. 关于股票转让所得暂不征收个人所得税的通知[1994年6月20日财政部、国家税务总局(94)财税字第40号发出]

43. 对拆船业进口废船征收进口环节增值税有关问题的通知[1994年11月2日财政部、国家税务总局、海关总署(94)财税政字第159号发出]

44. 关于缓征、减征猪、牛、羊皮农业特产税问题的通知[1994年12月30日财政部(94)财税政字第195号发出]

45. 关于林业税收问题的通知(1995年4月10日财政部、国家税务总局财税字〔1995〕3号发出)

46. 关于钾肥产品增值税问题的通知(1995年10月12日财政部、国家税务总局财税字〔1995〕92号发出)

47. 关于股票转让所得1996年暂不征收个人所得税的通知(1996年2月9日财政部、国家税务总局财税字〔1996〕12号发出)

48. 关于对监狱、劳教企业征免企业所得税问题的通知(1996年5月8日财政部、国家税务总局财税字〔1996〕46号发出)

49. 关于国有粮食企业征免增值税问题的通知(1996年5月21日财政部、国家税务总局财税字〔1996〕49号发出)

50. 关于对监狱、劳教企业继续免征城镇土地使用税、固定资产投资方向调节税的通知(1996年7月17日财政部、国家税务总局财税字〔1996〕64号发出)

51. 关于农业部直属远洋渔业企业免交1994、1995年度企业所得税的通知(1996年12月12日财政部、国家税务总局财税字〔1996〕65号发出)

52. 关于模具产品增值税征先征后返的通知(1997年10月8日财政部、国家税务总局财税字〔1997〕115号发出)

53. 关于提高纺织原料及制品出口退税率的通知(1998年2月12日财政部、国家税务总局财税字〔1998〕27号发出)

…………

附件2

失效的财政规章和规范性文件目录

············

（三）税收类

14. 关于做好1993年农业税征收粮食实物工作的通知［1993年9月29日财政部（93）财农税字第54号发出］

15. 关于电力建设基金实行统一税制后有关问题的通知［1994年3月31日财政部、国家税务总局（94）财税字第7号发出］

16. 关于三峡工程建设基金实行统一税制后有关问题的通知［1994年3月31日财政部、国家税务总局（94）财税字第8号发出］

17. 关于甲类卷烟暂时给予减征消费税照顾的通知［1994年6月27日财政部、国家税务总局（94）财税字第38号发出］

18. 关于中国石化总公司所属生产企业供应平价柴油财政返还的价差征收增值税等的通知［1994年6月28日财政部、国家税务总局（94）财税字第37号发出］

19. 关于对废旧物资回收经营企业增值税先征后返的通知（1995年5月4日财政部、国家税务总局财税字〔1995〕24号发出）

20. 关于对摩托车胎暂减征消费税的通知（1996年2月9日财政部、国家税务总局财税字〔1996〕10号发出）

21. 关于停止若干增值税优惠政策问题的通知（1996年2月26日财政部、国家税务总局财税字〔1996〕15号发出）

22. 关于铸锻件产品增值税先征后返的通知（1996年2月26日财政部、国家税务总局财税字〔1996〕16号发出）

23. 关于对若干农业生产资料征免增值税问题的通知（1996年2月16日财政部、国家税务总局财税字〔1996〕18号发出）

24. 关于继续对废旧物资回收经营企业等实行增值税优惠政策的通知（1996年2月26日财政部、国家税务总局财税字〔1996〕21号发出）

25. 关于生产避孕套用胶乳进口增值税政策问题的通知（1997年12月25日财政部、国家税务总局财税字〔1997〕189号发出）

26. 关于化工部配额内进口避孕套生产用胶乳进口环节增值税问题的通知（1997年12月25日财政部、国家税务总局财税字〔1997〕190号发出）

27. 关于1998年进口部分品种粮食免征进口环节增值税的通知（1997年12月31日财政部、国家税务总局财税字〔1997〕195号发出）

28. 关于1998年进口化肥农药进口增值税征免问题的通知（1998年1月6日财政部、国家税务总局财税字〔1997〕194号发出）

29. 关于下达1998年度免税进口种子（苗）种畜（禽）鱼种（苗）和非盈利性种用野生动植物种源计划的通知（1998年6月17日财政部、国家税务总局财税字〔1998〕105号发出）

30. 关于1998年进口农药原料及中间体等农资进口环节增值税政策的通知(1998年9月4日财政部、国家税务总局财税字〔1998〕132号发出)

……

国务院关于废止2000年底以前发布的部分行政法规的决定(节录)

2001年10月6日　中华人民共和国国务院令第319号

现将《国务院关于废止2000年底以前发布的部分行政法规的决定》予以公布。

总理　朱镕基
2001年10月6日

国务院关于废止2000年底以前发布的部分行政法规的决定

自1994年对建国以来至1993年底国务院(含政务院)发布或者批准发布的行政法规进行全面清理以来,客观情况又发生了很大变化。为了适应改革开放和建立健全社会主义市场经济体制及我国加入世界贸易组织新形势的需要,国务院对截至2000年底现行行政法规共756件进行了全面的清理。经过清理,国务院决定:

一、对主要内容与新的法律或者已经修改的法律、党和国家新的方针政策或者已经调整的方针政策不相适应的,以及已被新的法律或者行政法规所代替的71件行政法规,予以废止(目录见附件一)。

二、对适用期已过或者调整对象已经消失,实际上已经失效的80件行政法规,宣布失效(目录见附件二)。

三、对1994年至2000年底公布的法律、行政法规已经明令废止的70件行政法规,统一公布(目录见附件三)。

附件一　国务院决定废止的行政法规目录(71件)
附件二　国务院决定宣布失效的行政法规目录(80件)
附件三　1994年至2000年底公布的法律、行政法规中已明令废止的行政法规目录(70件)

附件一

国务院决定废止的行政法规目录(71 件)

序号	法规名称	发布机关及日期	说明
		…………	
33	国营企业第二步利改税试行办法	财政部制定 1984 年 9 月 18 日国务院批转	已被1993年12月13日国务院发布的《中华人民共和国企业所得税暂行条例》、《中华人民共和国增值税暂行条例》、《中华人民共和国营业税暂行条例》、《中华人民共和国消费税暂行条例》、1993年12月25日国务院发布的《中华人民共和国资源税暂行条例》代替。
		…………	
35	中华人民共和国国务院关于经济特区和沿海十四个港口城市减征、免征企业所得税和工商统一税的暂行规定	1984 年 11 月 15 日国务院发布	已被1991年4月9日全国人大通过并公布的《中华人民共和国外商投资企业和外国企业所得税法》、1993年12月29日全国人大常委会通过并公布的《全国人民代表大会常务委员会关于外商投资企业和外国企业适用增值税、消费税、营业税等税收暂行条例的决定》、1991年6月30日国务院发布的《中华人民共和国外商投资企业和外国企业所得税法实施细则》、1997年2月19日《国务院关于调整金融保险业税收政策有关问题的通知》代替。
		…………	
64	关于加强部分轻工产品管理的规定	1988 年 4 月 11 日国务院批准 1988 年 4 月 29 日轻工业部发布	主要内容与1988年12月29日全国人大常委会通过并公布的《中华人民共和国标准化法》、2000年7月8日全国人大常委会修订并公布的《中华人民共和国产品质量法》、1993年12月13日国务院发布的《中华人民共和国增值税暂行条例》等不相适应。
65	关于征收私营企业投资者个人收入调节税的规定	1988 年 6 月 25 日中华人民共和国国务院令第 6 号发布	已被1999年8月30日全国人大常委会修订并公布的《中华人民共和国个人所得税法》代替。
66	中华人民共和国技术合同法实施条例	1989 年 2 月 15 日国务院批准 1989 年 3 月 15 日国家科学技术委员会令第 4 号发布	已被1999年3月15日全国人大通过并公布的《中华人民共和国合同法》代替。
67	关于上海浦东新区鼓励外商投资减征、免征企业所得税和工商统一税的规定	1990 年 9 月 7 日国务院批准 1990 年 9 月 11 日财政部发布	已被1991年4月9日全国人大通过并公布的《中华人民共和国外商投资企业和外国企业所得税法》、1993年12月29日全国人大常委会通过并公布的《全国人民代表大会常务委员会关于外商投资企业和外国企业适用增值税、消费税、营业税等税收暂行条例的决定》、1991年6月30日国务院发布的《中华人民共和国外商投资企业和外国企业所得税法实施细则》、1997年2月19日《国务院关于调整金融保险业税收政策有关问题的通知》代替。
		…………	
70	国务院关于修改《国营企业实行劳动合同制暂行规定》第二条第二十六条的决定	1992 年 5 月 18 日中华人民共和国国务院令第 99 号发布	已被1994年7月5日全国人大常委会通过并公布的《中华人民共和国劳动法》、1999年1月22日国务院发布的《失业保险条例》、1997年7月16日《国务院关于建立统一的企业职工基本养老保险制度的决定》代替。
		…………	

附件二

国务院决定宣布失效的行政法规目录（80 件）

序号	法规名称	发布机关及日期	说明
…………			
16	关于开征国营工业企业固定资产税的暂行规定	1979 年 7 月 13 日国务院发布	调整对象已消失,实际上已经失效。
…………			

附件三

1994 年至 2000 年底公布的法律、行政法规中已明令废止的行政法规目录（70 件）

一、法律中已明令废止的行政法规目录（8 件）
…………

二、行政法规中已明令废止的行政法规目录（62 件）

序号	法规名称	发布机关及日期	废止年度	说明
…………				
2	集市交易税试行规定	1962 年 4 月 16 日国务院批准财政部发布		被 1994 年 1 月 23 日《国务院关于取消集市交易税牲畜交易税烧油特别税奖金税工资调节税和将屠宰税筵席税下放给地方管理的通知》明令废止。
…………				
5	关于征收烧油特别税的试行规定	1982 年 4 月 22 日国务院批转		被 1994 年 1 月 23 日《国务院关于取消集市交易税牲畜交易税烧油特别税奖金税工资调节税和将屠宰税筵席税下放给地方管理的通知》明令废止。
6	牲畜交易税暂行条例	1982 年 12 月 13 日国务院发布		被 1994 年 1 月 23 日《国务院关于取消集市交易税牲畜交易税烧油特别税奖金税工资调节税和将屠宰税筵席税下放给地方管理的通知》明令废止。
…………				
8	国务院关于对农林特产收入征收农业税的若干规定	1983 年 11 月 12 日国务院发布		被 1994 年 1 月 30 日中华人民共和国国务院令第 143 号发布的《国务院关于对农业特产收入征收农业税的规定》明令废止。
…………				
10	国营企业奖金税暂行规定	1984 年 6 月 28 日国务院发布 1985 年 7 月 3 日国务院修订发布		被 1994 年 1 月 23 日《国务院关于取消集市交易税牲畜交易税烧油特别税奖金税工资调节税和将屠宰税筵席税下放给地方管理的通知》明令废止。

续表

序号	法规名称	发布机关及日期	废止年度	说明
11	国营企业工资调节税暂行规定	1985年7月3日国务院发布		被1994年1月23日《国务院关于取消集市交易税牲畜交易税烧油特别税奖金税工资调节税和将屠宰税筵席税下放给地方管理的通知》明令废止。
12	集体企业奖金税暂行规定	1985年8月24日国务院发布		被1994年1月23日《国务院关于取消集市交易税牲畜交易税烧油特别税奖金税工资调节税和将屠宰税筵席税下放给地方管理的通知》明令废止。
13	事业单位奖金税暂行规定	1985年9月20日国务院发布		被1994年1月23日《国务院关于取消集市交易税牲畜交易税烧油特别税奖金税工资调节税和将屠宰税筵席税下放给地方管理的通知》明令废止。
…………				
15	中华人民共和国国务院关于对来华工作的外籍人员工资、薪金所得减征个人所得税的暂行规定	1987年8月8日国务院发布		被1994年1月28日中华人民共和国国务院令第142号发布的《中华人民共和国个人所得税法实施条例》明令废止。
…………				
31	契税暂行条例	1950年4月3日中央人民政府政务院发布	1997年（4件）	被1997年4月23日国务院第55次常务会议通过、1997年7月7日中华人民共和国国务院令第224号发布的《中华人民共和国契税暂行条例》明令废止。
…………				
34	中华人民共和国海关对进出上海外高桥保税区货物、运输工具和个人携带物品的管理办法	1990年9月8日国务院批准 1990年9月9日海关总署令第13号发布		被1997年6月10日国务院批准、1997年8月1日海关总署令第65号发布的《保税区海关监管办法》明令废止。
…………				

财政部关于公布废止和失效的财政规章和规范性文件目录(第八批)的决定(节录)

2003年1月30日 财政部令第16号

《财政部关于公布废止和失效的财政规章和规范性文件目录(第八批)的决定》已经部务会议讨论通过,现予以公布。

部长:项怀诚
2003年1月30日

财政部关于公布废止和失效的财政规章和规范性文件目录(第八批)的决定

为了适应依法行政、依法理财和我国加入世贸组织新形势的需要,我部在1986年、1988年、1989年、1991年、1993年、1997年和1999年七次清理的基础上,对新中国成立以来至2001年12月发布的现行财政规章和规范性文件(以下简称财政规章)进行了一次全面清理,并逐一做出了鉴定。经过清理,确定废止和失效的财政规章共904件,其中,已被有关法规、规章代替,应予废止或者已明令废止的财政规章265件;因适用期已过或者调整对象消失,自行失效的财政规章639件。现将这904件财政规章的目录予以公布,停止执行。

一、废止的财政规章和规范性文件目录

··········

(三)税收类

1. 关于小化肥生产企业改产尿素等产品征收增值税问题的通知
   (财政部、国家税务总局财税字〔2000〕69号)
2. 关于解决计算机2000年问题设备免征进口税收的通知
   (财政部、国家税务总局、海关总署、信息产业部财税字〔1999〕287号)
3. 关于调整计税工资扣除限额的通知
   (财政部、国家税务总局财税字〔1996〕43号)
4. 关于白银生产环节免征增值税的通知
   (财政部、国家税务总局财税字〔1995〕13号)
5. 关于停止执行的增值税、消费税归还外汇贷款政策的通知
   [财政部、国家税务总局(94)财税字104号]
6. 关于印发《关于继续对宣传文化单位实行财税优惠政策的规定》的通知
   [财政部、国家税务总局(94)财税字89号]
7. 关于中国农业发展银行征收营业税、企业所得税有关政策的通知
   [财政部、国家税务总局(94)财税字77号]
8. 关于人民银行配售白银征税问题的通知
   [财政部、国家税务总局、中国人民银行(94)财税字52号]
9. 关于独立矿山铁矿石资源税减按规定税额60%征收的通知
   [财政部、国家税务总局(94)财税字41号]
10. 关于人民银行配售黄金征税问题的通知
    [财政部、国家税务总局、中国人民银行(94)财税字18号]
11. 关于广东省农业税、农林特产税征收问题的函
    [财政部(91)财农税字第11号]
12. 关于开采海洋石油评价性试生产收入征税问题的规定
    [财政部(86)财税字第311号]
13. 关于对外国企业常驻代表机构降低核定利润率征税问题的通知

[财政部(86)财税字第290号]

14. 关于改进屠宰税征税办法的若干规定

[财政部(85)财税字第246号]

……

（十）社会保障类

1. 关于印发《企业职工基本养老保险基金实行收支两条线管理暂行规定》的通知

（财政部、劳动部、中国人民银行、国家税务总局财社字〔1998〕6号）

2. 关于印发《中央财政拨付〈全国计划〉内中直企业下岗职工补助资金操作办法》的通知

（财政部财工字〔1998〕113号）

3. 关于颁布《企业职工养老保险基金财务制度》、《企业职工失业保险基金财务制度》、《社会保险经办机构财务管理办法》的通知

（财政部财社字〔1996〕175号）

4. 关于发布《职工医疗保险基金财务制度》的通知

（财政部财社字〔1996〕172号）

5. 关于企业职工基本养老保险基金和企业职工失业保险基金纳入财政专户管理有关具体事项的通知

（财政部财综字〔1996〕112号）

……

二、失效的财政规章和规范性文件目录

……

（三）税收类

1. 关于免征美国眼科复明协会援助甘肃省眼疾患者医疗物资进口税收的通知

（财政部、国家税务总局财税字〔2000〕89号）

2. 关于2000年中国石油化工集团总公司勘探开发海洋和陆上特定地区石油（天然气）项目认定的通知

（财政部、国家税务总局财税字〔2000〕76号）

3. 关于2000年中国石油天然气集团公司勘探开发海洋和陆上特定地区石油（天然气）项目认定的通知

（财政部、国家税务总局财税字〔2000〕72号）

4. 关于2000年中国海洋石油总公司勘探开发海洋和陆上特定地区石油（天然气）项目认定的通知

（财政部、国家税务总局财税字〔2000〕61号）

5. 关于数控机床产品增值税先征后返问题的通知

（财政部、国家税务总局财税字〔2000〕47号）

6. 关于做好地方清理自行制定税收先征后返政策统计工作的通知

（财政部、国家税务总局财税字〔2000〕46号）

7. 关于国家林业局2000年度种子（苗）免税进口计划的通知

(财政部、国家税务总局财税字〔2000〕42号)
8. 关于国家濒管办2000年度种用野生动植物免税进口计划的通知
   (财政部、国家税务总局财税字〔2000〕41号)
9. 关于农业部2000年度种子(苗)种畜(禽)种鱼(苗)免税进口计划的通知
   (财政部、国家税务总局财税字〔2000〕40号)
10. 关于2000年度享受废船进口环节增值税先征后返政策的拆船企业名单的通知
    (财政部财税字〔2000〕16号)
11. 关于买卖证券投资基金单位印花税问题的复函
    (财政部、国家税务总局财税字〔2000〕8号)
12. 关于土地增值税优惠政策延期的通知
    (财政部、国家税务总局财税字〔1999〕293号)
13. 关于1999年中国出版对外贸易总公司进口图书资料免征进口环节增值税的通知
    (财政部、国家税务总局财税字〔1999〕247号)
14. 关于1999年中国经济图书进出口公司进口图书资料免征进口环节增值税的通知
    (财政部、国家税务总局财税字〔1999〕246号)
15. 关于1999年度享受废船进口环节增值税先征后返政策的拆船企业名单的通知
    (财政部财税字〔1999〕234号)
16. 关于1999年中国石油化工集团公司勘探开发海洋和陆上特定地区石油(天然气)项目认定的补充通知
    (财政部、国家税务总局财税字〔1999〕206号)
17. 关于1999年中国石油化工集团公司勘探开发海洋和陆上特定地区石油(天然气)项目认定的通知
    (财政部、国家税务总局财税字〔1999〕65号)
18. 关于1999年中国新星石油公司勘探开发海洋和陆上特定地区石油(天然气)项目认定的通知
    (财政部、国家税务总局财税字〔1999〕64号)
19. 关于1999年中国石油天然气集团公司勘探开发海洋和陆上特定地区石油(天然气)项目认定的通知
    (财政部、国家税务总局财税字〔1999〕63号)
20. 关于1999年中国海洋石油总公司勘探开发海洋和陆上特定地区石油(天然气)项目认定的通知
    (财政部、国家税务总局财税字〔1999〕62号)
21. 关于1999年进口化肥进口环节增值税征免问题的补充通知
    (财政部、国家税务总局财税字〔1999〕42号)
22. 关于国家林业局1999年种子(苗)种畜(禽)鱼种(苗)和非盈利性种用野生动植物种源免税进口计划的通知
    (财政部、国家税务总局财税字〔1999〕41号)
23. 关于国家濒危物种进出口办公室1999年种子(苗)种畜(禽)鱼种(苗)和非盈利性

种用野生动植物种源免税进口计划的通知
（财政部、国家税务总局财税字〔1999〕40号）

24. 关于农业部1999年种子（苗）种畜（禽）鱼种（苗）和非盈利性种用野生动植物种源免税进口计划的通知
（财政部、国家税务总局财税字〔1999〕39号）

25. 关于中国图书进出口总公司1999年进口图书资料免征进口环节增值税的通知
（财政部、国家税务总局财税字〔1999〕36号）

26. 关于福利企业、校办企业有关税收政策问题的通知
（财政部、国家税务总局财税字〔1999〕22号）

27. 关于农村信用社有关营业税问题的通知
（财政部、国家税务总局财税字〔1999〕21号）

28. 关于1999年进口农药进口增值税征免问题的通知
（财政部、国家税务总局财税字〔1999〕14号）

29. 关于中国科技资料进出口总公司1999年进口图书资料免征进口环节增值税的通知
（财政部、国家税务总局财税字〔1999〕10号）

30. 关于中国教育图书进出口公司1999年进口图书资料免征进口环节增值税的通知
（财政部、国家税务总局财税字〔1999〕9号）

31. 关于中国国际图书贸易总公司1999年进口图书资料免征进口环节增值税的通知
（财政部、国家税务总局财税字〔1999〕8号）

32. 关于苏州工业园区华能发电厂项目进口物资享受税收返还政策的通知
（财政部财税字〔1999〕3号）

33. 关于对远洋鱿钓渔业自捕鱿鱼免征农业特产税的通知
（财政部、国家税务总局财税字〔1999〕2号）

34. 关于废旧物资回收经营企业增值税先征后返问题的通知
（财政部、国家税务总局财税字〔1999〕1号）

35. 关于继续对模具产品实行增值税先征后返的通知
（财政部、国家税务总局财税字〔1998〕139号）

36. 关于对中国农业发展银行契税征免政策的通知
（财政部、国家税务总局财税字〔1998〕123号）

37. 关于拆船业进口废船有关税收问题的通知
（财政部、国家税务总局财税字〔1998〕103号）

38. 关于对若干农业生产资料征免增值税问题的通知
（财政部、国家税务总局财税字〔1998〕78号）

39. 关于数控机床产品增值税先征后返问题的通知
（财政部、国家税务总局财税字〔1998〕70号）

40. 关于继续对进口种子（苗）种畜（禽）鱼种（苗）和非盈利性种用野生动植物种源实行税收优惠政策的通知
（财政部、国家税务总局财税字〔1998〕66号）

41. 关于贫困县农村信用社继续免征企业所得税的通知
    (财政部、国家税务总局财税字〔1998〕60号)
42. 关于对监狱、劳教企业实行增值税先征后返问题的通知
    (财政部、国家税务总局财税字〔1998〕46号)
43. 关于部分行业、企业继续执行企业所得税优惠政策的通知
    (财政部、国家税务总局财税字〔1998〕44号)
44. 关于国有统配煤矿职工住宅建设投资恢复征收固定资产投资方向调节税问题的通知
    (财政部、国家税务总局财税字〔1998〕39号)
45. 关于对国有森工企业减免原木农业特产税问题的通知
    (财政部、国家税务总局财税字〔1998〕38号)
46. 关于对监狱、劳教企业继续免征城镇土地使用税固定资产投资方向调节税的通知
    (财政部、国家税务总局财税字〔1998〕37号)
47. 关于继续对废旧物资回收经营企业等实行增值税优惠政策的通知
    (财政部、国家税务总局财税字〔1998〕33号)
48. 关于对福利企业、学校办企业征收流转税问题的通知
    (财政部、国家税务总局财税字〔1998〕32号)
49. 关于继续对商业企业批发肉、禽、蛋、水产品和蔬菜的业务实行增值税先征后返政策问题的通知
    (财政部、国家税务总局财税字〔1998〕31号)
50. 关于农村信用社有关企业所得税问题的通知
    (财政部、国家税务总局财税字〔1998〕29号)
51. 关于集体企业清产核资中有关房产税印花税问题的通知
    (财政部、国家税务总局财税字〔1997〕131号)
52. 关于卫星发射单位承担国外卫星发射业务免征营业税、所得税问题的通知
    (财政部、国家税务总局财税字〔1997〕101号)
53. 关于易地安置随军遗属建房适用固定资产投资方向调节税税率问题的通知
    (财政部、国家税务总局财税字〔1997〕93号)
54. 关于三线脱险调整项目征收固定资产投资方向调节税问题的通知
    (财政部、国家税务总局、国家计委财税字〔1997〕79号)
55. 关于海洋和陆上特定地区开采石油(天然气)进口设备、材料免征进口税收的补充通知
    (财政部、国家税务总局、海关总署财税字〔1997〕76号)
56. 关于对远洋渔业企业自捕水产品征免农业特产税问题的通知
    (财政部、国家税务总局财税字〔1997〕72号)
57. 关于远洋渔业企业进口渔用设备和运回自捕水产品税收问题的通知
    (财政部、国务院关税税则委员会、国家税务总局财税字〔1997〕64号)
58. 关于印发《关于在我国海洋开采石油(天然气)进口物资免征进口税收的暂行规

定》和《关于在我国陆上特定地区开采石油(天然气)进口物资免征进口税收的暂行规定》的通知

(财政部、国家税务总局、海关总署财税字〔1997〕42号)

59. 关于宣传文化单位所得税政策的通知
(财政部、国家税务总局财税字〔1997〕7号)

60. 关于对福利企业学校办企业征收流转税问题的通知
(财政部、国家税务总局财税字〔1996〕112号)

61. 关于印发《特定区域进口自用物资后续监管暂行办法》的通知
(财政部、国家税务总局、海关总署财税字〔1996〕105号)

62. 关于继续对宣传文化单位实行增值税优惠政策的通知
(财政部、国家税务总局财税字〔1996〕78号)

63. 关于金融、保险企业有关企业所得税问题的通知
(财政部、国家税务总局财税字〔1996〕38号)

64. 关于对宣传文化单位有关增值税政策问题的通知
(财政部、国家税务总局财税字〔1996〕23号)

65. 关于对福利企业、学校办企业征收流转税问题的通知
(财政部、国家税务总局财税字〔1996〕19号)

66. 关于对若干农业生产资料征免增值税问题的通知
(财政部、国家税务总局财税字〔1996〕18号)

67. 关于非银行金融机构若干财税政策问题的通知
(财政部、国家税务总局财税字〔1996〕13号)

68. 关于金融、保险企业所得税问题的补充通知
(财政部、国家税务总局财税字〔1995〕84号)

69. 关于取消柴油出口退税政策的通知
(财政部、国家税务总局财税字〔1995〕72号)

70. 关于复混肥免征增值税的通知
(财政部、国家税务总局财税字〔1995〕70号)

71. 关于对宣传文化单位增值税先征后退范围等问题的补充通知
(财政部、国家税务总局财税字〔1995〕41号)

72. 关于对中国兵器工业总公司所属军工企业免征土地使用税的若干规定的通知
(财政部、国家税务总局财税字〔1995〕26号)

73. 关于对商业企业批发肉、禽、蛋、水产品和蔬菜的业务实行"先征后返"的若干问题的通知
[财政部、国家税务总局(94)财税字71号]

74. 关于金融、保险企业有关所得税问题的通知
[财政部、国家税务总局(94)财税字27号]

75. 关于对商业企业规定批发肉、禽、蛋、水产品和蔬菜的业务如何征收增值税问题的通知

（财政部、国家税务局财预明电字〔1994〕3号）

……

（十）社会保障类

1. 关于1999年度中直企业下岗职工基本生活费财政补助资金清算及有关问题的通知
   （财政部财经字〔1999〕975号）
2. 关于申请和拨付行业统筹基本养老保险基金有关问题的通知
   （财政部、劳动和社会保障部财社字〔1998〕89号）
3. 关于实行系统统筹中央单位设立养老保险基金账户的通知
   （财政部财社字〔1998〕24号）
4. 关于1998年中直企业下岗职工基本生活费中央财政补助资金清算有关问题的通知
   （财政部财经字〔1998〕328号）
5. 关于积极参与职工医疗保障制度改革扩大试点加强财务管理工作有关问题的通知
   （财政部财社字〔1996〕141号）
6. 关于财政部门积极参与企业职工养老保险制度改革、加强财务管理工作有关问题的通知
   （财政部财社字〔1995〕18号）
7. 社会保障事业周转金管理暂行办法
   ［财政部(94)财社字第30号］
8. 关于对实行医院管理公费医疗费的地区和医疗单位按实际效果予以奖励的实施方案
   ［财政部、卫生部(93)财文字第194号］
9. 关于印发《中央企业财政驻厂员处工作范围(文教卫生部分)的具体规定》的通知
   ［财政部(89)财文字第508号］
10. 关于追加1986年中央级驻地方单位公费医疗经费的通知
    ［财政部、卫生部(86)财文字第436号］
11. 对水利电力部《关于直属企业试行离退休费用统筹的请示》的批复
    ［财政部、劳动人事部(86)财综字第80号］

……

财政部关于公布废止和失效的财政规章和规范性文件目录(第九批)的决定(节录)

2006年3月30日　财政部令第34号

……

为了适应依法行政、依法理财的需要,根据国务院关于法规清理应当经常化、制度化的

要求,我部在前八次财政法规清理的基础上,对新中国成立以来至2003年12月发布的现行财政规章和规范性文件(以下简称财政规章)进行了第九次全面清理,并逐一作出了鉴定。经过清理,确定废止和失效的财政规章共381件,其中,已被有关法规、规章代替,应予废止或者已明令废止的财政规章158件;因适用期已过或者调整对象消失,自行失效的财政规章223件。现将这381件财政规章的目录予以公布,停止执行。

废止和失效的财政规章和规范性文件目录(第九批)

一、废止的财政规章和规范性文件目录(158件)

…………

(三)税收类(17件)

1. 关于股份制企业所得税征管和收入级次划分有关问题的补充通知
   (2000年5月10日 财政部、国家税务总局财税字〔2000〕74号)
2. 关于债转股企业所得税有关问题的通知
   (2000年6月21日 财政部、国家税务总局财税〔2000〕2号)
3. 关于调整证券交易印花税代征手续费比例的通知
   (1999年2月13日 财政部、国家税务总局财税字〔1999〕18号)
4. 关于铁道部所属单位征免房产税城镇土地使用税问题的通知
   (1997年5月13日 财政部、国家税务总局财税字〔1997〕8号)
5. 关于印花税违章处罚问题的通知
   (1994年10月10日 财政部、国家税务总局(94)财税字第65号)
6. 关于耕地占用税征收经费问题的通知
   (1994年6月10日 财政部(94)财农税字第28号)
7. 关于印发《农业税收征收经费管理规定》的通知
   (1992年11月10日 财政部(92)财农税字第58号)
8. 关于提取牧业税征收经费问题的复函
   (1990年9月24日 财政部(90)财农税字第71号)
9. 关于耕地占用税减免管理有关具体问题的解答
   (1990年8月30日 财政部(90)财农税字第64号)
10. 关于耕地占用税减免管理的暂行规定
    (1990年8月1日 财政部(90)财农税字第56号)
11. 发布《关于上海浦东新区鼓励外商减征、免征企业所得税和工商统一税的规定》的通知
    (1990年9月11日 财政部(90)财税字第20号)
12. 关于农业税征收人员统一着装的通知
    (1989年1月10日 财政部(89)财农税字第1号)
13. 关于大中型水电、交通工程耕地占用税问题的答复

(1988年9月3日 财政部(88)财农税字第43号)
14. 关于抓紧耕地占用税征收入库工作的通知
   (1988年7月29日 财政部(88)财农税字第36号)
15. 关于京津塘高速公路工程耕地占用税问题的复函
   (1988年5月16日 财政部(88)财农税字第12号)
16. 关于耕地占用税征收经费管理使用问题的通知
   (1988年3月19日 财政部(88)财农税字第3号)
17. 关于公路耕地占用税问题的复函
   (1987年12月21日 财政部(87)财农税字第472号)

(四)关税类(3件)
1. 关于对原产于俄罗斯等4国及台湾地区的进口冷轧板卷暂缓实施反倾销措施的决定
   (2003年9月15日 国务院关税税则委员会税委会〔2003〕20号)
2. 关于部分国内设计国外流片加工的集成电路产品进口税收政策的通知
   (2002年10月25日 财政部、国家税务总局财税〔2002〕140号)
3. 关于地方财政部门开展关税工作的指导意见
   (2001年7月20日 财政部、国家税务总局财税〔2001〕110号)

…………

二、失效的财政规章和规范性文件目录(223件)

…………

(三)税收类(34件)
1. 关于北京市防治"非典"工作有关税收政策问题的通知
   (2003年11月19日 财政部、国家税务总局财税〔2003〕232号)
2. 关于防治"非典"工作有关税收政策问题的通知
   (2003年11月19日 财政部、国家税务总局财税〔2003〕231号)
3. 关于延长部分受"非典"影响行业税收优惠政策的通知
   (2003年11月18日 财政部、国家税务总局财税〔2003〕227号)
4. 关于调整部分行业在"非典"疫情期间税收政策的紧急通知
   (2003年5月12日 财政部、国家税务总局财税〔2003〕113号)
5. 关于"非典"疫情期间对北京市经营蔬菜的个体工商户免征有关税收的通知
   (2003年5月8日 财政部、国家税务总局财税〔2003〕112号)
6. 关于纳税人向防治非典型肺炎事业捐赠税前扣除问题的通知
   (2003年4月29日 财政部、国家税务总局财税〔2003〕106号)
7. 关于非典型肺炎疫情发生期间个人取得的特殊临时性工作补助等所得免征个人所得税问题的通知
   (2003年4月25日 财政部、国家税务总局财税〔2003〕101号)
8. 关于华商储备商品管理中心及国家直属储备糖库和肉冷库有关税收政策的通知
   (2002年11月22日 财政部、国家税务总局财税〔2002〕163号)

9. 关于铁通公司营业税问题的通知

   (2002年9月6日　财政部、国家税务总局财税〔2002〕129号)

10. 关于2002年防汛专用车免征车辆购置税的通知

    (2002年7月8日　财政部、国家税务总局财税〔2002〕99号)

11. 关于2002年第一批森林消防专用指挥车免征车辆购置税的通知

    (2002年6月8日　财政部、国家税务总局财税〔2002〕83号)

12. 关于铸锻件产品增值税先征后返问题的通知

    (2001年8月14日　财政部、国家税务总局财税〔2001〕141号)

13. 关于模具产品增值税先征后返问题的通知

    (2001年8月15日　财政部、国家税务总局财税〔2001〕132号)

14. 关于2001年防汛专用车免征车辆购置税的通知

    (2001年7月11日　财政部、国家税务总局财税〔2001〕124号)

15. 关于数控机床产品增值税先征后返问题的通知

    (2001年7月18日　财政部、国家税务总局财税〔2001〕119号)

16. 关于对消化空置商品房有关税费政策的补充通知

    (2001年7月23日　财政部、国家税务总局财税〔2001〕94号)

17. 关于证券投资基金税收问题的通知

    (2001年4月11日　财政部、国家税务总局财税〔2001〕61号)

18. 关于对消化空置商品房有关税费政策的通知

    (2001年4月19日　财政部、国家税务总局财税〔2001〕44号)

19. 关于中国储备粮管理总公司有关税收政策的通知

    (2001年2月26日　财政部、国家税务总局财税〔2001〕13号)

20. 关于对中国兵器工业集团公司和兵器装备集团公司所属专门生产枪炮弹等企业继续免征城镇土地使用税的通知

    (1999年12月30日　财政部、国家税务总局财税字〔1999〕309号)

21. 关于黑龙江省人民政府自行调整原木农业特产税税率问题处理意见的函

    (1999年7月23日　财政部、国家税务总局财税字〔1999〕231号)

22. 关于固定资产投资方向调节税有关政策问题的通知

    (1999年8月17日　财政部、国家税务总局财税字〔1999〕228号)

23. 关于调整猪、牛、羊皮农业特产税政策的通知

    (1998年12月24日　财政部、国家税务总局财税字〔1998〕177号)

24. 关于继续免征三峡工程建设基金城市维护建设税教育费附加的通知

    (1998年6月9日　财政部、国家税务总局财税字〔1998〕93号)

25. 关于对甜叶菊收入征收农业特产税问题的批复

    (1997年7月2日　财政部、国家税务总局财税字〔1997〕87号)

26. 关于调整毛茶农业特产税税率的通知

    (1997年2月24日　财政部、国家税务总局财税字〔1997〕28号)

27. 关于依法查处没收的木竹变价收入征收农业特产税的批复

(1996年12月11日　财政部、国家税务总局财税字〔1996〕100号)
28. 关于清产核资企业有关税收问题的通知
    (1996年8月23日　财政部、国家税务总局财税字〔1996〕69号)
29. 对《关于企业亏损弥补问题的请示》的答复函
    (1995年10月9日　财政部、国家税务总局财税字〔1995〕80号)
30. 关于期初存货已征税款抵扣问题的通知
    (1995年4月27日　财政部、国家税务总局财税字〔1995〕42号)
31. 关于校办工厂免征所得税的补充通知
    (1995年1月23日　财政部、国家税务总局财税字〔1995〕8号)
32. 关于对征收原木、原竹农业特产税问题的通知
    (1994年12月29日　财政部(94)财税政字第200号)
33. 关于对收购边销茶原料减征农业特产税问题的通知
    (1994年10月10日　财政部(94)财税政字第162号)
34. 关于黄金生产环节免征增值税问题的通知
    (1994年4月27日　财政部、国家税务总局(94)财税字第24号)

(四)关税类(7件)
1. 关于防治非典型肺炎捐赠物资免征进口税收的通知
   (2003年5月2日　财政部财税〔2003〕110号)
2. 关于对印刷电路板制造用宽光致抗蚀干膜等两种商品实行暂定关税的通知
   (2002年9月19日　国务院关税税则委员会税委会〔2002〕6号)
3. 关于2001年中国石油化工集团公司暨中国石化股份有限公司勘探开发海洋和陆上特定地区石油(天然气)项目认定的通知
   (2002年1月23日　财政部、国家税务总局财税〔2002〕34号)
4. 关于移动通信基站设备零件实行进口关税暂定税率的通知
   (2001年7月3日　国务院关税税则委员会税委会〔2001〕6号)
5. 关于农药和农药原药免征进口环节增值税问题的通知
   (2001年6月28日　财政部、国家税务总局财税〔2001〕105号)
6. 关于停止执行有关进口税收优惠政策文件的通知
   (2001年4月6日　财政部财税〔2001〕68号)
7. 关于民航进口客运飞机征税问题的通知
   (1999年1月13日　财政部财税字〔1999〕6号)

　…………

(十)社会保障类(7件)
1. 关于2003年度中央管理企业下岗职工基本生活保障财政补助资金清算及有关问题的通知
   (2003年11月4日　财政部财社〔2003〕154号)
2. 关于2002年度中央管理企业下岗职工基本生活保障财政补助资金清算及有关问题的通知

(2002年10月30日 财政部财社〔2002〕84号)

3. 关于驻辽宁省中央管理企业下岗职工基本生活保障向失业保险并轨有关问题的通知

(2002年3月4日 财政部财社〔2002〕11号)

4. 关于辽宁省完善城镇社会保障体系试点期间国有企业下岗职工基本生活保障财政补助资金管理问题的通知

(2001年11月30日 财政部财社〔2001〕104号)

5. 关于2001年度中央管理企业下岗职工基本生活保障财政补助资金清算及有关问题的通知

(2001年11月2日 财政部财社〔2001〕84号)

6. 关于2000年度中央管理企业下岗职工基本生活保障财政补助资金清算及有关问题的通知

(2000年10月27日 财政部财社〔2000〕82号)

7. 关于认真做好对企业职工养老保险基金失业保险基金管理中有关违纪问题处理工作的通知

(1998年9月11日 财政部财社字〔1998〕95号)

　…………

国家税务总局关于发布已失效或废止的税收规范性文件目录的通知

2006年4月30日 国税发〔2006〕62号

各省、自治区、直辖市和计划单列市国家税务局、地方税务局,扬州税务进修学院:

根据《国务院关于印发〈全面推进依法行政实施纲要〉的通知》(国发〔2004〕10号)的要求,总局对现行的税收部门规章和规范性文件进行了全面清理,现将有关清理结果通知如下:

一、全文已失效或废止的税收部门规章和规范性文件290件

1.《国家税务总局关于严格增值税专用发票领购登记制度的通知》(国税发〔1995〕101号)。

2.《国家税务总局印发〈关于增值税一般纳税人按旧税制计算申报货物或应税劳务税额的规定〉的通知》(国税发〔1993〕152号)。

3.《国家税务总局关于实行增值税的企业期初存货已征税款的处理意见的通知》(国税发〔1994〕60号)。

4.《国家税务总局关于印发修订后的〈增值税一般纳税人纳税申报办法〉的通知》(国税发〔1995〕196号)。

5.《国家税务总局关于补充和修改〈增值税一般纳税人纳税申报办法〉的通知》(国税函发〔1995〕670号)。

6.《国家税务总局关于检查清理增值税一般纳税人的通知》(国税发〔1997〕38号)。

7.《国家税务总局关于修订〈增值税一般纳税人纳税申报办法〉的通知》(国税发〔1999〕29号)。

8.《国家税务总局关于进一步推行增值税防伪税控系统的通知》(国税发〔1999〕139号)。

9.《国家税务总局关于增值税期初存货已征税款余额抵扣问题的通知》(国税发〔2000〕3号)。

10.《国家税务总局关于印发〈增值税防伪税控主机共享服务系统管理暂行办法〉的通知》(国税发〔2003〕18号)。

11.《国家税务总局关于印发〈电力产品征收增值税的具体规定〉的通知》(国税发〔1994〕64号)。

12.《国家税务总局关于电力产品征收增值税有关问题的通知》(国税函发〔1994〕572号)。

13.《国家税务总局关于学校办企业返还增值税问题的批复》(国税函发〔1996〕310号)。

14.《国家税务总局关于铁路货运价格调整后运输费用抵扣问题的通知》(国税函〔1999〕124号)。

15.《国家税务总局关于棉花进项税额抵扣有关问题的通知》(国税发〔1999〕136号)。

16.《国家税务总局关于县级供电企业行业性质认定问题的批复》(国税函〔1999〕847号)。

17.《国家税务总局关于修改〈国家税务总局关于修订"饲料"注释及加强饲料征免增值税管理问题的通知〉的通知》(国税发〔2000〕93号)。

18.《国家税务总局关于库存商品棉增值税进项税额计算问题的通知》(国税函〔2000〕504号)。

19.《国家税务总局关于暂缓执行〈国家税务总局关于修改《国家税务总局关于修订"饲料"注释及加强饲料征免增值税管理问题的通知》的通知〉的通知》(国税发〔2000〕132号)。

20.《国家税务总局关于加强商贸企业增值税征收管理有关问题的通知》(国税发〔2001〕73号)。

21.《国家税务总局关于中国石油化工集团公司若干增值税问题的通知》(国税函〔2001〕384号)。

22.《国家税务总局关于报废汽车回收企业增值税政策问题的批复》(国税函〔2002〕16号)。

23.《国家税务总局关于2003年度电力企业增值税征收问题的通知》(国税发明电〔2004〕1号)。

24.《国家税务总局关于2003年度电力企业增值税征收问题的补充通知》(国税发明电〔2004〕5号)。

25.《国家税务总局关于2004年电力产品征收增值税问题的通知》(国税函〔2004〕680号)。

26.《国家税务总局关于开展增值税专用发票计算机稽核工作的通知》(国税发〔1994〕134号)。

27.《国家税务总局关于纳税人1994年7月1日以后取得增值税原版专用发票管理问题的通知》(国税发〔1994〕237号)。

28.《国家税务总局关于严格控制增值税专用发票使用范围的通知》(国税发〔1995〕88号)。

29.《国家税务总局关于加强增值税专用发票填开管理问题的补充通知》(国税发〔1995〕162号)。

30.《国家税务总局关于印发〈增值税专用发票防伪税控系统业务管理暂行办法〉的通知》(国税发〔1995〕233号)。

31.《国家税务总局关于税务机关运用防伪税控系统代开百万元增值税专用发票问题的通知》(国税函〔1997〕72号)。

32.《国家税务总局关于统一作废1994年版增值税专用发票的通知》(国税函发〔1997〕440号)。

33.《国家税务总局关于新版电脑增值税专用发票使用问题的通知》(国税函〔2000〕237号)。

34.《国家税务总局关于加强税务机关代开增值税专用发票管理的通知》(国税发〔2004〕68号)。

35.《国家税务总局关于电力企业各种价外费用如何征收增值税问题的通知》(国税发〔1994〕185号)。

36.《国家税务总局关于电力企业收取的用电权等项收入征收增值税问题的通知》(国税发〔1998〕200号)。

37.《国家税务总局关于增值税专用发票联次问题的通知》(国税发〔1994〕10号)。

38.《国家税务总局关于增值税专用发票使用问题的通知》(国税发〔1994〕57号)。

39.《国家税务总局关于铁路运费进项税额抵扣有关问题的通知》(国税发〔2000〕14号)。

40.《国家税务总局关于偷税额认定问题的批复》(国税函发〔1995〕564号)。

41.《国家税务总局关于农村合作基金会收取的资金占用费应征收营业税的批复》(国税函发〔1995〕65号)。

42.《国家税务总局关于企业(单位)所属建筑安装企业征收营业税问题的批复》(国税函发〔1995〕191号)。

43.《国家税务总局关于融资租赁业务征收营业税的通知》(国税函发〔1995〕656号)。

44.《国家税务总局关于国家开发银行集中缴纳营业税的通知》(国税函发〔1995〕669号)。

45.《国家税务总局关于动物检疫站收取的肉品检疫费征收营业税问题的批复》(国税函发〔1996〕297号)。

46.《国家税务总局关于中国南方航空公司湖北分公司包机费收入适用营业税税目问题的批复》(国税函发〔1996〕695号)。

47.《国家税务总局关于交通运输业征税问题的批复》(国税函发〔1997〕478号)。

48.《国家税务总局关于培训学校征收营业税问题的批复》(国税函〔1998〕749号)。

49.《国家税务总局关于油气田勘探开发劳务征收营业税的补充通知》(国税发〔1999〕240号)。

50.《国家税务总局关于印发〈金融保险业营业税申报管理试行办法〉的通知》(国税发〔2000〕15号)。

51.《国家税务总局关于铁路部门运输收入集中缴纳营业税问题的通知》(国税发〔2000〕115号)。

52.《国家税务总局关于铁路大修业务征收营业税问题的通知》(国税函〔2000〕891号)。

53.《国家税务总局关于企业出租不动产取得的固定收入征收营业税问题的批复》(国税函〔2001〕78号)。

54.《国家税务总局关于技术转让等业务免征营业税审批程序问题的批复》(国税函〔2001〕223号)。

55.《国家税务总局关于银行贷款利息收入营业税纳税义务发生时间问题的通知》(国税发〔2001〕38号)。

56.《国家税务总局关于交通运输营业税问题的批复》(国税函〔2002〕292号)。

57.《国家税务总局关于外资,中外合资金融机构征收营业税问题的通知》(国税发〔1995〕231号)。

58.《国家税务总局关于外国企业在中国境内取得的利息,租金收入是否征收营业税问题的通知》(国税发〔1997〕35号)。

59.《国家税务总局关于运输企业的供车行为征收流转税问题的批复》(国税函发〔1995〕578号)。

60.《国家税务总局关于金融保险业税收政策调整后若干具体征管问题的通知》(国税发〔1997〕39号)。

61.《国家税务总局关于建筑安装企业制售铝合金门窗征税问题的通知》(国税函发〔1997〕186号)。

62.《国家税务总局关于传销企业的传销员有关税务管理问题的通知》(国税发〔1997〕92号)。

63.《国家税务总局关于下岗职工从事社区居民服务业享受有关税收优惠政策问题的通知》(国税发〔1999〕43号)。

64.《国家税务总局关于地质勘查队伍管理体制改革中有关税收政策问题的通知》(国税发〔1999〕115号)。

65.《国家税务总局关于退役士兵自谋职业享受有关税收优惠政策问题的通知》(国税发〔2001〕11号)。

66.《国家税务总局关于工业企业生产销售及安装护栏、隔离栅征税问题的批复》(国税函〔1999〕601号)。

67.《国家税务总局关于矿务局所属单位承建本局建安工程征收营业税问题的批复》(国税函〔1996〕524号)。

68.《国家税务总局关于美国摩托罗拉公司在华提供建筑安装指导劳务有关税收问题的通知》(国税函〔1997〕8号)。

69.《国家税务总局关于劳动服务公司的收费征收营业税问题的批复》(国税函〔1997〕15号)。

70.《国家税务总局关于严格执行对高速公路车辆通行费征收营业税规定的通知》(国税函〔1997〕180号)。

71.《国家税务总局关于建筑业营业税有关规定执行时间问题的通知》(国税函〔1999〕53号)。

72.《国家税务总局关于出租汽车公司有关收入征收营业税问题的批复》(国税函〔2000〕671号)。

73.《国家税务总局关于金融保险业营业税若干税收问题的批复》(国税函发〔1995〕7号)。

74.《国家税务总局关于商业库存汽油、柴油征免消费税问题的批复》(国税函发〔1994〕462号)。

75.《国家税务总局关于铂金首饰在工业环节征收消费税问题的批复》(国税函第〔1999〕533号)。

76.《国家税务总局关于印发〈卷烟消费税计税价格审核管理办法(试行)〉的通知》(国税发〔2000〕130号)。

77.《国家税务总局关于国有重点煤矿管理体制改革后企业所得税征收管理问题的通知》(国税发〔1998〕139号)。

78.《国家税务总局关于印发〈企业所得税纳税申报表〉的通知》(国税发〔1994〕131号)。

79.《国家税务总局关于承包企业亏损弥补问题的通知》(国税发〔1994〕204号)。

80.《国家税务总局关于加强城乡信用社所得税征管和财务管理工作的通知》(国税发〔1994〕251号)。

81.《国家税务总局关于中国太平洋保险公司纳税地点的通知》(国税发〔1994〕593号)。

82.《国家税务总局关于集体金融企业企业所得税减免税审批权限的通知》(国税发〔1997〕201号)。

83.《国家税务总局关于民族自治地方的中央企业所得税减免审批权限的通知》(国税发〔1998〕45号)。

84.《国家税务总局关于企业向灾区捐赠所得税前扣除问题的通知》(国税函发〔1998〕555号)。

85.《国家税务总局关于固定资产评估增值计提折旧有关企业所得税问题的批复》(国税函〔1999〕574号)。

86.《国家税务总局关于中国船检局所得税问题的函》(国税函发〔1994〕414号)。

87.《国家税务总局关于邮政通信企业缴纳企业所得税问题的通知》(国税函〔1998〕263号)。

88.《国家税务总局关于出售的职工住房有关企业所得税问题的批复》(国税函〔1999〕486号)。

89.《国家税务总局关于农村合作基金会所得税征管问题的通知》(国税函发〔1995〕58号)。

90.《国家税务总局关于企业虚报亏损补税罚款问题的批复》(国税函发〔1996〕653号)。

91.《国家税务总局关于民航总局所属企业缴纳企业所得税问题的通知》(国税函发〔1998〕262号)。

92.《国家税务总局关于电力工业部所属企业征收企业所得税问题的通知》(国税发〔1994〕221号)。

93.《国家税务总局关于做好2001年度企业所得税年终申报及汇算清缴工作的通知》(国税函〔2001〕875号)。

94.《国家税务总局关于中国移动通信集团公司模拟网退网有关企业所得税问题的通知》(国税函〔2001〕564号)。

95.《国家税务总局关于中国残疾人联合会所属企事业单位减免税问题的通知》(国税函〔2001〕909号)。

96.《国家税务总局关于地(市)和省级农村信用合作管理机构管理费税前扣除标准问题的通知》(国税函〔2002〕258号)。

97.《国家税务总局关于中国人民保险公司所属分支机构缴纳企业所得税问题的通知》(国税函发〔1995〕500号)。

98.《国家税务总局关于企业虚报亏损如何处理的通知》(国税发〔1996〕162号)。

99.《国家税务总局关于印发〈企业所得税减免税管理办法〉的通知》(国税发〔1997〕99号)。

100.《国家税务总局关于贫困县行政区划改变后有关农村信用社所得税征免问题的批复》(国税函〔1999〕234号)。

101.《国家税务总局关于加强企业所得税税前扣除费用审核工作的通知》(国税发〔1996〕201号)。

102.《国家税务总局关于工效挂钩企业工资税前扣除口径问题的通知》(国税发〔1998〕86号)。

103.《国家税务总局关于铁路部门所属企业缴纳所得税问题的通知》(国税发〔1994〕66号)。

104.《国家税务总局关于邮电部所属企业缴纳所得税问题的通知》(国税发〔1994〕69号)。

105.《国家税务总局关于城镇集体企业单位清产核资若干税收财务处理规定的通知》(国税发〔1998〕55号)。

106.《国家税务总局关于长沙友谊(集团)有限公司转让土地使用权收入征收企业所得税问题的批复》(国税发〔1997〕55号)。

107.《国家税务总局关于印发〈加强汇总纳税企业所得税征收管理暂行办法的补充规定〉的通知》(国税发〔1996〕172号)。

108.《国家税务总局关于汇总(合并)纳税企业所得税若干具体问题的通知》(国税发〔1998〕127号)。

109.《国家税务总局关于实行工效挂钩工资办法的企业改组改造后工资支出税前扣除问题的批复》(国税函〔1999〕294号)。

110.《国家税务总局关于印发〈企业所得税汇算清缴改革实施办法(试行)〉的通知》(国税发〔1996〕197号)。

111.《国家税务总局关于印发〈企业财产损失税前扣除管理办法〉的通知》(国税发〔1997〕190号)。

112.《国家税务总局关于印发〈企业所得税汇算清缴管理办法〉的通知》(国税发〔1998〕182号)。

113.《国家税务总局关于个人所得税有关政策衔接问题的通知》(国税发〔1994〕45号)。

114.《国家税务总局关于个人从投资基金管理公司取得的派息分红所得征收个人所得税问题的通知》(国税发〔1996〕221号)。

115.《国家税务总局关于中国福利赈灾彩票征免个人所得税的通知》(国税函发〔1998〕803号)。

116.《国家税务总局关于王家强截留公司收入征收个人所得税问题的批复》(国税函〔1999〕192号)。

117.《国家税务总局关于"97国电债"个人利息收入征收个人所得税问题的复函》(国税函〔2001〕396号)。

118.《国家税务总局关于企业和个人向第四次世界妇女大会捐赠税务处理问题的批复》(国税函发〔1995〕559号)。

119.《国家税务总局关于下岗职工从事社区居民服务业享受有关税收优惠政策问题的通知》(国税发〔1999〕43号)。

120.《国家税务总局关于进一步明确个人所得税代扣代缴义务人有关法律责任的通知》(国税发〔1998〕107号)。

121.《国家税务总局关于在查处个人所得税案件中对纳税义务人不缴或少缴税款是否按偷税进行行政处罚的通知》(国税发〔1998〕205号)。

122.《国家税务总局关于企业经营者试行年薪制后如何计征个人所得税的通知》(国税发〔1996〕107号)。

123.《国家税务总局关于个人取得退职费收入征免个人所得税问题的通知》(国税发〔1996〕203号)。

124.《国家税务总局关于在中国境内有住所的个人取得奖金征税问题的通知》(国税发〔1996〕206号)。

125.《国家税务总局关于在查处个人所得税案件中对纳税义务人是否追缴税款的通知》(国税函发〔1998〕172号)。

126.《国家税务总局关于欧元储蓄存款利息所得个人所得税税款折算人民币问题的通知》(国税发〔1999〕232号)。

127.《国家税务总局关于印发〈外商投资企业和外国企业所得税汇算清缴管理办法〉的通知》(国税发〔1997〕103号)。

128.《国家税务总局关于印发〈外商投资企业和外国企业所得税汇算清缴工作规程〉的通知》(国税发〔1997〕104号)。

129.《国家税务总局关于印发〈关联企业间业务往来税务管理规程〉的通知》(国税发〔1998〕59号)。

130.《国家税务总局关于外商投资企业财产损失所得税前扣除审批管理的通知》(国税发〔2000〕46号)。

131.《国家税务总局关于印发修订后的〈外商投资企业和外国企业所得税汇算清缴管理办法〉和〈外商投资企业和外国企业所得税汇算清缴工作规程〉的通知》(国税发〔2001〕9号)。

132.《国家税务总局关于做好2000年度外商投资企业和外国企业所得税汇算清缴工作的通知》(国税函〔2001〕71号)。

133.《国家税务总局关于加强外商投资企业和外国企业所得税征管确保收入任务完成的通知》(国税函〔2002〕612号)。

134.《国家税务总局关于2003年度外商投资企业和外国企业所得税汇算清缴工作有关问题的通知》(国税函〔2004〕66号)。

135.《国家税务局关于对外国企业常驻代表机构从事广告业务所取得的佣金、手续费征收工商统一税、企业所得税的通知》(〔88〕国税外字第337号)。

136.《国家税务局关于认真履行外国企业常驻代表机构申请按经费支出额换算收入征税的报批手续的通知》(国税函发〔1990〕470号)。

137.《国家税务局关于贯彻执行〈国务院关于鼓励投资开发海南岛的规定〉有关税收规定若干问题的通知》(〔88〕国税外字第176号)。

138.《国家税务局关于贯彻执行〈国家高新技术产业开发区税收政策的规定〉有关涉外税收问题的通知》(国税函发〔1991〕663号)。

139.《国家税务局海洋石油税务管理局关于外国石油公司报送所得税申报表问题的批复》(国税油函〔1990〕49号)。

140.《国家税务局关于继续延长外商从我国取得的利息及租赁费减征所得税期限的通知》(国税函发〔1990〕1468号)。

141.《国家税务总局关于外国金融机构收取的担保费税务处理问题的批复》(国税函发〔1996〕388号)。

142.《国家税务局关于〈关联企业间业务往来税务管理实施办法〉的通知》(国税发〔1992〕237号)。

143.《国家税务局关于对专有技术使用费减征、免征所得税有关审批手续问题的通知》

(国税发〔1990〕21号)。

144.《国家税务局关于外国公司之间转让与受让石油合同权益税收处理问题的通知》(国税发〔1990〕27号)。

145.《国家税务局关于外商投资企业和外国企业收入和所得为外国货币的如何缴纳税款问题的通知》(国税发〔1993〕13号)。

146.《国家税务局关于租用外国集装箱用于国际运输所支付的租金暂免征收所得税的通知》(国税发〔1993〕49号)。

147.《国家税务局关于外商投资企业生产的产品再加工装配出口征免工商统一税问题的通知》(国税发〔1992〕146号)。

148.《国家税务总局关于转发"九龙海关关于重新备案我关签发'出口退税专用'报关单所用印章及关长、科长印鉴印模的函"的通知》(国税发〔1994〕99号)。

149.《国家税务总局关于外贸企业出口库存货物有关退税问题的通知》(国税发〔1994〕12号)。

150.《国家税务总局关于外贸企业1994年期初存货已征税款处理意见的补充通知》(国税函发〔1994〕72号)。

151.《国家税务总局关于外贸企业出口豆粕办理退税问题的批复》(国税函〔1995〕406号)。

152.《国家税务总局关于外商投资企业新上生产项目所生产的出口产品有关税收政策问题的通知》(国税发〔1995〕160号)。

153.《国家税务总局关于停止新闻纸出口退税的通知》(国税发〔1995〕177号)。

154.《国家税务总局关于继续做好出口退税工作的通知》(国税明电〔1996〕49号)。

155.《国家税务总局关于下发〈出口货物退税税率对照表〉的通知》(国税发〔1996〕151号)。

156.《国家税务总局关于出境口岸免税店经营国产品试行退(免)税办法的通知》(国税发〔1996〕182号)。

157.《国家税务总局关于开展1996年出口退税检查的通知》(国税函〔1996〕592号)。

158.《国家税务总局关于商业企业经营出口业务开具专业税票等问题的批复》(国税函发〔1996〕627号)。

159.《国家税务总局关于下发国家旅游局所属中国免税品公司统一管理的出境口岸免税店名单的通知》(国税函发〔1996〕669号)。

160.《国家税务总局关于出口企业遗失出口货物增值税税收专用缴款书后如何办理退税问题的批复》(国税发〔1997〕311号)。

161.《国家税务总局关于加快出口退税进度的紧急通知》(国税明电〔1997〕8号)。

162.《国家税务总局关于张家港保税区企业开展来料发外加工业务有关税收问题的批复》(国税函发〔1997〕188号)。

163.《国家税务总局关于维美德西安造纸机械有限公司增加投资计算超税负返还及出口退免税问题的批复》(国税函〔1997〕367号)。

164.《国家税务总局关于金银首饰出口退税免予提供增值税(出口货物)税收专用缴款

书的通知》(国税函〔1997〕375号)。

165.《国家税务总局关于下发新增中国免税品公司统一经营管理的出境口岸免税店名单的通知》(国税函〔1997〕457号)。

166.《国家税务总局关于出口淀粉使用退税率问题的批复》(国税函〔1997〕458号)。

167.《国家税务总局关于出口退税部门尽快建立局域网络应用环境的通知》(国税函〔1997〕473号)。

168.《国家税务总局关于盐业专营公司出口盐准予开具出口货物增值税专用缴款书的批复》(国税函发〔1997〕486号)。

169.《国家税务总局关于外商投资企业出口货物未取得法定的退(免)税凭证税务处理问题的批复》(国税函〔1997〕538号)。

170.《国家税务总局关于恢复新闻纸出口退税的通知》(国税发〔1997〕164号)。

171.《国家税务总局关于出口桐油适用退税率问题的批复》(国税函发〔1997〕599号)。

172.《国家税务总局关于出口桉树木片适用退税率问题的批复》(国税函发〔1997〕650号)。

173.《国家税务总局关于下发"出疆棉"供货企业名单的通知》(国税函发〔1998〕115号)。

174.《国家税务总局关于调整纺织品出口退税率的补充通知》(国税函发〔1998〕164号)。

175.《国家税务总局关于出口货物退(免)税实行按企业分类管理的通知》(国税发〔1998〕95号)。

176.《国家税务总局关于进一步做好当前出口退税工作的通知》(国税明电〔1998〕20号)。

177.《国家税务总局关于加强敏感地区购进货物出口退税核查工作的通知》(国税明电〔1998〕27号)。

178.《国家税务总局关于外商投资企业执行免抵退税政策有关问题的通知》(国税函发〔1998〕432号)。

179.《国家税务总局关于恢复食糖出口退税的通知》(国税发〔1998〕118号)。

180.《国家税务总局关于提高铝、锌、铅出口退税率的通知》(国税发〔1998〕152号)。

181.《国家税务总局关于提高船舶出口退税率的通知》(国税发〔1998〕207号)。

182.《国家税务总局关于外商投资企业利用外国政府和国际金融组织贷款生产中标货物有关增值税问题的通知》(国税函〔1998〕708号)。

183.《国家税务总局关于出口齐鲁、扬子公司乙烯工程生产的产品退税问题的通知》(国税函发〔1998〕763号)。

184.《国家税务总局关于出口纺织机械有关退税问题的通知》(国税函〔1999〕13号)。

185.《国家税务总局关于1993年12月31日前批准成立的外商投资企业出口货物等相关税收问题的通知》(国税发〔1999〕12号)。

186.《国家税务总局关于中国郑州商品交易所销售出口货物开具税收缴款书的批复》(国税函〔1999〕201号)。

187.《国家税务总局关于外商投资企业"以产顶进"产品税收问题的批复》(国税函〔1999〕473号)。

188.《国家税务总局关于外国驻华使(领)馆及其外交代表(领事官员)购买中国产物品有关退税问题的补充通知》(国税函〔1999〕540号)。

189.《国家税务总局关于出口企业已出口未申报退税货物有关税收问题的批复》(国税函〔1999〕713号)。

190.《国家税务总局关于做好1999年度出口货物退(免)税清算工作的通知》(国税函〔2000〕94号)。

191.《国家税务总局关于河北省利用世界银行贷款进行国际招标国内企业中标的机电产品有关退税问题的批复》(国税函〔2000〕133号)。

192.《国家税务总局关于出口甜菜粕准予退税的批复》(国税函〔2000〕861号)。

193.《国家税务总局关于生产企业进出口公司出口经营范围内的非自产产品退税问题的批复》(国税函〔2000〕954号)。

194.《国家税务总局关于外商投资企业承接国外修理修配业务增值税问题的批复》(国税函〔2001〕104号)。

195.《国家税务总局关于提高部分棉纺织品出口退税率的通知》(国税发〔2001〕74号)。

196.《国家税务总局关于出口货物退(免)税实行按企业分类管理的补充通知》(国税发〔2001〕83号)。

197.《国家税务总局关于聚碳酸酯胶粒等产品有关出口退税问题的通知》(国税函〔2001〕985号)。

198.《国家税务总局关于认真做好2001年度出口货物退(免)税清算工作的通知》(国税函〔2002〕83号)。

199.《国家税务总局关于外商投资企业采购国产设备有关退税问题的通知》(国税函〔2002〕197号)。

200.《国家税务总局转发对外贸易经济合作部〈关于进出口经营资格管理的有关规定〉的通知》(国税函〔2002〕212号)。

201.《国家税务总局关于外商投资商业企业出口货物有关退税问题的批复》(国税函〔2002〕373号)。

202.《国家税务总局关于成品油出口有关退税问题的通知》(国税函〔2002〕514号)。

203.《国家税务总局关于在全国进行"口岸电子执法系统"出口退税子系统联网试点的通知》(国税函〔2002〕586号)。

204.《国家税务总局关于出口菠萝渣有关退税问题的通知》(国税函〔2002〕715号)。

205.《国家税务总局关于出口电解铜有关退税问题的补充通知》(国税函〔2002〕875号)。

206.《国家税务总局关于进一步做好出口货物专用税票电子信息管理工作的通知》(国税函〔2002〕860号)。

207.《国家税务总局关于做好2002年度出口货物退(免)税清算工作的通知》(国税函

〔2002〕1138号）。

208.《国家税务总局关于内资企业办理出口退税登记有关事项的通知》（国税函〔2003〕836号）。

209.《国家税务总局关于2002年度出口货物退（免）税清算备案有关电子信息问题的通知》（国税函〔2003〕989号）。

210.《国家税务总局关于加快出口退税进度，积极支持外贸出口的紧急通知》（国税发明电〔2003〕21号）。

211.《国家税务总局关于下放出口退税A类企业审批权的通知》（国税发〔2003〕117号）。

212.《国家税务总局关于高纯银出口适用退税率问题的批复》（国税函〔2003〕1162号）。

213.《国家税务总局关于做好当前出口货物退（免）税审核审批工作的紧急通知》（国税函〔2003〕1267号）。

214.《国家税务总局关于考评增值税专用发票信息审核出口退税工作的通知》（国税函〔2003〕1304号）。

215.《国家税务总局关于做好2003年度出口货物退（免）税清算工作的通知》（国税函〔2003〕1303号）。

216.《国家税务总局关于解决中西部地区出口企业欠退税问题的通知》（国税函〔2003〕1399号）。

217.《国家税务总局关于做好2003年度出口货物退（免）税清算工作的补充通知》（国税函〔2004〕132号）。

218.《国家税务总局关于做好2004年生产企业出口货物"免抵"税额调库工作有关问题的紧急通知》（国税发明电〔2004〕8号）。

219.《国家税务总局关于2003年度出口退税清算有关问题的紧急通知》（国税函〔2004〕419号）。

220.《国家税务总局关于加强出口退税电子数据传输管理工作的通知》（国税函〔2004〕481号）。

221.《国家税务总局关于开展进出口货物税收检查工作的紧急通知》（国税函〔1998〕451号）。

222.《国家税务总局关于外贸企业1994年期初存货已征税款处理意见的通知》（国税发〔1994〕30号）。

223.《国家税务总局关于印发机电轻工等十二类调高出口退税率产品具体商品码及名称的通知》（国税函发〔1998〕485号）。

224.《国家税务总局关于提高部分出口货物退税率的通知》（国税明电〔1999〕11号）。

225.《国家税务总局关于上报审批老外商投资企业出口货物实行"不征不退"办法有关情况的通知》（国税明电〔1999〕22号）。

226.《国家税务总局关于禽产品出口退税问题的紧急通知》（国税函〔2001〕479号）。

227.《国家税务局关于外商投资企业以进口原材料生产产品报关核销在国外销售给外

贸公司如何征税问题的批复》(国税函发〔1993〕248号)。

228.《国家税务总局关于外商投资企业出口货物有关政策问题的函》(国税函发〔1994〕558号)。

229.《国家税务总局关于开展1999年出口货物退(免)税检查工作的通知》(国税函〔1999〕725号)。

230.《国家税务总局关于推行出口退税专用税票认证系统的通知》(国税函〔1996〕14号)。

231.《国家税务总局关于出口机电产品优先办理退税的问题》(国税发〔1995〕234号)。

232.《国家税务总局关于境外带料加工装配业务有关出口退税问题的批复》(国税函〔1999〕539号)。

233.《国家税务总局关于出口货物专用税票有关事项的通知》(国税函〔1996〕102号)。

234.《国家税务总局关于做好出口退税等3类数据集中准备工作的通知》(国税函〔2004〕92号)。

235.《国家税务总局关于数据集中有关工作安排的通知》(国税函〔2004〕301号)。

236.《国家税务总局关于升级增值税专用发票认证系统与出口退税审核系统数据接口等有关工作的通知》(国税函〔2004〕381号)。

237.《国家税务总局关于外商投资企业若干税收业务问题的通知》(国税发〔1995〕19号)。

238.《国家税务总局关于生产企业出口货物"免、抵、退"税实行电子化管理的通知》(国税函〔2003〕15号)。

239.《国家税务总局关于严格出口退税审核加强出口货物税收函调工作的通知》(国税明电〔1996〕56号)。

240.《国家税务局关于明确部分出口企业出口高税率、贵重产品准予退税的补充通知》(国税函发〔1992〕860号)。

241.《国家税务总局关于外商投资企业从事"来料加工"、"进料加工"及生产销售国际中标产品税收问题的通知》(国税发〔1994〕239号)。

242.《国家税务总局关于利用外国政府或国际金融组织贷款采用国际招标方式国内中标的机电产品等取消退免税规定的通知》(国税发〔1995〕14号)。

243.《国家税务总局关于出口乙烯产品退税问题的通知》(国税函发〔1995〕384号)。

244.《国家税务总局关于印发〈出口退税电子化管理办法〉的通知》(国税发〔1996〕79号)。

245.《国家税务总局关于出口退税专用税票认证系统有关问题的通知》(国税函发〔1996〕665号)。

246.《国家税务总局关于印发〈出口退税电子化管理若干问题的规定〉的通知》(国税发〔1997〕87号)。

247.《国家税务总局关于出口退税有关问题的批复》(国税函〔1997〕379号)。

248.《国家税务总局关于具有出口经营权的连锁企业经营出口业务如何办理退税问题的批复》(国税函发〔1998〕102号)。

249.《国家税务总局关于印发〈出口货物退(免)税清算管理办法〉的通知》(国税发〔1999〕6号)。

250.《国家税务总局关于外商投资性公司出口税收问题的通知》(国税发〔2000〕202号)。

251.《国家税务总局关于中国石化股份公司成品油出口予以退税的通知》(国税函〔2001〕372号)。

252.《国家税务总局关于利用"口岸电子执法系统"的出口数据审核生产企业免、抵、退税出口额的通知》(国税函〔2003〕95号)。

253.《国家税务总局关于转发〈商务部关于调整进出口经营资格标准和核准程序的通知〉的通知》(国税函〔2003〕1019号)。

254.《国家税务总局关于外商投资企业出口货物若干税收问题的通知》(国税发〔1996〕123号)。

255.《国家税务总局关于明确出口退税几个政策问题的通知》(国税函〔1998〕720号)。

256.《国家税务总局关于外商投资企业出口货物若干税收问题的通知》(国税发〔1999〕189号)。

257.《国家税务总局关于高校后勤社会化改革有关城镇土地使用税和房产税问题的批复》(国税函〔2000〕635号)。

258.《国家税务总局关于继续免征中国南方机车车辆工业集团公司房产税和城镇土地使用税的通知》(国税函〔2002〕851号)。

259.《国家税务总局关于继续免征中国北方机车车辆工业集团公司房产税和城镇土地使用税的通知》(国税函〔2002〕852号)。

260.《国家税务总局关于继续免征中国南方机车车辆工业集团公司房产税和城镇土地使用税的补充通知》(国税函〔2003〕1111号)。

261.《国家税务总局关于继续免征中国北方机车车辆工业集团公司房产税和城镇土地使用税的补充通知》(国税函〔2003〕1120号)。

262.《国家税务局关于对司法部所属的劳改劳教单位的生产经营用地暂免征收土地使用税问题的通知》(〔90〕国税函发280号)。

263.《国家税务局关于中国物资储运总公司所属物资储运企业土地使用税问题的通知》(国税函发〔1991〕200号)。

264.《国家税务局关于煤炭企业生产用地土地使用税税额标准问题的通知》(国税函发〔1991〕484号)。

265.《国家税务局关于石油生产建设用地土地使用税税额标准问题的通知》(国税函发〔1991〕485号)。

266.《国家税务局关于适当下放城镇土地使用税减免税审批权限的通知》(国税发〔1992〕53号)。

267.《国家税务局关于林业系统的林区贮木场、水运码头用地征免土地使用税的通知》(国税函发〔1992〕733号)。

268.《国家税务局关于军队房地产经营管理机构管理的营房用地征免土地使用税的通

知》(国税函发〔1992〕902号)。

269.《国家税务总局关于地质勘查单位有关税收政策问题的补充通知》(国税发〔2000〕27号)。

270.《国家税务总局关于全国棉花交易市场棉花购销合同暂免征收印花税的通知》(国税函〔2000〕36号)。

271.《国家税务总局关于国信寻呼有限责任公司及其子公司资金账簿征收印花税有关问题的通知》(国税函〔1999〕685号)。

272.《国家税务局关于对国营华侨农(林)场、工厂征免印花税、城镇土地使用税的通知》(〔89〕国税地字第17号)。

273.《国家税务局关于以税还贷和开发新产品减免税时城市维护建设税征免处理问题的通知》(〔89〕国税地字第155号)。

274.《国家税务局关于对中国北方工业(集团)总公司所属的兵工企业征免土地使用税问题的规定》(国税地字〔1989〕37号)。

275.《国家税务总局关于调整内蒙古自治区非统配煤矿资源税税额的批复》(国税函〔1999〕189号)。

276.《国家税务总局关于调整淄博矿务局所属三处煤矿资源税单位税额的批复》(国税函〔2000〕459号)。

277.《国家税务总局关于临沂等矿务局所属三处煤矿资源税税额的批复》(国税函〔2002〕846号)。

278.《国家税务总局关于调整云南省富强县煤炭资源税税额的批复》(国税函〔2004〕20号)。

279.《国家税务总局关于对个人出租房屋征收房产税问题的批复》(国税函发〔1993〕141号)。

280.《国家税务总局关于下发税务登记证件式样的通知》(国税发〔1993〕44号)。

281.《国家税务总局关于下发〈税务登记证件代码编制说明〉的通知》(国税发〔1993〕74号)。

282.《国家税务总局关于下发〈贯彻实施税收征管法及其实施细则若干问题的规定〉的通知》(国税发〔1993〕117号)。

283.《国家税务总局关于税务登记代码问题的批复》(国税函发〔1994〕560号)。

284.《国家税务总局关于换发税务登记证件的通知》(国税发〔1996〕46号)。

285.《国家税务总局关于税务登记证式样的通知》(国税函发〔1996〕131号)。

286.《国家税务总局关于换发税务登记证统一代码具体使用问题的通知》(国税函发〔1996〕165号)。

287.《国家税务总局关于不申报缴纳税款定性问题的批复》(国税函发〔1997〕91号)。

288.《国家税务总局关于换发税务登记证件处罚依据认定的批复》(国税函发〔1997〕479号)。

289.《国家税务总局关于印发〈税务登记管理办法〉的通知》(国税发〔1998〕81号)。

290.《国家税务总局关于加强延期缴纳税款审批管理的通知》(国税发〔1998〕98号)。

二、部分条款已失效或废止涉及的税收部门规章和规范性文件 94 件

1.《国家税务总局关于印发〈增值税部分货物征税范围注释〉的通知》(国税发〔1993〕151 号)第一条。

2.《国家税务总局关于增值税若干征收问题的通知》(国税发〔1994〕122 号)第六条(四)"为了有利于提高专用发票的开票效率,销货方可以预先在专用发票有关销货单位的栏目内加盖刻有其名称、地址、电话号码、纳税人登记号的专用戳记。印章必须清楚。如果上述内容发生变化,必须及时更换"、(五)"《国家税务总局关于增值税专用发票使用问题的通知》(国税明传电报〔1994〕35 号)第三条所说'其销售电力或自来水可以使用税务机关监制的机外专用发票和电子计算机开具专用发票',是指供电部门和自来水公司可以使用电子计算机开具专用发票,但必须领购使用税务机关统一监制的机外发票"。

3.《国家税务总局关于加强增值税征收管理若干问题的通知》(国税发〔1995〕192 号)第一条(二)"商业企业接受投资、捐赠和分配的货物抵扣进项税额的手续。根据《国家税务总局关于加强增值税征收管理工作的通知》(国税发〔1995〕15 号)的规定,增值税一般纳税人购进货物其进项税额的抵扣,商业企业必须在购进货物付款后才能够申报抵扣进项税额。对商业企业接受投资、捐赠和分配的货物,以收到增值税专用发票的时间为申报抵扣进项税额的时限。在纳税人申报抵扣进项税额时,应提供有关投资、捐赠和分配货物的合同或证明材料"、(四)"分期付款方式购进货物的抵扣时间。商业企业采取分期付款方式购进货物,凡是发生销货方是先全额开具发票,购货方再按合同约定的时间分期支付款项的情况,其进项税额的抵扣时间应在所有款项支付完毕后,才能够申报抵扣该货物的进项税额"、(五)"增值税一般纳税人违反上述第(三)、(四)项规定的,税务机关应从纳税人当期进项税额中剔除,并在该进项发票上注明,以后无论是否支付款项,均不得计入进项税额申报抵扣"。

4.《国家税务总局关于增值税若干征管问题的通知》(国税发〔1996〕155 号)第四条。

5.《国家税务总局关于进口免税品销售业务征收增值税问题的通知》(国税发〔1994〕62 号)第二条。

6.《国家税务总局关于粮食企业增值税管理问题的补充通知》(国税函〔1999〕829 号)第二条。

7.《国家税务总局关于调整饲料生产企业饲料免征增值税审批程序的通知》(国税发〔2003〕114 号)第二条。

8.《国家税务总局关于铁路运费进项税额抵扣有关问题的补充通知》(国税函〔2003〕970 号)第一条。

9.《国家税务总局关于印发〈增值税若干具体问题的规定〉的通知》(国税发〔1993〕154 号)第一条(三)"融资租赁业务,无论租赁的货物的所有权是否转让给承租方,均不征收增值税"。

10.《关于印发〈增值税一般纳税人申请认定办法〉的通知》(国税发〔1994〕59 号)第二条、第三条、第五条。

11.《国家税务总局关于加强增值税征收管理工作的通知》(国税发〔1995〕15 号)第一条第一款(一)"对违反增值税专用发票(以下简称专用发票)使用规定的一般纳税人,依据

《中华人民共和国税收征收管理法》、《增值税专用发票使用规定》及其相关的规定处罚。经县级以上国家税务局批准,在六个月内停止其使用专用发票,收缴结存的专用发票,并责令纳税人限期完善健全专用发票的使用制度,对逾期仍然达不到要求的,经地、市级以上国家税务局批准,可延长停止使用专用发票的期限"、第二条、第三条(二)"对纳税人购进货物、应税劳务取得的专用发票'发票联'、'抵扣联',凡不符合《增值税专用发票使用规定》开具要求的,不得作为扣税的凭证。对遗失专用发票'发票联'或'抵扣联'的,不论何种原因,均不得抵扣其进项税款(从对方取得的存根联复印件亦不得充作扣税凭证)"。

12.《国家税务总局关于印发〈增值税问题解答(之一)〉通知》(国税函发〔1995〕288号)第五条。

13.《国家税务总局关于增值税若干税收政策问题的批复》(国税函〔2001〕248号)第二条。

14.《国家税务总局关于调整部分按简易办法征收增值税的特定货物销售行为征收率的通知》(国税发〔1998〕122号)第三条。

15.《国家税务总局关于填开增值税专用发票有关问题的通知》(国税发〔1996〕166号)第一条。

16.《国家税务总局关于推行增值税防伪税控系统若干问题的通知》(国税发〔2000〕183号)第一条。

17.《国家税务总局关于印发〈国家税务总局关于推行增值税防伪税控系统的通告〉的通知》(国税发〔2000〕191号)第一条、第三条。

18.《国家税务总局关于印发〈增值税防伪税控系统管理办法〉的通知》(国税发〔1999〕221号)第二条、第六条。

19.《国家税务总局关于加强增值税专用发票使用管理问题的通知》(国税发〔1995〕193号)第一条、第二条、第三条、第四条、第五条、第六条。

20.《国家税务总局关于农村电力体制改革中农村电网维护费征免增值税问题的批复》(国税函〔2002〕421号)第三条。

21.《国家税务总局关于增值税几个业务问题的通知》(国税发〔1994〕186号)第三条。

22.《国家税务总局关于营业税若干征税问题的通知》(国税发〔1994〕159号)第二条、第八条、第九条、第十条。

23.《国家税务总局关于油气田所属单位为本油气田提供劳务征收营业税问题的通知》(国税发〔1995〕132号)第一条、第四条。

24.《国家税务总局关于电信部门有关业务征收营业税问题的通知》(国税发〔2000〕143号)第二条"电信部门销售有价电话卡的纳税义务发生时间,为售出电话卡并取得售卡收入或取得索取售卡收入凭据的当天,其营业额为向购买方(包括经销商)收取的全部价款和价外费用"。"对电信部门有价电话卡业务按售卡收入征税后,预收款账户上积存的预收款可在三年内分期转入营业收入,并按规定缴纳营业税。已纳税营业额高于售卡收入的,已多纳的部分亦可在三年内分期冲减营业额"。

25.《国家税务总局关于印发〈金融保险业营业税申报管理办法〉的通知》(国税发〔2002〕9号)第十八条。

26.《国家税务总局关于货物运输业营业税纳税人认定情况的再次通报》(国税函〔2003〕1360号)第三条。

27.《国家税务总局关于货物运输业营业税纳税人认定情况的第三次通报》(国税函〔2003〕1393号)第一条、第二条。

28.《国家税务总局关于地质矿产部所属地勘单位征税问题的补充通知》(国税函发〔1996〕656号)第一条。

29.《国家税务总局关于国家经贸委管理的10个国家局所属科研机构转制后税收征收管理问题的通知》(国税发〔1999〕135号)第一条。

30.《国家税务总局关于部队取得应税收入税收征管问题的批复》(国税函〔2000〕466号)第一条。

31.《国家税务总局关于蚌埠市公路机械化工程处纳税问题的批复》(国税函〔2000〕76号)第一条。

32.《国家税务总局关于消费税若干征税问题的通知》(国税发〔1994〕130号)第二条(一)"根据消费税法的规定,对于用外购或委托加工的已税消费品连续生产应税消费品,在计征消费税时可以扣除外购已税消费品的买价或委托加工已税消费品代收代缴的消费税"、(三)"对企业用外购或委托加工的已税汽车轮胎(内胎或外胎)连续生产汽车轮胎;用外购或委托加工的已税摩托车连续生产摩托车(如用外购两轮摩托车改装三轮摩托车),在计征消费税时,允许扣除外购或委托加工的已税汽车轮胎和摩托车的买价或已纳消费税税款计征消费税"。

33.《国家税务总局关于金银首饰消费税若干征收管理问题的通知》(国税发〔1995〕63号)第一条、第二条、第三条、第四条、第六条。

34.《国家税务总局关于加强委托加工应税消费品征收管理的通知》(国税发〔1995〕122号)第一条。

35.《国家税务总局关于贯彻〈国务院关于调整烟叶和卷烟价格及税收政策〉的紧急通知》(国税发〔1998〕121号)第一条(一)"《通知》规定的一类卷烟,指卷烟生产企业每大箱(五万支)销售价格(不包括应向购货方收取的增值税税款,下同)在6410元(含)以上的卷烟;二、三类卷烟,指每大箱销售价格高于2137元(含),低于6410元的卷烟;四、五类卷烟,指每大箱销售价格在2137元以下的卷烟。纳税人现已生产的各牌号卷烟,按卷烟生产企业1998年6月30日以前同牌号、规格卷烟的销售价格确定征税类别;新牌号卷烟,按实际销售价格确定征税类别"、(二)"为规范纳税申报,避免卷烟消费税分类计税标准与卷烟生产企业的质量等级标准相混淆,将《通知》规定的一类卷烟消费税征税类别更名为甲类卷烟,二、三类卷烟征税类别更名为乙类卷烟,四、五类卷烟征税类别更名为丙类卷烟"、(四)"纳税人自产自用的卷烟应当按照纳税人生产的同牌号规格的卷烟销售价格确定征税类别和适用税率,没有同牌号规格卷烟销售价格的,一律按照甲类卷烟的50%税率征税"、(五)"委托加工的卷烟按照受托方同牌号规格卷烟的征税类别和适用税率征税。没有同牌号规格的卷烟,一律按照甲类卷烟50%税率征税"、(六)"白包卷烟、手工卷烟、未经国务院批准纳入计划的企业和个人生产的卷烟,一律按照甲类卷烟50%税率征税"、第二条、第三条。

36.《国家税务总局关于调整烟叶和卷烟价格及税收政策的补充通知》(国税函发

〔1998〕524号)第一条、第二条、第三条、第四条。

37.《国家税务总局关于印发〈金银首饰消费税征收管理办法〉的通知》(国税发〔1994〕267号)第二条、第五条、第七条、第八条。

38.《国家税务总局关于印发〈消费税征收范围注释〉的通知》(国税发〔1993〕153号)第七条、第八条。

39.《国家税务总局关于工程勘察设计单位体制改革企业所得税问题的通知》(国税发〔2001〕60号)第一条。

40.《国家税务总局关于企业合并分立业务有关所得税问题的通知》(国税发〔2000〕119号)第一条(一)"合并企业和被合并企业为实现合并而向股东回购本公司股份,回购价格与发行价格之间的差额,应作为股票转让所得或损失"。

41.《国家税务总局关于印发〈城乡信用社若干税收、财务问题的暂行规定〉的通知》(国税发〔1996〕231号)第二条、第四条。

42.《国家税务总局关于企业所得税若干问题的通知》(国税发〔1994〕132号)第一条、第三条。

43.《国家税务总局关于企业所得税几个具体问题的通知》(国税发〔1994〕229号)第二条、第三条。

44.《国家税务总局关于印发〈关于加强中央企业所得税征收管理工作的意见〉的通知》(国税发〔1995〕188号)第四条。

45.《国家税务总局关于严格控制企业所得税核定征收范围的通知》(国税发〔1996〕200号)第三条、第四条。

46.《国家税务总局关于印发〈企业技术开发费税前扣除管理办法〉的通知》(国税发〔1999〕49号)第二条、第四条、第五条、第六条、第十六条。

47.《国家税务总局关于广播电视事业单位征收企业所得税若干问题的通知》(国税发〔2001〕15号)第二条。

48.《国家税务总局关于企业所得税几个业务问题的通知》(国税发〔1994〕250号)第二条、第三条、第四条、第五条。

49.《国家税务总局关于印发〈电力企业所得税征收管理办法〉的通知》(国税发〔1998〕134号)第三条、第七条、第八条、第九条、第十条、第十一条、第十二条。

50.《国家税务总局关于司法公证机构改制后有关所得税问题的通知》(国税函〔2001〕739号)第五条。

51.《国家税务总局关于印发〈加强汇总纳税企业所得税征收管理暂行办法〉的通知》(国税发〔1995〕198号)第一条、第三条、第四条、第五条、第六条。

52.《国家税务总局关于福利彩票发行机构缴纳企业所得税问题的通知》(国税发〔1999〕100号)第二条。

53.《国家税务总局关于印发〈事业单位、社会团体、民办非企业单位企业所得税征收管理办法〉的通知》(国税发〔1999〕65号)第八条(一)"事业单位凡执行国务院规定的事业单位工作人员工资制度的,按照规定的工资标准在税前扣除,超过规定工资标准发放的工资不得在税前扣除;经国家有关主管部门批准,实行工资总额与经济效益挂钩的事业单位,经税务机关批准,可在工效挂钩办法核定的工资标准内,按实际发放数在税前扣除;按工效挂钩办法核定的工资标准提取的工资额,低于当年实际发放工资额的部分,在以后年度发放时可在税前扣除。凡不执行以上两种办法的事业单位,按税法统一规定的计税工资标准扣除。社会团体,民办非企业单位的工资扣除比照事业单位执行。事业单位,社会团体,民办非企业单位的工资制度和工资标准应报主管税务机关备案"、(二)"事业单位、社会团体、民办非企业单位的职工工会经费、职工福利费、职工教育经费,分别按照前款规定允许税前扣除标准工资总额的2%、14%、1.5%计算扣除。但原来在有关费用中直接列支的,在计算应纳税所得额时不得扣除"、第九条(二)"事业单位、社会团体、民办非企业单位的固定资产,一般应采用直线法或工作量法计提折旧;需要采用其他折旧方法的,可以向主管税务机关提出申请,经审核同意后使用其他折旧方法"、第十四条。

54.《国家税务总局关于城市商业银行所得税几个业务问题的通知》(国税发〔1999〕227号)第五条。

55.《国家税务总局关于电信企业所得税有关问题的通知》(国税发〔2000〕147号)第四条。

56.《国家税务总局关于印发〈总机构提取管理费税前扣除审批办法〉的通知》(国税发〔1996〕177号)第四条。

57.《国家税务总局关于总机构提取管理费税前扣除审批办法的补充通知》(国税函〔1999〕136号)第七条。

58.《国家税务总局关于汇总(合并)纳税企业实行统一计算、分级管理、就地预交、集中清算所得税问题的通知》(国税发〔2001〕13号)第七条。

59.《国家税务总局关于铁路运输多种经营企业缴纳企业所得税问题的通知》(国税发〔1998〕62号)第一条。

60.《国家税务总局关于中国人寿保险公司重组改制后企业所得税有关问题的通知》(国税函〔2004〕627号)第一条。

61.《国家税务总局关于转制科研机构享受企业所得税优惠政策问题的补充通知》(国税发〔2002〕36号)第一条。

62.《国家税务总局关于已取消和下放的企业所得税审批事项衔接问题的通知》(国税函〔2004〕963号)第一条、第二条。

63.《国家税务总局关于中国民航总局所属企业缴纳所得税问题的通知》(国税发〔1994〕67号)第一条、第二条、第三条、第四条、第五条、第六条。

64.《国家税务总局关于境外企业所得税的征收及进行税源调查的通知》(国税发〔1994〕265号)第一条。

65.《国家税务总局关于校办企业征免所得税问题的批复》(国税函〔1996〕138号)第一条、第二条。

66.《关于外贸企业缴纳企业所得税问题的通知》(国税发〔1994〕220号)第一条、第二条。

67.《国家税务总局关于化肥实行综合平均销售价格后税收、财务处理问题的通知》(国税函发〔1996〕663号)第一条、第二条、第三条、第四条。

68.《国家税务总局关于加强全国供销合作总社直属企业财务管理的通知》(国税函发〔1996〕664号)第二条(三)"关于财产损失和投资损失审批问题。企业发生的财产损失和投资损失,报经国家税务总局审批后可列入企业的当期损益"。

69.《国家税务总局关于个人所得税偷税案件查处中有关问题的补充通知》(国税函发〔1996〕602号)第一条、第二条、第七条。

70.《国家税务总局关于进一步加强对高收入者个人所得税征收管理的通知》(国税发〔2001〕57号)第六条。

71.《国家税务总局关于加强个人股东账户资金利息所得个人所得税征收管理工作的通知》(国税函〔1999〕697号)第二条。

72.《国家税务总局关于〈出口货物税收函调规定〉的通知》(国税发〔1995〕37号)第一条、第二条、第三条。

73.《国家税务总局关于出口货物专用税票电子信息审核有关问题的通知》(国税函〔2003〕1392号)第一条、第二条(一)"增值税专用发票是2003年8月1日以前开具的";(二)"购进货物的增值税专用发票或普通发票尚未纳入增值税防伪税控、稽核系统监控范围的"。

74.《国家税务总局关于印发〈出口货物退(免)税管理办法〉的通知》(国税发〔1994〕31号)第四条、第五条、第六条、第十一条、第十二条、第十三条、第二十四条、第二十五条、第二十六条、第三十条、第三十一条、第三十三条。

75.《国家税务总局关于加强出口退税管理,严格审核退税凭证的通知》(国税发〔1994〕146号)第三条、第四条。

76.《国家税务总局关于传递代理出口货物证明电子信息有关问题的通知》(国税函〔1997〕630号)第二条、第三条、第四条。

77.《国家税务总局关于印发〈出口货物退(免)税若干问题的具体规定〉的通知》(国税发〔1999〕101号)第二条、第三条、第四条。

78.《国家税务总局关于加强出口货物退税专用税票电子信息管理工作的通知》(国税发〔2000〕117号)第五条。

79.《国家税务总局关于出口退税若干问题的通知》(国税发〔2000〕165号)第七条、第八条。

80.《国家税务总局关于印发〈生产企业出口货物"免、抵、退"税管理操作规程〉(试行)的通知》(国税发〔2002〕11号)第一条(一)"生产企业在办理出口退税登记时,应填报《出口企业退税登记表》(表样见出口退税计算机管理系统二期网络版)并提供以下资料:

1. 法人营业执照或工商营业执照(副本);
2. 税务登记证(副本);
3. 中华人民共和国进出口企业资格证书(无进出口经营权的生产企业无需提供);
4. 海关自理报关单位注册登记证明书(无进出口经营权的生产企业无需提供);
5. 增值税一般纳税人申请认定审批表或年审审批表;
6. 税务机关要求的其他资料,如代理出口协议等"。

第一条(二)"2002年换发税务登记前,出口退税企业登记办法暂时按以上规定办理。

2002年换发税务登记时,出口企业除提供换发税务登记的有关资料外,还应按照税务机关的要求提供以上资料。2002年换发税务登记后,有关生产企业出口退税登记一并纳入税务登记统一管理"。

第五条(二)"(2)根据退税部门提供的企业自报关出口之日起超过6个月未收齐有关出口退税凭证或未向退税部门办理'免、抵、退'税申报手续的出口货物的信息,按规定计算征税(另有规定者除外)"。

81.《国家税务总局关于明确生产企业出口视同自产产品实行免、抵、退税办法的通知》(国税发〔2002〕152号)第二条。

82.《国家税务总局关于出口货物退(免)税若干问题的通知》(国税发〔2003〕139号)第一条、第二条。

83.《国家税务总局关于使用增值税专用发票认证信息审核出口退税的紧急通知》(国税函〔2004〕133号)第六条(一)"总局提供了《增值税专用发票认证信息导出与传递技术方案》(附件),各地应根据该方案,结合本地区出口退税审核、审批的管理模式,确定增值税专用发票认证信息传递办法,并于2004年2月5日前将本地区确定的增值税专用发票认证信息传递办法上报总局(信息中心)"、附件《增值税专用发票认证信息导出与传递技术方案》。

84.《国家税务总局关于做好已取消涉及出口退税行政审批项目的后续管理工作的通知》(国税发〔2004〕77号)第二条。

85.《国家税务总局关于使用增值税专用发票信息审核出口退税有关问题的补充通知》(国税函〔2004〕862号)第二条。

86.《国家税务总局关于办理2003年12月31日前出口货物累计欠退税有关问题的通知》(国税函〔2004〕905号)第一条、第二条。

87.《国家税务总局关于生产企业免抵调库有关核销问题的通知》(国税函〔2004〕1240号)第二条、第三条。

88.《国家税务总局关于使用增值税专用发票电子信息审核出口退税有关事项的通知》(国税函〔2003〕995号)第三条。

89.《国家税务总局关于国务院各部门机关后勤体制改革有关税收政策具体问题的通知》(国税发〔2000〕153号)第一条。

90.《国家税务局关于对军队系统用地征免城镇土地使用税的通知》(〔89〕国税地字第83号)第七条。

91.《国家税务局关于对城市公共交通公司所属单位用地征免土地使用税问题的通知》(〔89〕国税地字第98号)第一条、第三条。

92.《国家税务局关于对核工业总公司所属企业征免土地使用税问题的若干规定》(〔89〕国税地字第7号)第三条。

93.《国家税务局关于对中国物资储运总公司所属物资储运企业征免土地使用税问题的规定》(国税地字〔1989〕139号)第二条。

94.《国家税务总局关于金税工程发现的涉嫌违规增值税专用发票处理问题的通知》(国税函〔2001〕730号)第一条、第二条。

商务部　发展改革委
财政部　人民银行　国家税务总局
联合发布关于废止有关文件的通知

2007年6月21日　商财发〔2007〕228号

各省、自治区、直辖市、计划单列市及新疆生产建设兵团;商务主管部门、财政主管部门、发展改革委(厅、局)、人民银行、国家税务局:

经研究,现决定对下列6个文件,自即日起停止执行:

一、财政部、商务部《关于利用出口信用保险积极促进企业外贸出口的通知》(财金〔2003〕95号);

二、原外经贸部、财政部《关于印发〈出口信用保险发展资金管理办法〉的通知》(外经贸计财发〔2002〕584号);

三、原国家经贸委《关于印发〈关于进一步促进自营企业扩大出口的意见〉的通知》(国经贸贸易〔1999〕995号);

四、中国人民银行、国家经贸委、原国家计委、财政部、原外经贸部、国家税务总局《关于颁布〈封闭贷款管理暂行办法〉的通知》(银发〔1999〕261号);

五、中国人民银行、原国家计委、财政部、原外经贸部、国家税务总局《关于颁布〈外经贸企业封闭贷款管理暂行办法〉的通知》(银发〔1999〕285号);

六、原国家经贸委、中国银行《关于印发机电产品出口专项外汇贷款使用管理办法的通知》(国经贸机〔1996〕549号)。

特此通知。

国务院关于废止部分行政法规的决定(节录)

2008年1月15日　中华人民共和国国务院令第516号

现公布《国务院关于废止部分行政法规的决定》,自公布之日起生效。

总理　温家宝
2008年1月15日

国务院关于废止部分行政法规的决定

为了更好地适应加快建设法治政府、全面推进依法行政的要求,国务院对截至2006年底现行行政法规共655件进行了全面清理。经过清理,国务院决定:

一、对主要内容被新的法律或者行政法规所代替的49件行政法规,予以废止。(目录见附件1)

二、对适用期已过或者调整对象已经消失,实际上已经失效的43件行政法规,宣布失效。(目录见附件2)

本决定自公布之日起生效。

附件:1. 国务院决定废止的行政法规目录(49件)
   2. 国务院决定宣布失效的行政法规目录(43件)

附件1

国务院决定废止的行政法规目录(49件)

序号	法规名称	公布机关及日期	说明
	…………		
27	中华人民共和国财政部对外国企业常驻代表机构征收工商统一税、企业所得税的暂行规定	1985年4月11日国务院批准,1985年5月15日财政部公布	已被2007年12月6日中华人民共和国国务院令第512号公布的《中华人民共和国企业所得税法实施条例》代替
	…………		
29	中华人民共和国国务院关于中外合资建设港口码头优惠待遇的暂行规定	1985年9月30日国务院公布	已被2001年3月15日中华人民共和国主席令第48号公布的《中华人民共和国中外合资经营企业法》、2007年3月16日中华人民共和国主席令第63号公布的《中华人民共和国企业所得税法》代替
	…………		

附件2

国务院决定宣布失效的行政法规目录(43件)

序号	法规名称	公布机关及日期	说明
	…………		
21	关于实行"划分税种、核定收支、分级包干"财政管理体制的规定	1985年3月21日国务院公布	适用期已过,实际上已经失效
	…………		
28	中华人民共和国筵席税暂行条例	1988年9月22日中华人民共和国国务院令第16号公布	调整对象已消失,实际上已经失效
	…………		
37	关于继续对宣传文化单位实行财税优惠政策的规定	1994年11月30日国务院批准,1994年12月23日财政部、国家税务总局公布	适用期已过,实际上已经失效
	…………		

国家税务总局关于发布已失效或废止的税收规范性文件目录(第二批)的通知

2008年1月17日　国税发〔2008〕8号

各省、自治区、直辖市和计划单列市国家税务局、地方税务局:

根据《国务院办公厅关于开展行政法规规章清理工作的通知》(国办发〔2007〕12号)精神,税务总局对2005年1月1日至2006年12月31日发布的税收规范性文件及前期清理工作中尚未得到清理的税收规范性文件进行了全面清理,现将有关清理结果通知如下:

一、全文已失效或废止的税收规范性文件33件

1.《国家税务总局关于连云港中复连众复合材料集团有限公司出口退税有关问题的批复》(国税函〔2005〕52号)

2.《国家税务总局关于深圳市瑞沐化工实业有限公司出口溴甲烷有关退税问题的批复》(国税函〔2005〕843号)

3.《国家税务总局关于小规模纳税人外商投资企业采购国产设备退税问题的批复》(国税函〔2005〕1092号)

4.《国家税务总局关于亚化科技(中山)包装工具有限公司出口退税问题的批复》(国税函〔2005〕1151号)

5.《国家税务总局关于含金产品出口退税有关问题的通知》(国税函〔2006〕481号)

6.《国家税务总局关于出口合同备案有关问题的通知》(国税函〔2006〕847号)

7.《国家税务总局关于特殊政策退税截至日期问题的批复》(国税函〔2004〕1430号)

8.《国家税务总局关于做好2004年度出口货物退(免)税清算工作的通知》(国税函〔2004〕1378号)

9.《国家税务总局关于调整2005年免税"加工出口专用钢材"计划的通知》(国税函〔2005〕554号)

10.《国家税务总局关于第二次调整2005年加工出口专用钢材免税计划的通知》(国税函〔2005〕856号)

11.《国家税务总局关于下达2006年第一季度免税出口卷烟计划的通知》(国税函〔2005〕1217号)

12.《国家税务总局关于下达2006年第二季度免税出口卷烟计划的通知》(国税函〔2006〕464号)

13.《国家税务总局关于华北电网有限公司电力产品供电环节增值税预征率问题的通知》(国税函〔2005〕61号)

14.《国家税务总局关于核定部分车辆最低计税价格的通知》(国税函〔2004〕1327号)

15.《国家税务总局关于车辆购置税税收政策及征收管理有关问题的补充通知》(国税

发〔2005〕47号)

16.《国家税务总局关于完税证明遗失刊登遗失证明有关问题的补充通知》(国税函〔2005〕429号)

17.《国家税务总局关于设有固定装置的非运输车辆免征车辆购置税的通知》(国税函〔2005〕672号)

18.《国家税务总局关于加强机动车辆税收管理有关问题的补充通知》(国税函〔2005〕731号)

19.《国家税务总局关于印发过渡期车辆购置税业务操作说明的通知》(国税函〔2006〕300号)

20.《国家税务总局关于"皮卡"改装的"旅行车"征收消费税问题的批复》(国税函〔2005〕217号)

21.《国家税务总局关于核发2005年石脑油、溶剂油和调整2004年石脑油、溶剂油生产供应计划的通知》(国税发〔2005〕94号)

22.《国家税务总局关于美宝莲恒莹全天候粉底液等产品征收消费税问题的批复》(国税函〔2005〕1231号)

23.《国家税务总局关于核发2006年一季度石脑油、溶剂油数量和调整2005年石脑油、溶剂油生产供应计划的通知》(国税函〔2006〕868号)

24.《国家税务总局 财政部 民政部 中国残疾人联合会关于调整完善现行福利企业税收优惠政策试点实施办法的通知》(国税发〔2006〕112号)

25.《国家税务总局关于林业科技重奖和贡献奖获奖收入免征个人所得税的通知》(国税函〔2004〕1389号)

26.《国家税务总局关于个人所得税纳税人纳税申报有关事项的通知》(国税发〔2005〕207号)

27.《国家税务总局关于进一步加强车船使用税征管工作的通知》(国税发〔2005〕35号)

28.《国家税务总局关于印制2001年车船使用税标志有关事项的通知》(国税函〔2000〕658号)

29.《国家税务总局关于机动车辆丢失后准予办理车船使用税退税的批复》(国税函〔2004〕1394号)

30.《国家税务总局关于外国驻华使、领馆人员征免车船使用牌照税的有关规定继续有效的通知》(国税发〔1994〕28号)

31.《国家税务总局关于供热企业缴纳房产税和城镇土地使用税问题的批复》(国税函〔2005〕60号)

32.《国家税务总局关于印发〈税务违法案件举报奖励办法〉的通知》(国税发〔1998〕211号)

33.《国家税务总局关于做好2005年整顿和规范税收秩序工作的通知》(国税函〔2005〕419号)

二、部分已失效或废止的税收规范性文件3件

1.《国家税务总局　铁道部关于规范铁路客运餐车发票使用管理的通知》(国税发〔2005〕198号)第四条。

2.《国家税务总局关于新增列名生产企业外购产品出口退税的通知》(国税函〔2005〕356号)第一条。

3.《国家税务总局关于明确天然肠衣适用征税率、出口退税率等有关问题的通知》(国税发〔2005〕74号)第二条、第四条。

财政部关于公布废止和失效的财政规章和规范性文件目录(第十批)的决定(节录)

2008年1月31日　财政部令第48号

……

为了适应依法行政、依法理财的需要,根据《国务院办公厅关于开展行政法规规章清理工作的通知》(国办发〔2007〕12号)和《国务院法制办公室关于行政法规规章清理工作有关问题的通知》(国法〔2007〕20号)的要求以及我部"第十次财政法规清理工作方案",我部在前九次财政法规清理的基础上,对新中国成立以来至2005年12月发布的现行财政规章和规范性文件进行了第十次全面清理,并逐一作出了鉴定。经过清理,确定废止和失效的财政规章和规范性文件共559件,其中,废止的财政规章和规范性文件298件,失效的财政规章和规范性文件261件。现将这559件财政规章和规范性文件的目录予以公布,停止执行。

废止和失效的财政规章和规范性文件目录(第十批)
(559件)

一、废止的财政规章和规范性文件目录(298件)

……

税收类

18. 关于家禽行业有关税收优惠政策的通知
    (2005年12月7日　财政部、国家税务总局　财税〔2005〕166号)
19. 关于恢复河南油田原油资源税税额标准的通知
    (2005年5月23日　财政部、国家税务总局　财税〔2005〕62号)
20. 关于印刷少数民族文字出版物增值税政策的通知
    (2005年4月4日　财政部、国家税务总局　财税〔2005〕48号)
21. 关于调整证券(股票)交易印花税税率的通知

(2005年1月24日　财政部、国家税务总局　财税〔2005〕11号)
22. 关于继续对尿素产品实行增值税先征后返政策的通知
(2005年1月26日　财政部、国家税务总局　财税〔2005〕9号)
23. 关于供热企业有关增值税问题的补充通知
(2004年12月31日　财政部、国家税务总局　财税〔2004〕223号)
24. 关于调整山东省济宁市枣庄市境内部分煤炭企业资源税税额的通知
(2004年6月30日　财政部、国家税务总局　财税〔2004〕117号)
25. 关于调整山东省济宁市枣庄市境内煤炭企业资源税税额的通知
(2004年4月21日　财政部、国家税务总局　财税〔2004〕80号)
26. 关于华商储备商品管理中心及国家直属储备糖库和肉冷库有关税收政策的通知
(2004年5月21日　财政部、国家税务总局　财税〔2004〕75号)
27. 关于家禽行业有关税收优惠政策的紧急通知
(2004年2月18日　财政部、国家税务总局　财税〔2004〕45号)
28. 关于延长国务院各部门机关服务中心有关税收政策执行期限的通知
(2004年3月5日　财政部、国家税务总局　财税〔2004〕42号)
29. 关于供热企业税收问题的通知
(2004年2月5日　财政部、国家税务总局　财税〔2004〕28号)
30. 关于综合类科技报纸增值税先征后返有关问题的通知
(2004年1月6日　财政部、新闻出版总署　财税〔2004〕26号)
31. 关于列名钢铁企业销售"加工出口专用"钢材适用退税率的通知
(2004年1月17日　财政部、国家税务总局　财税〔2004〕15号)
32. 关于监狱劳教企业有关税收政策的通知
(2004年2月17日　财政部、国家税务总局　财税〔2004〕1号)
33. 关于低污染排放小汽车减征消费税问题的通知
(2003年12月31日　财政部、国家税务总局　财税〔2003〕266号)
34. 关于扩大企业技术开发费加计扣除政策适用范围的通知
(2003年11月27日　财政部、国家税务总局　财税〔2003〕244号)
35. 关于技术标准等出版物增值税政策问题的通知
(2003年12月3日　财政部、国家税务总局　财税〔2003〕239号)
36. 关于三线企业破产重组及改组改制后有关税收问题的通知
(2003年7月11日　财政部、国家税务总局　财税〔2003〕163号)
37. 关于继续执行高校后勤社会化改革有关税收政策的通知
(2003年7月11日　财政部、国家税务总局　财税〔2003〕152号)
38. 关于青藏铁路建设期间有关税收政策问题的通知
(2003年6月12日　财政部、国家税务总局　财税〔2003〕128号)
39. 关于中国储备棉管理总公司有关税收政策的通知

(2003年7月3日　财政部、国家税务总局　财税〔2003〕115号)

40. 关于出版物增值税和营业税政策的补充通知

    (2003年6月23日　财政部、国家税务总局　财税〔2003〕90号)

41. 关于中国兵器工业集团公司和兵器装备集团公司所属专门生产枪炮弹等企业继续免征城镇土地使用税的通知

    (2002年12月13日　财政部、国家税务总局　财税〔2002〕186号)

42. 关于经营高校学生公寓有关税收政策的通知

    (2002年10月8日　财政部、国家税务总局　财税〔2002〕147号)

43. 关于县改区新华书店增值税退税问题的通知

    (2002年9月4日　财政部、国家税务总局　财税〔2002〕138号)

44. 关于调整中国石化胜利油田有限公司原油资源税税额标准的通知

    (2001年12月25日　财政部、国家税务总局　财税〔2002〕26号)

45. 关于调整冶金联合企业矿山铁矿石资源税适用税额的通知

    (2002年2月9日　财政部、国家税务总局　财税〔2002〕17号)

46. 关于提高棉纱棉布及其制品出口退税率的通知

    (2001年12月11日　财政部、国家税务总局　财税〔2001〕208号)

47. 关于调整中国石油天然气股份有限公司吉林油田分公司原油资源税税额的通知

    (2001年11月23日　财政部、国家税务总局　财税〔2001〕181号)

48. 关于钻石及上海钻石交易所有关税收政策的通知

    (2001年11月5日　财政部、国家税务总局　财税〔2001〕176号)

49. 关于民贸企业有关增值税问题的批复

    (2001年10月8日　财政部、国家税务总局　财税〔2001〕167号)

50. 关于企业改革中有关契税政策的通知

    (2001年10月31日　财政部、国家税务总局　财税〔2001〕161号)

51. 关于中央各部门机关服务中心有关税收政策问题的通知

    (2001年7月24日　财政部、国家税务总局　财税〔2001〕122号)

52. 关于索道运营征收营业税问题的通知

    (2001年7月2日　财政部、国家税务总局　财税〔2001〕116号)

53. 关于调整新疆部分油田原油资源税税额的通知

    (2001年7月10日　财政部、国家税务总局　财税〔2001〕102号)

54. 关于若干报刊享受出版物增值税先征后退政策的通知

    (2001年6月1日　财政部、国家税务总局　财税〔2001〕89号)

55. 关于出版物和电影拷贝增值税及电影发行营业税政策的通知

    (2001年6月1日　财政部、国家税务总局　财税〔2001〕88号)

56. 关于以三剩物和次小薪材为原料生产加工的综合利用产品增值税优惠政策的通知

(2001年4月29日　财政部、国家税务总局　财税〔2001〕72号)

57. 关于继续对国家定点企业生产和经销单位经销的边销茶免征增值税的通知

(2001年4月20日　财政部、国家税务总局　财税〔2001〕71号)

58. 关于继续对民族贸易企业执行增值税优惠政策的通知

(2001年4月20日　财政部、国家税务总局　财税〔2001〕69号)

59. 关于对监狱劳教企业有关企业所得税城镇土地使用税政策问题的通知

(2001年4月28日　财政部、国家税务总局　财税〔2001〕56号)

60. 关于继续执行农村信用社有关营业税政策的通知

(2001年4月6日　财政部、国家税务总局　财税〔2001〕50号)

61. 关于出口电解铜退税问题的通知

(2001年4月17日　财政部、国家税务总局　财税〔2001〕45号)

62. 关于调整四川境内部分天然气产区资源税税额的批复

(2001年3月1日　财政部、国家税务总局　财税〔2001〕29号)

63. 关于香皂和汽车轮胎消费税政策的通知

(2000年12月28日　财政部、国家税务总局　财税字〔2000〕145号)

64. 关于调整证券交易印花税代征手续费提取比例的通知

(2000年9月21日　财政部、国家税务总局　财税〔2000〕85号)

65. 关于上海钻石交易所有关税收政策的通知

(2000年4月27日　财政部、国家税务总局　财税字〔2000〕65号)

66. 关于调整山西大同矿务局资源税税额的通知

(2000年8月24日　财政部、国家税务总局　财税〔2000〕62号)

67. 关于工程勘察设计单位体制改革若干税收政策的通知

(2000年3月24日　财政部、国家税务总局　财税字〔2000〕38号)

68. 关于福利企业有关税收政策问题的通知

(2000年3月23日　财政部、国家税务总局　财税字〔2000〕35号)

69. 关于对低污染排放小汽车减征消费税的通知

(2000年6月7日　财政部、国家税务总局　财税〔2000〕26号)

70. 关于高校后勤社会化改革有关税收政策的通知

(2000年2月28日　财政部、国家税务总局　财税字〔2000〕25号)

71. 关于宣传文化单位出版物增值税优惠政策的补充通知

(1999年12月31日　财政部、国家税务总局　财税字〔1999〕305号)

72. 关于恢复柴油出口退税的通知

(1999年12月15日　财政部、国家税务总局、海关总署　财税字〔1999〕289号)

73. 关于对国家计划内出口的原油实行退税的通知

(1999年8月18日　财政部、国家税务总局、海关总署　财税字〔1999〕227号)

74. 关于进一步提高部分货物出口退税率的通知

(1999年8月2日　财政部、国家税务总局　财税字〔1999〕225号)

75. 关于出口煤炭有关退(免)税问题的通知

(1999年7月1日　财政部、国家税务总局　财税字〔1999〕200号)

76. 关于国务院各部门机关服务中心有关税收政策问题的通知

(1999年10月22日　财政部、国家税务总局　财税字〔1999〕43号)

77. 关于改进钢材"以产顶进"办法的补充通知

(1999年3月19日　财政部、国家经贸委、国家税务总局、海关总署　财税字〔1999〕34号)

78. 关于调整护肤护发品消费税税率的通知

(1999年3月16日　财政部、国家税务总局　财税字〔1999〕23号)

79. 关于提高部分货物出口退税率的通知

(1999年1月29日　财政部、国家税务总局　财税字〔1999〕17号)

80. 关于更正财税字〔1998〕53号文附件所列部分企业名称的通知

(1998年6月24日　财政部、国家税务总局　财税字〔1998〕170号)

81. 关于提高纺织机械出口退税率的通知

(1998年6月16日　财政部、国家税务总局　财税字〔1998〕107号)

82. 关于提高煤炭、钢材、水泥及船舶出口退税率的通知

(1998年6月16日　财政部、国家税务总局　财税字〔1998〕102号)

83. 关于农村信用社征收营业税有关问题的通知

(1998年3月25日　财政部、国家税务总局　财税字〔1998〕65号)

84. 关于列名企业销售到保税区"以产顶进"国产钢材予以退税的通知

(1998年3月31日　财政部、国家税务总局、海关总署　财税字〔1998〕53号)

85. 关于调整四川石油管理局天然气资源税税额的通知

(1998年3月6日　财政部、国家税务总局　财税字〔1998〕24号)

86. 关于旧货经营增值税问题的通知

(1998年2月13日　财政部、国家税务总局　财税字〔1998〕6号)

87. 关于调整陕西省黄陵市非统配煤矿煤炭资源税税额的通知

(1998年3月4日　财政部、国家税务总局　财税字〔1998〕2号)

88. 关于长庆石油勘探局天然气资源税问题的通知

(1997年12月29日　财政部、国家税务总局　财税字〔1997〕187号)

89. 关于对福利企业继续执行税收优惠政策的通知

(1998年1月7日　财政部　财税字〔1997〕180号)

90. 关于使用新疆棉生产出口产品实行零税率管理办法的通知

(1997年10月10日　财政部、国家税务总局、海关总署　财税字〔1997〕126号)

91. 关于铁道部所属单位恢复征收车船使用税问题的通知

(1997年5月13日　财政部、国家税务总局　财税字〔1997〕57号)

92. 关于有进出口经营权的生产企业自营(委托)出口货物实行"免、抵、退"税收管理办法的通知

   (1997年5月21日　财政部、国家税务总局　财税字〔1997〕50号)

93. 关于调整内蒙古伊克昭盟煤炭资源税单位税额的通知

   (1997年2月28日　财政部、国家税务总局　财税字〔1997〕11号)

94. 关于调整新疆原油资源税税额的通知

   (1997年1月25日　财政部、国家税务总局　财税字〔1997〕9号)

95. 关于减征冶金独立矿山铁矿石和有色金属矿资源税的通知

   (1997年1月29日　财政部、国家税务总局　财税字〔1996〕82号)

96. 关于民航机场管理建设费营业税先征后返还问题的通知

   (1996年4月17日　财政部、国家税务总局　财税字〔1996〕32号)

97. 关于出口货物恢复使用增值税税收专用缴款书管理的通知

   (1996年2月18日　财政部、国家税务总局　财税字〔1996〕8号)

98. 关于世行贷款粮食流通项目营业税问题的复函

   (1995年9月20日　财政部、国家税务总局　财税字〔1995〕71号)

99. 关于代理进出口业务代购代销收入列支业务招待费问题的规定的通知

   (1995年6月26日　财政部、国家税务总局　财税字〔1995〕56号)

100. 关于调整六家企业铁矿石资源税适用税额的通知

   (1995年7月9日　财政部、国家税务总局　财税字〔1995〕10号)

101. 关于民航单位收取的机场管理建设费旅游发展基金应按税法规定征收营业税的通知

   (1995年3月20日　财政部、国家税务总局　财税字〔1995〕5号)

102. 关于临时调减北方海盐资源税税额的通知

   (1995年1月8日　财政部、国家税务总局　(94)财税字第096号)

103. 关于原油天然气资源税有关问题的通知

   (1994年11月9日　财政部、国家税务总局　(94)财税字第078号)

104. 关于执行营业税暂行条例实施细则中确定旅行社应纳税营业额的通知

   (1994年12月12日　财政部、国家税务总局　(94)财法字第53号)

105. 关于对香皂暂时给予减征消费税照顾的通知

   (1994年6月20日　财政部、国家税务总局　财税字(94)第039号)

106. 关于对福利企业、学校办企业征税问题的通知

   (1994年3月29日　财政部、国家税务总局　财税字(94)第003号)

107. 关于对外商投资企业和外国企业在华机构的用地不征收土地使用税的通知

   (1988年11月2日　财政部　(88)财税字第260号)

108. 关于补偿贸易涉及专有技术使用费补偿的征税问题的批复

(1987年5月25日　财政部税务总局　(87)财税外字第132号)

109. 关于对银行、保险系统征免车船使用税的通知

(1987年3月7日　财政部　(87)财税字第035号)

110. 关于如何确定铁道部所属单位征免房产税和车船使用税问题的批复

(1987年9月19日　财政部税务总局　(87)财税地字第020号)

111. 关于"港作船"、"工程船"的解释

(1987年9月14日　财政部税务总局　(87)财税地字第019号)

112. 关于对武警部队车船征免车船使用税的通知

(1987年7月22日　财政部税务总局　(87)财税地字第013号)

113. 关于对车船使用税有关征管问题的通知

(1987年5月26日　财政部税务总局　(87)财税征字第007号)

114. 关于车船使用税几个问题的批复

(1986年11月19日　财政部税务总局　(86)财税地字第011号)

115. 关于调整对台湾省直接贸易运进大陆产品征收的调节税税目税率的通知

(财政部、海关总署　(86)财税字第51号)

116. 关于对中外合作经营的外方有两个合作者应分别计征企业所得税的批复

(1985年11月19日　财政部税务总局　(85)财税外字第252号)

117. 关于摘要转发《长江、珠江三角洲和闽南厦漳泉三角地区座谈会纪要》的通知

(1985年6月5日　财政部　(85)财税字第148号)

118. 关于经济特区、经济技术开发区、老市区几个政策业务问题的解答

(1985年3月27日　财政部　(85)财税字第084号)

119. 关于从台湾省进行直接贸易运进内地的涤纶加工丝减征调节税问题的通知

(财政部、海关总署　(85)财税字第321号)

120. 关于征免调节税问题的通知

(财政部、海关总署　(83)财税字第52号)

121. 关于用产品偿还设备价款、利息和专有技术使用费免征所得税问题的批复

(1983年3月9日　财政部　(83)财税字第065号)

122. 关于合营企业的合营者将分得的利润汇出国外以后再用于来华投资不能按再投资退税的批复

(1981年9月16日　财政部税务总局　(81)财税外字第82号)

关税类

123. 关于对原产于美国泰国韩国和台湾地区的进口未漂白牛皮箱纸板征收反倾销税的决定

(2005年9月28日　国务院关税税则委员会　税委会〔2005〕28号)

124. 关于进一步明确《澳门安排》第二批零关税产品清单的通知

(2004年10月21日　国务院关税税则委员会　税委会〔2004〕15号)

125. 关于内地与港澳更紧密经贸关系安排第二批实施零关税产品清单的通知

(2004年8月10日　国务院关税税则委员会　税委会〔2004〕11号)

126. 关于对钢铁最终保障措施中部分产品配额到量后不加征关税的决定

(2003年11月13日　国务院关税税则委员会　税委会〔2003〕23号)

127. 关于部分钢铁产品实施最终保障措施的通知

(2002年11月15日　国务院关税税则委员会　税委会〔2002〕10号)

128. 关于企业(集团)技术中心等继续享受有关进口税收优惠政策的通知

(2001年6月26日　财政部、国家税务总局　财税〔2001〕112号)

129. 国务院关税税则委员会公告

(2001年6月21日　国务院关税税则委员会　2001年第1号)

130. 关于对原产于日本、美国的进口丙烯酸酯征收反倾销税的通知

(2001年6月1日　国务院关税税则委员会　税委会〔2001〕3号)

131. 关于印发《关于在我国海洋开采石油(天然气)进口物资免征进口税收的暂行规定》和《关于在我国陆上特定地区开采石油(天然气)进口物资免征进口税收的暂行规定》的通知

(2001年12月21日　财政部、国家税务总局、海关总署　财税〔2001〕186号)

132. 关于解决计算机2000年问题设备免征进口税收的通知

(1999年11月25日　财政部、国家税务总局、海关总署、信息产业部　财税字〔1999〕287号)

133. 关于印发《"九五"期间对国有大中型企业技术改造项目进口国内不能生产的设备退还增值税的暂行办法》的通知

(1997年9月26日　财政部、国家经贸委、国家税务总局、海关总署　财税字〔1997〕35号)

134. 关于印发《关于运用关税手段促进轻型客车国产化的暂行规定》的通知

(1997年1月15日　国务院税委会、国家计委、机械工业部、海关总署　税委会〔1997〕19号)

135. 关于进口卷烟临时调低消费税税率的通知

(1994年8月24日　财政部、国家税务总局、海关总署　(94)财税政字第158号)

136. 关于明确无线电话机为国家控制进口产品范围的函

(1991年1月1日　海关总署关税司、国家计委技改司　(1991)税则0507号)

137. 关于部分产品适用工商统一税税率等问题的通知

(1986年7月16日　财政部、海关总署　(86)财税字第152号)

138. 关于玻璃纤维及其制品等产品适用工商统一税税率问题的通知

(1986年5月5日 财政部、海关总署 (86)财税字第103号)

139. 关于电冰箱等产品适用工商统一税税率问题的通知

(1986年4月18日 财政部、海关总署 (86)财税字第93号)

140. 关于对中外合资经营、合作生产、合作经营企业和客商独立经营企业征收工商统一税问题的通知

(1985年4月29日 财政部、海关总署 (85)财税字第92号)

141. 关于经贸部所属企业设立的维修服务站进口货物征税问题的通知

(1984年7月23日 财政部、海关总署 (84)财税字第179号)

142. 关于从国外引进技术改造项目的技术、设备减免关税和工商统一税问题的通知

(1983年1月27日 财政部、海关总署 (83)财税字第30号)

143. 关于进口商品征税问题的通知

(1979年5月14日 财政部、对外贸易部 (79)财税字第54号)

....

社保类

206. 关于建立再就业资金统计督查制度等有关问题的通知

(2003年5月22日 财政部 财社〔2003〕54号)

207. 关于促进下岗失业人员再就业资金管理有关问题的通知

(2002年12月3日 财政部、劳动保障部 财社〔2002〕107号)

二、失效的财政规章和规范性文件目录(261件)

....

税收类

20. 关于纳税人向第四届全国特殊奥林匹克运动会和第十届全国运动会捐赠税前扣除问题的通知

(2005年8月17日 财政部、国家税务总局 财税〔2005〕127号)

21. 关于中国铁通集团有限公司营业税问题的通知

(2005年2月23日 财政部、国家税务总局 财税〔2005〕22号)

22. 关于飞度牌轿车减征消费税的通知

(2004年9月17日 财政部、国家税务总局 财税〔2004〕165号)

23. 关于金旅牌轻型客车减征消费税的通知

(2004年9月17日 财政部、国家税务总局 财税〔2004〕164号)

24. 关于高尔夫奥迪及宝来牌系列轿车减征消费税的通知

(2004年9月17日 财政部、国家税务总局 财税〔2004〕163号)

25. 关于海马牌HMc7161轿车减征消费税的通知

(2004年9月17日 财政部、国家税务总局 财税〔2004〕162号)

26. 关于昌河牌轻型客车减征消费税的通知

(2004年9月17日　财政部、国家税务总局　财税〔2004〕161号)
27. 关于猎豹牌轻型越野车减征消费税的通知
   (2004年9月17日　财政部、国家税务总局　财税〔2004〕160号)
28. 关于宝马牌减征消费税的通知
   (2004年9月17日　财政部、国家税务总局　财税〔2004〕159号)
29. 关于昌河牌和北斗星牌轻型客车减征消费税的通知
   (2004年9月17日　财政部、国家税务总局　财税〔2004〕158号)
30. 关于更正东南牌DN7161P和DN7161H 2个型号小汽车减征消费税执行时间的通知
   (2004年6月29日　财政部、国家税务总局　财税〔2004〕114号)
31. 关于江铃全顺牌汽车减征消费税的通知
   (2004年7月5日　财政部、国家税务总局　财税〔2004〕113号)
32. 关于现代牌轿车减征消费税的通知
   (2004年7月5日　财政部、国家税务总局　财税〔2004〕112号)
33. 关于风神牌轿车减征消费税的通知
   (2004年7月5日　财政部、国家税务总局　财税〔2004〕111号)
34. 关于长城牌汽车减征消费税的通知
   (2004年7月5日　财政部、国家税务总局　财税〔2004〕110号)
35. 关于尼桑牌减征消费税的通知
   (2004年7月5日　财政部、国家税务总局　财税〔2004〕109号)
36. 关于北京轻型越野车减征消费税的通知
   (2004年7月5日　财政部、国家税务总局　财税〔2004〕108号)
37. 关于田野牌小汽车减征消费税的通知
   (2004年7月5日　财政部、国家税务总局　财税〔2004〕107号)
38. 关于松花江牌小汽车减征消费税的通知
   (2004年7月5日　财政部、国家税务总局　财税〔2004〕106号)
39. 关于2004年降低农业税税率和在部分粮食主产区进行免征农业税改革试点有关问题的通知
   (2004年4月6日　财政部、农业部、国家税务总局　财税〔2004〕77号)
40. 关于尿素产品增值税先征后返问题的通知
   (2004年1月17日　财政部、国家税务总局　财税〔2004〕33号)
41. 关于三线调迁企业设立的新企业享受税收优惠政策问题的通知
   (2004年1月8日　财政部　财税〔2004〕17号)
42. 关于切诺基牌小汽车减征消费税的通知
   (2003年12月30日　财政部、国家税务总局　财税〔2003〕275号)

43. 关于"十五"后3年继续返还铁路建设基金营业税问题的通知
    (2003年11月25日　财政部、国家税务总局　财税〔2003〕240号)

44. 关于长安牌小汽车减征消费税的通知
    (2003年9月12日　财政部、国家税务总局　财税〔2003〕203号)

45. 关于昌河牌小汽车减征消费税的通知
    (2003年9月12日　财政部、国家税务总局　财税〔2003〕190号)

46. 关于免征抗艾滋病病毒药品增值税的通知
    (2003年8月25日　财政部、国家税务总局　财税〔2003〕181号)

47. 关于2003年农村税费改革试点地区农业特产税有关问题的通知
    (2003年6月3日　财政部、国家税务总局　财税〔2003〕136号)

48. 关于数控机床产品增值税先征后返问题的通知
    (2003年5月27日　财政部、国家税务总局　财税〔2003〕97号)

49. 关于铸锻件产品增值税先征后返问题的通知
    (2003年5月27日　财政部、国家税务总局　财税〔2003〕96号)

50. 关于模具产品增值税先征后返问题的通知
    (2003年5月27日　财政部、国家税务总局　财税〔2003〕95号)

51. 关于第二批东南牌小汽车减征消费税的通知
    (2003年5月7日　财政部、国家税务总局　财税〔2003〕71号)

52. 关于悦达牌小汽车减征消费税的通知
    (2003年5月7日　财政部、国家税务总局　财税〔2003〕62号)

53. 关于秦山二期核电站增值税政策问题的通知
    (2003年2月9日　财政部、国家税务总局　财税〔2003〕18号)

54. 关于福田牌轻型客车减征消费税的通知
    (2003年1月20日　财政部、国家税务总局　财税〔2003〕6号)

55. 关于"十五"期间宣传文化单位所得税优惠政策有关问题的通知
    (2002年12月6日　财政部　财税〔2002〕175号)

56. 关于三线调迁企业设立的新企业在"十五"期间享受税收优惠政策问题的通知
    (2001年12月10日　财政部　财税〔2001〕204号)

57. 关于对废旧物资回收经营业务增值税政策的补充通知
    (2001年8月16日　财政部、国家税务总局　财税〔2001〕138号)

58. 关于"十五"期间三线企业税收政策问题的通知
    (2001年8月14日　财政部、国家税务总局　财税〔2001〕133号)

59. 关于调整农村税费改革试点地区农业特产税若干政策的通知
    (2001年6月1日　财政部、国家税务总局　财税〔2001〕93号)

60. 关于鞍钢、本钢资源税政策问题的通知

(2001年4月24日　财政部、国家税务总局　财税〔2001〕83号)

61. 关于攀钢资源税政策问题的通知

(2001年4月24日　财政部、国家税务总局　财税〔2001〕70号)

62. 关于继续对秦山核电站实行增值税先征后返政策的通知

(2001年4月9日　财政部、国家税务总局　财税〔2001〕48号)

63. 关于军队移交地方的农场和军马场有关农业税收政策的通知

(2001年3月14日　财政部、国家税务总局　财税〔2001〕31号)

64. 关于退耕还林还草试点地区农业税政策的通知

(2000年10月13日　财政部、国家税务总局　财税〔2000〕103号)

65. 关于农村税费改革试点工作中农业税若干问题的意见

(2000年7月31日　财政部、国家税务总局　财税〔2000〕43号)

66. 关于免征中国石油化工股份有限公司组建过程中有关契税的通知

(2000年7月28日　财政部、国家税务总局　财税〔2000〕55号)

67. 关于农村税费改革试点地区取消屠宰税的通知

(2000年5月15日　财政部、国家税务总局　财税字〔2000〕71号)

68. 关于农村税费改革试点地区农业特产税政策的通知

(2000年4月27日　财政部、国家税务总局　财税字〔2000〕67号)

69. 关于浙江省提高企业所得税计税工资扣除限额的批复

(2000年2月1日　财政部、国家税务总局　财税字〔2000〕9号)

70. 关于更改中外合资商业企业出口货物退税企业名称的通知

(1999年12月15日　财政部、国家税务总局　财税字〔1999〕295号)

71. 关于三线调迁企业设立的新企业有关政策问题的通知

(1999年6月1日　财政部　财税字〔1999〕73号)

72. 关于1993年12月31日前批准成立的外商投资企业有关税收政策问题的通知

(1998年12月14日　财政部、对外贸易经济合作部、国家税务总局　财税字〔1998〕184号)

73. 关于中外合资商业企业出口货物退税问题的通知

(1998年8月4日　财政部、国家税务总局　财税字〔1998〕119号)

74. 关于铸锻件产品增值税先征后返问题的通知

(1998年7月29日　财政部、国家税务总局　财税字〔1998〕81号)

75. 关于对使用新疆棉生产的出口产品退税问题的通知

(1998年7月8日　财政部、国家税务总局、海关总署　财税字〔1998〕117号)

76. 关于农村合作基金会税收问题的函

(1998年5月8日　财政部、国家税务总局　财税字〔1998〕79号)

77. 关于民贸企业有关税收问题的通知

(1998年1月7日 财政部、国家税务总局 财税字〔1997〕124号)

78. 关于金融保险企业计税工资问题的批复

   (1997年11月26日 财政部 财税政字〔1997〕268号)

79. 关于对重复列入新产品名单的产品不得享受增值税优惠政策的批复

   (1997年10月16日 财政部、国家税务总局 财税字〔1997〕129号)

80. 关于对中国兵器工业总公司所属专门生产枪炮弹等企业继续免征城镇土地使用税的通知

   (1997年7月30日 财政部、国家税务总局 财税字〔1997〕104号)

81. 关于鞍山钢铁集团公司资源税政策问题的通知

   (1997年6月28日 财政部、国家税务总局 财税字〔1997〕90号)

82. 关于攀枝花钢铁(集团)公司增值税、资源税政策问题的通知(资源税部分)

   (1997年6月28日 财政部、国家税务总局 财税字〔1997〕80号)

83. 关于延长限额以下外商投资项目免税进口设备和原材料宽限期的通知

   (1997年4月23日 财政部、国家税务总局 财税字〔1997〕16号)

84. 关于生产副食品的企业和饲料加工企业征免企业所得税的通知

   (1997年3月18日 财政部、国家税务总局 财税字〔1997〕30号)

85. 关于保险企业缴纳企业所得税问题的补充通知

   (1996年10月8日 财政部、国家税务总局 财税字〔1996〕83号)

86. 关于铁路施工企业承建京九铁路、浙赣复线工程收取三项费用等征收营业税问题的批复

   (1996年8月30日 财政部、国家税务总局 财税字〔1996〕60号)

87. 关于农业税纳税人认定问题的复函

   (1996年8月15日 财政部 财税政字〔1996〕159号)

88. 关于调整国有良种示范繁殖农场农业税征免政策的通知

   (1996年3月6日 财政部、国家税务总局 财税字〔1996〕26号)

89. 关于全国统一使用"农业特产税应税产品外运税收管理证明"的通知

   (1995年6月12日 财政部 财农税字〔1995〕4号)

90. 关于外贸企业亏损弥补等问题的通知

   (1995年3月10日 财政部、国家税务总局 财税字〔1995〕22号)

91. 关于外商投资企业出口货物税收问题的通知

   (1994年8月25日 财政部、国家税务总局 (94)财税字第058号)

92. 对《关于黄金生产环节免征增值税问题的通知》的补充规定

   (1994年7月4日 财政部、国家税务总局 (94)财税字第046号)

93. 关于明确民航基础设施建设基金纳税问题的通知

   (1994年4月7日 财政部、国家税务总局 (94)财税字第006号)

94. 关于农业特产税征收业务核算问题的通知

(1994年3月28日　财政部　(94)财农税字第8号)

95. 关于农业特产税征收具体事项的通知

(1994年3月24日　财政部　(94)财农税字第7号)

96. 关于进一步加强农业税收征收管理工作的通知

(1993年9月7日　财政部　(93)财农税字第47号)

97. 关于行蓄洪区农业税返还问题的复函

(1993年2月5日　财政部　(93)财农税字第8号)

98. 关于重新制发中国农税征收检查证的通知

(1989年12月4日　财政部　(89)财农税字第96号)

99. 关于认真贯彻国务院《通知》切实加强农业税征管和审计监督的联合通知

(1989年6月26日　财政部、审计署　(89)财农税字第37号)

100. 关于对军队房地产经营管理机构管理的房产暂免征房产税的通知

(1987年5月7日　财政部　(87)财税字第033号)

101. 关于"七五"期间铁道部所属单位征免房产税和车船使用税的补充通知

(1986年12月1日　财政部　(86)财税字第340号)

102. 关于"七五"期间铁道部所属单位征免房产税和车船使用税的通知

(1986年11月14日　财政部　(86)财税字第326号)

103. 关于农业税征收减免若干问题的通知

(1986年6月30日　财政部　(86)财农字第207号)

104. 关于开征城市维护建设税后继续征收"公用事业附加"的批复

(1986年5月31日　财政部税务总局　(86)财税地字第002号)

105. 关于农业税征收工作中有关问题的联合通知

(1986年4月16日　财政部、商业部　(86)财农字第050号)

106. 关于对人民银行委托加工储备金饰品免征城市维护建设税的通知

(1986年1月30日　财政部税务总局　(86)财税地字第001号)

107. 关于1985年国营企业缴纳城市维护建设税有关财务处理的规定

(1985年4月10日　财政部　(85)财改字第103号)

关税类

108. 关于2006年关税实施方案的通知

(2005年12月9日　国务院关税税则委员会　税委会〔2005〕33号)

109. 关于2005年远洋渔业有关进口税收政策问题的通知

(2005年12月10日　财政部　财关税〔2005〕50号)

110. 关于增加中国图书进出口(集团)总公司2005年进口图书资料免征进口环节增值税进口额度的通知

(2005年11月21日　财政部、国家税务总局　财关税〔2005〕44号)

111. 关于2005年度中国海洋石油总公司勘探开发海洋石油(天然气)项目认定的通知

(2005年9月28日　财政部　财关税〔2005〕39号)

112. 关于2005年度中国石油天然气集团公司勘探开发海洋和陆上特定地区石油(天然气)项目认定的通知

(2005年9月15日　财政部　财关税〔2005〕35号)

113. 关于首批重型燃气轮机项目进口关键零部件税收问题的通知

(2005年7月26日　财政部　财关税〔2005〕32号)

114. 关于2005年度中国石油化工集团公司勘探开发海洋和陆上特定地区石油(天然气)项目认定的通知

(2005年6月17日　财政部　财关税〔2005〕26号)

115. 关于国家林业局2005年度种子(苗)种用野生动植物免税进口计划的通知

(2005年6月8日　财政部、国家税务总局　财关税〔2005〕25号)

116. 关于铜原料进口增值税先征后返有关问题的通知

(2005年3月22日　财政部、国家税务总局　财关税〔2005〕12号)

117. 关于远洋渔船进口税收问题的通知

(2005年2月2日　财政部　财关税〔2005〕6号)

118. 关于2005年关税实施方案的通知

(2004年12月22日　国务院关税税则委员会　税委会〔2004〕22号)

119. 关于2004年度中国石油天然气集团公司勘探开发海洋和陆上特定地区石油(天然气)项目认定的通知

(2004年12月15日　财政部、国家税务总局　财关税〔2004〕46号)

120. 关于增加中国图书进出口(集团)总公司2004年度进口图书资料免征增值税进口额度的通知

(2004年11月3日　财政部、国家税务总局　财关税〔2004〕44号)

121. 关于2004年度中国石油化工集团公司勘探开发海洋和陆上特定地区石油(天然气)项目认定的通知

(2004年9月29日　财政部、国家税务总局　财关税〔2004〕41号)

122. 关于免征进口抗艾滋病病毒药物税收问题的通知

(2002年10月15日　财政部、国家税务总局　财税〔2002〕160号)

123. 关于"十五"期间内销远洋船用设备有关税收政策的通知

(2002年2月28日　财政部　财税〔2002〕9号)

…………

社保类

199. 关于编报二〇〇四年度社会保障基金决算的通知
 (2004年12月8日 财政部 财社〔2004〕147号)
200. 关于2004年度中央管理企业下岗职工基本生活保障财政补助资金清算及有关问题的通知
 (2004年10月19日 财政部 财社〔2004〕93号)
201. 关于驻吉林、黑龙江两省中央管理企业下岗职工基本生活保障向失业保险并轨有关问题的通知
 (2004年7月19日 财政部、劳动保障部 财社〔2004〕52号)
202. 关于吉林、黑龙江两省完善城镇社会保障体系试点期间国有企业下岗职工基本生活保障财政补助资金管理问题的通知
 (2004年7月19日 财政部、劳动保障部 财社〔2004〕51号)
203. 关于编报2003年度社会保险基金决算的通知
 (2003年12月16日 财政部、劳动保障部 财社〔2003〕197号)
204. 关于切实做好中央直属企业下岗职工基本生活费发放工作有关问题的通知
 (2000年11月2日 财政部、劳动保障部 财社字〔2000〕87号)
205. 国有企业下岗职工基本生活保障和再就业资金管理暂行办法
 (1998年9月8日 财政部、劳动保障部 财社字〔1998〕94号)
206. 中央财政拨付地方国有企业下岗职工基本生活保障和再就业补助费管理暂行办法
 (1998年6月26日 财政部 财社字〔1998〕49号)

……………

国家税务总局关于发布已失效或废止有关增值税规范性文件清单的通知

2009年2月2日 国税发〔2009〕7号

各省、自治区、直辖市和计划单列市国家税务局：

根据《国务院关于印发〈全面推进依法行政实施纲要〉的通知》(国发〔2004〕10号)的要求,国家税务总局对1993年底以来以国家税务总局名义发布的有关增值税政策及征收管理的规范性文件进行了全面清理,现将已失效或废止有关增值税规范性文件清单通知如下：

一、全文废止或失效的税收规范性文件50件
1.《国家税务总局关于各种性质的价外收入都应当征收增值税的批复》(国税函发

〔1994〕87号)

2.《国家税务总局关于印发〈增值税小规模纳税人征收管理办法〉的通知》(国税发〔1994〕116号)

3.《国家税务总局关于印发修改后的〈增值税纳税报表〉表样的通知》(国税发〔1994〕272号)

4.《国家税务总局关于加强增值税征收管理工作的通知》(国税发〔1995〕15号)

5.《国家税务总局关于下发〈增值税专用发票及其他计税、扣税凭证稽核检查办法(试行)〉的通知》(国税发〔1995〕30号)

6.《国家税务总局关于生产销售并连续安装铝合金门窗等业务收入征收增值税问题的批复》(国税函〔1996〕447号)

7.《国家税务总局关于印发〈增值税日常统计报表和调查工作评比计分办法〉的通知》(国税函〔1996〕448号)

8.《国家税务总局关于检查清理增值税一般纳税人的通知》(国税发〔1997〕38号)

9.《国家税务总局关于进行增值税纳税人情况调查的通知》(国税函〔1997〕156号)

10.《国家税务总局关于农电管理站收取的电工经费征收增值税问题的批复》(国税函〔1997〕241号)

11.《国家税务总局关于开展商业企业增值税专项检查的通知》(国税函〔1997〕401号)

12.《国家税务总局关于做好商业个体经营者增值税征收率调整工作的通知》(国税发〔1998〕104号)

13.《国家税务总局关于贯彻国务院有关完善小规模商业企业增值税政策的决定的补充通知》(国税发〔1998〕124号)

14.《国家税务总局关于1999年增值税一般纳税人年审工作几个具体问题的通知》(国税流函〔1998〕43号)

15.《国家税务总局关于北京市自来水公司征收增值税问题的批复》(国税函〔1998〕28号)

16.《国家税务总局关于工业企业制售安装铁塔征税问题的批复》(国税函〔1999〕505号)

17.《国家税务总局关于济南市自来水公司有关增值税问题的批复》(国税函〔2000〕612号)

18.《国家税务总局关于金税工程运行有关问题的通知》(国税发明电〔2000〕50号)

19.《国家税务总局关于防伪税控认证不符和密文有误增值税专用发票查处工作的通知》(国税发明电〔2000〕51号)

20.《国家税务总局关于加强商贸企业增值税纳税评估工作的通知》(国税发〔2001〕140号)

21.《国家税务总局关于天津市自来水公司征收增值税问题的批复》(国税函〔2001〕981号)

22.《国家税务总局关于青岛市自来水集团有限公司有关增值税问题的批复》(国税函〔2001〕982号)

23.《国家税务总局关于武汉市自来水公司征收增值税问题的批复》(国税函〔2001〕983号)

24.《国家税务总局关于农村电力体制改革中农村电网维护费征免增值税问题的批复》(国税函〔2002〕421号)

25.《国家税务总局关于推行增值税一般纳税人纳税申报"一窗式"管理模式的通知》(国税发明电〔2003〕26号)

26.《国家税务总局关于推行增值税一般纳税人纳税申报"一窗式"管理模式有关问题的通知》(国税发明电〔2003〕28号)

27.《国家税务总局关于确保增值税纳税申报"一窗式"管理模式推行到位的通知》(国税发明电〔2003〕30号)

28.《国家税务总局关于开展增值税一般纳税人纳税申报电子信息采集系统和增值税专用发票抵扣联信息企业采集方式软件测评工作的通知》(国税函〔2003〕29号)

29.《国家税务总局关于推行增值税一般纳税人纳税申报电子信息采集系统的通知》(国税函〔2003〕328号)

30.《国家税务总局关于一般纳税人销售自来水增值税进项税额抵扣问题的批复》(国税函〔2003〕432号)

31.《国家税务总局关于进一步加强增值税征收管理问题的通知》(国税函〔2003〕439号)

32.《国家税务总局关于增值税电子申报软件推行有关问题的通知》(国税函〔2003〕943号)

33.《国家税务总局关于水煤浆产品适用增值税税率的批复》(国税函〔2003〕1144号)

34.《国家税务总局关于首都机场集团公司转供自来水业务征收增值税问题的批复》(国税函〔2003〕1289号)

35.《国家税务总局关于开展增值税专项纳税评估工作的通知》(国税发明电〔2004〕7号)

36.《国家税务总局关于印发〈中国石油化工股份有限公司南方勘探开发分公司原油天然气增值税征收管理办法〉的通知》(国税函〔2004〕678号)

37.《国家税务总局关于加强东北地区扩大增值税抵扣范围增值税管理有关问题的通知》(国税函〔2004〕1111号)

38.《国家税务总局关于开展成品油零售单位增值税纳税评估工作的通知》(国税发〔2005〕76号)

39.《国家税务总局关于加强增值税申报异常企业纳税评估工作的通知》(国税发明电〔2005〕21号)

40.《国家税务总局关于铁路运费进项税额抵扣问题的补充通知》(国税函〔2005〕332号)

41.《国家税务总局关于将西林钢铁集团有限公司纳入东北地区扩大增值税抵扣试点企业范围的批复》(国税函〔2005〕592号)

42.《国家税务总局关于将吉林炭素集团有限责任公司纳入东北地区扩大增值税抵扣

试点企业范围的批复》(国税函〔2005〕692号)

43.《国家税务总局关于部分资源综合利用产品增值税政策有关问题的批复》(国税函〔2005〕1028号)

44.《国家税务总局关于纳税人销售自产建筑防水材料并同时提供建筑业劳务征收流转税问题的通知》(国税发〔2006〕80号)

45.《国家税务总局关于开展农业产品进项税额抵扣异常等核查工作的通知》(国税函〔2006〕710号)

46.《国家税务总局关于开展增值税专用发票存根联滞留专项核查工作的通知》(国税函〔2006〕1277号)

47.《国家税务总局关于天津市自来水供水企业进项税额抵扣问题的批复》(国税函〔2007〕24号)

48.《国家税务总局关于明确硫磺适用税率的通知》(国税函〔2007〕624号)

49.《国家税务总局关于矿采选过程中的低品位矿石是否属于废旧物资的批复》(国税函〔2007〕1027号)

50.《国家税务总局关于开展水泥生产企业增值税专项纳税评估工作的通知》(国税函〔2008〕407号)

二、部分条款失效或废止的税收规范性文件14件

1.《国家税务总局关于印发〈增值税若干具体问题的规定〉的通知》(国税发〔1993〕154号)第三条、第四条。

2.《国家税务总局关于增值税若干征收问题的通知》(国税发〔1994〕122号)第二条、第五条。

3.《国家税务总局关于增值税几个业务问题的通知》(国税发〔1994〕186号)第二条。

4.《国家税务总局关于加强增值税征收管理若干问题的通知》(国税发〔1995〕192号)第一条第(一)款第1项"(固定资产除外)"。

5.《国家税务总局关于印发〈增值税问题解答(之一)〉的通知》(国税函发〔1995〕288号)附件《增值税问题解答(之一)》第一条、第三条(铁路单位税收政策解答)、第八条、第十一条、第十三条、第十四条、第十五条、第十六条。

6.《国家税务总局关于增值税若干征管问题的通知》(国税发〔1996〕155号)第三条。

7.《国家税务总局关于中关村科技园区软件开发生产企业有关税收政策的通知》(国税发〔1999〕156号)第二条、第三条、第四条。

8.《国家税务总局关于纳税人销售自产货物提供增值税劳务并同时提供建筑业劳务征收流转税问题的通知》(国税发〔2002〕117号)第三条。

9.《国家税务总局关于加强货物运输业税收征收管理的通知》(国税发〔2003〕121号)附件二《运输发票增值税抵扣管理试行办法》第二条第二款第(一)项"(固定资产除外)"。

10.《国家税务总局关于加强海关进口增值税专用缴款书和废旧物资发票管理有关问题的通知》(国税函〔2004〕128号)第二条。

11.《国家税务总局关于加强增值税专用发票管理有关问题的通知》(国税发〔2005〕150号)第一条、第二条、第五条。

12.《国家税务总局关于加强农产品增值税抵扣管理有关问题的通知》(国税函〔2005〕545号)第二条。

13.《国家税务总局关于出境口岸国际隔离区免税店销售进口免税品和国产品有关增值税问题的批复》(国税函〔2006〕313号)第一条"《中华人民共和国增值税暂行条例实施细则》第七条规定'所销售的货物的起运地或所在地在境内'系指在中华人民共和国关境以内。因此,在中华人民共和国关境以外发生的销售行为不属于《中华人民共和国增值税暂行条例》第一条规定'在中华人民共和国境内销售货物'行为,不征收增值税"。

14.《国家税务总局关于出境口岸免税店有关增值税政策问题的通知》(国税函〔2008〕81号)第一条"《中华人民共和国增值税暂行条例实施细则》第七条规定'所销售的货物的起运地或所在地在境内','境内'是指在中华人民共和国关境以内"。

财政部　国家税务总局关于公布废止和失效的消费税规范性文件目录的通知

2009年2月25日　财税〔2009〕18号

各省、自治区、直辖市、计划单列市财政厅(局)、国家税务局,新疆生产建设兵团财务局:

新的《中华人民共和国消费税暂行条例》和《中华人民共和国消费税暂行条例实施细则》已于2009年1月1日起施行,根据施行新条例和实施细则的需要,现将废止或失效的消费税规范性文件目录通知如下:

一、全文废止或失效的消费税规范性文件目录

1.《关于商业库存汽油、柴油征免消费税问题的通知》(财税字〔1994〕16号)

2.《关于金银首饰消费税减按5%征收的通知》(财税字〔1994〕91号)

3.《关于对摩托车胎暂减征消费税的通知》(财税字〔1996〕10号)

4.《关于调整含铅汽油消费税税率的通知》(财税字〔1998〕163号)

5.《财政部、国家税务总局关于对别克、桑塔纳等小汽车减免消费税的通知》(财税〔2001〕207号)

6.《财政部、国家税务总局关于富康系列小汽车减免消费税的通知》(财税〔2001〕217号)

7.《财政部、国家税务总局关于对奥迪等小汽车减征消费税的通知》(财税〔2002〕71号)

8.《财政部、国家税务总局关于对金杯系列轻型客车减征消费税的通知》(财税〔2002〕72号)

9.《财政部、国家税务总局关于奇瑞牌小汽车减征消费税的通知》(财税〔2003〕5号)

10.《财政部、国家税务总局关于福田牌轻型客车减征消费税的通知》(财税〔2003〕6号)

11.《财政部、国家税务总局关于风神牌小汽车减征消费税的通知》(财税〔2003〕28号)

12.《财政部、国家税务总局关于东南牌小汽车减征消费税的通知》(财税〔2003〕29号)

13.《财政部、国家税务总局关于猎豹牌小汽车减征消费税的通知》(财税〔2003〕36号)

14.《财政部、国家税务总局关于第二批奇瑞牌小汽车减征消费税的通知》(财税〔2003〕58号)

15.《财政部、国家税务总局关于SY6460系列雪佛兰开拓者轻型客车减征消费税的通知》(财税〔2003〕59号)

16.《财政部、国家税务总局关于波罗牌等小汽车减征消费税的通知》(财税〔2003〕60号)

17.《财政部、国家税务总局关于悦达牌小汽车减征消费税的通知》(财税〔2003〕62号)

18.《财政部、国家税务总局关于金旅牌小汽车减征消费税的通知》(财税〔2003〕70号)

19.《财政部、国家税务总局关于第二批东南牌小汽车减征消费税的通知》(财税〔2003〕71号)

20.《财政部、国家税务总局关于第二批菲亚特牌小汽车减征消费税的通知》(财税〔2003〕72号)

21.《财政部、国家税务总局关于东风雪铁龙等轿车减征消费税的通知》(财税〔2003〕78号)

22.《财政部、国家税务总局关于第二批金杯牌小汽车减征消费税的通知》(财税〔2003〕108号)

23.《财政部、国家税务总局关于第二批海马牌小汽车减征消费税的通知》(财税〔2003〕120号)

24.《财政部、国家税务总局关于松花江牌小汽车减征消费税的通知》(财税〔2003〕121号)

25.《财政部、国家税务总局关于别克君威轿车减征消费税的通知》(财税〔2003〕127号)

26.《财政部、国家税务总局关于切诺基牌系列车辆减征消费税的通知》(财税〔2003〕143号)

27.《财政部、国家税务总局关于雅阁奥德赛牌轿车减征消费税的通知》(财税〔2003〕171号)

28.《财政部、国家税务总局关于昌河牌小汽车减征消费税的通知》(财税〔2003〕190号)

29.《财政部、国家税务总局关于秦川——福莱尔牌小汽车减征消费税的通知》(财税〔2003〕213号)

30.《财政部、国家税务总局关于长安——奥拓牌小汽车减征消费税的通知》(财税〔2003〕218号)

31.《财政部、国家税务总局关于金杯牌小汽车减征消费税的通知》(财税〔2003〕219号)

32.《财政部、国家税务总局关于别克牌赛欧轿车减征消费税的通知》(财税〔2003〕220

号)

33.《财政部、国家税务总局关于昌河、北斗星牌小汽车减征消费税的通知》(财税〔2003〕228号)

34.《财政部、国家税务总局关于别克牌小汽车减征消费税的通知》(财税〔2003〕237号)

35.《财政部、国家税务总局关于红旗牌小汽车减征消费税的通知》(财税〔2003〕254号)

36.《财政部、国家税务总局关于中华牌小汽车减征消费税的通知》(财税〔2003〕269号)

37.《财政部、国家税务总局关于奥迪、捷达和宝来牌轿车减征消费税的通知》(财税〔2003〕270号)

38.《财政部、国家税务总局关于松花江牌小汽车减征消费税的通知》(财税〔2003〕271号)

39.《财政部、国家税务总局关于波罗牌等小汽车减征消费税的通知》(财税〔2003〕274号)

40.《财政部、国家税务总局关于切诺基牌小汽车减征消费税的通知》(财税〔2003〕275号)

41.《财政部、国家税务总局关于菲亚特牌小汽车减征消费税的通知》(财税〔2003〕276号)

42.《财政部、国家税务总局关于依维柯牌小汽车减征消费税的通知》(财税〔2003〕277号)

43.《财政部、国家税务总局关于丰田牌威驰(VIOS)轿车减征消费税的通知》(财税〔2003〕279号)

44.《财政部、国家税务总局关于雅阁牌轿车减征消费税的通知》(财税〔2003〕280号)

45.《财政部、国家税务总局关于长安牌小汽车减征消费税的补充通知》(财税〔2004〕5号)

46.《财政部、国家税务总局关于奥迪牌等轿车减征消费税的通知》(财税〔2004〕6号)

47.《财政部、国家税务总局关于金杯、雪佛兰牌小汽车减征消费税的通知》(财税〔2004〕7号)

48.《财政部、国家税务总局关于美日牌小汽车减征消费税的通知》(财税〔2004〕8号)

49.《财政部、国家税务总局关于江淮牌小汽车减征消费税的通知》(财税〔2004〕12号)

50.《财政部、国家税务总局关于福特牌小汽车减征消费税的通知》(财税〔2004〕13号)

51.《财政部、国家税务总局关于东南牌小汽车减征消费税的通知》(财税〔2004〕14号)

52.《财政部、国家税务总局关于东风风行牌轻型客车等减征消费税的通知》(财税〔2004〕54号)

53.《财政部、国家税务总局关于夏利轿车等减征消费税的通知》(财税〔2004〕55号)

54.《财政部、国家税务总局关于别克牌轿车减征消费税的通知》(财税〔2004〕59号)

55.《财政部、国家税务总局关于松花江牌汽车减征消费税的通知》(财税〔2004〕106

56.《财政部、国家税务总局关于田野牌汽车减征消费税的通知》(财税〔2004〕107号)

57.《财政部、国家税务总局关于北京牌轻型越野车减征消费税的通知》(财税〔2004〕108号)

58.《财政部、国家税务总局关于尼桑牌汽车减征消费税的通知》(财税〔2004〕109号)

59.《财政部、国家税务总局关于长城牌汽车减征消费税的通知》(财税〔2004〕110号)

60.《财政部、国家税务总局关于风神牌轿车减征消费税的通知》(财税〔2004〕111号)

61.《财政部、国家税务总局关于现代牌轿车减征消费税的通知》(财税〔2004〕112号)

62.《财政部、国家税务总局关于江铃全顺牌汽车减征消费税的通知》(财税〔2004〕113号)

63.《财政部、国家税务总局关于更正东南牌DN7161P和DN7161H 2个型号小汽车减征消费税执行时间的通知》(财税〔2004〕114号)

64.《财政部、国家税务总局关于昌河牌和北斗星牌轻型客车减征消费税的通知》(财税〔2004〕158号)

65.《财政部、国家税务总局关于宝马牌轿车减征消费税的通知》(财税〔2004〕159号)

66.《财政部、国家税务总局关于猎豹牌轻型越野车减征消费税的通知》(财税〔2004〕160号)

67.《财政部、国家税务总局关于昌河牌轻型客车减征消费税的通知》(财税〔2004〕161号)

68.《财政部、国家税务总局关于海马牌HMC7161轿车减征消费税的通知》(财税〔2004〕162号)

69.《财政部、国家税务总局关于高尔夫、奥迪及宝来牌系列轿车减征消费税的通知》(财税〔2004〕163号)

70.《财政部、国家税务总局关于金旅牌轻型客车减征消费税的通知》(财税〔2004〕164号)

71.《财政部、国家税务总局关于飞度牌轿车减征消费税的通知》(财税〔2004〕165号)

72.《财政部、国家税务总局关于福田牌轻型客车减征消费税的通知》(财税〔2004〕188号)

73.《财政部、国家税务总局关于华泰特拉卡牌轿车减征消费税的通知》(财税〔2004〕190号)

74.《财政部、国家税务总局关于金杯牌系列轻型汽车多用途乘用车和中华牌轿车减征消费税的通知》(财税〔2004〕191号)

75.《财政部、国家税务总局关于华阳牌微型商务车减征消费税的通知》(财税〔2004〕208号)

76.《财政部、国家税务总局关于吉利牌和豪情牌客车减征消费税的通知》(财税〔2004〕209号)

77.《财政部、国家税务总局关于奇瑞牌轿车减征消费税的通知》(财税〔2004〕210号)

78.《财政部、国家税务总局关于东风雪铁龙轿车减征消费税的通知》(财税〔2004〕211

号)

79.《财政部、国家税务总局关于起亚牌轿车减征消费税的通知》(财税〔2004〕212号)

80.《财政部、国家税务总局关于切诺基牌小汽车减征消费税的通知》(财税〔2005〕20号)

81.《财政部、国家税务总局关于更正浙江豪情汽车制造有限公司享受减征消费税车型的通知》(财税〔2005〕108号)

82.《财政部、国家税务总局关于对福田牌轻型客车减征消费税的补充通知》(财税〔2005〕125号)

83.《财政部、国家税务总局关于更正长城汽车股份有限公司享受减征消费税车型和时间的通知》(财税〔2005〕126号)

二、部分条款废止或失效的消费税规范性文件目录

1.《关于调整金银首饰消费税纳税环节有关问题的通知》(财税字〔1994〕95号)第一条第二款。

2.《关于上海钻石交易所有关税收政策的通知》(财税字〔2000〕65号)第一条、第二条、第三条、第四条。

3.《财政部、国家税务总局关于调整酒类产品消费税政策的通知》(财税〔2001〕84号)第一条第二款。

4.《财政部、国家税务总局关于调整和完善消费税政策的通知》(财税〔2006〕33号)第一条第二款第1项,第四条第一款第1项,第十条第一款"石脑油、溶剂油、润滑油、燃料油暂按应纳税额的30%征收消费税"的规定,附件第六条。

5.《财政部、国家税务总局关于消费税若干具体政策的通知》(财税〔2006〕125号)第一条、第五条。

6.《财政部、国家税务总局关于调整部分成品油消费税政策的通知》(财税〔2008〕19号)第一条、第二条中关于进口石脑油免征消费税的规定。

财政部 国家税务总局关于公布若干废止和失效的增值税规范性文件目录的通知

2009年2月26日 财税〔2009〕17号

各省、自治区、直辖市、计划单列市财政厅(局)、国家税务局,新疆生产建设兵团财务局:

根据修订后的《中华人民共和国增值税暂行条例》和《中华人民共和国增值税暂行条例实施细则》,财政部和国家税务总局对1994年以来联合发布的增值税规范性文件进行了清理。现将废止或失效的相关文件明确如下:

一、全文废止或失效的文件(14件)

1.《财政部、国家税务总局关于运输费用和废旧物资准予抵扣进项税额问题的通知》

([94]财税字第012号)。

2.《财政部、国家税务总局关于城镇公用事业附加应纳入增值税计税销售额征收增值税的通知》(财税字[1994]第035号)。

3.《财政部、国家税务总局关于对煤炭调整税率后征税及退还问题的通知》([94]财税字第036号)。

4.《财政部、国家税务总局关于加强商业环节增值税征收管理的通知》(财税字[1998]4号)。

5.《财政部、国家税务总局关于贯彻国务院有关完善小规模商业企业增值税政策的决定的通知》(财税字[1998]113号)。

6.《财政部、国家税务总局关于调整增值税运输费用扣除率的通知》(财税字[1998]114号)。

7.《财政部、国家税务总局关于中关村科技园区软件开发生产企业有关税收政策的通知》(财税字[1999]192号)。

8.《财政部、国家税务总局关于延续若干增值税免税政策的通知》(财税明电[2000]6号)。

9.《财政部、国家税务总局关于棉花进项税抵扣有关问题的补充通知》(财税[2001]165号)。

10.《财政部、国家税务总局关于提高农产品进项税抵扣率的通知》(财税[2002]12号)。

11.《财政部、国家税务总局关于加油机安装税控装置有关税收优惠政策的通知》(财税[2002]15号)。

12.《财政部、国家税务总局关于增值税一般纳税人向小规模纳税人购进农产品进项税抵扣率问题的通知》(财税[2002]105号)。

13.《财政部、国家税务总局关于报废汽车回收拆解企业有关增值税政策的通知》(财税[2003]116号)。

14.《财政部、国家税务总局关于购进烟叶的增值税抵扣政策的通知》(财税[2006]140号)。

二、部分废止或失效的文件(7件)

1.《财政部、国家税务总局关于增值税、营业税若干政策规定的通知》([94]财税字第026号)第四条第(一)项、第六条第(二)项、第八条、第十一条。

2.《财政部、国家税务总局关于增值税几个税收政策问题的通知》(财税字[1994]060号)第一条、第四条、第五条。

3.《财政部、国家税务总局关于增值税若干政策的通知》(财税[2005]165号)第一条、第二条、第四条、第五条、第七条第(一)项"东北以外地区固定资产除外"的规定、第九条、第十条。

4.《财政部、国家税务总局关于促进农产品连锁经营试点税收优惠政策的通知》(财税[2007]10号)第三条。

5.《财政部、国家税务总局关于促进残疾人就业税收优惠政策的通知》(财税[2007]92

号)第三条第(二)项"根据《财政部、国家税务总局关于调整农业产品增值税税率和若干项目征免增值税的通知》〔(94)财税字第 004 号〕第三条的规定"。

6.《财政部、国家税务总局关于增值税纳税人放弃免税权有关问题的通知》(财税〔2007〕127 号)第四条。

7.《财政部、国家税务总局关于有机肥产品免征增值税的通知》(财税〔2008〕56 号)第三条。

国家税务总局关于公布废止的营业税规范性文件目录的通知

2009 年 3 月 4 日　国税发〔2009〕29 号

各省、自治区、直辖市和计划单列市地方税务局,北京、西藏、宁夏、青海省(自治区、直辖市)国家税务局:

《中华人民共和国营业税暂行条例》(中华人民共和国国务院令第 540 号)和《中华人民共和国营业税暂行条例实施细则》(中华人民共和国财政部、国家税务总局令第 52 号)已经公布并于 2009 年 1 月 1 日起施行。为保证条例和细则的顺利实施,国家税务总局对现行营业税规范性文件进行了清理,现将废止的规范性文件和文件条款目录予以公布,自 2009 年 1 月 1 日起执行。

一、全文废止的规范性文件(34 件)

1.《国家税务总局关于金融企业往来业务计税依据问题的通知》(国税发〔1994〕87 号)

2.《国家税务总局海洋石油税务管理局关于 JHN 石油作业公司出租"海皇"号油轮应否征收营业税问题的批复》(国税油函〔1994〕16 号)

3.《国家税务总局关于外国或港、澳、台非航空运输企业以包机从事国际运输业务有关税收问题的通知》(国税发〔1994〕19 号)

4.《国家税务总局关于外商投资企业、外国企业及外籍个人适用税种问题的通知》(国税发〔1994〕123 号)

5.《国家税务总局关于外商承包工程作业和提供劳务征收流转税有关政策衔接问题的通知》(国税发〔1994〕214 号)

6.《国家税务总局关于商品检验鉴定收费是否征收营业税问题的复函》(国税函发〔1995〕420 号)

7.《国家税务总局关于公路养路费、增容费收入征收营业税问题的批复》(国税函发〔1995〕651 号)

8.《国家税务总局关于中国银行外汇收入计征营业税问题的函》(国税函〔1996〕618 号)

9.《国家税务总局关于境内远洋运输企业将船舶租给境外单位使用缴纳营业税问题的

通知》(国税发〔1996〕126号)

10.《国家税务总局关于江苏省送变电工程公司承建的输变电工程营业税纳税地点问题的批复》(国税函〔1996〕68号)

11.《国家税务总局关于银行委托贷款业务代扣代缴营业税问题的函》(国税函〔1997〕74号)

12.《国家税务总局关于新疆库鄯输油管道运输业务营业税纳税地点的通知》(国税函〔1997〕645号)

13.《国家税务总局关于上海电气集团总公司承建南川市火力发电厂征收营业税的通知》(国税函〔1998〕8号)

14.《国家税务总局关于外国企业向境内转让无形资产取得收入征收营业税问题的通知》(国税发〔1998〕4号)

15.《国家税务总局关于上海电气(集团)总公司承建南川市火力发电厂工程设备不征收营业税的通知》(国税函〔1998〕329号)

16.《国家税务总局关于航空运输业营业税纳税人问题的通知》(国税发〔1998〕210号)

17.《国家税务总局关于西北航空公司甘肃公司缴纳营业税问题的批复》(国税函〔1998〕566号)

18.《国家税务总局关于金融企业外汇转贷中发生掉期业务营业税处理问题的批复》(国税函〔1998〕736号)

19.《国家税务总局关于管道铺设工程营业税营业额问题的批复》(国税函〔1998〕762号)

20.《国家税务总局关于工业企业安装铝合金门窗征收营业税问题的批复》(国税函〔1998〕765号)

21.《国家税务总局关于外国企业向我国转让无形资产征收营业税问题的批复》(国税函〔1998〕797号)

22.《国家税务总局关于运输企业的承包费收入征收营业税的批复》(国税函〔1999〕120号)

23.《国家税务总局关于维修大型成套装置征收营业税的批复》(国税函〔1999〕257号)

24.《国家税务总局关于建筑业营业税营业额问题的批复》(国税函〔1999〕586号)

25.《国家税务总局关于境内单位外派员工取得收入应否征收营业税问题的批复》(国税函〔1999〕830号)

26.《国家税务总局关于石材加工企业承包建筑装饰工程征税问题的批复》(国税函〔1999〕940号)

27.《国家税务总局关于金融业营业税若干问题的通知》(国税发〔2000〕6号)

28.《国家税务总局关于如何认定建筑业营业税纳税义务人问题的批复》(国税函〔2000〕247号)

29.《国家税务总局关于外资金融机构若干营业税政策问题的通知》(国税发〔2000〕135号)

30.《国家税务总局关于长城宽带网络服务有限公司征收营业税问题的通知》(国税函

〔2000〕902号）

31.《国家税务总局关于长距离输送管道工程是否征收营业税问题的通知》（国税函〔2001〕695号）

32.《国家税务总局关于教育部考试中心承办 TSE、GMAT 等海外考试项目有关税务问题的复函》（国税函〔2002〕195号）

33.《国家税务总局关于香港文汇报广告业务营业税问题的通知》（国税函〔2003〕433号）

34.《国家税务总局关于溪洛渡大坝工程营业税纳税地点问题的批复》（国税函〔2007〕770号）

二、部分条款废止的规范性文件(19件)

1.《海洋石油税务管理局关于地方劳务公司为外国石油公司提供劳务服务税收征收管理问题的批复》（国税油函〔1994〕008号）第一条

2.《国家税务总局关于营业税若干征税问题的通知》（国税发〔1994〕159号）第一条、第七条

3.《国家税务总局关于香港公司包机运输税收问题的通知》（国税发〔1995〕128号）营业税内容

4.《国家税务总局关于印发〈营业税问题解答（之一）〉的通知》（国税函发〔1995〕156号）第一条、第三条、第五条、第八条、第十九条

5.《国家税务总局关于国家教委考试中心举办涉外考试收费有关税收问题的复函》（国税函发〔1995〕108号）第一条

6.《国家税务总局关于外国企业出租中国境内房屋、建筑物取得租金收入税务处理问题的通知》（国税发〔1996〕212号）营业税内容

7.《国家税务总局关于技术转让征收营业税问题的批复》（国税函〔1996〕743号）第一条

8.《国家税务总局关于海洋石油若干税收政策问题的通知》（国税发〔1997〕44号）营业税内容

9.《国家税务总局关于水利部门所属勘察设计单位征收营业税问题的通知》（国税函〔1999〕728号）第一条

10.《国家税务总局关于从事咨询业务的外商投资企业和外国企业税务处理问题的通知》（国税发〔2000〕82号）营业税内容

11.《国家税务总局关于国际航空电讯协会从中国境内会员收取费用有关税收处理问题的通知》（国税函〔2001〕217号）营业税内容

12.《国家税务总局关于转让著作权征收营业税问题的通知》（国税发〔2001〕44号）"如受托方所转让的无形资产不在我国境内使用，根据《中华人民共和国营业税暂行条例实施细则》第七条第(四)款的规定不征营业税"的规定

13.《国家税务总局关于印发〈金融保险业营业税申报管理办法〉的通知》（国税发〔2002〕9号）附件第十二条、第十七条、第二十五条

14.《国家税务总局关于贷款业务征收营业税问题的通知》（国税发〔2002〕13号）第

二条

15.《国家税务总局关于纳税人销售自产货物提供增值税劳务并同时提供建筑业劳务征收流转税问题的通知》(国税发〔2002〕117号)第一条第二款"不征收营业税"和第五款"同时,签订建设工程施工总承包合同的单位和个人,应扣缴提供建筑业劳务的单位和个人取得的建筑业劳务收入的营业税"的规定第二条、第三条

16.《国家税务总局关于加强货物运输业税收征收管理的通知》(国税发〔2003〕121号)附件1第三条、第七条、第十四条

17.《国家税务总局关于国际航空电讯协会从中国境内收取费用有关税收处理问题的补充通知》(国税函〔2003〕703号)营业税内容

18.《国家税务总局关于外国企业在华提供信息系统的运行维护及咨询服务征税问题的批复》(国税函〔2005〕912号)营业税内容

19.《国家税务总局关于印发〈营业税纳税人纳税申报办法〉的通知》(国税发〔2005〕202号)附件第三条

国家税务总局关于发布已失效或废止有关消费税规范性文件的通知

2009年3月18日 国税发〔2009〕45号

各省、自治区、直辖市和计划单列市国家税务局:

根据《国务院关于印发〈全面推进依法行政实施纲要〉的通知》(国发〔2004〕10号)要求,国家税务总局对1993年底以来发布的有关消费税政策及征收管理的规范性文件进行了全面清理,现将已失效或废止有关消费税规范性文件清单通知如下:

一、全文废止或失效的税收规范性文件(14件)

1.《国家税务总局关于金银首饰消费税若干征收管理问题的通知》(国税发〔1995〕63号)

2.《国家税务总局关于外商投资企业期初库存已征税款处理问题的补充通知》(国税发〔1995〕130号)

3.《国家税务总局关于贯彻〈国务院关于调整烟叶和卷烟价格及税收政策的紧急通知〉的通知》(国税发〔1998〕121号)

4.《国家税务总局关于调整烟叶和卷烟价格及税收政策的补充通知》(国税函〔1998〕524号)

5.《国家税务总局关于核发1999年石脑油、溶剂油生产供应计划的通知》(国税发〔1999〕103号)

6.《国家税务总局关于核发2000年石脑油、溶剂油生产供应计划的通知》(国税函〔2000〕793号)

7.《国家税务总局关于调整1999年石脑油、溶剂油生产供应计划的通知》(国税函〔2000〕1134号)

8.《国家税务总局关于核发2001年石脑油、溶剂油生产供应计划的通知》(国税函〔2001〕572号)

9.《国家税务总局关于调整2000年石脑油、溶剂油生产供应计划的通知》(国税函〔2001〕694号)

10.《国家税务总局关于调整2001年石脑油、溶剂油生产供应计划的通知》(国税函〔2002〕745号)

11.《国家税务总局关于核发2002年石脑油、溶剂油生产供应计划的通知》(国税函〔2002〕747号)

12.《国家税务总局关于对部分油品征收消费税问题的批复》(国税函〔2004〕1078号)

13.《国家税务总局关于对佐料产品征收消费税问题的批复》(国税函〔2005〕17号)

14.《国家税务总局关于以天然气分离的混合轻烃为原料加工溶剂油暂不征收消费税问题的批复》(国税函〔2007〕978号)

二、部分条款失效或废止的税收规范性文件(7件)

1.《国家税务总局关于印发〈消费税征收范围注释〉的通知》(国税发〔1993〕153号)第一条第一款、第二款,第七条,第八条。

2.《国家税务总局关于消费税若干征税问题的通知》(国税发〔1997〕84号)第一条。

3.《国家税务总局关于印发〈消费税问题解答〉的通知》(国税函〔1997〕306号)问题8。

4.《国家税务总局关于印发〈汽油、柴油消费税管理办法(试行)〉的通知》(国税发〔2005〕133号)第二条、第三条、第四条、第八条。

5.《国家税务总局关于印发〈调整和完善消费税政策征收管理规定〉的通知》(国税发〔2006〕49号)第五条第二款。

6.《国家税务总局关于进一步加强消费税纳税申报及税款抵扣管理的通知》(国税函〔2006〕769号)第一条。

7.《国家税务总局关于使用消费税纳税申报表有关问题的通知》(国税函〔2008〕236号)文件附件3、附件4。

财政部 国家税务总局关于公布若干废止和失效的营业税规范性文件的通知

2009年5月18日 财税〔2009〕61号

各省、自治区、直辖市、计划单列市财政厅(局)、地方税务局,新疆生产建设兵团财务局:

根据修订后的《中华人民共和国营业税暂行条例》(国务院令第540号)和《中华人民共和国营业税暂行条例实施细则》(财政部、国家税务总局令第52号),财政部和国家税务总局对1994年以来联合发布的营业税规范性文件进行了清理。现将废止或失效的文件和文件条款目录予以公布,自2009年1月1日起执行。

一、全文废止或失效的文件(18件)

1. 财政部、国家税务总局关于对中国人民保险公司办理的出口信用保险业务不征营业税的通知(财税字〔1994〕15号)。

2. 财政部、国家税务总局关于对机动车驾驶员培训业务征收营业税问题的通知(财税字〔1995〕15号)。

3. 财政部、国家税务总局关于营业税几个政策问题的通知(财税字〔1995〕45号)。

4. 财政部、国家税务总局关于中国进出口银行办理的出口信用保险业务不征营业税的通知(财税字〔1996〕2号)。

5. 财政部、国家税务总局关于金融保险业以外汇折合人民币计算营业额问题的通知(财税字〔1996〕50号)。

6. 财政部、国家税务总局关于调整部分娱乐业营业税税率的通知(财税字〔2001〕73号)。

7. 财政部、国家税务总局关于经营性公墓营业税问题的通知(财税〔2001〕117号)。

8. 财政部、国家税务总局关于明确调整营业税税率的娱乐业范围的通知(财税〔2001〕145号)。

9. 财政部、国家税务总局关于明确《中华人民共和国营业税暂行条例实施细则》第十一条有关问题的通知(财税〔2001〕160号)。

10. 财政部、国家税务总局关于对中国出口信用保险公司办理的出口信用保险业务不征收营业税的通知(财税〔2002〕157号)。

11. 财政部、国家税务总局关于金融企业应收未收利息征收营业税问题的通知(财税〔2002〕182号)。

12. 财政部、国家税务总局关于下岗失业人员再就业有关税收政策问题的补充通知(财税〔2003〕12号)。

13. 财政部、国家税务总局关于调减台球、保龄球营业税税率的通知(财税〔2004〕97号)。

14. 财政部、国家税务总局关于香港大公报广告收入营业税政策的通知(财税〔2004〕193号)。

15. 财政部、国家税务总局关于纳税人以清包工形式提供装饰劳务征收营业税问题的通知(财税〔2006〕114号)。

16. 财政部、国家税务总局关于建筑业营业税若干政策问题的通知(财税〔2006〕177号)。

17. 财政部、国家税务总局关于香港商报和经济导报广告收入营业税问题的通知(财税〔2007〕2号)。

18. 财政部、国家税务总局关于湖南省农村信用社冲减应收未收利息营业税问题的通知(财税〔2007〕54号)。

二、部分废止或失效的文件(12件)

1. 财政部、国家税务总局关于增值税、营业税若干政策规定的通知(〔94〕财税字第026号)第四条第二项、第十一条。

2. 财政部、国家税务总局关于金融业征收营业税有关问题的通知(财税字〔1995〕79号)第二条。

3. 财政部、国家税务总局关于发布《外国公司船舶运输收入征税办法》的通知(财税字〔1996〕87号)有关营业税政策规定。

4. 财政部、国家税务总局关于转发《国务院关于调整金融保险业税收政策有关问题的通知》的通知(财税字〔1997〕45号)第一条、第二条、第八条、第九条。

5. 财政部、国家税务总局关于供电工程贴费不征收增值税和营业税的通知(财税字〔1997〕102号)有关营业税规定。

6. 财政部、国家税务总局关于个人提供非有形商品推销代理等服务活动取得收入征收营业税和个人所得税有关问题的通知(财税字〔1997〕103号)第一条有关营业税规定。

7. 财政部、国家税务总局关于证券投资基金税收问题的通知(财税字〔1998〕55号)第一条第二、三项。

8. 财政部、国家税务总局关于对青少年活动场所、电子游戏厅有关所得税和营业税政策问题的通知(财税〔2000〕21号)第二条。

9. 财政部、国家税务总局关于医疗卫生机构有关税收政策的通知(财税〔2000〕42号)有关营业税规定。

10. 财政部、国家税务总局关于开放式证券投资基金有关税收问题的通知(财税〔2002〕128号)第一条第三项。

11. 财政部、国家税务总局关于营业税若干政策问题的通知(财税〔2003〕16号)第一条第(四)项、第二条第(六)项、第四条、第五条。

12. 财政部、国家税务总局关于信贷资产证券化有关税收政策问题的通知(财税〔2006〕5号)第二条第(三)项。

特此通知。

国家税务总局关于发布废止有关核定卷烟消费税计税价格文件清单的通知

2009年7月17日　国税函〔2009〕385号

各省、自治区、直辖市和计划单列市国家税务局：

经国务院批准,调整后的烟产品消费税政策自2009年5月1日起执行,税务总局对所有牌号规格的卷烟重新核定了消费税计税价格。根据《国务院关于印发〈全面推进依法行政实施纲要〉的通知》(国发〔2004〕10号)要求,税务总局对原发布的有关核定卷烟消费税

计税价格的文件进行了全面清理,现将全文废止和部分内容废止的文件清单通知如下:

一、全文废止的文件 154 件

1.《国家税务总局关于下达卷烟计税价格的通知》(国税函〔2001〕442 号)
2.《国家税务总局关于下达卷烟计税价格的通知》(国税函〔2001〕443 号)
3.《国家税务总局关于下达卷烟计税价格的通知》(国税函〔2001〕444 号)
4.《国家税务总局关于下达卷烟计税价格的通知》(国税函〔2001〕445 号)
5.《国家税务总局关于下达卷烟计税价格的通知》(国税函〔2001〕446 号)
6.《国家税务总局关于下达卷烟计税价格的通知》(国税函〔2001〕447 号)
7.《国家税务总局关于下达卷烟计税价格的通知》(国税函〔2001〕448 号)
8.《国家税务总局关于下达卷烟计税价格的通知》(国税函〔2001〕449 号)
9.《国家税务总局关于下达卷烟计税价格的通知》(国税函〔2001〕450 号)
10.《国家税务总局关于下达卷烟计税价格的通知》(国税函〔2001〕451 号)
11.《国家税务总局关于下达卷烟计税价格的通知》(国税函〔2001〕452 号)
12.《国家税务总局关于下达卷烟计税价格的通知》(国税函〔2001〕453 号)
13.《国家税务总局关于下达卷烟计税价格的通知》(国税函〔2001〕454 号)
14.《国家税务总局关于下达卷烟计税价格的通知》(国税函〔2001〕455 号)
15.《国家税务总局关于下达卷烟计税价格的通知》(国税函〔2001〕456 号)
16.《国家税务总局关于下达卷烟计税价格的通知》(国税函〔2001〕457 号)
17.《国家税务总局关于下达卷烟计税价格的通知》(国税函〔2001〕458 号)
18.《国家税务总局关于下达卷烟计税价格的通知》(国税函〔2001〕459 号)
19.《国家税务总局关于下达卷烟计税价格的通知》(国税函〔2001〕460 号)
20.《国家税务总局关于下达卷烟计税价格的通知》(国税函〔2001〕461 号)
21.《国家税务总局关于下达卷烟计税价格的通知》(国税函〔2001〕462 号)
22.《国家税务总局关于下达卷烟计税价格的通知》(国税函〔2001〕463 号)
23.《国家税务总局关于下达卷烟计税价格的通知》(国税函〔2001〕464 号)
24.《国家税务总局关于下达卷烟计税价格的通知》(国税函〔2001〕465 号)
25.《国家税务总局关于下达卷烟计税价格的通知》(国税函〔2001〕466 号)
26.《国家税务总局关于下达卷烟计税价格的通知》(国税函〔2001〕467 号)
27.《国家税务总局关于下达卷烟计税价格的通知》(国税函〔2001〕468 号)
28.《国家税务总局关于下达卷烟计税价格的通知》(国税函〔2001〕469 号)
29.《国家税务总局关于下达卷烟计税价格的通知》(国税函〔2001〕470 号)
30.《国家税务总局关于下达卷烟计税价格的通知》(国税函〔2001〕471 号)
31.《国家税务总局关于下达卷烟计税价格的通知》(国税函〔2001〕472 号)
32.《国家税务总局关于下达卷烟计税价格的通知》(国税函〔2001〕473 号)
33.《国家税务总局关于下达卷烟计税价格的通知》(国税函〔2001〕474 号)
34.《国家税务总局关于核定江西省广丰卷烟厂、井冈山卷烟厂卷烟计税价格的批复》(国税函〔2001〕571 号)
35.《国家税务总局关于调整"红塔山"牌卷烟计税价格的批复》(国税函〔2001〕855 号)

36.《国家税务总局关于调整湖南省部分卷烟计税价格和品牌名称的批复》(国税函〔2002〕465号)

37.《国家税务总局关于调整海南卷烟厂卷烟计税价格的批复》(国税函〔2002〕770号)

38.《国家税务总局关于调整长沙、常德卷烟厂3个牌号卷烟消费税计税价格的批复》(国税函〔2003〕306号)

39.《国家税务总局关于调整昆明、昭通卷烟厂3个牌号卷烟消费税计税价格的批复》(国税函〔2003〕595号)

40.《国家税务总局关于调整重庆烟草工业有限责任公司4个牌号卷烟消费税计税价格的批复》(国税函〔2003〕596号)

41.《国家税务总局关于调整合肥、芜湖、蚌埠卷烟厂6个牌号卷烟消费税计税价格的批复》(国税函〔2003〕597号)

42.《国家税务总局关于调整郑州、新郑卷烟厂3个牌号卷烟消费税计税价格的批复》(国税函〔2003〕598号)

43.《国家税务总局关于调整什邡卷烟厂佛兰牌卷烟消费税计税价格的批复》(国税函〔2003〕599号)

44.《国家税务总局关于调整深圳卷烟厂2个牌号卷烟消费税计税价格的批复》(国税函〔2003〕600号)

45.《国家税务总局关于核定江西南昌卷烟厂等2户企业新牌号、新规格卷烟消费税计税价格的通知》(国税函〔2003〕858号)

46.《国家税务总局关于核定新疆卷烟厂新牌号、新规格卷烟消费税计税价格的通知》(国税函〔2003〕859号)

47.《国家税务总局关于核定河南郑州卷烟厂等7户企业新牌号、新规格卷烟消费税计税价格的通知》(国税函〔2003〕860号)

48.《国家税务总局关于核定广西南宁卷烟厂等2户企业新牌号、新规格卷烟消费税计税价格的通知》(国税函〔2003〕861号)

49.《国家税务总局关于核定山西太原卷烟厂新牌号、新规格卷烟消费税计税价格的通知》(国税函〔2003〕862号)

50.《国家税务总局关于核定浙江杭州卷烟厂新牌号、新规格卷烟消费税计税价格的通知》(国税函〔2003〕863号)

51.《国家税务总局关于核定贵州贵阳卷烟厂等7户企业新牌号、新规格卷烟消费税计税价格的通知》(国税函〔2003〕864号)

52.《国家税务总局关于核定湖南长沙卷烟厂等5户企业新牌号、新规格卷烟消费税计税价格的通知》(国税函〔2003〕865号)

53.《国家税务总局关于核定甘肃兰州卷烟厂新牌号、新规格卷烟消费税计税价格的通知》(国税函〔2003〕866号)

54.《国家税务总局关于核定厦门卷烟厂新牌号、新规格卷烟消费税计税价格的通知》(国税函〔2003〕867号)

55.《国家税务总局关于核定天津卷烟厂新牌号、新规格卷烟消费税计税价格的通知》

(国税函〔2003〕868号)

56.《国家税务总局关于核定海南红塔卷烟有限公司新牌号、新规格卷烟消费税计税价格的通知》(国税函〔2003〕869号)

57.《国家税务总局关于核定湖北襄樊卷烟厂等4户企业新牌号、新规格卷烟消费税计税价格的通知》(国税函〔2003〕870号)

58.《国家税务总局关于核定山东济南卷烟厂等6户企业新牌号、新规格卷烟消费税计税价格的通知》(国税函〔2003〕871号)

59.《国家税务总局关于核定江苏南京卷烟厂等3户企业新牌号、新规格卷烟消费税计税价格的通知》(国税函〔2003〕872号)

60.《国家税务总局关于核定宁波卷烟厂新牌号、新规格卷烟消费税计税价格的通知》(国税函〔2003〕873号)

61.《国家税务总局关于核定四川成都卷烟厂等4户企业新牌号、新规格卷烟消费税计税价格的通知》(国税函〔2003〕874号)

62.《国家税务总局关于核定陕西旬阳卷烟厂等4户企业新牌号、新规格卷烟消费税计税价格的通知》(国税函〔2003〕875号)

63.《国家税务总局关于核定宁夏吴中卷烟厂新牌号、新规格卷烟消费税计税价格的通知》(国税函〔2003〕876号)

64.《国家税务总局关于核定北京卷烟厂新牌号、新规格卷烟消费税计税价格的通知》(国税函〔2003〕877号)

65.《国家税务总局关于核定青岛颐中集团青岛卷烟厂新牌号、新规格卷烟消费税计税价格的通知》(国税函〔2003〕916号)

66.《国家税务总局关于核定吉林延吉卷烟厂等3户企业新牌号、新规格卷烟消费税计税价格的通知》(国税函〔2003〕917号)

67.《国家税务总局关于核定深圳卷烟厂新牌号、新规格卷烟消费税计税价格的通知》(国税函〔2003〕918号)

68.《国家税务总局关于核定广东广州卷烟二厂等6户企业新牌号、新规格卷烟消费税计税价格的通知》(国税函〔2003〕987号)

69.《国家税务总局关于福建龙岩卷烟厂新牌号、新规格卷烟消费税计税价格的批复》(国税函〔2003〕1145号)

70.《国家税务总局关于内蒙古呼和浩特卷烟厂新牌号、新规格卷烟消费税计税价格的批复》(国税函〔2003〕1146号)

71.《国家税务总局关于核定甘肃兰州卷烟厂新牌号、新规格卷烟消费税计税价格的通知》(国税函〔2003〕1163号)

72.《国家税务总局关于核定江西南昌卷烟厂新牌号、新规格卷烟消费税计税价格的通知》(国税函〔2003〕1165号)

73.《国家税务总局关于核定河北张家口卷烟厂等3户企业新牌号、新规格卷烟消费税计税价格的通知》(国税函〔2003〕1166号)

74.《国家税务总局关于调整贵州贵阳卷烟厂2个牌号规格卷烟消费税计税价格的通

知》(国税函〔2003〕1233号)

75.《国家税务总局关于调整云南省昆明卷烟厂精品云烟消费税计税价格的批复》(国税函〔2003〕1234号)

76.《国家税务总局关于核定云南省昆明卷烟厂等9户企业新牌号、新规格卷烟消费税计税价格的通知》(国税函〔2003〕1247号)

77.《国家税务总局关于调整郴州卷烟厂蓝盖华人消费税计税价格的批复》(国税函〔2004〕2号)

78.《国家税务总局关于核定安徽省合肥卷烟厂等5户企业新牌号、新规格卷烟消费税计税价格的批复》(国税函〔2004〕3号)

79.《国家税务总局关于核定天津卷烟厂生产的"石林"牌卷烟消费税计税价格的批复》(国税函〔2004〕4号)

80.《国家税务总局关于核定吉林四平卷烟厂2个新牌号、新规格卷烟消费税计税价格的批复》(国税函〔2004〕5号)

81.《国家税务总局关于核定、调整四川成都卷烟厂等2户企业卷烟消费税计税价格的批复》(国税函〔2004〕23号)

82.《国家税务总局关于核定山东济南卷烟厂5个新牌号、新规格卷烟消费税计税价格的批复》(国税函〔2004〕24号)

83.《国家税务总局关于核定海南红塔卷烟有限公司椰王卷烟消费税计税价格的批复》(国税函〔2004〕206号)

84.《国家税务总局关于核定天津卷烟厂佳品紫光阁卷烟消费税计税价格的批复》(国税函〔2004〕207号)

85.《国家税务总局关于核定深圳卷烟厂新牌号卷烟消费税计税价格的批复》(国税函〔2004〕367号)

86.《国家税务总局关于核定青岛卷烟厂2个新牌号新规格卷烟消费税计税价格的批复》(国税函〔2004〕368号)

87.《国家税务总局关于更正云南省5个牌号、规格卷烟烟支包装规格的批复》(国税函〔2004〕493号)

88.《国家税务总局关于核定成都卷烟厂等3户企业卷烟消费税计税价格的批复》(国税函〔2004〕1021号)

89.《国家税务总局关于核定贵阳卷烟厂贵定分厂等2户企业卷烟消费税计税价格的批复》(国税函〔2004〕1022号)

90.《国家税务总局关于核定常德卷烟厂四平分厂等2户企业卷烟消费税计税价格的批复》(国税函〔2004〕1023号)

91.《国家税务总局关于调整西昌卷烟厂"凉烟"牌卷烟消费税计税价格的批复》(国税函〔2004〕1075号)

92.《国家税务总局关于调整楚雄卷烟厂"国宾"牌卷烟消费税计税价格的批复》(国税函〔2004〕1076号)

93.《国家税务总局关于核定西昌卷烟厂卷烟消费税计税价格的批复》(国税函〔2004〕

1196号)

94.《国家税务总局关于调整和核定常德卷烟厂部分牌号卷烟消费税计税价格的批复》(国税函〔2004〕1244号)

95.《国家税务总局关于核定北京卷烟厂卷烟消费税计税价格的批复》(国税函〔2004〕1245号)

96.《国家税务总局关于核定厦门卷烟厂卷烟消费税计税价格的批复》(国税函〔2004〕1246号)

97.《国家税务总局关于核定龙岩卷烟厂卷烟消费税计税价格的批复》(国税函〔2004〕1247号)

98.《国家税务总局关于核定天津卷烟厂卷烟消费税计税价格的批复》(国税函〔2004〕1248号)

99.《国家税务总局关于核定新郑卷烟集团等3户企业卷烟消费税计税价格的批复》(国税函〔2004〕1249号)

100.《国家税务总局关于核定兰州卷烟厂卷烟消费税计税价格的批复》(国税函〔2004〕1250号)

101.《国家税务总局关于更正部分卷烟消费税计税价格执行时间的通知》(国税函〔2004〕1257号)

102.《国家税务总局关于调整张家口卷烟厂"盖北戴河"牌卷烟消费税计税价格的批复》(国税函〔2004〕1258号)

103.《国家税务总局关于核定常德卷烟厂四平卷烟分厂卷烟消费税计税价格的批复》(国税函〔2004〕1259号)

104.《国家税务总局关于核定梅州卷烟厂等4户企业卷烟消费税计税价格的批复》(国税函〔2004〕1437号)

105.《国家税务总局关于核定山西昆明烟草有限责任公司卷烟消费税计税价格的批复》(国税函〔2004〕1438号)

106.《国家税务总局关于核定成都卷烟厂等2户企业卷烟消费税计税价格的批复》(国税函〔2005〕57号)

107.《国家税务总局关于核定武汉烟草集团有限公司卷烟消费税计税价格的批复》(国税函〔2005〕58号)

108.《国家税务总局关于核定天津卷烟厂卷烟消费税计税价格的批复》(国税函〔2005〕62号)

109.《国家税务总局关于厦门卷烟厂石狮系列卷烟消费税计税价格问题的批复》(国税函〔2005〕66号)

110.《国家税务总局关于核定昭通卷烟厂2个新牌号卷烟消费税计税价格的批复》(国税函〔2005〕113号)

111.《国家税务总局关于核定杭州卷烟厂3个新牌号卷烟消费税计税价格的批复》(国税函〔2005〕114号)

112.《国家税务总局关于核定西昌卷烟厂等2户企业卷烟消费税计税价格的批复》(国

税函〔2005〕132号）

113.《国家税务总局关于上海5种老牌号非标准条卷烟消费税计税价格问题的批复》（国税函〔2005〕192号）

114.《国家税务总局关于核定北京卷烟厂1个新牌号新规格卷烟消费税计税价格的批复》（国税函〔2005〕241号）

115.《国家税务总局关于核定新疆卷烟厂2个新牌号新规格卷烟消费税计税价格的批复》（国税函〔2005〕242号）

116.《国家税务总局关于核定海南红塔卷烟有限责任公司生产的宝岛牌卷烟消费税计税价格的批复》（国税函〔2005〕243号）

117.《国家税务总局关于核定成都卷烟厂2个新牌号新规格卷烟消费税计税价格的批复》（国税函〔2005〕244号）

118.《国家税务总局关于核定南京卷烟厂等企业生产的7个新牌号卷烟消费税计税价格的批复》（国税函〔2005〕313号）

119.《国家税务总局关于调整和核定常德、长沙卷烟厂部分牌号卷烟消费税计税价格的批复》（国税函〔2005〕346号）

120.《国家税务总局关于核定大理卷烟厂"三塔（时光）"卷烟消费税计税价格的批复》（国税函〔2005〕347号）

121.《国家税务总局关于核定山西昆明烟草有限责任公司4个新牌号新规格卷烟消费税计税价格的批复》（国税函〔2005〕391号）

122.《国家税务总局关于核定深圳卷烟厂新牌号卷烟消费税计税价格的批复》（国税函〔2005〕439号）

123.《国家税务总局关于调整长沙卷烟厂"盖白沙"卷烟消费税计税价格的批复》（国税函〔2005〕454号）

124.《国家税务总局关于核定哈尔滨卷烟总厂26个新牌号卷烟消费税计税价格的批复》（国税函〔2005〕485号）

125.《国家税务总局关于核定新疆卷烟部分牌号卷烟消费税计税价格的批复》（国税函〔2005〕486号）

126.《国家税务总局关于调整成都卷烟厂生产的"娇子"（低焦油）等3个牌号卷烟消费税计税价格的批复》（国税函〔2005〕516号）

127.《国家税务总局关于重新核定云南"红河"牌卷烟消费税计税价格的批复》（国税函〔2005〕748号）

128.《国家税务总局关于核定什邡卷烟厂新牌号卷烟消费税计税价格的批复》（国税函〔2005〕757号）

129.《国家税务总局关于核定济南卷烟厂"将军（天元）"新牌号卷烟消费税计税价格的批复》（国税函〔2005〕840号）

130.《国家税务总局关于核定山西昆明烟草有限责任公司新牌号卷烟消费税计税价格的批复》（国税函〔2005〕872号）

131.《国家税务总局关于核定呼和浩特卷烟厂等两户企业部分牌号卷烟消费税计税价

格的批复》(国税函〔2005〕899号)

132.《国家税务总局关于核定兰州卷烟厂等两户企业新牌号卷烟消费税计税价格的批复》(国税函〔2005〕948号)

133.《国家税务总局关于核定张家口卷烟厂等两户企业新牌号卷烟消费税计税价格的批复》(国税函〔2005〕949号)

134.《国家税务总局关于核定南昌卷烟厂和赣南卷烟厂5个新牌号卷烟消费税计税价格的批复》(国税函〔2005〕1017号)

135.《国家税务总局关于核定宝鸡卷烟厂等2户企业新牌号卷烟消费税计税价格的批复》(国税函〔2005〕1020号)

136.《国家税务总局关于核定广西卷烟总厂新牌号卷烟消费税计税价格的批复》(国税函〔2005〕1021号)

137.《国家税务总局关于核定山西昆明烟草有限责任公司新牌号卷烟消费税计税价格的批复》(国税函〔2005〕1148号)

138.《国家税务总局关于核定广州卷烟二厂等2户企业新牌号卷烟消费税计税价格的批复》(国税函〔2005〕1258号)

139.《国家税务总局关于核定石家庄卷烟总厂新牌号卷烟消费税计税价格的批复》(国税函〔2006〕43号)

140.《国家税务总局关于核定郑州卷烟二厂等2户企业新牌号卷烟消费税计税价格的批复》(国税函〔2006〕46号)

141.《国家税务总局关于核定张家口卷烟总厂新牌号卷烟消费税计税价格的批复》(国税函〔2006〕84号)

142.《国家税务总局关于核定南昌卷烟厂和赣南卷烟厂8个新牌号卷烟消费税计税价格的批复》(国税函〔2006〕135号)

143.《国家税务总局关于核定四川成都卷烟厂1个新牌号卷烟消费税计税价格的批复》(国税函〔2006〕136号)

144.《国家税务总局关于核定延吉卷烟厂和长春卷烟厂13个新牌号卷烟消费税计税价格的批复》(国税函〔2006〕137号)

145.《国家税务总局关于调整新郑卷烟(集团)公司"红旗渠"牌卷烟消费税计税价格的批复》(国税函〔2006〕155号)

146.《国家税务总局关于核定新郑卷烟(集团)公司新牌号卷烟消费税计税价格的批复》(国税函〔2006〕238号)

147.《国家税务总局关于核定石家庄市卷烟厂新牌号卷烟消费税计税价格的批复》(国税函〔2006〕240号)

148.《国家税务总局关于核定龙岩卷烟厂2个新牌号卷烟消费税计税价格的批复》(国税函〔2006〕241号)

149.《国家税务总局关于核定宝鸡卷烟厂等企业新牌号卷烟消费税计税价格的批复》(国税函〔2006〕295号)

150.《国家税务总局关于核定张家口卷烟厂新牌号卷烟消费税计税价格的批复》(国税

函〔2006〕307号)

151.《国家税务总局关于核定什邡卷烟厂2个新牌号卷烟消费税计税价格的批复》(国税函〔2006〕375号)

152.《国家税务总局关于核定上海烟草(集团)公司天津卷烟厂新牌号卷烟消费税计税价格的批复》(国税函〔2006〕377号)

153.《国家税务总局关于核定长沙卷烟厂等两户企业新牌号卷烟消费税计税价格的批复》(国税函〔2006〕621号)

154.《国家税务总局关于调整"24.5＊(54+30)硬盒翻盖石林(8mg)"卷烟消费税计税价格的批复》(国税函〔2006〕658号)

二、部分内容废止的文件104件

1.《国家税务总局关于核定四川什邡卷烟厂"国宝(盖红运)"等4个新牌号卷烟计税价格的批复》(国税函〔2006〕718号)

2.《国家税务总局关于核定广丰等3家卷烟厂生产的"月兔春"等14个卷烟消费税计税价格的批复》(国税函〔2006〕760号)

3.《国家税务总局关于核定武汉烟草(集团)有限公司新牌号卷烟消费税计税价格的批复》(国税函〔2006〕761号)

4.《国家税务总局关于核定广西卷烟总厂新牌号卷烟消费税计税价格的批复》(国税函〔2006〕774号)

5.《国家税务总局关于核定呼和浩特卷烟厂新牌号卷烟消费税计税价格的批复》(国税函〔2006〕870号)

6.《国家税务总局关于核定颐中集团青岛卷烟厂新牌号、新规格卷烟消费税计税价格的批复》(国税函〔2006〕878号)

7.《国家税务总局关于核定杭州卷烟厂新牌号、新规格卷烟消费税计税价格的批复》(国税函〔2006〕879号)

8.《国家税务总局关于核定龙岩卷烟厂新牌号、新规格卷烟消费税计税价格的批复》(国税函〔2006〕880号)

9.《国家税务总局关于核定贵州黄果树烟草集团公司9个新牌号卷烟消费税计税价格的批复》(国税函〔2006〕881号)

10.《国家税务总局关于核定厦门卷烟厂新规格卷烟"石狮(吉祥软)"消费税计税价格的批复》(国税函〔2006〕882号)

11.《国家税务总局关于核定厦门卷烟厂部分卷烟消费税计税价格的通知》(国税函〔2006〕906号)

12.《国家税务总局关于核定海南红塔卷烟有限责任公司部分卷烟消费税计税价格的通知》(国税函〔2006〕907号)

13.《国家税务总局关于核定长沙卷烟厂常德卷烟厂部分卷烟消费税计税价格的通知》(国税函〔2006〕908号)

14.《国家税务总局关于核定天津卷烟厂部分卷烟消费税计税价格的通知》(国税函〔2006〕909号)

15.《国家税务总局关于核定内蒙古昆明卷烟有限责任公司部分卷烟消费税计税价格的通知》(国税函〔2006〕910号)

16.《国家税务总局关于核定江西赣南卷烟厂等企业部分卷烟消费税计税价格的通知》(国税函〔2006〕911号)

17.《国家税务总局关于核定湖北清江卷烟厂等企业部分卷烟消费税计税价格的通知》(国税函〔2006〕912号)

18.《国家税务总局关于核定宁波卷烟厂部分卷烟消费税计税价格的通知》(国税函〔2006〕913号)

19.《国家税务总局关于核定广东中烟工业公司部分卷烟消费税计税价格的通知》(国税函〔2006〕914号)

20.《国家税务总局关于核定杭州卷烟厂部分卷烟消费税计税价格的通知》(国税函〔2006〕915号)

21.《国家税务总局关于核定张家口卷烟厂等企业部分卷烟消费税计税价格的通知》(国税函〔2006〕917号)

22.《国家税务总局关于核定新疆卷烟厂部分卷烟消费税计税价格的通知》(国税函〔2006〕918号)

23.《国家税务总局关于核定郑州卷烟总厂等企业部分卷烟消费税计税价格的通知》(国税函〔2006〕919号)

24.《国家税务总局关于核定淮阴卷烟厂等企业部分卷烟消费税计税价格的通知》(国税函〔2006〕920号)

25.《国家税务总局关于核定沈阳卷烟厂等企业部分卷烟消费税计税价格的通知》(国税函〔2006〕921号)

26.《国家税务总局关于核定安徽中烟工业公司部分卷烟消费税计税价格的通知》(国税函〔2006〕924号)

27.《国家税务总局关于核定红塔(集团)等企业部分卷烟消费税计税价格的通知》(国税函〔2006〕925号)

28.《国家税务总局关于核定北京卷烟厂部分卷烟消费税计税价格的通知》(国税函〔2006〕926号)

29.《国家税务总局关于核定兰州卷烟厂部分卷烟消费税计税价格的通知》(国税函〔2006〕927号)

30.《国家税务总局关于核定龙岩卷烟厂部分卷烟消费税计税价格的通知》(国税函〔2006〕928号)

31.《国家税务总局关于核定长春卷烟厂部分卷烟消费税计税价格的通知》(国税函〔2006〕929号)

32.《国家税务总局关于核定深圳卷烟厂部分卷烟消费税计税价格的通知》(国税函〔2006〕930号)

33.《国家税务总局关于核定陕西卷烟总厂部分卷烟消费税计税价格的通知》(国税函〔2006〕931号)

34.《国家税务总局关于核定上海烟草(集团)公司部分卷烟消费税计税价格的通知》(国税函〔2006〕932号)

35.《国家税务总局关于核定成都卷烟厂等企业部分卷烟消费税计税价格的通知》(国税函〔2006〕941号)

36.《国家税务总局关于核定重庆烟草工业有限责任公司部分卷烟消费税计税价格的通知》(国税函〔2006〕942号)

37.《国家税务总局关于核定贵州黄果树烟草集团公司部分卷烟消费税计税价格的通知》(国税函〔2006〕944号)

38.《国家税务总局关于核定张家口卷烟厂等两户企业新牌号卷烟消费税计税价格的批复》(国税函〔2006〕1033号)

39.《国家税务总局关于核定成都卷烟厂2个新牌号卷烟消费税计税价格的通知》(国税函〔2006〕1068号)

40.《国家税务总局关于核定"玉溪(铂金11mg)"等47个新牌号新规格卷烟消费税计税价格的批复》(国税函〔2006〕1070号)

41.《国家税务总局关于核定红塔辽宁公司生产的新牌号卷烟消费税计税价格的批复》(国税函〔2006〕1138号)

42.《国家税务总局关于核定成都卷烟厂等2户企业3个新牌号新规格卷烟消费税计税价格的批复》(国税函〔2006〕1188号)

43.《国家税务总局关于核定红河卷烟总厂新疆卷烟厂新牌号卷烟消费税计税价格的批复》(国税函〔2007〕91号)

44.《国家税务总局关于核定南京卷烟厂等2户企业新牌号新规格卷烟消费税计税价格的批复》(国税函〔2007〕313号)

45.《国家税务总局关于核定"天下秀(红名品)"等2个新牌号新规格卷烟消费税计税价格的批复》(国税函〔2007〕314号)

46.《国家税务总局关于核定安徽中烟工业公司4个牌号卷烟消费税计税价格的批复》(国税函〔2007〕377号)

47.《国家税务总局关于核定南昌卷烟总厂赣南卷烟厂新牌号新规格卷烟消费税计税价格的批复》(国税函〔2007〕391号)

48.《国家税务总局关于核定安徽中烟工业公司17个新牌号新规格卷烟消费税计税价格的批复》(国税函〔2007〕392号)

49.《国家税务总局关于核定北京卷烟厂新牌号卷烟消费税计税价格的批复》(国税函〔2007〕415号)

50.《国家税务总局关于核定深圳卷烟厂新牌号卷烟消费税计税价格的批复》(国税函〔2007〕420号)

51.《国家税务总局关于核定山东中烟工业公司青岛卷烟厂新牌号新规格卷烟消费税计税价格的批复》(国税函〔2007〕482号)

52.《国家税务总局关于核定白沙(精品)新牌号卷烟消费税计税价格的批复》(国税函〔2007〕485号)

53.《国家税务总局关于核定四川烟草工业有限责任公司3个新牌号卷烟消费税计税价格的批复》(国税函〔2007〕486号)

54.《国家税务总局关于核定张家口卷烟厂新牌号卷烟消费税计税价格的批复》(国税函〔2007〕490号)

55.《国家税务总局关于核定四川烟草工业有限责任公司新牌号卷烟"五牛(硬盒绿)新版"消费税计税价格的批复》(国税函〔2007〕491号)

56.《国家税务总局关于核定广西中烟公司新牌号卷烟消费税计税价格的批复》(国税函〔2007〕605号)

57.《国家税务总局关于核定广东中烟工业公司新牌号卷烟消费税计税价格的批复》(国税函〔2007〕665号)

58.《国家税务总局关于核定淮阴卷烟厂新牌号新规格卷烟消费税计税价格的批复》(国税函〔2007〕757号)

59.《国家税务总局关于核定"天下秀(软佳品)"卷烟消费税计税价格的批复》(国税函〔2007〕771号)

60.《国家税务总局关于核定红河卷烟总厂新疆卷烟厂新牌号卷烟消费税计税价格的批复》(国税函〔2007〕904号)

61.《国家税务总局关于南昌卷烟总厂部分卷烟名称和标识码规范后消费税计税价格的批复》(国税函〔2007〕963号)

62.《国家税务总局关于核定"娇子(时代阳光)"等卷烟消费税计税价格的批复》(国税函〔2007〕967号)

63.《国家税务总局关于核定安徽中烟工业公司新牌号新规格卷烟消费税计税价格的批复》(国税函〔2007〕1082号)

64.《国家税务总局关于核定吉林烟草工业有限责任公司新牌号新规格卷烟消费税计税价格的批复》(国税函〔2007〕1083号)

65.《国家税务总局关于核定山西昆明烟草有限责任公司新牌号卷烟消费税计税价格的批复》(国税函〔2007〕1132号)

66.《国家税务总局关于核定武汉烟草集团有限公司新牌号卷烟消费税计税价格的批复》(国税函〔2007〕1133号)

67.《国家税务总局关于核定贵州中烟工业公司新牌号新规格卷烟消费税计税价格的批复》(国税函〔2007〕1284号)

68.《国家税务总局关于核定"大丰收(软盒)"新牌号卷烟消费税计税价格的批复》(国税函〔2007〕1285号)

69.《国家税务总局关于核定安徽中烟工业公司新牌号卷烟消费税计税价格的批复》(国税函〔2008〕73号)

70.《国家税务总局关于深圳烟草工业有限责任公司新牌号卷烟好日子(吉祥)消费税计税价格的批复》(国税函〔2008〕121号)

71.《国家税务总局关于核定兰州卷烟厂新牌号卷烟消费税计税价格的批复》(国税函〔2008〕176号)

72.《国家税务总局关于核定浙江中烟工业公司新牌号卷烟消费税计税价格的批复》(国税函〔2008〕248号)

73.《国家税务总局关于核定龙岩卷烟厂3个新牌号新规格卷烟消费税计税价格的批复》(国税函〔2008〕269号)

74.《国家税务总局关于核定"大丰收(硬)"新牌号卷烟消费税计税价格的批复》(国税函〔2007〕270号)

75.《国家税务总局关于核定重庆烟草工业有限责任公司17个新牌号新规格卷烟消费税计税价格的批复》(国税函〔2008〕271号)

76.《国家税务总局关于核定安徽中烟工业公司新牌号卷烟消费税计税价格的批复》(国税函〔2008〕310号)

77.《国家税务总局关于核定江西中烟工业公司新牌号卷烟消费税计税价格的批复》(国税函〔2008〕311号)

78.《国家税务总局关于核定上海烟草(集团)公司天津卷烟厂牡丹(软)、大前门(硬)卷烟消费税计税价格的批复》(国税函〔2008〕312号)

79.《国家税务总局关于核定湖南中烟工业有限责任公司新牌号新规格卷烟消费税计税价格的批复》(国税函〔2008〕542号)

80.《国家税务总局关于河北白沙烟草有限责任公司石家庄卷烟厂新牌号卷烟玉兰(金2代)消费税计税价格的批复》(国税函〔2008〕543号)

81.《国家税务总局关于核定四川烟草有限责任公司5个新牌号新规格卷烟消费税计税价格的批复》(国税函〔2008〕544号)

82.《国家税务总局关于核定厦门烟草工业有限责任公司七匹狼(金)等2个新牌号卷烟消费税计税价格的批复》(国税函〔2008〕630号)

83.《国家税务总局关于保留红塔集团13个牌号规格卷烟消费税计税价格的批复》(国税函〔2008〕631号)

84.《国家税务总局关于核定四川烟草工业有限责任公司"天下秀(红)"等5个新牌号新规格卷烟消费税计税价格的批复》(国税函〔2008〕633号)

85.《国家税务总局关于核定"云烟(印象)"等25个新牌号新规格卷烟消费税计税价格的批复》(国税函〔2008〕680号)

86.《国家税务总局关于核定山西烟草有限责任公司红山茶(软)卷烟消费税计税价格的批复》(国税函〔2008〕702号)

87.《国家税务总局关于核定张家口卷烟厂"北戴河(硬)"等新牌号、新规格卷烟消费税计税价格的批复》(国税函〔2008〕714号)

88.《国家税务总局关于核定四川烟草工业有限责任公司新规格卷烟"五牛(硬盒金)"消费税计税价格的批复》(国税函〔2008〕744号)

89.《国家税务总局关于核定甘肃烟草工业有限责任公司新规格卷烟消费税计税价格的批复》(国税函〔2008〕775号)

90.《国家税务总局关于核定安徽中烟工业公司黄山(贵宾迎客松)等12个牌号卷烟消费税计税价格的批复》(国税函〔2008〕807号)

91.《国家税务总局关于核定上海烟草(集团)公司硬盒中华(5000)等3个新牌号卷烟消费税计税价格的批复》(国税函〔2008〕846号)

92.《国家税务总局关于核定四川烟草工业有限责任公司"天下秀(软特醇)"等5个新规格卷烟消费税计税价格的批复》(国税函〔2008〕864号)

93.《国家税务总局关于核定北京卷烟厂新牌号、新规格卷烟消费税计税价格的批复》(国税函〔2008〕867号)

94.《国家税务总局关于核定张家口卷烟厂有限责任公司"钻石(软如意)"卷烟消费税计税价格的批复》(国税函〔2008〕869号)

95.《国家税务总局关于核定湖北中烟工业有限责任公司新牌号、新规格卷烟消费税计税价格的批复》(国税函〔2008〕1056号)

96.《国家税务总局关于核定广西中烟工业有限责任公司新牌号新规格卷烟消费税计税价格的批复》(国税函〔2009〕27号)

97.《国家税务总局关于核定山西昆明烟草有限责任公司新牌号新规格卷烟消费税计税价格的批复》(国税函〔2009〕30号)

98.《国家税务总局关于核定四川烟草工业有限责任公司娇子(精品)等2个新牌号卷烟消费税计税价格的批复》(国税函〔2009〕76号)

99.《国家税务总局关于核定安徽中烟工业公司黄山(新概念)等2个新牌号新规格卷烟消费税计税价格的批复》(国税函〔2009〕150号)

100.《国家税务总局关于核定吉林烟草工业有限责任公司长白山(神韵)等3种新牌号新规格卷烟消费税计税价格的批复》(国税函〔2009〕187号)

101.《国家税务总局关于核定厦门烟草工业有限责任公司七匹狼(蓝)新规格卷烟消费税计税价格的批复》(国税函〔2009〕195号)

102.《国家税务总局关于核定红塔辽宁烟草有限责任公司人民大会堂(本香)新牌号新规格卷烟消费税计税价格的批复》(国税函〔2009〕206号)

103.《国家税务总局关于核定厦门烟草工业有限责任公司七匹狼(豪迈)新规格卷烟消费税计税价格的批复》(国税函〔2009〕208号)

104.《国家税务总局关于核定四川烟草工业有限责任公司娇子(硬阳光)等2个新规格卷烟消费税计税价格的批复》(国税函〔2009〕215号)

上述104件文件中,税务总局核定的消费税计税价格全部作废。

财政部 国家税务总局关于发布部分到期停止执行税收规范性文件的通知

2009年12月7日 财税〔2009〕138号

各省、自治区、直辖市、计划单列市财政厅(局)、国家税务局、地方税务局,新疆生产建设兵团财务局：

经国务院批准,下列税收规范性文件于 2008 年 12 月 31 日到期后停止执行。

1.《财政部、国家税务总局关于下岗失业人员再就业有关税收政策问题的通知》(财税〔2002〕208 号)

2.《财政部、国家税务总局关于北京市车辆通行费营业税问题的通知》(财税〔2003〕57 号)

3.《财政部、国家税务总局关于企业改制重组若干契税政策的通知》(财税〔2003〕184 号)

4.《财政部、国家税务总局关于延长宁波市大榭岛土地成片开发项目土地增值税免税期限的通知》(财税〔2004〕192 号)

5.《财政部、国家税务总局关于延长海南省三亚亚龙湾旅游度假区土地增值税免税期限的通知》(财税〔2004〕225 号)

6.《财政部、国家税务总局关于债转股企业有关税收政策的通知》(财税〔2005〕29 号)

7.《财政部、国家税务总局关于北京奥林匹克转播有限公司有关税收政策的通知》(财税〔2005〕156 号)

8.《财政部、国家税务总局关于中央企业清产核资有关税收处理问题的通知》(财税〔2006〕18 号)

9.《财政部、国家税务总局关于延长企业改制重组若干契税政策执行期限的通知》(财税〔2006〕41 号)

10.《财政部、国家税务总局关于广西壮族自治区有线数字电视收入营业税问题的通知》(财税〔2006〕86 号)

11.《财政部、国家税务总局关于免征深圳市有线数字电视收入营业税的通知》(财税〔2006〕87 号)

12.《财政部、国家税务总局关于铁道通信信息有限责任公司等单位房产税、城镇土地使用税政策的通知》(财税〔2006〕90 号)

13.《财政部、国家税务总局关于国有控股公司投资组建新公司有关契税政策的通知》(财税〔2006〕142 号)

14.《财政部、国家税务总局关于数控机床产品增值税先征后退政策的通知》(财税〔2006〕149 号)

15.《财政部、国家税务总局关于铸件产品增值税先征后退问题的通知》(财税〔2006〕150 号)

16.《财政部、国家税务总局关于锻件产品增值税先征后退政策的通知》(财税〔2006〕151 号)

17.《财政部、国家税务总局关于模具产品增值税先征后退政策的通知》(财税〔2006〕152 号)

18.《财政部、国家税务总局关于促进农产品连锁经营试点税收优惠政策的通知》(财税〔2007〕10 号)

19.《财政部、国家税务总局关于继续免征中国铁通集团有限公司营业税的通知》(财税

〔2007〕21号)

20.《财政部、国家税务总局关于吉林省由城市信用社更名改制的农村信用社有关税收政策问题的通知》(财税〔2007〕144号)

21.《财政部、国家税务总局关于北京华储食糖交易市场有限责任公司竞卖国储糖手续费收入免征营业税的通知》(财税〔2008〕22号)

请遵照执行。

税务部门现行有效 失效 废止规章目录

2010年11月29日 国家税务总局令第23号

根据《国务院办公厅关于做好规章清理工作有关问题的通知》(国办发〔2010〕28号),我局对税务部门规章进行了全面清理。清理结果已经2010年11月26日第2次局务会议审议通过。现将《税务部门现行有效 失效 废止规章目录》予以发布。

国家税务总局局长:肖 捷
2010年11月29日

税务部门现行有效 失效 废止规章目录

一、现行有效的税务部门规章目录

序号	制定机关	名称	发布日期	文号
1	国家税务局 国家体改委	股份制试点企业有关税收问题的暂行规定	1992.06.12	国税发〔1992〕137号
2	国家税务总局	增值税若干具体问题的规定	1993.12.28	国税发〔1993〕154号
3	国家税务总局	中华人民共和国发票管理办法实施细则	1993.12.28	国税发〔1993〕157号
4	国家税务总局	消费税若干具体问题的规定	1993.12.30	国税发〔1993〕156号
5	国家税务总局	资源税若干问题的规定	1994.01.18	国税发〔1994〕15号
6	国家税务总局	出口货物退(免)税管理办法	1994.02.18	国税发〔1994〕031号
7	国家税务总局	征收个人所得税若干问题的规定	1994.03.31	国税发〔1994〕089号
8	国家税务总局	货物期货征收增值税具体办法	1994.11.09	国税发〔1994〕244号
9	国家税务总局	金银首饰消费税征收管理办法	1994.12.26	国税发〔1994〕267号
10	国家税务总局	机动出租车驾驶员个人所得税征收管理暂行办法	1995.03.13	国税发〔1995〕050号
11	国家税务总局	个人所得税代扣代缴暂行办法	1995.04.06	国税发〔1995〕065号

续表

序号	制定机关	名称	发布日期	文号
12	国家税务总局 文化部	演出市场个人所得税征收管理暂行办法	1995.11.18	国税发〔1995〕171号
13	国家税务总局	建筑安装业个人所得税征收管理暂行办法	1996.07.22	国税发〔1996〕127号
14	国家税务总局	广告市场个人所得税征收管理暂行办法	1996.08.29	国税发〔1996〕148号
15	国家税务总局	个体工商户个人所得税计税办法(试行)	1997.03.26	国税发〔1997〕43号
16	国家税务总局 邮电部	邮寄纳税申报办法	1997.09.26	国税发〔1997〕147号
17	国家税务总局	增值税日常稽查办法	1998.03.26	国税发〔1998〕44号
18	国家税务总局	中华人民共和国资源税代扣代缴管理办法	1998.04.15	国税发〔1998〕49号
19	国家税务总局	税务违法案件举报管理办法	1998.04.17	国税发〔1998〕53号
20	国家税务总局	境外所得个人所得税征收管理暂行办法	1998.08.12	国税发〔1998〕126号
21	国家税务总局	税务违法案件公告办法	1998.09.28	国税发〔1998〕156号
22	国家税务总局	税收会计制度	1998.10.27	国税发〔1998〕186号
23	国家税务总局	储蓄存款利息所得个人所得税征收管理办法	1999.10.08	国税发〔1999〕179号
24	国家税务总局	增值税防伪税控系统管理办法	1999.12.01	国税发〔1999〕221号
25	国家税务总局	税务部门规章制定实施办法	2002.02.01	第1号令
26	国家税务总局	成品油零售加油站增值税征收管理办法	2002.04.02	第2号令
27	国家税务总局	卷烟消费税计税价格信息采集和核定管理办法	2003.01.23	第5号令
28	国家税务总局	税务登记管理办法	2003.12.17	第7号令
29	国家税务总局	欠税公告办法(试行)	2004.10.10	第9号令
30	国家税务总局	电力产品增值税征收管理办法	2004.12.22	第10号令
31	国家税务总局	纳税担保试行办法	2005.05.24	第11号令
32	国家税务总局	抵税财务拍卖、变卖试行办法	2005.05.24	第12号令
33	国家税务总局	注册税务师管理暂行办法	2005.12.30	第14号令
34	国家税务总局	车辆购置税征收管理办法	2005.11.15	第15号令
35	国家税务总局	个体工商户税收定期定额征收管理办法	2006.08.30	第16号令
36	国家税务总局	个体工商户建账管理暂行办法	2006.12.15	第17号令
37	国家税务总局 财政部	检举纳税人税收违法行为奖励暂行办法	2007.01.13	第18号令
38	国家税务总局	非居民承包工程作业和提供劳务税收管理暂行办法	2009.01.20	第19号令
39	国家税务总局	税收规范性文件制定管理办法	2010.02.10	第20号令
40	国家税务总局	税务行政复议规则	2010.02.10	第21号令
41	国家税务总局	增值税一般纳税人资格认定管理办法	2010.02.10	第22号令

二、失效或废止的税务部门规章目录

序号	制定机关	名称	发布日期	文号
1	国家税务总局	增值税小规模纳税人征收管理办法	1994.04.23	国税发〔1994〕116号
2	国家税务总局	加强汇总纳税企业所得税征收管理暂行办法	1995.10.25	国税发〔1995〕198号
3	国家税务总局	总机构提取管理费税前扣除审批办法	1996.09.27	国税发〔1996〕177号
4	国家税务总局	关于外商投资企业合并分立股权重组资产转让等重组业务所得税处理的暂行规定	1997.04.28	国税发〔1997〕71号
5	国家税务总局	企业所得税税前弥补亏损审核管理办法	1997.12.16	国税发〔1997〕189号
6	国家税务总局	增值税一般纳税人年审办法	1998.03.17	国税函〔1998〕156号
7	国家税务总局	企业改组改制中若干所得税业务问题的暂行规定	1998.06.24	国税发〔1998〕97号
8	国家税务总局	电力企业所得税征收管理办法	1998.08.19	国税发〔1998〕134号
9	国家税务总局	企业技术开发费税前扣除管理办法	1999.03.25	国税发〔1999〕49号
10	国家税务总局	事业单位、社会团体、民办非企业单位企业所得税征收管理办法	1999.04.16	国税发〔1999〕65号
11	国家税务总局	外商投资企业采购国产设备退税管理试行办法	1999.09.20	国税发〔1999〕171号
12	国家税务总局	技术改造国产设备投资抵免企业所得税审核管理办法	2000.01.17	国税发〔2000〕13号
13	国家税务总局	核定征收企业所得税暂行办法	2000.02.25	国税发〔2000〕38号
14	国家税务总局	企业所得税税前扣除办法	2000.05.16	国税发〔2000〕84号
15	国家税务总局	城市商业银行、城市信用合作社财务管理实施办法	2002.05.23	第3号令
16	国家税务总局	金融企业呆账损失税前扣除管理办法	2002.09.09	第4号令
17	国家税务总局	企业债务重组业务所得税处理办法	2003.01.23	第6号令
18	国家税务总局	企业财产损失所得税前扣除管理办法	2005.08.09	第13号令

三、条款失效或废止的税务部门规章目录

序号	制定机关	名称	发布日期	文号
1	国家税务局 国家体改委	《股份制试点企业有关税收问题的暂行规定》第二条至第八条	1992.06.12	国税发〔1992〕137号
2	国家税务总局	《增值税若干具体问题的规定》第一条第三款、第三条、第四条	1993.12.28	国税发〔1993〕154号
3	国家税务总局	《消费税若干具体问题的规定》第一条、第四条、第五条	1993.12.30	国税发〔1993〕156号
4	国家税务总局	《金银首饰消费税征收管理办法》第三条第一款、第二款,第四条第一款,第六条第二款	1994.12.26	国税发〔1994〕267号

国家税务总局关于公布现行有效的
税收规范性文件目录的公告

2010年12月13日　国家税务总局公告2010年第26号

根据《国务院办公厅关于做好规章清理工作有关问题的通知》(国办发〔2010〕28号),我局对税收规范性文件进行了全面清理。清理结果已经2010年12月7日第17次局长办公会审议通过。现将《现行有效的税收规范性文件目录》予以发布。

特此公告。

附件:现行有效的税收规范性文件目录

附件

现行有效的税收规范性文件目录

1. 财政部税务总局印发《关于执行中国联邦德国税收协定若干问题的处理意见》的通知 1985.07.05 (85)财税协字第009号

2. 财政部海洋石油税务局关于执行中英税收协定若干问题的复函 1985.09.21 (85)财税油政字第16号

3. 财政部海洋石油税务局关于对×××株式会社征税问题的批复 1985.10.18 (85)财税油政字第26号

4. 财政部税务总局关于房产税若干具体问题的解释和暂行规定 1986.09.25 (86)财税地字第008号

5. 财政部税务总局关于执行我国同马来西亚避免双重征税协定若干问题的通知 1986.11.20 (86)财税协字第022号

6. 财政部税务总局关于对来自同我国签订税收协定国家的教师和研究人员征免个人所得税问题的通知 1986.11.26 (86)财税协字第030号

7. 财政部税务总局关于执行中美避免双重征税协定若干条文解释的通知 1986.12.10 (86)财税协字第033号

8. 财政部税务总局关于执行中瑞(典)税务协定若干条文解释的通知 1986.12.15 (86)财税协字第034号

9. 财政部税务总局关于执行我国政府和加拿大政府避免双重征税协定若干条文解释的通知 1986.12.30 (86)财税协字第036号

10. 财政部税务总局关于执行中泰两国政府对所得避免双重征税和防止偷税的协定若干条文解释的通知 1986.12.31 (86)财税协字第037号

11. 财政部税务总局关于执行中丹两国政府对所得避免双重征税和防止偷漏税的协定有关条文解释的通知 1986.12.31（86）财税协字第038号

12. 财政部税务总局关于房产税和车船使用税几个业务问题的解释与规定 1987.03.23（87）财税地字第003号

13. 财政部税务总局关于对煤炭工业部所属防排水抢救站征免房产税、车船使用税的通知 1987.05.29（87）财税地字第007号

14. 财政部税务总局关于执行我国和新西兰避免双重征税协定若干条文解释的通知 1987.06.30（87）财税协字第015号

15. 财政部税务总局关于执行中挪避免双重征税协定若干条文解释的通知 1987.07.01（87）财税协字第018号

16. 财政部税务总局关于对武警部队房产征免房产税的通知 1987.07.27（87）财税地字第012号

17. 财政部税务总局关于高等学校的招待所应征收房产税的复函 1987.07.28（87）财税地字第014号

18. 财政部税务总局关于对司法部所属的劳改劳教单位征免房产税问题的通知 1987.09.19（87）财税地字第021号

19. 财政部税务总局关于对司法部所属的劳改劳教单位征免房产税问题的补充通知 1987.12.01（87）财税地字第029号

20. 财政部税务总局关于对房管部门经租的居民住房暂缓征收房产税的通知 1987.12.01（87）财税地字第030号

21. 财政部海洋石油税务局关于对方缔约国居民个人在华停留天数计算问题的批复 1987.12.10（87）财税油政字第26号

22. 财政部海洋石油税务局关于对方缔约国的工程承包公司或出租公司派遣来华人员的雇主判定问题的批复 1987.12.17（87）财税油政字第28号

23. 财政部海洋石油税务局关于判定在华工作的外籍人员雇主问题的批复 1988.01.07（88）财税油政字第1号

24. 财政部海洋石油税务局关于对方缔约国居民个人受雇于外国公司来华工作如何判定征税问题的批复 1988.01.10（88）财税油政字第2号

25. 财政部税务总局关于执行中芬避免双重征税协定有关条文解释的通知 1988.02.01（88）财税协字第007号

26. 财政部海洋石油税务局关于对在华从事经营活动的对方缔约国石油公司判定常设机构问题的批复 1988.02.02（88）财税油政字第3号

27. 财政部税务总局关于转发中日双方主管当局对避免双重征税协定第二十条解释的确认的通知 1988.04.25（88）财税协字第020号

28. 财政部海洋石油税务局关于中挪税收协定中"近海"一词含义问题的批复 1988.05.05（88）财税油政字第14号

29. 财政部海洋石油税务局关于外籍来华工作不足一个月而取得的全月工资、薪金如何征税问题的批复 1988.06.26（88）财税油政字第17号

30. 国家税务局关于对印花税暂行条例施行前书立、领受的凭证贴花问题的规定 1988.10.12 (88)国税地字第 13 号

31. 国家税务局关于对联邦德国船舶在我国港口取得的运输收入免税需提供证明文件问题的通知 1988.10.12 (88)国税协字第 037 号

32. 财政部海洋石油税务局关于挪威居民参与我国近海活动征免所得税问题的批复 1988.10.17 (88)财税油政字第 24 号

33. 国家税务局关于检发《关于土地使用税若干具体问题的解释和暂行规定》的通知 1988.10.24 (88)国税地字第 15 号

34. 国家税务局对"关于《中华人民共和国城镇土地使用税暂行条例》第六条中'宗教寺庙适用范围的请示"的复函 1988.11.18 (88)国税地字第 20 号

35. 国家税务局关于印花税若干具体问题的规定 1988.12.12 (88)国税地字第 25 号

36. 国家税务局关于对金融系统营业账簿贴花问题的具体规定 1988.12.12 (88)国税地字第 28 号

37. 国家税务局关于对借款合同贴花问题的具体规定 1988.12.12 (88)国税地字第 30 号

38. 国家税务局关于对保险公司征收印花税有关问题的通知 1988.12.31 (88)国税地字第 37 号

39. 国家税务局关于对核工业总公司所属企业征免土地使用税问题的若干规定 1989.01.25 (89)国税地字第 7 号

40. 国家税务局关于电力行业征免土地使用税问题的规定 1989.02.02 (89)国税地字第 13 号

41. 国家税务局关于水利设施用地征免土地使用税问题的规定 1989.02.03 (89)国税地字第 14 号

42. 国家税务局关于执行我国政府和荷兰政府避免双重征税协定若干条文解释的通知 1989.02.22 (89)国税外字第 038 号

43. 国家税务局关于对法国阿尔斯通、日本三菱重工、三菱商事、英国××工程公司向重庆珞璜电厂、江北电厂销售成套设备有关征税和适用税收协定问题的批复 1989.03.23 (89)国税外字第 067 号

44. 国家税务局关于外商人员来华提供劳务应如何依照税收协定所确定的原则进行征税问题的批复 1989.04.01 (89)国税外字第 091 号

45. 国家税务局关于对民航机场用地征免土地使用税问题的规定 1989.04.06 (89)国税地字第 32 号

46. 国家税务局关于中国海洋石油总公司及其所属公司缴纳土地使用税问题的通知 1989.04.10 (89)国税油政字第 2 号

47. 国家税务局关于对技术合同征收印花税问题的通知 1989.04.12 (89)国税地字第 34 号

48. 国家税务局对《关于请求再次明确电力行业土地使用税征免范围问题的函》的复函 1989.05.21 (89)国税地字第 44 号

49. 国家税务局对《关于军需工厂的房产如何具体划分征免房产税的请示》的批复 1989.07.12（89）国税地字第 072 号

50. 国家税务局关于对日本输出入银行取得的利息可准予享受中日税收协定免税待遇的通知 1989.07.12（89）国税外字第 193 号

51. 国家税务局关于由铁道部自行解决工交事业费的单位贴花问题的批复 1989.07.13（89）国税地字第 76 号

52. 国家税务局关于家庭财产两全保险合同征收印花税问题的批复 1989.07.15（89）国税地字第 77 号

53. 国家税务局关于对军队系统用地征免城镇土地使用税的通知 1989.08.14（89）国税地字第 83 号

54. 国家税务局关于对中国石油天然气总公司所属单位用地征免土地使用税问题的规定 1989.08.19（89）国税地字第 88 号

55. 国家税务局关于对煤炭企业用地征免土地使用税问题的规定 1989.08.23（89）国税地字第 89 号

56. 国家税务局关于对军队企业化管理工厂征免印花税等问题的通知 1989.09.26（89）国税地字第 99 号

57. 国家税务局关于对司法部所属的劳改劳教单位征免土地使用税问题的规定 1989.11.10（89）国税地字第 119 号

58. 国家税务局关于对武警部队用地征免城镇土地使用税问题的通知 1989.11.10（89）国税地字第 120 号

59. 国家税务局关于对矿山企业征免土地使用税问题的通知 1989.11.10（89）国税地字第 122 号

60. 国家税务局关于对交通部门的港口用地征免土地使用税问题的规定 1989.11.13（89）国税地字第 123 号

61. 国家税务局 国家工商行政管理局关于营业执照、商标注册证粘贴印花税票问题的通知 1989.11.17（89）国税地字第 113 号

62. 国家税务局关于印发《关于土地使用税若干具体问题的补充规定》的通知 1989.12.21（89）国税地字第 140 号

63. 国家税务局关于对盐场、盐矿征免城镇土地使用税问题的通知 1989.12.22（89）国税地字第 141 号

64. 国家税务局关于对图书、报刊等征订凭证征免印花税问题的通知 1989.12.31（89）国税地字第 142 号

65. 国家税务局关于执行中意两国政府对所得避免双重征税和防止偷漏税的协定有关条文解释的通知 1989.12.31（89）国税外字第 380 号

66. 国家税务局关于对中国海洋石油总公司及其所属公司用地征免土地使用税问题的规定 1990.02.01 国税油发〔1990〕3 号

67. 国家税务局关于执行中巴避免双重征税协定有关条文解释的通知 1990.02.02 国税函发〔1990〕142 号

68. 国家税务局关于对实行自收自支的事业单位恢复征收房产税和车船使用税的通知 1990.04.24 国税函发〔1990〕434号

69. 国家税务局关于汇总缴纳印花税税额计算问题的通知 1990.04.25 国税函发〔1990〕433号

70. 国家税务局关于改变保险合同印花税计税办法的通知 1990.05.03 国税函发〔1990〕428号

71. 国家税务局关于执行中德税收协定议定书第三款有关问题的通知 1990.05.03 国税函发〔1990〕435号

72. 国家税务局关于税收协定独立个人劳务条款执行解释问题的通知 1990.06.12 国税函发〔1990〕609号

73. 国家税务局关于建材企业的采石场、排土场等用地征免土地使用税问题的批复 1990.07.20 国税函发〔1990〕853号

74. 国家税务局关于外单位使用铁道部所属单位的房地缴纳土地使用税问题的通知 1990.07.28 国税函发〔1990〕924号

75. 国家税务局关于执行中瑞（瑞士）避免双重征税协定有关条文解释的通知 1990.08.07 国税函发〔1990〕961号

76. 国家税务局关于各种要货单据征收印花税问题的批复 1990.08.13 国税函发〔1990〕994号

77. 国家税务局关于中国银行适用中加税收协定对利息免税待遇起始日期的函 1990.08.23 国税函发〔1990〕1063号

78. 国家税务局关于中英税收协定若干条款解释的通知 1990.08.28 国税函发〔1990〕1097号

79. 国家税务局关于货运凭证征收印花税几个具体问题的通知 1990.10.12 国税发〔1990〕173号

80. 国家税务局关于军火武器合同免征印花税问题的通知 1990.11.27 国税发〔1990〕200号

81. 国家税务局关于对邮电部门所属企业恢复征收城镇土地使用税的通知 1991.01.19 国税函发〔1991〕209号

82. 国家税务局关于房产管理部门经租的居民住房用地在房租调整改革后征收土地使用税问题的批复 1991.03.09 国税函发〔1991〕403号

83. 国家税务局关于借贷业务应纳印花税凭证问题的批复 1991.08.05 国税函发〔1991〕1081号

84. 国家税务局关于订货会所签合同印花税缴纳地点问题的通知 1991.09.03 国税函发〔1991〕1187号

85. 国家税务局关于印花税若干具体问题的解释和规定的通知 1991.09.18 国税发〔1991〕155号

86. 国家税务局关于林业系统征免土地使用税问题的通知 1991.11.01 国税函发〔1991〕1404号

87. 国家税务局关于专利证书印花税代征办法的批复 1991.11.01 国税函发〔1991〕1405号

88. 国家税务局关于物资订货合同印花税确定纳税人问题的批复 1991.11.01 国税函发〔1991〕1415号

89. 国家税务局关于飞机租赁合同征收印花税问题的批复 1992.07.21 国税函发〔1992〕1145号

90. 国家税务局关于飞机租赁合同征收印花税问题的函 1992.10.08 国税函发〔1992〕1431号

91. 国家税务局关于工会服务型事业单位免征房产税、车船使用税、土地使用税问题的复函 1992.10.10 国税函发〔1992〕1440号

92. 国家税务局关于批发市场交易合同征收印花税问题的通知 1992.11.16 国税函发〔1992〕1640号

93. 国家税务局关于受让土地使用权者应征收土地使用税问题的批复 1993.03.24 国税函发〔1993〕501号

94. 国家税务局关于捷克共和国和斯洛伐克共和国继承原捷克斯洛伐克同我国签署的税收协定的通知 1993.04.01 国税发〔1993〕68号

95. 国家税务局关于南斯拉夫联盟共和国继承原南斯拉夫社会主义联邦共和国议会联邦执行委员会和中华人民共和国避免双重征税协定的通知 1993.04.05 国税发〔1993〕71号

96. 国家税务局关于中国人民银行向专业银行发放贷款所签合同征免印花税问题的批复 1993.05.14 国税函发〔1993〕705号

97. 国家税务总局 文化部 国家体委关于来我国从事文艺演出及体育表演收入应严格依照税法规定征税的通知 1993.09.20 国税发〔1993〕89号

98. 国家税务总局关于安徽省若干房产税业务问题的批复 1993.11.08 国税函发〔1993〕368号

99. 国家税务总局关于印发个人所得税申报表式样的通知 1993.12.24 国税发〔1993〕145号

100. 国家税务总局关于印发《增值税部分货物征税范围注释》的通知 1993.12.25 国税发〔1993〕151号

101. 国家税务总局 海关总署关于进口货物征收增值税、消费税有关问题的通知 1993.12.25 国税发〔1993〕155号

102. 国家税务总局关于印发《营业税税目注释(试行稿)》的通知 1993.12.27 国税发〔1993〕149号

103. 国家税务总局关于印发《消费税征收范围注释》的通知 1993.12.27 国税发〔1993〕153号

104. 国家税务总局关于使用出口货物消费税专用缴款书管理办法的通知 1993.12.28 国税明电〔1993〕71号

105. 国家税务总局关于中外合资××公路桥梁开发有限公司税收问题的批复 1994.01.24 国税函发〔1994〕32号

106. 国家税务总局 海洋石油税务管理局关于地方劳务公司为外国石油公司提供劳务服务税收征收管理问题的批复 1994.02.03 国税油函〔1994〕8号

107. 国家税务总局关于资金账簿印花税问题的通知 1994.02.05 国税发〔1994〕25号

108. 国家税务总局关于个人获得光华科技基金会奖励金免征个人所得税的批复 1994.02.15 国税函发〔1994〕48号

109. 国家税务总局关于境外所得征收个人所得税若干问题的通知 1994.03.08 国税发〔1994〕44号

110. 国家税务总局关于城市维护建设税征收问题的通知 1994.03.12 国税发〔1994〕51号

111. 国家税务总局关于《消费税若干具体问题的规定》的更正通知 1994.03.22 国税发〔1994〕84号

112. 国家税务总局关于经营房地产收入纳税义务发生时间的通知 1994.04.07 国税发〔1994〕86号

113. 国家税务总局关于外商投资企业和外国企业征收印花税有关问题的通知 1994.04.07 国税发〔1994〕95号

114. 国家税务总局关于德国汉莎航空公司开航中国有关税收问题的通知 1994.04.09 国税函发〔1994〕117号

115. 国家税务总局关于国家物资储备局系统销售储备物资统一缴纳增值税问题的通知 1994.04.13 国税发〔1994〕90号

116. 国家税务总局关于境外团体或个人在我国从事文艺及体育演出有关税收问题的通知 1994.04.21 国税发〔1994〕106号

117. 国家税务总局关于中外合作开采石油资源缴纳增值税有关问题的通知 1994.04.28 国税发〔1994〕114号

118. 国家税务总局关于人民银行贷款业务不征收营业税的具体范围的通知 1994.04.30 国税发〔1994〕88号

119. 国家税务总局关于军队物资供应机构征收增值税有关问题的通知 1994.05.07 国税发〔1994〕121号

120. 国家税务总局关于增值税若干征收问题的通知 1994.05.07 国税发〔1994〕122号

121. 国家税务总局 海洋石油税务管理局关于中国海洋石油总公司取得的服务收入征税问题的通知 1994.05.16 国税油发〔1994〕11号

122. 国家税务总局关于特准中国煤炭工业进出口总公司各分公司办理退税登记的通知 1994.05.19 国税函发〔1994〕187号

123. 国家税务总局关于社会福利有奖募捐发行收入税收问题的通知 1994.05.23 国税发〔1994〕127号

124. 国家税务总局关于军队物资供应机构征收增值税有关问题的补充通知 1994.05.25 国税发〔1994〕129号

125. 国家税务总局关于消费税若干征税问题的通知 1994.05.26 国税发〔1994〕130号

126. 国家税务总局关于印发国际海运税收问题一览表的通知 1994.05.31 国税函发

〔1994〕237号

127. 国家税务总局关于以色列航空公司开航中国有关税收问题的通知 1994.06.04 国税函发〔1994〕278号

128. 国家税务总局关于痱子粉、爽身粉不征消费税问题的通知 1994.06.09 国税发〔1994〕142号

129. 国家税务总局关于哈萨克斯坦航空公司开航中国有关税收问题的通知 1994.06.24 国税函发〔1994〕351号

130. 国家税务总局关于加强出口退税管理严格审核退税凭证的通知 1994.06.27 国税发〔1994〕146号

131. 国家税务总局关于渤海×××油气田缴纳增值税有关问题的通知 1994.06.27 国税函发〔1994〕352号

132. 国家税务总局关于曾宪梓教育基金会教师奖免征个人所得税的函 1994.06.29 国税函发〔1994〕376号

133. 国家税务总局关于在中国境内无住所的个人取得工资薪金所得纳税义务问题的通知 1994.06.30 国税发〔1994〕148号

134. 国家税务总局关于乌兹别克斯坦航空公司开航中国有关税收问题的通知 1994.06.30 国税函发〔1994〕377号

135. 国家税务总局关于学校办企业征收流转税问题的通知 1994.07.04 国税发〔1994〕156号

136. 国家税务总局关于执行税收协定教师条款的通知 1994.07.07 国税发〔1994〕153号

137. 国家税务总局关于营业税若干征税问题的通知 1994.07.18 国税发〔1994〕159号

138. 国家税务总局关于个人对企事业单位实行承包经营、承租经营取得所得征税问题的通知 1994.08.01 国税发〔1994〕179号

139. 国家税务总局关于执行中国与吉尔吉斯汽车运输协定的通知 1994.08.01 国税函发〔1994〕449号

140. 国家税务总局关于检查国际空运税收执行情况的通知 1994.08.09 国税函发〔1994〕459号

141. 国家税务总局关于增值税几个业务问题的通知 1994.08.19 国税发〔1994〕186号

142. 国家税务总局关于高尔夫球俱乐部税收问题的批复 1994.09.13 国税函发〔1994〕514号

143. 国家税务总局关于×××航空公司有关税收问题的通知 1994.09.15 国税函发〔1994〕521号

144. 国家税务总局关于电力调整试验收入适用税目问题的批复 1994.10.10 国税函发〔1994〕552号

145. 国家税务总局关于下发《税务稽查工作报告制度》的通知 1994.10.22 国税发〔1994〕227号

146. 国家税务总局关于（韩国）××航空公司税收问题的通知 1994.11.01 国税函发

〔1994〕595 号

147. 国家税务总局关于海洋石油税务系统管理体制调整问题的通知 1994.11.03 国税发〔1994〕238 号

148. 国家税务总局关于中韩两国政府避免双重征税协定有关条文解释的通知 1994.11.18 国税发〔1994〕687 号

149. 国家税务总局关于中外合作开发房地产征收营业税问题的批复 1994.12.06 国税函发〔1994〕644 号

150. 国家税务总局关于中国农业发展银行营业税征收问题的通知 1994.12.07 国税发〔1994〕252 号

151. 国家税务总局关于中印两国政府避免双重征税协定若干条文解释与执行的通知 1994.12.09 国税发〔1994〕257 号

152. 国家税务总局关于我国政府和马耳他政府避免双重征税协定若干条文解释与执行的通知 1994.12.19 国税发〔1994〕266 号

153. 国家税务总局关于明确流转税、资源税法规中"主管税务机关、征收机关"名称问题的通知 1994.12.24 国税发〔1994〕232 号

154. 国家税务总局关于伏尔加——第聂伯航空公司有关税收问题的通知 1994.12.30 国税函发〔1994〕689 号

155. 国家税务总局关于统一编印 1995 年增值税专用发票代码的通知 1995.01.14 国税函发〔1995〕18 号

156. 国家税务总局关于外商投资企业出口退税问题的通知 1995.02.06 国税发〔1995〕12 号

157. 国家税务总局关于俄罗斯国际航空公司有关税收问题的通知 1995.02.28 国税函发〔1995〕113 号

158. 国家税务总局关于执行中老澜沧江——湄公河客货运输协定有关税收规定的通知 1995.03.06 国税函发〔1995〕85 号

159. 国家税务总局关于增值税专用发票使用与管理有关问题的通知 1995.03.13 国税发〔1995〕47 号

160. 国家税务总局关于有奖储蓄中奖收入征收个人所得税问题的批复 1995.03.13 国税函发〔1995〕98 号

161. 国家税务总局关于印发《土地增值税宣传提纲》的通知 1995.03.16 国税函发〔1995〕110 号

162. 国家税务总局关于奥地利航空公司有关税收问题的通知 1995.03.20 国税函发〔1995〕112 号

163. 国家税务总局关于澳大利亚快达航空公司有关税收问题的通知 1995.03.20 国税函发〔1995〕114 号

164. 国家税务总局关于在中国境内无住所的个人计算缴纳个人所得税若干具体问题的通知 1995.03.23 国税函发〔1995〕125 号

165. 国家税务总局关于外商投资企业和外国企业及外籍人员的外币收入如何折合成

人民币计算缴纳税款问题的通知 1995.04.13 国税发〔1995〕70 号

166. 国家税务总局关于印发《营业税问题解答（之一）》的通知 1995.04.17 国税函发〔1995〕156 号

167. 国家税务总局关于瑞士航空公司有关税收问题的通知 1995.04.24 国税函发〔1995〕168 号

168. 国家税务总局关于营业税若干问题的通知 1995.04.26 国税发〔1995〕76 号

169. 国家税务总局关于固定业户临时外出经营有关增值税专用发票管理问题的通知 1995.05.16 国税发〔1995〕87 号

170. 国家税务总局关于印发《土地增值税纳税申报表》的通知 1995.05.17 国税发〔1995〕90 号

171. 国家税务总局关于用外购和委托加工收回的应税消费品连续生产应税消费品征收消费税问题的通知 1995.05.19 国税发〔1995〕94 号

172. 国家税务总局关于印发《增值税问题解答（之一）》的通知 1995.06.02 国税函发〔1995〕288 号

173. 国家税务总局关于被盗、丢失增值税专用发票的处理意见的通知 1995.06.06 国税函发〔1995〕292 号

174. 国家税务总局关于意大利航空公司有关税收问题的通知 1995.06.13 国税函发〔1995〕349 号

175. 国家税务总局关于我国政府和毛里求斯政府避免双重征税协定若干条文解释的通知 1995.06.16 国税发〔1995〕112 号

176. 国家税务总局关于确认欧洲投资银行为国际组织的复函 1995.06.17 国税函发〔1995〕328 号

177. 国家税务总局关于加强委托加工应税消费品征收管理的通知 1995.06.26 国税发〔1995〕122 号

178. 国家税务总局关于对中国科学院院士荣誉奖金征收个人所得税问题的复函 1995.06.29 国税函发〔1995〕351 号

179. 国家税务总局关于油气田所属单位为本油气田提供劳务征收营业税问题的通知 1995.07.06 国税发〔1995〕132 号

180. 国家税务总局对代开、虚开增值税专用发票征补税款问题的批复 1995.07.26 国税函发〔1995〕415 号

181. 国家税务总局关于在中国境内无住所个人缴纳所得税涉及税收协定若干问题的通知 1995.08.03 国税发〔1995〕155 号

182. 国家税务总局关于地质矿产部所属地勘单位征税问题的通知 1995.08.16 国税函发〔1995〕453 号

183. 国家税务总局关于印发《国际航空旅客运输专用发票》式样的通知 1995.08.18 国税函发〔1995〕448 号

184. 国家税务总局关于律师事务所办案费收入征收营业税问题的批复 1995.08.30 国税函发〔1995〕479 号

185. 国家税务总局关于《农业产品征税范围注释》执行日期的通知 1995.09.14 国税明电〔1995〕44号

186. 国家税务总局关于俄罗斯伏尔加——第聂伯航空公司有关税收问题的通知 1995.09.20 国税函发〔1995〕527号

187. 国家税务总局关于外商投资企业从事城市住宅小区建设征收营业税问题的批复 1995.10.10 国税函发〔1995〕549号

188. 国家税务总局关于新疆航空公司空勤人员飞行小时费和伙食费收入征收个人所得税的批复 1995.10.10 国税函发〔1995〕554号

189. 国家税务总局关于加强增值税征收管理若干问题的通知 1995.10.18 国税发〔1995〕192号

190. 国家税务总局关于《四川省地税局关于社会中介机构有偿服务使用票据问题的请示》的批复 1995.11.02 国税函发〔1995〕425号

191. 国家税务总局关于医院收费使用凭证问题的批复 1995.11.02 国税函发〔1995〕575号

192. 国家税务总局关于中外合作开采石油资源申报缴纳矿区使用费有关问题的通知 1995.11.07 国税发〔1995〕202号

193. 国家税务总局关于新加坡航空公司有关税收问题的通知 1995.11.07 国税函发〔1995〕681号

194. 国家税务总局关于个人在境外取得博彩所得征收个人所得税问题的批复 1995.12.25 国税函发〔1995〕663号

195. 国家税务总局关于中、以两国政府避免双重征税协定若干条文解释的通知 1995.12.28 国税函发〔1995〕677号

196. 国家税务总局关于电力建设资金有偿使用利息收入征收营业税的通知 1996.01.09 国税函发〔1996〕15号

197. 国家税务总局 国家土地管理局关于土地增值税若干征管问题的通知 1996.01.10 国税发〔1996〕4号

198. 国家税务总局关于加强进口环节增值税专用缴款书抵扣税款管理的通知 1996.02.14 国税发〔1996〕32号

199. 国家税务总局关于调整国家税务局、地方税务局税收征管范围若干具体问题的通知 1996.03.01 国税发〔1996〕37号

200. 国家税务总局关于原油管理费缴纳营业税问题的复函 1996.03.13 国税函〔1996〕101号

201. 国家税务总局关于中国海洋石油总公司所属公司提供劳务征收营业税问题的通知 1996.03.15 国税函〔1996〕112号

202. 国家税务总局 建设部关于土地增值税征收管理有关问题的通知 1996.04.05 国税发〔1996〕48号

203. 国家税务总局关于中国××化学工程公司征收营业税问题的批复 1996.04.17 国税函〔1996〕174号

204. 国家税务总局关于海洋石油税收征管范围问题的通知 1996.04.25 国税发〔1996〕57号

205. 国家税务总局关于美国西北航空公司有关税收问题的通知 1996.05.07 国税函〔1996〕213号

206. 国家税务总局关于德国汉莎航空公司有关税收问题的通知 1996.05.07 国税函〔1996〕214号

207. 国家税务总局关于烧卤熟制食品征收流转税问题的批复 1996.05.20 国税函〔1996〕261号

208. 国家税务总局关于外商投资企业在筹办期间取得的会员费有关税务处理问题的通知 1996.05.22 国税发〔1996〕84号

209. 国家税务总局关于做好武装警察部队干部工资薪金收入应纳个人所得税征收管理的通知 1996.05.23 国税发〔1996〕87号

210. 国家税务总局关于原油管理费征收增值税问题的通知 1996.06.26 国税发〔1996〕111号

211. 国家税务总局关于世界银行、联合国直接派遣来华工作的专家享受免征个人所得税有关问题的通知 1996.07.03 国税函〔1996〕417号

212. 国家税务总局关于企业内部电厂应征城镇土地使用税问题的批复 1996.07.11 国税函〔1996〕441号

213. 国家税务总局转发民航总局关于澳大利亚快达航空公司开通悉尼——上海——北京航线的通知 1996.08.06 国税函〔1996〕472号

214. 国家税务总局转发民航总局关于韩国亚洲航空公司开通釜山——北京往返定期航班的通知 1996.08.28 国税函〔1996〕443号

215. 国家税务总局转发民航总局关于荷兰皇家航空公司开通阿姆斯特丹——北京往返定期航班的通知 1996.08.28 国税函〔1996〕444号

216. 国家税务总局关于增值税若干征管问题的通知 1996.09.09 国税发〔1996〕155号

217. 国家税务总局关于明确单位或个人为纳税义务人的劳务报酬所得代付税款计算公式的通知 1996.09.17 国税发〔1996〕161号

218. 国家税务总局关于易货贸易进口环节减征的增值税税款抵扣问题的通知 1996.09.17 国税函〔1996〕550号

219. 国家税务总局关于个人所得税偷税案件查处中有关问题的补充通知 1996.09.17 国税函〔1996〕602号

220. 国家税务总局关于填开增值税专用发票有关问题的通知 1996.09.18 国税发〔1996〕166号

221. 国家税务总局关于美国联邦快运公司有关税收问题的通知 1996.09.19 国税函〔1996〕107号

222. 国家税务总局关于铁路支线维护费征收增值税问题的通知 1996.09.24 国税函〔1996〕561号

223. 国家税务总局关于成品油管理费缴纳营业税问题的通知 1996.09.24 国税函

〔1996〕562号

224. 国家税务总局关于印发《税务行政处罚听证程序实施办法（试行）》、《税务案件调查取证与处罚决定分开制度实施办法（试行）》的通知 1996.09.28 国税发〔1996〕190号

225. 国家税务总局关于在中国境内无住所的个人取得奖金征税问题的通知 1996.10.14 国税发〔1996〕183号

226. 国家税务总局关于手工回收煤炭征收资源税问题的批复 1996.10.28 国税函〔1996〕605号

227. 国家税务总局关于农牧业救灾柴油征收增值税问题的批复 1996.10.29 国税函〔1996〕612号

228. 国家税务总局关于邮政汇兑资金利息收入征收营业税问题的批复 1996.11.06 国税函〔1996〕635号

229. 国家税务总局关于有偿转让资产使用权的行为征收营业税问题的批复 1996.11.06 国税函〔1996〕636号

230. 国家税务总局关于饮食业征收流转税问题的通知 1996.11.07 国税发〔1996〕202号

231. 国家税务总局关于雇主为其雇员负担个人所得税税款计征问题的通知 1996.11.08 国税发〔1996〕199号

232. 国家税务总局关于地质矿产部所属地勘单位征税问题的补充通知 1996.11.12 国税函〔1996〕656号

233. 国家税务总局关于个人举办各类学习班取得的收入征收个人所得税问题的批复 1996.11.13 国税函〔1996〕658号

234. 国家税务总局转发《最高人民法院关于适用〈全国人民代表大会常务委员会关于惩治虚开、伪造和非法出售增值税专用发票犯罪的决定〉的若干问题的解释》的通知 1996.11.15 国税发〔1996〕210号

235. 国家税务总局关于中牙（牙买加）两国政府避免双重征税协定若干条文解释的通知 1996.11.19 国税发〔1996〕96号

236. 国家税务总局关于外商投资企业的董事担任直接管理职务征收个人所得税问题的通知 1996.11.21 国税发〔1996〕214号

237. 国家税务总局关于"免征营业税的博物馆"范围界定问题的批复 1996.11.21 国税函〔1996〕679号

238. 国家税务总局关于房产开发企业销售不动产征收营业税问题的通知 1996.11.22 国税函〔1996〕684号

239. 国家税务总局关于电信业务征收营业税问题的通知 1996.11.22 国税函〔1996〕685号

240. 国家税务总局关于非电信部门开办电话咨询业务适用税目问题的批复 1996.12.03 国税函〔1996〕700号

241. 国家税务总局关于进一步加强土地增值税征收管理工作的通知 1996.12.10 国税发〔1996〕227号

242. 国家税务总局关于个人从事房地产经营业务征收营业税问题的批复 1996.12.12 国税函〔1996〕718号

243. 国家税务总局关于海洋石油税务分局使用发票监制章问题的批复 1996.12.16 国税函〔1996〕724号

244. 国家税务总局关于锻压金首饰在零售环节征收消费税问题的批复 1996.12.23 国税函〔1996〕727号

245. 国家税务总局关于印制使用《外轮运输收入税收报告表》的通知 1996.12.23 国税函发〔1996〕729号

246. 国家税务总局关于技术转让征收营业税问题的批复 1996.12.31 国税函〔1996〕743号

247. 国家税务总局关于淀粉的增值税适用税率问题的批复 1996.12.31 国税函〔1996〕744号

248. 国家税务总局关于天津×××电梯有限公司在外埠设立的分公司缴纳流转税问题的批复 1997.01.06 国税函〔1997〕33号

249. 国家税务总局 中国人民银行关于明确"扣缴税款通知书"有效期限的批复 1997.01.10 国税函〔1997〕11号

250. 国家税务总局关于企业出口退税款税收处理问题的批复 1997.01.14 国税函〔1997〕21号

251. 国家税务总局关于重油调拨手续费营业税问题的通知 1997.02.12 国税函〔1997〕085号

252. 国家税务总局关于税务稽查工作中几个具体问题的批复 1997.03.13 国税函〔1997〕147号

253. 国家税务总局关于中国和冰岛避免双重征税协定第十条第二款(二)项条文更正的通知 1997.03.25 国税函〔1997〕139号

254. 国家税务总局关于合作开采海洋石油提供应税劳务适用营业税税目、税率问题的通知 1997.03.26 国税发〔1997〕42号

255. 国家税务总局关于外籍个人取得有关补贴征免个人所得税执行问题的通知 1997.04.09 国税发〔1997〕54号

256. 国家税务总局关于消费税若干征税问题的通知 1997.05.21 国税发〔1997〕84号

257. 国家税务总局关于印发《消费税问题解答》的通知 1997.05.21 国税函〔1997〕306号

258. 国家税务总局关于美国西屋电气公司提供技术服务、检验等劳务适用税目税率问题的批复 1997.05.29 国税函〔1997〕329号

259. 国家税务总局关于安达信公司有关税收问题的通知 1997.06.24 国税函〔1997〕380号

260. 国家税务总局关于影视演职人员个人所得税问题的批复 1997.06.27 国税函〔1997〕385号

261. 国家税务总局关于以不动产作为股利进行分配征收营业税问题的批复

1997.06.28 国税函〔1997〕387号

262. 国家税务总局关于正大康地(深圳)有限公司生产经营饲料添加剂预混料应否免征增值税问题的批复 1997.07.22 国税函〔1997〕424号

263. 国家税务总局关于外资金融机构有关税收业务问题的通知 1997.07.25 国税发〔1997〕123号

264. 国家税务总局关于中日税收协定及其议定书有关条文解释的通知 1997.07.25 国税函〔1997〕429号

265. 国家税务总局、中国人民银行、财政部关于加强申报纳税工作有关问题的通知 1997.08.07 国税发〔1997〕100号

266. 国家税务总局关于加强证券交易印花税征收管理工作的通知 1997.08.07 国税发〔1997〕129号

267. 国家税务总局关于税收协定中有关确定雇主问题的通知 1997.08.08 国税发〔1997〕124号

268. 国家税务总局关于纳税人取得虚开的增值税专用发票处理问题的通知 1997.08.08 国税发〔1997〕134号

269. 国家税务总局关于加强涉税行政事业性收费项目发票管理的通知 1997.08.12 国税发〔1997〕135号

270. 国家税务总局关于奥地利航空公司、中国国际航空公司将维也纳——北京航班延至上海的通知 1997.08.29 国税函〔1997〕369号

271. 国家税务总局关于以不动产或无形资产投资入股收取固定利润征收营业税问题的批复 1997.09.01 国税函〔1997〕490号

272. 国家税务总局关于厦门邮电纵横股份有限公司销售传呼机、移动电话征收增值税问题的批复 1997.09.05 国税函〔1997〕504号

273. 国家税务总局关于外商投资企业的订单要货单据征收印花税问题的批复 1997.09.05 国税函〔1997〕505号

274. 国家税务总局关于中国海洋石油总公司油气增值税销售费用问题的批复 1997.09.15 国税函〔1997〕512号

275. 国家税务总局关于经营公用电话征收营业税问题的通知 1997.10.11 国税发〔1997〕161号

276. 国家税务总局关于煤炭企业转让井口征收营业税问题的批复 1997.10.11 国税函〔1997〕556号

277. 国家税务总局关于房地产租赁行为征收营业税问题的批复 1997.10.24 国税函〔1997〕564号

278. 国家税务总局关于平销行为征收增值税问题的通知 1997.10.31 国税发〔1997〕167号

279. 国家税务总局关于印发《资源税几个应税产品范围问题的解答》的通知 1997.11.21 国税函〔1997〕628号

280. 国家税务总局关于契税征收管理若干具体事项的通知 1997.11.25 国税发〔1997〕

176号

281. 国家税务总局关于个人从事医疗服务活动征收个人所得税问题的通知 1997.11.25 国税发〔1997〕178号

282. 国家税务总局关于股份制企业转增股本和派发红股征免个人所得税的通知 1997.12.25 国税发〔1997〕198号

283. 国家税务总局关于组建省级注册税务师管理机构有关问题的通知 1998.01.16 国税发〔1998〕6号

284. 国家税务总局关于个人认购股票等有价证券而从雇主取得折扣或补贴收入有关征收个人所得税问题的通知 1998.01.20 国税发〔1998〕9号

285. 国家税务总局关于销售不动产兼装修行为征收营业税问题的批复 1998.01.25 国税函〔1998〕53号

286. 国家税务总局关于贯彻实施《注册税务师资格制度暂行规定》有关问题的通知 1998.02.06 国税发〔1998〕15号

287. 国家税务总局关于农业土地出租征税问题的批复 1998.02.10 国税函〔1998〕82号

288. 国家税务总局关于增列瑞丽海关为免税卷烟出口口岸的批复 1998.02.26 国税函〔1998〕124号

289. 国家税务总局关于厦门国际空港食品有限公司税收问题的批复 1998.03.06 国税函〔1998〕136号

290. 国家税务总局海洋石油税务管理局关于中联煤层气有限责任公司、中国新星石油公司纳税管理问题的通知 1998.03.06 国税油函〔1998〕1号

291. 国家税务总局 国家土地管理局关于契税征收管理有关问题的通知 1998.03.09 国税发〔1998〕31号

292. 国家税务总局关于印发《税收票证管理办法》的通知 1998.03.10 国税发〔1998〕32号

293. 国家税务总局关于俄罗斯东方航线航空公司有关税收问题的通知 1998.03.11 国税函〔1998〕146号

294. 国家税务总局 海关总署关于出口集装箱有关退税问题的通知 1998.04.06 国税发〔1998〕48号

295. 国家税务总局关于吉尔吉斯航空公司有关税收问题的通知 1998.04.14 国税函〔1998〕191号

296. 国家税务总局关于税收协定中有关国际运输问题解释的通知 1998.04.17 国税函〔1998〕241号

297. 国家税务总局关于俄罗斯赤塔航空公司有关税收问题的通知 1998.04.20 国税函〔1998〕147号

298. 国家税务总局关于利用外国贷款采用国际招标方式国内企业中标的机电产品恢复退税的通知 1998.05.11 国税发〔1998〕65号

299. 国家税务总局关于增值税一般纳税人发生偷税行为如何确定偷税数额和补税罚

款的通知 1998.05.12 国税发〔1998〕66号

300. 国家税务总局关于印发《全国税务系统办税服务厅规范化服务要求》的通知 1998.05.12 国税发〔1998〕78号

301. 国家税务总局关于个人取得的奖金收入征收个人所得税问题的批复 1998.05.13 国税函〔1998〕293号

302. 国家税务总局关于原城市信用社在转制为城市合作银行过程中个人股增值所得应纳个人所得税的批复 1998.05.15 国税函〔1998〕289号

303. 国家税务总局关于进一步加强税务稽查工作的意见 1998.05.19 国税发〔1998〕75号

304. 国家税务总局关于核发税收票证统一式样的通知 1998.05.22 国税发〔1998〕77号

305. 国家税务总局 海关总署关于对外承接外轮修理修配业务有关退税问题的通知 1998.05.27 国税发〔1998〕87号

306. 国家税务总局关于中影公司发行影片征收营业税的通知 1998.05.27 国税函〔1998〕316号

307. 国家税务总局关于盈余公积金转增注册资本征收个人所得税问题的批复 1998.06.04 国税函〔1998〕333号

308. 国家税务总局 对外贸易经济合作部关于规范出口贸易和退税程序防范打击骗取出口退税行为的通知 1998.06.09 国税发〔1998〕84号

309. 国家税务总局关于专利技术转让过程中销售设备征收增值税问题的批复 1998.06.18 国税函〔1998〕361号

310. 国家税务总局关于加强加油站税收征管有关问题的通知 1998.06.26 国税发〔1998〕100号

311. 国家税务总局关于外商投资企业和外国企业的雇员的境外保险费有关所得税处理问题的通知 1998.06.26 国税发〔1998〕101号

312. 国家税务总局关于电梯保养、维修收入征税问题的批复 1998.06.29 国税函〔1998〕390号

313. 国家税务总局关于进一步明确税收罚款收缴有关问题的通知 1998.07.02 国税发〔1998〕402号

314. 国家税务总局关于军队转让空余军用土地应按规定征收营业税的批复 1998.07.13 国税函〔1998〕421号

315. 国家税务总局关于房屋产权未确定如何征收房产税问题的批复 1998.07.15 国税函〔1998〕426号

316. 国家税务总局关于新汶矿务局机电设备管理中心出租设备征收营业税的批复 1998.07.16 国税函〔1998〕427号

317. 国家税务总局关于企业破产、倒闭、解散、停业后增值税留抵税额处理问题的批复 1998.07.16 国税函〔1998〕429号

318. 国家税务总局关于盐城市"户外广告城市空间有偿使用费"征收营业税问题的批

复 1998.07.28 国税函〔1998〕444 号

319. 国家税务总局关于澳门航空公司有关税收问题的通知 1998.08.18 国税函〔1998〕477 号

320. 国家税务总局关于《人民法院报》刊登法院公告暂不征收营业税的通知 1998.08.18 国税函〔1998〕483 号

321. 国家税务总局关于企业所属机构间移送货物征收增值税问题的通知 1998.08.26 国税发〔1998〕137 号

322. 国家税务总局关于进一步加强出口卷烟税收管理的通知 1998.08.31 国税发〔1998〕123 号

323. 国家税务总局关于建筑公司承建非军事工程征收营业税问题的批复 1998.09.11 国税函〔1998〕534 号

324. 国家税务总局关于未分配的投资者收益和个人人寿保险收入征收个人所得税问题的批复 1998.09.16 国税函〔1998〕546 号

325. 国家税务总局关于融资租赁业务如何征收营业税问题的批复 1998.09.21 国税函〔1998〕553 号

326. 国家税务总局关于"代建"房屋行为应如何征收营业税问题的批复 1998.09.21 国税函〔1998〕554 号

327. 国家税务总局关于生活补助费范围确定问题的通知 1998.09.25 国税发〔1998〕155 号

328. 国家税务总局关于匈牙利航空公司有关税收问题的通知 1998.10.01 国税函〔1998〕472 号

329. 国家税务总局关于更正国家税务总局关于瑞士航空公司有关税收问题的通知 1998.10.09 国税函〔1998〕494 号

330. 国家税务总局 国家质量技术监督局关于推行使用出租汽车税控计价器有关问题的通知 1998.10.19 国税发〔1998〕164 号

331. 国家税务总局关于严禁对增值税一般纳税人实行定率征收增值税问题的通知 1998.10.21 国税发〔1998〕183 号

332. 国家税务总局关于"长江学者奖励计划"有关个人收入免征个人所得税的通知 1998.10.27 国税函〔1998〕632 号

333. 国家税务总局关于大韩航空公司有关税收问题的通知 1998.10.28 国税函〔1998〕537 号

334. 国家税务总局关于进一步明确契税纳税人有关法律责任的通知 1998.11.10 国税发〔1998〕195 号

335. 国家税务总局关于外国企业出租卫星通讯线路所取得的收入征税问题的通知 1998.11.12 国税发〔1998〕201 号

336. 国家税务总局关于对已缴纳土地使用金的土地使用者应征收城镇土地使用税的批复 1998.11.12 国税函〔1998〕669 号

337. 国家税务总局关于企业所属机构间移送货物征收增值税问题的补充通知

1998.12.03 国税函〔1998〕718号

338. 国家税务总局关于社会力量办学征收个人所得税问题的批复 1998.12.07 国税函〔1998〕738号

339. 国家税务总局关于外商投资的宾馆、商务楼等经营电信业务征收营业税问题的批复 1998.12.08 国税函〔1998〕737号

340. 国家税务总局关于有线电视台有关收费征收营业税问题的批复 1998.12.09 国税函〔1998〕748号

341. 国家税务总局关于湖南光前影视制作社销售电视剧播放权征收营业税问题的批复 1998.12.09 国税函〔1998〕751号

342. 国家税务总局关于日本国税厅驻北京代表处有关税收处理问题的通知 1998.12.11 国税函〔1998〕759号

343. 国家税务总局关于印发《农业税收会计制度》的通知 1998.12.14 国税发〔1998〕216号

344. 国家税务总局关于物业管理企业的代收费用有关营业税问题的通知 1998.12.15 国税发〔1998〕217号

345. 国家税务总局关于对外合作开采陆上石油资源征收增值税问题的通知 1998.12.15 国税发〔1998〕219号

346. 国家税务总局关于广播电视系统、交通、工商、公安等部门的有关收费项目征收营业税的批复 1998.12.15 国税函〔1998〕766号

347. 国家税务总局关于以房屋抵顶债务应征收营业税问题的批复 1998.12.15 国税函〔1998〕771号

348. 国家税务总局关于俄罗斯新西伯利亚航空公司有关税收问题的通知 1998.12.24 国税函〔1998〕824号

349. 国家税务总局关于城镇居民委托代建房屋契税征免问题的批复 1998.12.28 国税函〔1998〕829号

350. 国家税务总局关于中央直属储备粮库建设有关税费问题的批复 1998.12.30 国税函〔1998〕842号

351. 国家税务总局关于出口退税单证录入方式有关问题的通知 1999.01.08 国税函〔1999〕17号

352. 国家税务总局关于明确我国对外签订税收协定中教师和研究人员条款适用范围的通知 1999.01.15 国税函〔1999〕37号

353. 国家税务总局关于上海汽车销售公司收取的佣金收入征收营业税问题的批复 1999.01.31 国税函〔1999〕55号

354. 国家税务总局关于有奖游艺和代销彩票征收营业税问题的批复 1999.02.14 国税函〔1999〕90号

355. 国家税务总局关于修订"饲料"注释及加强饲料征免增值税管理问题的通知 1999.03.08 国税发〔1999〕39号

356. 国家税务总局关于拍卖行取得的拍卖收入征收增值税、营业税有关问题的通知

1999.03.11 国税发〔1999〕40号

357. 国家税务总局关于调整房产税和土地使用税具体征税范围解释规定的通知 1999.03.12 国税发〔1999〕44号

358. 国家税务总局关于房地产开发企业从事"购房回租"等经营活动征收营业税问题的批复 1999.03.21 国税函〔1999〕144号

359. 国家税务总局关于交通部门转让公路桥梁收费权征收营业税问题的批复 1999.03.23 国税函〔1999〕145号

360. 国家税务总局关于中外合作开采陆上原油资源矿区使用费征管问题的通知 1999.04.07 国税发〔1999〕55号

361. 国家税务总局关于个人所得税有关政策问题的通知 1999.04.09 国税发〔1999〕58号

362. 国家税务总局关于中国平安保险公司新开办的一年期以上返还性人身保险险种免征营业税的通知 1999.04.15 国税函〔1999〕181号

363. 国家税务总局关于卫生防疫站调拨生物制品及药械征收增值税的批复 1999.04.19 国税函〔1999〕191号

364. 国家税务总局关于援外出口货物有关税收问题的通知 1999.04.22 国税发〔1999〕20号

365. 国家税务总局关于外国企业来华参展后销售展品有关税务处理问题的批复 1999.04.26 国税函〔1999〕207号

366. 国家税务总局关于印发《注册税务师注册管理暂行办法》的通知 1999.04.29 国税发〔1999〕79号

367. 国家税务总局关于转发《海关总署关于停止使用进出口货物报关单防伪标签的紧急通知》的通知 1999.04.29 国税函〔1999〕229号

368. 国家税务总局关于在中国境内无住所个人取得不在华履行职务的月份奖金确定纳税义务问题的通知 1999.05.04 国税函〔1999〕245号

369. 国家税务总局 对外贸易经济合作部关于境外带料加工装配业务有关出口退税问题的通知 1999.05.05 国税发〔1999〕76号

370. 国家税务总局关于外国企业的董事在中国境内兼任职务有关税收问题的通知 1999.05.17 国税函〔1999〕284号

371. 国家税务总局关于明确残疾人所得征免个人所得税范围的批复 1999.05.21 国税函〔1999〕329号

372. 国家税务总局关于土耳其航空公司有关税收问题的通知 1999.05.24 国税函〔1999〕216号

373. 国家税务总局关于广告代理业征收文化事业建设费问题的批复 1999.05.28 国税函〔1999〕353号

374. 国家税务总局关于离婚后房屋权属变化是否征收契税的批复 1999.06.03 国税函〔1999〕391号

375. 国家税务总局 国家质量技术监督局关于加油机安装税控装置和生产使用税控加

油机有关问题的通知 1999.06.04 国税发〔1999〕110 号

376. 国家税务总局 国土资源部关于在土地证书年检中协作做好契税等有关土地税收征收工作的通知 1999.06.04 国税发〔1999〕111 号

377. 国家税务总局转发《国务院办公厅转发国家经贸委等部门关于清理整顿小炼油厂和规范原油成品油流通秩序意见的通知》的通知 1999.06.08 国税发〔1999〕112 号

378. 国家税务总局关于生猪生产流通过程中有关税收问题的通知 1999.06.09 国税发〔1999〕113 号

379. 国家税务总局关于普通发票式样设计权限问题的批复 1999.06.17 国税函〔1999〕425 号

380. 国家税务总局关于印发《出口货物退（免）税若干问题的具体规定》的通知 1999.06.21 国税发〔1999〕101 号

381. 国家税务总局关于促进科技成果转化有关个人所得税问题的通知 1999.07.01 国税发〔1999〕125 号

382. 国家税务总局关于出售或租赁房屋使用权是否征收契税问题的批复 1999.07.08 国税函〔1999〕465 号

383. 国家税务总局关于国有粮食购销企业开具粮食销售发票有关问题的通知 1999.07.19 国税明电〔1999〕10 号

384. 国家税务总局关于"特聘教授奖金"免征个人所得税的通知 1999.08.03 国税函〔1999〕525 号

385. 国家税务总局关于印发《清理整顿税务代理行业实施方案》的通知 1999.08.06 国税发〔1999〕145 号

386. 国家税务总局关于明确对中国华融资产管理公司等在收购处置不良资产中免征契税的通知 1999.08.10 国税函〔1999〕545 号

387. 国家税务总局关于印发《税务机关公职人员离职从事税务代理的意见》和《税务代理机构脱钩改制中有关财产处理的意见》的通知 1999.08.13 国税发〔1999〕154 号

388. 国家税务总局关于加强国有粮食购销企业增值税管理有关问题的通知 1999.08.18 国税函〔1999〕560 号

389. 国家税务总局关于对监狱管理部门承受土地房屋直接用于监狱建设免征契税的批复 1999.08.23 国税函〔1999〕572 号

390. 国家税务总局关于饮食娱乐场所内设吧台销售烟酒征收营业税问题的批复 1999.08.27 国税函〔1999〕587 号

391. 国家税务总局关于外国企业常驻代表机构是否构成税收协定所述常设机构问题的解释的通知 1999.09.13 国税函〔1999〕607 号

392. 国家税务总局关于抵押贷款购买商品房征收契税的批复 1999.09.16 国税函〔1999〕613 号

393. 国家税务总局关于股民从证券公司取得的回扣收入征收个人所得税问题的批复 1999.09.20 国税函〔1999〕627 号

394. 国家税务总局关于个人因解除劳动合同取得经济补偿金征收个人所得税问题的

通知 1999.09.23 国税发〔1999〕178号

395. 国家税务总局关于纠正在征收利息、股息、红利所得个人所得税时扣除同期银行储蓄存款利息做法的通知 1999.09.28 国税发〔1999〕181号

396. 国家税务总局关于储蓄存款利息所得征收个人所得税若干业务问题的通知 1999.10.08 国税发〔1999〕180号

397. 国家税务总局关于做好储蓄存款利息所得个人所得税代扣代缴义务人登记工作的紧急通知 1999.10.08 国税发〔1999〕188号

398. 国家税务总局关于印发《注册税务师执业准则（试行）》和《税务代理从业人员守则（试行）》的通知 1999.10.10 国税发〔1999〕193号

399. 国家税务总局关于印发《有限责任税务师事务所设立及审批暂行办法》和《合伙税务师事务所设立及审批暂行办法》的通知 1999.10.11 国税发〔1999〕192号

400. 国家税务总局关于出口商品使用发票有关问题的通知 1999.10.21 国税发〔1999〕200号

401. 国家税务总局关于外籍个人和港澳台居民个人储蓄存款利息所得个人所得税有关问题的通知 1999.10.25 国税发〔1999〕201号

402. 国家税务总局关于远洋运输船员工资薪金所得个人所得税费用扣除问题的通知 1999.10.25 国税发〔1999〕202号

403. 国家税务总局关于加强个人股东账户资金利息所得个人所得税征收管理工作的通知 1999.10.25 国税函〔1999〕697号

404. 国家税务总局关于储蓄存款利息所得个人所得税外币税款有关问题的通知 1999.10.25 国税函〔1999〕698号

405. 国家税务总局关于《储蓄存款利息所得扣缴个人所得税报告表》中有关问题的通知 1999.10.25 国税函〔1999〕699号

406. 国家税务总局关于水利部门所属勘察设计单位征收营业税问题的通知 1999.11.05 国税函〔1999〕728号

407. 国家税务总局关于中信实业银行总行营业部缴纳营业税问题的批复 1999.11.05 国税函〔1999〕754号

408. 国家税务总局关于以补偿征地款方式取得的房产征收契税的批复 1999.11.11 国税函〔1999〕737号

409. 国家税务总局关于中国铁路建设债券利息征收个人所得税问题的批复 1999.11.11 国税函〔1999〕738号

410. 国家税务总局关于实行税务检查计划制度的通知 1999.11.12 国税发〔1999〕211号

411. 国家税务总局关于修改《国家税务总局关于增值税一般纳税人发生偷税行为如何确定偷税数额和补税罚款的通知》的通知 1999.11.12 国税函〔1999〕739号

412. 国家税务总局关于税收票证若干问题的通知 1999.11.15 国税函〔1999〕743号

413. 国家税务总局 国家工商行政管理局关于税务师事务所体制改革中登记注册有关问题的通知 1999.11.24 国税发〔1999〕217号

414. 国家税务总局关于个人在储蓄机构开设专门账户取得利息所得征收个人所得税的通知 1999.11.30 国税发〔1999〕220号

415. 国家税务总局关于实施加油站税控初始化有关问题的通知 1999.12.01 国税函〔1999〕814号

416. 国家税务总局关于粮食企业增值税管理问题的补充通知 1999.12.03 国税函〔1999〕829号

417. 国家税务总局关于进一步加强出口货物税收管理严防骗税案件发生的通知 1999.12.06 国税发〔1999〕228号

418. 国家税务总局关于省级注册税务师管理机构管理体制有关问题的通知 1999.12.13 国税发〔1999〕234号

419. 国家税务总局关于外商投资企业和外国企业对境外企业支付其雇员的工资薪金代扣代缴个人所得税问题的通知 1999.12.21 国税发〔1999〕241号

420. 国家税务总局关于从事房地产业务的外商投资企业若干税务处理问题的通知 1999.12.21 国税发〔1999〕242号

421. 国家税务总局办公厅关于印发《税务代理机构脱钩改制验收标准》的通知 1999.12.22 国税办发〔1999〕48号

422. 国家税务总局关于外籍个人储蓄存款利息所得个人所得税有关问题的通知 1999.12.24 国税发〔1999〕245号

423. 国家税务总局关于免征中国石油天然气股份有限公司契税的通知 2000.01.17 国税函〔2000〕56号

424. 国家税务总局关于中科避免双重征税协定第十一条第三款第(四)项解释的通知 2000.01.18 国税函〔2000〕163号

425. 国家税务总局关于个人所得税有关问题的批复 2000.01.18 国税函〔2000〕57号

426. 国家税务总局关于蚌埠市公路机械化工程处纳税问题的批复 2000.01.31 国税函〔2000〕76号

427. 国家税务总局关于《国家税务总局关于外籍个人和港澳台居民个人储蓄存款利息所得个人所得税有关问题的通知》的补充通知 2000.02.17 国税发〔2000〕31号

428. 国家税务总局关于瑞典国际基金会利息所得享受税收协定待遇问题的批复 2000.02.18 国税函〔2000〕84号

429. 国家税务总局关于增开计划内免税出口卷烟口岸的通知 2000.03.07 国税函〔2000〕171号

430. 国家税务总局关于明确电子出版物属于软件征税范围的通知 2000.03.07 国税函〔2000〕168号

431. 国家税务总局关于在税收工作中发挥注册税务师作用的通知 2000.03.14 国税发〔2000〕43号

432. 国家税务总局关于白银生产环节征收增值税的通知 2000.03.17 国税发〔2000〕51号

433. 国家税务总局关于在中国境内无住所个人以有价证券形式取得工资薪金所得确

定纳税义务有关问题的通知 2000.03.17 国税函〔2000〕190 号

434. 国家税务总局关于印发《税务稽查案件复查暂行办法》的通知 2000.03.22 国税发〔2000〕54 号

435. 国家税务总局关于企业改组改制过程中个人取得的量化资产征收个人所得税问题的通知 2000.03.29 国税发〔2000〕60 号

436. 国家税务总局关于开展税务代理机构脱钩改制检查验收工作的通知 2000.04.13 国税函〔2000〕241 号

437. 国家税务总局关于外国企业转让无形资产有关营业税问题的通知 2000.04.24 国税发〔2000〕70 号

438. 国家税务总局关于个人取得专利赔偿所得征收个人所得税问题的批复 2000.04.24 国税函〔2000〕257 号

439. 国家税务总局关于印发《关于加油机安装税控装置的通告》的通知 2000.05.08 国税发〔2000〕76 号

440. 国家税务总局关于国有企业职工因解除劳动合同取得一次性补偿收入征免个人所得税问题的通知 2000.05.08 国税发〔2000〕77 号

441. 国家税务总局关于企业法定代表人自报本企业偷税问题不予奖励的批复 2000.06.01 国税函〔2000〕414 号

442. 国家税务总局关于蒙古航空公司有关税收问题的通知 2000.06.09 国税函〔2000〕197 号

443. 国家税务总局关于部队取得应税收入税收征管问题的批复 2000.06.16 国税函〔2000〕466 号

444. 国家税务总局关于免征军队武警部队政法机关所办企业脱钩移交过程中所涉契税的批复 2000.06.19 国税函〔2000〕468 号

445. 国家税务总局关于加强出口货物退税专用税票电子信息管理工作的通知 2000.06.22 国税发〔2000〕117 号

446. 国家税务总局关于融资租赁业务征收流转税问题的通知 2000.07.07 国税函〔2000〕514 号

447. 国家税务总局关于个人或合伙吸储放贷取得的收入征收个人所得税问题的批复 2000.07.07 国税函〔2000〕516 号

448. 国家税务总局关于证券交易所征收营业税问题的批复 2000.07.14 国税函〔2000〕542 号

449. 国家税务总局关于计算机软件征收流转税若干问题的通知 2000.07.20 国税发〔2000〕133 号

450. 国家税务总局 中国人民银行关于规范储蓄存款利息清单的通知 2000.07.27 国税发〔2000〕136 号

451. 国家税务总局关于从事租赁业务取得的赔偿金征收营业税问题的批复 2000.07.27 国税函〔2000〕563 号

452. 国家税务总局关于增值税一般纳税人恢复抵扣进项税额资格后有关问题的批复

2000.08.02 国税函〔2000〕584 号

453. 国家税务总局关于航空运输企业包机业务征收营业税问题的通知 2000.08.03 国税发〔2000〕139 号

454. 国家税务总局关于外国律师事务所驻华办事处发票领购使用有关问题的通知 2000.08.08 国税发〔2000〕140 号

455. 国家税务总局关于电信部门有关业务征收营业税问题的通知 2000.08.10 国税发〔2000〕143 号

456. 国家税务总局关于燃气公司有关流转税问题的批复 2000.08.11 国税函〔2000〕616 号

457. 国家税务总局关于律师事务所从业人员取得收入征收个人所得税有关业务问题的通知 2000.08.23 国税发〔2000〕149 号

458. 国家税务总局关于国务院各部门机关后勤体制改革有关税收政策具体问题的通知 2000.08.30 国税发〔2000〕153 号

459. 国家税务总局关于"长江小小科学家"奖金免征个人所得税的通知 2000.09.04 国税函〔2000〕688 号

460. 国家税务总局关于电信部门销售电话号码簿征收营业税问题的通知 2000.09.07 国税函〔2000〕698 号

461. 国家税务总局 国家质量技术监督局关于石油、石化集团所属加油站安装税控装置问题的通知 2000.09.12 国税发〔2000〕159 号

462. 国家税务总局关于认定收购未税矿产品的个体户为资源税扣缴义务人的批复 2000.09.20 国税函〔2000〕733 号

463. 国家税务总局关于印发《税务稽查业务公开制度(试行)》的通知 2000.09.22 国税发〔2000〕163 号

464. 国家税务总局关于加拿大航空公司有关税收问题的通知 2000.09.29 国税函〔2000〕767 号

465. 国家税务总局关于明确外国企业和外籍个人技术转让收入免征营业税范围问题的通知 2000.10.08 国税发〔2000〕166 号

466. 国家税务总局关于印发《出口加工区税收管理暂行办法》的通知 2000.10.26 国税发〔2000〕155 号

467. 国家税务总局关于《国家税务总局关于纳税人取得虚开的增值税专用发票处理问题的通知》的补充通知 2000.11.06 国税发〔2000〕182 号

468. 国家税务总局关于推行增值税防伪税控系统若干问题的通知 2000.11.09 国税发〔2000〕183 号

469. 国家税务总局关于融资租赁业务征收流转税问题的补充通知 2000.11.15 国税函〔2000〕909 号

470. 国家税务总局关于纳税人善意取得虚开的增值税专用发票处理问题的通知 2000.11.16 国税发〔2000〕187 号

471. 国家税务总局关于出版物广告收入有关增值税问题的通知 2000.11.17 国税发

〔2000〕188号

472. 国家税务总局关于印发《国家税务总局关于推行增值税防伪税控系统的通告》的通知 2000.11.21 国税发〔2000〕191号

473. 国家税务总局关于明确单位或个人为纳税义务人的劳务报酬所得代付税款计算公式对应税率表的通知 2000.11.24 国税发〔2000〕192号

474. 国家税务总局关于印发《欠缴税金核算管理暂行办法》的通知 2000.11.28 国税发〔2000〕193号

475. 国家税务总局关于合九铁路运费抵扣进项税额问题的批复 2000.12.14 国税函〔2000〕1037号

476. 国家税务总局关于明确国家开发银行分行营业账簿和贷款合同印花税缴纳方式的通知 2000.12.20 国税函〔2000〕1060号

477. 国家税务总局关于出口退税若干问题的通知 2000.12.22 国税发〔2000〕165号

478. 国家税务总局 国家质量技术监督局关于印发《关于停止生产销售非税控加油机和非税控计价器的通告》的通知 2000.12.22 国税发〔2000〕198号

479. 国家税务总局关于协税员不得核发《税务检查证》的批复 2001.01.02 国税函〔2001〕41号

480. 国家税务总局关于《关于个人独资企业和合伙企业投资者征收个人所得税的规定》执行口径的通知 2001.01.17 国税函〔2001〕84号

481. 国家税务总局关于行政机关、事业单位工资发放方式改革后扣缴个人所得税问题的通知 2001.02.21 国税发〔2001〕19号

482. 国家税务总局关于电视收视费征收营业税问题的通知 2001.02.26 国税发〔2001〕22号

483. 国家税务总局关于代扣代缴储蓄存款利息所得个人所得税手续费收入征免税问题的通知 2001.03.16 国税发〔2001〕31号

484. 国家税务总局 国家质量技术监督局关于石油石化集团所属加油站安装税控装置问题的补充通知 2001.03.16 国税函〔2001〕185号

485. 国家税务总局关于中海石油（中国）有限公司税收问题的通知 2001.03.23 国税函〔2001〕220号

486. 国家税务总局关于中小企业信用担保、再担保机构免征营业税的通知 2001.04.05 国税发〔2001〕37号

487. 国家税务总局关于增值税一般纳税人平销行为征收增值税问题的批复 2001.04.05 国税函〔2001〕247号

488. 国家税务总局关于增值税若干税收政策问题的批复 2001.04.05 国税函〔2001〕248号

489. 国家税务总局关于转让著作权征收营业税问题的通知 2001.04.16 国税发〔2001〕44号

490. 国家税务总局关于外籍个人取得的探亲费免征个人所得税有关执行标准问题的通知 2001.05.14 国税函〔2001〕336号

491. 国家税务总局关于贯彻实施《中华人民共和国税收征收管理法》有关问题的通知 2001.05.18 国税发〔2001〕54号

492. 国家税务总局关于邮政企业征免房产税、土地使用税问题的函 2001.06.01 国税函〔2001〕379号

493. 国家税务总局关于将广东潮汕地区部分企业纳入正常税收监管范围的通知 2001.06.07 国税发〔2001〕67号

494. 国家税务总局关于以土地、房屋权属抵缴社会保险费免征契税的批复 2001.06.21 国税函〔2001〕483号

495. 国家税务总局关于使用干式复写纸有关问题的通知 2001.07.31 国税函〔2001〕610号

496. 国家税务总局 对外贸易经济合作部关于外(工)贸改制企业出口货物退(免)税有关问题的通知 2001.08.01 国税发〔2001〕84号

497. 国家税务总局关于房改后房产税、城镇土地使用税征免问题的批复 2001.08.23 国税函〔2001〕659号

498. 国家税务总局关于中国联通有限公司重组过程中办理土地、房屋权属变更登记不征契税的批复 2001.09.07 国税函〔2001〕689号

499. 国家税务总局关于科研单位和铁道部所属勘测设计院营业税问题的通知 2001.09.11 国税发〔2001〕100号

500. 国家税务总局关于新闻产品征收流转税问题的通知 2001.09.13 国税发〔2001〕105号

501. 国家税务总局关于农业税、牧业税、耕地占用税、契税征收管理暂参照《中华人民共和国税收征收管理法》执行的通知 2001.09.20 国税发〔2001〕110号

502. 国家税务总局关于将广东省潮汕地区纳入出口货物退(免)税正常管理的通知 2001.09.30 国税函〔2001〕732号

503. 国家税务总局关于印发《税务代理业务规程(试行)》的通知 2001.10.08 国税发〔2001〕117号

504. 国家税务总局关于从上海海关出口卷烟免税核销问题的通知 2001.10.17 国税函〔2001〕757号

505. 国家税务总局关于中国联通有限公司有关税收问题的通知 2001.10.18 国税函〔2001〕762号

506. 国家税务总局关于改进和规范税务稽查工作的实施意见 2001.10.22 国税发〔2001〕118号

507. 国家税务总局关于中国人民银行总行所属分支机构免征房产税、城镇土地使用税的通知 2001.10.22 国税函〔2001〕770号

508. 国家税务总局关于联想集团改制员工取得的用于购买企业国有股权的劳动分红征收个人所得税问题的批复 2001.11.09 国税函〔2001〕832号

509. 国家税务总局关于中国粮油食品进出口(集团)有限公司重组改制有关契税问题的通知 2001.11.16 国税函〔2001〕843号

510. 国家税务总局关于退耕还林还草补助粮免征增值税问题的通知 2001.11.26 国税发〔2001〕131号

511. 国家税务总局关于中国北方机车车辆工业集团公司所属企业的铁路货车修理业务免征增值税的通知 2001.11.26 国税函〔2001〕862号

512. 国家税务总局关于加油站一律按照增值税一般纳税人征税的通知 2001.12.03 国税函〔2001〕882号

513. 国家税务总局 国家外汇管理局关于加强外国公司船舶运输收入税收管理及国际海运业对外支付管理的通知 2001.12.04 国税发〔2001〕139号

514. 国家税务总局转发《财政部关于印发〈会计师事务所、资产评估机构、税务师事务所会计核算办法〉的通知》的通知 2001.12.20 国税函〔2001〕943号

515. 国家税务总局关于卷烟生产企业购进卷烟直接销售不再征收消费税的批复 2001.12.20 国税函〔2001〕955号

516. 国家税务总局关于中国南方机车车辆工业集团公司所属企业的铁路货车修理业务免征增值税的通知 2001.12.29 国税函〔2001〕1006号

517. 国家税务总局关于财政资金增值收入征收营业税问题的批复 2001.12.29 国税函〔2001〕1007号

518. 国家税务总局关于从事进料加工双代理业务有关退税问题的批复 2001.12.30 国税函〔2001〕1030号

519. 国家税务总局转发民航总局《关于韩亚航空公司开通汉城至北京往返定期全货运航线的通知》的通知 2001.12.31 国税函〔2001〕1012号

520. 国家税务总局 中国人民银行关于修改储蓄存款利息所得个人所得税扣缴报告表和汇总报表的通知 2002.01.15 国税发〔2002〕7号

521. 国家税务总局关于外国银行分行营运资金缴纳印花税问题的批复 2002.01.28 国税函〔2002〕104号

522. 国家税务总局关于管道煤气集资费（初装费）征收营业税问题的批复 2002.01.28 国税函〔2002〕105号

523. 国家税务总局关于印发《金融保险业营业税申报管理办法》的通知 2002.01.30 国税发〔2002〕9号

524. 国家税务总局 国家质量监督检验检疫总局 国家经济贸易委员会关于进一步做好加油机安装税控装置和整机防爆工作的通知 2002.02.01 国税发〔2002〕3号

525. 国家税务总局关于印发《生产企业出口货物"免、抵、退"税管理操作规程》（试行）的通知 2002.02.06 国税发〔2002〕11号

526. 国家税务总局关于个人所得税若干业务问题的批复 2002.02.09 国税函〔2002〕146号

527. 国家税务总局关于贷款业务征收营业税问题的通知 2002.02.10 国税发〔2002〕13号

528. 国家税务总局关于印制使用《外国公司船舶运输收入免征企业所得税证明表》和《外国公司船舶运输收入免征营业税证明表》的通知 2002.02.20 国税函〔2002〕160号

529. 国家税务总局关于转让企业产权不征营业税问题的批复 2002.02.21 国税函〔2002〕165号

530. 国家税务总局关于啤酒计征消费税有关问题的批复 2002.02.22 国税函〔2002〕166号

531. 国家税务总局关于交通运输企业征收营业税问题的通知 2002.03.12 国税发〔2002〕25号

532. 国家税务总局关于计算机软件转让收入认定为技术转让收入问题的批复 2002.03.27 国税函〔2002〕234号

533. 国家税务总局关于印花税票改版的通知 2002.04.08 国税发〔2002〕37号

534. 国家税务总局关于未取得房屋产权证书期间如何确定房产税纳税人的批复 2002.04.08 国税函〔2002〕284号

535. 国家税务总局关于华夏银行总行营业部缴纳营业税问题的批复 2002.04.11 国税函〔2002〕296号

536. 国家税务总局关于中央铁路征收营业税问题的通知 2002.04.15 国税发〔2002〕44号

537. 国家税务总局关于中央各部门机关后勤体制改革有关税收政策具体问题的通知 2002.04.23 国税发〔2002〕32号

538. 国家税务总局关于中国出口信用保险公司纳税地点问题的批复 2002.04.23 国税函〔2002〕338号

539. 国家税务总局关于纳税人购领发票实行预缴工本费的批复 2002.04.23 国税函〔2002〕362号

540. 国家税务总局关于增值税一般纳税人期货交易进项税额抵扣问题的通知 2002.04.29 国税发〔2002〕45号

541. 国家税务总局关于印制外国公司有关船舶运输税收情况报告表格的通知 2002.05.08 国税函〔2002〕384号

542. 国家税务总局关于剧本使用费征收个人所得税问题的通知 2002.05.09 国税发〔2002〕52号

543. 国家税务总局关于落实西部大开发有关税收政策具体实施意见的通知 2002.05.10 国税发〔2002〕47号

544. 国家税务总局关于代征代扣税款会计核算问题的通知 2002.05.10 国税发〔2002〕49号

545. 国家税务总局关于印发《全国税务稽查人才库管理暂行办法》的通知 2002.05.13 国税函〔2002〕401号

546. 国家税务总局关于转让企业全部产权不征收增值税问题的批复 2002.05.17 国税函〔2002〕420号

547. 国家税务总局关于中国石油天然气集团和中国石油化工集团使用的"成品油配置计划表"有关印花税问题的通知 2002.05.20 国税函〔2002〕424号

548. 国家税务总局 国家质量监督检验检疫总局关于个体加油站赋码和换发税务登记

证的通知 2002.06.03 国税发〔2002〕66 号

549. 国家税务总局关于援外项目出口货物退税有关问题的批复 2002.06.04 国税函〔2002〕509 号

550. 国家税务总局关于政府储备食用植物油销售业务开具增值税专用发票问题的通知 2002.06.10 国税函〔2002〕531 号

551. 国家税务总局 财政部 中国人民银行关于纳税人多缴税款退付利息的范围及退库程序的批复 2002.06.24 国税函〔2002〕566 号

552. 国家税务总局关于增列免税卷烟出口口岸的通知 2002.07.04 国税函〔2002〕585 号

553. 国家税务总局关于认真做好土地增值税征收管理工作的通知 2002.07.10 国税函〔2002〕615 号

554. 国家税务总局关于办理期房退房手续后应退还已征契税的批复 2002.07.10 国税函〔2002〕622 号

555. 国家税务总局关于个人所得税若干政策问题的批复 2002.07.12 国税函〔2002〕629 号

556. 国家税务总局关于中国信达等四家金融资产管理公司受让或出让上市公司股权免征证券（股票）交易印花税有关问题的通知 2002.07.23 国税发〔2002〕94 号

557. 国家税务总局关于林地使用权转让行为征收营业税问题的批复 2002.08.01 国税函〔2002〕700 号

558. 国家税务总局 国家外汇管理局关于加强外国公司船舶运输收入税收管理及国际海运业对外支付管理的补充通知 2002.08.15 国税发〔2002〕107 号

559. 国家税务总局关于大力开展个体工商户建账和强化查账征收工作的通知 2002.08.16 国税发〔2002〕104 号

560. 国家税务总局关于禁止在推行电子申报过程中向纳税人收取或变相收取任何费用的通知 2002.08.16 国税函〔2002〕749 号

561. 国家税务总局关于酒类产品消费税政策问题的通知 2002.08.26 国税发〔2002〕109 号

562. 国家税务总局关于免征被撤销金融机构在财产清理中取得土地房屋权属所涉契税的批复 2002.08.26 国税函〔2002〕777 号

563. 国家税务总局关于纳税人以资金结算网络方式收取货款增值税纳税地点问题的通知 2002.09.03 国税函〔2002〕802 号

564. 国家税务总局关于核销"死欠"有关问题的补充通知 2002.09.09 国税函〔2002〕803 号

565. 国家税务总局关于出口加工区耗用水、电、气准予退税的通知 2002.09.10 国税发〔2002〕116 号

566. 国家税务总局关于纳税人销售自产货物提供增值税劳务并同时提供建筑业劳务征收流转税问题的通知 2002.09.11 国税发〔2002〕117 号

567. 国家税务总局关于宠物饲料征收增值税问题的批复 2002.09.12 国税函〔2002〕

812号

568. 国家税务总局关于外商投资性公司对其子公司提供服务有关税务处理问题的通知 2002.09.28 国税发〔2002〕128号

569. 国家税务总局关于强化律师事务所等中介机构投资者个人所得税查账征收的通知 2002.09.29 国税发〔2002〕123号

570. 国家税务总局关于税务机关征收社会保险费工作的指导意见 2002.09.29 国税发〔2002〕124号

571. 国家税务总局关于宣传贯彻《最高人民法院关于审理骗取出口退税刑事案件具体应用法律若干问题的解释》的通知 2002.09.29 国税发〔2002〕125号

572. 国家税务总局关于宣传贯彻《中华人民共和国税收征收管理法实施细则》的通知 2002.09.30 国税发〔2002〕126号

573. 国家税务总局关于印发《黄金交易增值税征收管理办法》的通知 2002.10.23 国税发明电〔2002〕47号

574. 国家税务总局关于转发《国务院办公厅关于下岗失业人员从事个体经营有关收费优惠政策的通知》的通知 2002.11.04 国税发〔2002〕137号

575. 国家税务总局关于对已缴纳过营业税的递延收入不再征收营业税问题的通知 2002.11.05 国税发〔2002〕138号

576. 国家税务总局关于应退税款抵扣欠缴税款有关问题的通知 2002.11.28 国税发〔2002〕150号

577. 国家税务总局关于中国人民建设银行"大委托"贷款业务应收未收利息有关营业税问题的通知 2002.11.28 国税函〔2002〕1014号

578. 国家税务总局办公厅转发财政部办公厅《关于税收退库问题的复函》的通知 2002.11.28 国税办发〔2002〕44号

579. 国家税务总局关于明确生产企业出口视同自产产品实行免、抵、退税办法的通知 2002.12.05 国税发〔2002〕152号

580. 国家税务总局关于明确资源税扣缴义务人代扣代缴义务发生时间的批复 2002.12.10 国税函〔2002〕1037号

581. 国家税务总局关于人事部人事考试中心受托举办考试有关营业税问题的通知 2002.12.12 国税函〔2002〕1053号

582. 国家税务总局关于电子缴税完税凭证有关问题的通知 2002.12.13 国税发〔2002〕155号

583. 国家税务总局关于出口产品视同自产产品退税有关问题的通知 2002.12.17 国税函〔2002〕1170号

584. 国家税务总局办公厅关于财政部办公厅《关于税收退库问题的复函》的补充通知 2002.12.17 国税办发〔2002〕48号

585. 国家税务总局关于个人独资企业个人所得税税前固定资产折旧费扣除问题的批复 2002.12.18 国税函〔2002〕1090号

586. 国家税务总局关于以项目换土地等方式承受土地使用权有关契税问题的批复

2002.12.18 国税函〔2002〕1094 号

587. 国家税务总局关于外事服务单位营业额问题的通知 2002.12.18 国税函〔2002〕1095 号

588. 国家税务总局关于企业改制中资产评估减值发生的流动资产损失进项税额抵扣问题的批复 2002.12.20 国税函〔2002〕1103 号

589. 国家税务总局 劳动和社会保障部关于促进下岗失业人员再就业税收政策具体实施意见的通知 2002.12.24 国税发〔2002〕160 号

590. 国家税务总局关于瑞士十字航空公司有关税收问题的通知 2002.12.27 国税函〔2002〕1003 号

591. 国家税务总局关于转租浅海滩涂使用权收入征收个人所得税问题的批复 2002.12.30 国税函〔2002〕1158 号

592. 国家税务总局关于利用日本国际协力银行不附带条件贷款项目中标机电产品退税问题的通知 2003.01.07 国税函〔2003〕89 号

593. 国家税务总局关于车辆购置税违法案件的管辖及举报奖金支付问题的批复 2003.02.08 国税函〔2003〕103 号

594. 国家税务总局 海关总署关于正式启用"口岸电子执法系统"出口退税子系统的通知 2003.02.12 国税发〔2003〕15 号

595. 国家税务总局关于中国电信集团公司重组过程中有关契税问题的通知 2003.02.12 国税函〔2003〕123 号

596. 国家税务总局关于增值税一般纳税人取得防伪税控系统开具的增值税专用发票进项税额抵扣问题的通知 2003.02.14 国税发〔2003〕17 号

597. 国家税务总局关于埃及航空公司有关税收问题的通知 2003.02.19 国税函〔2003〕45 号

598. 国家税务总局、外交部关于印发《外国驻华使(领)馆及其人员在华购买物品和劳务退还增值税管理办法》的通知 2003.02.27 国税发〔2003〕20 号

599. 国家税务总局关于中国海洋石油总公司系统深化用工薪酬制度改革有关个人所得税问题的通知 2003.03.26 国税函〔2003〕330 号

600. 国家税务总局关于德国汉莎航空公司有关税收问题的通知 2003.04.07 国税函〔2003〕72 号

601. 国家税务总局关于啤酒集团内部企业间销售(调拨)啤酒液征收消费税问题的批复 2003.04.09 国税函〔2003〕382 号

602. 国家税务总局关于加强纳税服务工作的通知 2003.04.11 国税发〔2003〕38 号

603. 国家税务总局关于调整厦门免税卷烟出口口岸的批复 2003.04.11 国税函〔2003〕390 号

604. 国家税务总局关于加强税务机关征收社会保险费宣传工作的通知 2003.04.15 国税函〔2003〕408 号

605. 国家税务总局关于茴油、毛椰子油适用增值税税率的批复 2003.04.18 国税函〔2003〕426 号

606. 国家税务总局关于贯彻《中华人民共和国税收征收管理法》及其实施细则若干具体问题的通知 2003.04.23 国税发〔2003〕47 号

607. 国家税务总局关于哈萨克斯坦阿斯塔纳航空公司有关税收问题的通知 2003.04.25 国税函〔2003〕374 号

608. 国家税务总局关于印度尼西亚鹰航空公司有关税收问题的通知 2003.04.25 国税函〔2003〕375 号

609. 国家税务总局关于重新修订《增值税一般纳税人纳税申报办法》的通知 2003.05.13 国税发〔2003〕53 号

610. 国家税务总局关于中国航空集团公司重组过程中有关契税问题的通知 2003.05.16 国税函〔2003〕524 号

611. 国家税务总局关于稽查局有关执法权限的批复 2003.05.26 国税函〔2003〕561 号

612. 国家税务总局关于外商投资企业创业投资公司缴纳企业所得税有关税收问题的通知 2003.06.04 国税发〔2003〕61 号

613. 国家税务总局关于加强企业债券利息个人所得税代扣代缴工作的通知 2003.06.06 国税函〔2003〕612 号

614. 国家税务总局关于国家电网公司组建中有关契税问题的通知 2003.06.06 国税函〔2003〕627 号

615. 国家税务总局关于印发《增值税防伪税控主机共享服务系统管理暂行办法》的通知 2003.06.16 国税发〔2003〕67 号

616. 国家税务总局关于代理业营业额问题的通知 2003.06.18 国税发〔2003〕69 号

617. 国家税务总局关于印发《增值税专用发票抵扣联信息企业采集方式管理规定》的通知 2003.06.19 国税发〔2003〕71 号

618. 国家税务总局关于提高增值税和营业税起征点后加强个人所得税征收管理工作的通知 2003.07.01 国税发〔2003〕80 号

619. 国家税务总局关于认真做好增值税专用发票发售、填开管理等有关问题的通知 2003.07.02 国税函〔2003〕785 号

620. 国家税务总局关于印发《纳税信用等级评定管理试行办法》的通知 2003.07.10 国税发〔2003〕92 号

621. 国家税务总局关于房产税、城镇土地使用税有关政策规定的通知 2003.07.15 国税发〔2003〕89 号

622. 国家税务总局关于撤销"税务稽查收入"等账户问题的通知 2003.08.05 国税函〔2003〕928 号

623. 国家税务总局关于中国大唐集团公司组建中有关契税问题的通知 2003.08.12 国税函〔2003〕946 号

624. 国家税务总局关于个人取得"母亲河(波司登)奖"奖金所得免征个人所得税问题的批复 2003.08.18 国税函〔2003〕961 号

625. 国家税务总局关于进一步做好增值税纳税申报"一窗式"管理工作的通知 2003.08.19 国税函〔2003〕962 号

626. 国家税务总局关于铁路运费进项税额抵扣有关问题的补充通知 2003.08.22 国税函〔2003〕970 号

627. 国家税务总局关于中国国电集团公司组建中有关契税问题的通知 2003.08.25 国税函〔2003〕978 号

628. 国家税务总局 劳动和社会保障部关于落实劳动就业服务企业中的加工型企业和街道社区具有加工性质的小型企业实体再就业税收政策具体实施意见的通知 2003.08.29 国税发〔2003〕103 号

629. 国家税务总局关于使用增值税专用发票电子信息审核出口退税有关事项的通知 2003.09.01 国税函〔2003〕995 号

630. 国家税务总局关于不带动力的手扶拖拉机和三轮农用运输车适用13%税率执行时间的批复 2003.10.09 国税函〔2003〕1118 号

631. 国家税务总局关于中国电信集团公司重组安徽等六省(区、市)电信资产有关契税问题的通知 2003.10.09 国税函〔2003〕1143 号

632. 国家税务总局关于调整饲料生产企业饲料免征增值税审批程序的通知 2003.10.10 国税发〔2003〕114 号

633. 国家税务总局关于加强货物运输业税收征收管理的通知 2003.10.17 国税发〔2003〕121 号

634. 国家税务总局关于印发《国家税务总局关于加强货物运输业税收管理及运输发票增值税抵扣管理的公告》的通知 2003.10.18 国税发〔2003〕120 号

635. 国家税务总局关于农药出口退税政策的通知 2003.10.22 国税函〔2003〕1158 号

636. 国家税务总局关于中国石油天然气集团公司所属石油工程技术服务公司增值税管理问题的通知 2003.10.27 国税函〔2003〕1193 号

637. 国家税务总局关于发行2003年版印花税税票的通知 2003.10.31 国税函〔2003〕1196 号

638. 国家税务总局 信息产业部关于印发《集成电路设计企业及产品认定机构管理办法》的通知 2003.11.08 国税发〔2003〕140 号

639. 国家税务总局关于出口货物退(免)税若干问题的通知 2003.11.18 国税发〔2003〕139 号

640. 国家税务总局关于中国航空工业第二集团公司重组中有关契税问题的通知 2003.11.19 国税函〔2003〕1253 号

641. 国家税务总局关于开展对纳税人欠税予以告知工作的通知 2003.11.21 国税函〔2003〕1397 号

642. 国家税务总局关于事业单位合并中有关契税问题的批复 2003.11.25 国税函〔2003〕1272 号

643. 国家税务总局关于进一步加强加油站增值税征收管理有关问题的通知 2003.11.26 国税发〔2003〕142 号

644. 国家税务总局关于做好已取消涉及出口退税行政审批项目的后续管理工作的通知 2003.12.02 国税发〔2003〕145 号

645. 国家税务总局关于联通分公司与联通新时空分公司联合开展CDMA网络通信业务营业税问题的通知 2003.12.03 国税函〔2003〕1299号

646. 国家税务总局关于天然二氧化碳适用增值税税率的批复 2003.12.10 国税函〔2003〕1324号

647. 国家税务总局关于加强货物运输业税收征收管理有关问题的通知 2003.12.12 国税发明电〔2003〕55号

648. 国家税务总局关于调整外国驻华使领馆及外交人员自用免税汽柴油管理办法的通知 2003.12.18 国税函〔2003〕1346号

649. 国家税务总局关于个体工商户销售农产品有关税收政策问题的通知 2003.12.23 国税发〔2003〕149号

650. 国家税务总局关于青藏铁路建设期间有关已缴税金退税问题的通知 2003.12.26 国税函〔2003〕1387号

651. 国家税务总局关于债转股企业实物投资免征增值税政策有关问题的批复 2003.12.29 国税函〔2003〕1394号

652. 国家税务总局关于饲用鱼油产品免征增值税的批复 2003.12.29 国税函〔2003〕1395号

653. 国家税务总局关于增值税起征点调整后有关问题的批复 2003.12.29 国税函〔2003〕1396号

654. 国家税务总局关于出口货物专用税票电子信息审核有关问题的通知 2003.12.30 国税函〔2003〕1392号

655. 国家税务总局关于加强国家税务局、地方税务局协作的意见 2004.01.07 国税发〔2004〕4号

656. 国家税务总局关于个人银行结算账户利息所得征收个人所得税问题的通知 2004.01.12 国税发〔2004〕6号

657. 国家税务总局关于日本三洋电机株式会社取得技术转让收入免征营业税问题的批复 2004.01.13 国税函〔2004〕72号

658. 国家税务总局关于进一步落实税收优惠政策、促进农民增加收入的通知 2004.01.20 国税发〔2004〕13号

659. 国家税务总局关于广播电视有线数字付费频道业务征收营业税问题的通知 2004.01.20 国税函〔2004〕141号

660. 国家税务总局关于加强海关进口增值税专用缴款书和废旧物资发票管理有关问题的通知 2004.01.21 国税函〔2004〕128号

661. 国家税务总局关于使用增值税专用发票认证信息审核出口退税的紧急通知 2004.01.21 国税函〔2004〕133号

662. 国家税务总局关于印花税违章处罚有关问题的通知 2004.01.29 国税发〔2004〕15号

663. 国家税务总局关于开展代扣代收代征税款手续费清理整顿工作的通知 2004.01.29 国税函〔2004〕144号

664. 国家税务总局关于进一步加强印花税征收管理有关问题的通知 2004.01.30 国税函〔2004〕150号

665. 国家税务总局关于进一步加强个体税收征管工作的通知 2004.02.05 国税函〔2004〕168号

666. 国家税务总局关于合作建房营业税问题的批复 2004.02.17 国税函〔2004〕241号

667. 国家税务总局关于以土地、房屋作价出资及租赁使用土地有关契税问题的批复 2004.03.02 国税函〔2004〕322号

668. 国家税务总局关于加强外籍人员个人所得税征管工作的通知 2004.03.05 国税发〔2004〕27号

669. 国家税务总局关于血液制品增值税政策的批复 2004.03.08 国税函〔2004〕335号

670. 国家税务总局 中国人民银行 财政部关于现金退税问题的紧急通知 2004.03.25 国税发〔2004〕47号

671. 国家税务总局关于对福建雪津啤酒有限公司收取经营保证金征收增值税问题的批复 2004.03.30 国税函〔2004〕416号

672. 国家税务总局关于转发《国务院办公厅对〈中华人民共和国城市维护建设税暂行条例〉第五条的解释的复函》的通知 2004.03.31 国税函〔2004〕420号

673. 国家税务总局关于中国船级社检验业务使用税务发票问题的通知 2004.04.13 国税函〔2004〕488号

674. 国家税务总局关于国家税务局与地方税务局联合办理税务登记有关问题的通知 2004.04.19 国税发〔2004〕57号

675. 国家税务总局关于统一全国普通发票分类代码和发票号码的通知 2004.04.28 国税函〔2004〕521号

676. 国家税务总局 财政部 信息产业部 国家质量监督检验检疫总局关于推广应用税控收款机加强税源监控的通知 2004.04.29 国税发〔2004〕44号

677. 国家税务总局关于推行纳税信息"一户式"管理工作的通知 2004.04.29 国税函〔2004〕529号

678. 国家税务总局关于严厉打击虚开增值税专用发票等涉税违法行为的紧急通知 2004.04.30 国税函〔2004〕536号

679. 国家税务总局关于电力公司过网费收入征收增值税问题的批复 2004.05.19 国税函〔2004〕607号

680. 国家税务总局 国家质量监督检验检疫总局关于调整税控加油机、出租汽车税控计价器型式批准和制造许可证办理程序的通知 2004.05.25 国税函〔2004〕662号

681. 国家税务总局关于出口货物退(免)税管理有关问题的通知 2004.05.31 国税发〔2004〕64号

682. 国家税务总局关于进一步加强欠税管理工作的通知 2004.06.07 国税发〔2004〕66号

683. 国家税务总局关于住房专项维修基金征免营业税问题的通知 2004.06.07 国税发〔2004〕69号

684. 国家税务总局关于中英人寿保险有限公司等保险公司部分险种免征营业税问题的批复 2004.06.07 国税函〔2004〕730号

685. 国家税务总局关于美国友邦保险有限公司北京分公司部分险种免征营业税问题的批复 2004.06.07 国税函〔2004〕737号

686. 国家税务总局关于纳税人遗失完税凭证后处理办法的批复 2004.06.10 国税函〔2004〕761号

687. 国家税务总局关于中国人寿保险（集团）公司重组改制后有关税务问题的通知 2004.06.11 国税函〔2004〕852号

688. 国家税务总局关于芜湖出口加工区基建物资出口退税问题的批复 2004.06.21 国税函〔2004〕805号

689. 国家税务总局关于严格执行税法规定不得实行边境贸易"双倍抵扣"政策的通知 2004.06.21 国税函〔2004〕830号

690. 国家税务总局关于做好已取消涉及出口退税行政审批项目的后续管理工作的通知 2004.06.22 国税发〔2004〕77号

691. 国家税务总局关于出口船舶、大型成套机电设备有关退（免）税问题的通知 2004.06.23 国税发〔2004〕79号

692. 国家税务总局关于国际组织驻华机构、外国政府驻华使领馆和驻华新闻机构雇员个人所得税征收方式的通知 2004.06.23 国税函〔2004〕808号

693. 国家税务总局关于取消资源税扣缴义务人资格审批事项的通知 2004.06.23 国税函〔2004〕817号

694. 国家税务总局关于房产税部分行政审批项目取消后加强后续管理工作的通知 2004.06.23 国税函〔2004〕839号

695. 国家税务总局关于取消及下放外商投资企业和外国企业以及外籍个人若干税务行政审批项目的后续管理问题的通知 2004.06.25 国税发〔2004〕80号

696. 国家税务总局关于广电日生人寿保险有限公司取得的保险业务收入免征营业税的批复 2004.06.25 国税函〔2004〕819号

697. 国家税务总局关于安联大众人寿保险有限公司取得的保费收入免征营业税的批复 2004.06.25 国税函〔2004〕820号

698. 国家税务总局关于取消为纳税人提供增值税专用发票开票服务的中介机构资格审批后有关问题的通知 2004.06.25 国税函〔2004〕822号

699. 国家税务总局关于取消防伪税控企业资格认定的通知 2004.06.25 国税函〔2004〕823号

700. 国家税务总局关于取消"货运业自开票纳税人和代开票纳税人营业税减免认定"后有关税收管理问题的通知 2004.06.25 国税函〔2004〕824号

701. 国家税务总局关于取消"单位和个人从事技术转让、技术开发业务免征营业税审批"后有关税收管理问题的通知 2004.06.25 国税函〔2004〕825号

702. 国家税务总局关于取消金银首饰消费税纳税人认定行政审批后有关问题的通知 2004.06.25 国税函〔2004〕826号

703. 国家税务总局关于取消包装物押金逾期期限审批后有关问题的通知 2004.06.25 国税函〔2004〕827号

704. 国家税务总局关于合并、变更、注销税务师事务所实行备案管理的通知 2004.06.28 国税函〔2004〕850号

705. 国家税务总局关于注册税务师实行备案管理的通知 2004.06.28 国税函〔2004〕851号

706. 国家税务总局关于取消合伙企业投资者变更个人所得税汇算清缴地点审批后加强后续管理问题的通知 2004.06.29 国税发〔2004〕81号

707. 国家税务总局关于使用增值税专用发票信息审核出口退税有关问题的补充通知 2004.06.30 国税函〔2004〕862号

708. 国家税务总局关于取消注册税务师考前培训行政审批项目后进一步加强后续管理工作的通知 2004.07.02 国税函〔2004〕878号

709. 国家税务总局关于取消饲料产品免征增值税审批程序后加强后续管理的通知 2004.07.07 国税函〔2004〕884号

710. 国家税务总局关于金盛人寿保险有限公司取得的保险业务收入免征营业税的批复 2004.07.07 国税函〔2004〕887号

711. 国家税务总局关于恒康天安人寿保险有限公司取得的保险业务收入免征营业税的批复 2004.07.07 国税函〔2004〕888号

712. 国家税务总局关于中国移动通信集团公司与中国残疾人福利基金会合作开展"短信捐款"业务征收营业税问题的通知 2004.07.08 国税发〔2004〕87号

713. 国家税务总局关于货物运输业若干税收问题的通知 2004.07.08 国税发〔2004〕88号

714. 国家税务总局关于中国电信集团公司湖北等省（区）电信资产重组改制有关契税政策的通知 2004.07.08 国税函〔2004〕898号

715. 国家税务总局关于取消小规模企业销售货物或应税劳务由税务所代开增值税专用发票审批后有关问题的通知 2004.07.14 国税函〔2004〕895号

716. 国家税务总局关于办理2003年12月31日前出口货物累计欠退税有关问题的通知 2004.07.20 国税函〔2004〕905号

717. 国家税务总局关于贯彻《中华人民共和国对外贸易法》、调整出口退（免）税办法的通知 2004.07.21 国税函〔2004〕955号

718. 国家税务总局关于在中国境内无住所的个人执行税收协定和个人所得税法若干问题的通知 2004.07.23 国税发〔2004〕97号

719. 国家税务总局关于中国移动通信集团公司重组上市过程中有关契税问题的通知 2004.07.26 国税发〔2004〕98号

720. 国家税务总局关于出口货物退（免）税管理有关问题的补充通知 2004.07.30 国税发〔2004〕113号

721. 国家税务总局关于TOP信息系统株式会社取得技术转让收入免征营业税问题的批复 2004.07.30 国税函〔2004〕928号

722. 国家税务总局关于加强土地增值税管理工作的通知 2004.08.02 国税函〔2004〕938号

723. 国家税务总局关于城镇土地使用税部分行政审批项目取消后加强后续管理工作的通知 2004.08.02 国税函〔2004〕939号

724. 国家税务总局关于下放城镇土地使用税困难减免审批项目管理层级后有关问题的通知 2004.08.02 国税函〔2004〕940号

725. 国家税务总局关于办理上市公司国有股权无偿转让暂不征收证券(股票)交易印花税有关审批事项的通知 2004.08.02 国税函〔2004〕941号

726. 国家税务总局 商务部关于取消出口退(免)税稽核程序的通知 2004.08.03 国税发〔2004〕101号

727. 国家税务总局关于印发《耕地占用税契税减免管理办法》的通知 2004.08.03 国税发〔2004〕99号

728. 国家税务总局关于上海合作组织秘书处有关税收问题的通知 2004.08.04 国税函〔2004〕951号

729. 国家税务总局关于进一步加强城镇土地使用税和土地增值税征收管理工作的通知 2004.08.05 国税发〔2004〕100号

730. 国家税务总局关于进一步规范税收执法和税务代理工作的通知 2004.08.11 国税函〔2004〕957号

731. 国家税务总局关于做好建立收支凭证粘贴簿和进货销货登记簿工作有关问题的通知 2004.08.20 国税函〔2004〕984号

732. 国家税务总局关于进一步加强税收征管工作的若干意见 2004.08.24 国税发〔2004〕108号

733. 国家税务总局关于印发《税控收款机推广应用实施意见》的通知 2004.08.24 国税发〔2004〕110号

734. 国家税务总局关于增值税一般纳税人用进项留抵税额抵减增值税欠税问题的通知 2004.08.30 国税发〔2004〕112号

735. 国家税务总局关于加强和规范税务机关代开普通发票工作的通知 2004.09.02 国税函〔2004〕1024号

736. 国家税务总局关于继承土地、房屋权属有关契税问题的批复 2004.09.02 国税函〔2004〕1036号

737. 国家税务总局关于有价消费卡征收营业税问题的批复 2004.09.06 国税函〔2004〕1032号

738. 国家税务总局关于保税区与港区联动发展有关税收问题的通知 2004.09.13 国税发〔2004〕117号

739. 国家税务总局关于增值税专用发票和其他抵扣凭证审核检查有关问题的通知 2004.09.20 国税发〔2004〕119号

740. 国家税务总局关于建立增值税失控发票快速反应机制的通知 2004.09.23 国税发〔2004〕123号

741. 国家税务总局关于湛江海洋石油运输企业使用货物运输业统一发票有关问题的批复 2004.09.27 国税函〔2004〕1094号

742. 国家税务总局关于中国石油化工集团公司土地租金收入征收营业税问题的通知 2004.09.30 国税发〔2004〕131号

743. 国家税务总局关于贯彻实施《欠税公告办法(试行)》的通知 2004.10.10 国税发〔2004〕138号

744. 国家税务总局关于印发《公路、内河货物运输业税收管理操作规程》的通知 2004.10.13 国税发〔2004〕135号

745. 国家税务总局关于商业企业向货物供应方收取的部分费用征收流转税问题的通知 2004.10.13 国税发〔2004〕136号

746. 国家税务总局关于征收机关直接征收契税的通知 2004.10.18 国税发〔2004〕137号

747. 国家税务总局关于中意人寿保险有限公司一年期以上返还性人身保险业务免征营业税的通知 2004.10.18 国税函〔2004〕1164号

748. 国家税务总局关于华泰财产保险股份有限公司取得的保险业务收入免征营业税的通知 2004.10.18 国税函〔2004〕1165号

749. 国家税务总局关于毕马威华振会计师事务所与毕马威企业咨询(中国)有限公司之间协作业务有关营业税问题的批复 2004.10.19 国税函〔2004〕1169号

750. 国家税务总局关于生命人寿保险股份有限公司取得的保险业务收入免征营业税的通知 2004.10.22 国税函〔2004〕1186号

751. 国家税务总局关于增值税专用发票和其他抵扣凭证开展审核检查的通知 2004.10.25 国税发明电〔2004〕59号

752. 国家税务总局关于增值税进项留抵税额抵减增值税欠税有关处理事项的通知 2004.10.29 国税函〔2004〕1197号

753. 国家税务总局关于出口铝矾土有关税收问题的批复 2004.11.03 国税函〔2004〕1202号

754. 国家税务总局关于日本航空电子工业株式会社等外国企业取得技术转让收入免征营业税问题的批复 2004.11.03 国税函〔2004〕1210号

755. 国家税务总局关于增值税一般纳税人取得海关进口增值税专用缴款书抵扣进项税额问题的通知 2004.11.11 国税发〔2004〕148号

756. 国家税务总局关于印发《保税物流中心(B型)税收管理办法》的通知 2004.11.15 国税发〔2004〕150号

757. 国家税务总局关于印发《集贸市场税收分类管理办法》的通知 2004.11.24 国税发〔2004〕154号

758. 国家税务总局关于转发《专业技术人员资格考试违纪违规行为处理规定》的通知 2004.12.13 国税函〔2004〕1363号

759. 国家税务总局关于污水处理费不征收营业税的批复 2004.12.14 国税函〔2004〕1366号

760. 国家税务总局关于海南普利制药有限公司采购国产设备退税问题的批复 2004.12.15 国税函〔2004〕1365号

761. 国家税务总局关于印发《税务机关代开增值税专用发票管理办法（试行）》的通知 2004.12.22 国税发〔2004〕153号

762. 国家税务总局关于中国网络通信集团公司重组上市过程中有关契税政策的通知 2004.12.22 国税发〔2004〕165号

763. 国家税务总局关于加强税务机关代开增值税专用发票管理问题的通知 2004.12.22 国税函〔2004〕1404号

764. 国家税务总局关于延期缴纳税款有关问题的通知 2004.12.22 国税函〔2004〕1406号

765. 国家税务总局关于西气东输管道运输业务营业税纳税地点问题的通知 2004.12.30 国税函〔2004〕1434号

766. 国家税务总局关于加强税收违法检举案件管理信息系统管理工作的通知 2004.12.31 国税发〔2004〕167号

767. 国家税务总局关于增值税一般纳税人支付的货物运输代理费用不得抵扣进项税额的批复 2005.01.18 国税函〔2005〕54号

768. 国家税务总局关于农户手工编织的竹制和竹芒藤柳坯具征收增值税问题的批复 2005.01.18 国税函〔2005〕56号

769. 国家税务总局关于试行税务机关向扣缴义务人实行明细申报后的纳税人开具个人所得税完税证明的通知 2005.01.21 国税发〔2005〕8号

770. 国家税务总局关于调整个人取得全年一次性奖金等计算征收个人所得税方法问题的通知 2005.01.21 国税发〔2005〕9号

771. 国家税务总局关于进一步加强出口货物退（免）税审核管理的通知 2005.01.21 国税函〔2005〕82号

772. 国家税务总局关于中英人寿保险有限公司等3家保险公司部分险种免征营业税的批复 2005.01.26 国税函〔2005〕100号

773. 国家税务总局关于美国友邦保险公司深圳分公司友邦利多宝终身寿险（万能型）免征营业税的批复 2005.01.26 国税函〔2005〕101号

774. 国家税务总局关于注册税务师管理体制有关问题的通知 2005.01.27 国税发明电〔2005〕4号

775. 国家税务总局关于纳税人收回转让的股权征收个人所得税问题的批复 2005.01.28 国税函〔2005〕130号

776. 国家税务总局 国家外汇管理局关于个人财产对外转移提交税收证明或者完税凭证有关问题的通知 2005.01.31 国税发〔2005〕13号

777. 国家税务总局关于泰国船舶公司征免税问题的通知 2005.01.31 国税函〔2005〕134号

778. 国家税务总局关于"消费储值"业务征收营业税问题的批复 2005.02.24 国税函〔2005〕168号

779. 国家税务总局关于增值税一般纳税人将增值税进项留抵税额抵减查补税款欠税问题的批复 2005.02.24 国税函〔2005〕169号

780. 国家税务总局关于印发《增值税防伪税控系统服务监督管理办法》的通知 2005.03.01 国税发〔2005〕19号

781. 国家税务总局关于印发《纳税人财务会计报表报送管理办法》的通知 2005.03.01 国税发〔2005〕20号

782. 国家税务总局关于停止执行《金银首饰购货（加工）管理证明单》使用规定的批复 2005.03.04 国税函〔2005〕193号

783. 国家税务总局 国家外汇管理局关于境内机构及个人对外支付技术转让费不再提交营业税税务凭证的通知 2005.03.07 国税发〔2005〕28号

784. 国家税务总局关于客运飞机腹舱联运收入营业税问题的通知 2005.03.07 国税函〔2005〕202号

785. 国家税务总局关于印发《税收管理员制度（试行）》的通知 2005.03.11 国税发〔2005〕40号

786. 国家税务总局关于印发《纳税评估管理办法（试行）》的通知 2005.03.11 国税发〔2005〕43号

787. 国家税务总局关于明确普通发票分类代码中年份代码含义的通知 2005.03.18 国税函〔2005〕218号

788. 国家税务总局关于澳门企业在内地经营运输业务营业税问题的批复 2005.03.18 国税函〔2005〕219号

789. 国家税务总局关于严格执行统一发票代码和发票号码的通知 2005.03.21 国税函〔2005〕224号

790. 国家税务总局 劳动和社会保障部关于加强《再就业优惠证》管理推进再就业税收政策落实的通知 2005.03.24 国税发〔2005〕46号

791. 国家税务总局关于调整凭普通发票退税政策的通知 2005.03.24 国税函〔2005〕248号

792. 国家税务总局关于印发《出口货物退（免）税管理办法（试行）》的通知 2005.03.26 国税发〔2005〕51号

793. 国家税务总局关于进一步规范和完善个体税收征收管理工作的意见 2005.03.28 国税发〔2005〕48号

794. 国家税务总局关于经保税区出口货物申报出口退（免）税有关问题的批复 2005.03.29 国税函〔2005〕255号

795. 国家税务总局关于IC卡门票管理问题的批复 2005.03.30 国税函〔2005〕232号

796. 国家税务总局关于生产企业对外修理修配业务有关退（免）税问题的批复 2005.04.01 国税函〔2005〕256号

797. 国家税务总局关于中国建银投资有限责任公司纳税申报地点问题的通知 2005.04.04 国税发〔2005〕52号

798. 国家税务总局关于明确北京地方特色印花税票式样的通知 2005.04.12 国税函

〔2005〕312 号

799. 国家税务总局关于印发《增值税一般纳税人纳税申报"一窗式"管理操作规程》的通知 2005.04.13 国税发〔2005〕61 号

800. 国家税务总局关于税控发票印制使用管理有关问题的通知 2005.04.18 国税发〔2005〕65 号

801. 国家税务总局关于果啤征收消费税的批复 2005.04.18 国税函〔2005〕333 号

802. 国家税务总局关于呼和浩特市铁路局向职工销售住房征免营业税问题的批复 2005.04.18 国税函〔2005〕334 号

803. 国家税务总局关于明确从事代理海关报关业务的中介机构办理税务登记有关问题的通知 2005.04.18 国税函〔2005〕353 号

804. 国家税务总局关于出口企业未在规定期限内申报出口货物退（免）税有关问题的通知 2005.04.19 国税发〔2005〕68 号

805. 国家税务总局关于在京外国商会征免营业税的批复 2005.04.19 国税函〔2005〕370 号

806. 国家税务总局关于中国国际图书贸易总公司广州分公司销售进口图书资料免征增值税的通知 2005.04.21 国税函〔2005〕360 号

807. 国家税务总局关于企业为股东个人购买汽车征收个人所得税的批复 2005.04.22 国税函〔2005〕364 号

808. 国家税务总局关于个人兼职和退休人员再任职取得收入如何计算征收个人所得税问题的批复 2005.04.26 国税函〔2005〕382 号

809. 国家税务总局关于纳税人提供泥浆工程劳务征收流转税问题的批复 2005.04.27 国税函〔2005〕375 号

810. 国家税务总局关于国有土地使用权出让契税计税依据问题的批复 2005.05.09 国税函〔2005〕413 号

811. 国家税务总局关于加强机动车辆税收管理有关问题的通知 2005.05.11 国税发〔2005〕79 号

812. 国家税务总局关于免征土地出让金出让国有土地使用权征收契税的批复 2005.05.11 国税函〔2005〕436 号

813. 国家税务总局关于青海省黄河尼那水电站整体资产出售行为征收流转税问题的批复 2005.05.13 国税函〔2005〕504 号

814. 国家税务总局关于进一步加强房地产税收管理的通知 2005.05.18 国税发〔2005〕82 号

815. 国家税务总局关于由石油伴生气加工压缩成的石油液化气适用增值税税率的通知 2005.05.18 国税发〔2005〕83 号

816. 国家税务总局关于明确中国银联股份有限公司提供跨行信息转接服务营业税纳税地点的通知 2005.05.20 国税函〔2005〕494 号

817. 国家税务总局关于增值税抵扣凭证审核检查有关问题的批复 2005.05.24 国税函〔2005〕495 号

818. 国家税务总局 财政部 建设部关于加强房地产税收管理的通知 2005.05.27 国税发〔2005〕89号

819. 国家税务总局关于加强农产品增值税抵扣管理有关问题的通知 2005.05.27 国税函〔2005〕545号

820. 国家税务总局关于发行2005年版印花税票的通知 2005.06.07 国税函〔2005〕576号

821. 国家税务总局关于取消税务行政审批后外国企业及外籍个人向中国境内转让技术取得收入免征营业税管理问题的通知 2005.06.23 国税函〔2005〕652号

822. 国家税务总局关于个人因购买和处置债权取得所得征收个人所得税问题的批复 2005.06.24 国税函〔2005〕655号

823. 国家税务总局关于山东枣庄矿业(集团)有限责任公司收取铁路专用线费有关流转税问题的批复 2005.06.30 国税函〔2005〕674号

824. 国家税务总局 财政部 国土资源部关于加强土地税收管理的通知 2005.07.01 国税发〔2005〕111号

825. 国家税务总局关于营养强化奶适用增值税税率问题的批复 2005.07.05 国税函〔2005〕676号

826. 国家税务总局关于统一二手车销售发票式样问题的通知 2005.07.05 国税函〔2005〕693号

827. 国家税务总局关于印发《个人所得税管理办法》的通知 2005.07.06 国税发〔2005〕120号

828. 国家税务总局关于新疆油田油气储运公司管道运输收入征收流转税问题的通知 2005.07.07 国税函〔2005〕704号

829. 国家税务总局关于纳税人取得不含税全年一次性奖金收入计征个人所得税问题的批复 2005.07.07 国税函〔2005〕715号

830. 国家税务总局关于胜利油田胜利石油化工建设有限责任公司海洋工程结构物退税问题的批复 2005.07.12 国税函〔2005〕721号

831. 国家税务总局关于规范未达增值税营业税起征点的个体工商户税收征收管理的通知 2005.07.20 国税发〔2005〕123号

832. 国家税务总局关于转让定价税收管理工作中资本性调整问题的通知 2005.07.28 国税函〔2005〕745号

833. 国家税务总局关于昆明机场海关签发出口货物报关单有关退税问题的通知 2005.07.28 国税函〔2005〕785号

834. 国家税务总局关于出口含金成分产品有关税收政策的通知 2005.07.29 国税发〔2005〕125号

835. 国家税务总局关于印发《税控收款机管理系统业务操作规程》的通知 2005.08.02 国税发〔2005〕126号

836. 国家税务总局关于印发《税收减免管理办法(试行)》的通知 2005.08.03 国税发〔2005〕129号

837. 国家税务总局关于加强出租房屋税收征管的通知 2005.08.03 国税发〔2005〕159号

838. 国家税务总局关于增值税一般纳税人取得的账外经营部分防伪税控增值税专用发票进项税额抵扣问题的批复 2005.08.03 国税函〔2005〕763号

839. 国家税务总局关于供电企业收取的免税农村电网维护费有关增值税问题的通知 2005.08.05 国税函〔2005〕778号

840. 国家税务总局关于加强免征增值税货物专用发票管理的通知 2005.08.08 国税函〔2005〕780号

841. 国家税务总局关于欠税追缴期限有关问题的批复 2005.08.16 国税函〔2005〕813号

842. 国家税务总局关于加强增值税一般纳税人开具普通发票管理，实施"一机多票"制有关问题的通知 2005.08.18 国税发明电〔2005〕35号

843. 国家税务总局关于启用增值税普通发票有关问题的通知 2005.08.19 国税发明电〔2005〕34号

844. 国家税务总局关于印发《汽油、柴油消费税管理办法（试行）》的通知 2005.08.25 国税发〔2005〕133号

845. 国家税务总局关于军队离退休干部购买经济适用房征收契税问题的批复 2005.08.29 国税函〔2005〕835号

846. 国家税务总局关于税控收款机税控IC卡灌装、初始化及异常处理工作流程的公告 2005.08.31 国家税务总局公告2005年第2号

847. 国家税务总局关于做好增值税普通发票"一窗式"票表比对准备工作的通知 2005.09.08 国税发〔2005〕141号

848. 国家税务总局关于人民法院强制执行被执行人财产有关税收问题的复函 2005.09.12 国税函〔2005〕869号

849. 国家税务总局 中国人民银行 教育部关于印发《教育储蓄存款利息所得免征个人所得税实施办法》的通知 2005.09.14 国税发〔2005〕148号

850. 国家税务总局关于印发税务机关征收社会保险费表证单书（样式）的通知 2005.09.15 国税函〔2005〕891号

851. 国家税务总局关于城镇房屋拆迁契税优惠政策适用对象的批复 2005.09.16 国税函〔2005〕903号

852. 国家税务总局关于解决办税服务厅排队拥挤问题的通知 2005.09.19 国税发〔2005〕161号

853. 国家税务总局关于加强房地产税收分析工作的通知 2005.09.22 国税发〔2005〕151号

854. 国家税务总局关于印发《税务检查证管理暂行办法》的通知 2005.09.23 国税发〔2005〕154号

855. 国家税务总局关于加强煤炭行业税收管理的通知 2005.09.26 国税发〔2005〕153号

856. 国家税务总局关于代销商品房业务征收营业税问题的批复 2005.09.27 国税发〔2005〕917号

857. 国家税务总局关于加强税务机关代收费项目管理的通知 2005.09.28 国税发〔2005〕160号

858. 国家税务总局关于印发《中国居民(国民)申请启动税务相互协商程序暂行办法》的通知 2005.09.30 国税发〔2005〕115号

859. 国家税务总局 中国人民银行 教育部关于《教育储蓄存款利息所得免征个人所得税实施办法》有关问题的补充通知 2005.09.30 国税发〔2005〕155号

860. 国家税务总局关于实施房地产税收一体化管理若干问题的通知 2005.10.07 国税发〔2005〕156号

861. 国家税务总局 财政部 中国人民银行关于印发《税务代保管资金账户管理办法》的通知 2005.10.13 国税发〔2005〕181号

862. 国家税务总局关于填海整治土地免征城镇土地使用税问题的批复 2005.10.14 国税函〔2005〕968号

863. 国家税务总局关于中国航空集团公司改制有关契税问题的通知 2005.10.14 国税函〔2005〕969号

864. 国家税务总局关于亚麻油等出口货物退税问题的批复 2005.10.14 国税函〔2005〕974号

865. 国家税务总局关于印发《纳税服务工作规范(试行)》的通知 2005.10.16 国税发〔2005〕165号

866. 国家税务总局关于出口豆腐皮等产品适用征、退税率问题的批复 2005.10.18 国税函〔2005〕944号

867. 国家税务总局关于房地产税收政策执行中几个具体问题的通知 2005.10.20 国税发〔2005〕172号

868. 国家税务总局关于进一步明确房屋附属设备和配套设施计征房产税有关问题的通知 2005.10.21 国税发〔2005〕173号

869. 国家税务总局 中国人民银行关于印发国家税务局系统行政性收费票据式样的通知 2005.10.24 国税发〔2005〕171号

870. 国家税务总局关于合作建房营业税问题的批复 2005.10.24 国税函〔2005〕1003号

871. 国家税务总局关于车辆购置税《设有固定装置免税车辆图册》有关问题的通知 2005.11.01 国税函〔2005〕1019号

872. 国家税务总局 中国人民银行关于实行电子缴税后使用电子缴款书有关问题的通知 2005.11.04 国税发〔2005〕193号

873. 国家税务总局 国家外汇管理局关于试行申报出口退税免予提供纸质出口收汇核销单的通知 2005.11.04 国税函〔2005〕1051号

874. 国家税务总局关于金融机构开展个人实物黄金交易业务增值税有关问题的通知 2005.11.07 国税发〔2005〕178号

875. 国家税务总局 外交部关于驻外使领馆工作人员离任回国进境自用车辆缴纳车辆购置税有关问题的通知 2005.11.09 国税发〔2005〕180号

876. 国家税务总局关于增值税一般纳税人期货交易有关增值税问题的通知 2005.11.09 国税函〔2005〕1060号

877. 国家税务总局关于生产型集团公司收购成员企业产品出口有关免抵退税审批权限的批复 2005.11.12 国税函〔2005〕1157号

878. 国家税务总局关于《内地和澳门特别行政区关于对所得避免双重征税和防止偷漏税的安排》有关条文解释和执行问题的通知 2005.11.14 国税函〔2005〕1081号

879. 国家税务总局关于印发《设有固定装置免税车辆图册(第二册)》的通知 2005.11.18 国税函〔2005〕1098号

880. 国家税务总局关于实行定期定额征收的个体工商户购置和使用税控收款机有关问题的通知 2005.11.23 国税发〔2005〕185号

881. 国家税务总局关于使用计算机开具普通发票有关问题的批复 2005.11.23 国税函〔2005〕1102号

882. 国家税务总局关于矿物质微量元素舔砖免征增值税问题的批复 2005.11.30 国税函〔2005〕1127号

883. 国家税务总局关于垃圾处置费征收营业税问题的批复 2005.11.30 国税函〔2005〕1128号

884. 国家税务总局关于交通部门有偿转让高速公路收费经营权征收营业税的批复 2005.12.06 国税函〔2005〕1146号

885. 国家税务总局关于出口加工区内企业耗用蒸汽退税的批复 2005.12.07 国税函〔2005〕1147号

886. 国家税务总局关于从保税仓库和出口监管仓库提取的料件有关税收处理办法的批复 2005.12.07 国税函〔2005〕1153号

887. 国家税务总局关于取消出口货物退(免)税清算的通知 2005.12.09 国税发〔2005〕197号

888. 国家税务总局关于出口货物退(免)税实行有关单证备案管理制度(暂行)的通知 2005.12.13 国税发〔2005〕199号

889. 国家税务总局关于海南南山旅游发展有限公司企业重组中股权转让不征收营业税的批复 2005.12.13 国税函〔2005〕1174号

890. 国家税务总局关于印发《营业税纳税人纳税申报办法》的通知 2005.12.16 国税发〔2005〕202号

891. 国家税务总局关于换发稽查部门稽查专用税务检查证的通知 2005.12.19 国税发〔2005〕203号

892. 国家税务总局关于印发增值税纳税评估部分方法及行业纳税评估指标的通知 2005.12.20 国税函〔2005〕1205号

893. 国家税务总局关于加强含金成分产品出口退(免)税管理的通知 2005.12.20 国税函〔2005〕1211号

894. 国家税务总局关于中国石化集团销售实业公司资产租赁收入征收营业税问题的通知 2005.12.21 国税发〔2005〕204号

895. 国家税务总局关于印发《个人所得税全员全额扣缴申报管理暂行办法》的通知 2005.12.23 国税发〔2005〕205号

896. 国家税务总局关于试点物流企业有关税收政策问题的通知 2005.12.29 国税发〔2005〕208号

897. 国家税务总局关于印发《设有固定装置免税车辆图册（第三册）》的通知 2005.12.30 国税函〔2005〕1268号

898. 国家税务总局关于修订出口货物退（免）税申报表的通知 2006.01.04 国税发〔2006〕2号

899. 国家税务总局关于日本国际协力银行取得的贷款利息免征企业所得税的批复 2006.01.04 国税函〔2006〕1号

900. 国家税务总局关于个人独资企业变更为个体经营户是否享受个人所得税再就业优惠政策的批复 2006.01.18 国税函〔2006〕39号

901. 国家税务总局关于含金产品出口实行免税政策有关问题的补充通知 2006.01.20 国税发〔2006〕10号

902. 国家税务总局关于加强外籍人员个人所得税档案资料管理的通知 2006.01.23 国税函〔2006〕58号

903. 国家税务总局关于中国网通（集团）有限公司赞助奥运会有关税收问题的通知 2006.01.24 国税发〔2006〕13号

904. 国家税务总局关于车辆购置税征收管理有关问题的通知 2006.01.25 国税发〔2006〕123号

905. 国家税务总局关于印发《饮食业、娱乐业税控收款机系统营业税"票表比对"管理操作规程》的通知 2006.01.25 国税发〔2006〕16号

906. 国家税务总局关于进一步加强货物运输业税收征收管理的通知 2006.01.25 国税函〔2006〕102号

907. 国家税务总局关于使用计算机开具单联式发票有关问题的批复 2006.02.03 国税函〔2006〕210号

908. 国家税务总局关于增值税网上申报有关问题的通知 2006.02.05 国税发〔2006〕20号

909. 国家税务总局 商务部关于进一步规范外贸出口经营秩序切实加强出口货物退（免）税管理的通知 2006.02.13 国税发〔2006〕24号

910. 国家税务总局关于出口退（免）税相关核准和审批权限问题的批复 2006.02.13 国税函〔2006〕148号

911. 国家税务总局关于改制企业承受土地使用权契税计税依据的批复 2006.02.15 国税函〔2006〕157号

912. 国家税务总局关于驻外使领馆工作人员离任回国进境自用车辆缴纳车辆购置税有关问题的补充通知 2006.02.16 国税函〔2006〕160号

913. 国家税务总局 国家邮政局关于开具寄送个人所得税完税证明有关问题的通知 2006.02.20 国税发〔2006〕30 号

914. 国家税务总局关于港联航空有限公司开通广州杭州航线有关税收问题的通知 2006.02.21 国税函〔2006〕198 号

915. 国家税务总局关于消费者丢失机动车销售发票处理问题的批复 2006.02.27 国税函〔2006〕227 号

916. 国家税务总局关于转发《财政部 国家发展改革委关于对从事个体经营的下岗失业人员和高校毕业生实行收费优惠政策的通知》的通知 2006.03.02 国税函〔2006〕233 号

917. 国家税务总局关于个人因公务用车制度改革取得补贴收入征收个人所得税问题的通知 2006.03.06 国税函〔2006〕245 号

918. 国家税务总局关于执行税收协定利息条款有关问题的通知 2006.03.1 国税函〔2006〕229 号

919. 国家税务总局关于税收协定常设机构认定等有关问题的通知 2006.03.14 国税发〔2006〕35 号

920. 国家税务总局关于换发征收管理部门税务检查证件的通知 2006.03.15 国税发〔2006〕36 号

921. 国家税务总局 中国民用航空总局关于试行民航电子客票报销凭证有关问题的通知 2006.03.15 国税发〔2006〕39 号

922. 国家税务总局关于完善税务登记管理若干问题的通知 2006.03.16 国税发〔2006〕37 号

923. 国家税务总局关于换发税务登记证件的通知 2006.03.16 国税发〔2006〕38 号

924. 国家税务总局关于印发《调整和完善消费税政策征收管理规定》的通知 2006.03.31 国税发〔2006〕49 号

925. 国家税务总局关于调整契税纳税申报表式样的通知 2006.04.05 国税函〔2006〕329 号

926. 国家税务总局关于促进注册税务师行业规范发展的若干意见 2006.04.12 国税发〔2006〕58 号

927. 国家税务总局关于印发《设有固定装置免税车辆图册(2006 年第一册)》的通知 2006.04.24 国税发〔2006〕59 号

928. 国家税务总局关于加强新牌号、新规格卷烟消费税计税价格管理有关事项的通知 2006.04.24 国税函〔2006〕373 号

929. 国家税务总局关于发布已失效或废止的税收规范性文件目录的通知 2006.04.30 国税发〔2006〕62 号

930. 国家税务总局关于加强普通发票集中印制管理的通知 2006.05.08 国税函〔2006〕431 号

931. 国家税务总局关于印发《葡萄酒消费税管理办法(试行)》的通知 2006.05.14 国税发〔2006〕66 号

932. 国家税务总局关于开征烟叶税有关税收会计统计核算问题的通知 2006.05.15 国

税函〔2006〕448号

933. 国家税务总局关于保险营销员取得佣金收入征免个人所得税问题的通知 2006.05.15 国税函〔2006〕454号

934. 国家税务总局关于使用新版公路、内河货物运输业统一发票有关问题的通知 2006.05.16 国税发〔2006〕67号

935. 国家税务总局关于印发《国际税收情报交换工作规程》的通知 2006.05.18 国税发〔2006〕70号

936. 国家税务总局关于销售给日上免税行(上海)有限公司的免税出口卷烟核销问题的通知 2006.05.18 国税函〔2006〕513号

937. 国家税务总局关于印发《国家税务总局关于推行增值税防伪税控一机多票系统的公告》的通知 2006.05.19 国税发〔2006〕79号

938. 国家税务总局关于酒店产权式经营业主税收问题的批复 2006.05.22 国税函〔2006〕478号

939. 国家税务总局关于使用新版机动车销售统一发票有关问题的通知 2006.05.22 国税函〔2006〕479号

940. 国家税务总局关于劳务承包行为征收营业税问题的批复 2006.05.24 国税函〔2006〕493号

941. 国家税务总局关于变更税务登记证规格标准的通知 2006.05.26 国税函〔2006〕491号

942. 国家税务总局关于开展下放出口货物退(免)税审批权限试点工作的通知 2006.05.29 国税函〔2006〕502号

943. 国家税务总局转发国务院办公厅关于调整住房供应结构稳定住房价格意见的通知 2006.05.31 国税发〔2006〕75号

944. 国家税务总局关于印发烟叶税纳税申报表式样的通知 2006.06.02 国税发〔2006〕77号

945. 国家税务总局关于推行增值税防伪税控一机多票系统的通知 2006.06.05 国税发〔2006〕78号

946. 国家税务总局关于离退休人员再任职界定问题的批复 2006.06.05 国税函〔2006〕526号

947. 国家税务总局关于机动车辆生产企业和经销企业增值税纳税评估有关问题的通知 2006.06.06 国税函〔2006〕546号

948. 国家税务总局关于陈嘉庚科学奖获奖个人取得的奖金收入免征个人所得税的通知 2006.06.09 国税函〔2006〕561号

949. 国家税务总局关于增加试点物流企业名单的通知 2006.06.14 国税函〔2006〕575号

950. 国家税务总局 国家外汇管理局关于扩大申报出口退税免于提供纸质出口收汇核销单试行出口企业范围的通知 2006.06.19 国税发〔2006〕91号

951. 国家税务总局关于印发《车辆购置税价格信息管理办法(试行)》的通知

2006.06.22 国税发〔2006〕93号

952. 国家税务总局关于《葡萄酒购货管理证明单》编码规则的通知 2006.06.22 国税函〔2006〕620号

953. 国家税务总局关于进行公路、内河货运发票税控系统试点工作的通知 2006.06.30 国税发〔2006〕95号

954. 国家税务总局关于保税区内出口企业出口退税有关问题的批复 2006.07.06 国税函〔2006〕666号

955. 国家税务总局关于加强货物运输企业纳税申报管理工作的通知 2006.07.10 国税发〔2006〕99号

956. 国家税务总局关于中国移动通信集团公司和中国移动(香港)有限公司内地子公司对奥运会提供通信相关服务赞助有关税收问题的通知 2006.07.10 国税函〔2006〕671号

957. 国家税务总局 铁道部关于铁路货运凭证印花税若干问题的通知 2006.07.12 国税发〔2006〕101号

958. 国家税务总局关于出口货物退(免)税若干问题的通知 2006.07.12 国税发〔2006〕102号

959. 国家税务总局关于加强以农产品为主要原料生产的出口货物退税管理的通知 2006.07.12 国税函〔2006〕685号

960. 国家税务总局关于换发税务登记证件有关问题的补充通知 2006.07.13 国税发〔2006〕104号

961. 国家税务总局关于非涉税中介机构从事涉税鉴证业务有关问题的批复 2006.07.13 国税函〔2006〕682号

962. 国家税务总局关于转发《国家发展改革委关于降低增值税防伪税控系统专用产品价格的通知》的通知 2006.07.17 国税函〔2006〕683号

963. 国家税务总局关于个人住房转让所得征收个人所得税有关问题的通知 2006.07.18 国税发〔2006〕108号

964. 国家税务总局关于外国企业在中国境内提供劳务活动常设机构判定及利润归属问题的批复 2006.07.19 国税函〔2006〕694号

965. 国家税务总局关于印发《设有固定装置免税车辆图册(2006年第二册、总第五册)》的通知 2006.07.25 国税函〔2006〕717号

966. 国家税务总局关于加强发票保证金管理的通知 2006.07.28 国税函〔2006〕735号

967. 国家税务总局关于印发《"十一五"时期中国注册税务师行业发展的指导意见》的通知 2006.07.31 国税发〔2006〕115号

968. 国家税务总局关于安利(中国)日用品有限公司征收印花税有关问题的通知 2006.08.07 国税函〔2006〕749号

969. 国家税务总局关于进一步降低税务登记证件工本费有关问题的通知 2006.08.14 国税函〔2006〕762号

970. 国家税务总局关于明确中国兵器装备集团公司重组改制过程中有关契税政策的通知 2006.08.14 国税函〔2006〕798号

971. 国家税务总局关于进一步加强消费税纳税申报及税款抵扣管理的通知 2006.08.15 国税函〔2006〕769 号

972. 国家税务总局关于中小学课本配套产品适用增值税税率的批复 2006.08.15 国税函〔2006〕770 号

973. 国家税务总局关于搜狐公司赞助第 29 届奥林匹克运动会有关税收问题的通知 2006.08.15 国税函〔2006〕771 号

974. 国家税务总局关于购进整车改装汽车征收消费税问题的批复 2006.08.15 国税函〔2006〕772 号

975. 国家税务总局关于水洗猪鬃征收增值税问题的批复 2006.08.15 国税函〔2006〕773 号

976. 国家税务总局关于更正中格两国税收协定中文文本有关条款的通知 2006.08.16 国税发〔2006〕124 号

977. 国家税务总局关于执行中国—加拿大税收协定利息条款有关问题的通知 2006.08.18 国税发〔2006〕126 号

978. 国家税务总局关于加强一年期以上返还性人身保险业务营业税征收管理的通知 2006.08.18 国税函〔2006〕796 号

979. 国家税务总局关于含金产品出口有关税收政策的通知 2006.08.22 国税函〔2006〕812 号

980. 国家税务总局关于转发《海关总署关于恢复对黄金及其饰品签发出口货物报关单证明联有关问题的通知》的通知 2006.08.22 国税函〔2006〕814 号

981. 国家税务总局关于印发《不动产、建筑业营业税项目管理及发票使用管理暂行办法》的通知 2006.08.24 国税发〔2006〕128 号

982. 国家税务总局关于印发《钻石交易增值税征收管理办法》的通知 2006.08.28 国税发〔2006〕131 号

983. 国家税务总局关于《机动车销售统一发票》注册登记联加盖开票单位印章问题的通知 2006.08.28 国税函〔2006〕813 号

984. 国家税务总局关于执行《增值税一般纳税人纳税申报"一窗式"管理操作规程》的通知 2006.09.04 国税函〔2006〕824 号

985. 国家税务总局关于进一步加强税务机关征收社会保险费欠费管理和清缴工作的通知 2006.09.05 国税发〔2006〕140 号

986. 国家税务总局关于进一步明确纳税人识别号有关编码规则的通知 2006.09.12 国税函〔2006〕820 号

987. 国家税务总局关于加强房地产交易个人无偿赠与不动产税收管理有关问题的通知 2006.09.14 国税发〔2006〕144 号

988. 国家税务总局关于印发《设有固定装置免税车辆图册（2006 年第三册、总第六册）》的通知 2006.09.18 国税函〔2006〕883 号

989. 国家税务总局关于个人股权转让过程中取得违约金收入征收个人所得税问题的批复 2006.09.19 国税函〔2006〕866 号

990. 国家税务总局关于报送注册税务师行业年度报表有关问题的通知 2006.09.22 国税函〔2006〕875号

991. 国家税务总局关于出口合同备案有关数据处理问题的通知 2006.09.27 国税函〔2006〕847号

992. 国家税务总局关于下放出口货物退（免）税审批权限试点工作要求的通知 2006.09.28 国税函〔2006〕891号

993. 国家税务总局关于关联企业间业务往来转让定价税收管理有关问题的通知 2006.09.28 国税函〔2006〕901号

994. 国家税务总局关于个人股票期权所得缴纳个人所得税有关问题的补充通知 2006.09.30 国税函〔2006〕902号

995. 国家税务总局关于出口货物退（免）税实行有关单证备案管理制度的补充通知 2006.09.30 国税函〔2006〕904号

996. 国家税务总局关于发行2006年版印花税票有关问题的通知 2006.09.30. 国税函〔2006〕892号

997. 国家税务总局关于购进乙醇生产销售无水乙醇征收消费税问题的批复 2006.10.09 国税函〔2006〕768号

998. 国家税务总局关于实施增值税普通发票"一窗式"比对的通知 2006.10.13 国税函〔2006〕971号

999. 国家税务总局关于修订《增值税专用发票使用规定》的通知 2006.10.17 国税发〔2006〕156号

1000. 国家税务总局关于金税工程增值税征管信息系统发现的涉嫌违规增值税专用发票处理问题的通知 2006.10.30 国税函〔2006〕969号

1001. 国家税务总局关于注册税务师行业建立公告制度的通知 2006.11.02 国税发〔2006〕161号

1002. 国家税务总局关于商业专用发票加印使用期限问题的批复 2006.11.02 国税函〔2006〕1000号

1003. 国家税务总局关于印发《个人所得税自行纳税申报办法（试行）》的通知 2006.11.06 国税发〔2006〕162号

1004. 国家税务总局关于出口合同备案货物有关出口退税申报审核事项的通知 2006.11.09 国税函〔2006〕1057号

1005. 国家税务总局 国家外汇管理局关于远期收汇出口货物出口退税有关问题的通知 2006.11.13 国税发〔2006〕168号

1006. 国家税务总局关于进一步推行办税公开工作的意见 2006.12.05 国税发〔2006〕172号

1007. 国家税务总局关于使用新版不动产销售统一发票和新版建筑业统一发票有关问题的通知 2006.12.05 国税发〔2006〕173号

1008. 国家税务总局关于自主择业军队转业干部享受营业税优惠政策有关问题的批复 2006.12.09 国税函〔2006〕1222号

1009. 国家税务总局关于旧版货运发票抵扣增值税进项税额有关问题的通知 2006.12.11 国税函〔2006〕1187号

1010. 国家税务总局关于国家开发银行使用金融业务专用发票问题的通知 2006.12.11 国税函〔2006〕1189号

1011. 国家税务总局关于公路、内河货物运输业统一发票增值税抵扣有关问题的公告 2006.12.14 国家税务总局公告2006年第2号

1012. 国家税务总局关于印发《个体工商户税收定期定额征收管理文书》的通知 2006.12.14 国税函〔2006〕1199号

1013. 国家税务总局关于印发《设有固定装置免税车辆图册(2006年第四册、总第七册)》的通知 2006.12.14 国税函〔2006〕1246号

1014. 国家税务总局关于明确年所得12万元以上自行纳税申报口径的通知 2006.12.15 国税函〔2006〕1200号

1015. 国家税务总局关于洋山保税港区等海关监管特殊区域有关税收问题的通知 2006.12.15 国税函〔2006〕1226号

1016. 国家税务总局关于燃油电厂取得发电补贴有关增值税政策的通知 2006.12.19 国税函〔2006〕1235号

1017. 国家税务总局关于进一步明确西部大开发税收优惠政策适用目录变更问题的通知 2006.12.20 国税函〔2006〕1231号

1018. 国家税务总局关于个体工商户定期定额征收管理有关问题的通知 2006.12.21 国税发〔2006〕183号

1019. 国家税务总局关于加强增值税其他抵扣凭证数据采集传输管理有关问题的通知 2006.12.22 国税函〔2006〕1244号

1020. 国家税务总局关于勘察设计劳务征收营业税问题的通知 2006.12.22 国税函〔2006〕1245号

1021. 国家税务总局关于企业财产损失所得税前扣除中有关涉税鉴证业务问题的通知 2006.12.26 国税发〔2006〕185号

1022. 国家税务总局关于出口实木复合地板等有关退税问题的通知 2006.12.26 国税函〔2006〕1263号

1023. 国家税务总局、国家外汇管理局关于山东省等五地试行申报出口退税免予提供纸质出口收汇核销单的通知 2006.12.27 国税发〔2006〕188号

1024. 国家税务总局关于加强公路、内河货物运输业统一发票和机动车销售统一发票印制管理有关问题的通知 2006.12.27 国税函〔2006〕1268号

1025. 国家税务总局关于房地产开发企业土地增值税清算管理有关问题的通知 2006.12.28 国税发〔2006〕187号

1026. 国家税务总局关于中国移动有限公司内地子公司业务销售附带赠送行为征收流转税问题的通知 2006.12.28 国税函〔2006〕1278号

1027. 国家税务总局关于纳税人折扣折让行为开具红字增值税专用发票问题的通知 2006.12.29 国税函〔2006〕1279号

1028. 国家税务总局关于加强代理报关业务营业税征收管理有关问题的通知 2006.12.31 国税函〔2006〕1310号

1029. 国家税务总局关于确认国务院机关事务管理局调拨车辆购置日期的通知 2007.12.31 国税函〔2006〕1311号

1030. 国家税务总局关于无船承运业务有关营业税问题的通知 2006.12.31 国税函〔2006〕1312号

1031. 国家税务总局关于饲料级磷酸二氢钙产品增值税政策问题的通知 2007.01.08 国税函〔2007〕10号

1032. 国家税务总局关于推行车辆购置税征收管理系统后会统核算和税款征收有关问题的通知 2007.01.19 国税函〔2007〕99号

1033. 国家税务总局关于加强出口货物退(免)税评估工作的通知 2007.01.20 国税发〔2007〕4号

1034. 国家税务总局关于中墨两国政府税收协定及其议定书若干条文解释的通知 2007.01.28 国税函〔2007〕131号

1035. 国家税务总局关于停止使用车船使用税标志的通知 2007.01.29 国税发〔2007〕8号

1036. 国家税务总局关于简化纳税人向税务机关提供有关审验证件的通知 2007.02.01 国税函〔2007〕149号

1037. 国家税务总局关于印发《企业所得税汇算清缴纳税申报鉴证业务准则(试行)》的通知 2007.02.02 国税发〔2007〕10号

1038. 国家税务总局关于印发《企业财产损失所得税前扣除鉴证业务准则(试行)》的通知 2007.02.02 国税发〔2007〕9号

1039. 国家税务总局关于粉煤灰(渣)征收增值税问题的批复 2007.02.07 国税函〔2007〕158号

1040. 国家税务总局关于印发《车船税宣传提纲》的通知 2007.02.08 国税函〔2007〕167号

1041. 国家税务总局关于受托种植植物、饲养动物征收流转税问题的通知 2007.02.15 国税发〔2007〕17号

1042. 国家税务总局关于认定外商投资货物运输企业为自开票纳税人的通知 2007.02.15 国税函〔2007〕223号

1043. 国家税务总局关于修订增值税专用发票使用规定的补充通知 2007.02.16 国税发〔2007〕18号

1044. 国家税务总局关于加强消费税收入分析工作的通知 2007.02.25 国税函〔2007〕228号

1045. 国家税务总局关于港口设施保安费税收政策问题的通知 2007.02.26 国税发〔2007〕20号

1046. 国家税务总局关于调查承担单一生产功能外商投资企业和外国企业纳税情况的通知 2007.02.28 国税函〔2007〕236号

1047. 国家税务总局关于免税出口卷烟计划实行分类管理的通知 2007.03.06 国税函〔2007〕318号

1048. 国家税务总局关于公路、内河货物运输业发票税控系统应用中有关问题的通知 2007.03.12 国税函〔2007〕315号

1049. 国家税务总局关于中韩税收协定第二议定书有关条款解释的通知 2007.03.16 国税函〔2007〕334号

1050. 国家税务总局 财政部 中国人民银行关于税务代保管资金账户管理有关问题的通知 2007.03.20 国税发〔2007〕12号

1051. 国家税务总局关于做好我国企业境外投资税收服务与管理工作的意见 2007.03.20 国税发〔2007〕32号

1052. 国家税务总局关于注册税务师执业备案有关问题的通知 2007.03.20 国税函〔2007〕343号

1053. 国家税务总局关于个人转让房屋有关税收征管问题的通知 2007.03.21 国税发〔2007〕33号

1054. 国家税务总局关于纳税人进口货物增值税进项税额抵扣有关问题的通知 2007.03.22 国税函〔2007〕350号

1055. 国家税务总局关于公路、内河货物运输业发票税控系统有关问题的批复 2007.03.23 国税函〔2007〕353号

1056. 国家税务总局关于加强和规范个人取得拍卖收入征收个人所得税有关问题的通知 2007.04.04 国税发〔2007〕38号

1057. 国家税务总局关于进一步加强重大税收违法案件管理工作的意见 2007.04.05 国税发〔2007〕39号

1058. 国家税务总局关于《内地和香港特别行政区关于对所得避免双重征税和防止偷漏税的安排》有关条文解释和执行问题的通知 2007.04.06 国税函〔2007〕403号

1059. 国家税务总局关于中国电信集团公司和中国电信股份有限公司所属子公司业务销售附带赠送行为征收流转税问题的通知 2007.04.06 国税函〔2007〕414号

1060. 国家税务总局关于有限责任税务师事务所设立分所有关问题的通知 2007.04.16 国税发〔2007〕47号

1061. 国家税务总局关于进一步做好增值税纳税评估工作的通知 2007.04.20 国税函〔2007〕441号

1062. 国家税务总局、中国保险监督管理委员会关于做好车船税代收代缴工作的通知 2007.04.29 国税发〔2007〕55号

1063. 国家税务总局关于水利工程水费征收流转税问题的批复 2007.04.29 国税函〔2007〕461号

1064. 国家税务总局关于印发《设有固定装置免税车辆图册（2007年第一册、总第八册）》的通知 2007.04.30 国税函〔2007〕448号

1065. 国家税务总局关于加强列名生产企业外购产品出口试行免抵退税管理的通知 2007.04.30 国税函〔2007〕468号

1066. 国家税务总局关于驻外使领馆调回车辆确认购置日期问题的通知 2007.05.05 国税函〔2007〕459 号

1067. 国家税务总局关于调整国家开发银行城市维护建设税和教育费附加缴纳办法的通知 2007.05.08 国税函〔2007〕484 号

1068. 国家税务总局关于增列免税出口卷烟口岸的批复 2007.05.14 国税函〔2007〕489 号

1069. 国家税务总局关于销售给日上免税行（中国）有限公司免税出口卷烟核销问题的通知 2007.05.17 国税函〔2007〕497 号

1070. 国家税务总局关于进一步加强公路、内河货物运输业税收征收管理的通知 2007.05.18 国税函〔2007〕504 号

1071. 国家税务总局关于进一步加强个体工商户税务登记管理的通知 2007.05.18 国税函〔2007〕505 号

1072. 国家税务总局关于加强防伪税控一机多票系统开具增值税普通发票管理有关问题的通知 2007.05.21 国税函〔2007〕507 号

1073. 国家税务总局关于认真做好增值税失控发票数据采集工作有关问题的通知 2007.05.23 国税函〔2007〕517 号

1074. 国家税务总局关于印发《设有固定装置免税车辆图册（2007 年第二册、总第九册）》的通知 2007.05.30 国税函〔2007〕604 号

1075. 国家税务总局关于外商投资企业和外国企业征收城镇土地使用税问题的批复 2007.06.01 国税函〔2007〕596 号

1076. 国家税务总局关于承受装修房屋契税计税价格问题的批复 2007.06.01 国税函〔2007〕606 号

1077. 国家税务总局关于取消部分地方税行政审批项目的通知 2007.06.11 国税函〔2007〕629 号

1078. 国家税务总局关于未办理土地使用权证转让土地有关税收问题的批复 2007.06.14 国税函〔2007〕645 号

1079. 国家税务总局、民政部、中国残疾人联合会关于促进残疾人就业税收优惠政策征管办法的通知 2007.06.15 国税发〔2007〕67 号

1080. 国家税务总局关于 2008 年北京奥运会和残奥会门票销售开具发票有关问题的通知 2007.06.26 国税函〔2007〕720 号

1081. 国家税务总局关于认证稽核系统涉嫌违规公路内河货物运输业发票处理有关问题的通知 2007.06.27 国税函〔2007〕722 号

1082. 国家税务总局关于进一步加强资源税管理工作的通知 2007.07.06 国税发〔2007〕77 号

1083. 国家税务总局关于延期申报预缴税款滞纳金问题的批复 2007.07.10 国税函〔2007〕753 号

1084. 国家税务总局关于个人销售拆迁补偿住房征收营业税问题的批复 2007.07.16 国税函〔2007〕768 号

1085. 国家税务总局关于中国联通有限公司及所属分公司和中国联合通信有限公司贵州分公司业务销售附带赠送行为有关流转税问题的通知 2007.07.20 国税函〔2007〕778 号

1086. 国家税务总局、中国人民银行、中国银监会关于储蓄存款利息所得个人所得税税率调整后扣缴报告表有关问题的通知 2007.07.30 国税发〔2007〕89 号

1087. 国家税务总局关于中央和国务院各部门机关服务中心恢复征税的通知 2007.08.01 国税发〔2007〕94 号

1088. 国家税务总局关于取消促进科技成果转化暂不征收个人所得税审核权有关问题的通知 2007.08.01 国税函〔2007〕833 号

1089. 国家税务总局、国家外汇管理局关于天津、上海、浙江试行申报出口退税免予提供纸质出口收汇核销单的通知 2007.08.03 国税发〔2007〕92 号

1090. 国家税务总局 中国保险监督管理委员会关于保险机构代收代缴车船税有关问题的通知 2007.08.14 国税发〔2007〕98 号

1091. 国家税务总局关于在内地车辆管理部门登记的香港和澳门机动车征收车船税有关问题的批复 2007.08.20 国税函〔2007〕898 号

1092. 国家税务总局关于开展保税物流功能试点出口加工区有关税收问题的通知 2007.08.21 国税函〔2007〕901 号

1093. 国家税务总局关于发票核定和最高开票限额审批有关问题的批复 2007.08.24 国税函〔2007〕868 号

1094. 国家税务总局关于代理业营业税计税依据确定问题的批复 2007.08.24 国税函〔2007〕908 号

1095. 国家税务总局关于新版公路、内河货物运输业统一发票有关使用问题的通知 2007.08.26 国税发〔2007〕101 号

1096. 国家税务总局关于下放增值税专用发票最高开票限额审批权限的通知 2007.08.28 国税函〔2007〕918 号

1097. 国家税务总局关于在中国境内担任董事或高层管理职务无住所个人计算个人所得税适用公式的批复 2007.08.31 国税函〔2007〕946 号

1098. 国家税务总局关于落实两个减负优化纳税服务工作的意见 2007.09.05 国税发〔2007〕106 号

1099. 国家税务总局关于中国石油天然气集团公司矿区服务业务有关营业税问题的通知 2007.09.12 国税函〔2007〕964 号

1100. 国家税务总局关于单位和个人土地被国家征用取得土地及地上附着物补偿费有关营业税问题的批复 2007.09.12 国税函〔2007〕969 号

1101. 国家税务总局关于淘汰非国家标准税控收款机的批复 2007.09.13 国税函〔2007〕966 号

1102. 国家税务总局关于推广应用税控收款机的批复 2007.09.17 国税函〔2007〕996 号

1103. 国家税务总局关于下发试点物流企业名单(第三批)的通知 2007.09.28 国税函〔2007〕1019 号

1104. 国家税务总局关于印发《设有固定装置免税车辆图册(2007年第三册、总第十册)》的通知 2007.10.11 国税函〔2007〕1029号

1105. 国家税务总局关于税控收款机序列号管理有关问题的通知 2007.10.24 国税函〔2007〕1049号

1106. 国家税务总局关于中央企业负责人年度绩效薪金延期兑现收入和任期奖励征收个人所得税问题的通知 2007.10.29 国税发〔2007〕118号

1107. 国家税务总局关于加强普通发票防伪专用品管理的通知 2007.10.30 国税函〔2007〕1057号

1108. 国家税务总局关于沙滩车等车辆征收消费税问题的批复 2007.11.02 国税函〔2007〕1071号

1109. 国家税务总局关于清理简并纳税人报送涉税资料有关问题的通知 2007.11.02 国税函〔2007〕1077号

1110. 国家税务总局关于修改年所得12万元以上个人自行纳税申报表的通知 2007.11.02 国税函〔2007〕1087号

1111. 国家税务总局关于德国ThyssenKrupp Stahl公司向马鞍山钢铁股份有限公司热镀锌生产项目转让技术并提供相关服务取得收入适用税收协定规定的批复 2007.11.20 国税函〔2007〕1141号

1112. 国家税务总局关于个人取得房屋拍卖收入征收个人所得税问题的批复 2007.11.20 国税函〔2007〕1145号

1113. 国家税务总局关于外贸企业申报出口退税期限问题的通知 2007.11.22 国税函〔2007〕1150号

1114. 国家税务总局关于印发《增值税小规模纳税人出口货物免税管理办法(暂行)》的通知 2007.12.03 国税发〔2007〕123号

1115. 国家税务总局关于发行2007年印花税票有关问题的通知 2007.12.05 国税函〔2007〕1198号

1116. 国家税务总局关于我国和新加坡避免双重征税协定有关条文解释和执行问题的通知 2007.12.06 国税函〔2007〕1212号

1117. 国家税务总局关于印发《设有固定装置免税车辆图册(2007年第四册、总第十一册)》的通知 2007.12.06 国税函〔2007〕1221号

1118. 国家税务总局关于修订扩大增值税抵扣范围相关报表的通知 2007.12.10 国税函〔2007〕1231号

1119. 国家税务总局关于出口货物税收函调系统(1.0版)试运行有关事项的通知 2007.12.20 国税函〔2007〕1271号

1120. 国家税务总局关于纳税人加工和销售珠宝玉石征收增值税问题的批复 2007.12.23 国税函〔2007〕1286号

1121. 国家税务总局关于耕地占用税征收管理有关问题的通知 2007.12.26 国税发〔2007〕129号

1122. 国家税务总局关于中国网络通信集团公司及其分公司和中国网通(集团)有限公

司及其分公司业务销售附带赠送行为征收流转税问题的通知 2007.12.28 国税函〔2007〕1322号

1123. 国家税务总局、国家外汇管理局关于河北、青岛、福建三地试行申报出口退税免予提供纸质出口收汇核销单的通知 2007.12.29 国税发〔2007〕131号

1124. 国家税务总局关于印发《土地增值税清算鉴证业务准则》的通知 2007.12.29 国税发〔2007〕132号

1125. 国家税务总局关于启用2007年版出口退税软件中增值税小规模纳税人出口货物免税管理相关业务功能的通知 2007.12.29 国税函〔2007〕1325号

1126. 国家税务总局关于规范和简化出口退税人工审核的意见 2007.12.29 国税函〔2007〕1350号

1127. 国家税务总局关于白银及其制品出口有关退税问题的通知 2008.01.02 国税函〔2008〕2号

1128. 国家税务总局关于委托加工出口货物消费税退税问题的批复 2008.01.07 国税函〔2008〕5号

1129. 国家税务总局关于调整出口卷烟税收管理办法的通知 2008.01.08 国税发〔2008〕5号

1130. 国家税务总局关于生产企业正式投产前委托加工收回同类产品出口退税问题的通知 2008.01.08 国税函〔2008〕8号

1131. 国家税务总局关于普通发票行政审批取消和调整后有关税收管理问题的通知 2008.01.09 国税发〔2008〕15号

1132. 国家税务总局关于做好《中国税收居民身份证明》开具工作的通知 2008.01.09 国税函〔2008〕829号

1133. 国家税务总局关于边境贸易出口货物退（免）税有关问题的通知 2008.01.23 国税发〔2008〕11号

1134. 国家税务总局 财政部 国土资源部关于进一步加强土地税收管理工作的通知 2008.01.23 国税发〔2008〕14号

1135. 国家税务总局关于印发《中华人民共和国企业所得税月（季）度预缴纳税申报表》等报表的通知 2008.01.23 国税函〔2008〕44号

1136. 国家税务总局关于印发《旧设备出口退（免）税暂行办法》的通知 2008.01.25 国税发〔2008〕16号

1137. 国家税务总局关于下发协定股息税率情况一览表的通知 2008.01.29 国税函〔2008〕112号

1138. 国家税务总局关于2007年度税务师事务所及注册税务师年检工作的通知 2008.01.30 国税函〔2008〕117号

1139. 国家税务总局关于税库银横向联网电子缴税有关问题的通知 2008.02.03 国税函〔2008〕143号

1140. 国家税务总局关于印发《新企业所得税法精神宣传提纲》的通知 2008.02.05 国税函〔2008〕159号

1141. 国家税务总局关于外商投资企业和外国企业原有若干税收优惠政策取消后有关事项处理的通知 2008.02.27 国税发〔2008〕23号

1142. 国家税务总局关于林木销售和管护征收流转税问题的通知 2008.02.27 国税函〔2008〕212号

1143. 国家税务总局、国家外汇管理局关于江苏、四川、山东省试行申报出口退税免予提供纸质出口收汇核销单的通知 2008.03.04 国税发〔2008〕26号

1144. 国家税务总局关于印发《企业所得税核定征收办法（试行）》的通知 2008.03.06 国税发〔2008〕30号

1145. 国家税务总局关于印发《跨地区经营汇总纳税企业所得税征收管理暂行办法》的通知 2008.03.10 国税发〔2008〕28号

1146. 国家税务总局关于印发《个人所得税纳税申报表（适用于年所得12万元以上的纳税人申报）》（中英文对照版）的通知 2008.03.10 国税函〔2008〕227号

1147. 国家税务总局关于统一使用办税服务厅标识有关问题的通知 2008.03.12 国税发〔2008〕29号

1148. 国家税务总局关于使用消费税纳税申报表有关问题的通知 2008.03.14 国税函〔2008〕236号

1149. 国家税务总局关于小型微利企业所得税预缴问题的通知 2008.03.21 国税函〔2008〕251号

1150. 国家税务总局关于风景名胜区景点经营收入征收营业税问题的批复 2008.03.21 国税函〔2008〕254号

1151. 国家税务总局关于停止为骗取出口退税企业办理出口退税有关问题的通知 2008.03.25 国税发〔2008〕32号

1152. 国家税务总局关于印发《增值税专用发票审核检查操作规程（试行）》的通知 2008.03.26 国税发〔2008〕33号

1153. 国家税务总局关于土地使用者将土地使用权归还给土地所有者行为营业税问题的通知 2008.03.27 国税函〔2008〕277号

1154. 国家税务总局关于外贸企业出口视同内销货物进项税额抵扣有关问题的通知 2008.04.01 国税函〔2008〕265号

1155. 国家税务总局关于外国企业所得税纳税年度有关问题的通知 2008.04.03 国税函〔2008〕301号

1156. 国家税务总局关于房地产开发企业所得税预缴问题的通知 2008.04.07 国税函〔2008〕299号

1157. 国家税务总局关于应用评税技术核定房地产交易计税价格的意见 2008.04.08 国税函〔2008〕309号

1158. 国家税务总局关于印发《设有固定装置免税车辆图册（2008年第一册、总第十二册）》的通知 2008.04.09 国税函〔2008〕317号

1159. 国家税务总局关于河北省部分地区毛皮产品出口退税有关问题的通知 2008.04.10 国税函〔2008〕319号

1160. 国家税务总局关于开展打击制售假发票和非法代开发票专项整治行动有关问题的通知 2008.04.21 国税发〔2008〕40号

1161. 国家税务总局关于中国网络通信集团公司发票联次问题的通知 2008.04.21 国税函〔2008〕351号

1162. 国家税务总局关于印发《石脑油消费税免税管理办法》的通知 2008.04.30 国税发〔2008〕45号

1163. 国家税务总局关于印发《上海期货交易所黄金期货交易增值税征收管理办法》的通知 2008.05.04 国税发〔2008〕46号

1164. 国家税务总局关于出口企业提供出口收汇核销单期限有关问题的通知 2008.05.05 国税发〔2008〕47号

1165. 国家税务总局关于出口退税率文库有关问题的通知 2008.05.06 国税函〔2008〕386号

1166. 国家税务总局关于车船税征管若干问题的通知 2008.05.08 国税发〔2008〕48号

1167. 国家税务总局关于印发《增值税抵扣凭证协查管理办法》的通知 2008.05.14 国税发〔2008〕51号

1168. 国家税务总局关于上海赛孚燃油发展有限公司生产的甲醇汽油征收消费税问题的批复 2008.05.14 国税函〔2008〕415号

1169. 国家税务总局关于做好地震灾害期间税收征管工作的通知 2008.05.15 国税函〔2008〕418号

1170. 国家税务总局关于停止执行企业购买国产设备投资抵免企业所得税政策问题的通知 2008.05.16 国税发〔2008〕52号

1171. 国家税务总局、中国民用航空局关于印发《航空运输电子客票行程单管理办法（暂行）》的通知 2008.05.19 国税发〔2008〕54号

1172. 国家税务总局关于无效产权转移征收契税的批复 2008.05.20 国税函〔2008〕438号

1173. 国家税务总局关于个人向地震灾区捐赠有关个人所得税征管问题的通知 2008.05.21 国税发〔2008〕55号

1174. 国家税务总局关于厢式货车改装生产的汽车征收消费税问题的批复 2008.05.21 国税函〔2008〕452号

1175. 国家税务总局关于国务院第四批取消和调整行政审批项目后涉及简并纳税人涉税资料业务操作处理办法的通知 2008.05.22 国税发〔2008〕56号

1176. 国家税务总局关于中国—加拿大税收协定中增列利息免税机构的通知 2008.05.22 国税函〔2008〕460号

1177. 国家税务总局关于中国共产党党员缴纳抗震救灾"特殊党费"在个人所得税前扣除问题的通知 2008.05.30 国税发〔2008〕60号

1178. 国家税务总局关于招商银行代售航空运输电子客票行程单使用发票问题的通知 2008.06.03 国税函〔2008〕634号

1179. 国家税务总局关于四川省遭受地震灾害地区出口货物退（免）税有关问题的通知

2008.06.04 国税函〔2008〕555号

1180. 国家税务总局、财政部关于地震灾区补发税务登记证问题的通知 2008.06.06 国税发〔2008〕67号

1181. 国家税务总局关于个人与房地产开发企业签订有条件优惠价格协议购买商店征收个人所得税问题的批复 2008.06.15 国税函〔2008〕576号

1182. 国家税务总局、中国保险监督管理委员会关于进一步做好车船税代收代缴工作的通知 2008.06.18 国税发〔2008〕74号

1183. 国家税务总局关于失控增值税专用发票处理的批复 2008.06.19 国税函〔2008〕607号

1184. 国家税务总局关于做好12366全国税务系统专用码号资源使用工作的通知 2008.06.19 国税函〔2008〕608号

1185. 国家税务总局关于填报企业所得税月（季）度预缴纳税申报表有关问题的通知 2008.06.30 国税函〔2008〕635号

1186. 国家税务总局关于非居民企业不享受小型微利企业所得税优惠政策问题的通知 2008.07.03 国税函〔2008〕650号

1187. 国家税务总局关于互联网广告代理业务营业税问题的批复 2008.07.06 国税函〔2008〕660号

1188. 国家税务总局关于改变国有土地使用权出让方式征收契税的批复 2008.07.11 国税函〔2008〕662号

1189. 国家税务总局关于中国铁道建筑总公司股份制改革过程中有关税收问题的通知 2008.07.16 国税函〔2008〕679号

1190. 国家税务总局关于进一步加强普通发票管理工作的通知 2008.07.22 国税发〔2008〕80号

1191. 国家税务总局关于执行《内地和香港特别行政区关于对所得避免双重征税和防止偷漏税的安排》第二议定书有关问题的通知 2008.07.25 国税函〔2008〕685号

1192. 国家税务总局办公厅关于进一步规范国际税收情报交换英文写作的通知 2008.07.27 国税办发〔2008〕85号

1193. 国家税务总局关于经法院调解的房屋权属转移征收契税的批复 2008.08.06 国税函〔2008〕718号

1194. 国家税务总局关于离退休人员取得单位发放离退休工资以外奖金补贴征收个人所得税的批复 2008.08.07 国税函〔2008〕723号

1195. 国家税务总局关于证券公司取得客户证券交易结算资金存款利息收入征收营业税的批复 2008.08.11 国税函〔2008〕726号

1196. 国家税务总局关于母子公司间提供服务支付费用有关企业所得税处理问题的通知 2008.08.14 国税发〔2008〕86号

1197. 国家税务总局关于加强企业所得税管理的意见 2008.08.18 国税发〔2008〕88号

1198. 国家税务总局关于印发《设有固定装置免税车辆图册（2008年第二册、总第十三册）》的通知 2008.08.18 国税函〔2008〕737号

1199. 国家税务总局关于进一步加强国家税务局、地方税务局稽查工作协作的意见 2008.08.20 国税函〔2008〕741号

1200. 国家税务总局关于调味料酒征收消费税问题的通知 2008.08.21 国税函〔2008〕742号

1201. 国家税务总局关于跨地区经营汇总纳税企业所得税征收管理有关问题的通知 2008.08.21 国税函〔2008〕747号

1202. 国家税务总局关于红字增值税专用发票通知单管理系统推行工作的通知 2008.08.25 国税函〔2008〕761号

1203. 国家税务总局关于调整《小汽车消费税纳税申报表》有关内容的通知 2008.08.29 国税函〔2008〕757号

1204. 国家税务总局关于印发《中华人民共和国非居民企业所得税申报表》等报表的通知 2008.09.22 国税函〔2008〕801号

1205. 国家税务总局关于境内区外货物进入海关特殊监管区域有关问题的通知 2008.09.24 国税发〔2008〕91号

1206. 国家税务总局关于个人通过网络买卖虚拟货币取得收入征收个人所得税问题的批复 2008.09.28 国税函〔2008〕818号

1207. 国家税务总局关于调整代开货物运输业发票企业所得税预征率的通知 2008.10.06 国税函〔2008〕819号

1208. 国家税务总局关于印发《纳税人涉税保密信息管理暂行办法》的通知 2008.10.09 国税发〔2008〕93号

1209. 国家税务总局关于做好对储蓄存款利息所得暂免征收个人所得税工作的通知 2008.10.09 国税函〔2008〕826号

1210. 国家税务总局关于企业处置资产所得税处理问题的通知 2008.10.09 国税函〔2008〕828号

1211. 国家税务总局关于日本金融公司和日本国际协力机构享受协定待遇的通知 2008.10.16 国税函〔2008〕837号

1212. 国家税务总局关于发行2008年印花税票的通知 2008.10.16 国税函〔2008〕844号

1213. 国家税务总局关于贯彻落实从事农、林、牧、渔业项目企业所得税优惠政策有关事项的通知 2008.10.17 国税函〔2008〕850号

1214. 国家税务总局关于印发《设有固定装置免税车辆图册(2008年第三册、总第十四册)》的通知 2008.10.21 国税函〔2008〕854号

1215. 国家税务总局关于下发生产企业外购产品出口试行免抵退税企业名单的通知 2008.10.22 国税函〔2008〕862号

1216. 国家税务总局关于开展年所得12万元以上个人所得税自行纳税申报专项检查的通知 2008.10.24 国税函〔2008〕861号

1217. 国家税务总局关于印发《中华人民共和国企业所得税年度纳税申报表》的通知 2008.10.30 国税发〔2008〕101号

1218. 国家税务总局关于做好证券市场个人投资者证券交易结算资金利息所得免征个人所得税工作的通知 2008.10.30 国税函〔2008〕870号

1219. 国家税务总局关于确认企业所得税收入若干问题的通知 2008.10.30 国税函〔2008〕875号

1220. 国家税务总局关于中国居民企业向境外H股非居民企业股东派发股息代扣代缴企业所得税有关问题的通知 2008.11.06 国税函〔2008〕897号

1221. 国家税务总局关于下发试点物流企业名单（第四批）的通知 2008.11.12 国税函〔2008〕907号

1222. 国家税务总局关于办理印有企业名称发票变更缴销手续问题的批复 2008.11.19 国税函〔2008〕929号

1223. 国家税务总局关于执行中法税收协定议定书第一条规定有关问题的通知 2008.11.21 国税函〔2008〕946号

1224. 国家税务总局关于普通发票真伪鉴定问题的通知 2008.11.21 国税函〔2008〕948号

1225. 国家税务总局关于非居民企业船舶、航空运输收入计算征收企业所得税有关问题的通知 2008.11.24 国税函〔2008〕952号

1226. 国家税务总局关于加强非居民企业来源于我国利息所得扣缴企业所得税工作的通知 2008.11.24 国税函〔2008〕955号

1227. 国家税务总局关于跨地区经营外商独资银行汇总纳税问题的通知 2008.11.26 国税函〔2008〕958号

1228. 国家税务总局关于代开货物运输业发票个人所得税预征率问题的通知 2008.11.30 国税函〔2008〕977号

1229. 国家税务总局关于企业所得税减免税管理问题的通知 2008.12.01 国税发〔2008〕111号

1230. 国家税务总局关于向纳税人提供证券交易印花税完税凭证有关问题的批复 2008.12.01 国税函〔2008〕983号

1231. 国家税务总局关于高新技术企业2008年度缴纳企业所得税问题的通知 2008.12.02 国税函〔2008〕985号

1232. 国家税务总局关于转发国家发展和改革委员会等九部门《关于印发规范行业协会、市场中介组织服务和收费行为专项治理工作的实施意见的通知》的通知 2008.12.03 国税函〔2008〕989号

1233. 国家税务总局关于印发《中华人民共和国企业年度关联业务往来报告表》的通知 2008.12.05 国税发〔2008〕114号

1234. 国家税务总局关于挂面适用增值税税率问题的通知 2008.12.08 国税函〔2008〕1007号

1235. 国家税务总局关于销货方已经申报并缴纳税款的失控增值税专用发票办理出口退税问题的批复 2008.12.08 国税函〔2008〕1009号

1236. 国家税务总局关于印发《企业研究开发费用税前扣除管理办法（试行）》的通知

2008.12.10 国税发〔2008〕116 号

1237. 国家税务总局关于有机肥产品免征增值税问题的批复 2008.12.10 国税函〔2008〕1020 号

1238. 国家税务总局关于推行机动车销售统一发票税控系统有关工作的紧急通知 2008.12.15 国税发〔2008〕117 号

1239. 国家税务总局关于调整新增企业所得税征管范围问题的通知 2008.12.16 国税发〔2008〕120 号

1240. 国家税务总局关于印发《设有固定装置免税车辆图册(2008 年第四册、总第十五册)》的通知 2008.12.16 国税函〔2008〕1031 号

1241. 国家税务总局关于金表壳及零件出口有关退税问题的通知 2008.12.18 国税函〔2008〕1040 号

1242. 国家税务总局关于印发《服务贸易等项目对外支付出具税务证明管理办法》的通知 2008.12.24 国税发〔2008〕122 号

1243. 国家税务总局关于下发国家税务总局定点联系企业名单的通知 2008.12.26 国税函〔2008〕1064 号

1244. 国家税务总局关于认真贯彻落实《国务院办公厅关于印发全国打击发票违法犯罪活动工作方案的通知》的通知 2008.12.29 国税发〔2008〕128 号

1245. 国家税务总局关于加强成品油消费税征收管理有关问题的通知 2008.12.30 国税函〔2008〕1072 号

1246. 国家税务总局关于调整增值税一般纳税人纳税申报"一窗式"管理操作规程有关事项的通知 2008.12.30 国税函〔2008〕1074 号

1247. 国家税务总局关于调整增值税纳税申报有关事项的通知 2008.12.30 国税函〔2008〕1075 号

1248. 国家税务总局关于废旧物资发票抵扣增值税有关事项的公告 2008.12.31 国家税务总局公告 2008 年第 1 号

1249. 国家税务总局关于《中华人民共和国企业所得税年度纳税申报表》的补充通知 2008.12.31 国税函〔2008〕1081 号

1250. 国家税务总局关于太平湾发电厂有关契税问题的批复 2008.12.31 国税函〔2008〕1083 号

1251. 国家税务总局关于税收优先权包括滞纳金问题的批复 2008.12.31 国税函〔2008〕1084 号

1252. 国家税务总局关于债务重组所得企业所得税处理问题的批复 2009.01.04 国税函〔2009〕1 号

1253. 国家税务总局关于企业工资薪金及职工福利费扣除问题的通知 2009.01.04 国税函〔2009〕3 号

1254. 国家税务总局关于企业集团内部使用的有关凭证征收印花税问题的通知 2009.01.05 国税函〔2009〕9 号

1255. 国家税务总局关于做好外资企业及外籍个人房产税征管工作的通知 2009.01.06

国税函〔2009〕6 号

1256. 国家税务总局关于印发《特别纳税调整实施办法(试行)》的通知 2009.01.08 国税发〔2009〕2 号

1257. 国家税务总局关于广西合山煤业有限责任公司取得补偿款有关所得税处理问题的批复 2009.01.08 国税函〔2009〕18 号

1258. 国家税务总局关于印发《非居民企业所得税源泉扣缴管理暂行办法》的通知 2009.01.09 国税发〔2009〕3 号

1259. 国家税务总局关于应对国际金融危机做好出口退税工作的通知 2009.01.14 国税函〔2009〕24 号

1260. 国家税务总局办公厅关于调整税务师事务所设立审批管理方式的通知 2009.01.16 国税办发〔2009〕5 号

1261. 国家税务总局关于加强企业所得税预缴工作的通知 2009.01.20 国税函〔2009〕34 号

1262. 国家税务总局关于简化判定中国居民股东控制外国企业所在国实际税负的通知 2009.01.21 国税函〔2009〕37 号

1263. 国家税务总局关于印发《非居民企业所得税汇算清缴管理办法》的通知 2009.01.22 国税发〔2009〕6 号

1264. 国家税务总局关于卷烟消费税计税价格管理有关问题的通知 2009.01.22 国税函〔2009〕41 号

1265. 国家税务总局关于中国居民企业向 QFII 支付股息、红利、利息代扣代缴企业所得税有关问题的通知 2009.01.23 国税函〔2009〕47 号

1266. 国家税务总局关于明确非居民企业所得税征管范围的补充通知 2009.01.23 国税函〔2009〕50 号

1267. 国家税务总局关于发布已失效或废止有关增值税规范性文件清单的通知 2009.02.02 国税发〔2009〕7 号

1268. 国家税务总局关于修改若干增值税规范性文件引用法规规章条款依据的通知 2009.02.05 国税发〔2009〕10 号

1269. 国家税务总局关于做好 2008 年度企业所得税汇算清缴工作的通知 2009.02.06 国税函〔2009〕55 号

1270. 国家税务总局关于印发《非居民企业所得税汇算清缴工作规程》的通知 2009.02.09 国税发〔2009〕11 号

1271. 国家税务总局关于上海世博会运营有限公司冠名定额发票跨省市使用问题的批复 2009.02.09 国税函〔2009〕61 号

1272. 国家税务总局关于印发《2008 年版企业年度关联业务往来报告表业务需求》的通知 2009.02.17 国税函〔2009〕72 号

1273. 国家税务总局关于中国电信集团公司所属网络资产分公司与中国电信股份有限公司所属分公司联合开展 CDMA 网络通信业务营业税问题的通知 2009.02.20 国税函〔2009〕75 号

1274. 国家税务总局关于执行税收协定股息条款有关问题的通知 2009.02.20 国税函〔2009〕81号

1275. 国家税务总局关于部分地区试行海关进口增值税专用缴款书"先比对后抵扣"管理办法的通知 2009.02.24 国税函〔2009〕83号

1276. 国家税务总局关于增值税简易征收政策有关管理问题的通知 2009.02.25 国税函〔2009〕90号

1277. 国家税务总局关于进一步做好税收征管工作的通知 2009.02.26 国税发〔2009〕16号

1278. 国家税务总局关于企业所得税若干税务事项衔接问题的通知 2009.02.27 国税函〔2009〕98号

1279. 国家税务总局关于停止执行中国远洋运输(集团)总公司增值税优惠政策的通知 2009.03.04 国税函〔2009〕100号

1280. 国家税务总局关于增值税小规模纳税人出口货物免税核销申报有关问题的通知 2009.03.05 国税函〔2009〕108号

1281. 国家税务总局关于印发《房地产开发经营业务企业所得税处理办法》的通知 2009.03.06 国税发〔2009〕31号

1282. 国家税务总局关于简化出口货物退(免)税单证备案管理制度的通知 2009.03.06 国税函〔2009〕104号

1283. 国家税务总局关于进一步加强非居民税收管理工作的通知 2009.03.09 国税发〔2009〕32号

1284. 国家税务总局关于企业政策性搬迁或处置收入有关企业所得税处理问题的通知 2009.03.12 国税函〔2009〕118号

1285. 国家税务总局关于税务师事务所设立审批有关问题的批复 2009.03.16 国税函〔2009〕137号

1286. 国家税务总局 交通运输部关于做好船舶车船税征收管理工作的通知 2009.03.17 国税发〔2009〕46号

1287. 国家税务总局关于做好2008年度企业所得税汇算清缴工作的补充通知 2009.03.17 国税函〔2009〕134号

1288. 国家税务总局关于加强对防伪系统服务单位监管切实维护纳税人合法权益的通知 2009.03.18 国税函〔2009〕135号

1289. 国家税务总局关于保税物流中心及出口加工区功能拓展有关税收问题的通知 2009.03.18 国税函〔2009〕145号

1290. 国家税务总局关于印发《设有固定装置免税车辆图册(2009年第一册、总第十六册)》的通知 2009.03.20 国税函〔2009〕140号

1291. 国家税务总局关于金融资产管理公司从事经营租赁业务有关税收政策问题的批复 2009.03.31 国税函〔2009〕190号

1292. 国家税务总局关于中国居民企业向全国社会保障基金所持H股派发股息不予代扣代缴企业所得税的通知 2009.04.01 国税函〔2009〕173号

1293. 国家税务总局关于印发《非居民企业所得税申报表业务需求》的通知 2009.04.02 国税函〔2009〕178号

1294. 国家税务总局关于进口免税设备解除海关监管补缴进口环节增值税抵扣问题的批复 2009.04.03 国税函〔2009〕158号

1295. 国家税务总局关于麦芽适用税率问题的批复 2009.04.07 国税函〔2009〕177号

1296. 国家税务总局办公厅关于下发企业所得税汇算清缴关联业务电子申报软件的通知 2009.04.09 国税办发〔2009〕36号

1297. 国家税务总局关于资源综合利用企业所得税优惠管理问题的通知 2009.04.10 国税函〔2009〕185号

1298. 国家税务总局关于印发《企业所得税汇算清缴管理办法》的通知 2009.04.16 国税发〔2009〕79号

1299. 国家税务总局关于实施国家重点扶持的公共基础设施项目企业所得税优惠问题的通知 2009.04.16 国税发〔2009〕80号

1300. 国家税务总局关于企业固定资产加速折旧所得税处理有关问题的通知 2009.04.16 国税发〔2009〕81号

1301. 国家税务总局关于加强转让定价跟踪管理有关问题的通知 2009.04.16 国税函〔2009〕188号

1302. 国家税务总局办公厅关于税务登记中企业登记注册类型有关问题的通知 2009.04.20 国税办函〔2009〕198号

1303. 国家税务总局关于企业所得税执行中若干税务处理问题的通知 2009.04.21 国税函〔2009〕202号

1304. 国家税务总局关于境外注册中资控股企业依据实际管理机构标准认定为居民企业有关问题的通知 2009.04.22 国税发〔2009〕82号

1305. 国家税务总局关于实施高新技术企业所得税优惠有关问题的通知 2009.04.22 国税函〔2009〕203号

1306. 国家税务总局关于加强税法宣传、密切与社会各界沟通的通知 2009.04.24 国税函〔2009〕211号

1307. 国家税务总局关于技术转让所得减免企业所得税有关问题的通知 2009.04.24 国税函〔2009〕212号

1308. 国家税务总局关于企业改制重组契税政策若干执行问题的通知 2009.04.28 国税发〔2009〕89号

1309. 国家税务总局关于加强税种征管促进堵漏增收的若干意见 2009.04.29 国税发〔2009〕85号

1310. 国家税务总局关于做好上海世博会退税函调工作的通知 2009.04.29 国税函〔2009〕217号

1311. 国家税务总局关于跨地区经营汇总纳税企业所得税征收管理若干问题的通知 2009.04.29 国税函〔2009〕221号

1312. 国家税务总局关于中国移动通信集团公司及所属分公司与中国移动有限公司及

所属子公司联合开展 TD－SCDMA 网络通信业务营业税问题的通知 2009.04.29 国税函〔2009〕223 号

1313. 国家税务总局关于中国联合网络通信有限公司及所属分公司与联通新时空移动通信有限公司及所属分公司联合开展电信业务营业税问题的通知 2009.04.29 国税函〔2009〕224 号

1314. 国家税务总局关于实施创业投资企业所得税优惠问题的通知 2009.04.30 国税发〔2009〕87 号

1315. 国家税务总局关于出口纪念金币税收问题的批复 2009.04.30 国税函〔2009〕229 号

1316. 国家税务总局关于印发《企业资产损失税前扣除管理办法》的通知 2009.05.04 国税发〔2009〕88 号

1317. 国家税务总局关于印发《大企业税务风险管理指引（试行）》的通知 2009.05.05 国税发〔2009〕90 号

1318. 国家税务总局关于印发《土地增值税清算管理规程》的通知 2009.05.12 国税发〔2009〕91 号

1319. 国家税务总局关于加强计算机中央处理器（CPU）等电子产品出口退（免）税管理的通知 2009.05.12 国税函〔2009〕245 号

1320. 国家税务总局关于应用电子传输系统出口退税子系统（2.0 版）有关事项的通知 2009.05.12 国税函〔2009〕248 号

1321. 国家税务总局关于企业所得税税收优惠管理问题的补充通知 2009.05.15 国税函〔2009〕255 号

1322. 国家税务总局关于明确外国政府贷款范围的通知 2009.05.15 国税函〔2009〕256 号

1323. 国家税务总局关于发行 2009 年印花税票的通知 2009.05.18 国税函〔2009〕266 号

1324. 国家税务总局关于卷烟消费税计税依据有关问题的通知 2009.05.25 国税函〔2009〕271 号

1325. 国家税务总局关于烟类应税消费品消费税征收管理有关问题的通知 2009.05.25 国税函〔2009〕272 号

1326. 国家税务总局办公厅关于税务师事务所设立审批备案有关问题的通知 2009.05.26 国税办发〔2009〕55 号

1327. 国家税务总局关于加强股权转让所得征收个人所得税管理的通知 2009.05.28 国税函〔2009〕285 号

1328. 国家税务总局关于 2008 年度企业所得税纳税申报有关问题的通知 2009.05.31 国税函〔2009〕286 号

1329. 国家税务总局关于企业投资者投资未到位而发生的利息支出企业所得税前扣除问题的批复 2009.06.04 国税函〔2009〕312 号

1330. 国家税务总局关于保险公司再保险业务赔款支出税前扣除问题的通知

2009.06.04 国税函〔2009〕313 号

1331. 国家税务总局关于做好出口货物报关单扩大数据项应用工作的通知 2009.06.05 国税函〔2009〕316 号

1332. 国家税务总局关于餐饮公司送餐业务有关税收问题的批复 2009.06.06 国税函〔2009〕233 号

1333. 国家税务总局关于部分饲料产品征免增值税政策问题的批复 2009.06.15 国税函〔2009〕324 号

1334. 国家税务总局关于未申报税款追缴期限问题的批复 2009.06.15 国税函〔2009〕326 号

1335. 国家税务总局关于转发《国家发展改革委关于降低增值税专用发票和防伪税控系统技术维护价格的通知》的通知 2009.06.20 国税函〔2009〕343 号

1336. 国家税务总局关于房地产企业开发产品完工标准税务确认条件的批复 2009.06.26 国税函〔2009〕342 号

1337. 国家税务总局关于印发《设有固定装置免税车辆图册(2009 年第二册、总第十七册)》的通知 2009.07.02 国税函〔2009〕351 号

1338. 国家税务总局关于核定卷烟生产企业部分牌号规格卷烟消费税计税价格的通知 2009.07.03 国税函〔2009〕355 号

1339. 国家税务总局关于强化跨境关联交易监控和调查的通知 2009.07.06 国税函〔2009〕363 号

1340. 国家税务总局关于股权分置改革中上市公司取得资产及债务豁免对价收入征免所得税问题的批复 2009.07.13 国税函〔2009〕375 号

1341. 国家税务总局关于企业所得税核定征收若干问题的通知 2009.07.14 国税函〔2009〕377 号

1342. 国家税务总局关于加强白酒消费税征收管理的通知 2009.07.17 国税函〔2009〕380 号

1343. 国家税务总局关于印发《中华人民共和国企业清算所得税申报表》的通知 2009.07.17 国税函〔2009〕388 号

1344. 国家税务总局关于非居民企业取得 B 股等股票股息征收企业所得税问题的批复 2009.07.24 国税函〔2009〕394 号

1345. 国家税务总局关于印发部分国家(地区)税收居民证明样式的通知 2009.07.24 国税函〔2009〕395 号

1346. 国家税务总局关于印发《进一步加强税收征管若干具体措施》的通知 2009.07.27 国税发〔2009〕114 号

1347. 国家税务总局关于西部大开发企业所得税优惠政策适用目录问题的批复 2009.07.27 国税函〔2009〕399 号

1348. 国家税务总局关于更正《各牌号规格卷烟消费税计税价格》填表说明的通知 2009.07.29 国税函〔2009〕404 号

1349. 国家税务总局关于执行西部大开发税收优惠政策有关问题的批复 2009.07.31

国税函〔2009〕411号

1350. 国家税务总局关于部分白酒消费税计税价格核定及相关管理事项的通知 2009.08.05 国税函〔2009〕416号

1351. 国家税务总局关于氨化硝酸钙免征增值税问题的批复 2009.08.13 国税函〔2009〕430号

1352. 国家税务总局关于增值税即征即退实施先评估后退税有关问题的通知 2009.08.13 国税函〔2009〕432号

1353. 国家税务总局关于明确个人所得税若干政策执行问题的通知 2009.08.17 国税发〔2009〕121号

1354. 国家税务总局关于开展出口退税业务提醒工作的通知 2009.08.20 国税函〔2009〕448号

1355. 国家税务总局关于加工贸易纸质手册电子化有关出口退税管理工作的通知 2009.08.20 国税函〔2009〕449号

1356. 国家税务总局关于复合胶适用增值税税率问题的批复 2009.08.21 国税函〔2009〕453号

1357. 国家税务总局关于核桃油适用税率问题的批复 2009.08.21 国税函〔2009〕455号

1358. 国家税务总局关于印发《非居民享受税收协定待遇管理办法（试行）》的通知 2009.08.24 国税发〔2009〕124号

1359. 国家税务总局关于供应非临床用血增值税政策问题的批复 2009.08.24 国税函〔2009〕456号

1360. 国家税务总局关于下发卷烟批发单位名单的通知 2009.08.24 国税函〔2009〕459号

1361. 国家税务总局关于股权激励有关个人所得税问题的通知 2009.08.24 国税函〔2009〕461号

1362. 国家税务总局关于跨境贸易人民币结算出口货物退（免）税有关事项的通知 2009.08.25 国税函〔2009〕470号

1363. 国家税务总局 财政部 中国人民银行关于车辆购置税征缴管理有关问题的通知 2009.08.28. 国税发〔2009〕127号

1364. 国家税务总局关于印发《办税服务厅管理办法（试行）》的通知 2009.08.31 国税发〔2009〕128号

1365. 国家税务总局关于印发《全国税务系统2010～2012年纳税服务工作规划》的通知 2009.09.10 国税发〔2009〕131号

1366. 国家税务总局关于执行税收协定特许权使用费条款有关问题的通知 2009.09.14 国税函〔2009〕507号

1367. 国家税务总局关于生产企业开展对外承包工程业务出口货物退（免）税问题的批复 2009.09.15 国税函〔2009〕538号

1368. 国家税务总局关于政府收回土地使用权及纳税人代垫拆迁补偿费有关营业税问

题的通知 2009.09.17 国税函〔2009〕520号

1369. 国家税务总局关于进一步规范办税服务厅内部标识有关问题的通知 2009.09.21 国税函〔2009〕524号

1370. 国家税务总局关于四川省机场集团有限公司向驻场单位转供水电气征税问题的批复 2009.09.22 国税函〔2009〕537号

1371. 国家税务总局关于印发《设有固定装置免税车辆图册(2009年第三册、总第十八册)》的通知 2009.09.25 国税函〔2009〕544号

1372. 国家税务总局关于印发《全国普通发票简并票种统一式样工作实施方案》的通知 2009.09.30 国税发〔2009〕142号

1373. 国家税务总局关于资源综合利用有关企业所得税优惠问题的批复 2009.10.10 国税函〔2009〕567号

1374. 国家税务总局关于中国石油天然气股份有限公司、中国石油化工股份有限公司缴纳企业所得税问题的通知 2009.10.19 国税函〔2009〕573号

1375. 国家税务总局关于纳税人资产重组有关增值税政策问题的批复 2009.10.21 国税函〔2009〕585号

1376. 国家税务总局关于处置危险废物取得收入征免营业税问题的批复 2009.10.22 国税函〔2009〕587号

1377. 国家税务总局关于农村电网维护费征免增值税问题的通知 2009.10.23 国税函〔2009〕591号

1378. 国家税务总局关于如何理解和认定税收协定中"受益所有人"的通知 2009.10.27 国税函〔2009〕601号

1379. 国家税务总局关于明确国有土地使用权出让契税计税依据的批复 2009.10.27 国税函〔2009〕603号

1380. 国家税务总局关于人发适用增值税税率问题的批复 2009.10.28 国税函〔2009〕625号

1381. 国家税务总局关于明确中国农业银行改制有关契税政策的通知 2009.11.05 国税函〔2009〕618号

1382. 国家税务总局关于纳税人权利与义务的公告 2009.11.06 国家税务总局公告2009年第1号

1383. 国家税务总局关于调整增值税扣税凭证抵扣期限有关问题的通知 2009.11.09 国税函〔2009〕617号

1384. 国家税务总局关于上海网球系列赛支付国际职业网球联合会有关费用营业税问题的批复 2009.11.12 国税函〔2009〕628号

1385. 国家税务总局关于进一步落实不动产、建筑业营业税项目管理及发票使用管理办法的通知 2009.11.16 国税函〔2009〕630号

1386. 国家税务总局关于推行纳税人网上开具缴款凭证有关工作的通知 2009.11.17 国税函〔2009〕637号

1387. 国家税务总局关于供电企业收取并网服务费征收增值税问题的批复 2009.11.19

国税函〔2009〕641号

1388. 国家税务总局关于全国统一式样发票衔接问题的通知 2009.11.23 国税函〔2009〕648号

1389. 国家税务总局关于个人转租房屋取得收入征收个人所得税问题的通知 2009.11.24 国税函〔2009〕639号

1390. 国家税务总局关于印发注册税务师执业基本准则的通知 2009.12.02 国税发〔2009〕149号

1391. 国家税务总局关于企业清算所得税有关问题的通知 2009.12.04 国税函〔2009〕684号

1392. 国家税务总局关于企业年金个人所得税征收管理有关问题的通知 2009.12.10 国税函〔2009〕694号

1393. 国家税务总局关于加强非居民企业股权转让所得企业所得税管理的通知 2009.12.10 国税函〔2009〕698号

1394. 国家税务总局关于润滑脂产品征收消费税问题的批复 2009.12.15 国税函〔2009〕709号

1395. 国家税务总局关于教育部考试中心及其直属单位与其他单位合作开展考试有关营业税问题的通知 2009.12.23 国税函〔2009〕752号

1396. 国家税务总局关于印发《税务稽查工作规程》的通知 2009.12.24 国税发〔2009〕157号

1397. 国家税务总局关于深入贯彻落实《国家税务总局关于纳税人权利与义务的公告》的通知 2009.12.29 国税函〔2009〕761号

1398. 国家税务总局关于注册税务师行业基础信息共享有关问题的通知 2009.12.31 国税函〔2009〕763号

1399. 国家税务总局关于企业以前年度未扣除资产损失企业所得税处理问题的通知 2009.12.31 国税函〔2009〕772号

1400. 国家税务总局关于企业向自然人借款的利息支出企业所得税税前扣除问题的通知 2009.12.31 国税函〔2009〕777号

1401. 国家税务总局关于黑龙江垦区国有农场土地承包费缴纳企业所得税问题的批复 2009.12.31 国税函〔2009〕779号

1402. 国家税务总局关于出口货物退（免）税有关问题的通知 2010.01.04 国税函〔2010〕1号

1403. 国家税务总局关于执行《中华人民共和国政府和新加坡共和国政府关于对所得避免双重征税和防止偷漏税的协定》第二议定书有关问题的通知 2010.01.05 国税函〔2010〕9号

1404. 国家税务总局关于印发《设有固定装置免税车辆图册(2009年第四册、总第十九册)》的通知 2010.01.14 国税函〔2010〕22号

1405. 国家税务总局关于做好限售股转让所得个人所得税征收管理工作的通知 2010.01.15 国税发〔2010〕8号

1406. 国家税务总局关于印发《研发机构采购国产设备退税管理办法》的通知 2010.01.17 国税发〔2010〕9号

1407. 国家税务总局关于限售股转让所得个人所得税征缴有关问题的通知 2010.01.18 国税函〔2010〕23号

1408. 国家税务总局关于印发《纳税服务投诉管理办法（试行）》的通知 2010.01.21 国税发〔2010〕11号

1409. 国家税务总局关于办理2009年销售额超过标准的小规模纳税人申请增值税一般纳税人认定问题的通知 2010.01.25 国税函〔2010〕35号

1410. 国家税务总局关于建筑企业所得税征管有关问题的通知 2010.01.26 国税函〔2010〕39号

1411. 国家税务总局关于税收协定有关条款执行问题的通知 2010.01.26 国税函〔2010〕46号

1412. 国家税务总局关于折扣额抵减增值税应税销售额问题通知 2010.02.08 国税函〔2010〕56号

1413. 国家税务总局关于采集出口退税审核特别关注信息的通知 2010.02.09 国税函〔2010〕65号

1414. 国家税务总局关于日本政策金融公库享受协定待遇的通知 2010.02.11 国税函〔2010〕68号

1415. 国家税务总局关于刘东生青年科学家奖和刘东生地球科学奖学金获奖者奖金免征个人所得税的通知 2010.02.11 国税函〔2010〕74号

1416. 国家税务总局关于政府关停外商投资企业所得税优惠政策处理问题的批复 2010.02.12 国税函〔2010〕69号

1417. 国家税务总局关于印发《外国企业常驻代表机构税收管理暂行办法》的通知 2010.02.20 国税发〔2010〕18号

1418. 国家税务总局关于印发《非居民企业所得税核定征收管理办法》的通知 2010.02.20 国税发〔2010〕19号

1419. 国家税务总局关于粕类产品征免增值税问题的通知 2010.02.20 国税函〔2010〕75号

1420. 国家税务总局关于全国职工职业技能大赛奖金免征个人所得税的通知 2010.02.21 国税函〔2010〕78号

1421. 国家税务总局关于贯彻落实企业所得税法若干税收问题的通知 2010.02.22 国税函〔2010〕79号

1422. 国家税务总局关于新办文化企业企业所得税有关政策问题的通知 2010.03.02 国税函〔2010〕86号

1423. 国家税务总局关于出口企业延期提供出口收汇核销单有关问题的通知 2010.03.02 国税函〔2010〕89号

1424. 国家税务总局关于人工合成牛胚胎适用增值税税率问题的通知 2010.03.04 国税函〔2010〕97号

1425. 国家税务总局关于生产企业出口外购视同自产应税消费品消费税退税问题的批复 2010.03.05 国税函〔2010〕91 号

1426. 国家税务总局关于新认定增值税一般纳税人使用增值税防伪税控系统有关问题的通知 2010.03.31 国税函〔2010〕126 号

1427. 国家税务总局关于印发《设有固定装置免税车辆图册（2010 年第一册、总第二十册）》的通知 2010.04.06 国税函〔2010〕129 号

1428. 国家税务总局关于"中华宝钢环境优秀奖"奖金免征个人所得税问题的通知 2010.04.06 国税函〔2010〕130 号

1429. 国家税务总局关于印发《增值税一般纳税人纳税辅导期管理办法》的通知 2010.04.07 国税发〔2010〕40 号

1430. 国家税务总局关于《增值税一般纳税人资格认定管理办法》政策衔接有关问题的通知 2010.04.07 国税函〔2010〕137 号

1431. 国家税务总局关于印发《增值税一般纳税人资格认定管理办法》宣传材料的通知 2010.04.07 国税函〔2010〕138 号

1432. 国家税务总局关于明确《增值税一般纳税人资格认定管理办法》若干条款处理意见的通知 2010.04.07 国税函〔2010〕139 号

1433. 国家税务总局关于橄榄油适用税率问题的批复 2010.04.08 国税函〔2010〕144 号

1434. 国家税务总局办公厅关于同意尤尼泰税务师事务所有限公司试点有关问题的通知 2010.04.19 国税办函〔2010〕219 号

1435. 国家税务总局关于跨地区经营建筑企业所得税征收管理问题的通知 2010.04.19 国税函〔2010〕156 号

1436. 国家税务总局关于进一步明确企业所得税过渡期优惠政策执行口径问题的通知 2010.04.21 国税函〔2010〕157 号

1437. 国家税务总局关于外贸企业丢失增值税专用发票抵扣联出口退税有关问题的通知 2010.04.23 国税函〔2010〕162 号

1438. 国家税务总局关于支持青海玉树地震灾区恢复重建有关税收征管问题的通知 2010.04.23 国税函〔2010〕164 号

1439. 国家税务总局关于增值税一般纳税人抗震救灾期间增值税扣税凭证认证稽核有关问题的通知 2010.05.04 国税函〔2010〕173 号

1440. 国家税务总局关于加强非居民企业取得我国上市公司股票股息企业所得税管理有关问题的通知 2010.05.06 国税函〔2010〕183 号

1441. 国家税务总局关于中国工商银行股份有限公司等企业企业所得税有关征管问题的通知 2010.05.06 国税函〔2010〕184 号

1442. 国家税务总局关于小型微利企业预缴 2010 年度企业所得税有关问题的通知 2010.05.06 国税函〔2010〕185 号

1443. 国家税务总局关于电信企业坏账损失税前扣除问题的通知 2010.05.12 国税函〔2010〕196 号

1444. 国家税务总局关于房地产开发企业开发产品完工条件确认问题的通知 2010.05.12 国税函〔2010〕201号

1445. 国家税务总局关于稳定轻烃产品征收消费税问题的批复 2010.05.13 国税函〔2010〕205号

1446. 国家税务总局关于土地增值税清算有关问题的通知 2010.05.19 国税函〔2010〕220号

1447. 国家税务总局关于加强土地增值税征管工作的通知 2010.05.25 国税发〔2010〕53号

1448. 国家税务总局关于2009年度企业所得税纳税申报有关问题的通知 2010.05.28 国税函〔2010〕249号

1449. 国家税务总局关于环境保护、节能节水、安全生产等专用设备投资抵免企业所得税有关问题的通知 2010.06.02 国税函〔2010〕256号

1450. 国家税务总局关于境外分行取得来源于境内利息所得扣缴企业所得税问题的通知 2010.06.02 国税函〔2010〕266号

1451. 国家税务总局关于进一步做好"走出去"企业税收服务与管理工作的意见 2010.06.10 国税发〔2010〕59号

1452. 国家税务总局关于《韩国金融公司适用中韩税收协定利息条款免税待遇》的通知 2010.06.11 国税函〔2010〕273号

1453. 国家税务总局关于《非居民享受税收协定待遇管理办法（试行）》有关问题的补充通知 2010.06.21 国税函〔2010〕290号

1454. 国家税务总局关于跨境贸易人民币结算试点企业评审以及出口货物退（免）税有关事项的通知 2010.06.29 国税函〔2010〕303号

1455. 国家税务总局关于开展同期资料检查的通知 2010.07.12 国税函〔2010〕323号

1456. 国家税务总局关于下发出口商品退税率文库20100715B版的通知 2010.07.28 国税函〔2010〕375号

1457. 国家税务总局关于印发《〈中华人民共和国政府和新加坡共和国政府关于对所得避免双重征税和防止偷漏税的协定〉及议定书条文解释》的通知 2010.08.30 国税发〔2010〕75号

1458. 国家税务总局关于发布《企业境外所得税收抵免操作指南》的公告 2010.07.02 国家税务总局公告2010年第1号

1459. 国家税务总局关于"公司＋农户"经营模式企业所得税优惠问题的公告 2010.07.09 国家税务总局公告2010年第2号

1460. 国家税务总局关于发布《网上纳税申报软件管理规范（试行）》的公告 2010.07.19 国家税务总局公告2010年第3号

1461. 国家税务总局关于发布《企业重组业务企业所得税管理办法》的公告 2010.07.26 国家税务总局公告2010年第4号

1462. 国家税务总局关于肉桂油、桉油、香茅油增值税适用税率问题的公告 2010.07.27 国家税务总局公告2010年第5号

1463. 国家税务总局关于企业股权投资损失所得税处理问题的公告 2010.07.28 国家税务总局公告 2010 年第 6 号

1464. 国家税务总局关于取消合并纳税后以前年度尚未弥补亏损有关企业所得税问题的公告 2010.07.30 国家税务总局公告 2010 年第 7 号

1465. 国家税务总局关于项目运营方利用信托资金融资过程中增值税进项税额抵扣问题的公告 2010.08.09 国家税务总局公告 2010 年第 8 号

1466. 国家税务总局关于干姜、姜黄增值税适用税率问题的公告 2010.08.19 国家税务总局公告 2010 年第 9 号

1467. 国家税务总局关于发行 2010 年印花税票的公告 2010.08.23 国家税务总局公告 2010 年第 10 号

1468. 国家税务总局关于发布《出口货物税收函调管理办法》的公告 2010.08.30 国家税务总局公告 2010 年第 11 号

1469. 国家税务总局关于绝缘油类产品不征收消费税问题的公告 2010.08.30 国家税务总局公告 2010 年第 12 号

1470. 国家税务总局关于融资性售后回租业务中承租方出售资产行为有关税收问题的公告 2010.09.08 国家税务总局公告 2010 年第 13 号

1471. 国家税务总局关于发布《税务师事务所职业风险基金管理办法》的公告 2010.09.14 国家税务总局公告 2010 年第 14 号

1472. 国家税务总局关于《内地和澳门特别行政区关于对所得避免双重征税和防止偷漏税的安排》及议定书生效执行的公告 2010.10.08 国家税务总局公告 2010 年第 15 号

1473. 国家税务总局关于农用拖拉机、收割机和手扶拖拉机专用轮胎不征收消费税问题的公告 2010.10.19 国家税务总局公告 2010 年第 16 号

1474. 国家税务总局关于制种行业增值税有关问题的公告 2010.10.25 国家税务总局公告 2010 年第 17 号

1475. 国家税务总局关于下发试点物流企业名单(第六批)的公告 2010.10.25 国家税务总局公告 2010 年第 18 号

1476. 国家税务总局关于企业取得财产转让等所得企业所得税处理问题的公告 2010.10.27 国家税务总局公告 2010 年第 19 号

1477. 国家税务总局关于查增应纳税所得额弥补以前年度亏损处理问题的公告 2010.10.27 国家税务总局公告 2010 年第 20 号

1478. 国家税务总局关于印发中国工商银行股份有限公司等企业所属二级分支机构名单的公告 2010.10.27 国家税务总局公告 2010 年第 21 号

1479. 国家税务总局关于《中华人民共和国政府和芬兰共和国政府对所得避免双重征税和防止偷漏税的协定》及议定书生效执行的公告 2010.11.29 国家税务总局公告 2010 年第 22 号

1480. 国家税务总局关于金融企业贷款利息收入确认问题的公告 2010.11.05 国家税务总局公告 2010 年第 23 号

1481. 国家税务总局关于工会经费企业所得税税前扣除凭据问题的公告 2010.11.09

国家税务总局公告2010年第24号

1482. 国家税务总局 财政部 人力资源社会保障部 教育部关于支持和促进就业有关税收政策具体实施问题的公告 2010.11.23 国家税务总局公告2010年第25号

国家税务总局关于公布全文失效废止　部分条款失效废止的税收规范性文件目录的公告

2011年1月4日　国家税务总局公告2011年第2号

根据《国务院办公厅关于做好规章清理工作有关问题的通知》（国办发〔2010〕28号），我局对税收规范性文件进行了全面清理。清理结果已经2010年12月7日第17次局长办公会审议通过。现将《全文失效废止、部分条款失效废止的税收规范性文件目录》予以发布。

特此公告。

附件：1. 全文失效废止的税收规范性文件目录
　　　2. 部分条款失效废止的税收规范性文件目录

附件1

全文失效废止的税收规范性文件目录

1. 财政部海洋石油税务局关于对外国石油公司临时派来我国为海洋石油作业进行工作的雇员征收个人所得税问题的批复 1984.04.03（84）财税油政字第3号

2. 财政部海洋石油税务局关于×××公司等外商征收预提税问题的批复 1985.01.11（85）财税油政字第1号

3. 财政部海洋石油税务局关于以何日期确定合同前费用问题的批复 1985.01.17（85）财税油政字第2号

4. 财政部关于承包海洋石油工程作业和提供劳务的外国公司办理税务登记及申报纳税问题的通知 1985.02.06（85）财税字第045号

5. 财政部税务总局印发《关于执行中国联邦德国税收协定若干问题的处理意见》的通知 1985.03.06（85）财税协字第009号

6. 财政部税务总局印发《关于贯彻执行中日、中英税收协定若干问题的处理意见》的通知 1985.03.26（85）财税外字第042号

7. 财政部海洋石油税务局关于对租金收入征税问题的通知 1985.06.08（85）财税油政字第13号

8. 财政部海洋石油税务局关于统一明确海洋石油各项税收纳税地点的通知 1985.09.11（85）财税油政字第 21 号

9. 财政部海洋石油税务局关于中外合营钻井公司钻井船中方人员征税问题的批复 1985.09.26（85）财税油政字第 24 号

10. 财政部关于合作勘探开发和生产海洋石油的外国公司合同前费用列支问题的规定 1985.11.24（85）财税字第 313 号

11. 财政部税务总局关于执行我国和新加坡避免双重征税协定若干问题的通知 1986.05.06（86）财税协字第 003 号

12. 财政部税务总局关于执行税收协定若干条文解释的通知 1986.09.10（86）财税协字第 015 号

13. 财政部海洋石油税务局关于为海洋石油开发服务的中外合资经营企业几项费用支出税务处理问题的通知 1986.11.27（86）财税油政字第 27 号

14. 财政部税务总局关于执行税收协定有关征收个人所得税的计算问题的批复 1986.11.27（86）财税协字第 29 号

15. 财政部关于外国石油公司合同签字费和贡献费支出税务处理问题的规定 1986.12.11（86）财税字第 341 号

16. 财政部海洋石油税务局关于对执行税收协定几个问题处理意见的通知 1987.10.19（87）财税油政字第 24 号

17. 财政部海洋石油税务局关于中国海洋石油总公司及其所属公司申报缴纳企业所得税有关规定的通知 1988.04.28（88）财税油政字第 6 号

18. 国家税务局关于税收协定中列名的利息免税机构办理免税手续的通知 1988.06.21（88）国税协字第 26 号

19. 国家税务局关于对外国企业常驻代表机构为其总机构垫付的部分费用可不作为常驻代表机构的费用换算收入征税的通知 1988.12.05（88）国税外字第 333 号

20. 国家税务局关于采用按经费支出额换算收入征税的外国企业常驻代表机构交际应酬费列支问题处理的通知 1988.12.12（88）国税外字第 338 号

21. 国家税务局关于对外国航空公司驻华办事处和人员的个人收入应依照税法规定征税的通知 1988.12.31（88）国税外字第 355 号

22. 国家税务局关于对外国石油公司借款利息审查确认问题的通知 1989.02.01（89）国税油政字第 8 号

23. 国家税务局海洋石油税务管理局关于外国石油公司开发投资借款利息税收问题的批复 1989.04.20（89）国税油政字第 24 号

24. 国家税务局海洋石油税务管理局关于对日本×××株式会社违约金收入征免税问题的批复 1989.04.21（89）国税油政字第 22 号

25. 国家税务局关于对外国航空公司在华取得国际运输收入的几个征税问题的批复 1989.05.22（89）国税外字第 139 号

26. 国家税务局关于×××驻华代表机构为其总机构所垫付的部分费用可不作为驻华代表机构的费用换算收入征税的通知 1989.05.22（89）国税外字第 140 号

27. 国家税务局关于外国石油公司与我国签订石油合同前来华人员征免个人所得税问题的批复 1989.08.28（89）国税油政字第 33 号

28. 国家税务局关于对城市公共交通公司所属单位用地征免土地使用税问题的通知 1989.09.23（89）国税地字第 98 号

29. 国家税务局关于对邮电部门所属企业征免城镇土地使用税问题的通知 1989.11.29（89）国税地字第 129 号

30. 国家税务局关于对中国物资储运总公司所属物资储运企业征免土地使用税问题的规定 1989.12.21（89）国税地字第 139 号

31. 国家税务局关于美国×××公司转让技术所收取的培训场地费征税问题的批复 1990.01.01 国税函发〔1990〕094 号

32. 国家税务局关于中外合资企业永南玩具制品有限公司列支许可商标产品市场推广费问题的批复 1990.01.01 国税函发〔1990〕689 号

33. 国家税务局海洋石油税务管理局关于×××公司雇员个人应纳税所得额问题的批复 1990.01.24 国税油函〔1990〕8 号

34. 国家税务局关于外国企业在华开采陆上石油税收问题的通知 1990.02.13 国税发〔1990〕20 号

35. 国家税务局关于对外籍雇员若干所得项目征免个人所得税问题的通知 1990.04.04 国税函发〔1990〕345 号

36. 国家税务局关于福建沿海地区台商投资区减征、免征企业所得税和工商统一税问题的通知 1990.05.25 国税函发〔1990〕520 号

37. 国家税务局海洋石油税务管理局关于确定外国石油公司在华机构外籍雇员个人应税所得额的通知 1990.07.20 国税油发〔1990〕12 号

38. 国家税务局关于经援项目税收问题的函 1990.07.25 国税函发〔1990〕884 号

39. 国家税务局关于外商取得来源于我国的影片、音像、音响等版权收入征收所得税问题的通知 1990.08.03 国税函发〔1990〕960 号

40. 国家税务局关于华侨转让房产所得计征个人所得税问题的批复 1990.09.24 国税函发〔1990〕1199 号

41. 国家税务局关于中外合资企业台湾雇员取得安家费收入征收个人所得税问题的批复 1990.10.30 国税函发〔1990〕1337 号

42. 国家税务局海洋石油税务管理局关于对外国石油公司医疗费列支问题的批复 1990.12.27 国税油函〔1990〕100 号

43. 国家税务局关于转发《荷兰居民身份证明》式样的通知 1991.01.12 国税函发〔1991〕056 号

44. 国家税务局关于对邮电部门所属企业恢复征收城镇土地使用税的通知 1991.01.19 国税函发〔1991〕209 号

45. 国家税务局海洋石油税务管理局关于石油合同中规定的合同利息税收处理问题的批复 1991.01.28 国税油函〔1991〕3 号

46. 国家税务局关于中外合作经营企业的外国合作者在合作期限内先行回收投资问题

的批复 1991.04.09 国税函发〔1991〕502号

47. 国家税务局关于外资银行分行向其总行支付的营运资金利息列支问题的批复 1991.04.27 国税函发〔1991〕591号

48. 国家税务局关于外国企业常驻代表机构的滞纳金、罚款不列入其经费支出额换算收入征税的批复 1991.06.03 国税函发〔1991〕726号

49. 国家税务局关于天津保税区有关税收问题的通知 1991.08.14 国税函发〔1991〕1123号

50. 国家税务局海洋石油税务管理局关于美国菲利浦斯石油国际亚洲公司境外保险费税收处理问题的批复 1991.08.20 国税油函〔1991〕93号

51. 国家税务局海洋石油税务管理局关于南海东部石油公司在惠州21-1油田中的开发投资折旧问题的批复 1991.09.18 国税油函〔1991〕52号

52. 国家税务局关于采用按经费支出额换算收入征税的外国企业常驻代表机构发生的利息收入不得冲减其经费支出的批复 1991.10.10 国税函发〔1991〕1303号

53. 国家税务局关于贯彻执行外商投资企业和外国企业所得税法若干业务处理问题的通知 1991.10.15 国税发〔1991〕165号

54. 国家税务局 海关总署 国家计划委员会 经贸部 国家物价局 中国汽车工业总公司 国务院机电设备进口审查办公室关于执行中外合资合作经营企业进口自用轿车审批管理办法中有关问题的通知 1991.10.31 国税发〔1991〕107号

55. 国家税务局海洋石油税务管理局关于惠州21-1、26-1两油田矿区使用费缴纳办法的批复 1991.11.04 国税油函〔1991〕65号

56. 国家税务局关于外商投资企业和外国企业在华合作开采石油资源及工程承包劳务服务若干税收问题的通知 1991.11.27 国税发〔1991〕191号

57. 国家税务局海洋石油税务管理局关于下发外商投资企业和外国企业所得税申报表的通知 1992.01.15 国税油函〔1992〕009号

58. 国家税务局关于煤炭企业生产用地适用税额问题的通知 1992.09.11 国税函发〔1992〕1350号

59. 国家税务局关于进一步对外开放的边境、沿海和内陆省会城市、沿江城市有关涉外税收政策问题的通知 1992.09.18 国税发〔1992〕218号

60. 国家税务局关于明确黑河等十二个边境城市执行外商投资企业税收政策问题的通知 1992.10.05 国税函发〔1992〕1412号

61. 国家税务局关于国家旅游度假区有关税收问题的通知 1992.11.10 国税发〔1992〕248号

62. 国家税务局关于涉外税收滞纳税款加收滞纳金问题的通知 1993.02.22 国税发〔1993〕34号

63. 国家税务局关于司法部所属的劳改、劳教单位征免土地使用税问题的通知 1993.03.06 国税函发〔1993〕411号

64. 国家税务局关于外国石油公司境外母公司提取管理费有关税务处理问题的通知 1993.04.01 国税发〔1993〕69号

65. 国家税务局关于船舶保险合同印花税征免问题的批复 1993.05.07 国税函发〔1993〕674 号

66. 国家税务局 财政部关于委托代征外国航空公司运输收入税款提取代征手续费问题的通知 1993.05.14 国税发〔1993〕96 号

67. 国家税务局关于国际航空运输业务若干税收问题的通知 1993.05.14 国税发〔1993〕97 号

68. 国家税务总局关于外商投资企业、外国企业和外籍个人取得股票（股权）转让收益和股息所得税收问题的通知 1993.07.21 国税发〔1993〕45 号

69. 国家税务总局关于外国企业减征免征预提所得税管理程序的通知 1993.08.02 国税发〔1993〕50 号

70. 国家税务总局关于股份制试点企业适用税收法律问题的通知 1993.09.24 国税发〔1993〕87 号

71. 国家税务总局关于印发《涉外税务检查规程》的通知 1993.12.22 国税发〔1993〕144 号

72. 国家税务总局关于印发《增值税专用发票使用规定》的通知 1993.12.27 国税发〔1993〕150 号

73. 国家税务总局关于对明年实行增值税的企业期初存货已征税款的处理意见的通知 1993.12.27 国税发明电〔1993〕70 号

74. 国家税务总局关于流转税新老税制衔接的几个问题的通知 1994.01.03 国税发明电〔1994〕1 号

75. 国家税务总局关于大型企业集团征收所得税问题的通知 1994.02.08 国税发〔1994〕27 号

76. 国家税务总局关于增值税专用发票使用问题的通知 1994.02.14 国税发明电〔1994〕35 号

77. 国家税务总局关于外商投资企业和外国企业暂不征收城市维护建设税和教育费附加的通知 1994.02.25 国税发〔1994〕38 号

78. 国家税务总局关于中国民航总局所属企业缴纳所得税问题的通知 1994.03.09 国税发〔1994〕67 号

79. 国家税务总局关于交通部直属企业缴纳所得税问题的通知 1994.03.09 国税发〔1994〕68 号

80. 国家税务总局关于进口免税品销售业务征收增值税问题的通知 1994.03.15 国税发〔1994〕62 号

81. 国家税务总局关于增值税专用发票使用问题的补充通知 1994.03.15 国税发〔1994〕56 号

82. 国家税务总局关于由税务所为小规模企业代开增值税专用发票的通知 1994.03.15 国税发〔1994〕58 号

83. 国家税务总局关于印发《增值税一般纳税人申请认定办法》的通知 1994.03.15 国税发〔1994〕59 号

84. 国家税务总局关于流转税新老税制衔接的几个问题的通知 1994.03.15 国税发〔1994〕61号

85. 国家税务总局关于1993年12月31日前公布的有关外国企业常驻代表机构计征流转税的规定处理办法的通知 1994.03.16 国税发〔1994〕70号

86. 国家税务总局关于印发《关于商业零售企业开具增值税专用发票的通告》的通知 1994.03.18 国税发〔1994〕81号

87. 国家税务总局关于加强个人所得税征收管理工作的通知 1994.03.31 国税发〔1994〕92号

88. 国家税务总局关于中外合资企业北京×××有限公司不享受"内资"福利企业税收优惠政策问题的批复 1994.04.21 国税函发〔1994〕121号

89. 国家税务总局关于退还外商投资企业改征增值税、消费税后多缴税款若干具体问题的通知 1994.04.21 国税发〔1994〕115号

90. 国家税务总局海洋石油税务管理局关于中国海洋石油总公司企业所得税若干费用列支问题的通知 1994.04.23 国税油发〔1994〕9号

91. 国家税务总局涉外税务管理司关于外国及港澳台航空公司从我国境内或大陆取得的运输收入所征营业税不适用退税的通知 1994.04.25 国税外函〔1994〕026号

92. 国家税务总局海洋石油税务管理局关于中国海洋石油总公司适用税种问题的通知 1994.04.26 国税油发〔1994〕10号

93. 国家税务总局海洋石油税务管理局关于中国海洋石油总公司缴纳印花税问题的通知 1994.04.27 国税油函〔1994〕13号

94. 国家税务总局关于中国科学院院士津贴免征个人所得税的通知 1994.05.04 国税发〔1994〕118号

95. 国家税务总局关于印发《国家税务总局关于认真执行个人所得税法的通告》的通知 1994.05.10 国税发〔1994〕112号

96. 国家税务总局关于外商投资企业、外国企业及外籍个人适用税种问题的通知 1994.05.11 国税发〔1994〕123号

97. 国家税务总局关于外汇管理体制改革后企业外币业务税收处理的通知 1994.05.13 国税发〔1994〕128号

98. 国家税务总局关于个体户取得赞助收入征税问题的批复 1994.05.16 国税函发〔1994〕173号

99. 国家税务总局关于企业所得税若干问题的通知 1994.05.31 国税发〔1994〕132号

100. 国家税务总局关于外商提供计算机软件使用权所收取的使用费征税问题的批复 1994.06.14 国税函发〔1994〕304号

101. 国家税务总局关于明确农村信用社主管部门提取管理费问题的通知 1994.07.12 国税发〔1994〕161号

102. 国家税务总局关于外商投资企业及其雇员提存支用住房公积金有关税务处理问题的通知 1994.07.26 国税发〔1994〕165号

103. 国家税务总局关于进一步做好增值税一般纳税人1994年期初存货已征税款计算

和处理工作的通知 1994.07.30 国税发明电〔1994〕86 号

104. 国家税务总局关于铁路部门所属企业缴纳所得税问题的补充通知 1994.07.30 国税发〔1994〕176 号

105. 国家税务总局关于退还外商投资企业改征增值税、消费税后多缴纳税款审批权限问题的通知 1994.08.09 国税发〔1994〕181 号

106. 国家税务总局关于烟草企业缴纳所得税问题的通知 1994.09.13 国税发〔1994〕203 号

107. 国家税务总局关于外商投资企业改征增值税、消费税后期初库存已征税款处理问题的通知 1994.09.15 国税发〔1994〕205 号

108. 国家税务总局关于外贸企业缴纳企业所得税问题的通知 1994.10.10 国税发〔1994〕220 号

109. 国家税务总局关于企业所得税几个具体问题的通知 1994.10.24 国税发〔1994〕229 号

110. 国家税务总局关于全国供销合作总社理事会收取行政管理费税务处理的复函 1994.11.03 国税函发〔1994〕594 号

111. 国家税务总局关于集体金融企业财务管理问题的通知 1994.11.05 国税发〔1994〕240 号

112. 国家税务总局关于金融业征收营业税问题的批复 1994.11.12 国税函发〔1994〕607 号

113. 国家税务总局关于企业所得税几个业务问题的通知 1994.11.22 国税发〔1994〕250 号

114. 国家税务总局关于印制、使用《中国居民身份证明》的通知 1994.12.07 国税发〔1994〕255 号

115. 国家税务总局关于境外企业所得税的征收及进行税源调查的通知 1994.12.20 国税发〔1994〕265 号

116. 国家税务总局关于股份制企业分配股息、红利所得征收个人所得税问题的批复 1994.12.21 国税函发〔1994〕665 号

117. 国家税务总局关于印发《出口货物税收函调规定》的通知 1995.02.24 国税发〔1995〕37 号

118. 国家税务总局关于修改《外国居民享受避免双重征税协定待遇申请表》的通知 1995.03.06 国税函发〔1995〕89 号

119. 国家税务总局关于外商投资企业和外国企业计算交际应酬费问题的通知 1995.03.07 国税函发〔1995〕94 号

120. 国家税务总局关于苏州工业园区有关税收问题的通知 1995.03.27 国税函发〔1995〕128 号

121. 国家税务总局关于个人出租中国境内房屋取得租金收入税务处理问题的通知 1995.04.03 国税函发〔1995〕134 号

122. 国家税务总局关于大型企业集团征收所得税问题的补充通知 1995.04.04 国税发

〔1995〕62号

123. 国家税务总局关于电力工业部所属企业征收所得税问题的补充通知 1995.04.05 国税函发〔1995〕143号

124. 国家税务总局关于铁道部直属三个总公司及其所属企业缴纳所得税问题的通知 1995.04.12 国税函发〔1995〕148号

125. 国家税务总局关于中国民用航空总局所属企业缴纳1995年度企业所得税问题的通知 1995.04.24 国税函发〔1995〕169号

126. 国家税务总局关于做好合作油田外国承包商纳税保证金预扣工作有关问题的通知 1995.04.30 国税函发〔1995〕135号

127. 国家税务总局关于加强证券交易所得企业所得税征收管理问题的通知 1995.05.03 国税发〔1995〕78号

128. 国家税务总局关于外商投资企业和外国企业以实物向雇员提供福利如何计征个人所得税问题的通知 1995.06.22 国税发〔1995〕115号

129. 国家税务总局关于香港公司包机运输税收问题的通知 1995.07.07 国税发〔1995〕128号

130. 国家税务总局关于外商投资企业期初库存已征税款处理问题的补充通知 1995.07.07 国税发〔1995〕130号

131. 国家税务总局关于中外合作拍摄影视作品外商所得发行收入税务处理问题的通知 1995.07.19 国税发〔1995〕136号

132. 国家税务总局关于香港柏宁顿(中国)教育基金会首届"孺子牛金球奖"获得者免征个人所得税的函 1995.09.08 国税函发〔1995〕501号

133. 国家税务总局关于烟草企业缴纳所得税问题的补充通知 1995.09.14 国税函发〔1995〕510号

134. 国家税务总局关于过路过桥收费使用票据问题的批复 1995.10.16 国税函发〔1995〕566号

135. 国家税务总局关于加强增值税专用发票使用管理问题的通知 1995.10.19 国税发〔1995〕193号

136. 国家税务总局关于外商承包工程作业和提供劳务取得收入计算征税有关问题的通知 1995.10.26 国税发〔1995〕197号

137. 国家税务总局关于外国企业提供传输信息资料服务税收处理问题的通知 1995.11.07 国税发〔1995〕201号

138. 国家税务总局关于税务稽查分局等机构是否具有执法主体问题的批复 1995.11.08 国税函发〔1995〕586号

139. 国家税务总局关于企业未按期预缴所得税加收滞纳金问题的批复 1995.11.15 国税函发〔1995〕593号

140. 国家税务总局关于建立个人所得税扣缴义务人申报支付个人收入明细表制度的通知 1995.11.22 国税发〔1995〕213号

141. 国家税务总局关于外商投资企业非正常终止经营能否享受增加税负返还照顾的

批复 1995.12.01 国税函发〔1995〕612 号

142. 国家税务总局关于国务院各部门机关服务中心兴办经济实体有关企业所得税问题的通知 1995.12.04 国税发〔1995〕223 号

143. 国家税务总局关于建筑安装企业所得税纳税地点问题的通知 1995.12.06 国税发〔1995〕227 号

144. 国家税务总局涉外税务管理司关于涉外企业增值税纳税申报有关问题的通知 1995.12.28 国税外函〔1995〕82 号

145. 国家税务总局关于在企业所得税预缴中对偷税行为如何认定问题的复函 1996.01.05 国税函〔1996〕8 号

146. 国家税务总局关于新办企业减免税执行期限问题的通知 1996.01.30 国税发〔1996〕23 号

147. 国家税务总局关于执行税收协定对利息所得免税有关问题的通知 1996.02.09 国税发〔1996〕029 号

148. 国家税务总局关于邮电部所属企业缴纳企业所得税问题的通知 1996.02.17 国税函〔1996〕85 号

149. 国家税务总局关于民航总局直属企业缴纳所得税问题的通知 1996.03.26 国税函〔1996〕134 号

150. 国家税务总局关于校办企业征免所得税问题的批复 1996.03.28 国税函〔1996〕138 号

151. 国家税务总局关于加强外国企业税收征管协调配合的通知 1996.04.19 国税发〔1996〕65 号

152. 国家税务总局关于城市信用社加入城市合作银行财务处理问题的通知 1996.04.26 国税发〔1996〕70 号

153. 国家税务总局关于做好换发个体工商户税务登记证件工作的通知 1996.05.09 国税函发〔1996〕229 号

154. 国家税务总局涉外税务管理司关于外商投资企业广告代理业营业税问题的通知 1996.05.13 国税外函〔1996〕39 号

155. 国家税务总局关于享受税收优惠政策的科研单位认定问题的批复 1996.05.16 国税函〔1996〕256 号

156. 国家税务总局关于高寒边境地区津贴征收个人所得税问题的批复 1996.07.01 国税函〔1996〕399 号

157. 国家税务总局关于加强城乡信用社财务管理若干问题的通知 1996.07.22 国税发〔1996〕128 号

158. 国家税务总局关于做好中国海洋石油总公司及其所属公司所得税管理工作的通知 1996.08.01 国税函〔1996〕463 号

159. 国家税务总局关于促进企业技术进步有关税收问题的补充通知 1996.09.03 国税发〔1996〕152 号

160. 国家税务总局关于加强外国企业常驻代表机构税收征管有关问题的通知

1996.09.13 国税发〔1996〕165号

161. 国家税务总局关于外商投资企业违法经营是否享受税负增加退还问题的通知 1996.09.19 国税函〔1996〕554号

162. 国家税务总局关于下发全国统一更换新版普通发票的通告的通知 1996.09.20 国税发〔1996〕167号

163. 国家税务总局关于实行定期定额纳税的个体户实际经营额超过定额如何处理问题的批复 1996.10.31 国税函〔1996〕619号

164. 国家税务总局关于个人取得退职费收入征免个人所得税问题的通知 1996.11.12 国税发〔1996〕203号

165. 国家税务总局关于职工冬季取暖补贴等税前扣除问题的批复 1996.11.13 国税函〔1996〕673号

166. 国家税务总局关于化肥实行综合平均销售价格后税收、财务处理问题的通知 1996.11.14 国税函〔1996〕663号

167. 国家税务总局关于加强全国供销合作总社直属企业财务管理的通知 1996.11.14 国税函〔1996〕664号

168. 国家税务总局关于外国企业出租中国境内房屋、建筑物取得租金收入税务处理问题的通知 1996.11.20 国税发〔1996〕212号

169. 国家税务总局关于国家开发银行城市维护建设税和教育费附加缴纳办法的通知 1996.11.27 国税函〔1996〕694号

170. 国家税务总局关于对电影发行单位的发行收入不征营业税的通知 1996.11.29 国税函〔1996〕696号

171. 国家税务总局关于铁道部所属企业缴纳所得税问题的通知 1996.12.05 国税发〔1996〕224号

172. 国家税务总局关于印发《城乡信用社若干税收、财务问题的暂行规定》的通知 1996.12.16 国税发〔1996〕231号

173. 国家税务总局 财政部 国家经济贸易委员会关于印发《城镇集体所有制企业、单位清产核资资金核实具体规定》的通知 1996.12.31 国税发〔1996〕217号

174. 国家税务总局 财政部 国家经济贸易委员会关于印发《城镇集体所有制企业、单位清产核资财务处理暂行办法》的通知 1996.12.31 国税发〔1996〕232号

175. 国家税务总局关于外国企业常驻代表机构税收若干具体问题的通知 1997.01.02 国税发〔1997〕2号

176. 国家税务总局关于企业租赁经营有关税收问题的通知 1997.01.14 国税发〔1997〕8号

177. 国家税务总局关于企业出口退税款税收处理问题的批复 1997.01.14 国税函〔1997〕21号

178. 国家税务总局关于征用土地过程中征地单位支付给土地承包人员的补偿费如何征税问题的批复 1997.02.13 国税函〔1997〕87号

179. 国家税务总局关于不申报缴纳税款定性问题的批复 1997.02.18 国税函〔1997〕

91 号

180. 国家税务总局关于海洋石油若干税收政策问题的通知 1997.03.27 国税发〔1997〕44 号

181. 国家税务总局关于外商投资企业分支机构适用所得税税率问题的通知 1997.04.09 国税发〔1997〕49 号

182. 国家税务总局关于贯彻国务院批转的加强个体私营经济税收征管强化查账征收工作意见的通知 1997.04.09 国税发〔1997〕53 号

183. 国家税务总局关于进一步强化个人所得税征收管理的通知 1997.04.17 国税发〔1997〕62 号

184. 国家税务总局关于外商投资企业和外国企业转让股权所得税处理问题的通知 1997.04.17 国税函〔1997〕207 号

185. 国家税务总局关于加强个人所得税代扣代缴工作的通知 1997.04.25 国税发〔1997〕70 号

186. 国家税务总局 财政部 国内贸易部 电子工业部 国家工商行政管理局关于在商业服务业娱乐业推行使用税控收款机的通知 1997.05.20 国税发〔1997〕65 号

187. 国家税务总局关于进一步做好耕地占用税征管工作的通知 1997.05.24 国税发〔1997〕81 号

188. 国家税务总局关于开展推行使用税控收款机试点工作的通知 1997.05.27 国税发〔1997〕88 号

189. 国家税务总局关于传销企业的传销员有关税收管理问题的通知 1997.06.04 国税发〔1997〕92 号

190. 国家税务总局关于铁路债券利息征收企业所得税问题的通知 1997.06.12 国税发〔1997〕98 号

191. 国家税务总局涉外税务管理司关于下发《外国企业常驻代表机构税收征管情况汇报会纪要》的通知 1997.06.16 国税外函〔1997〕42 号

192. 国家税务总局关于外国银行从我国外资金融机构取得的利息所得征税的通知 1997.06.19 国税函〔1997〕372 号

193. 国家税务总局关于外商投资企业虚报亏损税务处理问题的通知 1997.06.19 国税发〔1997〕102 号

194. 国家税务总局关于从事信贷、租赁业务的外商投资企业和外国企业计提坏账准备金问题的批复 1997.07.04 国税函〔1997〕388 号

195. 国家税务总局关于以家庭或几人合伙为生产经营单位从事饲养业所得计征个人所得税问题的批复 1997.08.06 国税函〔1997〕451 号

196. 国家税务总局关于外商投资企业代扣城市维护建设税问题的批复 1997.08.22 国税函〔1997〕477 号

197. 国家税务总局关于企业销售折扣在计征所得税时如何处理问题的批复 1997.08.22 国税函〔1997〕472 号

198. 国家税务总局关于税务稽查机构执法主体资格问题的通知 1997.09.08 国税发

〔1997〕148号

199. 国家税务总局关于商品期货交易有关税收问题的通知 1997.10.09 国税发〔1997〕158号

200. 国家税务总局关于下发美国居民身份证明式样的通知 1997.10.24 国税函〔1997〕482号

201. 国家税务总局关于印发《关于进一步推进和深化涉外税收征管改革的补充意见》的通知 1997.11.07 国税发〔1997〕171号

202. 国家税务总局关于专业从事商品检验的外商投资企业认定问题的通知 1997.12.11 国税发〔1997〕183号

203. 国家税务总局关于企业所得税若干业务问题的通知 1997.12.16 国税发〔1997〕191号

204. 国家税务总局关于我国同原南斯拉夫签署的有关税收协定在我国与克罗地亚之间继续适用的通知 1997.12.22 国税发〔1997〕194号

205. 国家税务总局关于执行《国家税务总局关于外国企业在中国境内取得利息、租金收入是否征收营业税问题的通知》有关问题的复函 1997.12.25 国税外函〔1997〕68号

206. 国家税务总局涉外税务管理司关于外国石油公司采用产量法计提折旧问题的通知 1998.01.12 国税外函〔1998〕4号

207. 国家税务总局关于海洋石油若干税收政策问题的通知 1998.02.03 国税外函〔1998〕20号

208. 国家税务总局关于贯彻执行外商投资企业投资人防工程有关税收政策问题的通知 1998.02.06 国税函〔1998〕77号

209. 国家税务总局关于电力部门向用户收取的供配电贴费是否征收企业所得税问题的批复 1998.02.20 国税函〔1998〕112号

210. 国家税务总局关于印发《关联企业间业务往来税务管理规程（试行）》的通知 1998.04.23 国税发〔1998〕59号

211. 国家税务总局关于中国人民银行所属企事业单位缴纳企业所得税问题的通知 1998.04.23 国税函〔1998〕248号

212. 国家税务总局关于铁路运输多种经营企业缴纳企业所得税问题的通知 1998.04.27 国税发〔1998〕62号

213. 国家税务总局关于铁道部所属企业缴纳企业所得税问题的通知 1998.04.29 国税函〔1998〕264号

214. 国家税务总局关于外国企业常驻代表机构若干税务处理问题的通知 1998.04.30 国税发〔1998〕63号

215. 国家税务总局关于偷税税款加收滞纳金问题的批复 1998.05.15 国税函〔1998〕291号

216. 国家税务总局关于统一"契证"格式的通知 1998.05.19 国税发〔1998〕70号

217. 国家税务总局关于印发《外商投资企业、外国企业和外籍个人纳税申报审核评税办法》的通知 1998.05.19 国税发〔1998〕72号

218. 国家税务总局 对外贸易经济合作部关于使用《国际货物运输代理业专用发票》有关问题的通知 1998.06.16 国税发〔1998〕91 号

219. 国家税务总局关于印发《城镇集体所有制企业、单位清产核资资金核实操作规程》的通知 1998.06.28 国税发〔1998〕106 号

220. 国家税务总局关于加强增值税期初存货已征税款抵扣管理工作的通知 1998.07.03 国税发〔1998〕108 号

221. 国家税务总局转发《河南省国家税务局关于对郑州市国税局"滚动审批缓征税款"问题的通报》的通知 1998.07.09 国税函〔1998〕408 号

222. 国家税务总局对《关于淮河流域城市污水处理工程项目建设情况及有关问题的报告》意见的函 1998.07.10 国税函〔1998〕415 号

223. 国家税务总局关于《内地和香港特别行政区关于对所得避免双重征税的安排》有关条文解释和执行问题的通知 1998.08.05 国税函〔1998〕381 号

224. 国家税务总局关于民航交通管理局缴纳企业所得税问题的通知 1998.08.14 国税函〔1998〕475 号

225. 国家税务总局关于石油石化企业经营管理体制改革过程中有关企业所得税问题的通知 1998.09.16 国税发〔1998〕147 号

226. 国家税务总局关于金融、保险企业向灾区捐赠所得税前扣除问题的通知 1998.10.19 国税函〔1998〕618 号

227. 国家税务总局关于天生桥一级水电站超面积占用耕地征收耕地占用税的批复 1998.10.20 国税函〔1998〕623 号

228. 国家税务总局关于对非法占地追缴耕地占用税问题的批复 1998.10.30 国税函〔1998〕641 号

229. 国家税务总局关于调查外商投资企业超税负返还政策执行情况的通知 1998.10.30 国税函〔1998〕461 号

230. 国家税务总局关于如何认定企业所得税纳税义务人的批复 1998.11.12 国税函〔1998〕676 号

231. 国家税务总局关于天生桥一级水电站耕地占用税问题的复函 1998.11.18 国税函〔1998〕684 号

232. 国家税务总局关于中央直属储备粮库建设有关耕地占用税征免事项的通知 1998.12.09 国税发〔1998〕209 号

233. 国家税务总局关于我国境内企业应付费用扣缴外国企业预提所得税问题的通知 1998.12.09 国税函〔1998〕757 号

234. 国家税务总局关于企业取得的逾期包装物押金收入征收企业所得税的通知 1998.12.30 国税发〔1998〕228 号

235. 国家税务总局关于上海纳铁福传动轴有限公司的外国投资者再投资退税有关问题的批复 1999.01.15 国税函〔1999〕031 号

236. 国家税务总局关于铁道部所属企业缴纳企业所得税问题的补充通知 1999.02.14 国税函〔1999〕88 号

237. 国家税务总局关于基金会应税收入问题的通知 1999.02.25 国税发〔1999〕24号

238. 国家税务总局关于企业的免税所得弥补亏损问题的通知 1999.03.05 国税发〔1999〕34号

239. 国家税务总局关于总机构提取管理费税前扣除审批办法的补充通知 1999.03.16 国税函〔1999〕136号

240. 国家税务总局关于公路建设临时占用耕地征收耕地占用税的批复 1999.03.22 国税函〔1999〕142号

241. 国家税务总局关于外商投资企业外方投资不到位有关企业所得税税务处理问题的通知 1999.04.14 国税发〔1999〕60号

242. 国家税务总局关于企业向联合国儿童基金捐款有关企业所得税处理问题的通知 1999.04.29 国税发〔1999〕77号

243. 国家税务总局关于换发税务登记证件的通知 1999.04.29 国税发〔1999〕78号

244. 国家税务总局关于供销合作社社员股金的股息税前扣除问题的通知 1999.05.17 国税发〔1999〕98号

245. 国家税务总局关于外商投资企业和外国企业换发税务登记证件有关问题的通知 1999.05.19 国税函〔1999〕287号

246. 国家税务总局关于企业经营收入确认时间问题的批复 1999.05.20 国税函〔1999〕295号

247. 国家税务总局关于福利彩票发行机构缴纳企业所得税问题的通知 1999.05.21 国税发〔1999〕100号

248. 国家税务总局关于城市信用社清理整顿后有关税收、财务处理问题的通知 1999.05.26 国税发〔1999〕102号

249. 国家税务总局关于轻工集体企业主管部门提取管理费问题的通知 1999.06.01 国税发〔1999〕108号

250. 国家税务总局关于邮政企业缴纳企业所得税问题的通知 1999.06.09 国税发〔1999〕114号

251. 国家税务总局关于对狐狸养殖场等应否征收耕地占用税的批复 1999.07.08 国税函〔1999〕466号

252. 国家税务总局关于增值税期初存货已征税款抵扣问题的通知 1999.07.12 国税发〔1999〕129号

253. 国家税务总局关于民航总局所属企业事业单位缴纳企业所得税问题的通知 1999.07.12 国税函〔1999〕477号

254. 国家税务总局转发《国务院关于扩大外商投资企业从事能源交通基础设施项目税收优惠规定适用范围的通知》的通知 1999.07.14 国税发〔1999〕132号

255. 国家税务总局关于国家开发银行继续集中缴纳城市维护建设税和教育费附加的通知 1999.07.19 国税函〔1999〕493号

256. 国家税务总局关于国家经贸委管理的10个国家局所属科研机构转制后税收征收管理问题的通知 1999.07.20 国税发〔1999〕135号

257. 国家税务总局关于国家开发银行城市维护建设税和教育费附加款项划转办法的补充通知 1999.08.02 国税函〔1999〕521号

258. 国家税务总局关于铁路建设用地有关耕地占用税问题的批复 1999.08.09 国税函〔1999〕537号

259. 国家税务总局关于大屯煤电(集团)公司姚桥煤矿采煤塌陷占地耕地占用税征免政策的通知 1999.08.09 国税函〔1999〕538号

260. 国家税务总局关于东北和西北地区电力企业所得税问题的通知 1999.08.17 国税函〔1999〕559号

261. 国家税务总局关于中关村科技园区软件开发生产企业有关税收政策的通知 1999.08.18 国税发〔1999〕156号

262. 国家税务总局关于银行企业所得税若干问题的通知 1999.09.03 国税发〔1999〕162号

263. 国家税务总局关于保险企业所得税若干问题的通知 1999.09.14 国税发〔1999〕169号

264. 国家税务总局关于企业发放补充养老保险金征收个人所得税问题的批复 1999.09.16 国税函〔1999〕615号

265. 国家税务总局关于外商投资企业技术开发费抵扣应纳税所得额有关问题的通知 1999.09.17 国税发〔1999〕173号

266. 国家税务总局关于执业税务师执业注册有关问题的通知 1999.09.27 国税发〔1999〕182号

267. 国家税务总局 海关总署关于启用《以产顶进钢材出口验放记录续页》的通知 1999.09.28 国税函〔1999〕614号

268. 国家税务总局关于中国联合通信有限公司及所属企业缴纳所得税问题的通知 1999.09.28 国税函〔1999〕648号

269. 国家税务总局关于外商投资企业和外国企业接受捐赠税务处理的通知 1999.10.18 国税发〔1999〕195号

270. 国家税务总局关于中国邮电电信总局缴纳企业所得税问题的通知 1999.10.25 国税函〔1999〕704号

271. 国家税务总局关于中国移动通信集团公司缴纳企业所得税问题的通知 1999.10.25 国税函〔1999〕705号

272. 国家税务总局关于外商投资企业和外国企业为其雇员提存医疗保险等三项基金以外的职工集体福利类费用税务处理问题的通知 1999.10.27 国税函〔1999〕709号

273. 国家税务总局关于印发《税务师事务所财务管理办法(试行)》、《税务师事务所会计核算办法(试行)》的通知 1999.11.10 国税发〔1999〕209号

274. 国家税务总局关于我国境内企业若干对外应付未付费用扣缴预提所得税问题的补充通知 1999.11.14 国税函〔1999〕第788号

275. 国家税务总局关于加强金融保险企业呆账坏账损失税前扣除管理问题的通知 1999.11.16 国税发〔1999〕213号

276. 国家税务总局关于国有农垦等企业缴纳企业所得税问题的通知 1999.11.16 国税发〔1999〕214号

277. 国家税务总局关于农村信用社管理机构提取管理费问题的通知 1999.11.30 国税函〔1999〕811号

278. 国家税务总局关于外商投资企业和外国企业购买国库券取得的利息收入税务处理问题的批复 1999.12.01 国税函〔1999〕818号

279. 国家税务总局关于城市商业银行所得税几个业务问题的通知 1999.12.06 国税发〔1999〕227号

280. 国家税务总局关于实施对设在中西部地区的外商投资企业给予三年减按15%税率征收企业所得税的优惠的通知 1999.12.08 国税发〔1999〕172号

281. 国家税务总局关于中国信达等四家资产管理公司有关税收政策的通知 1999.12.08 国税明电〔1999〕26号

282. 国家税务总局关于江垭水利枢纽工程在湖南省占地征收耕地占用税的批复 1999.12.22 国税函〔1999〕916号

283. 国家税务总局关于江垭水利枢纽工程在湖北省占地征收耕地占用税的批复 1999.12.22 国税函〔1999〕917号

284. 国家税务总局关于县以上农村信用社管理机构管理费提取标准的通知 1999.12.29 国税函〔1999〕941号

285. 国家税务总局关于中国科学院及其所属科学事业单位缴纳企业所得税问题的通知 2000.01.06 国税函〔2000〕26号

286. 国家税务总局关于实施重点企业税源监控数据库管理暂行办法的通知 2000.01.10 国税发〔2000〕7号

287. 国家税务总局关于国家邮政局企业所得税有关问题的通知 2000.01.20 国税函〔2000〕68号

288. 国家税务总局关于贯彻落实《中共中央、国务院关于加强技术创新,发展高科技,实现产业化的决定》有关所得税问题的通知 2000.02.01 国税发〔2000〕24号

289. 国家税务总局关于技术改造国产设备投资抵免企业所得税抵扣凭证问题的通知 2000.03.03 国税函〔2000〕159号

290. 国家税务总局关于外商投资企业财产损失所得税前扣除审批管理的通知 2000.03.13 国税发〔2000〕46号

291. 国家税务总局关于外国投资者享受再投资退还所得税优惠有关问题的通知 2000.03.14 国税发〔2000〕49号

292. 国家税务总局关于做好非贸易及部分资本项目项下售付汇税务凭证的出具工作等有关问题的紧急通知 2000.03.15 国税函〔2000〕186号

293. 国家税务总局关于军队事业单位对外有偿服务征收企业所得税若干问题的通知 2000.04.03 国税发〔2000〕61号

294. 国家税务总局关于淘汰消耗臭氧层物质生产线企业取得的赠款免征企业所得税的通知 2000.04.04 国税函〔2000〕228号

295. 国家税务总局关于烟草公司罚没收入征收企业所得税问题的批复 2000.04.10 国税函〔2000〕238号

296. 国家税务总局关于外籍居民个人在过渡期间储蓄存款利息享受避免双重征税协定待遇有关问题的通知 2000.04.24 国税函〔2000〕267号

297. 国家税务总局关于修改《国家税务总局关于严格控制增值税专用发票使用范围的通知》的通知 2000.05.08 国税发〔2000〕75号

298. 国家税务总局关于企业向中国青年志愿者协会的捐赠所得税前扣除问题的通知 2000.05.09 国税函〔2000〕310号

299. 国家税务总局关于从事咨询业务的外商投资企业和外国企业税务处理问题的通知 2000.05.12 国税发〔2000〕82号

300. 国家税务总局关于失业保险费(金)征免个人所得税问题的通知 2000.05.16 国税发〔2000〕83号

301. 国家税务总局关于印发《外商投资企业和外国企业购买国产设备投资抵免企业所得税管理办法》的通知 2000.05.18 国税发〔2000〕90号

302. 国家税务总局关于非贸易及部分资本项目项下售付汇提交税务凭证有关问题的通知 2000.05.19 国税发〔2000〕66号

303. 国家税务总局关于天生桥一级水电站建设引起单位迁移和公路改建应向征地方征收耕地占用税的批复 2000.06.19 国税函〔2000〕469号

304. 国家税务总局关于企业股权投资业务若干所得税问题的通知 2000.06.21 国税发〔2000〕118号

305. 国家税务总局关于企业合并分立业务有关所得税问题的通知 2000.06.21 国税发〔2000〕119号

306. 国家税务总局关于组织开展耕地占用税执法检查的通知 2000.07.13 国税函〔2000〕538号

307. 国家税务总局关于农村信用合作社县联社管理费问题的批复 2000.07.15 国税函〔2000〕521号

308. 国家税务总局关于轻工集体企业主管部门提取管理费问题的通知 2000.07.19 国税函〔2000〕554号

309. 国家税务总局关于企业财产损失税前扣除问题的批复 2000.07.31 国税函〔2000〕579号

310. 国家税务总局关于企业所得税纳税人向中国绿化基金会的捐赠所得税前扣除问题的通知 2000.08.15 国税函〔2000〕628号

311. 国家税务总局关于电信企业所得税有关问题的通知 2000.08.18 国税发〔2000〕147号

312. 国家税务总局关于外商投资企业和外国企业所得税法若干执行问题的通知 2000.08.21 国税发〔2000〕152号

313. 国家税务总局关于第五届"宋庆龄儿童文学奖"获奖者的奖金收入免征个人所得税问题的通知 2000.08.25 国税函〔2000〕663号

314. 国家税务总局关于工会经费税前扣除问题的通知 2000.09.01 国税函〔2000〕678号

315. 国家税务总局关于外商投资企业房屋装修费税务处理问题的批复 2000.09.11 国税函〔2000〕704号

316. 国家税务总局关于污染土地不征耕地占用税的批复 2000.10.23 国税函〔2000〕863号

317. 国家税务总局关于湖南计算机股份有限公司HCC188税控计量器改进型投入使用的通知 2000.10.25 国税函〔2000〕850号

318. 国家税务总局关于外籍居民个人储蓄存款利息所得享受避免双重征税协定待遇有关问题的通知 2000.10.30 国税函〔2000〕876号

319. 国家税务总局关于我国境内企业向外国企业支付软件费扣缴营业税问题的通知 2000.11.03 国税发〔2000〕179号

320. 国家税务总局关于进一步加强汇总纳税企业所得税管理的通知 2000.11.09 国税发〔2000〕185号

321. 国家税务总局关于金融保险企业所得税若干问题的通知 2000.11.09 国税函〔2000〕906号

322. 国家税务总局关于外商投资企业和外国企业购买国产设备抵免企业所得税有关执行问题的批复 2000.11.14 国税函〔2000〕910号

323. 国家税务总局关于关联企业间业务往来发生坏账损失税前扣除问题的通知 2000.11.24 国税函〔2000〕945号

324. 国家税务总局关于淮河干流城西湖退堤工程建设用地免征耕地占用税的批复 2000.12.07 国税函〔2000〕981号

325. 国家税务总局关于修改重点企业税源监控数据库管理暂行办法的通知 2000.12.11 国税函〔2000〕1010号

326. 国家税务总局关于中国科学院及所属科学事业单位缴纳企业所得税问题的补充通知 2000.12.29 国税函〔2000〕1130号

327. 国家税务总局关于纳税人向中国之友研究基金会捐赠有关所得税问题的通知 2001.01.02 国税函〔2001〕6号

328. 国家税务总局关于印发《税收情报交换管理规程（试行）》的通知 2001.01.08 国税发〔2001〕3号

329. 国家税务总局关于县以上农村信用社管理机构管理费提取标准的通知 2001.01.17 国税函〔2001〕87号

330. 国家税务总局关于免征芜湖长江大桥相关工程建设占地耕地占用税的批复 2001.02.09 国税函〔2001〕137号

331. 国家税务总局关于汇总（合并）纳税企业实行统一计算、分级管理、就地预交、集中清算所得税问题的通知 2001.02.09 国税发〔2001〕13号

332. 国家税务总局关于广播电视事业单位征收企业所得税若干问题的通知 2001.02.13 国税发〔2001〕15号

333. 国家税务总局关于漳沼高速公路建设占地征收耕地占用税的批复 2001.02.26 国税函〔2001〕163 号

334. 国家税务总局关于纳税人通过光华科技基金会的公益救济性捐赠税前扣除问题的通知 2001.02.27 国税函〔2001〕164 号

335. 国家税务总局 对外贸易经济合作部关于《国际货物运输代理业专用发票》增加购付汇联的通知 2001.02.27 国税函〔2001〕155 号

336. 国家税务总局关于江汉石油管理局职工购买经济适用住房征收契税的批复 2001.03.03 国税函〔2001〕167 号

337. 国家税务总局关于耕地占用税若干问题的批复 2001.03.05 国税函〔2001〕178 号

338. 国家税务总局关于中国银行海外分行取得来源于境内利息收入税务处理问题的函 2001.03.08 国税函〔2001〕189 号

339. 国家税务总局关于纳税人向中国文学艺术基金会捐赠税前扣除问题的通知 2001.03.19 国税函〔2001〕207 号

340. 国家税务总局关于国际航空电讯协会从中国境内会员收取费用有关税收处理问题的通知 2001.03.21 国税函〔2001〕217 号

341. 国家税务总局关于纳税人向中国人口福利基金会捐赠税前扣除问题的通知 2001.03.22 国税函〔2001〕214 号

342. 国家税务总局关于企业住房制度改革中涉及的若干所得税业务问题的通知 2001.04.06 国税发〔2001〕39 号

343. 国家税务总局关于免征车木河水库耕地占用税的批复 2001.04.19 国税函〔2001〕288 号

344. 国家税务总局关于征求《中华人民共和国耕地占用税暂行条例》（修订草案）意见的函 2001.04.29 国税函〔2001〕326 号

345. 国家税务总局关于纳税人向中国听力医学发展基金会捐赠税前扣除问题的通知 2001.05.22 国税函〔2001〕357 号

346. 国家税务总局关于地（市）级农村信用社联社管理费问题的批复 2001.05.24 国税函〔2001〕366 号

347. 国家税务总局关于进一步加强对高收入者个人所得税征收管理的通知 2001.06.01 国税发〔2001〕57 号

348. 国家税务总局关于向外籍个人和企业提供完税证明和中国居民身份证明的通知 2001.06.05 国税发〔2001〕43 号

349. 国家税务总局关于清理和纠正违反个人所得税法律、法规的政策规定的通知 2001.06.05 国税发〔2001〕59 号

350. 国家税务总局关于工程勘察设计单位体制改革企业所得税问题的通知 2001.06.06 国税发〔2001〕60 号

351. 国家税务总局关于金融企业应收利息税务处理问题的通知 2001.06.06 国税发〔2001〕69 号

352. 国家税务总局关于外商投资企业技术开发费抵扣应纳税所得额的补充通知

2001.06.08 国税函〔2001〕405 号

353. 国家税务总局关于民航总局所属企业事业单位缴纳企业所得税问题的通知 2001.06.28 国税函〔2001〕502 号

354. 国家税务总局关于铁道部所属企业缴纳企业所得税问题的通知 2001.07.03 国税函〔2001〕517 号

355. 国家税务总局 中国保险监督管理委员会关于规范保险业专用发票有关问题的通知 2001.07.23 国税发〔2001〕79 号

356. 国家税务总局关于外国投资者再投资退税有关问题的通知 2001.07.30 国税发〔2001〕86 号

357. 国家税务总局关于调整部分行业广告费用所得税前扣除标准的通知 2001.08.05 国税发〔2001〕89 号

358. 国家税务总局关于交通施工企业所得税问题的通知 2001.09.04 国税函〔2001〕679 号

359. 国家税务总局关于"明天小小科学家"奖金免征所得税的通知 2001.09.10 国税函〔2001〕692 号

360. 国家税务总局关于加强防伪税控开票系统最高开票限额管理的通知 2001.09.28 国税发明电〔2001〕57 号

361. 国家税务总局关于司法公证机构改制后有关所得税问题的通知 2001.10.09 国税函〔2001〕739 号

362. 国家税务总局关于农村信用社专项奖金税前扣除标准的批复 2001.10.10 国税函〔2001〕740 号

363. 国家税务总局关于中国福利彩票用作社会福利基金部分的发行收入征免所得税问题的通知 2001.10.10 国税函〔2001〕745 号

364. 国家税务总局关于民航总局汇总缴纳企业所得税问题的补充通知 2001.10.17 国税函〔2001〕758 号

365. 国家税务总局关于"株六复线"铁路建设部分占地应征收耕地占用税的批复 2001.11.05 国税函〔2001〕793 号

366. 国家税务总局关于民办敬老院占用耕地免征耕地占用税的批复 2001.11.05 国税函〔2001〕794 号

367. 国家税务总局关于明确农业产业化国家重点龙头企业所得税征免问题的通知 2001.11.15 国税发〔2001〕124 号

368. 国家税务总局关于租赁农村集体经济组织耕地进行高等学校学生公寓建设征收耕地占用税的批复 2001.11.28 国税函〔2001〕863 号

369. 国家税务总局关于修改 2002 年度重点税源监控月报表指标体系的通知 2001.12.05 国税函〔2001〕886 号

370. 国家税务总局关于企业支付给职工的一次性补偿金在企业所得税税前扣除问题的批复 2001.12.06 国税函〔2001〕918 号

371. 国家税务总局关于高速公路配套设施建设占用耕地适用耕地占用税税率的批复

2001.12.11 国税函〔2001〕922 号

372. 国家税务总局关于三峡工程耕地占用税征收经费政策的批复 2001.12.13 国税函〔2001〕933 号

373. 国家税务总局关于外商投资从事房地产开发经营企业所得税管理的通知 2001.12.20 国税发〔2001〕142 号

374. 国家税务总局关于外商投资企业采购国产设备有关退税问题的批复 2001.12.21 国税函〔2001〕954 号

375. 国家税务总局关于轻工集体企业主管部门提取总机构管理费有关问题的通知 2001.12.21 国税函〔2001〕948 号

376. 国家税务总局关于邮政企业广告费和业务宣传费税前扣除问题的通知 2001.12.30 国税函〔2001〕1023 号

377. 国家税务总局关于外资金融机构应收利息所得税处理问题的批复 2002.01.08 国税函〔2002〕4 号

378. 国家税务总局关于外国银行分行摊列总行管理费有关问题的通知 2002.01.10 国税函〔2002〕11 号

379. 国家税务总局关于个人出租商住两用房征税问题的批复 2002.01.22 国税函〔2002〕74 号

380. 国家税务总局关于国家邮政局所属企业缴纳企业所得税问题的通知 2002.01.25 国税函〔2002〕92 号

381. 国家税务总局关于增值税一般纳税人丢失防伪税控系统开具的增值税专用发票有关税务处理问题的通知 2002.02.02 国税发〔2002〕10 号

382. 国家税务总局关于皂市水利枢纽工程征收耕地占用税的批复 2002.02.22 国税函〔2002〕161 号

383. 国家税务总局关于汇总合并纳税企业实行统一计算、分级管理、就地预交、集中清算所得税问题的补充通知 2002.03.18 国税函〔2002〕226 号

384. 国家税务总局关于计算机软件转让收入认定为技术转让收入问题的批复 2002.03.27 国税函〔2002〕234 号

385. 国家税务总局关于外商投资企业为抵御风险和减少未来费用而发生的支出有关所得税税务处理问题的通知 2002.04.03 国税发〔2002〕31 号

386. 国家税务总局关于转制科研机构享受企业所得税优惠政策问题的补充通知 2002.04.04 国税发〔2002〕36 号

387. 国家税务总局关于使用增值税防伪税控系统的增值税一般纳税人资格认定问题的通知 2002.04.16 国税函〔2002〕326 号

388. 国家税务总局关于外商投资企业纳税年度问题的批复 2002.04.25 国税函〔2002〕361 号

389. 国家税务总局关于从事国际海运无船承运业务使用发票有关问题的通知 2002.05.10 国税函〔2002〕404 号

390. 国家税务总局关于执行新《外商投资产业指导目录》有关税收问题的通知

2002.05.30 国税发〔2002〕63号

391. 国家税务总局关于保险公司分业经营改革中不动产转移过户有关税收政策的通知 2002.06.11 国税发〔2002〕69号

392. 国家税务总局关于废止《增值税专用发票及其他计税、扣税凭证稽核检查办法(试行)》中有关条款的通知 2002.07.08 国税函〔2002〕607号

393. 国家税务总局关于免征昆明柴石滩水库建设占地耕地占用税的批复 2002.07.11 国税函〔2002〕621号

394. 国家税务总局关于进一步加强防伪税控开票系统最高开票限额管理的通知 2002.07.12 国税发明电〔2002〕33号

395. 国家税务总局关于外国投资者再投资退还企业所得税有关问题的通知 2002.07.17 国税发〔2002〕90号

396. 国家税务总局关于加强粮食收购发票管理的通知 2002.09.08 国税函〔2002〕804号

397. 国家税务总局关于外贸(工贸)企业遗失出口货物增值税专用发票有关退税问题的通知 2002.09.18 国税函〔2002〕827号

398. 国家税务总局关于电信企业重组后有关企业所得税问题的通知 2002.09.20 国税函〔2002〕835号

399. 国家税务总局关于企业等社会力量向中华社会文化发展基金会的公益救济性捐赠税前扣除问题的通知 2002.10.08 国税函〔2002〕890号

400. 国家税务总局关于印发《税收情报交换工作保密规则》的通知 2002.10.18 国税函〔2002〕931号

401. 国家税务总局关于金融保险企业所得税有关业务问题的通知 2002.11.07 国税函〔2002〕960号

402. 国家税务总局关于印发《税务代理工作底稿(企业所得税)》的通知 2002.11.12 国税函〔2002〕961号

403. 国家税务总局关于纳税人通过中国妇女发展基金会的公益救济性捐赠税前扣除问题的通知 2002.11.19 国税函〔2002〕973号

404. 国家税务总局关于"明天小小科学家"奖金免征所得税的通知 2002.12.17 国税函〔2002〕1087号

405. 国家税务总局关于免征弥勒县雨补水库建设占地耕地占用税的批复 2002.12.24 国税函〔2002〕1149号

406. 国家税务总局关于海南热带野生动物园耕地占用税问题的批复 2002.12.25 国税函〔2002〕1106号

407. 国家税务总局关于免征内昆铁路(云南省境内)建设占地耕地占用税的批复 2002.12.25 国税函〔2002〕1107号

408. 国家税务总局关于"星光计划"项目建设占地免征耕地占用税的批复 2002.12.31 国税函〔2002〕1168号

409. 国家税务总局关于进一步做好金融保险业营业税申报管理工作的通知

2003.01.02 国税函〔2003〕13号

410. 国家税务总局关于中国建筑工程总公司重组改制过程中转让股权不征营业税的通知 2003.01.03 国税函〔2003〕12号

411. 国家税务总局关于外商投资企业和外国企业从事金融资产处置业务有关税收问题的通知 2003.01.07 国税发〔2003〕3号

412. 国家税务总局关于纳税人通过中国光彩事业促进会的公益救济性捐赠税前扣除问题的通知 2003.01.23 国税函〔2003〕78号

413. 国家税务总局关于外商投资企业和外国企业取得搬迁补偿费收入税务处理问题的批复 2003.01.29 国税函〔2003〕115号

414. 国家税务总局关于外商投资企业和外国企业通过虚开增值税专用发票购进的货物所得税处理问题的批复 2003.02.09 国税函〔2003〕112号

415. 国家税务总局关于纳税人通过中国癌症研究基金会的公益救济性捐赠税前扣除问题的通知 2003.02.14 国税函〔2003〕142号

416. 国家税务总局关于外国企业常驻代表机构有关税收管理问题的通知 2003.03.12 国税发〔2003〕28号

417. 国家税务总局关于印发《国家税务总局关于辽宁省增值税一般纳税人停止开具手写版增值税专用发票的公告》的通知 2003.03.24 国税函〔2003〕324号

418. 国家税务总局关于国家邮政局所属企业缴纳企业所得税问题的通知 2003.03.25 国税函〔2003〕335号

419. 国家税务总局关于从事旅游观光缆车索道服务业务的外商投资企业不属于生产性企业的通知 2003.03.28 国税发〔2003〕36号

420. 国家税务总局关于外商投资企业追加投资享受企业所得税优惠政策有关问题的补充通知 2003.03.28 国税函〔2003〕368号

421. 国家税务总局办公厅关于使用NOTES系统传递税收情报交换信息有关问题的通知 2003.04.01 国税办函〔2003〕132号

422. 国家税务总局关于印发《国家税务总局关于山东省和大连市增值税一般纳税人停止开具手写版增值税专用发票的公告》的通知 2003.04.04 国税函〔2003〕373号

423. 国家税务总局关于从事污水、垃圾处理业务的外商投资企业认定为生产性企业问题的批复 2003.04.09 国税函〔2003〕388号

424. 国家税务总局关于外国投资者出资比例低于25%的外商投资企业税务处理问题的通知 2003.04.18 国税函〔2003〕422号

425. 国家税务总局关于执行《企业会计制度》需要明确的有关所得税问题的通知 2003.04.24 国税发〔2003〕45号

426. 国家税务总局关于调整2002年石脑油、溶剂油生产及供应计划的通知 2003.05.12 国税函〔2003〕496号

427. 国家税务总局关于核发2003年石脑油、溶剂油生产供应计划的通知 2003.05.12 国税函〔2003〕497号

428. 国家税务总局关于印发《国家税务总局关于新疆维吾尔自治区增值税一般纳税人

停止开具手写版增值税专用发票的公告》的通知 2003.05.13 国税函〔2003〕508 号

429. 国家税务总局关于中海石油（中国）有限公司等两家公司开具的部分增值税专用发票抵扣问题的通知 2003.05.16 国税函〔2003〕516 号

430. 国家税务总局关于外国投资者并购境内企业股权有关税收问题的通知 2003.05.28 国税发〔2003〕60 号

431. 国家税务总局关于第六届"宋庆龄儿童文学奖"获奖者的奖金收入免征个人所得税问题的通知 2003.05.29 国税函〔2003〕572 号

432. 国家税务总局关于软件企业和高新技术企业所得税优惠政策有关规定执行口径等问题的通知 2003.05.29 国税发〔2003〕82 号

433. 国家税务总局关于印发《国家税务总局关于浙江、江西两省增值税一般纳税人停止开具手写版增值税专用发票的公告》的通知 2003.05.30 国税函〔2003〕581 号

434. 国家税务总局关于贯彻落实《国务院办公厅关于加快推进再就业工作的通知》的通知 2003.06.13 国税发〔2003〕65 号

435. 国家税务总局关于国际航空电讯协会从中国境内收取费用有关税收处理问题的补充通知 2003.06.17 国税函〔2003〕703 号

436. 国家税务总局关于金融企业呆账损失税前扣除审批事项的通知 2003.06.19 国税发〔2003〕73 号

437. 国家税务总局关于纳税人向中国法律援助基金会捐赠税前扣除问题的通知 2003.06.24 国税函〔2003〕722 号

438. 国家税务总局关于纳税人向中华环境保护基金会的捐赠税前扣除问题的通知 2003.06.30 国税函〔2003〕762 号

439. 国家税务总局关于纳税人通过中国初级卫生保健基金会的公益救济性捐赠税前扣除问题的通知 2003.06.30 国税函〔2003〕763 号

440. 国家税务总局关于印发《国家税务总局关于北京等地增值税一般纳税人停止开具手写版增值税专用发票的公告》的通知 2003.07.09 国税函〔2003〕817 号

441. 国家税务总局关于分期投资经营的外商投资企业享受先进技术企业所得税优惠问题的批复 2003.07.09 国税函〔2003〕837 号

442. 国家税务总局办公厅关于使用电子方式与美日韩进行税收情报交换问题的通知 2003.08.20 国税办函〔2003〕42 号

443. 国家税务总局关于中国人民保险公司重组改制过程中呆账损失税前扣除的通知 2003.09.15 国税函〔2003〕1068 号

444. 国家税务总局关于下放管理的固定资产加速折旧审批项目后续管理工作的通知 2003.09.22 国税发〔2003〕113 号

445. 国家税务总局关于固定资产原值及折旧年限认定问题的批复 2003.09.26 国税函〔2003〕1095 号

446. 国家税务总局关于企业贷款支付利息税前扣除标准的批复 2003.09.30 国税函〔2003〕1114 号

447. 国家税务总局关于金融企业广告费、业务宣传费和业务招待费税前扣除问题的通

知 2003.10.15 国税函〔2003〕1147 号

448. 国家税务总局关于进一步明确若干再就业税收政策问题的通知 2003.10.18 国税发〔2003〕119 号

449. 国家税务总局关于龙源等企业生产销售的溶剂油、石脑油不征消费税的通知 2003.10.23 国税函〔2003〕1176 号

450. 国家税务总局关于取消外商投资企业和外国企业所得税若干审批项目后续管理有关问题的通知 2003.10.24 国税发〔2003〕127 号

451. 国家税务总局关于纳税人通过中华国际科学交流基金会的公益救济性捐赠税前扣除问题的通知 2003.10.29 国税函〔2003〕1198 号

452. 国家税务总局关于外商投资企业享受"两个密集型"税收优惠政策有关问题的通知 2003.11.07 国税发〔2003〕135 号

453. 国家税务总局关于修订 2004 年重点税源监管企业报表指标体系的通知 2003.11.13 国税函〔2003〕1235 号

454. 国家税务总局关于新办企业所得税优惠执行口径的批复 2003.11.18 国税函〔2003〕1239 号

455. 国家税务总局关于第一届高等学校教学名师奖奖金免征个人所得税问题的通知 2003.12.04 国税函〔2003〕1294 号

456. 国家税务总局关于货物运输业营业税纳税人认定情况的再次通报 2003.12.19 国税函〔2003〕1360 号

457. 国家税务总局关于货物运输业营业税纳税人认定情况的第三次通报 2003.12.30 国税函〔2003〕1393 号

458. 国家税务总局关于公路建设引起拆迁安置占地有关耕地占用税政策的批复 2004.01.08 国税函〔2004〕57 号

459. 国家税务总局关于进一步加强外国承包商税务管理的通知 2004.01.08 国税发〔2004〕5 号

460. 国家税务总局关于印发修订后的《外商投资企业和外国企业所得税申报表》的通知 2004.01.12 国税函〔2004〕54 号

461. 国家税务总局关于外商投资企业从事电信业务所发生的坏账损失税务处理问题的通知 2004.01.17 国税函〔2004〕90 号

462. 国家税务总局关于减免河北省廊坊市中棉储运中心等 3 户企业城镇土地使用税的批复 2004.01.18 国税函〔2004〕101 号

463. 国家税务总局关于第二届"中华环境奖"获奖者的奖金收入免征个人所得税的通知 2004.01.20 国税函〔2004〕145 号

464. 国家税务总局关于国际航空运输协会北京办事处等 51 家外国常驻代表机构免税问题的批复 2004.02.16 国税函〔2004〕229 号

465. 国家税务总局关于国内个人和外籍个人(港澳)共有房产征收房产税问题的批复 2004.02.19 国税函〔2004〕262 号

466. 国家税务总局关于中国残疾人联合会所属企事业单位减征所得税问题的通知

2004.02.23 国税函〔2004〕290号

467. 国家税务总局关于免征深圳市中粮信隆实业有限公司房产税的通知 2004.02.24 国税函〔2004〕297号

468. 国家税务总局关于外商投资企业和外国企业虚报亏损企业所得税处理问题的批复 2004.02.24 国税函〔2004〕296号

469. 国家税务总局关于旅行社费用税前扣除问题的批复 2004.03.04 国税函〔2004〕329号

470. 国家税务总局关于纳税人通过阎宝航教育基金会的公益救济性捐赠税前扣除问题的通知 2004.03.08 国税函〔2004〕341号

471. 国家税务总局关于下发《清理检查开发区税收优惠政策督查方案》的通知 2004.03.10 国税函〔2004〕349号

472. 国家税务总局关于企业股权转让有关所得税问题的补充通知 2004.03.25 国税函〔2004〕390号

473. 国家税务总局关于德国投资与开发有限公司取得贷款利息免征企业所得税问题的批复 2004.04.08 国税函〔2004〕464号

474. 国家税务总局关于中国国际展览中心减免城镇土地使用税的批复 2004.04.13 国税函〔2004〕499号

475. 国家税务总局关于对不核准投资总额的外商投资企业如何适用购买国产设备抵免企业所得税规定的批复 2004.04.13 国税函〔2004〕496号

476. 国家税务总局关于修订印发《增值税计算机稽核系统发票比对操作规程（试行）》的通知 2004.04.22 国税发〔2004〕43号

477. 国家税务总局关于开展规范税收征管严禁违规代理专项检查工作的紧急通知 2004.04.30 国税发明电〔2004〕21号

478. 国家税务总局关于上海贝尔阿尔卡特股份有限公司执行技术总协议有关税收问题的批复 2004.05.08 国税函〔2004〕470号

479. 国家税务总局 中国保险监督管理委员会关于规范保险中介服务发票管理有关问题的通知 2004.05.13 国税发〔2004〕51号

480. 国家税务总局关于外国企业代表机构有关税务处理问题的批复 2004.05.17 国税函〔2004〕568号

481. 国家税务总局关于纳税人通过中华民族团结进步协会公益救济性捐赠税前扣除问题的通知 2004.05.21 国税函〔2004〕634号

482. 国家税务总局关于俄罗斯航空公司驻华办事处收入征收营业税的通知 2004.05.28 国税发〔2004〕62号

483. 国家税务总局关于中国境内企业与外国企业进行融资业务掉期交易扣缴所得税有关问题的通知 2004.06.08 国税函〔2004〕753号

484. 国家税务总局关于美国福特基金会北京办事处等33家外国企业常驻代表机构免税问题的批复 2004.06.11 国税函〔2004〕777号

485. 国家税务总局关于做好已取消和下放管理的企业所得税审批项目后续管理工作

的通知 2004.06.30 国税发〔2004〕82 号

486. 国家税务总局 财政部关于印发《减免税普查实施方案》的通知 2004.06.30 国税发〔2004〕83 号

487. 国家税务总局关于加强新办商贸企业增值税征收管理有关问题的紧急通知 2004.07.01 国税发明电〔2004〕37 号

488. 国家税务总局关于调整 2003 年石脑油、溶剂油生产供应计划的通知 2004.07.02 国税函〔2004〕868 号

489. 国家税务总局关于核发 2004 年石脑油、溶剂油生产供应计划的通知 2004.07.02 国税函〔2004〕872 号

490. 国家税务总局关于已取消和下放的企业所得税审批事项衔接问题的通知 2004.08.13 国税函〔2004〕963 号

491. 国家税务总局关于外国航空、海运企业从经济特区取得国际运输收入适用企业所得税税率问题的批复 2004.08.17 国税函〔2004〕974 号

492. 国家税务总局关于调整部分产品 2003 年、2004 年出口退税率文库的通知 2004.08.17 国税函〔2004〕969 号

493. 国家税务总局关于大东电报局环球市场有限公司向渣打银行深圳分行出租网络线路及设备有关税务处理问题的批复 2004.08.27 国税函〔2004〕第 1006 号

494. 国家税务总局关于印发《关联企业间业务往来预约定价实施规则》（试行）的通知 2004.09.03 国税发〔2004〕118 号

495. 国家税务总局关于辅导期一般纳税人实施"先比对、后扣税"有关管理问题的通知 2004.09.30 国税发明电〔2004〕51 号

496. 国家税务总局关于修订《关联企业间业务往来税务管理规程》的通知 2004.10.22 国税发〔2004〕143 号

497. 国家税务总局关于全国职工技术创新成果获奖者奖金收入免征个人所得税的通知 2004.11.02 国税函〔2004〕1204 号

498. 国家税务总局关于加强新办商贸企业增值税征收管理有关问题的补充通知 2004.12.01 国税发明电〔2004〕62 号

499. 国家税务总局关于布置 2005 年重点税源监管企业报表任务的通知 2004.12.20 国税函〔2004〕1381 号

500. 国家税务总局关于调整金融企业呆账损失税前扣除审批权限的通知 2005.01.14 国税发〔2005〕11 号

501. 国家税务总局关于做好 2004 年度外商投资企业和外国企业所得税汇算清缴工作有关问题的通知 2005.01.15 国税函〔2005〕59 号

502. 国家税务总局关于平板玻璃不得享受资源综合利用增值税优惠政策的批复 2005.01.18 国税函〔2005〕34 号

503. 国家税务总局关于金融企业销售未取得发票的抵债不动产和土地使用权征收营业税问题的批复 2005.01.24 国税函〔2005〕77 号

504. 国家税务总局关于营业税若干政策问题的批复 2005.01.26 国税函〔2005〕83 号

505. 国家税务总局关于期货经纪公司缴纳企业所得税问题的通知 2005.01.26 国税函〔2005〕104号

506. 国家税务总局关于石油企业工资结余税前扣除问题的批复 2005.01.27 国税函〔2005〕105号

507. 国家税务总局关于进一步加强总机构提取管理费税前扣除审批管理的通知 2005.01.28 国税函〔2005〕115号

508. 国家税务总局关于清产核资工作有关税收政策问题的复函 2005.02.06 国税函〔2005〕142号

509. 国家税务总局关于税务机关为纳税人开具个人所得税完税证明有关问题的批复 2005.02.22 国税函〔2005〕229号

510. 国家税务总局关于2004年企业所得税收入情况的通报 2005.02.25 国税函〔2005〕175号

511. 国家税务总局关于出版发行企事业单位企业所得税征免问题的批复 2005.02.28 国税函〔2005〕181号

512. 国家税务总局关于企业虚报亏损适用税法问题的通知 2005.03.04 国税函〔2005〕190号

513. 国家税务总局关于调整制药企业广告费税前扣除标准的通知 2005.03.04 国税发〔2005〕21号

514. 国家税务总局 商务部关于技术进口企业所得税减免审批程序的通知 2005.03.07 国税发〔2005〕45号

515. 国家税务总局关于取消国际货物运输代理业专用发票领购前置审批条件的通知 2005.03.07 国税发〔2005〕23号

516. 国家税务总局关于天津南侨制品有限公司生产植物性鲜奶油（油脂）适用征退税率问题的批复 2005.03.08 国税函〔2005〕194号

517. 国家税务总局关于玉米出口有关退税问题的通知 2005.03.25 国税函〔2005〕253号

518. 国家税务总局关于加强企业所得税管理若干问题的意见 2005.03.29 国税发〔2005〕50号

519. 国家税务总局关于意大利对外贸易委员会广州代表处免税问题的批复 2005.03.31 国税函〔2005〕208号

520. 国家税务总局关于新增列名生产企业外购产品出口退税的通知 2005.04.05 国税函〔2005〕356号

521. 国家税务总局关于严格按照税收征管法确定企业所得税核定征收范围的通知 2005.04.19 国税发〔2005〕64号

522. 国家税务总局关于非货币性资产评估增值暂不征收个人所得税的批复 2005.04.26 国税函〔2005〕319号

523. 国家税务总局关于明确天然肠衣适用征税率、出口退税率等有关问题的通知 2005.04.28 国税发〔2005〕74号

524. 国家税务总局关于韩国电子部品研究院北京代表处免税问题的批复 2005.05.09 国税函〔2005〕412 号

525. 国家税务总局关于出口复合竹地板有关退税问题的通知 2005.05.09 国税函〔2005〕417 号

526. 国家税务总局关于世界自然基金会北京代表处免税问题的批复 2005.05.17 国税函〔2005〕472 号

527. 国家税务总局关于企业高级管理人员行使股票认购权取得所得征收个人所得税问题的批复 2005.05.19 国税函〔2005〕482 号

528. 国家税务总局关于陈嘉庚科学奖基金会有关所得税问题的通知 2005.05.19 国税函〔2005〕509 号

529. 国家税务总局关于外商投资企业和外国企业购买国产设备投资抵免企业所得税若干问题的通知 2005.05.20 国税函〔2005〕488 号

530. 国家税务总局关于核定征收企业所得税的纳税人取得财政补贴收入计征所得税的批复 2005.05.30 国税函〔2005〕541 号

531. 国家税务总局关于联合国教科文组织取得著作权使用费免征企业所得税问题的批复 2005.05.30 国税函〔2005〕547 号

532. 国家税务总局关于香港工业总会东莞代表处免税问题的批复 2005.06.24 国税函〔2005〕659 号

533. 国家税务总局关于美国华盛顿州贸易经济发展厅广州代表处免税问题的批复 2005.06.24 国税函〔2005〕660 号

534. 国家税务总局关于奥地利联邦商会广州代表处免税问题的批复 2005.06.29 国税函〔2005〕473 号

535. 国家税务总局关于消耗臭氧层物质生产淘汰企业取得的赠款免征企业所得税的通知 2005.07.06 国税函〔2005〕700 号

536. 国家税务总局关于外商投资产业指导目录有关税收问题的批复 2005.07.23 国税函〔2005〕739 号

537. 国家税务总局关于香港管理专业协会广州代表处免税问题的批复 2005.08.16 国税函〔2005〕803 号

538. 国家税务总局关于韩国铁道施设公团北京代表处免税问题的批复 2005.08.16 国税函〔2005〕804 号

539. 国家税务总局关于澳大利亚南澳洲政府贸易与经济发展部上海代表处免税问题的批复 2005.08.22 国税函〔2005〕817 号

540. 国家税务总局关于振兴东北老工业基地企业所得税优惠政策适用范围的通知 2005.08.22 国税函〔2005〕823 号

541. 国家税务总局关于以外购木片为原料生产的产品享受增值税优惠政策问题的批复 2005.08.26 国税函〔2005〕826 号

542. 国家税务总局关于合并（汇总）纳税企业总机构有关费用税前扣除标准的通知 2005.09.05 国税发〔2005〕136 号

543. 国家税务总局关于外商投资货物运输企业征免城市维护建设税和教育费附加问题的批复 2005.09.14 国税函〔2005〕881号

544. 国家税务总局关于明确企业调整固定资产残值比例执行时间的通知 2005.09.14 国税函〔2005〕883号

545. 国家税务总局关于烟草拍卖行向买受方收取的佣金是否征收营业税问题的批复 2005.09.19 国税函〔2005〕895号

546. 国家税务总局关于外国企业在华提供信息系统的运行维护及咨询服务征税问题的批复 2005.09.25 国税函〔2005〕912号

547. 国家税务总局关于国防工程建筑业营业税问题的批复 2005.09.27 国税函〔2005〕918号

548. 国家税务总局关于严格执行体育彩票、福利彩票有关营业税政策的通知 2005.10.10 国税发〔2005〕163号

549. 国家税务总局关于纳税人向中国高级检察官教育基金会的捐赠所得税前扣除问题的通知 2005.10.13 国税函〔2005〕952号

550. 国家税务总局关于纳税人向民政部紧急救援促进中心的捐赠所得税前扣除问题的通知 2005.10.13 国税函〔2005〕953号

551. 国家税务总局关于外商投资企业内部处置资产有关所得税处理问题的通知 2005.10.14 国税函〔2005〕970号

552. 国家税务总局关于香港旅游发展局北京办事处免税问题的批复 2005.10.20 国税函〔2005〕988号

553. 国家税务总局关于外国投资者再投资退税有关问题的批复 2005.10.20 国税函〔2005〕989号

554. 国家税务总局关于布置2006年度重点税源监管工作的通知 2005.10.21 国税函〔2005〕1001号

555. 国家税务总局关于外国投资者再投资退还企业所得税有关问题的通知 2005.11.17 国税函〔2005〕1093号

556. 国家税务总局关于辅导期增值税一般纳税人增购增值税专用发票预缴增值税有关问题的通知 2005.11.18 国税函〔2005〕1097号

557. 国家税务总局关于贯彻落实进一步加强就业再就业工作的通知 2005.11.18 国税发〔2005〕183号

558. 国家税务总局关于美国机械制造技术协会广州代表处免税问题的批复 2005.12.02 国税函〔2005〕1132号

559. 国家税务总局关于工资薪金所得计算缴纳个人所得税政策衔接问题的通知 2005.12.09 国税发〔2005〕196号

560. 国家税务总局关于太阳食品(天津)有限公司出口各类蛋粉适用退税率问题的批复 2005.12.13 国税函〔2005〕1175号

561. 国家税务总局关于国家邮政局所属企业缴纳企业所得税问题的通知 2006.01.05 国税函〔2006〕18号

562. 国家税务总局关于世界旅游组织在华取得收入征免税问题的批复 2006.01.12 国税函〔2006〕35 号

563. 国家税务总局关于规范汇总合并缴纳企业所得税范围的通知 2006.01.17 国税函〔2006〕48 号

564. 国家税务总局关于外商投资企业拆除营业用房所得税处理问题的批复 2006.02.15 国税函〔2006〕154 号

565. 国家税务总局关于外商投资企业采购国产设备退税有关问题的批复 2006.02.22 国税函〔2006〕203 号

566. 国家税务总局关于下发 2006 年出口商品退税率文库的通知 2006.03.01 国税函〔2006〕228 号

567. 国家税务总局关于房地产开发业务征收企业所得税问题的通知 2006.03.06 国税发〔2006〕31 号

568. 国家税务总局关于纠正擅自提高企业所得税计税工资扣除标准问题的通知 2006.03.08 国税发〔2006〕34 号

569. 国家税务总局关于货物运输业新办企业所得税退税问题的通知 2006.03.08 国税函〔2006〕249 号

570. 国家税务总局关于物流企业缴纳企业所得税问题的通知 2006.03.18 国税函〔2006〕270 号

571. 国家税务总局关于纳税人通过中国经济改革研究基金会捐赠所得税前扣除问题的通知 2006.04.03 国税函〔2006〕326 号

572. 国家税务总局关于第三届"中华环境奖"和"中华环境奖——绿色东方奖"获奖者奖金收入免征个人所得税的通知 2006.04.04 国税函〔2006〕323 号

573. 国家税务总局关于纳税人通过香江社会救助基金会捐赠所得税前扣除问题的通知 2006.04.04 国税函〔2006〕324 号

574. 国家税务总局关于供电企业无偿接收农村电力资产有关企业所得税问题的通知 2006.04.04 国税函〔2006〕322 号

575. 国家税务总局关于修订企业所得税纳税申报表的通知 2006.04.18 国税发〔2006〕56 号

576. 国家税务总局关于固定资产折旧方法有关问题的批复 2006.05.14 国税函〔2006〕452 号

577. 国家税务总局关于纳税人通过中国国际问题研究和学术交流基金会捐赠所得税前扣除问题的通知 2006.05.14 国税函〔2006〕447 号

578. 国家税务总局关于 2005 年度"明天小小科学家"奖金免征所得税问题的通知 2006.05.16 国税函〔2006〕459 号

579. 国家税务总局关于营利性医疗机构医疗服务收入征收营业税问题的批复 2006.05.23 国税函〔2006〕480 号

580. 国家税务总局关于香港特别行政区政府驻内地经济贸易办事处有关税收问题的通知 2006.05.24 国税函〔2006〕494 号

581. 国家税务总局关于加强住房营业税征收管理有关问题的通知 2006.05.30 国税发〔2006〕74号

582. 国家税务总局关于加强外国企业承包工程税务管理的通知 2006.06.08 国税发〔2006〕83号

583. 国家税务总局关于中国残疾人联合会所属企事业单位减免企业所得税问题的通知 2006.06.09 国税函〔2006〕563号

584. 国家税务总局关于下发2006年出口退税率文库（20060615B版）的通知 2006.07.11 国税函〔2006〕674号

585. 国家税务总局关于缴纳企业所得税的新办企业认定标准执行口径等问题的补充通知 2006.07.13 国税发〔2006〕103号

586. 国家税务总局关于调整服装生产企业广告费支出企业所得税税前扣除标准的通知 2006.07.19 国税发〔2006〕107号

587. 国家税务总局 国家发展和改革委员会关于《外商投资项目采购国产设备退税管理试行办法》的通知 2006.07.24 国税发〔2006〕111号

588. 国家税务总局关于进一步做好企业所得税纳税评估工作的通知 2006.08.05 国税发〔2006〕119号

589. 国家税务总局关于明确与关联企业间业务往来税务管理有关文件效力问题的通知 2006.08.23 国税函〔2006〕807号

590. 国家税务总局关于从事林业种植外商投资企业在取得林木销售收入前所发生费用税务处理的批复 2006.08.23 国税函〔2006〕806号

591. 国家税务总局关于印发《企业所得税分类管理指导意见》的通知 2006.08.25 国税发〔2006〕129号

592. 国家税务总局关于调整企业所得税计税工资政策具体实施有关问题的通知 2006.09.01 国税发〔2006〕137号

593. 国家税务总局关于北京飞机维修工程有限公司等外商投资企业职工住房补贴所得税扣除问题的批复 2006.09.22 国税函〔2006〕867号

594. 国家税务总局关于进一步加强税源管理工作的意见 2006.09.28 国税发〔2006〕149号

595. 国家税务总局关于安利（中国）日用品有限公司印制印有本单位名称发票的批复 2006.10.08 国税函〔2006〕934号

596. 国家税务总局关于爱尔兰贸易与科技局广州代表处免税问题的批复 2006.11.08 国税函〔2006〕1048号

597. 国家税务总局关于明确企业所得税纳税申报表执行口径等有关问题的通知 2006.11.08 国税函〔2006〕1043号

598. 国家税务总局关于印发《出口货物税收函调办法》的通知 2006.11.09 国税发〔2006〕165号

599. 国家税务总局关于中国太平洋人寿保险股份有限公司保险费发票印制使用有关问题的通知 2006.11.20 国税函〔2006〕1111号

600. 国家税务总局关于大韩贸易投资振兴公社广州办事处免税问题的批复 2006.11.24 国税函〔2006〕1117号

601. 国家税务总局关于严格出口退税审核、加快出口退税进度的通知 2006.11.27 国税函〔2006〕1128号

602. 国家税务总局关于2007年重点税源监控工作的通知 2006.12.14 国税函〔2006〕1204号

603. 国家税务总局关于调整生产企业外购产品出口试行免抵退税试点企业名单的通知 2006.12.15 国税函〔2006〕945号

604. 国家税务总局关于英国英中贸易协会南京代表处免税问题的批复 2006.12.22 国税函〔2006〕1238号

605. 国家税务总局关于增值税专用发票抵扣联信息扫描器具等设备有关税收问题的通知 2006.12.22 国税函〔2006〕1248号

606. 国家税务总局关于纳税人通过中国禁毒基金会捐赠所得税前扣除问题的通知 2006.12.25 国税函〔2006〕1253号

607. 国家税务总局关于深圳贝岭居等单位享受中央和国务院各部门后勤体制改革有关税收优惠政策问题的通知 2007.01.11 国税函〔2007〕65号

608. 国家税务总局关于第二届高等学校教学名师奖奖金免征个人所得税的通知 2007.01.19 国税函〔2007〕118号

609. 国家税务总局关于下发试点物流企业名单（第二批）的通知 2007.01.31 国税函〔2007〕146号

610. 国家税务总局关于2006年度外商投资企业和外国企业所得税汇算清缴工作有关问题的通知 2007.02.05 国税函〔2007〕156号

611. 国家税务总局关于香港生产力促进局广州办事处免税问题的批复 2007.02.13 国税函〔2007〕191号

612. 国家税务总局关于香港中华厂商联合会广州代表处免税问题的批复 2007.02.13 国税函〔2007〕196号

613. 国家税务总局关于全国职工职业技能大赛奖金免征个人所得税的通知 2007.02.15 国税函〔2007〕217号

614. 国家税务总局关于下发2007年出口退税率文库的通知 2007.02.28 国税函〔2007〕242号

615. 国家税务总局关于香港海洋公园公司广州代表处免税问题的批复 2007.03.06 国税函〔2007〕273号

616. 国家税务总局关于企事业单位公务用车制度改革后相关费用税前扣除问题的批复 2007.03.09 国税函〔2007〕305号

617. 国家税务总局关于《求是》杂志社等单位广告费和业务宣传费所得税前扣除问题的通知 2007.03.21 国税函〔2007〕345号

618. 国家税务总局关于2006年度"明天小小科学家"奖金免征个人所得税问题的通知 2007.03.27 国税函〔2007〕375号

619. 国家税务总局关于新办企业减免企业所得税执行起始时间的批复 2007.03.27 国税函〔2007〕365号

620. 国家税务总局关于外商投资企业和外国企业取得政府补助有关所得税处理问题的批复 2007.04.05 国税函〔2007〕408号

621. 国家税务总局关于废旧物资回收经营企业使用增值税防伪税控一机多票系统开具增值税专用发票有关问题的通知 2007.04.10 国税发〔2007〕43号

622. 国家税务总局关于印发《企业支付实习生报酬税前扣除管理办法》的通知 2007.04.10 国税发〔2007〕42号

623. 国家税务总局关于外商投资产品出口企业出口产品产值比例确定问题的批复 2007.04.16 国税函〔2007〕426号

624. 国家税务总局关于发布2007年出口退税率文库（20070521B版）的通知 2007.05.21 国税函〔2007〕514号

625. 国家税务总局关于外商投资经营天然气项目享受生产性企业有关问题的通知 2007.05.30 国税函〔2007〕602号

626. 国家税务总局关于从事通信业务的外商投资企业缴纳企业所得税有关问题的通知 2007.05.30 国税函〔2007〕610号

627. 国家税务总局关于从事房地产开发的外商投资企业售后回租业务所得税处理问题的批复 2007.05.31 国税函〔2007〕603号

628. 国家税务总局关于2008年北京奥运会和残奥会门票销售开具发票有关问题的通知 2007.06.26 国税函〔2007〕720号

629. 国家税务总局关于海峡西岸经济区发展有关税收政策问题的意见 2007.07.06 国税函〔2007〕748号

630. 国家税务总局关于中央电视台购买第29届奥运会电视转播权营业税问题的通知 2007.07.09 国税函〔2007〕744号

631. 国家税务总局关于执行《国家认定企业技术中心管理办法》有关问题的通知 2007.07.09 国税发〔2007〕78号

632. 国家税务总局关于第四届"中华宝钢环境奖"和"中华宝钢环境优秀奖"获奖者奖金免征个人所得税问题的通知 2007.07.13 国税函〔2007〕764号

633. 国家税务总局关于铁路运输企业机车车辆大修理支出税前扣除问题的通知 2007.07.13 国税函〔2007〕762号

634. 国家税务总局关于做好对储蓄存款利息所得减征个人所得税有关工作的通知 2007.07.26 国税发〔2007〕88号

635. 国家税务总局关于调整出口退税率文库的通知 2007.07.31 国税函〔2007〕862号

636. 国家税务总局关于保险企业发生与退保业务相关佣金支出税前扣除问题的通知 2007.08.01 国税函〔2007〕880号

637. 国家税务总局关于广东省金融企业应收未收利息营业额减除期限问题的批复 2007.08.10 国税函〔2007〕882号

638. 国家税务总局关于保险企业非寿险业务未到期责任准备金税前扣除问题的通知

2007.08.15 国税函〔2007〕889号

639. 国家税务总局关于调整核定征收企业所得税应税所得率的通知 2007.08.30 国税发〔2007〕104号

640. 国家税务总局 中国人民银行关于银行代收费业务使用税务发票有关问题的通知 2007.09.26 国税发〔2007〕108号

641. 国家税务总局关于太平人寿保险有限公司使用《太平人寿保险有限公司发票》的批复 2007.09.29 国税函〔2007〕1021号

642. 国家税务总局关于阿里巴巴（中国）网络技术有限公司雇员非上市公司股票期权所得个人所得税问题的批复 2007.10.09 国税函〔2007〕1030号

643. 国家税务总局关于中国水利水电第八工程局承建溪洛渡大坝工程使用发票问题的批复 2007.10.16 国税函〔2007〕974号

644. 国家税务总局关于被撤销关闭汇总纳税证券公司营业部缴纳企业所得税问题的通知 2007.10.26 国税函〔2007〕1052号

645. 国家税务总局关于香港贸易发展局杭州代表处免税问题的批复 2007.11.26 国税函〔2007〕1157号

646. 国家税务总局、中国保险监督管理委员会关于启用新版《保险业专用发票》有关问题的通知 2007.11.30 国税发〔2007〕122号

647. 国家税务总局关于报送失信企业和失信个人纳税信用等级及偷逃骗税记录信息的通知 2007.12.10 国税函〔2007〕1223号

648. 国家税务总局关于光大永明人寿保险有限公司使用《光大永明人寿保险有限公司保险费专用发票》有关问题的通知 2007.12.12 国税函〔2007〕1238号

649. 国家税务总局关于长春市国际经济技术合作公司有关营业税问题的批复 2007.12.16 国税函〔2007〕1134号

650. 国家税务总局关于企业之间相互提供贷款担保发生担保损失税前扣除问题的批复 2007.12.18 国税函〔2007〕1272号

651. 国家税务总局关于下发2008年重点税源监控报表制度的通知 2007.12.20 国税函〔2007〕1273号

652. 国家税务总局关于2007年度李四光地质科学奖奖金免征个人所得税问题的通知 2007.12.26 国税函〔2007〕1306号

653. 国家税务总局关于兴业银行股份有限公司、华夏银行股份有限公司新增分支机构缴纳企业所得税问题的通知 2008.01.10 国税函〔2008〕23号

654. 国家税务总局关于调整太平保险有限公司等3家保险公司汇总纳税范围的通知 2008.01.10 国税函〔2008〕19号

655. 国家税务总局关于调整中国太平洋人寿保险股份有限公司等4家保险公司汇总纳税范围的通知 2008.01.10 国税函〔2008〕37号

656. 国家税务总局关于调整安邦财产保险股份有限公司汇总纳税范围的通知 2008.01.10 国税函〔2008〕42号

657. 国家税务总局关于中国人寿财产保险股份有限公司等3家保险公司缴纳企业所

得税有关问题的通知 2008.01.11 国税函〔2008〕48 号

658. 国家税务总局关于调整招商银行股份有限公司汇总纳税范围的通知 2008.01.17 国税函〔2008〕61 号

659. 国家税务总局关于调整中国进出口银行等 4 户企业汇总纳税范围的通知 2008.01.18 国税函〔2008〕67 号

660. 国家税务总局关于出境口岸免税店有关增值税政策问题的通知 2008.01.24 国税函〔2008〕81 号

661. 国家税务总局关于做好防伪税控一机多票系统升级工作的通知 2008.01.24 国税函〔2008〕75 号

662. 国家税务总局关于做好 2007 年度内、外资企业所得税汇算清缴工作的通知 2008.01.29 国税函〔2008〕85 号

663. 国家税务总局关于下发 2008 年出口退税率文库的通知 2008.01.30 国税函〔2008〕154 号

664. 国家税务总局关于调整天安保险股份有限公司和都邦财产保险股份有限公司汇总纳税范围的通知 2008.02.13 国税函〔2008〕170 号

665. 国家税务总局关于调整上海银行股份有限公司汇总纳税范围的通知 2008.02.13 国税函〔2008〕171 号

666. 国家税务总局关于渤海银行股份有限公司新增分支机构缴纳企业所得税问题的通知 2008.02.18 国税函〔2008〕181 号

667. 国家税务总局关于个人所得税工资、薪金所得减除费用标准政策衔接问题的通知 2008.02.20 国税发〔2008〕20 号

668. 国家税务总局关于国泰君安证券股份有限公司等证券公司更名、迁址和新设分支机构缴纳企业所得税问题的通知 2008.02.20 国税函〔2008〕195 号

669. 国家税务总局关于交通银行股份有限公司新设分支机构缴纳企业所得税问题的通知 2008.03.07 国税函〔2008〕225 号

670. 国家税务总局关于依据《中华人民共和国外商投资企业和外国企业所得税法》规定的审批事项有关办理时限问题的通知 2008.03.12 国税函〔2008〕213 号

671. 国家税务总局关于调整中国平安财产保险股份有限公司汇总纳税范围的通知 2008.04.02 国税函〔2008〕290 号

672. 国家税务总局关于第三届高等学校教学名师奖奖金免征个人所得税问题的通知 2008.04.03 国税函〔2008〕293 号

673. 国家税务总局关于修订 2008 年重点税源报表部分企业所得税指标解释的通知 2008.04.07 国税函〔2008〕298 号

674. 国家税务总局关于调整中国移动通讯集团公司汇总纳税成员企业范围的通知 2008.04.15 国税函〔2008〕340 号

675. 国家税务总局关于统一报关代理业专用发票有关问题的通知 2008.05.04 国税函〔2008〕417 号

676. 国家税务总局关于 2007 年度"明天小小科学家"奖金免征个人所得税问题的通知

2008.05.06 国税函〔2008〕389 号

677. 国家税务总局关于全资子公司承受母公司资产有关契税政策的通知 2008.05.26 国税函〔2008〕514 号

678. 国家税务总局关于增值税一般纳税人抗震救灾期间增值税扣税凭证认证稽核有关问题的通知 2008.05.26 国税函〔2008〕513 号

679. 国家税务总局关于第二届全国职工技术创新成果获奖者奖金免征个人所得税的通知 2008.05.29 国税函〔2008〕536 号

680. 国家税务总局关于加强奥运会、残奥会期间纳税服务工作的通知 2008.06.27 国税函〔2008〕625 号

681. 国家税务总局关于中宏人寿保险有限公司使用统一保险费发票有关问题的通知 2008.07.18 国税函〔2008〕686 号

682. 国家税务总局关于中国人寿保险股份有限公司使用统一保险费发票有关问题的通知 2008.07.21 国税函〔2008〕689 号

683. 国家税务总局关于下发出口商品退税率文库（20080901B 版）的通知 2008.09.16 国税函〔2008〕787 号

684. 国家税务总局关于扩展出口退税率文库有关商品编码的通知 2008.10.31 国税函〔2008〕877 号

685. 国家税务总局关于下达 2008 年第四季度免税出口卷烟及 2008 年度重点培育发展类卷烟免税出口计划的通知 2008.11.20 国税函〔2008〕943 号

686. 国家税务总局关于外国政府等在我国设立代表机构免税审批程序有关问题的通知 2008.11.21 国税函〔2008〕945 号

687. 国家税务总局关于加强成品油消费税管理的紧急通知 2008.11.30 国税函〔2008〕965 号

688. 国家税务总局、国家发展和改革委员会关于外商投资项目采购国产设备退税有关政策的通知 2008.12.16 国税发〔2008〕121 号

689. 国家税务总局关于下发 2009 年独立纳税重点税源监控报表制度的通知 2008.12.29 国税函〔2008〕1070 号

690. 国家税务总局关于开展非正常销售成品油消费税专项纳税评估的通知 2008.12.30 国税函〔2008〕1073 号

691. 国家税务总局关于外商投资企业采购国产设备增值税专用发票遗失问题的批复 2008.12.30 国税函〔2008〕1078 号

692. 国家税务总局关于分配 2009 年第一批出口退税计划的通知 2008.12.31 国税函〔2008〕1082 号

693. 国家税务总局关于增值税一般纳税人认定有关问题的通知 2008.12.31 国税函〔2008〕1079 号

694. 国家税务总局关于第四届高等学校教学名师奖奖金免征个人所得税问题的通知 2009.01.21 国税函〔2009〕39 号

695. 国家税务总局关于第五届"中华宝钢环境奖"和"中华宝钢环境优秀奖"奖金免征

个人所得税问题的通知 2009.03.19 国税函〔2009〕169 号

696. 国家税务总局关于 2008 年度"明天小小科学家"奖金免征个人所得税问题的通知 2009.05.11 国税函〔2009〕243 号

697. 国家税务总局关于下发 20090601D 版出口商品退税率文库的通知 2009.07.07 国税函〔2009〕365 号

698. 国家税务总局关于中国人寿保险股份有限公司使用统一保险费发票有关问题的通知 2009.07.07 国税函〔2009〕362 号

699. 国家税务总局关于对绝缘油类产品征收消费税问题的批复 2010.02.20 国税函〔2010〕76 号

附件 2

部分条款失效废止的税收规范性文件目录

序号	标题	发文日期	文号	失效或废止条款
1	财政部税务总局关于房产税若干具体问题的解释和暂行规定	1986.09.25	(86)财税地字第008号	第五条,第七条,第十一条,第十五条,第十八条,第二十条废止;第二十四条"税务机关审核"的内容废止
2	财政部税务总局《关于房产税和车船使用税几个业务问题的解释与规定》	1987.03.23	(87)财税地字第003号	第四条、第五条失效
3	财政部税务总局关于对煤炭工业部所属防排水抢救站征免房产税、车船使用税的通知	1987.05.29	(87)财税地字第007号	"一、对防排水抢救站使用的房产和车辆,凡产权属于煤炭工业部所有并专门用于抢险救灾工作的,免征房产税和车船使用税;二、产权属于代管单位或改变房产、车辆使用性质的,仍要照章征收房产税和车船使用税。"上述条款中有关车船使用税的表述失效
4	国家税务局关于对印花税暂行条例施行前书立、领受的凭证贴花问题的规定	1988.10.13	(88)国税地字第13号	第二条被国税发〔1994〕25号修改
5	国家税务局关于印花税若干具体问题的规定	1988.12.12	(88)国税地字第25号	第二十条被国税函〔2007〕629号废止
6	国家税务局关于对核工业总公司所属企业征免土地使用税问题的若干规定	1989.01.25	(89)国税地字第7号	第三条失效
7	国家税务局对《关于请求再次明确电力行业土地使用税征免范围问题的函》的复函	1989.05.21	(89)国税地字第44号	第三条废止
8	国家税务局关于对军队系统用地征免城镇土地使用税的通知	1989.08.14	(89)国税地字第83号	第七条失效
9	国家税务局关于对中国石油天然气总公司所属单位用地征免土地使用税问题的规定	1989.08.19	(89)国税地字第88号	第四条失效

续表

序号	标题	发文日期	文号	失效或废止条款
10	国家税务局关于对煤炭企业用地征免土地使用税问题的规定	1989.08.23	(89)国税地字第89号	第二条中煤炭企业的塌陷地在未利用之前暂缓征收土地使用税的规定废止。第三条"煤炭企业的报废矿井占地,经煤炭企业申请,当地税务机关审核,可以暂免征收土地使用税"和第六条"煤炭企业依照上述规定缴纳土地使用税,确实仍有困难,按照《中华人民共和国城镇土地使用税暂行条例》第七条的规定办理"的规定废止。
11	国家税务局关于对司法部所属的劳改劳教单位征免土地使用税问题的规定	1989.11.10	(89)国税地字第119号	第二条部分内容:"凡是生产经营用地,……应照章征收土地使用税。"废止
12	国家税务局关于对交通部门的港口用地征免土地使用税问题的规定	1989.11.13	(89)国税地字第123号	第二条废止
13	国家税务局关于印发《关于土地使用税若干具体问题的补充规定》的通知	1989.12.21	(89)国税地字第140号	第四条、第六条、第九条废止;第十条、第十二条中"经各省、自治区、直辖市税务局审批"的内容失效
14	国家税务局关于对实行自收自支的事业单位恢复征收房产税和车船使用税的通知	1990.04.24	国税函发〔1990〕434号	"一、对1990年以前实行自收自支的事业单位,凡已经免征房产税、车船使用税三年的,应按规定恢复征税;对已经办理免税手续,但免征房产税、车船使用税还不满三年的,可以继续免税到满三年为止。二、对1990年1月1日以后,经费来源实行自收自支的事业单位,不再享受三年免税照顾,应照章征收房产税和车船使用税。"上述条款中有关车船使用税的表述全部失效
15	国家税务局关于印花税若干具体问题的解释和规定的通知	1991.09.18	国税发〔1991〕155号	第十一条被财税〔2006〕162号废止
16	国家税务局关于林业系统征免土地使用税问题的通知	1991.11.01	国税函发〔1991〕1404号	第二条失效
17	国家税务局关于工会服务型事业单位免征房产税、车船使用税、土地使用税问题的复函	1992.10.10	国税函发〔1992〕1440号	"经研究决定,对由主管工会拨付或差额补贴工会经费的全额预算或差额预算单位,可以比照财政部门拨付事业经费的单位办理,即:对这些单位自用的房产、车船、土地,免征房产税、车船使用税和土地使用税"上述规定中有关车船使用税的表述失效
18	国家税务总局关于安徽省若干房产税业务问题的批复	1993.11.08	国税函发〔1993〕368号	第二款废止
19	国家税务总局关于《消费税若干具体问题的规定》的更正通知	1994.03.22	国税发〔1994〕084号	第三条失效
20	国家税务总局关于境外团体或个人在我国从事文艺及体育演出有关税收问题的通知	1994.04.21	国税发〔1994〕106号	第一条第二款、第三款,第三条第二款,第四条失效

续表

序号	标题	发文日期	文号	失效或废止条款
21	国家税务总局关于增值税若干征收问题的通知	1994.05.07	国税发〔1994〕122号	第一条失效
22	国家税务总局关于加强出口退税管理严格审核退税凭证的通知	1994.06.27	国税发〔1994〕146号	第三条、第四条失效
23	国家税务总局关于学校办企业征收流转税问题的通知	1994.07.04	国税发〔1994〕156号	第三条第一款和第三款废止
24	国家税务总局关于增值税几个业务问题的通知	1994.08.19	国税发〔1994〕186号	第四条废止
25	国家税务总局关于加强委托加工应税消费品征收管理的通知	1995.06.26	国税发〔1995〕122号	第三条废止
26	国家税务总局关于个人所得税偷税案件查处中有关问题的补充通知	1996.09.17	国税函〔1996〕602号	第六条失效
27	国家税务总局关于雇主为其雇员负担个人所得税税款计征问题的通知	1996.11.08	国税发〔1996〕199号	第二条(二)所附举例说明废止
28	国家税务总局关于技术转让征收营业税问题的批复	1996.12.31	国税函〔1996〕743号	第一条废止
29	国家税务总局关于安达信公司有关税收问题的通知	1997.06.24	国税函〔1997〕380号	第一条、第二条失效
30	国家税务总局关于影视演职人员个人所得税问题的批复	1997.06.27	国税函〔1997〕385号	第三条废止
31	国家税务总局关于外资金融机构有关税收业务问题的通知	1997.07.25	国税发〔1997〕123号	第一条、第二条、第三条失效
32	国家税务总局关于外商投资企业的订单要货单据征收印花税问题的批复	1997.09.05	国税函〔1997〕505号	第三条已被财税〔2006〕162号废止
33	国家税务总局、对外贸易经济合作部关于规范出口贸易和退税程序防范打击骗取出口退税行为的通知	1998.06.09	国税发〔1998〕84号	第二条第一款废止
34	国家税务总局关于外商投资企业和外国企业的雇员的境外保险费有关所得税处理问题的通知	1998.06.26	国税发〔1998〕101号	第一条失效,第二条废止
35	国家税务总局关于进一步加强出口卷烟税收管理的通知	1998.08.31	国税发〔1998〕123号	第四条废止
36	国家税务总局关于未分配的投资者收益和个人人寿保险收入征收个人所得税问题的批复	1998.09.16	国税函〔1998〕546号	第一条失效
37	国家税务总局关于外国企业来华参展后销售展品有关税务处理问题的批复	1999.04.26	国税函〔1999〕207号	第一条中"6%"废止,第二条废止
38	国家税务总局关于生猪生产流通过程中有关税收问题的通知	1999.06.09	国税发〔1999〕113号	第四条失效
39	国家税务总局关于中国铁路建设债券利息征收个人所得税问题的批复	1999.11.11	国税函〔1999〕738号	第三款关于扣缴地点的规定失效
40	国家税务总局关于进一步加强出口货物税收管理严防骗税案件发生的通知	1999.12.06	国税发〔1999〕228号	第四条废止
41	国家税务总局关于从事房地产业务的外商投资企业若干税务处理问题的通知	1999.12.21	国税发〔1999〕242号	第一条"从事……计算缴纳""企业所得税"和第二条失效

续表

序号	标题	发文日期	文号	失效或废止条款
42	国家税务总局关于部队取得应税收入税收征管问题的批复	2000.06.16	国税函〔2000〕466号	第二条失效,第三条部分有效,后营房〔2004〕1258号对第三条做出了补充规定
43	国家税务总局关于律师事务所从业人员取得收入征收个人所得税有关业务问题的通知	2000.08.23	国税发〔2000〕149号	第三条废止
44	国家税务总局关于国务院各部门机关后勤体制改革有关税收政策具体问题的通知	2000.08.30	国税发〔2000〕153号	第六条失效
45	国家税务总局关于中国石油(中国)有限公司税收问题的通知	2001.03.23	国税函〔2001〕220号	第三条、第五条失效
46	国家税务总局关于增值税若干税收政策问题的批复	2001.04.05	国税函〔2001〕248号	第一条"拖拉机底盘属于农机零部件,不属于农机产品,因此,拖拉机底盘也应按17%的税率征收增值税"的规定废止
47	国家税务总局关于中国联通有限公司有关税收问题的通知	2001.10.18	国税函〔2001〕762号	第二条、第四条、第五条失效
48	国家税务总局关于个人所得税若干业务问题的批复	2002.02.09	国税函〔2002〕146号	第二条失效
49	国家税务总局关于中央各部门机关后勤体制改革有关税收政策具体问题的通知	2002.04.23	国税发〔2002〕32号	第五条第二款,第六条失效
50	国家税务总局关于个人所得税若干政策问题的批复	2002.07.12	国税函〔2002〕629号	第一条失效
51	国家税务总局关于酒类产品消费税政策问题的通知	2002.08.26	国税发〔2002〕109号	第一条废止
52	国家税务总局关于外商投资性公司对其子公司提供服务有关税务处理问题的通知	2002.09.28	国税发〔2002〕128号	第一条、第二条、第五条、第七条涉及所得税部分失效;第三条、第四条、第六条失效
53	国家税务总局关于强化律师事务所等中介机构投资者个人所得税查账征收的通知	2002.09.29	国税发〔2002〕123号	第八条废止
54	国家税务总局关于增值税一般纳税人取得防伪税控系统开具的增值税专用发票进项税额抵扣问题的通知	2003.02.14	国税发〔2003〕17号	第一条废止
55	国家税务总局关于中国海洋石油总公司系统深化用工薪酬制度改革有关个人所得税问题的通知	2003.03.26	国税函〔2003〕330号	第二款第一项"住房补贴"免征个人所得税条款废止
56	国家税务总局关于外商投资企业创业投资公司缴纳企业所得税有关税收问题的通知	2003.06.04	国税发〔2003〕61号	第一条、第二条、第三条第一款、第二款第一句失效
57	国家税务总局关于房产税、城镇土地使用税有关政策规定的通知	2003.07.15	国税发〔2003〕89号	第二条第四款中有关房地产开发企业城镇土地使用税纳税义务发生时间的规定废止
58	国家税务总局关于使用增值税专用发票电子信息审核出口退税有关事项的通知	2003.09.01	国税函〔2003〕995号	第三条废止
59	国家税务总局关于加强货物运输业税收征收管理的通知	2003.10.17	国税发〔2003〕121号	附件1第三条、第七条、第十四条废止,附件2《运输发票增值税抵扣管理试行办法》第五条废止

续表

序号	标题	发文日期	文号	失效或废止条款
60	国家税务总局关于中国石油天然气集团公司所属石油工程技术服务公司增值税管理问题的通知	2003.10.27	国税函〔2003〕1193号	第四条废止
61	国家税务总局关于出口货物专用税票电子信息审核有关问题的通知	2003.12.30	国税函〔2003〕1392号	第一条、第二条第一款、第二款失效
62	国家税务总局关于进一步落实税收优惠政策、促进农民增加收入的通知	2004.01.20	国税发〔2004〕13号	第一条失效
63	国家税务总局关于加强海关进口增值税专用缴款书和废旧物资发票管理有关问题的通知	2004.01.21	国税函〔2004〕128号	第一段、第一条至第三条中的"废旧物资发票"内容废止；附件1《海关进口增值税专用缴款书稽核办法》第三条废止；附件2《废旧物资发票稽核办法》失效
64	国家税务总局关于进一步加强印花税征收管理有关问题的通知	2004.01.30	国税函〔2004〕150号	第二条被财税〔2004〕170号废止
65	国家税务总局关于中国人寿保险(集团)公司重组改制后有关税务问题的通知	2004.06.11	国税函〔2004〕852号	第四条失效
66	国家税务总局关于取消及下放外商投资企业和外国企业以及外籍个人若干税务行政审批项目的后续管理问题的通知	2004.06.25	国税发〔2004〕80号	第一条至第十条、第十一条、第十七条失效
67	国家税务总局关于使用增值税专用发票信息审核出口退税有关问题的补充通知	2004.06.30	国税函〔2004〕862号	第二条失效
68	国家税务总局关于货物运输业若干税收问题的通知	2004.07.08	国税发〔2004〕88号	第三条废止；第四条第一款"同时按开票金额3.3%预征所得税,预征的所得税年终时进行清算。但代开票纳税人实行核定征收企业所得税办法的,年终不再进行所得税清算。"失效；第十条第一款删除"(固定资产除外)"字样、第三款失效
69	国家税务总局关于办理2003年12月31日前出口货物累计欠退税有关问题的通知	2004.07.20	国税函〔2004〕905号	第一条、第二条、第三条失效
70	国家税务总局关于试行税务机关向扣缴义务人实行明细申报后的纳税人开具个人所得税完税证明的通知	2005.01.21	国税发〔2005〕8号	附件《个人所得税完税证明表样》失效
71	国家税务总局关于印发《纳税人财务会计报表报送管理办法》的通知	2005.03.01	国税发〔2005〕20号	附件2失效
72	国家税务总局关于中国建银投资有限责任公司纳税申报地点问题的通知	2005.04.04	国税发〔2005〕52号	第一条废止
73	国家税务总局关于增值税一般纳税人取得的账外经营部分防伪税控增值税专用发票进项税额抵扣问题的批复	2005.08.03	国税函〔2005〕763号	第二段废止
74	国家税务总局关于印发《税收减免管理办法(试行)》的通知	2005.08.03	国税发〔2005〕129号	"附件:企业所得税减免税审批条件"废止
75	国家税务总局关于进一步明确房屋附属设备和配套设施计征房产税有关问题的通知	2005.10.21	国税发〔2005〕173号	第三条废止
76	国家税务总局关于印发《调整和完善消费税政策征收管理规定》的通知	2006.03.31	国税发〔2006〕49号	第二条第二款废止

续表

序号	标题	发文日期	文号	失效或废止条款
77	国家税务总局关于加强房地产交易个人无偿赠与不动产税收管理有关问题的通知	2006.09.14	国税发〔2006〕144号	第二条(二)中"受赠人取得赠与人无偿赠与的不动产后,再次转让该项不动产的,在缴纳个人所得税时,以财产转让收入减除受赠、转让住房过程中缴纳的税金及有关合理费用后的余额为应纳税所得额,按20%的适用税率计算缴纳个人所得税"废止
78	国家税务总局关于印发《个人所得税自行纳税申报办法(试行)》的通知	2006.11.06	国税发〔2006〕162号	附件1《个人所得税纳税申报表(适用于年所得12万元以上纳税人申报)》失效
79	国家税务总局关于港口设施保安费税收政策问题的通知	2007.02.26	国税发〔2007〕20号	第三段"对港口……保安费""同时并入……扣除"失效
80	国家税务总局关于《内地和香港特别行政区关于对所得避免双重征税和防止偷漏税的安排》有关条文解释和执行问题的通知	2007.04.06	国税函〔2007〕403号	第四条第二款、第十四条废止
81	国家税务总局关于中央和国务院各部门机关服务中心恢复征税的通知	2007.08.01	国税发〔2007〕94号	"恢复征收企业所得税"的规定被《企业所得税法》第一条废止
82	国家税务总局关于使用消费税纳税申报表有关问题的通知	2008.03.14	国税函〔2008〕236号	附件1、附件3、附件4废止
83	国家税务总局关于房地产开发企业所得税预缴问题的通知	2008.04.07	国税函〔2008〕299号	第二条废止
84	国家税务总局关于推行机动车销售统一发票税控系统有关工作的紧急通知	2008.12.15	国税发〔2008〕117号	第五条废止
85	国家税务总局关于部分地区试行海关进口增值税专用缴款书"先比对后抵扣"管理办法的通知	2009.02.24	国税函〔2009〕83号	第一条废止
86	国家税务总局关于执行《中华人民共和国政府和新加坡共和国政府关于对所得避免双重征税和防止偷漏税的协定》第二议定书有关问题的通知	2010.01.05	国税函〔2010〕9号	第四条第二款,第十四条废止
87	国家税务总局关于建筑企业所得税征管有关问题的通知	2010.01.26	国税函〔2010〕39号	第二条、第三条废止

国务院关于废止和修改
部分行政法规的决定

2011年1月8日 中华人民共和国国务院令第588号

《国务院关于废止和修改部分行政法规的决定》已经2010年12月29日国务院第138

次常务会议通过,现予公布,自公布之日起施行。

总　理　温家宝
2011 年 1 月 8 日

国务院关于废止和修改部分行政法规的决定

为进一步深入贯彻依法治国基本方略,维护社会主义法制统一,全面推进依法行政,国务院在 1983 年以来已对行政法规进行过 4 次全面清理的基础上,根据经济社会发展和改革深化的新情况、新要求,再次对截至 2009 年底现行的行政法规共 691 件进行了全面清理。经过清理,国务院决定:

一、对 7 件行政法规予以废止。(附件 1)
二、对 107 件行政法规的部分条款予以修改。(附件 2)
本决定自公布之日起施行。
附件:1. 国务院决定废止的行政法规
　　　2. 国务院决定修改的行政法规

附件 1

国务院决定废止的行政法规

一、关于各地厂矿对于法定假日工资发放办法的决定(1950 年 7 月 31 日政务院公布)

二、关于保护机场净空的规定(1982 年 12 月 11 日国务院、中央军委公布)

三、金融机构代客户办理即期和远期外汇买卖管理规定(1987 年 12 月 13 日国务院批准　1988 年 3 月 5 日国家外汇管理局公布)

四、境外投资外汇管理办法(1989 年 2 月 5 日国务院批准　1989 年 3 月 6 日国家外汇管理局公布)

五、境外金融机构管理办法(1990 年 3 月 12 日国务院批准　1990 年 4 月 13 日中国人民银行令第 1 号公布)

六、中华人民共和国企业劳动争议处理条例(1993 年 7 月 6 日中华人民共和国国务院令第 117 号公布)

七、石油天然气管道保护条例(2001 年 8 月 2 日中华人民共和国国务院令第 313 号公布)

附件2

国务院决定修改的行政法规

一、对下列行政法规中明显不适应社会主义市场经济和社会发展要求的规定作出修改

1. 将《中华人民共和国对外合作开采海洋石油资源条例》第五条中的"国家长期经济计划"修改为"国家规定"。

2. 将《中华人民共和国城市维护建设税暂行条例》第二条、第三条、第五条中的"产品税"修改为"消费税"。

3. 将《征收教育费附加的暂行规定》第二条、第六条中的"产品税"修改为"消费税"。

4. 删去《全民所有制工业企业厂长工作条例》第三十四条第二项。

5. 删去《铁路货物运输合同实施细则》第三条第二款。

6. 删去《水路货物运输合同实施细则》第三条。

7. 将《全民所有制工业企业承包经营责任制暂行条例》第十九条第一款修改为:"国务院对税种、税率进行重大调整,合同双方可按国务院规定协商变更承包经营合同。"

8. 删去《中华人民共和国乡村集体所有制企业条例》第三十六条第一项。

9. 将《关于外商参与打捞中国沿海水域沉船沉物管理办法》第十条第一款修改为:"外商与中方打捞人签订的共同打捞合同,应当符合《中华人民共和国合同法》的有关规定。"

10. 删去《全民所有制工业企业转换经营机制条例》第八条第四、五、六款,第十条第二、三款,第十一条第二、三、四款,第十三条第六款。

第二十八条修改为:"企业为实现政府规定的社会公益目标,由于定价原因而形成的政策性亏损,物价部门应当依法调整或者放开产品价格,予以解决。不能调整或者放开产品价格的,经财政部门审查核准,给予相应的补贴或者其他方式补偿。采取上述措施后,企业仍然亏损的,作为经营性亏损处理。"

删去第四十七条第一项、第四十八条第一项。

11. 删去《企业国有资产监督管理暂行条例》第二十七条。

二、对下列行政法规中关于"征用"的规定作出修改

(一)将下列行政法规中的"征用"修改为"征收、征用"。

12.《中华人民共和国森林法实施条例》第十六条。

(二)将下列行政法规中的"征用"修改为"征收"。

13.《电力设施保护条例》第十八条。

14.《中华人民共和国城镇土地使用税暂行条例》第九条。

15.《中华人民共和国土地增值税暂行条例》第八条。

16.《城市房地产开发经营管理条例》第四十二条。

17.《基本农田保护条例》第十五条。

18.《中华人民共和国土地管理法实施条例》第二条、第二十条第一款、第二十三条、第二十五条、第二十六条第二款、第四十五条。

19.《长江三峡工程建设移民条例》第十一条第二款、第十二条。

三、删去下列行政法规中关于"投机倒把"规定并作出修改

20.将《中华人民共和国金银管理条例》第一条修改为:"为加强对金银的管理,保证国家经济建设对金银的需要,特制定本条例。"

第三十条第二项修改为:"(二)为保护国家金银与有关违法犯罪行为坚决斗争,事迹突出的;"

21.删去《中华人民共和国国库券条例》第十一条第二款。

四、对下列行政法规中关于刑事责任的规定作出修改

(一)将下列行政法规中引用已纳入刑法并被废止的关于惩治犯罪的决定的规定修改为"依照刑法有关规定"。

22.《中华人民共和国陆生野生动物保护实施条例》第三十三条。

23.《中华人民共和国水生野生动物保护实施条例》第二十六条。

(二)对下列行政法规中关于追究刑事责任的具体规定作出修改。

24.将《中华人民共和国公民出境入境管理法实施细则》第二十三条中的"依照《全国人民代表大会常务委员会关于严惩组织、运送他人偷越国(边)境犯罪的补充规定》的有关条款的规定追究刑事责任"修改为"依法追究刑事责任"。

第二十四条、第二十五条、第二十六条中的"依照《中华人民共和国刑法》和《全国人民代表大会常务委员会关于严惩组织、运送他人偷越国(边)境犯罪的补充规定》的有关条款的规定追究刑事责任"修改为"依法追究刑事责任"。

25.将《民兵工作条例》第四十三条第二款中的"参照《中华人民共和国兵役法》和《中华人民共和国惩治军人违反职责罪暂行条例》的有关规定处罚"修改为"参照《中华人民共和国兵役法》的有关规定处罚;构成犯罪的,依法追究刑事责任"。

五、对下列行政法规中关于治安管理处罚的规定作出修改

(一)将下列行政法规中引用的"治安管理处罚条例"修改为"治安管理处罚法"。

26.《电力设施保护条例》第三十条。

27.《旅馆业治安管理办法》第十七条。

28.《中华人民共和国河道管理条例》第四十五条、第四十六条。

29.《开发建设晋陕蒙接壤地区水土保持规定》第十七条、第十八条。

30.《中华人民共和国渔港水域交通安全管理条例》第二十六条。

31.《有线电视管理暂行办法》第十七条。

32.《中华人民共和国考古涉外工作管理办法》第十八条。

33.《水库大坝安全管理条例》第二十九条、第三十二条第二款。

34.《中华人民共和国防汛条例》第四十三条、第四十六条第二款。

35.《中华人民共和国城镇集体所有制企业条例》第六十三条。

36.《中华人民共和国集会游行示威法实施条例》第二十四条第二款、第二十七条。

37.《城市绿化条例》第二十七条、第三十二条第二款。

38.《城市市容和环境卫生管理条例》第三十八条、第三十九条、第四十条第二款。

39.《电网调度管理条例》第三十条。

40.《中华人民共和国水土保持法实施条例》第三十一条。

41.《核电厂核事故应急管理条例》第三十八条。
42.《中华人民共和国计算机信息系统安全保护条例》第二十四条。
43.《残疾人教育条例》第五十条第二款。
44.《中华人民共和国自然保护区条例》第三十九条。
45.《破坏性地震应急条例》第三十七条。
46.《国防交通条例》第五十一条。
47.《民兵武器装备管理条例》第四十三条。
48.《淮河流域水污染防治暂行条例》第四十条。
49.《中华人民共和国航标条例》第二十四条。
50.《中华人民共和国监控化学品管理条例》第二十五条。
51.《城市道路管理条例》第四十三条。
52.《国家重点建设项目管理办法》第二十四条。
53.《中华人民共和国测量标志保护条例》第二十五条。
54.《计算机信息网络国际联网安全保护管理办法》第二十条。
55.《互联网信息服务管理办法》第二十条。
56.《国务院关于禁止在市场经济活动中实行地区封锁的规定》第二十四条第一款。
57.《中华人民共和国内河交通安全管理条例》第九十条。
58.《互联网上网服务营业场所管理条例》第二十九条第二款。
59.《无照经营查处取缔办法》第十八条。
60.《突发公共卫生事件应急条例》第五十一条。
61.《医疗废物管理条例》第五十条。
62.《中央储备粮管理条例》第五十七条。
63.《民用运力国防动员条例》第四十九条。

(二)对下列行政法规中关于治安管理处罚的具体规定作出修改。

64. 将《旅馆业治安管理办法》第十八条中的"按照《中华人民共和国治安管理处罚条例》第三十九条规定的程序办理"修改为"按照《中华人民共和国治安管理处罚法》第一百零二条的规定办理"。

65. 删去《中华人民共和国城镇集体所有制企业条例》第六十二条。

66. 将《中华人民共和国陆生野生动物保护实施条例》第四十一条中的"尚不构成犯罪的,由公安机关依照《中华人民共和国治安管理处罚条例》的规定处罚"修改为"尚不构成犯罪,应当给予治安管理处罚的,由公安机关依照《中华人民共和国治安管理处罚法》的规定予以处罚"。

67. 将《中华人民共和国集会游行示威法实施条例》第二十四条第一款中的"拒绝、阻碍人民警察依法执行维持交通秩序和社会秩序职务的,依照治安管理处罚条例的规定予以处罚"修改为"拒绝、阻碍人民警察依法执行维持交通秩序和社会秩序职务,应当给予治安管理处罚的,依照治安管理处罚法的规定予以处罚"。

第二十九条修改为:"在举行集会、游行、示威的过程中,破坏公私财物或者侵害他人身体造成伤亡的,应当依法承担赔偿责任。"

68. 将《卖淫嫖娼人员收容教育办法》第七条第一款中的"除依照《中华人民共和国治安管理处罚条例》第三十条的规定处罚外"修改为"除依照《中华人民共和国治安管理处罚法》第六十六条的规定处罚外"。

69. 将《中华人民共和国水生野生动物保护实施条例》第三十二条中的"尚不构成犯罪的,由公安机关依照《中华人民共和国治安管理处罚条例》的规定处罚"修改为"尚不构成犯罪,应当给予治安管理处罚的,由公安机关依照《中华人民共和国治安管理处罚法》的规定予以处罚"。

70. 将《制止牟取暴利的暂行规定》第十三条中的"未使用暴力、威胁方法的,由公安机关依照治安管理处罚条例的有关规定处罚"修改为"未使用暴力、威胁方法,构成违反治安管理行为的,由公安机关依照治安管理处罚法的有关规定予以处罚"。

71. 将《中华人民共和国民用航空安全保卫条例》第三十四条修改为:"违反本条例第十四条的规定或者有本条例第十六条、第二十四条第一项、第二十五条所列行为,构成违反治安管理行为的,由民航公安机关依照《中华人民共和国治安管理处罚法》有关规定予以处罚;有本条例第二十四条第二项所列行为的,由民航公安机关依照《中华人民共和国居民身份证法》有关规定予以处罚。"

六、对下列行政法规中引用法律、行政法规名称或者条文不对应的规定作出修改

(一)对下列行政法规中引用法律、行政法规名称作出修改。

72. 将《中华人民共和国海关船舶吨税暂行办法》第十一条第五项中的"暂行海关法第二十七条规定"修改为"法律、行政法规规定"。

73. 将《中华人民共和国国境口岸卫生监督办法》第一条修改为:"为了加强国境口岸和国际航行交通工具的卫生监督工作,改善国境口岸和交通工具的卫生面貌,控制和消灭传染源,切断传播途径,防止传染病由国外传入和由国内传出,保障人民身体健康,制定本办法。"

74. 将《中华人民共和国中外合资经营企业法实施条例》第七十六条中的"《中华人民共和国外商投资企业和外国企业所得税法》"修改为"《中华人民共和国企业所得税法》"。

第九十一条中的"按照《外商投资企业清算办法》的规定"修改为"依法"。

75. 将《产品质量监督试行办法》第一条修改为:"为了加强对产品的质量监督,促使企业贯彻执行产品技术标准,提高产品质量和经济效益,以适应社会主义现代化建设和人民生活的需要,制定本办法。"

76. 将《中华人民共和国房产税暂行条例》第八条中的"《中华人民共和国税收征收管理暂行条例》"修改为"《中华人民共和国税收征收管理法》"。

77. 将《中华人民共和国海关总署关于外国驻中国使馆和使馆人员进出境物品的规定》第五条第四款中的"按照《中华人民共和国枪支管理办法》的规定办理"修改为"按照《中华人民共和国枪支管理法》的规定办理"。

78. 将《铁路货物运输合同实施细则》第一条修改为:"为了规范铁路货物运输合同,根据有关法律,制定本细则。"

79. 将《水路货物运输合同实施细则》第一条修改为:"为了规范水路货物运输合同,根据有关法律,制定本细则。"

80. 将《森林采伐更新管理办法》第六条第一款中的"按森林法及其实施细则的有关规定办理"修改为"按森林法及其实施条例的有关规定办理"。

81. 将《旅馆业治安管理办法》第三条中的"《中华人民共和国消防条例》"修改为"《中华人民共和国消防法》"。

82. 将《中华人民共和国印花税暂行条例》第十四条中的"《中华人民共和国税收征收管理暂行条例》"修改为"《中华人民共和国税收征收管理法》"。

83. 将《实验动物管理条例》第十七条中的"《家畜家禽防疫条例》"修改为"《中华人民共和国动物防疫法》"。

第二十五条中的"《中华人民共和国进出口动植物检疫条例》"修改为"《中华人民共和国进出境动植物检疫法》"。

84. 将《中华人民共和国乡村集体所有制企业条例》第三十一条中的"参照《国营企业劳动争议处理暂行规定》"修改为"依照《中华人民共和国劳动争议调解仲裁法》"。

85. 将《中华人民共和国固定资产投资方向调节税暂行条例》第十三条中的"《中华人民共和国税收征收管理暂行条例》"修改为"《中华人民共和国税收征收管理法》"。

86. 将《储蓄管理条例》第三十五条、第三十六条中的"《行政复议条例》"修改为"《中华人民共和国行政复议法》"。

87. 将《卖淫嫖娼人员收容教育办法》第二十条中的"可以依照《行政复议条例》的规定向上一级公安机关申请复议;对上一级公安机关的复议决定不服的,可以依照《中华人民共和国行政诉讼法》的规定向人民法院提起诉讼"修改为"可以依法申请行政复议;对行政复议决定不服的,可以依照《中华人民共和国行政诉讼法》的规定向人民法院提起诉讼"。

88. 将《种畜禽管理条例》第十九条中的"《家畜家禽防疫条例》"修改为"《中华人民共和国动物防疫法》"。

89. 将《外国公司船舶运输收入征税办法》第一条修改为:"为了加强对外国公司以船舶从事国际海运业务从中国取得运输收入的税收管理,根据《中华人民共和国税收征收管理法》、《中华人民共和国营业税暂行条例》以及企业所得税相关法律的规定,制定本办法。"

90. 将《中华人民共和国海关稽查条例》第二十四条、第二十五条、第二十六条中的"海关法行政处罚实施细则"修改为"海关行政处罚实施条例"。

91. 将《保税区海关监管办法》第二十八条中的"《中华人民共和国海关法行政处罚实施细则》"修改为"《中华人民共和国海关行政处罚实施条例》"。

92. 将《生猪屠宰管理条例》第九条第二款中的"食品卫生法"修改为"食品安全法"。

93. 将《关于骗购外汇、非法套汇、逃汇、非法买卖外汇等违反外汇管理规定行为的行政处分或者纪律处分暂行规定》第一条修改为:"为了维护国家外汇管理秩序,惩处违反外汇管理规定的行为,防范金融风险,制定本规定。"

94. 将《农业转基因生物安全管理条例》第四条第三款修改为:"县级以上各级人民政府有关部门依照《中华人民共和国食品安全法》的有关规定,负责转基因食品安全的监督管理工作。"

95. 将《中华人民共和国海关对出口加工区监管的暂行办法》第四十三条中的"《中华人民共和国海关法行政处罚实施细则》"修改为"《中华人民共和国海关行政处罚实施条

例》"。

96. 将《中央储备粮管理条例》第五十八条修改为："本条例规定的对国家机关工作人员的行政处分，依照《中华人民共和国公务员法》的规定执行；对中国储备粮管理总公司及其分支机构、承储企业、中国农业发展银行工作人员的纪律处分，依照国家有关规定执行。"

97. 将《中华人民共和国进出口关税条例》第六十六条中的"《中华人民共和国海关法行政处罚实施细则》"修改为"《中华人民共和国海关行政处罚实施条例》"。

98. 将《反兴奋剂条例》第四十五条中的"《中华人民共和国食品卫生法》"修改为"《中华人民共和国食品安全法》"。

99. 将《财政违法行为处罚处分条例》第三十二条第二款中的"《国家公务员暂行条例》"修改为"《中华人民共和国公务员法》"。

（二）对下列行政法规中引用的法律、行政法规条文序号作出修改。

100. 将《中华人民共和国海洋倾废管理条例》第十五条第一款中的"凡属《中华人民共和国海洋环境保护法》第四十三条规定的情形"修改为"凡属《中华人民共和国海洋环境保护法》第九十条、第九十二条规定的情形"。

101. 将《森林采伐更新管理办法》第五条中的"采伐林木按照森林法实施细则第十八条规定"修改为"采伐林木按森林法实施条例第三十条规定"。

第十九条中的"依照森林法第三十四条和森林法实施细则第二十二条的规定处罚"修改为"依照森林法第三十九条和森林法实施条例的有关规定处罚"。

第二十条中的"根据森林法第三十四条规定的处罚原则"修改为"根据森林法第三十九条规定的处罚原则"。

第二十三条中的"依照森林法第三十八条和森林法实施细则第二十二条的规定处理"修改为"依照森林法第四十五条和森林法实施条例的有关规定处理"。

102. 将《渔业资源增殖保护费征收使用办法》第一条中的"根据《中华人民共和国渔业法》第十九条的规定"修改为"根据《中华人民共和国渔业法》的有关规定"。

103. 将《中国人民武装警察部队实行警官警衔制度的具体办法》第一段中的"根据第七届全国人民代表大会常务委员会第二次会议通过颁布的《中国人民解放军军官军衔条例》第三十二条规定"修改为"根据《中国人民解放军军官军衔条例》"。

104. 将《放射性药品管理办法》第十二条中的"必须具备《药品管理法》第五条规定的条件"修改为"必须具备《药品管理法》规定的条件"。

105. 将《海关工作人员使用武器和警械的规定》第一条中的"《中华人民共和国海关法》第四条的规定"修改为"《中华人民共和国海关法》第六条的规定"。

106. 将《中华人民共和国水下文物保护管理条例》第十条第一款中的"符合《中华人民共和国文物保护法》第二十九条各项规定情形的"修改为"符合《中华人民共和国文物保护法》规定情形的"；第二款中的"具有《中华人民共和国文物保护法》第三十条、第三十一条各项规定情形的"修改为"具有《中华人民共和国文物保护法》规定情形的"。

107. 将《中外合资经营企业合营期限暂行规定》第一条中的"根据《中华人民共和国中外合资经营企业法》（一九九〇年四月四日第七届全国人民代表大会第三次会议修正）第十二条的规定"修改为"根据《中华人民共和国中外合资经营企业法》的有关规定"。

108. 将《总会计师条例》第十条第二款中的"总会计师应当依照《中华人民共和国会计法》第十九条的规定执行"修改为"总会计师应当依照《中华人民共和国会计法》的有关规定执行"。

109. 将《中华人民共和国海关稽查条例》第二十三条第二款中的"依照海关法第三十七条第一款"修改为"依照海关法第六十条第一款、第二款"。

第二十八条中的"依照海关法第四十六条的规定办理"修改为"依照海关法第六十四条的规定办理"。

110. 将《票据管理实施办法》第三十条中的"有票据法第一百零三条所列行为之一"修改为"有票据法第一百零二条所列行为之一"。

111. 将《城市房地产开发经营管理条例》第二十条中的"应当符合《中华人民共和国城市房地产管理法》第三十八条、第三十九条规定的条件"修改为"应当符合《中华人民共和国城市房地产管理法》第三十九条、第四十条规定的条件"。

112. 将《证券交易所风险基金管理暂行办法》第一条中的"根据《中华人民共和国证券法》第一百一十一条、一百一十二条规定"修改为"根据《中华人民共和国证券法》的有关规定"。

113. 将《中华人民共和国技术进出口管理条例》第八条、第三十一条中的"有对外贸易法第十六条、第十七条规定情形之一的技术"修改为"有对外贸易法第十六条规定情形之一的技术"。

114. 将《计算机软件保护条例》第二十五条中的"依照《中华人民共和国著作权法》第四十八条的规定确定"修改为"依照《中华人民共和国著作权法》第四十九条的规定确定"。

第二十六条中的"可以依照《中华人民共和国著作权法》第四十九条的规定"修改为"可以依照《中华人民共和国著作权法》第五十条的规定"。

第二十七条中的"软件著作权人可以依照《中华人民共和国著作权法》第五十条的规定"修改为"软件著作权人可以依照《中华人民共和国著作权法》第五十一条的规定"。

115. 将《中华人民共和国著作权法实施条例》第二十二条、第三十二条中的"依照著作权法第二十三条、第三十二条第二款、第三十九条第三款的规定"修改为"依照著作权法第二十三条、第三十三条第二款、第四十条第三款的规定"。

第二十九条中的"视为著作权法第三十一条所称图书脱销"修改为"视为著作权法第三十二条所称图书脱销"。

第三十条中的"著作权人依照著作权法第三十二条第二款声明"修改为"著作权人依照著作权法第三十三条第二款声明"。

第三十一条中的"著作权人依照著作权法第三十九条第三款声明"修改为"著作权人依照著作权法第四十条第三款声明"。

第三十六条、第三十七条第一款中的"有著作权法第四十七条所列侵权行为"修改为"有著作权法第四十八条所列侵权行为"。

116. 将《地震监测管理条例》第三十七条中的"依照《中华人民共和国防震减灾法》第四十三条的规定处以罚款"修改为"依照《中华人民共和国防震减灾法》第八十五条的规定处以罚款"。

117. 将《著作权集体管理条例》第二十五条中的"除著作权法第二十三条、第三十二条第二款、第三十九条第三款、第四十二条第二款和第四十三条规定应当支付的使用费外"修改为"除著作权法第二十三条、第三十三条第二款、第四十条第三款、第四十三条第二款和第四十四条规定应当支付的使用费外"。

第四十七条中的"依照著作权法第二十三条、第三十二条第二款、第三十九条第三款的规定使用他人作品"修改为"依照著作权法第二十三条、第三十三条第二款、第四十条第三款的规定使用他人作品"。

118. 将《广播电台、电视台播放录音制品支付报酬暂行办法》第一条中的"根据《中华人民共和国著作权法》(以下称著作权法)第四十三条的规定"修改为"根据《中华人民共和国著作权法》(以下称著作权法)第四十四条的规定"。

第二条第三款中的"依照著作权法第四十三条的规定"修改为"依照著作权法第四十四条的规定"。

七、对下列行政法规的有关规定根据商业银行法作出修改

119. 将《中华人民共和国企业法人登记管理条例》第三十二条中的"通知其开户银行予以划拨"修改为"申请人民法院强制执行"。

120. 删去《现金管理暂行条例》第二十条、第二十一条、第二十二条。

121. 将《企业债券管理条例》第二十六条修改为:"未经批准发行或者变相发行企业债券的,以及未通过证券经营机构发行企业债券的,责令停止发行活动,退还非法所筹资金,处以相当于非法所筹资金金额百分之五以下的罚款。"

第二十七条修改为:"超过批准数额发行企业债券的,责令退还超额发行部分或者核减相当于超额发行金额的贷款额度,处以相当于超额发行部分百分之五以下的罚款。"

122. 删去《非法金融机构和非法金融业务活动取缔办法》第十三条第一款中的"任何单位和个人不得擅自动用有关资金。"

财政部现行有效规章目录

2011年2月21日　财政部公告2011年第10号

根据《国务院办公厅关于做好规章清理工作有关问题的通知》(国办发〔2010〕28号)的要求,我部对本部职责范围内的规章进行了全面清理。现将财政部现行有效规章目录予以公布。

特此公告。

附件:财政部现行有效规章目录(106件)

附件

财政部现行有效规章目录(106件)

序号	制定机关	规章名称	公布日期	施行日期	文号	备注
1	财政部	罚没财物和追回赃款赃物管理办法	1986年12月31日	1987年1月1日	(86)财预字第228号	
2	财政部	中华人民共和国印花税暂行条例施行细则	1988年9月29日	1988年10月1日	(88)财税字第255号	
3	财政部、人民银行	中华人民共和国国家金库条例实施细则	1989年12月13日	1990年1月1日	(89)财预字第68号	部分内容已失效,适时修改。
4	国资局	国有资产评估管理办法施行细则	1992年7月18日	1992年7月18日	(92)国资办发第36号	
5	国资局	国有资产产权界定和产权纠纷处理暂行办法	1993年11月21日	1993年11月21日	(93)国资法规发第68号	
6	财政部	中华人民共和国资源税暂行条例实施细则	1993年12月30日	1993年12月30日	(93)财法字第43号	
7	财政部	会计核算软件基本功能规范	1994年6月30日	1994年6月30日	(94)财会字第27号	
8	财政部	会计电算化管理办法	1994年6月30日	1994年6月30日	(94)财会字第27号	
9	财政部、中组部、民政部、人事部、总政治部、总后勤部	关于调整移交政府安置的军队离休退休干部和退休志愿兵生活待遇实施办法	1994年9月1日	1994年9月1日	(94)财社字第19号	
10	财政部	中华人民共和国土地增值税暂行条例实施细则	1995年1月27日	1995年1月27日	财法字〔1995〕6号	
11	财政部	合并会计报表暂行规定	1995年2月9日	1995年2月9日	财会字〔1995〕11号	
12	财政部、税务总局	出口货物退(免)税若干问题规定	1995年7月8日	1995年7月1日	财税字〔1995〕92号	
13	财政部	国有建设单位会计制度	1995年10月4日	1996年1月1日	财会字〔1995〕45号	
14	财政部	中央级防汛岁修经费使用管理办法	1995年11月29日	1995年11月29日	财农字〔1995〕302号	
15	财政部	勘察设计企业会计制度	1995年12月7日	1996年1月1日	财会字〔1995〕70号	
16	财政部	中央级水土保持事业费使用管理暂行办法	1996年1月30日	1996年1月30日	财农字〔1996〕22号	
17	财政部	地质勘查单位财务制度	1996年4月12日	1996年1月1日	财基字〔1996〕88号	
18	财政部	地质勘查单位会计制度	1996年5月6日	1996年1月1日	财会字〔1996〕15号	
19	财政部	会计基础工作规范	1996年6月17日	1996年6月17日	财会字〔1996〕19号	
20	财政部、农发银行	粮食政策性财务挂账利息补贴专户管理办法	1996年6月25日	1996年1月1日	财商字〔1996〕140号	
21	财政部	商品期货交易财务管理暂行规定	1997年1月1日	1997年1月1日	财商字〔1997〕44号	

续表

序号	制定机关	规章名称	公布日期	施行日期	文号	备注
22	财政部、国家科委	科学事业单位财务制度	1997年3月25日	1997年1月1日	财文字〔1997〕25号	
23	财政部、中宣部	文化事业建设费使用管理办法	1997年4月11日	1997年1月1日	财文字〔1997〕243号	
24	财政部	事业单位会计准则(试行)	1997年5月28日	1998年1月1日	财预字〔1997〕286号	
25	财政部	财政总预算会计制度	1997年6月25日	1998年1月1日	财预字〔1997〕287号	
26	财政部	林业事业费管理办法	1997年7月14日	1997年7月14日	财农字〔1997〕131号	
27	财政部	事业单位会计制度	1997年7月17日	1998年1月1日	财预字〔1997〕288号	
28	财政部	中央水利建设基金财务管理暂行办法	1997年7月28日	1997年1月1日	财农字〔1997〕158号	
29	财政部	中国人民银行预算管理的规定	1997年8月13日	1998年1月1日	财商字〔1997〕344号	
30	财政部	国家政策性银行财务管理规定	1997年10月23日	1998年1月1日	财商字〔1997〕491号	部分内容已失效,适时修改。
31	财政部	中华人民共和国契税暂行条例细则	1997年10月28日	1997年10月1日	财法字〔1997〕52号	
32	财政部、国家科委	科学事业单位会计制度	1997年12月16日	1998年1月1日	财预字〔1997〕460号	
33	财政部	行政单位会计制度	1998年2月6日	1998年1月1日	财预字〔1998〕49号	
34	财政部、教育部	中小学校会计制度(试行)	1998年3月31日	1998年1月1日	财预字〔1998〕104号	
35	财政部、教育部	高等学校会计制度(试行)	1998年3月31日	1998年1月1日	财预字〔1998〕105号	
36	财政部	地质事业单位财务制度	1998年4月2日	1998年1月1日	财基字〔1998〕26号	
37	财政部、人民银行	罚款代收代缴管理办法	1998年5月28日	1998年5月28日	财预字〔1998〕201号	
38	财政部、农发银行	粮食风险基金专户管理办法	1998年7月3日	1998年7月1日	财商字〔1998〕466号	
39	财政部	会计档案管理办法	1998年8月21日	1999年1月1日	财会字〔1998〕32号	
40	财政部	行政事业性收费和政府性基金票据管理规定	1998年9月21日	1998年11月1日	财综字〔1998〕104号	
41	财政部、民政部	社会福利基金使用管理暂行办法	1998年10月5日	1998年10月5日	财社字〔1998〕124号	
42	财政部、卫生部	医院会计制度	1998年11月17日	1999年1月1日	财会字〔1998〕58号	2011年7月1日起将试行新《医院会计制度》。
43	财政部、卫生部	医院财务制度	1998年11月17日	1999年1月1日	财社字〔1998〕148号	2011年7月1日起将试行新《医院财务制度》。

续表

序号	制定机关	规章名称	公布日期	施行日期	文号	备注
44	财政部、测绘局	测绘事业单位会计制度	1999年1月5日	1999年1月1日	财会字〔1999〕1号	
45	财政部	住房公积金财务管理办法	1999年5月26日	1999年7月1日	财综字〔1999〕59号	部分内容已失效，适时修改。
46	财政部、监察部、国家计委、审计署、人民银行	行政事业性收费和罚没收入实行"收支两条线"管理的若干规定	1999年6月14日	1999年6月14日	财综字〔1999〕87号	
47	财政部	社会保险基金会计制度	1999年6月21日	1999年7月1日	财会字〔1999〕20号	
48	财政部	国际金融组织贷款转贷会计制度	1999年7月19日	1999年7月19日	财际字〔1999〕165号	
49	财政部	社会保障基金财政专户管理暂行办法	1999年8月4日	1999年8月4日	财社字〔1999〕117号	
50	财政部	社会保障基金财政专户会计核算暂行办法	1999年8月4日	1999年9月1日	财社字〔1999〕118号	
51	财政部	农业事业费管理办法	1999年8月6日	1999年8月6日	财农字〔1999〕227号	
52	财政部、水利部	特大防汛抗旱补助费使用管理办法	1999年8月11日	1999年1月1日	财农字〔1999〕238号	
53	财政部	外国政府贷款转贷垫款周转金管理办法	1999年9月20日	2000年1月1日	财债字〔1999〕197号	
54	财政部	住房公积金会计核算办法	1999年10月14日	2000年1月1日	财会字〔1999〕33号	
55	财政部	国际金融组织贷款债务清偿办法	1999年11月8日	1999年11月8日	财际字〔1999〕224号	
56	财政部	中国人民银行财务制度	1999年12月23日	2000年1月1日	财债字〔1999〕268号	
57	财政部	世界银行贷款项目会计核算办法	2000年1月21日	2000年1月21日	财际字〔2000〕13号	
58	财政部	水利事业费管理办法	2000年3月5日	2000年3月5日	财农字〔2000〕13号	
59	财政部、扶贫领导小组、国家计委	财政扶贫资金管理办法（试行）	2000年5月30日	2000年5月30日	财农字〔2000〕18号	部分内容已失效，适时修改。
60	财政部	住房公积金会计核算办法补充规定	2000年6月13日	2000年6月13日	财会字〔2000〕12号	
61	财政部、人事部、中编办	行政单位财政统一发放工资暂行办法	2000年6月21日	2000年7月1日	财行字〔2000〕1号	部分内容已失效，适时修改。
62	财政部	财政部门实施会计监督办法	2001年2月20日	2001年2月20日	10号令	
63	财政部、劳动保障部	全国社会保障基金投资管理暂行办法	2001年12月13日	2001年12月13日	12号令	
64	财政部	国有资产评估管理若干问题的规定	2001年12月31日	2002年1月1日	14号令	
65	财政部	国有资产评估违法行为处罚办法	2001年12月31日	2002年1月1日	15号令	

续表

序号	制定机关	规章名称	公布日期	施行日期	文号	备注
66	财政部、环保总局	排污费资金收缴使用管理办法	2003年3月20日	2003年7月1日	17号令	
67	财政部	政府采购货物和服务招标投标管理办法	2004年8月11日	2004年9月11日	18号令	
68	财政部	政府采购信息公告管理办法	2004年8月11日	2004年9月11日	19号令	
69	财政部	政府采购供应商投诉处理办法	2004年8月11日	2004年9月11日	20号令	
70	财政部	财政机关实施行政许可听证办法	2004年8月19日	2004年10月1日	21号令	
71	财政部	财政机关行政处罚听证实施办法	2005年1月10日	2005年3月1日	23号令	
72	财政部	会计师事务所审批和监督暂行办法	2005年1月18日	2005年3月1日	24号令	
73	财政部	注册会计师注册办法	2005年1月22日	2005年3月1日	25号令	
74	财政部	会计从业资格管理办法	2005年1月22日	2005年3月1日	26号令	
75	财政部	代理记账管理办法	2005年1月22日	2005年3月1日	27号令	
76	财政部	资产评估机构审批管理办法	2005年5月11日	2005年6月1日	22号令	
77	财政部	中外合作经营企业外国合作者先行回收投资审批办法	2005年6月9日	2005年9月1日	28号令	
78	财政部	国家农业综合开发资金和项目管理办法	2005年8月22日	2005年10月1日	29号令	经60号令修正。
79	财政部	财政部信访工作办法	2005年8月22日	2005年10月1日	30号令	
80	财政部	财政检查工作办法	2006年1月26日	2006年3月1日	32号令	
81	财政部	企业会计准则——基本准则	2006年2月15日	2007年1月1日	33号令	
82	财政部	行政单位国有资产管理暂行办法	2006年5月30日	2006年7月1日	35号令	
83	财政部	事业单位国有资产管理暂行办法	2006年5月30日	2006年7月1日	36号令	
84	财政部	国家蓄滞洪区运用财政补偿资金管理规定	2006年5月30日	2006年7月1日	37号令	
85	财政部	国际金融组织和外国政府贷款赠款管理办法	2006年7月3日	2006年9月1日	38号令	
86	财政部、人民银行、证监会	国债承销团成员资格审批办法	2006年7月4日	2006年7月4日	39号令	
87	财政部	企业财务通则	2006年12月4日	2007年1月1日	41号令	
88	财政部	金融企业财务规则	2006年12月7日	2007年1月1日	42号令	

续表

序号	制定机关	规章名称	公布日期	施行日期	文号	备注
89	财政部	金融企业国有资本保值增值结果确认暂行办法	2007年1月11日	2007年3月1日	43号令	
90	财政部、海关总署、税务总局	科技开发用品免征进口税收暂行规定	2007年1月31日	2007年2月1日	44号令	
91	财政部、海关总署、税务总局	科学研究和教学用品免征进口税收规定	2007年1月31日	2007年2月1日	45号令	
92	财政部、税务总局	中华人民共和国车船税暂行条例实施细则	2007年2月1日	2007年2月1日	46号令	
93	财政部	金融企业国有资产评估监督管理暂行办法	2007年10月12日	2008年1月1日	47号令	
94	财政部、税务总局	中华人民共和国耕地占用税暂行条例实施细则	2008年2月26日	2008年2月26日	49号令	
95	财政部、税务总局	中华人民共和国增值税暂行条例实施细则	2008年12月15日	2009年1月1日	50号令	
96	财政部、税务总局	中华人民共和国消费税暂行条例实施细则	2008年12月15日	2009年1月1日	51号令	
97	财政部、税务总局	中华人民共和国营业税暂行条例实施细则	2008年12月15日	2009年1月1日	52号令	
98	财政部	财政监督检查案件移送办法	2008年12月16日	2009年2月1日	53号令	
99	财政部	金融企业国有资产转让管理办法	2009年3月17日	2009年5月1日	54号令	
100	财政部	注册会计师全国统一考试办法	2009年3月23日	2009年3月23日	55号令	
101	财政部、中国保监会、公安部、卫生部、农业部	道路交通事故社会救助基金管理试行办法	2009年9月10日	2010年1月1日	56号令	
102	财政部	注册会计师全国统一考试违规行为处理办法	2010年2月2日	2010年3月1日	57号令	
103	财政部	财政部门内部监督检查办法	2010年2月2日	2010年3月1日	58号令	
104	财政部、国家发展改革委、外交部、科技部、环保部、农业部、中国气象局	中国清洁发展机制基金管理办法	2010年9月14日	2010年9月14日	59号令	
105	财政部	关于修改《国家农业综合开发资金和项目管理办法》的决定	2010年9月4日	2010年9月4日	60号令	
106	财政部	政府采购代理机构资格认定办法	2010年10月26日	2010年12月1日	61号令	

财政部关于公布废止和失效的财政规章和规范性文件目录(第十一批)的决定(节录)

2011年2月21日　财政部令第62号

《财政部关于公布废止和失效的财政规章和规范性文件目录(第十一批)的决定》已经部务会议审议通过,现予公布。

废止和失效的财政规章和规范性文件目录
(第十一批)(864件)

一、废止的财政规章目录(5件)
1. 政府采购代理机构资格认定办法
　　(2005年12月28日　财政部令第31号)
2. 油气田企业增值税暂行管理办法
　　(2000年3月13日　财政部、国家税务总局　财税字〔2000〕32号)
3. 农业综合开发财政有偿资金延期还款和呆账处理暂行规定
　　(2000年1月12日　财政部　财发字〔2000〕2号)
4. 预算外资金财政专户会计核算制度
　　(1998年12月27日　财政部　财综字〔1998〕164号)
5. 中华人民共和国企业所得税暂行条例实施细则
　　(1994年2月4日　财政部　(94)财法字第3号)

二、失效的财政规章目录(4件)
　　……

三、废止的财政规范性文件目录(415件)
　　……

税收类

6. 关于个人住房转让营业税政策的通知
　　(2008年12月29日　财政部、国家税务总局　财税〔2008〕174号)
7. 关于2008年东北中部和蒙东地区扩大增值税抵扣范围固定资产进项税额退税问题的通知
　　(2008年10月29日　财政部、国家税务总局　财税〔2008〕141号)
8. 关于地方商品储备有关税收问题的通知
　　(2008年8月15日　财政部、国家税务总局　财税〔2008〕110号)

9. 关于印发《汶川地震受灾严重地区扩大增值税抵扣范围暂行办法》的通知
   (2008年8月1日　财政部、国家税务总局　财税〔2008〕108号)
10. 关于印发《内蒙古东部地区扩大增值税抵扣范围暂行办法》的通知
    (2008年7月2日　财政部、国家税务总局　财税〔2008〕94号)
11. 关于二甲醚增值税适用税率问题的通知
    (2008年6月11日　财政部、国家税务总局　财税〔2008〕72号)
12. 关于在苏州工业园区进一步做好鼓励技术先进型服务企业发展试点工作有关税收政策的通知
    (2007年12月7日　财政部、国家税务总局、商务部、科技部　财税〔2007〕143号)
13. 关于扩大增值税抵扣范围地区2007年固定资产抵扣(退税)有关问题的补充通知
    (2007年9月6日　财政部、国家税务总局　财税〔2007〕128号)
14. 关于调整工业盐和食用盐增值税税率的通知
    (2007年7月26日　财政部、国家税务总局　财税〔2007〕101号)
15. 关于执行《企业会计准则》有关企业所得税政策问题的通知
    (2007年7月7日　财政部、国家税务总局　财税〔2007〕80号)
16. 关于调整证券(股票)交易印花税税率的通知
    (2007年5月30日　财政部、国家税务总局　财税〔2007〕84号)
17. 关于印发《中部地区扩大增值税抵扣范围暂行办法》的通知
    (2007年5月11日　财政部、国家税务总局　财税〔2007〕75号)
18. 关于企业政策性搬迁收入有关企业所得税处理问题的通知
    (2007年5月18日　财政部、国家税务总局　财税〔2007〕61号)
19. 关于促进创业投资企业发展有关税收政策的通知
    (2007年2月7日　财政部、国家税务总局　财税〔2007〕31号)
20. 关于促进农产品连锁经营试点税收优惠政策的通知
    (2007年1月10日　财政部、国家税务总局　财税〔2007〕10号)
21. 关于公益救济性捐赠税前扣除政策及相关管理问题的通知
    (2007年1月8日　财政部、国家税务总局　财税〔2007〕6号)
22. 关于建筑业营业税若干政策问题的通知
    (2006年12月22日　财政部、国家税务总局　财税〔2006〕177号)
23. 关于嵌入式软件增值税政策问题的通知
    (2006年12月20日　财政部、国家税务总局　财税〔2006〕174号)
24. 关于宣传文化增值税和营业税优惠政策的通知
    (2006年12月5日　财政部、国家税务总局　财税〔2006〕153号)
25. 关于2006年东北地区固定资产进项税额退税问题的通知
    (2006年11月17日　财政部、国家税务总局　财税〔2006〕156号)
26. 关于在苏州工业园区进行鼓励技术先进型服务企业发展试点工作有关政策问题的通知
    (2006年11月15日　财政部、国家税务总局、商务部、科技部　财税〔2006〕147

号)

27. 关于支持天津滨海新区开发开放有关企业所得税优惠政策的通知
    (2006 年 11 月 15 日　财政部、国家税务总局　财税〔2006〕130 号)
28. 关于购进烟叶的增值税抵扣政策的通知
    (2006 年 10 月 8 日　财政部、国家税务总局　财税〔2006〕140 号)
29. 关于东北地区军品和高新技术产品生产企业实施扩大增值税抵扣范围有关问题的通知
    (2006 年 9 月 26 日　财政部、国家税务总局　财税〔2006〕15 号)
30. 关于进一步做好调整现行福利企业税收优惠政策试点工作的通知
    (2006 年 9 月 25 日　财政部、国家税务总局　财税〔2006〕135 号)
31. 关于企业技术创新有关企业所得税优惠政策的通知
    (2006 年 9 月 8 日　财政部、国家税务总局　财税〔2006〕88 号)
32. 关于调整企业所得税工资支出税前扣除政策的通知
    (2006 年 9 月 1 日　财政部、国家税务总局　财税〔2006〕126 号)
33. 关于经营高校学生公寓及高校后勤社会化改革有关税收政策的通知
    (2006 年 8 月 18 日　财政部、国家税务总局　财税〔2006〕100 号)
34. 关于纳税人以清包工形式提供装饰劳务征收营业税问题的通知
    (2006 年 8 月 17 日　财政部、国家税务总局　财税〔2006〕114 号)
35. 关于部分国家储备商品有关税收政策的通知
    (2006 年 8 月 16 日　财政部、国家税务总局　财税〔2006〕105 号)
36. 关于以三剩物和次小薪材为原料生产加工的综合利用产品增值税即征即退政策的通知
    (2006 年 8 月 3 日　财政部、国家税务总局　财税〔2006〕102 号)
37. 关于调整完善现行福利企业税收优惠政策试点工作的通知
    (2006 年 7 月 27 日　财政部、国家税务总局　财税〔2006〕111 号)
38. 关于纳税人向艾滋病防治事业捐赠有关所得税政策问题的通知
    (2006 年 6 月 27 日　财政部、国家税务总局　财税〔2006〕84 号)
39. 关于调整房地产营业税有关政策的通知
    (2006 年 6 月 6 日　财政部、国家税务总局　财税〔2006〕75 号)
40. 关于调整外商投资项目购买国产设备退税政策范围的通知
    (2006 年 5 月 10 日　财政部、国家税务总局　财税〔2006〕61 号)
41. 关于调整个体工商户业主、个人独资企业和合伙企业投资者个人所得税费用扣除标准的通知
    (2006 年 4 月 10 日　财政部、国家税务总局　财税〔2006〕44 号)
42. 关于个人所得税工资薪金所得减除费用标准有关政策问题的通知
    (2005 年 12 月 19 日　财政部、国家税务总局　财税〔2005〕183 号)
43. 关于 2005 年东北地区扩大增值税抵扣范围固定资产进项税额退税问题的通知
    (2005 年 12 月 6 日　财政部、国家税务总局　财税〔2005〕176 号)

44. 关于企业向农村寄宿制学校建设工程捐赠企业所得税税前扣除问题的通知
    (2005年9月29日　财政部、国家税务总局　财税〔2005〕137号)
45. 关于保险公司缴纳保险保障基金所得税税前扣除问题的通知
    (2005年9月17日　财政部、国家税务总局　财税〔2005〕136号)
46. 关于外商投资企业执行软件和集成电路企业所得税政策有关审批程序的通知
    (2005年7月1日　财政部、国家税务总局　财税〔2005〕109号)
47. 关于外商投资企业和外国企业购置国产设备有关企业所得税政策问题的通知
    (2005年7月20日　财政部、国家税务总局　财税〔2005〕74号)
48. 关于新疆出版印刷企业增值税政策的通知
    (2005年3月24日　财政部、国家税务总局　财税〔2005〕47号)
49. 关于铸锻、模具和数控机床企业取得的增值税返还收入征免企业所得税的通知
    (2005年3月8日　财政部、国家税务总局　财税〔2005〕33号)
50. 关于2005年东北地区扩大增值税抵扣范围有关问题的通知
    (2005年2月24日　财政部、国家税务总局　财税〔2005〕28号)
51. 关于东北老工业基地资产折旧与摊销政策执行口径的通知
    (2005年2月2日　财政部、国家税务总局　财税〔2005〕17号)
52. 关于扶持薄膜晶体管显示器产业发展税收优惠政策的通知
    (2005年2月22日　财政部、国家税务总局　财税〔2005〕15号)
53. 关于东北地区军品和高新技术产品生产企业实施扩大增值税抵扣范围有关问题的通知
    (2004年12月27日　财政部、国家税务总局　财税〔2004〕227号)
54. 关于进一步落实东北地区扩大增值税抵扣范围政策的紧急通知
    (2004年12月27日　财政部、国家税务总局　财税〔2004〕226号)
55. 关于电信企业有关企业所得税问题的通知
    (2004年12月10日　财政部、国家税务总局　财税〔2004〕215号)
56. 关于进一步扩大试点地区农村信用社有关税收政策问题的通知
    (2004年11月12日　财政部、国家税务总局　财税〔2004〕177号)
57. 关于以人民币结算的边境小额贸易出口货物试行退(免)税的补充通知
    (2004年10月29日　财政部、国家税务总局　财税〔2004〕178号)
58. 关于印发《2004年东北地区扩大增值税抵扣范围暂行办法》的通知
    (2004年9月20日　财政部、国家税务总局　财税〔2004〕168号)
59. 关于落实振兴东北老工业基地企业所得税优惠政策的通知
    (2004年9月20日　财政部、国家税务总局　财税〔2004〕153号)
60. 关于印发《东北地区扩大增值税抵扣范围若干问题的规定》的通知
    (2004年9月14日　财政部、国家税务总局　财税〔2004〕156号)
61. 关于暂缓执行低污染排放小汽车减征消费税政策的通知
    (2004年8月30日　财政部、国家税务总局　财税〔2004〕142号)
62. 关于企业再就业专项补贴收入征免企业所得税问题的通知

(2004年8月11日　财政部、国家税务总局　财税〔2004〕139号)
63. 关于调整陕西省部分地区煤炭企业资源税税额的通知
(2004年7月26日　财政部、国家税务总局　财税〔2004〕128号)
64. 关于调减台球、保龄球营业税税率的通知
(2004年6月7日　财政部、国家税务总局　财税〔2004〕97号)
65. 关于部分资源综合利用产品增值税政策的补充通知
(2004年2月4日　财政部、国家税务总局　财税〔2004〕25号)
66. 关于调整进口卷烟消费税税率的通知
(2004年1月29日　财政部、国家税务总局　财税〔2004〕22号)
67. 关于明确重庆市非统配矿煤炭资源税税额的通知
(2004年1月16日　财政部、国家税务总局　财税〔2004〕23号)
68. 关于试点地区农村信用社税收政策的通知
(2004年1月2日　财政部、国家税务总局　财税〔2004〕35号)
69. 关于以人民币结算的边境小额贸易出口货物试行退(免)税的通知
(2003年12月12日　财政部、国家税务总局　财税〔2003〕245号)
70. 关于保险企业代理手续费支出税前扣除问题的通知
(2003年9月12日　财政部、国家税务总局　财税〔2003〕205号)
71. 关于民航系统8项行政事业性收费不征收营业税的通知
(2003年8月8日　财政部、国家税务总局　财税〔2003〕170号)
72. 关于代办外国领事认证费等5项经营服务性收费征收营业税的通知
(2003年8月8日　财政部、国家税务总局　财税〔2003〕169号)
73. 关于小城镇建设中有关耕地占用税问题的批复
(2003年7月3日　财政部、国家税务总局　财税〔2003〕140号)
74. 关于报废汽车回收拆解企业有关增值税政策的通知
(2003年5月14日　财政部、国家税务总局　财税〔2003〕116号)
75. 关于下岗失业人员再就业有关税收政策问题的补充通知
(2003年2月13日　财政部、国家税务总局　财税〔2003〕12号)
76. 关于下发不征收营业税的收费(基金)项目名单(第六批)的通知
(2003年2月8日　财政部、国家税务总局　财税〔2003〕15号)
77. 关于金融企业应收未收利息征收营业税问题的通知
(2002年12月12日　财政部、国家税务总局　财税〔2002〕182号)
78. 关于进一步鼓励软件产业和集成电路产业发展税收政策的通知
(2002年10月10日　财政部、国家税务总局　财税〔2002〕70号)
79. 关于下发不征收营业税的收费(基金)项目名单(第五批)的通知
(2002年8月12日　财政部、国家税务总局　财税〔2002〕117号)
80. 关于增值税一般纳税人向小规模纳税人购进农产品进项税抵扣率问题的通知
(2002年7月10日　财政部、国家税务总局　财税〔2002〕105号)
81. 关于印发《国有文物收藏单位接受境外捐赠、归还和从境外追索的中国文物进口免

税暂行办法》的通知

(2002年6月25日 财政部、国家税务总局、海关总署 财税〔2002〕81号)

82. 关于外商投资企业追加投资享受企业所得税优惠政策的通知

(2002年6月1日 财政部、国家税务总局 财税〔2002〕56号)

83. 关于苏州工业园区内资企业所得税优惠政策的通知

(2002年5月22日 财政部、国家税务总局 财税〔2002〕74号)

84. 关于扩大新疆新华书店增值税退税范围的通知

(2002年3月14日 财政部、国家税务总局 财税〔2002〕45号)

85. 关于旧货和旧机动车增值税政策的通知

(2002年3月13日 财政部、国家税务总局 财税〔2002〕29号)

86. 关于加油机安装税控装置有关税收优惠政策的通知

(2002年2月2日 财政部、国家税务总局 财税〔2002〕15号)

87. 关于提高农产品进项税抵扣率的通知

(2002年1月9日 财政部、国家税务总局 财税〔2002〕12号)

88. 关于部分资源综合利用及其他产品增值税政策问题的通知

(2001年12月1日 财政部、国家税务总局 财税〔2001〕198号)

89. 关于林业税收政策问题的通知

(2001年11月1日 财政部、国家税务总局 财税〔2001〕171号)

90. 关于国有独资商业银行、国家开发银行承购金融资产管理公司发行的专项债券利息收入免征税收问题的通知

(2001年10月8日 财政部、国家税务总局 财税〔2001〕152号)

91. 关于降低农村信用社营业税税率的通知

(2001年10月8日 财政部、国家税务总局 财税〔2001〕163号)

92. 关于棉花进项税抵扣有关问题的补充通知

(2001年10月1日 财政部、国家税务总局 财税〔2001〕165号)

93. 关于明确《中华人民共和国营业税暂行条例实施细则》第十一条有关问题的通知

(2001年9月8日 财政部、国家税务总局 财税〔2001〕160号)

94. 关于停止执行以交付产品方式支付本息和租赁费免征利息及租金预提所得税优惠政策的通知

(2001年9月8日 财政部、国家税务总局 财税〔2001〕162号)

95. 关于调整部分进口商品消费税税率的通知

(2001年8月27日 财政部、国家税务总局 财税〔2001〕153号)

96. 关于明确调整营业税税率的娱乐业范围的通知

(2001年8月23日 财政部、国家税务总局 财税〔2001〕145号)

97. 关于下发不征收营业税的收费(基金)项目名单(第四批)的通知

(2001年8月23日 财政部、国家税务总局 财税〔2001〕144号)

98. 关于经营性公墓营业税问题的通知

(2001年7月3日 财政部、国家税务总局 财税〔2001〕117号)

99. 关于废旧物资回收经营业务有关增值税政策的通知
    （2001 年 4 月 29 日　财政部、国家税务总局　财税〔2001〕78 号）
100. 关于农村信用社有关企业所得税政策问题的通知
    （2001 年 4 月 28 日　财政部、国家税务总局　财税〔2001〕55 号）
101. 关于调整部分娱乐业营业税税率的通知
    （2001 年 4 月 19 日　财政部、国家税务总局　财税〔2001〕73 号）
102. 关于"十五"期间对国有森工企业减免原木农业特产税的通知
    （2001 年 4 月 14 日　财政部、国家税务总局　财税〔2001〕60 号）
103. 关于车辆通行费有关营业税等税收政策的通知
    （2000 年 12 月 15 日　财政部、国家税务总局　财税〔2000〕139 号）
104. 关于中央所属有色金属企事业单位管理体制改革后企业所得税入库级次和征收管理问题的通知
    （2000 年 9 月 26 日　财政部、国家税务总局　财税〔2000〕89 号）
105. 关于证券基金管理公司缴纳企业所得税问题的通知
    （2000 年 9 月 21 日　财政部、国家税务总局　财税〔2000〕90 号）
106. 关于下发不征收营业税的收费（基金）项目名单（第三批）的通知
    （2000 年 8 月 9 日　财政部、国家税务总局　财税〔2000〕31 号）
107. 关于省级财政物价部门批准设立的行政事业性收费应否缴纳企业所得税问题的批复
    （2000 年 4 月 20 日　财政部、国家税务总局　财税字〔2000〕48 号）
108. 关于中外合作海上油（气）田放弃费财税处理的通知
    （2000 年 2 月 18 日　财政部、国家税务总局　财税字〔2000〕21 号）
109. 关于外商投资企业和外国企业购买国产设备投资抵免企业所得税有关问题的通知
    （2000 年 1 月 14 日　财政部、国家税务总局　财税字〔2000〕49 号）
110. 关于对国家储备肉、糖财政补贴收入免征营业税的通知
    （1999 年 12 月 31 日　财政部、国家税务总局　财税字〔1999〕304 号）
111. 关于印发《技术改造国产设备投资抵免企业所得税暂行办法》的通知
    （1999 年 12 月 8 日　财政部、国家税务总局　财税字〔1999〕290 号）
112. 关于调整计税工资扣除限额等有关问题的通知
    （1999 年 10 月 9 日　财政部、国家税务总局　财税字〔1999〕258 号）
113. 关于中关村科技园区软件开发生产企业有关税收政策的通知
    （1999 年 6 月 21 日　财政部、国家税务总局　财税字〔1999〕192 号）
114. 关于对育林基金不应征收营业税的通知
    （1998 年 12 月 30 日　财政部、国家税务总局　财税字〔1998〕179 号）
115. 关于调整含铅汽油消费税税率的通知
    （1998 年 11 月 30 日　财政部、国家税务总局　财税字〔1998〕163 号）
116. 关于调整增值税运输费用扣除率的通知

(1998年6月12日　财政部、国家税务总局　财税字〔1998〕114号)

117. 关于贯彻国务院有关完善小规模商业企业增值税政策的决定的通知
(1998年6月12日　财政部、国家税务总局　财税字〔1998〕113号)

118. 关于企业资产评估增值有关所得税处理问题的补充通知
(1998年4月20日　财政部、国家税务总局　财税字〔1998〕50号)

119. 关于外国企业取得的特许权使用费在缴纳营业税后计算征收企业所得税问题的通知
(1998年3月19日　财政部、国家税务总局　财税字〔1998〕59号)

120. 关于事业单位工资所得税前扣除问题的通知
(1998年2月19日　财政部、国家税务总局　财税字〔1998〕18号)

121. 关于加强商业环节增值税征收管理的通知
(1998年1月9日　财政部、国家税务总局　财税字〔1998〕4号)

122. 关于下发不征收营业税的收费(基金)项目名单(第二批)的通知
(1997年12月3日　财政部、国家税务总局　财税字〔1997〕117号)

123. 关于发布《境外所得计征所得税暂行办法》(修订)的通知
(1997年11月25日　财政部、国家税务总局　财税字〔1997〕116号)

124. 关于外商投资企业投资人民防空工程有关税收问题的通知
(1997年10月22日　财政部、国家税务总局　财税字〔1997〕121号)

125. 关于事业单位、社会团体征收企业所得税有关问题的通知
(1997年10月21日　财政部　财税字〔1997〕75号)

126. 关于对内资渔业企业从事捕捞业务征收企业所得税问题的通知
(1997年10月20日　财政部、国家税务总局　财税字〔1997〕114号)

127. 关于企业资产评估增值有关所得税处理问题的通知
(1997年6月23日　财政部、国家税务总局　财税字〔1997〕77号)

128. 关于调整行政事业性收费(基金)营业税政策的通知
(1997年5月22日　财政部、国家税务总局　财税字〔1997〕5号)

129. 关于国有农口企事业单位征收企业所得税问题的通知
(1997年5月8日　财政部、国家税务总局　财税字〔1997〕49号)

130. 关于外资金融机构经营人民币业务有关税收问题的通知
(1997年5月5日　财政部、国家税务总局、中国人民银行　财税字〔1997〕52号)

131. 关于养路费铁路建设基金等13项政府性基金(收费)免征企业所得税的通知
(1997年3月24日　财政部、国家税务总局　财税字〔1997〕33号)

132. 关于人民防空办公室收取人防工程使用费征收所得税问题的通知
(1997年3月10日　财政部、国家税务总局　财税字〔1997〕36号)

133. 关于企业收取和缴纳的各种价内外基金(资金、附加)和收费征免企业所得税等几个政策问题的通知
(1997年2月17日　财政部、国家税务总局　财税字〔1997〕22号)

134. 关于股份公司取得的新股申购冻结资金利息征收企业所得税问题的通知

(1997年2月12日　财政部、国家税务总局　财税字〔1997〕13号)
135. 关于国有商业银行所得税计缴及有关问题的复函
(1996年12月25日　财政部、国家税务总局　财税字〔1996〕106号)
136. 关于企业所得税几个具体问题的通知
(1996年11月1日　财政部、国家税务总局　财税字〔1996〕79号)
137. 关于对国有粮食企业取得的储备粮油财政性补贴收入免征营业税问题的通知
(1996年8月2日　财政部、国家税务总局　财税字〔1996〕68号)
138. 关于金融保险业以外汇折合人民币计算营业额问题的通知
(1996年7月5日　财政部、国家税务总局　财税字〔1996〕50号)
139. 关于调整陕西榆林地区煤炭资源税税额的通知
(1996年6月13日　财政部、国家税务总局　财税字〔1996〕36号)
140. 关于乡镇企业东西合作示范项目有关财税政策问题的通知
(1996年3月26日　财政部、国家税务总局　财税字〔1996〕28号)
141. 关于继续对部分资源综合利用产品等实行增值税优惠政策的通知
(1996年2月16日　财政部、国家税务总局　财税字〔1996〕20号)
142. 关于1995年进口铜原料进口环节增值税先征后返的补充通知
(1995年12月1日　财政部　财税政字〔1995〕219号)
143. 关于追加计划内进口聚乙烯进口环节增值税先征后返指标的通知
(1995年10月18日　财政部、国家税务总局　财税字〔1995〕99号)
144. 关于1995年进口铜原料进口环节增值税先征后返的通知
(1995年9月22日　财政部　财税政字〔1995〕198号)
145. 关于对机动车驾驶员培训业务征收营业税问题的通知
(1995年8月20日　财政部、国家税务总局　财税字〔1995〕15号)
146. 关于长江三峡库区移民开发税收政策的通知
(1995年8月13日　财政部、国家税务总局　财税字〔1995〕34号)
147. 关于企业补贴收入征税等问题的通知
(1995年8月9日　财政部、国家税务总局　财税字〔1995〕81号)
148. 关于对1995年配额内进口的农药中间体进口增值税先征后返的通知
(1995年6月7日　财政部、国家税务总局　财税字〔1995〕51号)
149. 关于对军队占用耕地改变用途应补缴耕地占用税的批复
(1995年6月6日　财政部　财税政字〔1995〕31号)
150. 关于营业税几个政策问题的通知
(1995年6月2日　财政部、国家税务总局　财税字〔1995〕45号)
151. 关于对1995年配额内进口农药征免进口税收的通知
(1995年4月28日　财政部、国务院关税税则委员会、国家税务总局　财税字〔1995〕30号)
152. 关于对海绵钛产品增值税问题的通知
(1995年4月25日　财政部、国家税务总局　财税字〔1995〕38号)

153. 关于明确尼龙弹力丝对台贸易调节税税率问题的函
  (1995年3月27日 财政部、国家税务总局 财税字〔1995〕32号)

154. 关于必须严格执行税法统一规定不得擅自对行政事业单位收费减免营业税的通知
  (1995年1月19日 财政部、国家税务总局 财税字〔1995〕6号)

155. 关于金银首饰消费税按5%征收的通知
  (1994年12月6日 财政部、国家税务总局 财税字〔1994〕91号)

156. 关于油气田企业增值税计算缴纳方法问题的通知
  (1994年10月22日 财政部、国家税务总局 财税字〔1994〕73号)

157. 关于对煤炭调整税率后征税及退还问题的通知
  (1994年6月8日 财政部、国家税务总局 财税字〔1994〕36号)

158. 关于城镇公用事业附加应纳入增值税计税销售额征收增值税的通知
  (1994年6月7日 财政部、国家税务总局 财税字〔1994〕35号)

159. 关于对科研单位取得的技术转让收入免征营业税的通知
  (1994年6月3日 财政部、国家税务总局 财税字〔1994〕10号)

160. 关于印发《企业所得税若干政策问题的规定》的通知
  (1994年5月13日 财政部、国家税务总局 财税字〔1994〕9号)

161. 关于调整金属矿、非金属矿采选产品增值税税率的通知
  (1994年4月27日 财政部、国家税务总局 财税字〔1994〕22号)

162. 关于自来水征收增值税问题的通知
  (1994年4月12日 财政部、国家税务总局 财税字〔1994〕14号)

163. 关于运输费用和废旧物资准予抵扣进项税额问题的通知
  (1994年4月12日 财政部、国家税务总局 财税字〔1994〕12号)

164. 关于调整农业产品增值税税率和若干项目征免增值税的通知
  (1994年3月29日 财政部、国家税务总局 财税字〔1994〕4号)

165. 关于企业所得税若干优惠政策的通知
  (1994年3月29日 财政部、国家税务总局 财税字〔1994〕1号)

166. 关于"三资"企业建旅游、服务等设施应征收耕地占用税的批复
  (1993年10月29日 财政部 (93)财农税字第59号)

167. 关于接受港澳台同胞、海外侨胞及外籍华人捐款建设占地应征收耕地占用税的批复
  (1992年12月2日 财政部 (92)财农税字第78号)

168. 关于耕地占用税公路建设用地范围问题的批复
  (1992年7月17日 财政部 (92)财农税字第33号)

169. 关于寺庙教堂占用耕地应照章征收耕地占用税的批复
  (1992年5月19日 财政部 (92)财农税字第20号)

170. 关于中外合资、合作经营企业中方以土地作价入股是否征收耕地占用税问题的批复

(1991年10月11日　财政部　(91)财农税字第53号)
171. 关于对未征用的采煤塌陷占用耕地照章征收耕地占用税的通知
(1991年10月7日　财政部　(91)财农税字第51号)
172. 关于铁路线路以外用地恢复征收耕地占用税问题的批复
(1991年7月31日　财政部　(91)财农税字第43号)
173. 关于开征耕地占用税前越权批地重新办理批准手续征收耕地占用税问题的批复
(1991年1月29日　财政部　(91)财农税字第6号)
174. 关于对铁路线路以外用地恢复征收耕地占用税的通知
(1991年1月11日　财政部　(91)财农税字第3号)
175. 关于农民建房耕地占用税纳税义务人的解释
(1990年11月6日　财政部　(90)财农税字第82号)
176. 关于加强耕地占用税征收管理工作的联合通知
(1990年7月28日　财政部、最高人民法院、最高人民检察院、公安部、司法部 (90)财农税字第55号)
177. 关于缓征三线调整企业耕地占用税问题的复函
(1990年6月22日　财政部　(90)财农税字第46号)
178. 关于人武部修建民兵训练基地征收耕地占用税问题的复函
(1990年6月22日　财政部　(90)财农税字第45号)
179. 关于耕地占用税有关政策问题的复函
(1990年4月21日　财政部　(90)财农税字第16号)
180. 关于占用已开发的盐田应照征耕地占用税的复函
(1990年1月31日　财政部　(90)财农税字第6号)
181. 关于耕地占用税实行预征办法的函
(1989年12月9日　财政部　(89)财农税字第114号)
182. 关于统一公路建设用地耕地占用税税额标准的通知
(1989年12月9日　财政部　(89)财农税字第106号)
183. 关于烈士陵园耕地占用税问题的复函
(1988年12月27日　财政部　(88)财农税字第90号)
184. 关于利用台资、港资、侨资办的企业耕地占用税问题的复函
(1988年10月10日　财政部　(88)财农税字第61号)
185. 关于环卫部门征用耕地扩大垃圾堆放场应缴纳耕地占用税的函
(1988年9月17日　财政部　(88)财农税字第50号)
186. 关于猪场建房占地应征收耕地占用税的通知
(1988年9月12日　财政部　(88)财农税字第44号)
187. 关于耕地占用税有关问题的复函
(1988年9月10日　财政部　(88)财农税字第47号)
188. 关于采煤塌陷地耕地占用税问题的复函
(1988年6月27日　财政部　(88)财农税字第27号)

189. 关于煤炭企业耕地占用税问题的复函
(1988年6月27日　财政部　(88)财农税字第26号)
190. 关于切实做好耕地占用税征收管理工作的通知
(1988年5月31日　财政部　(88)财农税字第18号)
191. 关于确保对非农业建设用地征收耕地占用税的联合通知
(1988年5月26日　财政部、国家土地管理局　(88)财农税字第13号)
192. 关于银行扣缴耕地占用税拖欠税款的联合通知
(1988年5月7日　财政部、中国人民银行、中国人民建设银行、中国工商银行、中国农业银行　(88)财农税字第8号)
193. 关于外商投资企业付给其职工的洗衣费用列支问题的批复
(1988年4月1日　财政部　(88)财税外字第88号)
194. 关于三线调整企事业单位耕地占用税问题的复函
(1988年2月11日　财政部　(88)财农税字第29号)
195. 关于中外合资经营企业的非本位币收支已折合成本位币的,在缴税时不再重新调整计算的通知
(1987年2月27日　财政部　(87)财税外字第41号)
196. 关于租用外国船舶用于国际运输所支付的租金可暂免征所得税的通知
(1984年1月27日　财政部　(84)财税字第32号)
197. 关于中外合资企业、华侨、侨眷拥有的房产、住宅以及使用国家土地征免税收问题的通知
(1980年6月2日　财政部　(80)财税字第82号)

关税类

198. 关于2009年关税实施方案的通知
(2008年12月15日　国务院关税税则委员会　税委会〔2008〕40号)
199. 关于调整出口关税的通知
(2008年11月13日　国务院关税税则委员会　税委会〔2008〕36号)
200. 关于实施中国—新西兰自由贸易协定税率的通知
(2008年9月8日　国务院关税税则委员会　税委会〔2008〕30号)
201. 关于调整铝合金、焦炭和煤炭出口关税的通知
(2008年8月15日　国务院关税税则委员会　税委会〔2008〕25号)
202. 关于调整部分商品进口暂定税率的通知
(2008年5月28日　国务院关税税则委员会　税委会〔2008〕21号)
203. 关于2008年关税实施方案的通知
(2007年12月14日　国务院关税税则委员会　税委会〔2007〕25号)
204. 关于调整部分铝产品进出口关税的通知
(2007年7月17日　国务院关税税则委员会　税委会〔2007〕17号)
205. 关于2007年关税实施方案的通知
(2006年12月21日　国务院关税税则委员会　税委会〔2006〕33号)

206. 关于调整部分商品进出口暂定税率的通知

(2006年10月27日　国务院关税税则委员会　税委会〔2006〕30号)

207. 关于实施中国—智利自由贸易协定税率的通知

(2006年9月14日　国务院关税税则委员会　税委会〔2006〕22号)

208. 关于实施亚太贸易协定第三轮谈判成果的通知

(2006年8月16日　国务院关税税则委员会　税委会〔2006〕19号)

209. 关于调整超、特高压输变电设备及其关键零部件进口税收政策的通知

(2008年8月26日　财政部　财关税〔2008〕82号)

210. 关于调整大型煤化工设备及其关键零部件、原材料进口税收政策的通知

(2008年8月26日　财政部　财关税〔2008〕80号)

211. 关于调整大型石化设备及其关键零部件、原材料进口税收政策的通知

(2008年8月26日　财政部　财关税〔2008〕78号)

212. 关于调整大功率风力发电机组及其关键零部件、原材料进口税收政策的通知

(2008年4月14日　财政部　财关税〔2008〕36号)

213. 关于调整大型精密高速数控设备及其关键零部件进口税收政策的通知

(2008年3月26日　财政部　财关税〔2008〕32号)

214. 关于调整大型非公路矿用自卸车及其关键零部件、原材料进口税收政策的通知

(2008年2月27日　财政部　财关税〔2008〕19号)

215. 关于调整新型大马力农业装备及其关键零部件进口税收政策的通知

(2008年2月1日　财政部　财关税〔2008〕13号)

216. 关于调整大型煤炭采掘设备及其关键零部件、原材料进口税收政策的通知

(2007年12月28日　财政部　财关税〔2007〕101号)

217. 关于调整大型露天矿用机械正铲式挖掘机及其关键零部件、原材料进口税收政策的通知

(2007年12月28日　财政部　财关税〔2007〕99号)

218. 关于实施大型全断面隧道掘进机零部件进口税收政策的通知

(2007年8月22日　财政部　财关税〔2007〕63号)

219. 关于调整喷气织机和自动络筒机及其零部件进口税收政策问题的通知

(2007年6月12日　财政部　财关税〔2007〕48号)

220. 关于落实国务院加快振兴装备制造业的若干意见有关进口税收政策的通知

(2007年1月14日　财政部、国家发展改革委、海关总署、国家税务总局　财关税〔2007〕11号)

············

社会保障类

293. 关于调整中央财政新型农村合作医疗制度补助资金拨付办法有关问题的通知

(2007年1月31日　财政部、卫生部　财社〔2007〕5号)

294. 关于进一步加强就业再就业资金管理有关问题的通知

(2006年1月20日　财政部、劳动保障部　财社〔2006〕1号)

295. 关于完善中央财政新型农村合作医疗补助资金拨付办法有关问题的通知
(2004年6月21日　财政部、卫生部　财社〔2004〕37号)
296. 关于中央管理企业下岗职工出中心再就业有关问题的通知
(2004年4月26日　财政部、劳动保障部　财社〔2004〕23号)
297. 关于中央财政资助中西部地区农民参加新型农村合作医疗制度补助资金拨付有关问题的通知
(2003年8月25日　财政部、卫生部　财社〔2003〕112号)
298. 中国红十字会总会彩票公益金管理办法
(2003年4月22日　财政部、中国红十字会总会　财社〔2003〕44号)
299. 关于做好药品监督管理体制改革有关财务管理和经费保障工作的意见
(2001年2月16日　财政部　财社〔2001〕6号)
300. 关于卫生事业补助政策的意见
(2000年7月10日　财政部、国家计委、卫生部　财社〔2000〕17号)
301. 关于印发《财政部拨付中国红十字基金会基金使用管理办法》的通知
(1997年5月29日　财政部　财社字〔1997〕92号)
302. 关于印发《关于加强企业职工社会保险基金投资管理的暂行规定》的通知
(1994年11月22日　财政部、劳动部　财社字〔1994〕59号)
303. 关于武装森林警察部队离休退休干部安置经费供给问题的通知
(1992年7月4日　财政部、民政部、总政治部　(92)财文字第279号)
304. 关于移交地方管理的军队离休干部荣誉金发放等有关问题的通知
(1989年10月17日　财政部、民政部、总政治部、总后勤部　(89)财文字第539号)
305. 关于全民所有制事业单位工作人员因公负伤致残抚恤问题的通知
(1989年8月9日　财政部、民政部　(89)财文字第455号)
306. 关于计发因公牺牲、病故一次抚恤金的工资基数如何计算问题的通知
(1986年10月17日　财政部　(86)财文字第762号)
307. 关于事业单位人员因公牺牲、病故一次抚恤金标准的通知
(1986年6月25日　财政部　(86)财文字第276号)

…………

四、失效的财政规范性文件目录(440件)

…………

税收类

27. 关于第29届奥运会、13届残奥会和"好运北京"体育赛事有关税收政策问题的补充通知
(2008年9月28日　财政部、国家税务总局　财税〔2008〕128号)
28. 关于铁路企业分离办社会职能工作有关费用支出税前扣除问题的通知
(2008年9月19日　财政部、国家税务总局　财税〔2008〕122号)
29. 关于明确国产重型燃气轮机税收政策执行期限的通知

(2008年1月29日　财政部、国家税务总局　财税〔2008〕20号)

30. 关于2007年第二批森林消防专用车免征车辆购置税的通知
(2007年12月23日　财政部、国家税务总局　财税〔2007〕166号)

31. 关于中小企业信用担保机构有关准备金税前扣除问题的通知
(2007年12月19日　财政部、国家税务总局　财税〔2007〕27号)

32. 关于县级以上总工会捐赠所得税税前扣除政策问题的通知
(2007年12月10日　财政部、国家税务总局　财税〔2007〕155号)

33. 关于吉林省由城市信用社更名改制的农村信用社有关税收政策问题的通知
(2007年12月7日　财政部、国家税务总局　财税〔2007〕144号)

34. 关于河北省改革试点农村信用社有关企业所得税政策问题的通知
(2007年12月7日　财政部、国家税务总局　财税〔2007〕152号)

35. 关于2007年"母亲健康快车"项目流动医疗车免征车辆购置税的通知
(2007年10月12日　财政部、国家税务总局　财税〔2007〕140号)

36. 关于民族贸易企业销售货物增值税有关问题的通知
(2007年9月30日　财政部、国家税务总局、国家民委　财税〔2007〕133号)

37. 关于《中华人民共和国企业所得税法》公布后企业适用税收法律问题的通知
(2007年8月31日　财政部、国家税务总局　财税〔2007〕115号)

38. 关于2007年第一批森林消防专用车辆免征车辆购置税的通知
(2007年8月15日　财政部、国家税务总局　财税〔2007〕104号)

39. 关于纳税人向第八届全国少数民族传统体育运动会捐赠税前扣除问题的通知
(2007年8月6日　财政部、国家税务总局　财税〔2007〕98号)

40. 关于2007年防汛专用车免征车辆购置税的通知
(2007年6月13日　财政部、国家税务总局　财税〔2007〕88号)

41. 关于海南省改革试点的农村信用社税收政策的通知
(2007年5月18日　财政部、国家税务总局　财税〔2007〕18号)

42. 关于陕西省有线数字电视收入免征营业税的通知
(2007年4月13日　财政部、国家税务总局　财税〔2007〕55号)

43. 关于杭州市有线数字电视收入免征营业税的通知
(2007年4月4日　财政部、国家税务总局　财税〔2007〕56号)

44. 关于南京市有线数字电视收入免征营业税的通知
(2007年4月4日　财政部、国家税务总局　财税〔2007〕57号)

45. 关于农村巡回医疗车免征车辆购置税的通知
(2007年3月9日　财政部、国家税务总局　财税〔2007〕35号)

46. 关于宣传文化所得税优惠政策的通知
(2007年2月6日　财政部、国家税务总局　财税〔2007〕24号)

47. 关于广播电视村村通税收政策的通知
(2007年1月18日　财政部、国家税务总局　财税〔2007〕17号)

48. 关于北京市燃料电池试验示范车免征车辆购置税的通知

(2007年1月10日　财政部、国家税务总局　财税〔2007〕12号)
49. 关于"母亲健康快车"项目专用车辆免征车辆购置税的通知
(2006年12月29日　财政部、国家税务总局　财税〔2006〕176号)
50. 关于受赠流动眼科手术车免征车辆购置税的通知
(2006年12月29日　财政部、国家税务总局　财税〔2006〕175号)
51. 关于模具产品增值税先征后退政策的通知
(2006年12月5日　财政部、国家税务总局　财税〔2006〕152号)
52. 关于锻件产品增值税先征后退政策的通知
(2006年12月5日　财政部、国家税务总局　财税〔2006〕151号)
53. 关于铸件产品增值税先征后退政策的通知
(2006年12月5日　财政部、国家税务总局　财税〔2006〕150号)
54. 关于数控机床产品增值税先征后退政策的通知
(2006年12月5日　财政部、国家税务总局　财税〔2006〕149号)
55. 关于继续执行供热企业相关税收优惠政策的通知
(2006年11月27日　财政部、国家税务总局　财税〔2006〕117号)
56. 关于2006年第二批森林消防专用指挥车免征车辆购置税的通知
(2006年11月21日　财政部、国家税务总局　财税〔2006〕159号)
57. 关于第29届奥运会补充税收政策的通知
(2006年9月30日　财政部、国家税务总局　财税〔2006〕128号)
58. 关于国有控股公司投资组建新公司有关契税政策的通知
(2006年9月29日　财政部、国家税务总局　财税〔2006〕142号)
59. 关于广播电视事业单位广告收入和有线收视费收入有关企业所得税问题的通知
(2006年9月28日　财政部、国家税务总局　财税〔2006〕168号)
60. 关于免征大连市有线数字电视收入营业税的通知
(2006年9月28日　财政部、国家税务总局　财税〔2006〕144号)
61. 关于2006年第二批防汛专用车免征车辆购置税的通知
(2006年9月20日　财政部、国家税务总局　财税〔2006〕132号)
62. 关于延长家禽行业有关税收优惠政策的通知
(2006年9月4日　财政部、国家税务总局　财税〔2006〕113号)
63. 关于延长中央和国务院各部门机关服务中心有关税收政策执行期限的通知
(2006年8月18日　财政部、国家税务总局　财税〔2006〕109号)
64. 关于继续对民族贸易企业销售的货物及国家定点企业生产和经销单位经销的边销茶实行增值税优惠政策的通知
(2006年8月7日　财政部、国家税务总局　财税〔2006〕103号)
65. 关于继续返还铁道部铁路建设基金营业税的通知
(2006年6月30日　财政部　财税〔2006〕94号)
66. 关于免征深圳市有线数字电视收入营业税的通知
(2006年6月30日　财政部、国家税务总局　财税〔2006〕87号)

67. 关于广西壮族自治区有线数字电视收入营业税问题的通知
    （2006年6月16日　财政部、国家税务总局　财税〔2006〕86号）
68. 关于2006年第一批森林消防专用指挥车免征车辆购置税的通知
    （2006年6月6日　财政部、国家税务总局　财税〔2006〕71号）
69. 关于2006年防汛专用车免征车辆购置税的通知
    （2006年6月4日　财政部、国家税务总局　财税〔2006〕70号）
70. 关于辽宁省农村信用社应收未收利息延期减除营业额问题的通知
    （2006年5月26日　财政部、国家税务总局　财税〔2006〕72号）
71. 关于延长试点地区农村信用社有关税收政策期限的通知
    （2006年5月14日　财政部、国家税务总局　财税〔2006〕46号）
72. 关于延长企业改制重组若干契税政策执行期限的通知
    （2006年3月29日　财政部、国家税务总局　财税〔2006〕41号）
73. 关于中央企业清产核资有关税收处理问题的通知
    （2006年2月21日　财政部、国家税务总局　财税〔2006〕18号）
74. 关于发布第一批不在文化体制改革试点地区的文化体制改革试点单位名单的通知
    （2005年12月12日　财政部、海关总署、国家税务总局　财税〔2005〕163号）
75. 关于2005年第二批森林消防专用指挥车免征车辆购置税的通知
    （2005年11月18日　财政部、国家税务总局　财税〔2005〕158号）
76. 关于2005年第二批防汛专用车免征车辆购置税的通知
    （2005年10月10日　财政部、国家税务总局　财税〔2005〕139号）
77. 关于2005年第一批森林消防专用指挥车免征车辆购置税的通知
    （2005年7月14日　财政部、国家税务总局　财税〔2005〕111号）
78. 关于2005年第一批防汛专用车免征车辆购置税的通知
    （2005年6月9日　财政部、国家税务总局　财税〔2005〕96号）
79. 关于广播电视事业单位2004年度广告收入和有线收视费收入所得税处理问题的通知
    （2005年5月30日　财政部、国家税务总局　财税〔2005〕92号）
80. 关于铁路企业分离办社会职能工作中有关费用支出税前扣除问题的通知
    （2005年5月16日　财政部、国家税务总局　财税〔2005〕60号）
81. 关于对外国政府无偿援助急救车辆免征车辆购置税的通知
    （2005年4月19日　财政部、国家税务总局　财税〔2005〕59号）
82. 关于文化体制改革中经营性文化事业单位转制为企业的若干税收政策问题的通知
    （2005年3月29日　财政部、海关总署、国家税务总局　财税〔2005〕1号）
83. 关于2004年底到期税收优惠政策问题的通知
    （2005年3月28日　财政部、国家税务总局　财税〔2005〕49号）
84. 关于第6届亚洲冬季运动会税收政策的通知
    （2005年3月22日　财政部、海关总署、国家税务总局　财税〔2005〕24号）
85. 关于救助打捞单位税收优惠政策的通知

(2005年3月7日　财政部、海关总署、国家税务总局　财税〔2005〕31号)

86. 关于债转股企业有关税收政策的通知
(2005年2月5日　财政部、国家税务总局　财税〔2005〕29号)

87. 关于2004年第二批森林消防专用指挥车免征车辆购置税的通知
(2005年2月4日　财政部、国家税务总局　财税〔2005〕7号)

88. 关于证券公司缴纳证券结算风险基金所得税税前扣除问题的通知
(2004年12月31日　财政部、国家税务总局　财税〔2004〕213号)

89. 关于石油石化企业办社会有关企业所得税问题的通知
(2004年12月31日　财政部、国家税务总局　财税〔2004〕207号)

90. 关于期货交易所风险准备金所得税税前扣除问题的通知
(2004年12月29日　财政部、国家税务总局　财税〔2004〕216号)

91. 关于延长海南省三亚亚龙湾旅游度假区土地增值税免税期限的通知
(2004年12月22日　财政部、国家税务总局　财税〔2004〕225号)

92. 关于免征青岛市有线数字电视收入营业税的通知
(2004年11月29日　财政部、国家税务总局　财税〔2004〕186号)

93. 关于2004年防汛专用车免征车辆购置税的通知
(2004年9月2日　财政部、国家税务总局　财税〔2004〕127号)

94. 关于国产重型燃气轮机税收政策的补充通知
(2004年9月2日　财政部、海关总署、国家税务总局　财税〔2004〕124号)

95. 关于2004年第一批森林消防专用指挥车免征车辆购置税的通知
(2004年7月2日　财政部、国家税务总局　财税〔2004〕100号)

96. 关于中国作协所属宣传文化单位"十五"期间享受所得税优惠政策有关问题的通知
(2004年2月23日　财政部　财税〔2004〕4号)

97. 关于2003年第二批森林消防专用指挥车免征车辆购置税的通知
(2003年12月18日　财政部、国家税务总局　财税〔2003〕252号)

98. 关于证券交易所风险基金、证券结算风险基金所得税税前扣除问题的通知
(2003年12月16日　财政部、国家税务总局　财税〔2003〕243号)

99. 关于新疆生产建设兵团上市股份制企业所得税问题的补充通知
(2003年10月17日　财政部　财税〔2003〕217号)

100. 关于促进下岗失业人员再就业税收优惠及其他相关政策的补充通知
(2003年8月28日　财政部、劳动保障部、国家税务总局　财税〔2003〕192号)

101. 关于企业改制重组若干契税政策的通知
(2003年8月20日　财政部、国家税务总局　财税〔2003〕184号)

102. 关于防治"非典"捐赠税前扣除优惠政策的补充通知
(2003年7月31日　财政部、国家税务总局　财税〔2003〕162号)

103. 关于下岗失业人员再就业税收政策的补充通知
(2003年6月12日　财政部、国家税务总局　财税〔2003〕133号)

104. 关于国产重型燃气轮机有关税收政策的通知

(2003年6月12日　财政部、国家税务总局　财税〔2003〕132号)
105. 关于2003年第一批森林消防专用指挥车免征车辆购置税的通知
(2003年6月12日　财政部、国家税务总局　财税〔2003〕131号)
106. 关于2003年防汛专用车免征车辆购置税的通知
(2003年6月2日　财政部、国家税务总局　财税〔2003〕125号)
107. 关于吉林省燃料乙醇项目契税、城镇土地使用税政策的通知
(2003年4月21日　财政部、国家税务总局　财税〔2003〕82号)
108. 关于增补和变更享受发射国外卫星税收优惠政策的企业名单的通知
(2003年3月28日　财政部、国家税务总局　财税〔2003〕85号)
109. 关于北京市车辆通行费营业税问题的通知
(2003年3月19日　财政部、国家税务总局　财税〔2003〕57号)
110. 关于第29届奥运会税收政策问题的通知
(2003年1月22日　财政部、国家税务总局、海关总署　财税〔2003〕10号)
111. 关于二滩电站及送出工程增值税政策问题的通知
(2002年12月31日　财政部、国家税务总局　财税〔2002〕206号)
112. 关于处置海南省和广西北海市积压房地产有关税收优惠政策的通知
(2002年12月30日　财政部、国家税务总局　财税〔2002〕205号)
113. 关于下岗失业人员再就业有关税收政策问题的通知
(2002年12月27日　财政部、国家税务总局　财税〔2002〕208号)
114. 关于2002年第二批森林消防专用指挥车免征车辆购置税的通知
(2002年12月26日　财政部、国家税务总局　财税〔2002〕199号)
115. 关于教育部等四部门所属宣传文化单位"十五"期间享受所得税优惠政策有关问题的通知
(2002年12月6日　财政部　财税〔2002〕177号)
116. 关于金融企业所得税前扣除呆账损失有关问题的通知
(2002年3月25日　财政部、国家税务总局　财税〔2002〕1号)
117. 关于TFT－LCD产品有关税收政策问题的通知
(2002年3月21日　财政部、国家税务总局、海关总署　财税〔2002〕20号)
118. 关于2001年进口防汛专用车免征车辆购置税的通知
(2001年12月28日　财政部、国家税务总局　财税〔2001〕216号)
119. 关于对采伐国有林区原木的企业减免农业特产税问题的通知
(2001年12月14日　财政部、国家税务总局　财税〔2001〕200号)
120. 关于国内企业生产销售的磷酸增值税政策问题的通知
(2001年9月11日　财政部、国家税务总局　财税〔2001〕147号)
121. 关于省际间卷烟生产计划有偿调整有关企业所得税问题的通知
(2001年9月4日　财政部、国家税务总局　财税〔2001〕146号)
122. 关于减免西安至南京铁路西安至合肥段施工营业税和耕地占用税的通知
(2001年7月31日　财政部、国家税务总局　财税〔2001〕127号)

123. 关于2001年森林消防专用车免征车辆购置税的通知
    （2001年7月19日　财政部、国家税务总局　财税〔2001〕126号）
124. 关于典当行业企业所得税征管和收入级次划分有关问题的通知
    （2001年4月16日　财政部、国家税务总局　财税〔2001〕77号）
125. 关于降低金融保险业营业税税率的通知
    （2001年3月7日　财政部、国家税务总局　财税〔2001〕21号）
126. 关于外国企业转让邮电、通讯设备软件取得的软件使用费征收企业所得税问题的通知
    （2001年1月3日　财政部、国家税务总局　财税〔2000〕144号）
127. 关于金融机构国债手续费所得税问题的通知
    （2000年7月20日　财政部、国家税务总局　财税〔2000〕28号）
128. 关于调减湖北省三峡工程移民涉及农业税任务基数的批复
    （2000年5月24日　财政部、国家税务总局　财税字〔2000〕114号）
129. 关于处置海南省积压房地产有关税收优惠政策问题的通知
    （2000年5月8日　财政部、国家税务总局　财税字〔2000〕63号）
130. 关于调整享受模具产品增值税先征后返政策的部分企业名单的通知
    （1999年11月17日　财政部　财税字〔1999〕286号）
131. 关于民航系统租赁外国企业飞机租金征免预提所得税问题的通知
    （1999年9月21日　财政部、国家税务总局　财税字〔1999〕251号）
132. 关于调整房地产市场若干税收政策的通知
    （1999年7月29日　财政部、国家税务总局　财税字〔1999〕210号）
133. 关于保管储备棉财政补贴收入免征营业税的通知
    （1999年4月22日　财政部、国家税务总局　财税字〔1999〕38号）
134. 关于南沙渔业进口渔用化工原料进口环节增值税先征后返的通知
    （1998年6月30日　财政部、国家税务总局　财税字〔1998〕104号）
135. 关于对若干农业生产资料征免增值税问题的通知
    （1998年5月12日　财政部、国家税务总局　财税字〔1998〕78号）
136. 关于粮食类白酒广告宣传费不予在税前扣除问题的通知
    （1998年3月4日　财政部、国家税务总局　财税字〔1998〕45号）
137. 关于外国企业来源于中国境内的担保费所得税务处理问题的通知
    （1998年2月25日　财政部、国家税务总局　财税字〔1998〕1号）
138. 关于国有农垦等企业缴纳企业所得税问题的通知
    （1997年11月28日　财政部、国家税务总局　财税字〔1997〕143号）
139. 关于水利部直属企业缴纳企业所得税问题的通知
    （1997年11月28日　财政部、国家税务总局　财税字〔1997〕142号）
140. 关于林业部直属企业征收企业所得税问题的通知
    （1997年11月28日　财政部、国家税务总局　财税字〔1997〕140号）
141. 关于铁路运输多种经营国有企业继续免征企业所得税的通知

(1997年3月17日　财政部、国家税务总局　财税字〔1997〕44号)
142. 关于电力部所属水电施工企业所得税问题的通知
(1997年3月14日　财政部、国家税务总局　财税字〔1997〕40号)
143. 关于部分行业、企业继续执行企业所得税优惠政策的通知
(1997年3月10日　财政部、国家税务总局　财税字〔1997〕38号)
144. 关于对港商投资企业征用耕地开发房地产征收耕地占用税问题的批复
(1996年8月8日　财政部　财税政字〔1996〕154号)
145. 关于请纠正对劳动就业服务企业扩大减免税政策范围的通知
(1996年3月8日　财政部、国家税务总局　财税字〔1996〕27号)
146. 关于经济特区内销售的消费税应税消费品征收消费税的通知
(1995年10月5日　财政部、国家税务总局　财税字〔1995〕90号)
147. 关于党校所办企业执行校办企业税收政策的补充通知
(1995年9月15日　财政部、国家税务总局　财税字〔1995〕93号)
148. 关于国家政策性银行营业税、所得税缴纳及财政返还问题的通知
(1995年7月27日　财政部、国家税务总局　财税字〔1995〕37号)
149. 关于对部分资源综合利用产品免征增值税的通知
(1995年4月28日　财政部、国家税务总局　财税字〔1995〕44号)
150. 关于电力部所属水电施工企业所得税有关问题的通知
(1995年2月22日　财政部、国家税务总局　财税字〔1995〕20号)
151. 关于减免及返还的流转税并入企业利润征收所得税的通知
(1994年12月6日　财政部、国家税务总局　财税字〔1994〕74号)
152. 关于抵减1994年年初库存原油已纳的资源税问题的通知
(1994年11月16日　财政部、国家税务总局　财税字〔1994〕80号)
153. 关于《外商投资企业和外国企业所得税法实施细则》第七十二条有关项目解释的通知
(1994年7月29日　财政部、国家税务总局　财税字〔1994〕51号)
154. 关于在境外发行股票的股份制企业征收所得税问题的通知
(1994年4月18日　财政部、国家税务总局　财税字〔1994〕17号)
155. 关于外商投资企业从事投资业务若干税收问题的通知
(1994年1月13日　财政部、国家税务总局　财税字〔1994〕83号)
156. 关于1991年7月1日前公布的有关计征外商投资企业和外国企业所得税的规定处理办法的通知
(1992年8月22日　财政部　(92)财税字第16号)
157. 关于对贫困地区、国营华侨农场、劳改劳教单位征收农业税问题的通知
(1990年5月18日　财政部　(90)财农税字第22号)
158. 关于中央级建筑安装企业缴纳房产税和车船使用税不应抵扣所得税的通知
(1988年4月30日　财政部　(88)财税字第33号)
159. 关于耕地占用税具体政策的规定

(1987年6月25日　财政部　(87)财农税字第206号)
160. 关于耕地占用税征收管理问题的通知
(1987年6月20日　财政部　(87)财农税字第223号)
161. 关于对煤炭工业部所属防排水抢救站征免房产税、车船使用税的通知
(1987年5月29日　财政部　(87)财税地字第7号)
162. 关于贯彻执行《中华人民共和国耕地占用税暂行条例》有关问题的通知
(1987年4月21日　财政部　(87)财农税字第62号)
163. 关于外国石油公司合同签字费和贡献费支出税务处理问题的规定
(1986年12月11日　财政部　(86)财税字第341号)
164. 关于对外国企业常驻代表机构降低核定佣金率的通知
(1986年11月4日　财政部　(86)财税外字第273号)
165. 关于对外商提供计算机软件的使用所收取的使用费征税问题的批复
(1986年8月29日　财政部　(86)财税外字第235号)
166. 关于对外商接受中国境内企业的委托或与中国境内企业合作进行建筑、工程等项目设计所取得的业务收入征税问题的通知
(1986年7月15日　财政部　(86)财税外字第172号)
167. 关于经济特区和沿海开放城市引进专有技术有关税务问题的通知
(1986年6月13日　财政部　(86)财税外字第135号)
168. 关于对中外合资经营、合作生产经营和外商独资经营企业有关征收所得税问题几项规定的通知
(1986年4月21日　财政部　(86)财税外字第102号)
169. 关于确定常驻代表机构征税方法问题的通知
(1986年3月3日　财政部　(86)财税外字第55号)
170. 关于对常驻代表机构从事自营商品贸易和代理商品贸易区分问题的通知
(1986年3月1日　财政部　(86)财税外字第53号)
171. 关于对合作勘探开发和生产海洋石油的外国公司合同前费用列支问题的规定
(1985年11月24日　财政部　(85)财税字第313号)
172. 关于对外国企业常驻代表机构征收工商统一税、企业所得税问题的通知
(1985年9月25日　财政部　(85)财税外字第197号)
173. 关于对外国企业常驻代表机构征税方法问题的通知
(1985年9月19日　财政部　(85)财税外字第200号)
174. 关于对外国企业常驻代表机构核定收入额计算征税问题的通知
(1985年9月19日　财政部　(85)财税外字第198号)
175. 关于《对外国企业常驻代表机构征收工商统一税、企业所得税的暂行规定》的几个政策业务问题的通知
(1985年5月13日　财政部　(85)财税字第122号)
176. 关于华侨、港澳同胞在内地投资所得缴纳所得税适用税法问题的批复
(1984年7月4日　财政部　(84)财税字第176号)

177. 关于外国公司和外商个人转让股权所得和收取咨询服务费征税问题的批复
    (1984年4月11日　财政部　(84)财税字第114号)

178. 关于我国公司、企业购进设备或租赁设备由对方提供贷款的利息征免所得税问题的通知
    (1984年2月24日　财政部　(84)财税字第61号)

179. 关于我国公司、企业在国外投资举办的合营企业设在中国境内的分支机构适用所得税法问题的通知
    (1984年1月21日　财政部　(84)财税字第31号)

180. 关于合营企业预提费用或准备金在计算缴纳所得税时应如何列支问题的通知
    (1984年1月18日　财政部　(84)财税外字第10号)

181. 关于经济特区的企业为我海洋勘探开发石油承包作业、提供服务业务纳税问题的通知
    (1983年9月9日　财政部　(83)财税字第271号)

182. 关于对专有技术使用费减征、免征所得税的暂行规定
    (1982年12月13日　财政部　(82)财税字第326号)

183. 关于对专有技术使用费计算征收所得税问题的通知
    (1982年10月14日　财政部　(82)财税外字第143号)

184. 关于外国企业借款利息列支问题的通知
    (1982年3月10日　财政部　(82)财税字第141号)

185. 关于对租赁贸易的租金收入征收所得税问题的复函
    (1982年3月10日　财政部　(82)财税字第80号)

186. 关于华侨在国内独资经营或者合作生产、合作经营减免税优惠问题的通知
    (1982年2月10日　财政部　(82)财税字第24号)

187. 关于华侨回国投资税收优惠问题的解释的通知
    (1981年6月30日　财政部　(81)财税字第229号)

188. 关于华侨回国投资有关纳税问题的通知
    (1981年5月15日　财政部　(81)财税字第69号)

189. 关于《中外合资经营企业所得税法》公布前已批准的合营企业合同有关税收问题的通知
    (1980年11月5日　财政部　(80)财税字第187号)

关税类

190. 关于甲苯二异氰酸酯(TDI)反倾销措施期终复审期间继续征收反倾销税的决定
    (2008年10月31日　国务院关税税则委员会　税委会〔2008〕35号)

191. 关于聚氯乙烯反倾销措施期终复审期间继续征收反倾销税的决定
    (2008年9月18日　国务院关税税则委员会　税委会〔2008〕32号)

192. 关于对动植物肥料征收出口暂定关税的通知
    (2008年8月29日　国务院关税税则委员会　税委会〔2008〕29号)

193. 关于调整化肥类产品特别出口关税的通知

(2008年8月29日　国务院关税税则委员会　税委会〔2008〕28号)
194. 关于丁苯橡胶反倾销措施期终复审期间继续征收反倾销税的决定
(2008年8月26日　国务院关税税则委员会　税委会〔2008〕27号)
195. 关于邻苯二甲酸酐反倾销措施期终复审期间继续征收反倾销税的决定
(2008年8月13日　国务院关税税则委员会　税委会〔2008〕24号)
196. 关于邻苯二酚反倾销措施期终复审期间继续征收反倾销税的决定
(2008年7月30日　国务院关税税则委员会　税委会〔2008〕23号)
197. 关于对磷产品征收特别出口关税的通知
(2008年5月14日　国务院关税税则委员会　税委会〔2008〕17号)
198. 关于化肥类产品加征特别出口关税的通知
(2008年4月14日　国务院关税税则委员会　税委会〔2008〕15号)
199. 关于开征磷钾肥出口关税的通知
(2008年3月18日　国务院关税税则委员会　税委会〔2008〕11号)
200. 关于延长黄大豆进口暂定关税实施时间的通知
(2008年2月27日　国务院关税税则委员会　税委会〔2008〕6号)
201. 关于调整部分化肥出口关税的通知
(2008年2月9日　国务院关税税则委员会　税委会〔2008〕4号)
202. 关于对原粮及其制粉征收出口暂定关税的补充通知
(2008年1月8日　国务院关税税则委员会　税委会〔2008〕1号)
203. 关于对粮食原粮及其制粉征收出口暂定关税的通知
(2007年12月31日　国务院关税税则委员会　税委会〔2007〕28号)
204. 关于对进口黄大豆实行暂定关税的通知
(2007年9月29日　国务院关税税则委员会　税委会〔2007〕20号)
205. 关于调整磷酸二铵和磷矿石出口关税的通知
(2007年5月8日　国务院关税税则委员会　税委会〔2007〕6号)
206. 关于拟给予非洲部分最不发达国家第二批免关税待遇商品清单的通知
(2006年10月25日　国务院关税税则委员会　税委会〔2006〕29号)
207. 关于二氯甲烷反倾销措施期终复审期间继续征收反倾销税的决定
(2006年7月28日　国务院关税税则委员会　税委会〔2006〕17号)
208. 关于在复审调查期间对原产于韩国的进口聚酯薄膜继续征收反倾销税的决定
(2004年12月7日　国务院关税税则委员会　税委会〔2004〕19号)
209. 关于明确进口动物肉骨粉有关问题的通知
(2001年7月12日　国务院关税税则委员会　税委会〔2001〕7号)
210. 关于2008年度进口废船进口环节增值税先征后返政策的补充通知
(2008年12月10日　财政部　财关税〔2008〕98号)
211. 关于远洋渔船及船用设备和关键部件进口税收问题的通知
(2008年11月12日　财政部　财关税〔2008〕93号)
212. 关于云南省2008年罂粟替代种植项下免税出口化肥数量的通知

(2008年10月24日　财政部　财关税〔2008〕91号)

213. 关于2008年第三季度成品油进口税收问题的通知
(2008年9月9日　财政部　财关税〔2008〕86号)

214. 关于增加国家林业局2008年度种子(苗)免税进口计划的通知
(2008年9月4日　财政部、国家税务总局　财关税〔2008〕84号)

215. 关于奥运会比赛供电设备和厨房设备进口税收问题的通知
(2008年8月1日　财政部　财关税〔2008〕69号)

216. 关于增加农业部2008年度鱼种免税进口计划的通知
(2008年6月4日　财政部、国家税务总局　财关税〔2008〕55号)

217. 关于免征硫磺进口环节增值税的通知
(2008年5月14日　财政部　财关税〔2008〕50号)

218. 关于成品油进口税收问题的通知
(2008年4月8日　财政部　财关税〔2008〕35号)

219. 关于2006至2007年度生产救助打捞船舶进口关键部件和设备进口税收优惠政策的通知
(2008年2月28日　财政部　财关税〔2008〕22号)

220. 关于柴油进口税收问题的通知
(2008年2月5日　财政部　财关税〔2008〕15号)

221. 关于第24届世界大学生冬季运动会第一批进口产品税收问题的通知
(2007年12月25日　财政部　财关税〔2007〕95号)

222. 关于免征磷酸二铵进口环节增值税的通知
(2007年12月20日　财政部、国家税务总局　财关税〔2007〕93号)

223. 关于2007年台湾优质农产品展览台湾展品进口税收政策等问题的通知
(2007年9月26日　财政部　财关税〔2007〕72号)

224. 关于第24届世界大学生冬季运动会进口税收政策的通知
(2007年7月30日　财政部　财关税〔2007〕57号)

225. 关于奥运会比赛飞碟项目成绩显示屏税收问题的通知
(2007年7月16日　财政部　财关税〔2007〕53号)

226. 关于2006年度中国煤炭地质总局勘探开发煤层气项目进口税收问题的通知
(2007年3月20日　财政部　财关税〔2007〕36号)

227. 关于2007年蛇口工业区进口电力税收政策问题的通知
(2007年3月8日　财政部、国家税务总局　财关税〔2007〕28号)

228. 关于奥运会比赛飞碟靶场项目进口设备税收问题的通知
(2007年3月7日　财政部　财关税〔2007〕35号)

229. 关于2007年进口彩色拷贝正片胶片有关问题的通知
(2007年2月28日　财政部　财关税〔2007〕31号)

230. 关于调整进口废船进口环节增值税先征后返政策的通知
(2007年2月27日　财政部　财关税〔2007〕29号)

231. 关于2007年度营运国际航线和港澳航线的国内航空公司进口维修用航空器材税收问题的通知

    (2007年2月15日　财政部　财关税〔2007〕26号)

232. 关于国家林业局2007年度种子(苗)和种用野生动植物种源免税进口数量的通知

    (2007年1月31日　财政部、国家税务总局　财关税〔2007〕10号)

233. 关于2006年度中国海洋石油总公司勘探开发海洋地区石油(天然气)项目认定的通知

    (2007年1月24日　财政部　财关税〔2007〕8号)

234. 关于2006年度国土资源部勘探开发(天然气)项目认定的通知

    (2007年1月24日　财政部　财关税〔2007〕7号)

235. 关于2006年度中国石油天然气集团公司勘探开发(天然气)项目认定的通知

    (2007年1月24日　财政部　财关税〔2007〕6号)

236. 关于2006年度中国石油化工集团公司勘探开发(天然气)项目认定的通知

    (2007年1月24日　财政部　财关税〔2007〕5号)

237. 关于鼓励科普事业发展的进口税收政策的通知

    (2007年1月22日　财政部　财关税〔2007〕4号)

238. 关于铁路时速200公里电气化接触网进口税收问题的通知

    (2006年12月30日　财政部　财关税〔2006〕79号)

239. 关于第二批重型燃气轮机项目进口零部件税收问题的通知

    (2006年11月9日　财政部　财关税〔2006〕66号)

240. 关于柴油进口税收问题的通知

    (2006年10月11日　财政部　财关税〔2006〕63号)

241. 关于健康快车眼科显微手术培训中心进口仪器设备税收问题的通知

    (2006年6月2日　财政部　财关税〔2006〕41号)

242. 关于生产救助打捞船舶进口关键部件和设备进口税收优惠政策有关问题的通知

    (2005年10月14日　财政部　财关税〔2005〕40号)

243. 关于在公海执行任务的渔政船补给保税柴油问题的通知

    (2005年8月10日　财政部　财关税〔2005〕33号)

244. 国有文物收藏单位接受境外捐赠、归还和从境外追索的中国文物进口免税暂行办法

    (2002年6月25日　财政部、国家税务总局、海关总署　财税〔2002〕81号)

245. 关于调整部分进口商品消费税税率的通知

    (2001年8月27日　财政部、国家税务总局　财税〔2001〕153号)

246. 关于明确边贸进口铝锭税收政策问题的通知

    (2001年7月10日　财政部、外经贸部、国家计委、海关总署　财税〔2001〕101号)

247. 关于发布《国内投资项目不予免税的进口商品目录(2000年修订)》的通知

    (2000年9月7日　财政部、国家税务总局　财税〔2000〕83号)

....

社会保障类

372. 关于编报2008年度全国社会保险基金决算的通知
 (2008年12月18日　财政部、人力资源社会保障部　财社〔2008〕309号)
373. 中国残疾人联合会专项彩票公益金管理办法
 (2004年1月7日　财政部　财社〔2004〕2号)
374. 关于进一步做好防治非典型肺炎资金保障和管理工作的紧急通知
 (2003年5月30日　财政部　财社明传〔2003〕8号)
375. 关于中央、军队、武警部队所属卫生医疗机构及相关医务人员参加"非典"防治工作有关补助问题的通知
 (2003年4月30日　财政部、卫生部、总后勤部　财社〔2003〕40号)
376. 关于"非典"防治经费补助政策有关问题的通知
 (2003年4月29日　财政部　财社明传〔2003〕4号)
377. 关于对防治非典型肺炎卫生医务工作者给予工作补助的通知
 (2003年4月18日　财政部、卫生部　财社明传〔2003〕2号)
378. 关于变更原行业统筹养老保险基金购买特种定向债券债权有关问题的通知
 (2000年9月6日　财政部　财社〔2000〕58号)
379. 关于中央财政支持地方国有企业下岗职工基本生活保障和再就业工作及解决企业离退休人员养老金发放问题专项借款使用管理办法的通知
 (1998年10月16日　财政部、劳动和社会保障部　财社字〔1998〕102号)
380. 关于清理和移交国有商业银行定期存款和国家债券有关事项的通知
 (1998年9月21日　财政部　财社字〔1998〕100号)
381. 关于实行系统统筹中央单位设立养老保险基金账户的通知
 (1998年5月19日　财政部　财社字〔1998〕24号)

....

国务院关于修改和废止
部分行政法规的决定

2012年11月9日　中华人民共和国国务院令第628号

现公布《国务院关于修改和废止部分行政法规的决定》,自2013年1月1日起施行。

总理　温家宝
2012年11月9日

国务院关于修改和废止部分行政法规的决定

为维护社会主义法制统一,全面推进依法行政,国务院对现行行政法规进行了清理。经过清理,国务院决定:

一、修改5件行政法规的部分条款

(一)将《企业名称登记管理规定》第二十八条第二款修改为:"逾期不申请复议,或者复议后拒不执行复议决定,又不起诉的,登记主管机关可以强制更改企业名称,扣缴企业营业执照。"

(二)将《殡葬管理条例》第二十条修改为:"将应当火化的遗体土葬,或者在公墓和农村的公益性墓地以外的其他地方埋葬遗体、建造坟墓的,由民政部门责令限期改正。"

(三)将《中华人民共和国税收征收管理法实施细则》第六十四条第二款修改为:"税务机关按照前款方法确定应扣押、查封的商品、货物或者其他财产的价值时,还应当包括滞纳金和拍卖、变卖所发生的费用。"

第六十五条修改为:"对价值超过应纳税额且不可分割的商品、货物或者其他财产,税务机关在纳税人、扣缴义务人或者纳税担保人无其他可供强制执行的财产的情况下,可以整体扣押、查封、拍卖。"

第六十九条第二款修改为:"拍卖或者变卖所得抵缴税款、滞纳金、罚款以及拍卖、变卖等费用后,剩余部分应当在3日内退还被执行人。"

(四)删去《中华人民共和国道路运输条例》第二十一条。

(五)删去《铁路交通事故应急救援和调查处理条例》第三十三条。

二、废止5件行政法规

(一)《铁路旅客意外伤害强制保险条例》(1951年4月24日政务院财政经济委员会发布)。

(二)《中华人民共和国固定资产投资方向调节税暂行条例》(1991年4月16日中华人民共和国国务院令第82号发布)。

(三)《非贸易非经营性外汇财务管理暂行规定》(1994年3月24日国务院批准1994年3月29日财政部令第7号发布)。

(四)《事业单位财务规则》(1996年10月5日国务院批准1996年10月22日财政部令第8号发布)。

(五)《行政单位财务规则》(1998年1月6日国务院批准1998年1月19日财政部令第9号发布)。

本决定自2013年1月1日起施行。

国务院关于废止和修改部分行政法规的决定

2013年7月18日　中华人民共和国国务院令第638号

《国务院关于废止和修改部分行政法规的决定》已经2013年5月31日国务院第10次常务会议通过,现予公布,自公布之日起施行。

总理　李克强
2013年7月18日

国务院关于废止和修改部分行政法规的决定

为了依法推进行政审批制度改革和政府职能转变,进一步激发市场、社会的创造活力,发挥好地方政府贴近基层的优势,促进和保障政府管理由事前审批更多地转为事中事后监管,国务院对有关的行政法规进行了清理。经过清理,现决定:

一、废止《煤炭生产许可证管理办法》(1994年12月20日国务院公布)。

二、对25件行政法规的部分条款予以修改。

本决定自公布之日起施行。

附件:国务院决定修改的行政法规

附件

国务院决定修改的行政法规

一、将《中华人民共和国对外合作开采海洋石油资源条例》第七条修改为:"中国海洋石油总公司就对外合作开采石油的海区、面积、区块,通过组织招标,确定合作开采海洋石油资源的外国企业,签订合作开采石油合同或者其他合作合同,并向中华人民共和国商务部报送合同有关情况。"

二、将《实验动物管理条例》第二十三条修改为:"实验动物工作单位从国外进口实验动物原种,必须向该单位所在地省、自治区、直辖市人民政府科技行政管理部门指定的保种、育种和质量监控单位登记。"

第二十四条第一款修改为:"出口实验动物,必须报实验动物工作单位所在地省、自治区、直辖市人民政府科技行政管理部门审批。经批准后,方可办理出口手续。"

三、删去《卫星电视广播地面接收设施管理规定》第四条。

第五条改为第四条,并修改为:"工业产品生产许可证主管部门许可的生产企业,应当将卫星地面接收设施销售给依法设立的安装服务机构。其他任何单位和个人不得销售。"

第十一条改为第十条,并将第一款修改为:"违反本规定,擅自生产卫星地面接收设施或者生产企业未按照规定销售给依法设立的安装服务机构的,由工业产品生产许可证主管部门责令停止生产、销售。"

四、将《中华人民共和国对外合作开采陆上石油资源条例》第八条修改为:"中方石油公司在国务院批准的对外合作开采陆上石油资源的区域内,按划分的合作区块,通过招标或者谈判,确定合作开采陆上石油资源的外国企业,签订合作开采石油合同或者其他合作合同,并向中华人民共和国商务部报送合同有关情况。"

五、将《传统工艺美术保护条例》第十二条修改为:"符合下列条件并长期从事传统工艺美术制作的人员,由相关行业协会组织评审,可以授予中国工艺美术大师称号:

"(一)成就卓越,在国内外享有声誉的;

"(二)技艺精湛,自成流派的。"

删去第十三条。

六、将《中华人民共和国烟草专卖法实施条例》第二十四条修改为:"卷烟、雪茄烟和有包装的烟丝,应当使用注册商标。"

删去第四十七条。

七、将《国家科学技术奖励条例》第七条修改为:"社会力量设立的面向社会的科学技术奖,在奖励活动中不得收取任何费用。"

删去第二十三条。

八、删去《中华人民共和国国际海运条例》第九条、第十条。

第十三条改为第十一条,并删去其中的"国际船舶代理经营者"。

第十四条改为第十二条,并删去其中的"国际船舶代理经营者"。

第十五条改为第十三条,并删去其中的"国际船舶代理经营者"。

删去第二十四条。

第三十四条改为第三十一条,并删去第一款。

第四十四条改为第四十一条,并修改为:"未办理登记手续,擅自经营国际船舶管理业务的,由经营业务所在地的省、自治区、直辖市人民政府交通主管部门责令停止经营;有违法所得的,没收违法所得;违法所得 5 万元以上的,处违法所得 2 倍以上 5 倍以下的罚款;没有违法所得或者违法所得不足 5 万元的,处 2 万元以上 10 万元以下的罚款。"

第四十七条改为第四十四条,并删去其中的"国际船舶代理经营者"。

第五十二条改为第四十九条,并删去第一款。

第五十五条改为第五十二条,并删去第二项中的"国际船舶代理经营者"。

九、删去《出版管理条例》第三十五条第四款。

十、将《中华人民共和国税收征收管理法实施细则》第二十三条修改为:"生产、经营规模小又确无建账能力的纳税人,可以聘请经批准从事会计代理记账业务的专业机构或者财会人员代为建账和办理账务。"

删去第三十条第一款中的"经税务机关批准"。

十一、删去《中华人民共和国中外合作办学条例》第二十五条第二款。

第四十三条第二款修改为:"中外合作办学机构住所、法定代表人的变更,应当经审批机关核准,并办理相应的变更手续。中外合作办学机构校长或者主要行政负责人的变更,应当及时办理变更手续。"

十二、将《粮食流通管理条例》第十九条修改为:"建立粮食销售出库质量检验制度。粮食储存企业对超过正常储存年限的陈粮,在出库前应当经过粮食质量检验机构进行质量鉴定,凡已陈化变质、不符合食用卫生标准的粮食,严禁流入口粮市场。陈化粮判定标准,由国家粮食行政管理部门会同有关部门制定,陈化粮销售、处理和监管的具体办法,依照国家有关规定执行。"

第四十五条第二款修改为:"倒卖陈化粮或者不按照规定使用陈化粮的,由工商行政管理部门没收非法倒卖的粮食,并处非法倒卖粮食价值20%以下的罚款;情节严重的,由工商行政管理部门并处非法倒卖粮食价值1倍以上5倍以下的罚款,吊销营业执照;构成犯罪的,依法追究刑事责任。"

十三、删去《营业性演出管理条例》第九条第一款中的"和演出经纪机构"。

第十二条第三款修改为:"依照本条规定设立演出经纪机构、演出场所经营单位的,应当依照本条例第十一条第三款的规定办理审批手续。"

第十六条第一款修改为:"举办外国的文艺表演团体、个人参加的营业性演出,演出举办单位应当向演出所在地省、自治区、直辖市人民政府文化主管部门提出申请。"

十四、将《大中型水利水电工程建设征地补偿和移民安置条例》第五十一条第一款修改为:"国家对移民安置实行全过程监督评估。签订移民安置协议的地方人民政府和项目法人应当采取招标的方式,共同委托移民安置监督评估单位对移民搬迁进度、移民安置质量、移民资金的拨付和使用情况以及移民生活水平的恢复情况进行监督评估;被委托方应当将监督评估的情况及时向委托方报告。"

十五、删去《期货交易管理条例》第四十三条第一款。

十六、将《中华人民共和国船员条例》第三十九条修改为:"从事代理海洋船舶船员办理申请培训、考试、申领证书(包括外国海洋船舶船员证书)等有关手续,代理海洋船舶船员用人单位管理船员事务,提供海洋船舶配员等海洋船舶船员服务业务的机构,应当符合下列条件:

"(一)在中华人民共和国境内依法设立的法人;

"(二)有2名以上具有高级船员任职资历的管理人员;

"(三)有符合国务院交通主管部门规定的船员服务管理制度;

"(四)具有与所从事业务相适应的服务能力。"

第四十条第一款修改为:"从事海洋船舶船员服务业务的机构,应当向海事管理机构提交书面申请,并附送符合本条例第三十九条规定条件的证明材料。"

第四十一条第一款中的"船员服务机构"修改为"从事内河船舶、海洋船舶船员服务业务的机构(以下简称船员服务机构)"。

第四十七条中的"船员服务业务许可"修改为"海洋船舶船员服务业务许可"。

第六十三条中的"船员服务"修改为"海洋船舶船员服务"。

第六十七条中的"船员服务机构"修改为"海洋船舶船员服务机构"。

十七、将《中华人民共和国水文条例》第二十七条修改为:"编制重要规划、进行重点项目建设和水资源管理等使用的水文监测资料应当完整、可靠、一致。"

删去第四十一条第二项。

十八、将《全民健身条例》第三十二条中的"县级以上人民政府体育主管部门"修改为"县级以上地方人民政府体育主管部门"。

十九、将《防治船舶污染海洋环境管理条例》第二十九条修改为:"船舶修造、水上拆解的地点应当符合环境功能区划和海洋功能区划。"

删去第五十三条第三款。

二十、将《外国企业常驻代表机构登记管理条例》第五条第一款修改为:"省、自治区、直辖市人民政府工商行政管理部门是代表机构的登记和管理机关(以下简称登记机关)。"

二十一、将《乡镇煤矿管理条例》第四条、第十四条中的"煤炭生产许可证"修改为"安全生产许可证"。

二十二、将《煤矿安全监察条例》第三十七条、第四十三条中的"煤炭生产许可证"修改为"安全生产许可证"。

删去第四十七条中的"煤炭生产许可证"。

二十三、将《安全生产许可证条例》第四条修改为:"省、自治区、直辖市人民政府建设主管部门负责建筑施工企业安全生产许可证的颁发和管理,并接受国务院建设主管部门的指导和监督。"

删去第七条第二款中的"在申请领取煤炭生产许可证前"。

二十四、删去《中华人民共和国进出口商品检验法实施条例》第十二条第二款、第三款、第四款。

删去第二十二条第一款、第二款中的"经国家质检总局指定的"。

删去第三十三条、第三十四条。

第三十九条改为第三十七条,并删去其中的"人员资格"。

第四十三条改为第四十一条,并删去第一款中的"办理原产地证明的申请人应当依法取得出入境检验检疫机构的注册登记。"

第四十八条改为第四十六条,并删去第一款、第三款中的"情节严重的,并撤销其报检注册登记、报检从业注册"。

第五十二条改为第五十条,并删去其中的"化妆品"。

第五十八条改为第五十六条,修改为:"代理报检企业、出入境快件运营企业违反国家有关规定,扰乱报检秩序的,由出入境检验检疫机构责令改正,没收违法所得,可以处 10 万元以下罚款,国家质检总局或者出入境检验检疫机构可以暂停其 6 个月以内代理报检业务。"

二十五、删去《国务院关于预防煤矿生产安全事故的特别规定》第五条第一款、第六条第一款、第八条第二款第十四项、第十一条第一款中的"煤炭生产许可证"。

删去第八条第二款第十三项中的"和煤炭生产许可证"。

此外,对相关行政法规的条文顺序作了相应调整。

国务院关于修改部分行政法规的决定

2013年12月7日　中华人民共和国国务院令第645号

《国务院关于修改部分行政法规的决定》已经2013年12月4日国务院第32次常务会议通过，现予公布，自公布之日起施行。

总理　李克强
2013年12月7日

国务院关于修改部分行政法规的决定

为了依法推进行政审批制度改革和政府职能转变，发挥好地方政府贴近基层的优势，促进和保障政府管理由事前审批更多地转为事中事后监管，进一步激发市场、社会的创造活力，根据2013年7月13日国务院公布的《国务院关于取消和下放50项行政审批项目等事项的决定》和2013年11月8日国务院公布的《国务院关于取消和下放一批行政审批项目的决定》，国务院对取消和下放的125项行政审批项目涉及的行政法规进行了清理。经过清理，国务院决定：对16部行政法规的部分条款予以修改。

一、将《中华人民共和国城镇土地使用税暂行条例》第七条中的"由省、自治区、直辖市税务机关审核后，报国家税务局批准"修改为"由县以上地方税务机关批准"。

二、删去《外国商会管理暂行规定》第七条。

第九条改为第七条，修改为："成立外国商会，应当向中华人民共和国民政部（以下称登记管理机关）提出书面申请，依法办理登记。登记管理机关应当自收到本规定第八条规定的全部文件之日起60日内作出是否准予登记的决定，准予登记的，签发登记证书；不予登记的，书面说明理由。外国商会经核准登记并签发登记证书，即为成立。"

第十一条改为第十条，修改为："外国商会应当于每年1月向登记管理机关提交上一年度的活动情况报告。

"中国国际贸易促进委员会应当为外国商会设立、开展活动和联系中国有关主管机关提供咨询和服务。"

第十二条改为第十一条，修改为："外国商会需要修改其章程，更换会长、副会长以及常务干事或者改变办公地址时，应当依照本规定第七条、第八条规定的程序办理变更登记。"

第十四条改为第十三条，并删去第一款中的"并报审查机关备案"。

三、将《中华人民共和国水生野生动物保护实施条例》第十六条修改为："外国人在中国境内进行有关水生野生动物科学考察、标本采集、拍摄电影、录像等活动的，必须经国家重点保护的水生野生动物所在地的省、自治区、直辖市人民政府渔业行政主管部门批准。"

四、将《食盐专营办法》第五条第二款修改为:"食盐定点生产企业由省、自治区、直辖市人民政府盐业主管机构审批。"

第六条中的"国务院盐业主管机构"修改为"省、自治区、直辖市人民政府盐业主管机构"。

删去第十八条第一款中的"国务院盐业主管机构或者其授权的"。

五、将《广播电视管理条例》第十三条第一款修改为:"广播电台、电视台变更台名、台标、节目设置范围或者节目套数的,应当经国务院广播电视行政部门批准。但是,县级、设区的市级人民政府广播电视行政部门设立的广播电台、电视台变更台标的,应当经所在地省、自治区、直辖市人民政府广播电视行政部门批准。"

第四十五条修改为:"举办国际性广播电视节目交流、交易活动,应当经国务院广播电视行政部门批准,并由指定的单位承办。举办国内区域性广播电视节目交流、交易活动,应当经举办地的省、自治区、直辖市人民政府广播电视行政部门批准,并由指定的单位承办。"

六、删去《饲料和饲料添加剂管理条例》第十五条第一款;第二款改为第一款,并将其中的"申请设立其他饲料生产企业"修改为"申请设立饲料、饲料添加剂生产企业"。

删去第十六条中的"国务院农业行政主管部门核发的"。

七、将《音像制品管理条例》第二十一条第一款修改为:"申请设立音像复制单位,由所在地省、自治区、直辖市人民政府出版行政主管部门审批。省、自治区、直辖市人民政府出版行政主管部门应当自受理申请之日起20日内作出批准或者不批准的决定,并通知申请人。批准的,发给《复制经营许可证》,由申请人持《复制经营许可证》到工商行政管理部门登记,依法领取营业执照;不批准的,应当说明理由。"

八、将《中华人民共和国文物保护法实施条例》第二十七条修改为:"从事考古发掘的单位提交考古发掘报告后,经省、自治区、直辖市人民政府文物行政主管部门批准,可以保留少量出土文物作为科研标本,并应当于提交发掘报告之日起6个月内将其他出土文物移交给由省、自治区、直辖市人民政府文物行政主管部门指定的国有的博物馆、图书馆或者其他国有文物收藏单位收藏。"

第三十五条修改为:"为制作出版物、音像制品等拍摄馆藏三级文物的,应当报设区的市级人民政府文物行政主管部门批准;拍摄馆藏一级文物和馆藏二级文物的,应当报省、自治区、直辖市人民政府文物行政主管部门批准。"

第四十条修改为:"设立文物商店,应当向省、自治区、直辖市人民政府文物行政主管部门提出申请。省、自治区、直辖市人民政府文物行政主管部门应当自收到申请之日起30个工作日内作出批准或者不批准的决定。决定批准的,发给批准文件;决定不批准的,应当书面通知当事人并说明理由。"

九、将《中华人民共和国进出口关税条例》第三十九条中的"经海关总署批准"修改为"经海关批准"。

十、删去《危险废物经营许可证管理办法》第七条第二款;第五款改为第四款,并删去其中的"第四款"。

十一、将《著作权集体管理条例》第十五条修改为:"著作权集体管理组织修改章程,应当依法经国务院民政部门核准后,由国务院著作权管理部门予以公告。"

十二、将《麻醉药品和精神药品管理条例》第二十六条第一款中的"国务院药品监督管理部门批准"修改为"企业所在地省、自治区、直辖市人民政府药品监督管理部门批准。审批情况由负责审批的药品监督管理部门在批准后5日内通报医疗机构所在地省、自治区、直辖市人民政府药品监督管理部门"。

十三、删去《大中型水利水电工程建设征地补偿和移民安置条例》第五十一条第二款。

十四、将《中华人民共和国船员条例》第十三条中的"签发相应的批准文书"修改为"出具相应的证明文件"。

第七十条修改为:"引航员的培训和任职资格依照本条例有关船员培训和任职资格的规定执行。具体办法由国务院交通主管部门制订。"

十五、删去《防治船舶污染海洋环境管理条例》第十三条第一款中的"并通过海事管理机构的专项验收"。

第二十四条第二款中的"由国家海事管理机构认定的评估机构"修改为"委托有关技术机构"。

删去第四十七条。

十六、将《危险化学品安全管理条例》第六条第五项中的"铁路主管部门负责危险化学品铁路运输的安全管理,负责危险化学品铁路运输承运人、托运人的资质审批及其运输工具的安全管理"修改为"铁路监管部门负责危险化学品铁路运输及其运输工具的安全管理"。

第五十三条第二款中的"应当经国家海事管理机构认定的机构进行评估"修改为"货物所有人或者代理人应当委托相关技术机构进行评估"。

此外,对相关行政法规的条文顺序作了相应调整。

本决定自公布之日起施行。

国务院关于清理规范税收等优惠政策的通知

2014年11月27日　国发〔2014〕62号

各省、自治区、直辖市人民政府,国务院各部委、各直属机构:

根据党的十八届三中全会精神和《国务院关于深化预算管理制度改革的决定》(国发〔2014〕45号)要求,为严肃财经纪律,加快建设统一开放、竞争有序的市场体系,现就清理规范税收等优惠政策有关问题通知如下:

一、充分认识清理规范税收等优惠政策的重大意义

近年来,为推动区域经济发展,一些地区和部门对特定企业及其投资者(或管理者)等,在税收、非税等收入和财政支出等方面实施了优惠政策(以下统称税收等优惠政策),一定程度上促进了投资增长和产业集聚。但是,一些税收等优惠政策扰乱了市场秩序,影响国家宏观调控政策效果,甚至可能违反我国对外承诺,引发国际贸易摩擦。

全面规范税收等优惠政策,有利于维护公平的市场竞争环境,促进形成全国统一的市

场体系,发挥市场在资源配置中的决定性作用;有利于落实国家宏观经济政策,打破地方保护和行业垄断,推动经济转型升级;有利于严肃财经纪律,预防和惩治腐败,维护正常的收入分配秩序;有利于深化财税体制改革,推进依法行政,科学理财,建立全面规范、公开透明的预算制度。

二、总体要求

(一)指导思想。

以邓小平理论、"三个代表"重要思想、科学发展观为指导,全面贯彻党的十八大和十八届三中、四中全会精神,落实党中央、国务院决策部署,以加快建设统一开放、竞争有序的市场体系,促进社会主义市场经济健康发展为目标,通过清理规范税收等优惠政策,反对地方保护和不正当竞争,着力清除影响商品和要素自由流动的市场壁垒,推动完善社会主义市场经济体制,使市场在资源配置中起决定性作用,促进经济转型升级。

(二)主要原则。

1. 上下联动,全面规范。各有关部门要按照法律法规和国务院统一要求,清理规范本部门出台的税收等优惠政策,各地区要同步开展清理规范工作。凡违法违规或影响公平竞争的政策都要纳入清理规范的范围,既要规范税收、非税等收入优惠政策,又要规范与企业缴纳税收或非税收入挂钩的财政支出优惠政策。

2. 统筹规划,稳步推进。既要立足当前,分清主次,坚决取消违反法律法规的优惠政策,做到符合世界贸易组织规则和我国对外承诺,逐步规范其他优惠政策;又要着眼长远,以开展清理规范工作为契机,建立健全长效管理机制。

3. 公开信息,接受监督。要按照政府信息公开的要求,全面推进税收等优惠政策相关信息公开,增强透明度,提高公信力;建立举报制度,动员各方力量,加强监督制衡。

三、切实规范各类税收等优惠政策

(一)统一税收政策制定权限。坚持税收法定原则,除依据专门税收法律法规和《中华人民共和国民族区域自治法》规定的税政管理权限外,各地区一律不得自行制定税收优惠政策;未经国务院批准,各部门起草其他法律、法规、规章、发展规划和区域政策都不得规定具体税收优惠政策。

(二)规范非税等收入管理。严格执行现有行政事业性收费、政府性基金、社会保险管理制度。严禁对企业违规减免或缓征行政事业性收费和政府性基金、以优惠价格或零地价出让土地;严禁低价转让国有资产、国有企业股权以及矿产等国有资源;严禁违反法律法规和国务院规定减免或缓征企业应当承担的社会保险缴费,未经国务院批准不得允许企业低于统一规定费率缴费。

(三)严格财政支出管理。未经国务院批准,各地区、各部门不得对企业规定财政优惠政策。对违法违规制定与企业及其投资者(或管理者)缴纳税收或非税收入挂钩的财政支出优惠政策,包括先征后返、列收列支、财政奖励或补贴,以代缴或给予补贴等形式减免土地出让收入等,坚决予以取消。其他优惠政策,如代企业承担社会保险缴费等经营成本、给予电价水价优惠、通过财政奖励或补贴等形式吸引其他地区企业落户本地或在本地缴纳税费,对部分区域实施的地方级财政收入全留或增量返还等,要逐步加以规范。

四、全面清理已有的各类税收等优惠政策

各地区、各有关部门要开展一次专项清理,认真排查本地区、本部门制定出台的税收等优惠政策,特别要对与企业签订的合同、协议、备忘录、会议或会谈纪要以及"一事一议"形式的请示、报告和批复等进行全面梳理,摸清底数,确保没有遗漏。

通过专项清理,违反国家法律法规的优惠政策一律停止执行,并发布文件予以废止;没有法律法规障碍,确需保留的优惠政策,由省级人民政府或有关部门报财政部审核汇总后专题请示国务院。

各省级人民政府和有关部门应于2015年3月底前,向财政部报送本省(区、市)和本部门对税收等优惠政策的专项清理情况,由财政部汇总报国务院。

五、建立健全长效机制

(一)建立评估和退出机制。对法律法规规定的税收优惠政策和经国务院批准实施的非税收入及财政支出优惠政策,财政部要牵头定期评估。没有法律法规障碍且具有推广价值的政策,要尽快在全国范围内实施;有明确执行时限的政策,原则上一律到期停止执行;未明确执行时限的政策,要设定政策实施时限。对不符合经济发展需要、效果不明显的政策,财政部要牵头会同有关部门提出调整或取消的意见,报国务院审定。

(二)健全考评监督机制。明确地方各级人民政府主要负责人为本地区税收等优惠政策管理的第一责任人,将税收等优惠政策管理情况作为领导班子和领导干部综合考核评价体系的重要内容,作为提拔任用、管理监督的重要依据。

(三)建立信息公开和举报制度。建立目录清单制度,除涉及国家秘密和安全的事项外,税收等优惠政策的制定、调整或取消等信息,要形成目录清单,并以适当形式及时、完整地向社会公开。建立举报制度,鼓励和引导各方力量对违法违规制定实施税收等优惠政策行为进行监督。

(四)强化责任追究机制。建立定期检查和问责制度,监察部、财政部、审计署、税务总局等部门要按照职责分工,及时查处并纠正各类违法违规制定税收等优惠政策行为。自本通知印发之日起,对违反规定出台或继续实施税收等优惠政策的地区和部门,要依法依规追究政府和部门主要负责人和政策制定部门、政策执行部门主要负责人的责任,并给予相应纪律处分;中央财政按照税收等优惠额度的一定比例扣减对该地区的税收返还或转移支付。

六、健全保障措施

(一)加强组织领导。建立由财政部牵头的清理税收等优惠政策部际联席会议制度,具体负责政策指导和统筹协调,加强监督检查和跟踪落实,研究解决重大问题,重大事项及时报告国务院。省、市、县级人民政府要建立由财政部门牵头、相关部门配合的清理税收等优惠政策工作机制,组织实施本地区的清理规范工作。

(二)完善相关政策。在扎实开展清理规范工作的同时,各地区、各部门要按照党中央、国务院的统一部署,认真落实国家统一制定的税收等优惠政策,大力培育新兴产业,积极支持小微企业加快发展,进一步完善社会保险、社会救助和社会福利制度,加大对城乡低收入群体的保障力度,努力促进就业和基本公共服务均等化。

(三)加强舆论引导。各地区、各部门和有关新闻单位要通过政府或部门网站、广播电视、平面媒体等渠道，加强政策宣传解读，及时发布信息，统一思想、凝聚共识，营造良好的舆论氛围。

规范税收等优惠政策工作事关全局，政策性强，涉及面广。各地区、各部门要高度重视，牢固树立大局意识，加强领导、周密部署、及时督查，切实将规范税收等优惠政策工作抓实、抓好、抓出成效。

财政部关于贯彻落实国务院清理规范税收等优惠政策决策部署若干事项的通知

2014年12月22日　财预〔2014〕415号

各省、自治区、直辖市财政厅（局）：

为全面贯彻落实《国务院关于清理规范税收等优惠政策的通知》（国发〔2014〕62号，以下简称《通知》），充分发挥省、市、县级财政部门作为牵头单位的组织协调作用，推动各地建立健全长效管理机制、开展专项清理等工作，现就有关事项通知如下：

一、准确把握《通知》的政策内涵

根据《通知》精神，税收等优惠政策是指地方和部门对特定企业及其投资者（管理者）等，在税收、非税等收入和财政支出等方面实施的优惠政策。清理规范税收等优惠政策，就是要通过明确政府和市场的边界，规范市场秩序，维护市场统一，减少政府对市场行为的过度干预，切实提高资源配置的效率。地方各级财政部门要深刻领会清理规范税收等优惠政策的重要性，清醒认识违法违规制定税收等优惠政策的危害，准确把握《通知》的指导思想、主要原则和基本内容，将清理规范税收等优惠政策作为当前和今后一个阶段的重点工作，并把握好以下几个关键：

（一）违法违规的优惠政策自《通知》印发之日即2014年12月1日起一律停止执行，并发布文件予以废止。

（二）没有法律法规障碍的优惠政策，若确需保留的，可在充分说明理由、提出政策期限建议的基础上暂时继续执行，由省级人民政府报财政部审核汇总后专题请示国务院，并依据国务院审定的处理意见执行；本地区未提出保留建议的，或国务院未批准保留的，一律发布文件予以废止。

（三）今后新制定税收等优惠政策，需按照统一的政策制定权限执行。除依据专门税收法律法规和《中华人民共和国民族区域自治法》规定的管理权限外，各地区一律不得自行制定税收优惠政策；严禁违反法律法规和国务院文件（含经国务院批准有关部门发布的文件，下同）规定，对企业减免或缓征行政事业性收费、政府性基金和社会保险缴费；未经国务院批准，不得对企业规定财政优惠政策。

二、建立健全长效管理机制

经过专项清理后保留的优惠政策，以及今后新制定的优惠政策，一律纳入长效机制统一管理。省、市、县级财政部门要按照《国务院关于深化预算管理制度改革的决定》(国发〔2014〕45号)和《通知》要求,会同有关部门,结合本地区实际情况,以税收等优惠政策管理制度化、规范化、程序化为目标,建立健全税收等优惠政策管理的长效机制,实现对税收等优惠政策的全过程管理。

(一)建立评估和退出机制。在定期评估税收等优惠政策执行情况的基础上,认真研究提出取消、调整和延续等处理意见,其中拟调整和延续的由省级人民政府报财政部审核汇总后专题请示国务院。

(二)建立清单制度。除涉及国家秘密和安全的事项外,税收等优惠政策的制定、调整或取消等信息,应当在信息生成后20个工作日内形成目录清单,通过财政部门和有关部门门户网站的专门板块,完整向社会公开。

(三)建立举报制度。明确受理、核查、处理、协调、督办、移送、答复、统计和报告办法,并在门户网站设立举报专区、设置举报电话,方便各方力量举报违反规定出台或继续实施税收等优惠政策行为。

(四)建立考评监督和责任追究机制。每年定期检查下级政府和本级部门税收等优惠政策管理情况,提交同级组织部门,并抄送上级财政部门;对检查中发现的问题要转请有关部门按职责分工及时查处纠正,并提请同级监察或司法部门依法追究责任人的责任。

(五)完善财政管理制度。强化预算约束,严格审核对企业及其投资者(或管理者)的各项补助支出,凡超越相关法律法规规定和国务院文件规定范围、标准、期限或未经国务院批准的,一律不得列入财政预算。用于支持企业的财政资金,均应制定资金管理办法,明确规定政策对象、补助标准、资金使用方向和政策期限,并公开资金管理办法、分配办法和分配结果。要在本行政区域内实施统一的按税种(含行政事业性收费、政府性基金等)、按比例分享的政府间财政收入分配体制,制定计划逐步取消对部分区域实施的地方级财政收入全留或增量返还等政策,对确需支持的地区通过规范的转移支付制度给予支持。

三、清理现有税收等优惠政策的具体安排

省、市、县级财政部门要会同税务等有关部门开展专项清理,认真排查本地区自行制定出台的税收等优惠政策,对各类文件载体,特别是与企业签订的合同、协议、备忘录、会议或会谈纪要以及"一事一议"形式的请示、报告和批复等进行全面梳理,确保没有遗漏。在此基础上对2014年12月1日前出台的现行优惠政策,按照税收收入、非税收入、社会保险缴费、财政支出、财政体制、其他优惠政策等6种情形,分类填报清理情况表(样式详见附件1-6),报本级人民政府批准后,报上级财政部门备案。

上级财政部门要依据国家相关法律法规、国务院有关文件和下级财政部门报备的清理方案,对下级财政部门开展的清理工作进行验收。对省以下各级财政部门的验收工作,应于2015年3月15日前完成。

各省级财政部门应当全面总结本省(区、市)专项清理工作情况,代拟清理情况报告,呈请省级人民政府于2015年3月底前报财政部。清理情况报告需包括以下内容:一是对清理规范税收等优惠政策重大意义的认识;二是2014年全省(区、市)税收等优惠政策基本情况;三是专项清理和验收工作的具体部署、典型做法,以及工作中遇到的主要困难和问题等;四是专项清理工作成果;五是建立健全长效管理机制的工作安排或进展;六是建议保留的优惠政策具体情况说明。

四、切实加强组织领导

省、市、县级财政部门要充分发挥牵头单位的组织协调作用,切实加强与相关部门的沟通和配合,尽快按程序建立本地区工作机制,抓紧制定工作规则和工作方案,明确工作要求、责任单位、完成时限和考核办法,形成统一领导、分工协作、部门联动、齐抓共管的工作格局,全力推进《通知》的落实工作。

要会同有关部门积极开展政策解读、组织业务培训,引导和帮助基层干部正确理解、准确把握政策,消除思想误区,树立全国一盘棋的工作理念,确保政策措施执行到位。要广泛听取基层干部、群众和企业的意见,积极研究解决工作中的重点、难点问题,指导基层积极妥善化解矛盾,确保清理规范税收等优惠政策工作在基层平稳有序开展。

要正确引导社会舆论,采用灵活多样的形式宣传《通知》的重大意义、基本内容及主要措施,争取各方对清理规范税收等优惠政策的理解和支持,营造良好的舆论氛围,使这项工作得到绝大多数人的拥护,确保社会和谐稳定。

清理规范税收等优惠政策事关全局,意义重大,影响深远。省、市、县级财政部门要高度重视,认真组织开展工作,确保如期完成《通知》确定的各项任务,为完善社会主义市场经济体制、建设统一市场体系做出更大贡献。

附件:1. 税收优惠政策清理情况表(编者略)
   2. 非税收入优惠政策清理情况表(编者略)
   3. 社会保险缴费优惠政策清理情况表(编者略)
   4. 财政支出优惠政策清理情况表(编者略)
   5. 财政体制优惠政策清理情况表(编者略)
   6. 其他优惠政策清理情况表(编者略)

国务院关于税收等优惠政策相关事项的通知

2015年5月10日 国发〔2015〕25号

各省、自治区、直辖市人民政府,国务院各部委、各直属机构:

现就《国务院关于清理规范税收等优惠政策的通知》(国发〔2014〕62号)中涉及的相关事项通知如下:

一、国家统一制定的税收等优惠政策,要逐项落实到位。

二、各地区、各部门已经出台的优惠政策,有规定期限的,按规定期限执行;没有规定期限又确需调整的,由地方政府和相关部门按照把握节奏、确保稳妥的原则设立过渡期,在过渡期内继续执行。

三、各地与企业已签订合同中的优惠政策,继续有效;对已兑现的部分,不溯及既往。

四、各地区、各部门今后制定出台新的优惠政策,除法律、行政法规已有规定事项外,涉及税收或中央批准设立的非税收入的,应报国务院批准后执行;其他由地方政府和相关部门批准后执行,其中安排支出一般不得与企业缴纳的税收或非税收入挂钩。

五、《国务院关于清理规范税收等优惠政策的通知》(国发〔2014〕62号)规定的专项清理工作,待今后另行部署后再进行。

国务院关于修改部分行政法规的决定(节录)

2016年2月6日　中华人民共和国国务院令第666号

《国务院关于修改部分行政法规的决定》已经2016年1月13日国务院第119次常务会议通过,现予公布,自公布之日起施行。

总理　李克强
2016年2月6日

国务院关于修改部分行政法规的决定

为了依法推进简政放权、放管结合、优化服务改革,国务院对取消和调整行政审批项目、价格改革和实施普遍性降费措施涉及的行政法规进行了清理。经过清理,国务院决定:对66部行政法规的部分条款予以修改。

……

十、删去《关于外商参与打捞中国沿海水域沉船沉物管理办法》第七条。

第九条改为第八条,修改为:"中华人民共和国交通部负责统一组织与外商洽谈打捞中国沿海水域沉船沉物的事宜,确立打捞项目,并组织中方打捞人与外商依法签订共同打捞合同或者中外合作打捞企业合同;涉及军事禁区、军事管理区的,应当符合《中华人民共和国军事设施保护法》的有关规定。"

第十条改为第九条,第一款修改为:"外商与中方打捞人签订共同打捞合同,应当符合《中华人民共和国合同法》的有关规定。共同打捞合同签订后,外商应当按照规定向工商行政管理部门申请营业登记,并向当地税务机关办理税务登记手续。"

删去第十一条、第十二条。

十一、将《中华人民共和国增值税暂行条例》第十三条修改为:"小规模纳税人以外的纳税人应当向主管税务机关办理登记。具体登记办法由国务院税务主管部门制定。

"小规模纳税人会计核算健全,能够提供准确税务资料的,可以向主管税务机关办理登记,不作为小规模纳税人,依照本条例有关规定计算应纳税额。"

……

三十一、将《中华人民共和国税收征收管理法实施细则》第四十三条修改为:"享受减税、免税优惠的纳税人,减税、免税期满,应当自期满次日起恢复纳税;减税、免税条件发生变化的,应当在纳税申报时向税务机关报告;不再符合减税、免税条件的,应当依法履行纳税义务;未依法纳税的,税务机关应当予以追缴。"

……

三十八、将《中华人民共和国进出口关税条例》第三十九条中的"经海关批准"修改为"经依法提供税款担保后"。

……

国家税务总局关于公布全文失效废止和部分条款废止的税收规范性文件目录的公告

2016年5月29日　国家税务总局公告2016年第34号

根据国务院办公厅关于做好部门规章和文件清理工作的有关要求,国家税务总局对税收规范性文件进行了清理。清理结果已经2016年5月27日国家税务总局2016年度第2次局务会议审议通过。现将《全文失效废止的税收规范性文件目录》和《部分条款废止的税收规范性文件目录》予以公布。

特此公告。

附件:1. 全文失效废止的税收规范性文件目录
　　　2. 部分条款废止的税收规范性文件目录

附件1

全文失效废止的税收规范性文件目录

序号	标题	发文日期	文号
1	国家税务局关于贯彻国务院国发〔1989〕10号文件有关税收问题的通知	1989年1月15日	(89)国税所字第067号
2	国家税务局对《关于高校征免房产税、土地使用税的请示》的批复	1989年6月21日	(89)国税地便字第008号
3	国家税务局对《关于军需工厂的房产如何具体划分征免房产税的请示》的批复	1989年7月12日	(89)国税地字第072号
4	国家税务局关于对军队系统用地征免城镇土地使用税的通知	1989年8月14日	(89)国税地字第083号
5	国家税务局关于军队企业化管理工厂征免印花税等问题的通知	1989年9月26日	(89)国税地字第099号
6	国家税务局关于对武警部队用地征免城镇土地使用税问题的通知	1989年11月10日	(89)国税地字第120号
7	国家税务局关于受让土地使用权者应征收土地使用税问题的批复	1993年3月24日	国税函发〔1993〕501号

续表

序号	标题	发文日期	文号
8	国家税务总局关于贯彻执行企业所得税和个人所得税法津、法规的通知	1994年3月10日	国税发〔1994〕048号
9	国家税务总局关于西藏驻区外企业回西藏缴纳所得税的函	1994年4月25日	国税函发〔1994〕125号
10	国家税务总局关于学校办企业征收流转税问题的通知	1994年7月4日	国税发〔1994〕156号
11	国家税务总局关于中央、地方税务机构分设后有关税务行政复议问题的通知	1994年9月21日	国税发〔1994〕212号
12	国家税务总局关于森工企业、林场、苗圃所得税征免问题的通知	1994年12月16日	国税发〔1994〕264号
13	国家税务总局关于企业所得税征收和管理范围的通知	1995年5月18日	国税发〔1995〕023号
14	国家税务总局关于印发《国际航空旅客运输专用发票》式样的通知	1995年8月18日	国税函发〔1995〕448号
15	国家税务总局关于印发《关于加强中央企业所得税征收管理工作的意见》的通知	1995年10月10日	国税发〔1995〕188号
16	国家税务总局关于外商投资企业从事城市住宅小区建设征收营业税问题的批复	1995年10月10日	国税函发〔1995〕549号
17	国家税务总局关于手工回收煤炭征收资源税问题的批复	1996年10月28日	国税函〔1996〕605号
18	国家税务总局关于天津奥的斯电梯有限公司在外埠设立的分公司缴纳流转税问题的批复	1997年1月16日	国税函〔1997〕33号
19	国家税务总局关于纳税复议条件问题的批复	1997年8月4日	国税发〔1997〕125号
20	国家税务总局关于加强涉税行政事业性收费项目发票管理的通知	1997年8月12日	国税发〔1997〕135号
21	国家税务总局关于印发《契税纳税申报表、契税完税证》式样的通知	1997年11月25日	国税发〔1997〕177号
22	国家税务总局关于企业所得税检查处罚起始日期的批复	1998年1月24日	国税函〔1998〕63号
23	国家税务总局关于贯彻实施《注册税务师资格制度暂行规定》有关问题的通知	1998年2月6日	国税发〔1998〕15号
24	国家税务总局关于核发税收票证统一式样的通知	1998年5月22日	国税发〔1998〕77号
25	国家税务总局关于电梯保养、维修收入征税问题的批复	1998年6月29日	国税函〔1998〕390号
26	国家税务总局关于进一步明确税收罚款收缴有关问题的通知	1998年7月2日	国税函〔1998〕402号
27	国家税务总局关于印发《个人所得税专项检查工作规程(试行)》的通知	1998年7月3日	国税发〔1998〕109号
28	国家税务总局关于加强对出租房屋房产税征收管理的通知	1998年11月10日	国税发〔1998〕196号
29	国家税务总局关于对已缴纳土地使用金的土地使用者应征收城镇土地使用税的批复	1998年11月12日	国税函〔1998〕669号
30	国家税务总局关于北京市新技术产业开发实验区区域调整有关企业所得税问题的函	1999年6月1日	国税函〔1999〕373号
31	国家税务总局关于生猪生产流通过程中有关税收问题的通知	1999年6月9日	国税发〔1999〕113号

续表

序号	标题	发文日期	文号
32	国家税务总局关于普通发票式样设计权限问题的批复	1999年6月17日	国税函〔1999〕425号
33	国家税务总局关于印发《企业所得税检查工作管理办法(试行)》的通知	1999年8月13日	国税发〔1999〕155号
34	国家税务总局关于税收票证若干问题的通知	1999年11月15日	国税函〔1999〕743号
35	国家税务总局关于广信深圳公司破产案件有关法律问题的批复	2000年2月3日	国税函〔2000〕103号
36	国家税务总局关于印发《加强中小企业所得税征收管理工作的意见》的通知	2000年2月3日	国税发〔2000〕28号
37	国家税务总局关于企业法定代表人自报本企业偷税问题不予奖励的批复	2000年6月1日	国税函〔2000〕414号
38	国家税务总局关于部队取得应税收入税收征管问题的批复	2000年6月16日	国税函〔2000〕466号
39	国家税务总局关于外国律师事务所驻华办事处发票领购使用有关问题的通知	2000年8月8日	国税发〔2000〕140号
40	国家税务总局、国家质量技术监督局关于石油、石化集团所属加油站安装税控装置问题的通知	2000年9月12日	国税发〔2000〕159号
41	国家税务总局关于推行增值税防伪税控系统若干问题的通知	2000年11月9日	国税发〔2000〕183号
42	国家税务总局关于防伪税控系统因技术原因导致开票日期认证不符问题的通知	2000年11月23日	国税发明电〔2000〕43号
43	国家税务总局关于合九铁路运费抵扣进项税额问题的批复	2000年12月14日	国税函〔2000〕1037号
44	国家税务总局关于做好增值税计算机稽核系统数据采集工作的紧急通知	2001年1月3日	国税发明电〔2001〕1号
45	国家税务总局、国家质量技术监督局关于石油石化集团所属加油站安装税控装置问题的补充通知	2001年3月16日	国税函〔2001〕185号
46	国家税务总局关于邮政企业征免房产税、土地使用税问题的函	2001年6月1日	国税函〔2001〕379号
47	国家税务总局关于中国人民银行总行所属分支机构免征房产税城镇土地使用税的通知	2001年10月22日	国税函〔2001〕770号
48	国家税务总局转发《财政部关于印发〈会计师事务所、资产评估机构、税务师事务所会计核算办法〉的通知》的通知	2001年12月20日	国税函〔2001〕943号
49	国家税务总局关于涉税案件在刑事审判期间是否应当中止税务行政复议问题的批复	2002年2月1日	国税函〔2002〕130号
50	国家税务总局关于印发《生产企业出口货物"免、抵、退"税管理操作规程》(试行)的通知	2002年2月6日	国税发〔2002〕11号
51	国家税务总局关于北京市新技术产业开发实验区区域调整后有关企业所得税问题的复函	2002年3月4日	国税函〔2002〕182号
52	国家税务总局关于纳税人购领发票实行预缴工本费的批复	2002年4月23日	国税函〔2002〕362号
53	国家税务总局关于办理期房退房手续后应退还已征契税的批复	2002年7月10日	国税函〔2002〕622号
54	国家税务总局关于宣传贯彻《中华人民共和国税收征收管理法实施细则》的通知	2002年9月30日	国税发〔2002〕126号

续表

序号	标题	发文日期	文号
55	国家税务总局关于中国农业生产资料集团公司所属企业借款利息税前扣除问题的通知	2002年9月20日	国税函〔2002〕837号
56	国家税务总局关于转发《国务院办公厅关于下岗失业人员从事个体经营有关收费优惠政策的通知》的通知	2002年11月4日	国税发〔2002〕137号
57	国家税务总局关于明确资源税扣缴义务人代扣代缴义务发生时间的批复	2002年12月10日	国税函〔2002〕1037号
58	国家税务总局关于电子缴税完税凭证有关问题的通知	2002年12月13日	国税发〔2002〕155号
59	国家税务总局、劳动和社会保障部关于促进下岗失业人员再就业税收政策具体实施意见的通知	2002年12月24日	国税发〔2002〕160号
60	国家税务总局关于车辆购置税违法案件的管辖及举报奖金支付问题的批复	2003年2月8日	国税函〔2003〕103号
61	国家税务总局关于做好已取消的企业所得税审批项目后续管理工作的通知	2003年6月18日	国税发〔2003〕70号
62	国家税务总局关于铁路运费进项税额抵扣有关问题的补充通知	2003年8月22日	国税函〔2003〕970号
63	国家税务总局关于开展对纳税人欠税予以告知工作的通知	2003年11月21日	国税函〔2003〕1397号
64	国家税务总局关于个体工商户销售农产品有关税收政策问题的通知	2003年12月23日	国税发〔2003〕149号
65	国家税务总局关于印花税违章处罚有关问题的通知	2004年1月29日	国税发〔2004〕15号
66	国家税务总局关于进一步加强个体税收征管工作的通知	2004年2月5日	国税函〔2004〕168号
67	国家税务总局关于广播电视事业单位广告收入和有线电视费收入所得税处理问题的通知	2004年1月15日	国税函〔2004〕86号
68	国家税务总局关于中国船级社检验业务使用税务发票问题的通知	2004年4月13日	国税函〔2004〕488号
69	国家税务总局关于国家税务局与地方税务局联合办理税务登记有关问题的通知	2004年4月19日	国税发〔2004〕57号
70	国家税务总局关于注册税务师实行备案管理的通知	2004年6月28日	国税函〔2004〕851号
71	国家税务总局关于取消注册税务师考前培训行政审批项目后进一步加强后续管理工作的通知	2004年7月2日	国税函〔2004〕878号
72	国家税务总局关于城镇土地使用税部分行政审批项目取消后加强后续管理工作的通知	2004年8月2日	国税函〔2004〕939号
73	国家税务总局关于增值税一般纳税人支付的货物运输代理费用不得抵扣进项税额的批复	2005年1月18日	国税函〔2005〕54号
74	国家税务总局关于加强减免税管理的通知	2005年3月7日	国税发〔2005〕24号
75	国家税务总局关于明确从事代理海关报关业务的中介机构办理税务登记有关问题的通知	2005年4月18日	国税函〔2005〕353号
76	国家税务总局关于规范未达增值税营业税起征点的个体工商户税收征收管理的通知	2005年7月20日	国税发〔2005〕123号
77	国家税务总局关于印发《纳税服务工作规范(试行)》的通知	2005年10月16日	国税发〔2005〕165号
78	国家税务总局、中国人民银行关于印发国家税务局系统行政性收费票据式样的通知	2005年10月25日	国税发〔2005〕171号

续表

序号	标题	发文日期	文号
79	国家税务总局关于实行定期定额征收的个体工商户购置和使用税控收款机有关问题的通知	2005年11月23日	国税发〔2005〕185号
80	国家税务总局关于使用计算机开具普通发票有关问题的批复	2005年11月23日	国税函〔2005〕1102号
81	国家税务总局关于个人独资企业变更为个体经营户是否享受个人所得税再就业优惠政策的批复	2006年1月13日	国税函〔2006〕39号
82	国家税务总局关于调整契税纳税申报表式样的通知	2006年4月5日	国税函〔2006〕329号
83	国家税务总局关于统一部分税收票证尺寸标准的通知	2006年4月29日	国税函〔2006〕421号
84	国家税务总局关于进一步降低税务登记证件工本费有关问题的通知	2006年8月14日	国税函〔2006〕762号
85	国家税务总局关于购进乙醇生产销售无水乙醇征收消费税问题的批复	2006年10月9日	国税函〔2006〕768号
86	国家税务总局关于进一步加强税务机关征收社会保险费欠费管理和清缴工作的通知	2006年9月5日	国税发〔2006〕140号
87	国家税务总局关于滑板车轮胎征收消费税问题的批复	2007年1月25日	国税函〔2007〕114号
88	国家税务总局关于注册税务师执业备案有关问题的通知	2007年3月20日	国税函〔2007〕343号
89	国家税务总局关于小全地形车轮胎征收消费税问题的批复	2007年6月27日	国税函〔2007〕723号
90	国家税务总局关于在内地车辆管理部门登记的香港和澳门机动车征收车船税有关问题的批复	2007年8月20日	国税函〔2007〕898号
91	国家税务总局关于淘汰非国家标准税控收款机的批复	2007年9月13日	国税函〔2007〕966号
92	国家税务总局关于推广应用税控收款机的批复	2007年9月17日	国税函〔2007〕996号
93	国家税务总局关于清理简并纳税人报送涉税资料有关问题的通知	2007年11月2日	国税函〔2007〕1077号
94	国家税务总局关于小型微利企业所得税预缴问题的通知	2008年3月21日	国税函〔2008〕251号
95	国家税务总局关于做好2007年度企业所得税汇算清缴工作的补充通知	2008年3月24日	国税函〔2008〕264号
96	国家税务总局关于房地产开发企业所得税预缴问题的通知	2008年4月7日	国税函〔2008〕299号
97	国家税务总局关于无水乙醇征收消费税问题的批复	2008年4月21日	国税函〔2008〕352号
98	国家税务总局关于国务院第四批取消和调整行政审批项目后涉及简并纳税人涉税资料业务操作处理办法的通知	2008年5月22日	国税发〔2008〕56号
99	国家税务总局、财政部关于地震灾区补发税务登记证问题的通知	2008年6月6日	国税发〔2008〕67号
100	国家税务总局关于2007年度企业所得税汇算清缴中金融企业纳税所得额计算有关问题的通知	2008年6月27日	国税函〔2008〕624号
101	国家税务总局关于坚持依法治税严格减免税管理的通知	2008年7月17日	国税发〔2008〕73号
102	国家税务总局关于调整代开货物运输业发票企业所得税预征率的通知	2008年10月6日	国税函〔2008〕819号

续表

序号	标题	发文日期	文号
103	国家税务总局关于办理印有企业名称发票变更缴销手续问题的批复	2008年11月19日	国税函〔2008〕929号
104	国家税务总局关于企业所得税减免税管理问题的通知	2008年12月1日	国税发〔2008〕111号
105	国家税务总局关于高新技术企业2008年度缴纳企业所得税问题的通知	2008年12月2日	国税函〔2008〕985号
106	国家税务总局关于调整增值税纳税申报有关事项的通知	2008年12月30日	国税函〔2008〕1075号
107	国家税务总局关于做好2008年度企业所得税汇算清缴工作的通知	2009年2月6日	国税函〔2009〕55号
108	国家税务总局、交通运输部关于做好船舶车船税征收管理工作的通知	2009年3月17日	国税发〔2009〕46号
109	国家税务总局关于资源综合利用企业所得税优惠管理问题的通知	2009年4月10日	国税函〔2009〕185号
110	国家税务总局关于企业所得税税收优惠管理问题的补充通知	2009年5月15日	国税函〔2009〕255号
111	国家税务总局关于2008年度企业所得税纳税申报有关问题的通知	2009年5月31日	国税函〔2009〕286号
112	国家税务总局关于办理2009年销售额超过标准的小规模纳税人申请增值税一般纳税人认定问题的通知	2010年1月25日	国税函〔2010〕35号
113	国家税务总局关于《增值税一般纳税人资格认定管理办法》政策衔接有关问题的通知	2010年4月7日	国税函〔2010〕137号
114	国家税务总局关于小型微利企业预缴2010年度企业所得税有关问题的通知	2010年5月6日	国税函〔2010〕185号
115	国家税务总局关于2009年度企业所得税纳税申报有关问题的通知	2010年5月28日	国税函〔2010〕249号
116	国家税务总局关于开展同期资料检查的通知	2010年7月12日	国税函〔2010〕323号
117	国家税务总局关于农用拖拉机、收割机和手扶拖拉机专用轮胎不征收消费税问题的公告	2010年10月19日	国家税务总局公告2010年第16号
118	国家税务总局关于小型微利企业预缴企业所得税有关问题的公告	2012年4月13日	国家税务总局公告2012年第14号
119	国家税务总局关于软件和集成电路企业认定管理有关问题的公告	2012年5月30日	国家税务总局公告2012年第19号
120	国家税务总局关于苏州工业园区有限合伙制创业投资企业法人合伙人企业所得税政策试点有关征收管理问题的公告	2013年5月24日	国家税务总局公告2013年第25号

附件2

部分条款废止的税收规范性文件目录

序号	标题	发文日期	文号	废止条款
1	国家税务局关于印发《关于土地使用税若干具体问题的补充规定》的通知	1989年12月21日	（89）国税地字第140号	废止第十条
2	国家税务总局关于印发《消费税征收范围注释》的通知	1993年12月27日	国税发〔1993〕153号	废止《消费税征收范围注释》第二条第六款、第九条
3	国家税务总局关于社会福利有奖募捐发行收入税收问题的通知	1994年5月23日	国税发〔1994〕127号	废止营业税、企业所得税、固定资产投资方向调节税内容
4	国家税务总局关于加强增值税征管若干问题的通知	1995年10月18日	国税发〔1995〕192号	废止第一条第（一）项
5	国家税务总局关于酒类产品消费税政策问题的通知	2002年8月26日	国税发〔2002〕109号	废止第四条
6	国家税务总局关于印发《调整和完善消费税政策征收管理规定》的通知	2006年3月31日	国税发〔2006〕49号	废止《调整和完善消费税政策征收管理规定》第五条第一款
7	国家税务总局关于企业固定资产加速折旧所得税处理有关问题的通知	2009年4月16日	国税发〔2009〕81号	废止第五条
8	国家税务总局关于深入实施西部大开发战略有关企业所得税问题的公告	2012年4月6日	国家税务总局公告2012年第12号	废止第一条中"经企业申请，主管税务机关审核确认后"
9	国家税务总局关于发布《熊猫普制金币免征增值税管理办法（试行）》的公告	2013年2月5日	国家税务总局公告2013年第6号	废止"《国家税务总局关于印发税收减免管理办法（试行）的通知》（国税发〔2005〕129号）"
10	国家税务总局关于固定资产加速折旧税收政策有关问题的公告	2014年11月14日	国家税务总局公告2014年第64号	废止第七条第一款

国家税务总局关于公布全文废止和部分条款废止的税务部门规章目录的决定

2016年5月29日　国家税务总局令第40号

根据国务院办公厅关于做好部门规章和文件清理工作的有关要求，国家税务总局对现行有效的税务部门规章进行了清理。清理结果已经2016年5月27日国家税务总局2016年度第2次局务会议审议通过。现将《全文废止的税务部门规章目录》和《部分条款废止的税务部门规章目录》予以公布。

国家税务总局局长：王　军
2016年5月29日

一、全文废止的税务部门规章目录

序号	制定机关	标题	发文日期	文号
1	国家税务总局	资源税若干问题的规定	1994年1月18日	国税发〔1994〕015号
2	国家税务总局	出口货物退(免)税管理办法	1994年2月18日	国税发〔1994〕031号
3	国家税务总局	个人所得税代扣代缴暂行办法	1995年4月6日	国税发〔1995〕065号
4	国家税务总局	个人所得税自行纳税申报暂行办法	1995年4月28日	国税发〔1995〕077号

二、部分条款废止的税务部门规章目录

序号	制定机关	标题	发文日期	文号	废止条款
1	国家税务总局	征收个人所得税若干问题的规定	1994年3月31日	国税发〔1994〕089号	废止第十二条所附税率表一、税率表二,第十三条,第十五条
2	国家税务总局 文化部	演出市场个人所得税征收管理暂行办法	1995年11月18日	国税发〔1995〕171号	废止第十一条
3	国家税务总局	建筑安装业个人所得税征收管理暂行办法	1996年7月22日	国税发〔1996〕127号	废止第十一条、第十六条
4	国家税务总局	广告市场个人所得税征收管理暂行办法	1996年8月29日	国税发〔1996〕148号	废止第八条、第十一条、第十二条
5	国家税务总局 邮电部	邮寄纳税申报办法	1997年9月26日	国税发〔1997〕147号	废止第一条"经主管税务机关批准"的内容
6	国家税务总局	境外所得个人所得税征收管理暂行办法	1998年8月12日	国税发〔1998〕126号	废止第五条、第十三条、第十六条、第十七条

财政部关于公布废止和失效的财政规章和规范性文件目录（第十二批）的决定（节录）

2016年8月18日　财政部令第83号

为了适应依法行政、依法理财的需要,根据国务院文件清理工作要求及我部"第十二次财政规章和规范性文件清理工作方案",我部在前十一次财政规章和规范性文件清理的基础上,对新中国成立以来至2013年12月发布的现行财政规章和规范性文件进行了第十二次全面清理,并逐一作出了鉴定。经过清理,确定废止和失效的财政规章和规范性文件共1255件,其中,废止的财政规章24件,失效的财政规章6件,废止的财政规范性文件654件,失效的财政规范性文件571件。现将这1255件废止和失效的财政规章和规范性文件的目录予以公布。

附件：1. 废止和失效的财政规章和规范性文件目录（第十二批）
　　　2. 关于第十二次财政规章和规范性文件清理的说明

附件 1

废止和失效的财政规章和规范性文件目录(第十二批)

(1255 件)

一、废止的财政规章目录(24 件)

序号	文件名称	制定机关	文号	公布日期
…………				
2	中华人民共和国车船税暂行条例实施细则	财政部、国家税务总局	财政部、国家税务总局令第 46 号	2007 年 2 月 1 日
…………				
21	出口货物退(免)税若干问题规定	财政部、国家税务总局	财税字〔1995〕92 号	1995 年 7 月 8 日
…………				
24	中华人民共和国资源税暂行条例实施细则	财政部	〔93〕财法字第 43 号	1993 年 12 月 30 日

二、失效的财政规章目录(6 件)

序号	文件名称	制定机关	文号	公布日期
1	科技开发用品免征进口税收暂行规定	财政部、海关总署、国家税务总局	财政部、海关总署、税务总局令第 44 号	2007 年 1 月 31 日
…………				

三、废止的财政规范性文件目录(654 件)

…………

税收及非税收入类

序号	文件名称	制定机关	文号	公布日期
21	关于保险保障基金有关税收政策继续执行的通知	财政部、国家税务总局	财税〔2013〕81 号	2013 年 10 月 28 日
22	关于研究开发费用税前加计扣除有关政策问题的通知	财政部、国家税务总局	财税〔2013〕70 号	2013 年 9 月 29 日
23	关于在全国开展交通运输业和部分现代服务业营业税改征增值税试点税收政策的通知	财政部、国家税务总局	财税〔2013〕37 号	2013 年 5 月 24 日
24	关于部分航空公司执行总分机构试点纳税人增值税计算缴纳暂行办法的通知	财政部、国家税务总局	财税〔2013〕9 号	2013 年 1 月 14 日
25	关于交通运输业和部分现代服务业营业税改征增值税试点应税服务范围等若干税收政策的补充通知	财政部、国家税务总局	财税〔2012〕86 号	2012 年 12 月 4 日
26	关于在北京等 8 省市开展交通运输业和部分现代服务业营业税改征增值税试点的通知	财政部、国家税务总局	财税〔2012〕71 号	2012 年 7 月 31 日
27	关于在天津东疆保税港区试行融资租赁货物出口退税政策的通知	财政部、海关总署、国家税务总局	财税〔2012〕66 号	2012 年 7 月 26 日

续表

序号	文件名称	制定机关	文号	公布日期
28	关于印发2011年全国性及中央部门和单位行政事业性收费项目目录的通知	财政部、国家发展改革委	财综〔2012〕47号	2012年7月4日
29	关于交通运输业和部分现代服务业营业税改征增值税试点若干税收政策的补充通知	财政部、国家税务总局	财税〔2012〕53号	2012年6月29日
30	关于节约能源、使用新能源车船车船税政策的通知	财政部、国家税务总局、工业和信息化部	财税〔2012〕19号	2012年3月6日
31	关于金融企业贷款损失准备金企业所得税税前扣除政策的通知	财政部、国家税务总局	财税〔2012〕5号	2012年1月29日
32	关于物流企业大宗商品仓储设施用地城镇土地使用税政策的通知	财政部、国家税务总局	财税〔2012〕13号	2012年1月20日
33	关于企业事业单位改制重组契税政策的通知	财政部、国家税务总局	财税〔2012〕4号	2012年1月12日
34	关于企业参与政府统一组织的棚户区改造支出企业所得税税前扣除政策有关问题的通知	财政部、国家税务总局	财税〔2012〕12号	2012年1月10日
35	关于交通运输业和部分现代服务业营业税改征增值税试点若干税收政策的通知	财政部、国家税务总局	财税〔2011〕133号	2011年12月29日
36	关于应税服务适用增值税零税率和免税政策的通知	财政部、国家税务总局	财税〔2011〕131号	2011年12月29日
37	关于中国东方航空公司执行总机构试点纳税人增值税计算缴纳暂行办法的通知	财政部、国家税务总局	财税〔2011〕132号	2011年12月29日
38	关于继续执行宣传文化增值税和营业税优惠政策的通知	财政部、国家税务总局	财税〔2011〕92号	2011年12月7日
39	关于小型微利企业所得税优惠政策有关问题的通知	财政部、国家税务总局	财税〔2011〕117号	2011年11月29日
40	关于调整完善资源综合利用产品及劳务增值税政策的通知	财政部、国家税务总局	财税〔2011〕115号	2011年11月21日
41	关于在上海市开展交通运输业和部分现代服务业营业税改征增值税试点的通知	财政部、国家税务总局	财税〔2011〕111号	2011年11月16日
42	财政部、国家税务总局关于原油天然气资源税改革有关问题的通知	财政部、国家税务总局	财税〔2011〕114号	2011年11月15日
43	关于免征小型微型企业部分行政事业性收费的通知	财政部、国家发展改革委	财综〔2011〕104号	2011年11月14日
44	关于期货投资者保障基金有关税收优惠政策继续执行的通知	财政部、国家税务总局	财税〔2011〕69号	2011年9月20日
45	关于经营高校学生公寓和食堂有关税收政策的通知	财政部、国家税务总局	财税〔2011〕78号	2011年9月6日
46	关于印发2010年全国性及中央部门和单位行政事业性收费项目目录的通知	财政部、国家发展改革委	财综〔2011〕20号	2011年4月16日
47	财政部、国家税务总局关于调整稀土资源税税额标准的通知	财政部、国家税务总局	财税〔2011〕22号	2011年3月10日
48	关于调整个人住房转让营业税政策的通知	财政部、国家税务总局	财税〔2011〕12号	2011年1月27日
49	关于以蔗渣为原料生产综合利用产品增值税政策的补充通知	财政部、国家税务总局	财税〔2010〕114号	2010年12月6日

续表

序号	文件名称	制定机关	文号	公布日期
50	财政部、国家税务总局关于印发西部地区原油天然气资源税改革若干问题的规定的通知	财政部、国家税务总局	财税〔2010〕112号	2010年11月24日
51	关于技术先进型服务企业有关企业所得税政策问题的通知	财政部、国家税务总局、商务部、科技部、国家发展改革委	财税〔2010〕65号	2010年11月5日
52	关于保险保障基金有关税收问题的通知	财政部、国家税务总局	财税〔2010〕77号	2010年9月6日
53	关于调整部分燃料油消费税政策的通知	财政部、国家税务总局	财税〔2010〕66号	2010年8月20日
54	财政部、国家税务总局关于印发新疆原油、天然气资源税改革若干问题的规定的通知	财政部、国家税务总局	财税〔2010〕54号	2010年6月1日
55	关于印发2009年全国性及中央部门和单位行政事业性收费项目目录的通知	财政部、国家发展改革委	财综〔2010〕20号	2010年5月7日
56	关于城市和国有工矿棚户区改造项目有关税收优惠政策的通知	财政部、国家税务总局	财税〔2010〕42号	2010年5月4日
57	关于事业单位改制有关契税政策的通知	财政部、国家税务总局	财税〔2010〕22号	2010年3月24日
58	关于发布第四批免征营业税的铁路建房生活单位改制后企业名单的通知	财政部、国家税务总局	财税〔2010〕14号	2010年3月11日
59	关于经营高校学生公寓和食堂有关税收政策的通知	财政部、国家税务总局	财税〔2009〕155号	2009年12月24日
60	关于调整个人住房转让营业税政策的通知	财政部、国家税务总局	财税〔2009〕157号	2009年12月22日
61	关于部分国家储备商品有关税收政策的通知	财政部、国家税务总局	财税〔2009〕151号	2009年12月22日
62	关于继续实行宣传文化增值税和营业税优惠政策的通知	财政部、国家税务总局	财税〔2009〕147号	2009年12月10日
63	关于以农林剩余物为原料的综合利用产品增值税政策的通知	财政部、国家税务总局	财税〔2009〕148号	2009年12月7日
64	关于期货投资者保障基金有关税收问题的通知	财政部、国家税务总局	财税〔2009〕68号	2009年8月31日
65	关于转制文化企业名单及认定问题的通知	财政部、国家税务总局、中宣部	财税〔2009〕105号	2009年8月12日
66	关于印发2008年全国性及中央部门和单位行政事业性收费项目目录的通知	财政部、国家发展改革委	财综〔2009〕46号	2009年7月15日
67	关于调整对外修理修配飞机免抵退税政策的通知	财政部、国家税务总局	财税〔2009〕54号	2009年4月21日
68	财政部、国家税务总局关于印发新疆维吾尔自治区煤炭资源税税额标准的通知	财政部、国家税务总局	财税〔2009〕26号	2009年3月12日
69	关于招标师职业水平考试收费有关问题的通知	财政部、国家发展改革委	财综〔2009〕10号	2009年2月6日
70	关于企业改制重组若干契税政策的通知	财政部、国家税务总局	财税〔2008〕175号	2008年12月29日
71	关于资源综合利用及其他产品增值税政策的通知	财政部、国家税务总局	财税〔2008〕156号	2008年12月9日

续表

序号	文件名称	制定机关	文号	公布日期
72	关于变更海洋工程结构物增值税退税企业名单的通知	财政部、国家税务总局	财税〔2008〕143号	2008年11月21日
73	关于公布2007年全国性及中央部门和单位行政事业性收费项目目录的通知	财政部、国家发展改革委	财综〔2008〕10号	2008年3月31日
74	关于增补海洋工程结构物增值税退税企业名单的通知	财政部、国家税务总局	财税〔2008〕11号	2008年2月21日
75	关于免征磷酸二铵增值税的通知	财政部、国家税务总局	财税〔2007〕171号	2007年12月28日
76	关于福建沿海与金门、马祖、澎湖海上直航业务有关税收政策的通知	财政部、国家税务总局	财税〔2007〕91号	2007年8月13日
77	关于贯彻落实车船税暂行条例工作有关问题的通知	财政部、国家税务总局	财税〔2007〕103号	2007年7月20日
78	关于公布2006年全国性及中央部门和单位行政事业性收费项目目录的通知	财政部、国家发展改革委	财综〔2007〕28号	2007年4月23日
79	关于贯彻落实《中华人民共和国车船税暂行条例》及其实施细则有关问题的通知	财政部、国家税务总局	财税〔2007〕23号	2007年2月8日
80	关于调整焦煤资源税适用税额标准的通知	财政部、国家税务总局	财税〔2007〕15号	2007年1月29日
81	关于纳税人向科技型中小企业技术创新基金捐赠有关所得税政策问题的通知	财政部、国家税务总局	财税〔2006〕171号	2006年12月31日
82	关于西部大开发税收优惠政策适用目录变更问题的通知	财政部、国家税务总局	财税〔2006〕165号	2006年11月16日
83	关于延长生产和装配伤残人员专门用品企业免征所得税执行期限的通知	财政部、国家税务总局	财税〔2006〕148号	2006年11月15日
84	关于国有控股公司投资组建新公司有关契税政策的通知	财政部、国家税务总局	财税〔2006〕142号	2006年9月29日
85	财政部、国家税务总局关于调整河北省煤炭资源税适用税额标准的通知	财政部、国家税务总局	财税〔2006〕137号	2006年9月15日
86	财政部、国家税务总局关于调整吉林省煤炭资源税适用税额标准的通知	财政部、国家税务总局	财税〔2006〕131号	2006年9月15日
87	财政部、国家税务总局关于调整四川省煤炭资源税适用税额标准的通知	财政部、国家税务总局	财税〔2006〕136号	2006年9月15日
88	财政部、国家税务总局关于调整辽宁省煤炭资源税适用税额标准的通知	财政部、国家税务总局	财税〔2006〕138号	2006年9月8日
89	财政部、国家税务总局关于调整甘肃省煤炭资源税适用税额标准的通知	财政部、国家税务总局	财税〔2006〕106号	2006年7月31日
90	财政部、国家税务总局关于调整岩金矿资源税有关问题的通知	财政部、国家税务总局	财税〔2006〕69号	2006年5月19日
91	财政部、国家税务总局关于吉林省油气资源税政策的通知	财政部、国家税务总局	财税〔2006〕55号	2006年4月28日
92	财政部、国家税务总局关于胜利石油管理局所属企业油气资源税政策的批复	财政部、国家税务总局	财税〔2006〕54号	2006年4月28日
93	财政部、国家税务总局关于调整江西省煤炭资源税适用税额标准的通知	财政部、国家税务总局	财税〔2006〕37号	2006年3月31日
94	财政部、国家税务总局关于调整黑龙江煤炭资源税适用税额标准的通知	财政部、国家税务总局	财税〔2006〕40号	2006年3月29日

续表

序号	文件名称	制定机关	文号	公布日期
95	财政部、国家税务总局关于调整江苏省煤炭资源税适用税额标准的通知	财政部、国家税务总局	财税〔2006〕38号	2006年3月29日
96	财政部、国家税务总局关于调整陕西省煤炭资源税适用税额标准的通知	财政部、国家税务总局	财税〔2006〕39号	2006年3月29日
97	关于延长企业改制重组若干契税政策执行期限的通知	财政部、国家税务总局	财税〔2006〕41号	2006年3月29日
98	财政部、国家税务总局关于调整广东省煤炭资源税适用税额标准的通知	财政部、国家税务总局	财税〔2005〕171号	2005年12月12日
99	财政部、国家税务总局关于调整湖北省煤炭资源税适用税额标准的通知	财政部、国家税务总局	财税〔2005〕169号	2005年12月12日
100	财政部、国家税务总局关于调整湖南省煤炭资源税适用税额标准的通知	财政部、国家税务总局	财税〔2005〕170号	2005年12月12日
101	财政部、国家税务总局关于调整内蒙古自治区煤炭资源税适用税额标准的通知	财政部、国家税务总局	财税〔2005〕172号	2005年12月12日
102	关于调整原油天然气资源税税额标准的通知	财政部、国家税务总局	财税〔2005〕115号	2005年7月29日
103	关于股息红利有关个人所得税政策的补充通知	财政部、国家税务总局	财税〔2005〕107号	2005年6月24日
104	关于股息红利个人所得税有关政策的通知	财政部、国家税务总局	财税〔2005〕102号	2005年6月13日
105	财政部、国家税务总局关于调整安徽省煤炭资源税适用税额标准的通知	财政部、国家税务总局	财税〔2005〕80号	2005年5月26日
106	财政部、国家税务总局关于调整福建省煤炭资源税适用税额标准的通知	财政部、国家税务总局	财税〔2005〕85号	2005年5月26日
107	财政部、国家税务总局关于调整贵州省煤炭资源税适用税额标准的通知	财政部、国家税务总局	财税〔2005〕83号	2005年5月26日
108	财政部、国家税务总局关于调整河南省煤炭资源税适用税额标准的通知	财政部、国家税务总局	财税〔2005〕79号	2005年5月26日
109	财政部、国家税务总局关于调整宁夏回族自治区煤炭资源税适用税额标准的通知	财政部、国家税务总局	财税〔2005〕81号	2005年5月26日
110	财政部、国家税务总局关于调整山东省煤炭资源税适用税额标准的通知	财政部、国家税务总局	财税〔2005〕86号	2005年5月26日
111	财政部、国家税务总局关于调整云南省煤炭资源税适用税额标准的通知	财政部、国家税务总局	财税〔2005〕84号	2005年5月26日
112	财政部、国家税务总局关于调整重庆市煤炭资源税适用税额标准的通知	财政部、国家税务总局	财税〔2005〕82号	2005年5月26日
113	关于暂免征收尿素产品增值税的通知	财政部、国家税务总局	财税〔2005〕87号	2005年5月26日
114	财政部、国家税务总局关于恢复河南油田原油资源税税额标准的通知	财政部、国家税务总局	财税〔2005〕62号	2005年4月13日
115	关于发布2004年全国性及中央部门和单位行政事业性收费项目目录的通知	财政部、国家发展改革委	财综〔2005〕6号	2005年3月4日
116	关于调整山西等省煤炭资源税税额的通知	财政部、国家税务总局	财税〔2004〕187号	2004年12月13日
117	关于生产和装配伤残人员专门用品企业免征所得税的通知	财政部、国家税务总局、民政部	财税〔2004〕132号	2004年8月20日

续表

序号	文件名称	制定机关	文号	公布日期
118	关于出口货物退(免)税若干具体问题的通知	财政部、国家税务总局	财税〔2004〕116号	2004年7月10日
119	关于列名生产企业出口外购产品试行免、抵、退税办法的通知	财政部、国家税务总局	财税〔2004〕125号	2004年7月10日
120	财政部、国家税务总局关于调整山东省济宁市枣庄市部分境内煤炭企业资源税税额的通知	财政部、国家税务总局	财税〔2004〕117号	2004年6月30日
121	关于扶持城镇退役士兵自谋职业有关税收优惠政策的通知	财政部、国家税务总局	财税〔2004〕93号	2004年6月9日
122	关于天然林保护工程实施企业和单位有关税收政策的通知	财政部、国家税务总局	财税〔2004〕37号	2004年5月19日
123	财政部、国家税务总局关于调整山东省济宁市枣庄市境内煤炭企业资源税税额的通知	财政部、国家税务总局	财税〔2004〕80号	2004年4月21日
124	财政部、国家税务总局关于调整长庆油田等企业资源税税额的通知	财政部、国家税务总局	财税〔2004〕19号	2004年4月21日
125	关于发布2003年全国性及中央部门和单位行政事业性收费项目目录的通知	财政部、国家发展改革委	财综〔2004〕21号	2004年3月19日
126	关于海洋工程结构物增值税实行退税的补充通知	财政部、国家税务总局	财税〔2003〕249号	2003年12月16日
127	关于青藏铁路建设期间有关税收政策问题的通知	财政部、国家税务总局	财税〔2003〕128号	2003年6月18日
128	关于调整石灰石、大理石和花岗石资源税适用税额的通知	财政部、国家税务总局	财税〔2003〕119号	2003年6月4日
129	关于非产权人重新购房征免个人所得税问题的批复	财政部、国家税务总局	财税〔2003〕123号	2003年5月28日
130	关于鼓励科普事业发展税收政策的通知	财政部、国家税务总局、海关总署、科技部、新闻出版总署	财税〔2003〕55号	2003年5月8日
131	关于海洋工程结构物增值税实行退税的通知	财政部、国家税务总局	财税〔2003〕46号	2003年4月1日
132	关于开放式证券投资基金有关税收问题的通知	财政部、国家税务总局	财税〔2002〕128号	2002年8月22日
133	关于国内航空供应公司向国外航空公司销售航空食品有关退(免)税问题的通知	财政部、国家税务总局	财税〔2002〕112号	2002年7月18日
134	关于试行国债净价交易后有关国债利息征免企业所得税问题的通知	财政部、国家税务总局	财税〔2002〕48号	2002年2月28日
135	财政部、国家税务总局关于调整冶金联合企业矿山铁矿石资源税适用税额的通知	财政部、国家税务总局	财税〔2002〕17号	2002年2月9日
136	关于进一步推进出口货物实行免抵退税办法的通知	财政部、国家税务总局	财税〔2002〕7号	2002年1月23日
137	财政部、国家税务总局关于调整中国石化胜利油田有限公司原油资源税税额标准的通知	财政部、国家税务总局	财税〔2002〕26号	2001年12月25日

续表

序号	文件名称	制定机关	文号	公布日期
138	关于变更计划外生育费名称的通知	财政部、国家计委、国家计生委	财规〔2000〕29号	2000年9月1日
139	关于价格鉴证师执业资格考试收费问题的通知	财政部、国家计委	财综字〔2000〕27号	2000年3月24日
140	关于高校后勤社会化改革有关税收政策的通知	财政部、国家税务总局	财税字〔2000〕25号	2000年2月28日
141	关于贯彻落实《中共中央国务院关于加强技术创新,发展高科技,实现产业化的决定》有关税收问题的通知	财政部、国家税务总局	财税字〔1999〕273号	1999年11月2日
142	财政部关于场外核事故应急准备资金按比例监缴中央财政专户的通知	财政部	财综字〔1999〕15号	1999年3月31日
143	关于出口货物退(免)税若干问题的通知	财政部、国家税务总局	财税字〔1998〕116号	1998年8月14日
144	关于对专门生产酱油、醋等产品的企业和饲料加工企业恢复征收企业所得税的通知	财政部、国家税务总局	财税字〔1998〕43号	1998年3月3日
145	关于淮河流域城市污水处理收费试点有关问题的通知	财政部、国家计委、建设部、国家环保局	〔97〕财综字第111号	1997年6月4日
146	关于铁道部所属单位恢复征收车船使用税问题的通知	财政部、国家税务总局	财税字〔1997〕57号	1997年5月13日
147	关于对饲料工业企业和对外承包公司的境外收入恢复征收企业所得税的通知	财政部、国家税务总局	财税字〔1997〕39号	1997年3月10日
148	关于调整内蒙古伊克昭盟煤炭资源税单位税额的通知	财政部、国家税务总局	财税〔1997〕11号	1997年2月28日
149	关于出口货物税收若干问题的补充通知	财政部、国家税务总局	财税字〔1997〕14号	1997年2月21日
150	财政部、国家税务总局关于原油天然气资源税有关问题的通知	财政部、国家税务总局	〔94〕财税字第078号	1994年11月9日
151	关于认真执行车船使用税有关征管规定的通知	财政部、国家税务总局	〔88〕财税征字012号	1988年5月27日
152	关于"港作船"、"工程船"的解释	财政部、国家税务总局	〔87〕财税地字第19号	1987年9月14日
153	关于对武警部队车船征免车船使用税的通知	财政部、国家税务总局	〔87〕财税地字第13号	1987年7月22日

关税类

序号	文件名称	制定机关	文号	公布日期
154	关于调整褐煤等商品进口关税税率的通知	国务院关税税则委员会	税委会〔2013〕31号	2013年8月26日
155	关于调整重大技术装备进口税收政策有关目录的通知	财政部、工业和信息化部、海关总署、国家税务总局	财关税〔2013〕14号	2013年3月25日
156	关于调整部分商品进口关税的通知	国务院关税税则委员会	税委会〔2012〕4号	2012年3月19日

续表

序号	文件名称	制定机关	文号	公布日期
157	关于调整三代核电机组等重大技术装备进口税收政策的通知	财政部、工业和信息化部、海关总署、国家税务总局	财关税〔2011〕45号	2011年7月5日
158	关于调整大型环保及资源综合利用设备等重大技术装备进口税收政策的通知	财政部、工业和信息化部、海关总署、国家税务总局	财关税〔2010〕50号	2010年9月30日
159	关于调整重大技术装备进口税收政策暂行规定有关清单的通知	财政部、海关总署、国家税务总局	财关税〔2010〕17号	2010年4月13日
160	关于实施中国—秘鲁自由贸易协定税率的通知	国务院关税税则委员会	税委会〔2010〕4号	2010年2月8日
161	关于印发2009年下半年享受重大技术装备进口税收政策企业名单及免税进口金额的通知	财政部	财关税〔2010〕1号	2010年1月5日
162	关于调整重大技术装备进口税收政策的通知	财政部、国家发展改革委、工业和信息化部、海关总署、国家税务总局、国家能源局	财关税〔2009〕55号	2009年8月20日
163	关于调整部分产品出口关税的通知	国务院关税税则委员会	税委会〔2009〕6号	2009年6月19日
164	关于调整国内航空公司进口飞机有关增值税政策的通知	财政部、国家税务总局	财关税〔2004〕43号	2004年9月30日
165	关于调整部分进口税收优惠政策的通知	财政部、国家计委、国家经贸委、外经贸部、海关总署、国家税务总局	财税〔2002〕146号	2002年9月4日

....

四、失效的财政规范性文件目录(571件)

....

税收及非税收入类

序号	文件名称	制定机关	文号	公布日期
16	关于经营高校学生公寓和食堂有关税收政策的通知	财政部、国家税务总局	财税〔2013〕83号	2013年11月12日
17	关于期货投资者保障基金有关税收政策继续执行的通知	财政部、国家税务总局	财税〔2013〕80号	2013年10月28日
18	关于部分国家储备商品有关税收政策的通知	财政部、国家税务总局	财税〔2013〕59号	2013年9月18日
19	关于中国兵器工业集团公司和中国兵器装备集团公司所属企业城镇土地使用税政策的通知	财政部、国家税务总局	财税〔2013〕60号	2013年9月17日
20	关于印发《中央补助地方仓库维修改造资金重点支持省份的评审办法》的通知	财政部、国家粮食局	财建〔2013〕471号	2013年8月13日

续表

序号	文件名称	制定机关	文号	公布日期
21	关于对城市公交站场道路客运站场免征城镇土地使用税的通知	财政部、国家税务总局	财税〔2013〕20号	2013年3月30日
22	关于铁路房建生活单位营业税政策的通知	财政部、国家税务总局	财税〔2012〕94号	2012年12月18日
23	关于农产品批发市场、农贸市场、房产税、城镇土地使用税政策的通知	财政部、国家税务总局	财税〔2012〕68号	2012年9月3日
24	关于扶持动漫产业发展增值税、营业税政策的通知	财政部、国家税务总局	财税〔2011〕119号	2011年12月27日
25	关于继续执行供热企业增值税、房产税、城镇土地使用税优惠政策的通知	财政部、国家税务总局	财税〔2011〕118号	2011年11月24日
26	关于延长金融企业涉农贷款和中小企业贷款损失准备金税前扣除政策执行期限的通知	财政部、国家税务总局	财税〔2011〕104号	2011年10月19日
27	关于部分国家储备商品有关税收政策的通知	财政部、国家税务总局	财税〔2011〕94号	2011年10月19日
28	关于金融机构与小型微型企业签订借款合同免征印花税的通知	财政部、国家税务总局	财税〔2011〕105号	2011年10月17日
29	关于继续对邮政企业代办金融业务免征营业税的通知	财政部、国家税务总局	财税〔2011〕66号	2011年8月31日
30	关于中国兵器工业集团公司和中国兵器装备集团公司所属企业城镇土地使用税政策的通知	财政部、国家税务总局	财税〔2011〕67号	2011年8月29日
31	关于延长国家大学科技园和科技企业孵化器税收政策执行期限的通知	财政部、国家税务总局	财税〔2011〕59号	2011年8月11日
32	关于暂停部分玉米深加工企业购进玉米增值税抵扣政策的通知	财政部、国家税务总局	财税〔2011〕34号	2011年4月19日
33	关于邮政企业代办邮政速递物流业务免征营业税的通知	财政部、国家税务总局	财税〔2011〕24号	2011年4月14日
34	关于2010年上海世博会有关税收政策问题的补充通知	财政部、国家税务总局	财税〔2011〕9号	2011年1月31日
35	关于继续实施小型微利企业所得税优惠政策的通知	财政部、国家税务总局	财税〔2011〕4号	2011年1月27日
36	关于第三届亚洲沙滩运动会税收政策的通知	财政部、海关总署、国家税务总局	财税〔2011〕11号	2011年1月19日
37	关于中国农业银行三农金融事业部涉农贷款营业税政策的通知	财政部、国家税务总局	财税〔2010〕116号	2010年12月31日
38	关于部分省市有线数字电视基本收视维护费免征营业税的通知	财政部、国家税务总局	财税〔2010〕122号	2010年12月24日
39	关于发布第五批免征营业税的改制铁路房建生活单位名单的通知	财政部、国家税务总局	财税〔2010〕120号	2010年12月24日
40	关于支持和促进就业有关税收政策的通知	财政部、国家税务总局	财税〔2010〕84号	2010年10月22日
41	关于支持公共租赁住房建设和运营有关税收优惠政策的通知	财政部、国家税务总局	财税〔2010〕88号	2010年9月27日
42	关于部分省市有线数字电视基本收视维护费免征营业税的通知	财政部、国家税务总局	财税〔2010〕33号	2010年8月31日

续表

序号	文件名称	制定机关	文号	公布日期
43	关于上海世博会台湾馆和台北城市最佳试验区项目享受增值税退税政策的通知	财政部、国家税务总局	财税〔2010〕73号	2010年8月13日
44	关于支持玉树地震灾后恢复重建有关税收政策问题的通知	财政部、海关总署、国家税务总局	财税〔2010〕59号	2010年7月23日
45	关于同意收取助理广告师和广告师职业水平考试考务费等有关问题的通知	财政部、国家发展改革委	财综〔2010〕47号	2010年6月11日
46	关于中国银联股份有限公司特别风险准备金税前扣除问题的通知	财政部、国家税务总局	财税〔2010〕25号	2010年5月14日
47	关于农村金融有关税收政策的通知	财政部、国家税务总局	财税〔2010〕4号	2010年5月13日
48	关于在天津市开展融资租赁船舶出口退税试点的通知	财政部、国家税务总局、海关总署	财税〔2010〕24号	2010年3月30日
49	关于首次购买普通住房有关契税政策的通知	财政部、国家税务总局	财税〔2010〕13号	2010年3月29日
50	关于延长下岗失业人员再就业有关税收政策审批期限的通知	财政部、国家税务总局	财税〔2010〕10号	2010年3月4日
51	关于汶川地震灾区农村信用社企业所得税有关问题的通知	财政部、国家税务总局	财税〔2010〕3号	2010年1月5日
52	关于减征1.6升及以下排量乘用车车辆购置税的通知	财政部、国家税务总局	财税〔2009〕154号	2009年12月22日
53	关于民贸企业和边销茶有关增值税政策的通知	财政部、国家税务总局	财税〔2009〕141号	2009年12月7日
54	关于小型微利企业有关企业所得税政策的通知	财政部、国家税务总局	财税〔2009〕133号	2009年12月2日
55	关于延长部分税收优惠政策执行期限的通知	财政部、国家税务总局	财税〔2009〕131号	2009年11月27日
56	关于保险公司提取农业巨灾风险准备金企业所得税税前扣除问题的通知	财政部、国家税务总局	财税〔2009〕110号	2009年8月21日
57	关于金融企业涉农贷款和中小企业贷款损失准备金税前扣除政策的通知	财政部、国家税务总局	财税〔2009〕99号	2009年8月21日
58	关于第16届亚洲运动会等三项国际综合运动会税收政策的通知	财政部、海关总署、国家税务总局	财税〔2009〕94号	2009年8月10日
59	关于部分行业广告费和业务宣传费税前扣除政策的通知	财政部、国家税务总局	财税〔2009〕72号	2009年7月31日
60	关于中小企业信用担保机构有关准备金税前扣除问题的通知	财政部、国家税务总局	财税〔2009〕62号	2009年6月1日
61	关于金融企业贷款损失准备金企业所得税税前扣除有关问题的通知	财政部、国家税务总局	财税〔2009〕64号	2009年4月30日
62	关于保险公司准备金支出企业所得税税前扣除有关问题的通知	财政部、国家税务总局	财税〔2009〕48号	2009年4月17日
63	关于2009年母亲健康快车项目流动医疗车免征车辆购置税的通知	财政部、国家税务总局	财税〔2009〕46号	2009年4月15日
64	关于加快落实地方财政耕地占用税和契税征管职能划转工作的通知	财政部、国家税务总局	财税〔2009〕37号	2009年4月13日
65	关于免征部分省市有线数字电视收入营业税的通知	财政部、国家税务总局	财税〔2009〕38号	2009年4月9日

续表

序号	文件名称	制定机关	文号	公布日期
66	关于证券行业准备金支出企业所得税税前扣除有关问题的通知	财政部、国家税务总局	财税〔2009〕33号	2009年4月9日
67	关于支持文化企业发展若干税收政策问题的通知	财政部、海关总署、国家税务总局	财税〔2009〕31号	2009年3月27日
68	关于文化体制改革中经营性文化事业单位转制为企业的若干税收优惠政策问题的通知	财政部、国家税务总局	财税〔2009〕34号	2009年3月26日
69	关于延长下岗失业人员再就业有关税收政策的通知	财政部、国家税务总局	财税〔2009〕23号	2009年3月3日
70	关于继续执行供热企业增值税、房产税、城镇土地使用税优惠政策的通知	财政部、国家税务总局	财税〔2009〕11号	2009年2月10日
71	关于物业管理师资格考试收费等问题的通知	财政部、国家发展改革委	财综〔2009〕7号	2009年2月2日
72	关于减征1.6升及以下排量乘用车车辆购置税的通知	财政部、国家税务总局	财税〔2009〕12号	2009年1月16日
73	关于自然人与其个人独资企业或一人有限责任公司之间土地房屋权属划转有关契税问题的通知	财政部、国家税务总局	财税〔2008〕142号	2008年11月17日
74	关于支持汶川地震灾后恢复重建有关税收政策问题的通知	财政部、海关总署、国家税务总局	财税〔2008〕104号	2008年7月30日
75	关于中国证券投资者保护基金有限责任公司有关税收问题的补充通知	财政部、国家税务总局	财税〔2008〕78号	2008年7月14日
76	关于新疆有线数字电视收入免征营业税的通知	财政部、国家税务总局	财税〔2008〕80号	2008年6月16日
77	关于国家大学科技园有关税收政策问题的通知	财政部、国家税务总局	财税〔2007〕120号	2007年8月20日
78	关于科技企业孵化器有关税收政策问题的通知	财政部、国家税务总局	财税〔2007〕121号	2007年8月20日
79	关于减免监狱布局调整建设项目有关行政事业性收费的通知	财政部、国家发展改革委	财综〔2007〕45号	2007年7月18日
80	关于继续免征国产抗艾滋病病毒药品增值税的通知	财政部、国家税务总局	财税〔2007〕49号	2007年4月17日
81	关于证券投资者保护基金有关营业税问题的通知	财政部、国家税务总局	财税〔2006〕169号	2006年12月19日
82	关于继续执行供热企业相关税收优惠政策的通知	财政部、国家税务总局	财税〔2006〕117号	2006年11月27日
83	关于继续对民族贸易企业销售的货物及国家定点企业生产和经销单位经销的边销茶实行增值税优惠政策的通知	财政部、国家税务总局	财税〔2006〕103号	2006年8月7日
84	关于同意设立菲律宾船员检查费收费项目等有关问题的通知	财政部、国家发展改革委	财综〔2006〕28号	2006年7月13日
85	关于中国兵器工业集团公司和兵器装备集团公司所属企业城镇土地使用税政策的通知	财政部、国家税务总局	财税〔2006〕92号	2006年7月7日
86	关于2010年上海世博会有关税收政策问题的通知	财政部、国家税务总局	财税〔2005〕180号	2005年12月31日

续表

序号	文件名称	制定机关	文号	公布日期
87	关于文化体制改革试点中支持文化产业发展若干税收政策问题的通知	财政部、海关总署、国家税务总局	财税〔2005〕2号	2005年3月29日
88	关于供热企业有关增值税问题的补充通知	财政部、国家税务总局	财税〔2004〕223号	2004年12月30日
89	关于合作开发房地产权属转移征免契税的批复	财政部、国家税务总局	财税〔2004〕91号	2004年6月10日
90	关于供热企业税收问题的通知	财政部、国家税务总局	财税〔2004〕28号	2004年2月5日
91	关于企业改制重组若干契税政策的通知	财政部、国家税务总局	财税〔2003〕184号	2003年8月20日
92	关于中国兵器工业集团公司和兵器装备集团公司所属专门生产枪炮弹等企业继续免征城镇土地使用税的通知	财政部、国家税务总局	财税〔2002〕186号	2002年12月13日
93	关于经营高校学生公寓有关税收政策的通知	财政部、国家税务总局	财税〔2002〕147号	2002年10月8日
94	关于西部大开发税收优惠政策问题的通知	财政部、国家税务总局、海关总署	财税〔2001〕202号	2001年12月30日
95	关于企业改革中有关契税政策的通知	财政部、国家税务总局	财税〔2001〕161号	2001年10月31日
96	关于对监狱劳教企业有关企业所得税城镇土地使用税政策问题的通知	财政部、国家税务总局	财税〔2001〕56号	2001年4月28日
97	关于继续对国家定点企业生产和经销单位经销的边销茶免征增值税的通知	财政部、国家税务总局	财税〔2001〕71号	2001年4月20日
98	关于中国储备粮管理总公司有关税收政策的通知	财政部、国家税务总局	财税〔2001〕13号	2001年2月26日
99	关于鼓励软件产业和集成电路产业发展有关税收政策问题的通知	财政部、国家税务总局、海关总署	财税〔2000〕25号	2000年9月22日
100	关于校办企业有关税收政策问题的通知	财政部、国家税务总局	财税字〔2000〕33号	2000年3月23日
101	关于土地增值税优惠政策延期的通知	财政部、国家税务总局	财税字〔1999〕293号	1999年12月24日
102	关于暂停征收固定资产投资方向调节税的通知	财政部、国家税务总局、国家发展计划委员会	财税字〔1999〕299号	1999年12月17日
103	关于对中国兵器工业集团公司和兵器装备集团公司所属专门生产枪炮弹等企业继续免征城镇土地使用税的通知	财政部、国家税务总局	财税字〔1999〕309号	1999年12月10日
104	关于对中国农业发展银行契税征免政策的通知	财政部、国家税务总局	财税字〔1998〕123号	1998年8月10日
105	关于对监狱、劳教企业继续免征城镇土地使用税、固定资产投资方向调节税的通知	财政部、国家税务总局	财税字〔1998〕37号	1998年3月23日
106	关于对中国兵器工业总公司所属专门生产枪炮弹等企业继续免征城镇土地使用税的通知	财政部、国家税务总局	财税字〔1997〕104号	1997年7月30日
107	关于对监狱、劳教企业继续免征城镇土地使用税、固定资产投资方向调节税的通知	财政部、国家税务总局	财税字〔1996〕64号	1996年7月17日

续表

序号	文件名称	制定机关	文号	公布日期
108	关于吉林省遭受自然灾害企业减免城镇土地使用税问题的批复	财政部、国家税务总局	财税字〔1995〕54号	1995年6月6日
109	关于铁道部"八五"后两年有关财务税收问题的通知	财政部、国家税务总局	财税字〔1994〕005号	1994年4月7日
110	国家税务局关于司法部所属的劳改、劳教单位征免土地使用税问题的通知	国家税务局	国税函发〔1993〕411号	1993年3月6日
111	国家税务局关于石油企业生产用地适用税额问题的通知	国家税务局	国税函发〔1992〕1442号	1992年10月10日
112	国家税务局关于中国物资储运总公司所属物资储运企业征免土地使用税问题的通知	国家税务局	国税函发〔1992〕1272号	1992年8月17日
113	国家税务局关于军队房地产经营管理机构管理的营房用地征免土地使用税的通知	国家税务局	国税函发〔1992〕902号	1992年6月9日
114	国家税务局关于林业系统的林区贮木场、水运码头用地征免土地使用税的通知	国家税务局	国税函发〔1992〕733号	1992年5月13日
115	国家税务局关于以外币为记账本位币的外商投资企业计算缴纳房产税问题的批复	国家税务局	国税函发〔1991〕1264号	1991年9月23日
116	国家税务局关于煤炭企业生产用地土地使用税税额标准问题的通知	国家税务局	国税函发〔1991〕484号	1991年4月5日
117	国家税务局关于石油生产建设用地土地使用税税额标准问题的通知	国家税务局	国税函发〔1991〕485号	1991年4月5日
118	国家税务局关于中国物资储运总公司所属物资储运企业土地使用税问题的通知	国家税务局	国税函发〔1991〕200号	1991年1月19日
119	国家税务局关于对司法部所属的劳改劳教单位的生产经营用地暂免征收土地使用税问题的通知	国家税务局	国税函发〔1990〕280号	1990年3月17日
120	国家税务局关于对邮电部门所属企业征免城镇土地使用税问题的通知	国家税务局	〔89〕国税地字第129号	1989年11月29日
121	关于如何确定铁道部所属单位免征房产税和车船使用税问题的批复	财政部税务总局	〔87〕财税地字第20号	1987年9月19日
122	关于邮电部门所属企业征免房产税和车船使用税问题的通知	财政部	〔87〕财税字第55号	1987年4月15日
123	关于对军队房地产经营管理机构管理的房产暂免征房产税的通知	财政部	〔87〕财税字第33号	1987年3月7日
124	关于对国营华侨农(林)场、工厂暂免征房产税等地方税的答复	财政部税务总局	〔87〕财税地字第1号	1987年2月13日
125	关于"七五"期间铁道部所属单位征免房产税和车船使用税的补充通知	财政部	〔86〕财税字第340号	1986年12月1日
126	关于"七五"期间铁道部所属单位征免房产税和车船使用税的通知	财政部	〔86〕财税字第326号	1986年11月14日

关税类

序号	文件名称	制定机关	文号	公布日期
127	关于2014年关税实施方案的通知	国务院关税税则委员会	税委会〔2013〕36号	2013年12月11日
128	关于中国—阿拉伯国家博览会等展会相关留购展品免征进口关税的通知	财政部	财关税〔2013〕64号	2013年9月9日

续表

序号	文件名称	制定机关	文号	公布日期
129	关于2013年度营运国际航线和港澳航线及支线航线的国内航空公司进口维修用航空器材税收问题的通知	财政部	财关税〔2013〕8号	2013年2月22日
130	关于2013年关税实施方案的通知	国务院关税税则委员会	税委会〔2012〕22号	2012年12月10日
131	关于进一步扶持新型显示器件产业发展有关税收优惠政策的通知	财政部、海关总署、国家税务总局	财关税〔2012〕16号	2012年4月9日
132	关于鼓励科普事业发展的进口税收政策的通知	财政部、海关总署、国家税务总局	财关税〔2012〕4号	2012年1月17日
133	关于2012年关税实施方案的通知	国务院关税税则委员会	税委会〔2011〕27号	2011年12月9日
134	关于"十二五"期间第一批享受进口税收优惠政策的中资"方便旗"船舶清单的通知	财政部、海关总署、国家税务总局	财关税〔2011〕78号	2011年11月30日
135	关于印发《"十二五"期间进口种子种源免税政策管理办法》的通知	财政部、海关总署、国家税务总局	财关税〔2011〕76号	2011年11月23日
136	关于来料加工企业转型为法人企业进口设备税收政策有关问题的通知	财政部、商务部、海关总署、国家税务总局	财关税〔2011〕66号	2011年11月14日
137	关于"十二五"期间中资"方便旗"船回国登记进口税收政策问题的通知	财政部、海关总署、国家税务总局	财关税〔2011〕63号	2011年10月19日
138	关于"十二五"期间在我国海洋开采石油(天然气)进口物资免征进口税收的通知	财政部、海关总署、国家税务总局	财关税〔2011〕32号	2011年8月8日
139	关于"十二五"期间在我国陆上特定地区开采石油(天然气)进口物资税收政策的通知	财政部、海关总署、国家税务总局	财关税〔2011〕31号	2011年8月8日
140	关于"十二五"期间煤层气勘探开发项目进口物资免征进口税收的通知	财政部、海关总署、国家税务总局	财关税〔2011〕30号	2011年8月8日
141	关于实施中国—哥斯达黎加自由贸易协定税率的通知	国务院关税税则委员会	税委会〔2011〕13号	2011年6月24日
142	关于种子(苗)种畜(禽)鱼种(苗)和种用野生动植物种源免征进口环节增值税政策及2011年进口计划的通知	财政部、海关总署、国家税务总局	财关税〔2011〕36号	2011年6月24日
143	关于2011年下半年对内地与港澳更紧密经贸关系的安排(CEPA)项下部分货物实施零关税的通知	国务院关税税则委员会	税委会〔2011〕10号	2011年6月12日
144	关于印发《动漫企业进口动漫开发生产用品免征进口税收的暂行规定》的通知	财政部、海关总署、国家税务总局	财关税〔2011〕27号	2011年5月19日
145	对原产于美国的排气量超过2.5升的进口小轿车和越野车暂缓征收反倾销税和反补贴税的决定	国务院关税税则委员会	税委会〔2011〕5号	2011年5月3日
146	关于中央储备粮油2009年至2010年进口税收政策的通知	财政部、国家税务总局	关税〔2011〕16号	2011年4月6日
147	关于"十二五"期间进口种子(苗)种畜(禽)鱼种(苗)和种用野生动植物种源税收问题的通知	财政部、国家税务总局	财关税〔2011〕9号	2011年3月17日

续表

序号	文件名称	制定机关	文号	公布日期
148	关于第七批享受进口税收优惠政策的中资"方便旗"船舶清单的通知	财政部	财关税〔2011〕20号	2011年3月16日
149	关于"十二五"期间中国—东盟博览会留购展品免征进口关税的通知	财政部	财关税〔2011〕8号	2011年2月28日
150	关于"十二五"期间中国—吉林·东北亚投资贸易博览会留购展品免征进口关税的通知	财政部	财关税〔2011〕7号	2011年2月28日
151	关于营运支线航线的国内航空公司维修航空器材进口税收问题的通知	财政部、海关总署、国家税务总局	财关税〔2010〕58号	2010年12月9日
152	关于2011年关税实施方案的通知	国务院关税税则委员会	税委会〔2010〕26号	2010年12月2日
153	关于调整2010年化肥出口关税的通知	国务院关税税则委员会	税委会〔2010〕25号	2010年11月29日
154	关于调整部分进口燃料油消费税政策的通知	财政部	财关税〔2010〕56号	2010年11月18日
155	关于2010年度远洋船及船用关键设备和部件进口税收问题的通知	财政部	财关税〔2010〕51号	2010年10月18日
156	关于第六批享受进口税收优惠政策的中资方便旗船舶清单的通知	财政部	财关税〔2010〕46号	2010年8月20日
157	关于2010年下半年对内地与港澳更紧密经贸关系的安排（CEPA）项下部分货物实施零关税的通知	国务院关税税则委员会	税委会〔2010〕14号	2010年6月11日
158	对原产于赤道几内亚部分商品实施零关税的通知	国务院关税税则委员会	税委会〔2010〕13号	2010年6月9日
159	对埃塞俄比亚等32个最不发达国家部分商品实施零关税的通知	国务院关税税则委员会	税委会〔2010〕11号	2010年6月1日
160	关于水合肼反倾销措施期终复审期间继续征收反倾销税的决定	国务院关税税则委员会	税委会〔2010〕10号	2010年5月27日
161	关于有机发光二极管显示面板生产企业进口物资税收政策的通知	财政部	财关税〔2010〕20号	2010年5月10日
162	关于氯丁橡胶反倾销措施期终复审期间继续征收反倾销税的决定	国务院关税税则委员会	税委会〔2010〕9号	2010年4月27日
163	关于原产于美国的进口白羽肉鸡征收临时反补贴税保证金的决定	国务院关税税则委员会	税委会〔2010〕8号	2010年4月21日
164	关于原产于美国和俄罗斯的进口取向性硅电钢征收反倾销税和原产于美国进口取向性硅电钢征收反补贴税的决定	国务院关税税则委员会	税委会〔2010〕6号	2010年4月10日
165	关于停止征收原产于美国进口取向性硅电工钢临时补贴保证金的通知	国务院关税税则委员会	税委会〔2010〕7号	2010年4月6日
166	关于农业部2010年度种子（苗）种畜（禽）鱼种（苗）和种用野生动植物种源免税进口计划的通知	财政部、国家税务总局	财关税〔2010〕11号	2010年3月26日
167	关于国家林业局2010年度种子（苗）和种用野生动植物种源免税进口计划的通知	财政部、国家税务总局	财关税〔2010〕9号	2010年3月11日
168	关于2010年上海世博会境外官方参展者首批进口物资税收问题的通知	财政部	财关税〔2010〕10号	2010年3月10日

续表

序号	文件名称	制定机关	文号	公布日期
169	关于原产日本韩国美国和台湾地区的进口苯酚继续征收反倾销税决定	国务院关税税则委员会	税委会〔2010〕1号	2010年1月19日
170	关于2010年度营运国际航线和港澳航线的国内航空公司进口维修航空器材税收问题的通知	财政部	财关税〔2010〕5号	2010年1月14日
171	关于等离子显示面板生产企业进口物资税收政策的通知	财政部	财关税〔2009〕72号	2009年12月22日
172	关于2010年关税实施方案的通知	国务院关税税则委员会	税委会〔2009〕28号	2009年12月8日
173	对原产于菲律宾老挝和柬埔寨的产品实施中国—东盟自贸区2009年协定税率的通知	国务院关税税则委员会	税委会〔2009〕60号	2009年9月22日
174	关于印发《种子（苗）种畜（禽）鱼种（苗）和种用野生动植物种源进口税收优惠政策暂行管理办法》的通知	财政部、海关总署、国家税务总局	财关税〔2009〕50号	2009年8月10日
175	关于来料加工装配厂转型为法人企业进口设备税收问题的通知	财政部	财关税〔2009〕48号	2009年7月16日
176	对进口原产于菲律宾的产品实施中国—东盟自贸区2007年协定税率的通知	国务院关税税则委员会	税委会〔2009〕7号	2009年6月24日
177	关于2009年下半年对CEPA项下部分货物实施零关税的通知	国务院关税税则委员会	税委会〔2009〕5号	2009年6月15日
178	关于扶持新型显示器件产业发展有关进口税收优惠政策的通知	财政部	财关税〔2009〕32号	2009年5月19日
179	关于新型显示器件生产企业进口物资税收政策的通知	财政部	财关税〔2009〕31号	2009年5月19日
180	关于对原产于韩国和泰国的进口初级形态二甲基环体硅氧烷征收反倾销税的决定	国务院关税税则委员会	税委会〔2009〕3号	2009年5月11日
181	关于延长中资"方便旗"船回国登记进口税收政策问题的通知	财政部	财关税〔2009〕28号	2009年5月6日
182	关于第四批享受进口税收优惠政策的中资"方便旗"船舶清单的通知	财政部	财关税〔2009〕25号	2009年4月21日
183	关于2009—2011年鼓励科普事业发展的进口税收政策的通知	财政部	财关税〔2009〕22号	2009年4月1日
184	关于对原产于马来西亚、新加坡和印度尼西亚的进口丙烯酸酯继续征收反倾销税的决定	国务院关税税则委员会	税委会〔2009〕2号	2009年3月30日
185	关于日本援建四川省地震受灾学校进口轻钢组织教室进口税收问题的通知	财政部	财关税〔2009〕17号	2009年3月16日
186	关于苯酚反倾销措施终复审期间继续征收反倾销税的决定	国务院关税税则委员会	税委会〔2009〕1号	2009年1月13日
187	关于调整成品油进口环节消费税的通知	财政部、国家税务总局	财关税〔2008〕103号	2008年12月26日
188	关于给予非洲塞内加尔共和国第二批对华出口商品零关税待遇的通知	国务院关税税则委员会	税委会〔2008〕38号	2008年11月25日
189	关于第三批享受进口税收优惠政策的中资"方便旗"船舶清单的通知	财政部	财关税〔2008〕92号	2008年11月11日

续表

序号	文件名称	制定机关	文号	公布日期
190	关于日本王子制纸株式会社适用的铜版纸反倾销税税率的决定	国务院关税税则委员会	税委会〔2008〕34号	2008年10月20日
191	关于给予东帝汶民主共和国等三国部分对华出口商品零关税待遇的通知	国务院关税税则委员会	税委会〔2008〕31号	2008年9月8日
192	关于进口抗震救灾物资免税通关问题的通知	财政部	财关税〔2008〕70号	2008年8月4日
193	关于调整成品油进口环节消费税的通知	财政部、国家税务总局	财关税〔2008〕12号	2008年2月25日
194	关于给予安哥拉共和国第二批对华出口商品零关税待遇的通知	国务院关税税则委员会	税委会〔2007〕29号	2007年12月28日
195	关于调整原产于韩国锦湖石油化学株式会社的进口丁苯橡胶反倾销税税率的决定	国务院关税税则委员会	税委会〔2007〕23号	2007年11月16日
196	关于第一批享受进口税收优惠政策的中资"方便旗"船舶清单的通知	财政部	财关税〔2007〕75号	2007年10月22日
197	关于远洋渔船进口税收问题的通知	财政部	财关税〔2007〕60号	2007年8月14日
198	对原产于英国、美国、荷兰、德国、韩国的进口二氯甲烷继续征收反倾销税的决定	国务院关税税则委员会	税委会〔2007〕18号	2007年8月10日
199	关于2007年—2010年三峡重庆库区进口沥青税收优惠政策及2007年安排的通知	财政部	财关税〔2007〕39号	2007年4月24日
200	关于增补上海世界博览会进口税收政策享受主体的通知	财政部	财关税〔2007〕27号	2007年2月15日
201	关于对原产于美国和欧盟的进口耐磨纸征收反倾销税的决定	国务院关税税则委员会	税委会〔2006〕31号	2006年11月28日
202	关于驻外使领馆工作人员离任回国所携自用车辆进口税收政策有关调整事项的通知	财政部	财关税〔2006〕60号	2006年9月18日
203	关于韩国LG公司新出口商复审有关问题的决定	国务院关税税则委员会	税委会〔2006〕21号	2006年8月16日
204	关于调整部分俄罗斯企业进口的丁苯橡胶反倾销税税率的决定	国务院关税税则委员会	税委会〔2006〕20号	2006年8月11日
205	关于2006年度营运国际航线和港澳航线的国内航空公司进口维修用航空器材税收问题的通知	财政部	财关税〔2006〕52号	2006年7月28日
206	关于对原产于日本和台湾地区的进口PBT树脂征收反倾销税的决定	国务院关税税则委员会	税委会〔2006〕16号	2006年7月5日
207	关于给予塞内加尔和阿富汗部分商品零关税待遇的通知	国务院关税税则委员会	税委会〔2006〕15号	2006年6月26日
208	关于扩大"十一五"期间进口种子(苗)种畜(禽)鱼种(苗)和种用野生动植物种源免税范围的通知	财政部、国家税务总局	财关税〔2006〕38号	2006年5月24日
209	关于"十一五"期间中国—吉林·东北亚投资贸易博览会留购展品免征进口关税的通知	财政部	财关税〔2006〕36号	2006年5月16日
210	关于"十一五"期间云南省进口花卉种苗、种球、种籽免征进口税收有关问题的函	财政部、海关总署、国家税务总局	财关税函〔2006〕1号	2006年1月26日

续表

序号	文件名称	制定机关	文号	公布日期
211	关于"十一五"期间进口种子（苗）种畜（禽）鱼种（苗）和种用野生动植物种源税收问题的通知	财政部、国家税务总局	财关税〔2006〕3号	2006年1月23日
212	关于对原产于韩国的进口聚酯薄膜继续征收反倾销税的决定	国务院关税税则委员会	税委会〔2005〕34号	2005年12月21日
213	关于实施中国—东盟自由贸易区协定税率的通知	国务院关税税则委员会	税委会〔2005〕22号	2005年7月18日
214	关于对原产于欧盟、韩国、美国、印度的进口三氯甲烷征收反倾销税的决定	国务院关税税则委员会	税委会〔2004〕17号	2004年11月19日
215	关于对原产于日本、美国、伊朗、马来西亚、墨西哥和台湾地区的进口乙醇胺征收反倾销税的决定	国务院关税税则委员会	税委会〔2004〕16号	2004年11月2日
216	关于对原产于加拿大、美国、韩国的进口新闻纸继续征收反倾销税的决定	国务院关税税则委员会	税委会〔2004〕9号	2004年6月25日
217	关于对原产于日本、韩国、美国和台湾地区的进口苯酚征收反倾销税的决定	国务院关税税则委员会	税委会〔2004〕1号	2004年1月15日
218	关于对原产于日本、韩国、美国的进口甲苯二异氰酸酯（TDI）征收反倾销税的决定	国务院关税税则委员会	税委会〔2003〕22号	2003年11月10日
219	关于对原产于俄罗斯、韩国、日本的部分进口丁苯橡胶征收反倾销税的决定	国务院关税税则委员会	税委会〔2003〕19号	2003年9月8日
220	关于对原产于韩国、日本和印度的进口邻苯二甲酸酐征收反倾销税的决定	国务院关税税则委员会	税委会〔2003〕17号	2003年8月19日
221	关于对原产于欧盟的进口邻苯二酚征收反倾销税的决定	国务院关税税则委员会	税委会〔2003〕16号	2003年8月14日
222	关于对原产于韩国和日本进口铜版纸征收反倾销税的决定	国务院关税税则委员会	税委会〔2003〕14号	2003年8月4日
223	关于对原产于英国、美国、荷兰、德国和韩国的进口二氯甲烷征收反倾销税的通知	国务院关税税则委员会	税委会〔2002〕3号	2002年6月18日
224	关于不锈钢冷轧薄板反倾销案中签订价格承诺协议公司保证金问题的通知	国务院关税税则委员会	税委会〔2001〕4号	2001年6月6日
225	关于聚脂薄膜反倾销案中韩国东世公司反倾销税率权利继承问题的通知	国务院关税税则委员会	税委会〔2001〕2号	2001年5月23日
226	扶贫、慈善性捐赠物资免征进口税收暂行办法	财政部、国家税务总局、海关总署	财税〔2000〕152号	2001年1月15日

··········

社会保障类

序号	文件名称	制定机关	文号	公布日期
467	关于开展就业专项资金绩效评价试点工作有关问题的通知	财政部、人力资源社会保障部	财社〔2012〕17号	2012年4月6日
468	关于做好财政社会保障资金预算执行管理工作的通知	财政部	财社〔2012〕14号	2012年4月1日
469	关于加强城乡最低生活保障资金预算执行管理工作的通知	财政部、民政部	财社〔2011〕37号	2011年4月18日

续表

序号	文件名称	制定机关	文号	公布日期
470	关于做好2011年财政社会保障资金预算执行管理工作的通知	财政部	财社〔2011〕38号	2011年4月14日
471	关于中央管理企业特定就业政策2010年清算及2011年补助有关问题的通知	财政部、人力资源社会保障部	财社〔2010〕285号	2010年12月24日
472	关于印发《2010—2011年基层医疗卫生机构实施国家基本药物制度和综合改革以奖代补专项资金管理办法》的通知	财政部、国家发展改革委、人力资源社会保障部、卫生部	财社〔2010〕202号	2010年9月21日
473	关于印发《2009年基层医疗卫生机构实施国家基本药物制度和综合改革以奖代补专项资金管理办法》的通知	财政部、国家发展改革委、人力资源社会保障部、卫生部	财社〔2010〕21号	2010年2月12日
474	关于开展政府购买社区公共卫生服务试点工作的指导意见	财政部	财社〔2007〕267号	2007年12月24日
475	关于印发中央财政补助地方残疾人事业"十一五"发展纲要专项资金补助项目及标准的通知	财政部	财社〔2007〕80号	2007年7月9日
476	关于城市社区卫生服务补助政策的意见	财政部、国家发展改革委、卫生部	财社〔2006〕61号	2006年7月13日
477	关于将中西部地区部分市辖区纳入新型农村合作医疗中央财政补助范围的通知	财政部、卫生部	财社〔2005〕2号	2005年1月14日
478	关于农民和城镇困难群众非典型肺炎患者救治有关问题的通知	财政部、卫生部	〔2003〕财社明传5号	2003年4月29日
479	关于妥善解决非典型肺炎患者救治费用有关问题的紧急通知	财政部、卫生部、劳动保障部	〔2003〕财社明传1号	2003年4月18日
480	关于门诊药房脱离医院补偿办法的意见	财政部、国家计委、卫生部	财社〔2003〕10号	2003年2月1日
481	关于切实做好自主择业的军队转业干部退役金发放工作的意见	财政部	财行〔2002〕2号	2002年1月11日
482	关于完善城镇医疗机构补偿机制、落实补偿政策的若干意见	财政部、国家计委、卫生部、国家中医药管理局	财社〔2001〕60号	2001年10月25日
483	关于补发中央军工企业拖欠离退休人员基本养老金有关问题的通知	财政部、劳动保障部、国防科工委	财社〔2001〕5号	2001年2月12日
484	关于补发原行业统筹企业拖欠离退休人员基本养老金有关问题的通知	财政部、劳动和社会保障部	财社字〔2000〕74号	2000年10月10日
485	关于国家税务局系统公费医疗管理问题的通知	财政部、卫生部	〔95〕财社字第90号	1995年8月29日

…………

附件 2

关于第十二次财政规章和规范性文件清理的说明

为了规范财政管理,推进依法理财,为深入推进简政放权与稳增长、促改革、调结构、惠民生提供制度支撑,根据国务院文件清理工作要求及我部"第十二次财政规章和规范性文件清理工作方案",财政部对现行财政规章和规范性文件进行了第十二次全面清理,清理结果拟以《中华人民共和国财政部令第 83 号》及《中华人民共和国财政部公告(2016 年第 102 号)》的形式正式公布。

财政部高度重视文件清理工作,专门成立以部领导为组长,部内各业务司局参加的文件清理工作领导小组,领导小组下设文件清理工作办公室,设在条法司。

经过认真细致的清理工作,在充分征求相关部门意见的基础上,对主要内容与法律、行政法规、国务院文件相抵触的,或者已被新的法律、行政法规、国务院文件、规章和规范性文件所废止或代替的 24 件财政规章和 654 件规范性文件宣布"废止";对适用期已过或者调整对象已消失,实际上已经失效的 6 件财政规章和 571 件规范性文件宣布"失效"。在宣布"废止"的规范性文件中,综合类 19 件,法治类 1 件,税收及非税收入类 133 件,关税类 12 件,预算类 45 件,国库类 40 件,行政政法类 31 件,教科文类 45 件,经济建设类 94 件,农业类 47 件,社会保障类 37 件,资产管理类 34 件,金融类 13 件,国际财金合作类 9 件,会计及注册会计师管理类 67 件,农业综合开发类 27 件;在宣布"失效"的规范性文件中,综合类 7 件,法治类 8 件,税收及非税收入类 111 件,关税类 100 件,预算类 21 件,国库类 65 件,行政政法类 7 件,教科文类 16 件,经济建设类 98 件,农业类 33 件,社会保障类 19 件,资产管理类 16 件,金融类 3 件,国际财金合作类 8 件,会计及注册会计师管理类 31 件,监督检查类 6 件,农业综合开发类 22 件。

国家税务总局关于公布一批全文废止和部分条款废止的税收规范性文件目录的公告

2017 年 1 月 22 日　国家税务总局公告 2017 年第 1 号

根据国务院办公厅关于做好部门规章和文件清理工作的有关要求,国家税务总局对税收规范性文件进行了清理。现将新一批《全文废止和部分条款废止的税收规范性文件目录》予以公布。

特此公告。

附件:全文废止和部分条款废止的税收规范性文件目录

附件

全文废止和部分条款废止的税收规范性文件目录

序号	标题	发文日期	文号	备注
1	国家税务总局关于印发《税务稽查业务公开制度（试行）》的通知	2000年9月22日	国税发〔2000〕163号	全文废止
2	国家税务总局关于加强煤炭行业税收管理的通知	2005年9月26日	国税发〔2005〕153号	全文废止
3	国家税务总局关于进一步推行办税公开工作的意见	2006年12月5日	国税发〔2006〕172号	全文废止
4	国家税务总局关于贯彻落实扩大小型微利企业减半征收企业所得税范围有关问题的公告	2015年3月18日	国家税务总局公告2015年第17号	全文废止
5	国家税务总局关于企业为股东个人购买汽车征收个人所得税的批复	2005年4月22日	国税函〔2005〕364号	废止第二条

国家税务总局关于公布失效废止的税务部门规章和税收规范性文件目录的决定

2017年12月29日　国家税务总局令第42号

　　根据国务院办公厅关于做好"放管服"改革涉及的部门规章、规范性文件清理工作的有关要求，国家税务总局对现行有效的税务部门规章和税收规范性文件进行了清理。清理结果已经2017年11月30日国家税务总局2017年度第2次局务会议审议通过。现将《全文废止的税务部门规章目录》《全文失效废止的税收规范性文件目录》《部分条款废止的税收规范性文件目录》予以公布。

国家税务总局局长：王　军
2017年12月29日

一、全文废止的税务部门规章目录

序号	制定机关	标题	发文日期	文号
1	国家税务总局	注册税务师管理暂行办法	2005年12月30日	国家税务总局令第14号公布

二、全文失效废止的税收规范性文件目录

序号	制定机关	标题	发文日期	文号
1	国家税务总局	国家税务总局关于地质矿产部所属地勘单位征税问题的通知	1995年8月16日	国税函发〔1995〕453号
2	国家税务总局	国家税务总局关于地质矿产部所属地勘单位征税问题的补充通知	1996年11月12日	国税函〔1996〕656号
3	国家税务总局	国家税务总局关于税务稽查工作中几个具体问题的批复	1997年3月13日	国税函〔1997〕147号
4	国家税务总局	国家税务总局关于印发《注册税务师注册管理暂行办法》的通知	1999年4月29日	国税发〔1999〕79号
5	国家税务总局	国家税务总局关于印发《有限责任税务师事务所设立及审批暂行办法》和《合伙税务师事务所设立及审批暂行办法》的通知	1999年10月11日	国税发〔1999〕192号
6	国家税务总局	国家税务总局关于在税收工作中发挥注册税务师作用的通知	2000年3月6日	国税发〔2000〕43号
7	国家税务总局	国家税务总局关于协税员不得核发《税务检查证》的批复	2001年1月2日	国税函〔2001〕41号
8	国家税务总局	国家税务总局关于加强国家税务局 地方税务局协作的意见	2004年1月7日	国税发〔2004〕4号
9	国家税务总局	国家税务总局关于严厉打击虚开增值税专用发票等涉税违法行为的紧急通知	2004年4月30日	国税函〔2004〕536号
10	国家税务总局	国家税务总局关于合并、变更、注销税务师事务所实行备案管理的通知	2004年6月28日	国税函〔2004〕850号
11	国家税务总局	国家税务总局关于进一步规范税收执法和税务代理工作的通知	2004年8月11日	国税函〔2004〕957号
12	国家税务总局	国家税务总局关于转发《专业技术人员资格考试违纪违规行为处理规定》的通知	2004年12月13日	国税函〔2004〕1363号
13	国家税务总局	国家税务总局关于解决办税服务厅排队拥挤问题的通知	2005年9月19日	国税发〔2005〕161号
14	国家税务总局	国家税务总局关于加强房地产税收分析工作的通知	2005年9月22日	国税发〔2005〕151号
15	国家税务总局	国家税务总局关于进一步加强重大税收违法案件管理工作的意见	2007年4月5日	国税发〔2007〕39号
16	国家税务总局	国家税务总局关于有限责任税务师事务所设立分所有关问题的通知	2007年4月16日	国税发〔2007〕47号
17	国家税务总局	国家税务总局关于落实"两个减负"优化纳税服务工作的意见	2007年8月30日	国税发〔2007〕106号
18	国家税务总局	国家税务总局办公厅关于调整税务师事务所设立审批管理方式的通知	2009年1月16日	国税办发〔2009〕5号
19	国家税务总局	国家税务总局关于税务师事务所设立审批有关问题的批复	2009年3月16日	国税函〔2009〕137号
20	国家税务总局	国家税务总局关于建筑企业所得税征管有关问题的通知	2010年1月26日	国税函〔2010〕39号
21	国家税务总局	国家税务总局关于新办文化企业企业所得税有关政策问题的通知	2010年3月2日	国税函〔2010〕86号

续表

序号	制定机关	标题	发文日期	文号
22	国家税务总局	国家税务总局关于转变职能 改进作风 更好为广大纳税人服务的公告	2013年7月4日	国家税务总局公告2013年第37号
23	国家税务总局	国家税务总局关于发布《税收减免管理办法》的公告	2015年6月8日	国家税务总局公告2015年第43号

三、部分条款废止的税收规范性文件目录

序号	制定机关	标题	发文日期	文号	废止条款
1	国家税务局	关于检发《关于土地使用税若干具体问题的解释和暂行规定》的通知	1988年10月24日	(88)国税地字第015号	废止第十七条
2	国家税务局	关于印花税若干具体问题的规定	1988年12月12日	(88)国税地字第025号	废止第十三条
3	国家税务局	关于对保险公司征收印花税有关问题的通知	1988年12月31日	(88)国税地字第037号	废止第三条
4	国家税务总局	国家税务总局关于实行税务检查计划制度的通知	1999年11月12日	国税发〔1999〕211号	废止第四条
5	国家税务总局	国家税务总局关于耕地占用税征收管理有关问题的通知	2007年12月12日	国税发〔2007〕129号	废止第四条
6	国家税务总局	国家税务总局关于实施国家重点扶持的公共基础设施项目企业所得税优惠问题的通知	2009年4月16日	国税发〔2009〕80号	废止第七条
7	国家税务总局	国家税务总局关于境外注册中资控股企业依据实际管理机构标准认定为居民企业有关问题的通知	2009年4月22日	国税发〔2009〕82号	废止第七条第一款"境外中资企业可向其实际管理机构所在地或中国主要投资者所在地主管税务机关提出居民企业申请,主管税务机关对其居民企业身份进行初步审核后,层报国家税务总局确认。"的内容
8	国家税务总局	国家税务总局关于技术转让所得减免企业所得税有关问题的通知	2009年4月24日	国税函〔2009〕212号	废止第四条
9	国家税务总局	国家税务总局关于实施创业投资企业所得税优惠问题的通知	2009年4月30日	国税发〔2009〕87号	废止第四条

续表

序号	制定机关	标题	发文日期	文号	废止条款
10	国家税务总局	国家税务总局关于发布《企业境外所得税收抵免操作指南》的公告	2010年7月2日	国家税务总局公告2010年第1号	废止"22. 我国企业所得税法目前尚未单方面规定税收饶让抵免,……,经企业主管税务机关确认,可在其申报境外所得税额时视为已缴税额(参见示例六)。"中"经企业主管税务机关确认"的内容
11	国家税务总局	国家税务总局关于发布《出口货物劳务增值税和消费税管理办法》的公告	2012年6月14日	国家税务总局公告2012年第24号	废止第三条第(一)(二)(四)(五)项,第十一条第(三)项
12	国家税务总局	国家税务总局关于《出口货物劳务增值税和消费税管理办法》有关问题的公告	2013年3月13日	国家税务总局公告2013年第12号	废止第五条第(一)(十)项
13	国家税务总局	国家税务总局关于电网企业电网新建项目享受所得税优惠政策问题的公告	2013年5月24日	国家税务总局公告2013年第26号	废止第二条
14	国家税务总局	国家税务总局关于执行软件企业所得税优惠政策有关问题的公告	2013年7月25日	国家税务总局公告2013年第43号	废止第一条"经认定并"及"所称经认定,是指经国家规定的软件企业认定机构按照软件企业认定管理的有关规定进行认定并取得软件企业认定证书"的内容,废止第四条、第五条
15	国家税务总局 国家发展改革委	国家税务总局 国家发展改革委关于落实节能服务企业合同能源管理项目企业所得税优惠政策有关征收管理问题的公告	2013年12月17日	国家税务总局 国家发展改革委公告2013年第77号	废止第六条
16	国家税务总局	国家税务总局关于非居民企业间接转让财产企业所得税若干问题的公告	2015年2月3日	国家税务总局公告2015年第7号	废止第十三条

国家税务总局关于修改
部分税收规范性文件的公告

2018年6月15日　国家税务总局公告2018年第31号

根据《第十三届全国人民代表大会第一次会议关于国务院机构改革方案的决定》、《全国人民代表大会常务委员会关于国务院机构改革涉及法律规定的行政机关职责调整问题的决定》、《国务院关于国务院机构改革涉及行政法规规定的行政机关职责调整问题的决定》(国发〔2018〕17号)有关规定,税收规范性文件规定的国税地税机关的职责和工作,调整适用相关规定,由新的税务机关承担。

国家税务总局依据《税收规范性文件制定管理办法》(国家税务总局令第41号公布),对税收规范性文件进行了清理。清理结果已经2018年6月5日国家税务总局局务会议审议通过,现将《修改的税收规范性文件目录》予以公布。

本公告自发布之日起施行。国税机构和地税机构合并前,需要适用本公告公布的税收规范性文件的,按照修改前的规定执行。

特此公告。

附件:修改的税收规范性文件目录

附件

修改的税收规范性文件目录

序号	标题	发文日期	文号	需要修改的条款	修改后的条款
1	国家税务总局关于下发《税务稽查工作报告制度》的通知	1994.10.22	国税发〔1994〕227号	三、计划单列市税务机关和地方税务局汇总表内、表一、表二、表三不统计在省国家税务局时应同时报送省级国家税务局和地方税务局和地方税务总局备案。附件《税务稽查工作报告制度》二、各省、自治区、直辖市国家税务局和地方税务局（以下统称省级国家税务机关）以及计划单列市国家税务机关制定的有关税务稽查工作制度、办法，应及时报送国家税务总局备案。	三、计划单列市税务机关列表一、表二、表三不统计在省税务局内，但统计案例在上报国家税务总局时应同时报送省税务局备案。附件《税务稽查工作报告制度》二、各省、自治区、直辖市税务局（以下统称省税务局）以及计划单列市税务局（以下统称省税务机关）制定的有关税务稽查工作制度、办法，应及时报送国家税务总局备案。
2	国家税务总局关于加强委托加工应税消费品征收管理的通知	1995.06.26	国税发〔1995〕122号	二、为了有利于堵塞税收流失漏洞，各地除对受托加工应税消费品的企业加强监督检查外，对于委托方也应加强监督检查（不包括改在零售环节征收消费税的金银首饰）。对于受托方未按规定代扣代缴税款，并经委托方所在地国税机关发现的，则应由委托方所在地国税机关补征税款，受托方所在地国税机关不得重复征税。	二、为了有利于堵塞税收流失漏洞，各地除对受托加工应税消费品的企业加强监督检查（不包括改在零售环节征收消费税的金银首饰）。对于受托方未按规定代扣代缴税款，并经委托方所在地税务机关发现的，则应由委托方所在地税务机关对委托方补征税款，受托方所在地税务机关不得重复征税。
3	国家税务总局、建设部关于土地增值税征收管理有关问题的通知	1996.04.05	国税发〔1996〕48号	四、各省、自治区、直辖市地方税务部门可根据本地实际情况，对房地产市场管理机构比较健全，各项管理制度比较完善，具备土地增值税代征能力的地区，从有利于税收征管、且各项管理制度比较完善出发，按照税务较易征收、减少税款流失的原则，把一些不易于税务机关直接征收，且应纳税款较易计算的纳税事项，委托房地产管理部门进行代征。具体办法由各省、自治区、直辖市地方税务局制定，报省、自治区、直辖市人民政府批准后执行，并报国家税务总局备案。	四、各省、自治区、直辖市税务部门可根据本地实际情况，对房地产市场管理机构比较健全，各项管理制度比较完善，具备土地增值税代征能力的地区，按照税务较易征收的原则，把一些不易于税务机关直接征收，且应纳税款较易计算的纳税事项，委托房地产管理部门进行代征。具体办法由各省、自治区、直辖市人民政府批准后执行，并报国家税务总局备案。

续表

序号	标题	发文日期	文号	需要修改的条款	修改后的条款
4	国家税务总局关于契税征收管理若干具体事项的通知	1997.11.25	国税发[1997]176号	一、征收机关。契税征收机关主管农业税收征收管理工作的各级财政机关或者地方税务机关。	一、征收机关。契税征收机关是地方税务机关。
5	国家税务总局关于个人从事医疗服务活动征收个人所得税问题的通知	1997.11.25	国税发[1997]178号	一、个人经政府有关部门批准,取得执照,以门诊部、诊所、卫生所(室)、卫生院、医院等医疗机构形式从事疾病诊断、治疗及售药等医疗服务活动,应当以该医疗机构取得的所得,作为个人的应纳税所得,按照"个体工商户的生产、经营所得"应税项目缴纳个人所得税。个人未经政府有关部门批准,自行连续从事医疗服务活动相关的所得,不管是否有经营场所,其取得与医疗服务活动相关的所得,按照"个体工商户的生产、经营所得"应税项目缴纳个人所得税。各省、自治区、直辖市地方税务局可以根据本地实际情况,确定个体工商户业主的费用扣除标准。	一、个人经政府有关部门批准,取得执照,以门诊部、诊所、卫生所(室)、卫生院、医院等医疗机构形式从事疾病诊断、治疗及售药等医疗服务活动,应当以该医疗机构取得的所得,作为个人的应纳税所得,按照"个体工商户的生产、经营所得"应税项目缴纳个人所得税。个人未经政府有关部门批准,自行连续从事医疗服务活动相关的所得,不管是否有经营场所,其取得与医疗服务活动相关的所得,按照"个体工商户的生产、经营所得"应税项目缴纳个人所得税。各省、自治区、直辖市地方税务局可以根据本地实际情况,确定个体工商户业主的费用扣除标准。
6	国家税务总局 对外贸易经济合作部关于规范出口贸易和退税程序防范打击骗取出口退税行为的通知	1998.06.09	国税发[1998]84号	三、严格出口退税电子信息审核工作(二)各级税务局应按照出口退税专用税票认证系统的有关规定采集、传递、分发,使用专用税票电子信息,确保电子信息的完整性和正确性。	三、严格出口退税电子信息审核工作(二)各级税务局应按照出口退税专用税票认证系统的有关规定集、传递、分发、使用专用税票电子信息,确保电子信息的完整性和正确性。
7	国家税务总局关于调整房产税和土地使用税具体征税范围解释规定的通知	1999.03.12	国税发[1999]44号	二、关于建制镇具体征税范围,由各省、自治区、直辖市地方税务局提出方案,经省、自治区、直辖市人民政府确定批准后执行,并报国家税务总局备案。对农林牧渔业用地和农民居住用地和房屋及土地,不征收房产税和土地使用税。	二、关于建制镇具体征税范围,由各省、自治区、直辖市人民政府提出方案,经省、自治区、直辖市国家税务总局批准后执行,并报国家税务总局备案。对农林牧渔业用地,不征收房产税及土地使用税。

305

续表

序号	标题	发文日期	文号	需要修改的条款	修改后的条款
8	国家税务总局关于中外合作开采陆上原油资源矿区使用费征管问题的通知	1999.04.07	国税发〔1999〕55号	二、中外合作开采原油、天然气的矿区使用费,按照财政部财预字〔1999〕33号文件规定的预算级次,分别由国家税务局或地方税务局负责征收管理。具体管户认定由合作油(气)田所在省(自治区、直辖市)国家税务局或地方税务局提出意见报国家税务总局批准。	二、中外合作开采原油、天然气的矿区使用费,按照财政部财预字〔1999〕33号文件规定的预算级次,由国家税务局负责征收管理。具体管户认定由合作油(气)田所在省(自治区、直辖市)税务局提出意见报国家税务总局批准。
9	国家税务总局关于个人所得税有关政策问题的通知	1999.04.09	国税发〔1999〕58号	二、关于个人取得公务交通、通讯补贴收入征税问题 个人因公务用车和通讯制度改革而取得的公务用车、通讯补贴收入,扣除一定标准的公务费用后,按"工资、薪金"所得项目计征个人所得税。按月发放的,并入当月"工资、薪金"所得计征个人所得税;不按月发放的,分解到所属月份并与该月份"工资、薪金"所得合并后计征个人所得税。 公务费用的扣除标准,由省级地方税务局根据纳税人公务交通、通讯费用的实际发生情况调查测算,报经省级人民政府批准后确定,并报国家税务总局备案。	二、关于个人取得公务交通、通讯补贴收入征税问题 个人因公务用车和通讯制度改革而取得的公务用车、通讯补贴收入,扣除一定标准的公务费用后,按照"工资、薪金"所得项目计征个人所得税。按月发放的,并入当月"工资、薪金"所得计征个人所得税;不按月发放的,分解到所属月份并与该月份"工资、薪金"所得合并后计征个人所得税。 公务费用的扣除标准,由省税务局根据纳税人公务交通、通讯费用的实际发生情况调查测算,报经省级人民政府批准后确定,并报国家税务总局备案。
10	国家税务总局 国家质量技术监督局关于加油机安装税控装置和生产使用税控加油机有关问题的通知	1999.06.04	国税发〔1999〕110号	一、加油站加油机的改造和使用 (三)改造后的加油机,必须经税务机关或税务机关委托的单位进行税控初始化检定合格后,方可投入使用。税控装置和税控加油机生产系统由国家税务总局、税控初始化软件和质量技术监督部门组织计量检定,并下发各地国家税务局、各省税控装置和税控加油机生产企业。《税控装置设置统一的税控初始化接口标准》和实施办法,国家税务总局将另行下文明确。	一、加油机的改造使用 (三)改造后的加油机,必须组织计量检定,并下发各地税务局,方可投入使用。各税控装置和税控加油机生产系统由国家税务总局设计,并下发各地税务局,各省税控装置和税控加油机生产企业必须按照规定设置统一的税控初始化接口。《税控装置设置统一的税控初始化接口标准》和实施办法,国家税务总局将另行下文明确。

续表

序号	标题	发文日期	文号	需要修改的条款	修改后的条款
11	国家税务总局关于实施加油站税控初始化有关问题的通知	1999.12.01	国税函〔1999〕814号	四、为了保证加油站税控初始化工作的顺利实施,总局将对各省、自治区、直辖市和计划单列市国税局购买读卡机器,IC卡以及开展宣传、培训工作给予定额补助。 附件1《加油站税控初始化实施方案》 四、《管理系统》的技术服务 (一)《管理系统》由总局通过税务广域网统一发放,供各地使用。各地接收有问题的,可向湖南或广东省国税局索取。 (二)税务机关对加油站实施税控初始化,税务稽查以及加油站抄报税所使用的与《管理系统》配套的读卡机具(包括读卡器和IC卡)由总局统一定价。各地可根据实际需要汇总后向湖南或广东国税局购置。该《管理系统》使用过程中的技术服务和版本升级等工作支持,包括对《管理系统》的培训、解释、维护、维修服务和版本升级,以及按照"与卡机捆绑服务(即谁售卡机谁负责)"的原则,由湖南和广东国税局分别负责。各地所需卡机数量,应于1999年12月底前报湖南和广东省国税局。	四、为了保证加油站税控初始化工作的顺利实施,总局将对各省、自治区、直辖市国税局购买读卡机,IC卡以及开展宣传、培训工作给予定额补助。 附件1《加油站税控初始化实施方案》 四、《管理系统》的技术服务 (一)《管理系统》由总局通过税务广域网统一发放,各地接收有问题的,可向湖南或广东省税务局索取。 (二)税务机关对加油站实施税控初始化配套的读卡机具(包括读卡器和IC卡)由各省税务局购置。该《管理系统》使用过程中的技术服务和技术支持,包括对《管理系统》的培训、解释、维护、维修服务(即推售卡机谁负责)"的原则,由湖南和广东省税务局分别负责。
12	国家税务总局关于律师事务所从业人员取得收入征收个人所得税有关问题的通知	2000.08.23	国税发〔2000〕149号	五、作为律师事务所雇员的律师与律师事务所按规定的比例对收入分成,律师事务所所负不负担律师办理案件支出费用(如交通费、资料费、通讯费及聘请人员等费用),律师当月分成收入按本条第二款的规定扣除办理案件支出费用的分成收入余额与律师事务所发给的工资合并,按"工资、薪金所得"应税项目计征个人所得税。 律师从其分成收入中扣除办理案件支出费用的标准,由各省级地方税务局根据当地律师办理案件费用支出比例及其他相关参考因素,在律师当月分成收入的30%比例内确定。	五、作为律师事务所雇员的律师与律师事务所按规定的比例对收入分成,律师事务所所负不负担律师办理案件支出费用(如交通费、资料费、通讯费及聘请人员等费用),律师当月分成收入按本条第二款的规定扣除办理案件支出费用后,余额与律师事务所发给的工资合并,按"工资、薪金所得"应税项目计征个人所得税。 律师从其分成收入中扣除办理案件支出费用的标准,由各省税务局根据当地律师办理案件费用支出的一般情况及其他相关参考因素,在律师当月分成收入的30%比例内确定。

续表

序号	标题	发文日期	文号	需要修改的条款	修改后的条款
13	国家税务总局关于明确国家开发银行分行营业账簿和贷款合同印花税缴纳方式的通知	2000.12.20	国税函[2000]1060号	二、开行各分行签订的贷款合同实行按年汇总缴纳印花税的办法。即年度终了后1个月内,开行各分行向当地税务局申报缴纳印花税。同时向税务机关提供财政部《关于核定×××年度基本建设政策性财政贴息预算拨款的通知》和全年贷款合同明细表,经税务局对照核实后,对财政贴息的项目贷款合同免征印花税,其余非贴息贷款合同按规定缴纳印花税。	二、开行各分行签订的贷款合同实行按年汇总缴纳印花税的办法。即年度终了后1个月内,开行各分行向当地税务局申报缴纳印花税。同时向税务机关提供财政部《关于核定×××年度基本建设政策性财政贴息预算拨款的通知》和全年贷款合同明细表,经税务局对照核实后,对财政贴息的项目贷款合同免征印花税,其余非贴息贷款合同按规定缴纳印花税。
14	国家税务总局关于改进和规范税务稽查工作的实施意见	2001.10.22	国税发[2001]118号	二、完善稽查工作机制,强化监督制约功能 9.在各个领域广泛开展稽查协作。各地、各税务机关要从大局出发,积极协助主办查案件的税务机关之间要互通信息,密切合作。案件涉及其他地区的,有关地区税务机关要协助调查、收集证据;对函求法外调事项,要及时反馈结果。受托方与税务机关对协查事项协查意见不一致的,及时报请共同的上级税务机关协调解决。对函不办到的,坚决依法追究有关人员的责任。要充分发挥"金税工程"中协查功能,搞好增值税专用发票的协查工作。总局将抓紧研究制定《税收违法案件协查办法》,对协查相关事项和责任作出明确规定。	三、完善稽查工作机制,强化监督制约功能 9.发挥全国税务机关在查办税收违法案件中的整体优势,在各个领域广泛开展稽查协作。各地、各税务机关要从大局出发,积极协助主办税务机关之间要互通信息,密切合作。案件涉及其他地区的,有关地区税务机关要协助调查、收集证据;对函求法外调事项,要及时反馈结果。受托方与税务机关对协查事项协查意见不一致的,及时报请共同的上级税务机关协调解决。对函不办到的,坚决依法追究有关人员的责任。要充分发挥"金税工程"中协查功能,搞好增值税专用发票的协查工作。总局将抓紧研究制定《税收违法案件协查办法》,对协查相关事项和责任作出明确规定。
15	国家税务总局关于应退税款抵扣欠缴税款有关问题的通知	2002.11.28	国税发[2002]150号	三、国家税务局与地方税务局分别征退的税款、滞纳金和罚款,相互之间不得抵扣;由税务机关征退的农业税教育费附加、社保费、文化事业建设费等非税收入不得与税收收入相互抵扣。 抵扣欠缴税款时,应按欠缴税款的发生时间逐笔抵扣,先发生的先抵扣。	三、税务机关征退的教育费附加、社保费、文化事业建设等非税收入不得与税收收入相互抵扣。 抵扣欠缴税款时,应按欠缴税款的发生时间逐笔抵扣,先发生的先抵扣。

续表

序号	标题	发文日期	文号	需要修改的条款	修改后的条款
15	国家税务总局关于应退税款抵扣欠缴税款有关问题的通知	2002.11.28	国税发〔2002〕150号	五、关于抵扣业务的税收会计账务处理 (二)抵扣时的应退税款和欠缴税款属于不同款、项级预算科目时,并按以下方法办理: 1.在实际抵扣时,应由县以上税务机关的计会部门根据《应退税款抵扣欠缴税款通知书》(具体格式由各地参照本书第二地国库制定),填开一式三联《调库通知书》更正通知书后,第二、第三联由国库签章后退送税务机关,第三联由国库签章后调库凭证;第三联由国库签章后调库凭证,作为税务机关人库税金调账的会计凭证。	五、关于抵扣业务的税收会计账务处理 (二)当抵扣的应退税款和欠缴税款属于不同款、项级预算科目时,应视同退税进行管理,并按以下方法办理: 1.在实际抵扣时,应由县或县以上税务机关的计会部门根据《应退税款抵扣欠缴税款通知书》填开一式三联《调库(更正)通知书》,第一联留存备查;第二、第三联送国库审核后,第二联由国库签章后退送税务机关,第三联由国库签章后调库凭证,作为税务机关人库税金调账的会计凭证。
				全文和附件中"调库通知书"的内容	修改为"更正(调库)通知书"
16	国家税务总局 海关总署关于正式启用"口岸电子执法系统"出口退税子系统的通知	2003.02.12	国税发〔2003〕15号	一、各地国税、海关部门要高度重视,切实加强"口岸电子执法系统"出口退税子系统联网运行工作的组织领导,密切配合,紧密协作,分工负责,及时解决运行中出现的各种问题,确保"口岸电子执法系统"出口退税子系统的运行畅通。 二、各地国税、海关部门要建立联系紧密、运转协调的跨部门信息沟通机制。在数据规范、信息传输、数据转换、单证打印等方面的运用上,要严格按照国家税务总局、海关总署有关文件的要求执行,不得自行变通。 三、各级国税部门要会同海关继续做好对出口企业的培训、宣传工作,确保"口岸电子执法系统"出口退税子系统操作、正常运用。 四、"在口岸电子执法系统"出口退税子系统的运行过程中,国税部门应做好以下具体工作: (三)由于目前部分海关试运行h2000系统,打印的报关单号是18位,而传在中国电子口岸数据中心和国家税务总局的报关单号为9位,因此,报关单依照h883系统报文格式打印的,报文电子数据统一实行h2000系统前,各地税务部门比对h2000系统9位号码+标志位(0)+项号(2位)的"证明联",各地国税部门比对全部18位+标志位(0)+项号(2位)的时间,另行通知。	一、各地税务、海关部门要高度重视,切实加强"口岸电子执法系统"出口退税子系统联网运行工作的组织领导,密切配合,紧密协作,分工负责,及时解决运行中出现各种问题,确保"口岸电子执法系统"出口退税子系统的运行畅通。 二、各地税务、海关部门要建立联系紧密、运转协调的跨部门信息沟通机制。在数据规范、信息传输、数据转换、单证打印等方面的运用上,要严格按照国家税务总局、海关总署有关文件的要求执行,不得自行变通。 三、各级税务部门要会同海关继续做好对出口企业的培训、宣传工作,税务部门应做好以下工作: 四、"在口岸电子执法系统"出口退税子系统操作、正常运用。 (三)由于目前部分海关试运行h2000系统,打印的报关单号是18位,而传在中国电子口岸数据中心和国家税务总局的报关单号为9位,因此,报关单依照h883系统报文格式打印的,报文电子数据统一实行h2000系统前,在全国海关统一实行h2000系统前,各地税务部门比对h2000系统9位号码+标志位(0)+项号(2位)的报关单"证明联",各地国税部门比对全部18位+标志位(0)+项号(2位)的时间,另行通知。

续表

序号	标题	发文日期	文号	需要修改的条款	修改后的条款
16	国家税务总局 海关总署关于正式启用"口岸电子执法系统"出口退税子系统的通知	2003.02.12	国税发〔2003〕15号	（四）各地税务部门要及时维护清分规则，将国家税务总局下发的报关单数据及时、准确地清分通过报关单传输系统监控各地的税务机关。各地退税部门应整合各地报关单分数据，了解数据清分情况，对存在不可清分数据的，要及时调整清分方案，并交由当地信息中心根据新的清分方案调整清分程序。（七）"口岸电子执法系统"出口退税子系统数据经由中国电子口岸数据中心和国家税务总局清分到各地的数据，由各地电子口岸数据中心和国家税务总局负责传输数据的核对办法和管理，参见附件1。为方便企业查询，现将全国税部门热线电话予以公布（附件2）。五、各级海关应充分认识到报关单"证明联"电子数据录入、传输的质量，直接影响到办理出口货物退（免）税的正确性。保证报关单"证明联"电子数据与纸质单证数据的相一致，是确保"口岸电子执法系统"出口退税子系统顺利运行的基础。为此，各级海关应配合国税部门做好以下具体工作。	（四）各地国税部门要及时维护清分规则，将国家税务总局下发的报关单数据通过报关单传输系统监控各地的税务机关。各地退税部门要整合各地报关单分数据，了解数据清分情况，对存在不可清分数据的，要及时调整清分方案，并交由当地信息中心根据新的清分方案调整清分程序。（七）"口岸电子执法系统"出口退税子系统数据经由中国电子口岸数据中心和国家税务总局清分到各地的数据，由中国电子口岸数据中心和国家税务总局共同负责传输数据的核对工作。海关报关单数据在税务系统内部传输的核对办法，由各地税务部门管理。国家税务总局将经与各地税务部门共同清分的数据，由中国电子口岸数据中心经出口企业网上确认后，见附件1。五、各级海关应充分认识到报关单"证明联"电子数据录入、传输的质量，直接报关单"证明联"电子数据的正确性。保证报关单"证明联"电子数据与纸质单证数据的相一致，是确保"口岸电子执法系统"出口退税子系统顺利运行的基础。为此，各级海关应配合国税部门做好以下具体工作。
				附件2《全国国税部门热线电话》	附件4《中国电子口岸数据中心热线电话解答问题的范围》
				附件5《中国电子口岸数据中心热线电话解答问题的范围》（1）用户使用操作方面的咨询；包括用户向国税局报送数据的具体操作和"数据查询"功能输入查询条件的操作；	（1）用户使用操作方面的咨询；包括用户向税务局报送数据的具体操作和"数据查询"功能输入查询条件的操作；
					删除

续表

序号	标题	发文日期	文号	需要修改的条款	修改后的条款
16	国家税务总局 海关总署关于正式启用"口岸电子执法系统"出口退税子系统的通知	2003.02.12	国税发〔2003〕15号	附件6《公告》 二、"出口退税子系统"的企业身份认证 (一)企业必须经过身份认证方可进入"出口退税子系统",完成相关业务操作。系统根据操作员输入的密码进行身份验证,操作员处理相关的数据开展相关的出口退税网上操作。未通过身份认证的企业将无法开展相关的出口退税网上操作。 (二)企业应确定负责本企业办理出口退税的人员并向本地区税务局申请身份认证,参加相关培训。人员如有变化,应提前5天向本地区国税局办理变更手续,重新进行身份认证。 三、出口企业电子单报税电子数据提交 (一)出口企业通过本系统向国税局提交出口货物报关单(出口退税专用联)电子数据、出口退税申报所需的其他单据,如:专用税票、核销单等数据不通过本系统提交,提交时间另行通知。 操作步骤如下: 1.用户登录本系统,选择"单据提交"功能,系统自动提取该企业未申报退税所需的出口货物报关单、出口退税专用证号码,可查阅相应单证的详细账数据。 2.用户点击列表中的单证准备提交的数据,使用"选择提交"功能,即可完成向国税局的单据提交任务。 3.用户选择并点击准备提交的数据,使用"选择提交"功能,即可完成向国税局。 4.用户也可使用"批量提交"功能相关数据集中提交国税局。	附件5《公告》 二、"出口退税子系统"的企业身份认证 (一)完成相关业务操作,操作员必须进入"出口退税子系统"进行身份验证。 系统根据操作员输入的密码进行身份验证,操作员处理相关的数据开展相关的出口退税网上操作。未通过身份认证的企业将无法开展相关的出口退税网上操作。对办理出口退税的企业办理电子签名,加密。未通过身份签名的企业将无法办理相关的出口退税网上操作。 (二)企业应确定负责本企业办理出口退税的人员并向本地区税务局办理身份认证手续,参加相关培训。人员如有变化,应提前5天向本地区税务局申请身份更改手续,重新进行身份认证。 三、出口报关电子单电子数据提交 (一)出口企业通过本系统向税务局提交出口货物报关单(出口退税专用联)电子底账数据。出口退税申报所需的其他单据,如:专用税票、核销单等数据暂不通过本系统提交,提交时间另行通知。 操作步骤如下: 1.用户登录本系统,选择"单据提交"功能,系统自动提取该企业未申报的出口货物报关单、出口退税专用证号码,可查阅相应单证的详细数据。 2.用户点击列表中的单证准备提交的数据,使用"选择提交"功能,即可完成向税务局。 3.用户选择并点击准备提交的数据,使用"选择提交"功能相关数据集中提交。 4.用户也可使用"批量提交"功能相关数据集中提交税务局。

续表

序号	标题	发文日期	文号	需要修改的条款	修改后的条款
17	国家税务总局关于重新修订《增值税一般纳税人纳税申报办法》的通知	2003.05.13	国税发〔2003〕53号	三、纳税申报资料 (二)备查资料 备查资料是否需在当期报送,由各省级国家税务局确定。 四、增值税纳税申报资料的管理 (一)增值税纳税申报期内,并在主管税务机关,应及时将全部必报资料的电子数据报送主管税务机关按照税法规定的纳税报送期限内(具体时间由各省级国家税务局确定),将主管税务机关、税务机关签收后,一份退还纳税人,其余留存。 (二)增值税纳税申报备查资料 5.《封面》的内容包括纳税人单位名称、本册单证编号、金额、税额、本月此种单证总册数及本月此种单证所属时间等,具体格式由各省一级国家税务局制定。	三、纳税申报资料 (二)备查资料 备查资料是否需在当期报送,由各省税务局确定。 四、增值税纳税申报资料的管理 (一)增值税纳税申报期内,纳税人在主管税务机关按照税法规定的期限内,应及时将全部必报资料的电子数据报送主管税务机关,并在本办法第三条第一款要求报送的必报资料(具体时间由各省税务局确定)的纸介确定的纸介质报送期限内报送主管税务机关,税务机关签收后,一份退还纳税人,其余留存。 (二)增值税纳税申报备查资料 5.《封面》的内容包括纳税人单位名称、本册单证编号、金额、税额、本月此种单证总册数及本月此种单证所属时间等,具体格式由各省税务局制定。
18	国家税务总局关于印发《增值税专用发票抵扣联信息企业采集方式管理规定》的通知	2003.06.19	国税发〔2003〕71号	第五条 增值税专用发票抵扣联信息企业采集方式的推行由各省、自治区、直辖市和计划单列市国家税务局增值税业务主管部门负责。	第五条 增值税专用发票抵扣联信息企业采集方式的推行由各省、自治区、直辖市和计划单列市税务局增值税业务主管部门负责。

续表

序号	标题	发文日期	文号	需要修改的条款	修改后的条款
19	国家税务总局关于进一步落实税收优惠政策、促进农民增加收入的紧急通知	2004.01.20	国税发[2004]13号	二、切实采取措施,将税收优惠政策宣传、将税收优惠政策落实到处。要大力开展税收宣传,务必使全体税务干部和广大农民全面掌握和了解中央制订的各项涉农优惠政策,务力做到家喻户晓,人人皆知。为了便于对农民的监督,省、地、市国税局和地税局要设立专门的监督举报电话,并将电话号码向社会公布。(七)为合理确定进入集贸市场业户的农民个体工商户的纳税定额,规范集贸市场业户税收征管工作,各地国税局和地税局要加强协作配合,共同做好农民个体工商户纳税定额的核定工作。省、市税务机关要做好农民个体工商户纳税定额差距过大。避免区域间统一定额联合工作小组,联合工作小组要成立一定税额联合工作小组,联合工作小组要在对本辖区个体共管户的生产经营情况进行深入细致调查的基础上,提出核定定额的方案。在定额核定工作中要严格坚持集体评定定额制度。	二、切实采取措施,将税收优惠政策宣传、将税收优惠政策落实到处。(三)要大力开展税收宣传,务必使全体税务干部和广大农民全面掌握和了解中央制订的各项涉农优惠政策,务力做到家喻户晓,人人皆知。为了便于社会各界对税务机关执行政策的监督,各级税务局要设立专门的监督举报电话,并将电话号码向社会公布。(七)为合理确定进入集贸市场业户的农民个体工商户的纳税定额,规范集贸市场业户税收征管工作,省、市税务机关要做好农民个体工商户的纳税定额,避免市场业户内的农民个体工商户纳税定额差距过大。在定额核定工作中要严格坚持集体评定定额制度。
20	国家税务总局关于使用增值税专用发票认证信息审核出口退税的紧急通知	2004.01.21	国税函[2004]133号	六、增值税专用发票认证信息传递办法 (二)各地制定的增值税专用发票认证信息传递办法必须符合以下原则: 1.增值税专用发票认证信息传递工作由各级国税局信息中心牵头负责,流转税、征收、进出口等部门予以配合,必须建立各级内部税务系统内部增值税专用发票认证发票信息传递的规则,建立岗位责任制和过错追究制度。 2.自2004年1月起,各级国税局信息中心必须及时将增值税专用发票认证信息传递给外贸企业的主管退税机关,具体办法由各地自定但必须确保增值税专用发票能够及时办理退税。	六、增值税专用发票认证信息传递办法 (二)各地制定的增值税专用发票认证信息传递办法必须符合以下原则: 1.增值税专用发票认证信息传递工作由各级税务局信息中心牵头负责,货物和劳务税、征收等部门予以配合,必须建立各级税务系统内部增值税专用发票认证发票信息传递的规则,建立岗位责任制和过错追究制度。 2.自2004年1月起,各级税务局信息中心必须及时将增值税专用发票认证信息传递给外贸企业的主管退税机关,具体办法由各地自定但必须确保增值税专用发票能够及时办理退税。

续表

序号	标题	发文日期	文号	需要修改的条款	修改后的条款
21	国家税务总局关于进一步加强印花税征收管理有关问题的通知	2004.01.30	国税函〔2004〕150号	印花税自1988年实施以来,各级地方税务机关不断强化征收管理,因地制宜地制定了有效的征管办法,保证了印花税收入的持续稳步增长。但是,随着我国市场经济的发展,及新《税收征管法》的颁布实施,印花税的一些征管规定已不适应印花税征收管理需要,与新《税收征管法》难以衔接等矛盾也日益突出。为加强印花税征收管理,堵塞印花税征管漏洞,稳定增长,保障印花税收入持续、稳定增长,现就加强印花税应税凭证征收管理的有关问题明确如下: 一、加强对印花税应税凭证的管理 各级地方税务机关应一设置印花税应税凭证登记簿,保证各类应税凭证及时、准确、完整地进行登记,应税凭证数量多或内部多个部门对外签订应税凭证的单位,要求其制定符合本单位实际的应税凭证登记管理办法。有条件的纳税人应指定专门部门、专人负责应税凭证的管理。 四、核定征收印花税 根据《税收征管法》第三十五条规定和印花税的税源特征,为加强印花税管理,地方税务机关可以核定印花税纳税人计税依据: (一)未按规定建立印花税应税凭证登记簿,或未如实登记和完整保存应税凭证的; (二)拒不提供应税凭证或不如实提供应税凭证致使计税依据明显偏低的; (三)采用汇总缴纳办法的,经地方税务机关责令限期报送汇总缴纳印花税报告,逾期仍不报告或者地方税务机关在检查中发现纳税人有不报送汇总缴纳印花税情况的; 地方税务机关未按规定核定征收印花税,应向纳税人发放核定征收印花税通知书,注明核定计税依据和规定的税款缴纳期限的。	印花税自1988年实施以来,各级税务机关不断强化征收管理,因地制宜地制定了有效的征管办法,保证了印花税收入的持续稳步增长。但是,随着我国市场经济的建立和发展,及新《税收征管法》的颁布实施,印花税的一些征管规定已不适应印花税征收管理的实际需要,与新《税收征管法》难以衔接等矛盾也日益突出。为加强印花税征收管理,堵塞印花税征管漏洞,方便纳税人,保障印花税收入持续、稳定增长,现就加强印花税应税凭证征收管理的有关问题明确如下: 一、加强对印花税应税凭证的管理 各级税务机关应一设置印花税应税凭证登记簿,保证各类应税凭证及时、准确、完整地进行登记,应税凭证数量多或内部多个部门对外签订应税凭证的单位,要求其制定符合本单位实际的应税凭证登记管理办法。有条件的纳税人应指定专门部门、专人负责应税凭证的管理。 四、核定征收印花税 根据《税收征管法》第三十五条规定和印花税的税源特征,为加强印花税管理,税务机关可以核定印花税计税依据: (一)未按规定建立印花税应税凭证登记簿,或未如实登记和完整保存应税凭证的; (二)拒不提供应税凭证或不如实提供应税凭证致使计税依据明显偏低的; (三)采用汇总缴纳办法的,经税务机关责令限期缴纳印花税,逾期仍不缴纳印花税,或税务机关在检查中发现纳税人发放核定征收印花税通知书,注明核定计税依据和规定的税款缴纳期限的。

续表

序号	标题	发文日期	文号	需要修改的条款	修改后的条款
21	国家税务总局关于进一步加强印花税征收管理有关问题的通知	2004.01.30	国税函〔2004〕150号	地方税务机关核定征收印花税,应根据纳税人的实际生产经营情况,参考纳税人各期印花税纳税情况及同行业合同签订情况,确定科学合理的数额或比例作为纳税人印花税计税依据。各级地方税务机关应逐步建立印花税基础资料库,包括:分行业印花税纳税资料库,分户纳税资料库等,确定科学合理的评估模型,保证核定征收的及时、准确、公平、合理。省、自治区、直辖市、计划单列市地方税务机关可根据本通知要求,结合本地实际,制定印花税核定征收办法,明确核定依据、纳税期限、核定应税凭证范围、核定额度或比例等,并报国家税务总局备案。	税务机关核定征收印花税,应根据纳税人的实际生产经营情况,参考纳税人各期印花税纳税情况及同行业合同签订情况,确定科学合理的数额或比例作为纳税人印花税计税依据。各级税务机关应逐步建立印花税基础资料库,包括:分行业印花税纳税资料库,分户纳税资料库等,确定科学合理的评估模型,保证核定征收的及时、准确、公平、合理。省、自治区、直辖市、计划单列市税务局可根据本通知实际,制定印花税核定征收办法,明确核定依据、纳税期限、核定应税凭证范围、核定额度或比例等,并报国家税务总局备案。
22	国家税务总局关于统一全国普通发票分类代码和发票号码的通知	2004.04.28	国税函〔2004〕521号	一、统一全国普通发票分类代码和发票号码 (一)普通发票分类代码编制规则 普通发票分类代码(以下简称分类代码)为12位阿拉伯数字。从左至右排列: 第1位为国家税务局代码,地方税务局代码,1为国家税务局,2为地方税务局,0为总局。 第2,3,4,5位为地区代码(地,市级),以全国行政区域统一代码为准,总局为0000。 第6,7位为年份代码(例如2004年以04表示)。 第8位为行业代码,其中,国税行业划分:1工业、2商业、3加工修理修配业、4收购业、5水电业、6其他,地税行业划分:1交通运输业、2建筑业、3金融保险业、4邮电通信业、5文化体育业、6娱乐业、7服务业、8转让无形资产、9销售不动产、0表示其他。 第9,10,11,12位为细化的发票种类代码,由省、自治区、直辖市和计划单列市国家税务局,地方税务局自行编制。 发票编码唯一的原则,由省、自治区、直辖市和计划单列市国家税务局,地方税务局自行编制。	一、统一全国普通发票分类代码和发票号码 (一)普通发票分类代码编制规则 普通发票分类代码(以下简称分类代码)为12位阿拉伯数字。从左至右排列: 第1位为税务局代码。 第2,3,4,5位为省、自治区、直辖市和计划单列市行政区域统一代码,以全国行政区域统一代码为准,总局为0000。 第6,7位为年份代码(例如2004年以04表示)。 第8位为统一的行业代码。 第9,10,11,12位为细化的发票种类代码,由省、自治区、直辖市和计划单列市税务局,按照保证每份发票编码唯一的原则,由省、自治区、直辖市和计划单列市税务局自行编制。

315

续表

序号	标题	发文日期	文号	需要修改的条款	修改后的条款
23	国家税务总局关于国际组织驻华机构、外国政府驻华使领馆和驻华新闻机构雇员个人所得税征收方式方面的通知	2004.06.23	国税函〔2004〕808号	三、根据《中华人民共和国个人所得税法》规定,对于在国际组织驻华机构和外国政府驻华使领馆中工作的中方雇员的个人所得税,应以直接支付所得的单位或者个人作为代扣代缴义务人。考虑到国际组织驻华机构和外国政府驻华使领馆的特殊性,各级地方税务机关可暂不要求国际组织驻华机构和外国政府驻华使领馆履行个人所得税代扣代缴义务。 六、北京、上海、广东、四川等有外国驻当地新闻媒体机构的省(市)地方税务局应定期向省级人民政府外事办公室索要《外国驻华新闻媒体名册》,了解、掌握外国驻当地新闻媒体机构以及外籍人员变动情况,并根据此要求上述驻华新闻机构做好中外籍记者、雇员个人所得税扣缴工作。	三、根据《中华人民共和国个人所得税法》规定,对于在国际组织驻华机构和外国政府驻华使领馆中工作的中方雇员的个人所得税,应以直接支付所得的单位或者个人作为代扣代缴义务人。考虑到国际组织驻华机构和外国政府驻华使领馆的特殊性,各级税务机关可暂不要求国际组织驻华机构和外国政府驻华使领馆履行个人所得税代扣代缴义务。 六、北京、上海、广东、四川等有外国驻当地新闻媒体机构的省(市)税务局应定期向省级人民政府外事办公室索要《外国驻华新闻媒体名册》,了解、掌握外国驻当地新闻媒体机构以及外籍人员变动情况,并根据此要求上述驻华新闻机构做好中外籍记者、雇员个人所得税扣缴工作。
24	国家税务总局关于房屋大修停征房产税分布政审批项目取消后加强后续管理工作的通知	2004.06.23	国税函〔2004〕839号	二、纳税人房屋大修停用半年以上需要免征房产税的,应在房屋大修前向主管税务机关报送相关证明材料,包括大修房屋的名称、坐落地点、产权证编号、房产原值、用途,大修合同及大修的起止时间和资料,以备税务机关查验。具体报送材料由各省、自治区、直辖市和计划单列市地方税务局确定。 五、各省、自治区、直辖市和计划单列市地方税务局应根据本通知的精神制定具体的管理办法,并告知房产税的纳税人。	二、纳税人房屋大修停用半年以上需要免征房产税的,应在房屋大修前向主管税务机关报送相关证明材料,包括大修房屋的名称、坐落地点、产权证编号、房产原值、用途,大修的原因及大修合同及大修的起止时间和资料,以备税务机关查验。具体报送材料由各省、自治区、直辖市和计划单列市税务局确定。 五、各省、自治区、直辖市和计划单列市税务局应根据本通知的精神制定具体的管理办法,并告知房产税的纳税人。

续表

序号	标题	发文日期	文号	需要修改的条款	修改后的条款
25	国家税务总局关于取消饲料产品免征增值税程序后加强后续管理的通知	2004.07.07	国税函〔2004〕884号	根据《国务院关于第三批取消和调整行政审批项目的决定》(国发〔2004〕16号)、《财政部、国家税务总局关于饲料产品免征增值税的通知》(财税〔2001〕121号)第二条有关饲料产品生产企业向所在地主管税务机关提出申请,经省级国家税务局审核批准后办理的后续管理,现将国家税务局饲料产品的规定有关问题明确如下: 一、符合免税条件的饲料生产企业,取得有计量认证资质的饲料质量检测机构(名单由省国家税务局确认)出具的饲料产品合格证明后即可按规定享受免征增值税优惠政策,并将饲料产品合格证明报其所在地主管税务机关备案。	根据《国务院关于第三批取消和调整行政审批项目的决定》(国发〔2004〕16号)、《财政部、国家税务总局关于饲料产品免征增值税的通知》(财税〔2001〕121号)第二条有关饲料产品生产企业向所在地主管税务机关提出申请,经省税务局审核批准后办理的后续管理,现将对免征增值税饲料产品的规定有关问题明确如下: 一、符合免税条件的饲料生产企业,取得有计量认证资质的饲料质量检测机构(名单由省税务局确认)出具的饲料产品合格证明后即可按规定享受免征增值税优惠政策,并将饲料产品合格证明报其所在地主管税务机关备案。
26	国家税务总局关于加强土地增值税管理工作的通知	2004.08.02	国税函〔2004〕938号	二、纳税人因经常发生房地产转让,是指房地产开发企业开发建造的房地产,因分次转让而难以在每次转让后申报纳税的情况,土地增值税可按月或按次申报计划单列市地方税务机关规定的期限申报缴纳。 三、纳税人选择定期申报方式的,定期申报方式应确定后,一年之内不得变更。 四、各省、自治区、直辖市和计划单列市地方税务局应根据本通知精神,结合本地的实际情况,制定具体的操作办法,并告知主地增值税纳税人。 五、各地方税务机关要加强土地增值税的宣传解释工作,采取有效措施,做好土地增值税的预征和汇算清缴等工作。	二、纳税人经常发生房地产转让,是指房地产开发企业开发建造的房地产,因分次转让而难以在每次转让后申报纳税义务,土地增值税可按月或按次申报计划单列市税务机关备案。定期申报方式的,应向纳税所在地的税务机关根据本通知精神,结合本地的实际情况,制定具体的操作办法,并告知土地增值税纳税人。 三、纳税人选择定期申报方式的,定期申报方式一年之内不得变更。 四、各省、自治区、直辖市和计划单列市税务局应根据本通知精神,结合本地的实际情况,制定具体的操作办法,并告知土地增值税纳税人。 五、各地税务机关要做好土地增值税的宣传解释,纳税辅导及纳税检查等工作,采取有效措施,预征和税款的征收管理工作。

317

续表

序号	标题	发文日期	文号	需要修改的条款	修改后的条款
27	国家税务总局关于办理上市公司国有股权无偿转让证券（股票）交易印花税有关审批事项的通知	2004.08.02	国税函〔2004〕941号	二、凡符合暂不征收证券（股票）交易印花税条件的上市公司国有股权无偿转让行为，由转让方或受让方按本通知附件《关于上市公司国有股权无偿转让证券（股票）交易印花税申报文件的规定》的要求，报上市公司挂牌交易所所在地的国家税务总局审批。 三、上市公司挂牌交易所所在地的国家税务总局按规定审批后，应按月将审批文件报国家税务总局备案。在办理上述审批过程中，遇有新情况、发现新问题应及时向国家税务总局报告。 四、国家税务总局将不定期对上述审批工作进行检查、督导。 附件《关于上市公司国有股权无偿转让证券（股票）交易印花税申报文件的规定》 对上市公司国有股权无偿转让符合本通知第一条规定范围，需要明确暂不征收印花税的，由转让方或受让方按下列要求向上市公司挂牌交易所所在地的国家税务局提出申请报告，具体内容包括： 一、转让方名称、地址、隶属关系、经济性质。 二、受让方名称、地址、隶属关系、经济性质。 三、转让股权的股数和金额、转让形式、批准部门，以及申请暂不征收印花税的理由。 四、申请报告应附下列证明文件和材料： （一）国务院及其授权部门或省级人民政府关于上市公司国有股权转让事宜的预案公告复印件。 （二）上市公司国有股权转让的可行性研究报告。 （三）受让方的章程。 （四）受让方《企业法人营业执照》副本复印件。 （五）向社会公布的上市公司国有股权转让的预案公告复印件。	二、凡符合暂不征收证券（股票）交易印花税条件的上市公司国有股权无偿转让行为，由转让方或受让方按本通知附件《关于上市公司国有股权无偿转让证券（股票）交易印花税申报文件的规定》的要求，报中国证券登记结算有限责任公司备案。 删除 附件《关于上市公司国有股权无偿转让证券（股票）交易印花税申报文件的规定》 对上市公司国有股权无偿转让符合本通知第一条规定范围，需要明确暂不征收印花税的，须由转让方或受让方向上市公司挂牌交易所所在地的中国证券登记结算公司备案。 （股票）交易印花税的理由。 一、转让方名称、地址、隶属关系、经济性质。 二、受让方名称、地址、隶属关系、经济性质。 三、转让股权的股数和金额、转让形式、批准部门，以及申请暂不征收印花税的理由。 四、备案时应附下列证明文件和材料： （一）国务院及其授权部门或省级人民政府关于上市公司国有股权转让的可行性研究报告。 （二）上市公司国有股权转让的批准文件。 （三）受让方的章程。 （四）受让方《企业法人营业执照》副本复印件。 （五）向社会公布的上市公司国有股权无偿转让的预案公告复印件。

续表

序号	标题	发文日期	文号	需要修改的条款	修改后的条款
28	国家税务总局关于进一步加强税收征管工作的若干意见	2004.08.24	国税发〔2004〕108号	三、加大税务稽查力度 （一）充分发挥税务稽查的重要作用 加大稽查工作力度，严厉查处涉税违法案件，震慑和惩处涉税犯罪，重点查处伪造、倒卖、虚开增值税专用发票，利用作假账、多套账等账外经营手段偷逃税款，利用伪造、变造的增值税专用发票骗取出口退税款以及骗取农产品收购发票等手段骗取抵扣税款的大案要案。对跨地区的大案要案，有关地区要积极协助主办地税务机关组织协调，上级税务机关要直接指挥组织协调，国税、地税局之间要及时沟通情况，尽可能联合办案。要切实做好税收专项检查，上级机关要做好税收专项检查统一组织工作，深入开展各专项检查。 四、优化纳税服务 （四）优化服务方式，提高服务水平 要不断拓展服务领域，坚持同责同办"公开"制度，创新服务手段，加强和规范"12366"建设和使用"12366"服务平台，共享网络资源，避免重复开发造成资源浪费。进一步加强税务网站建设，完善服务功能和内容，提高服务质量。认真贯彻《纳税信用等级评定管理试行办法》，积极开展评定纳税信用等级管理工作，促进纳税人依法纳税，纳税和税务机关依法行政。国税、地税局评定管理工作的地区，要联合进行评定管理工作，尚未开展评定管理工作的，要加快工作步伐。 五、整合信息资源 （一）加强现有信息资源的整合应用 整合工作中要充分发挥总局综合征管软件整合版的基础作用，在全国国税系统逐步推广应用总局综合征管软件整合版，征管数据与总局联网运行，相关征管信息国税、地税局共享。	三、加大税务稽查力度 （一）充分发挥税务稽查的重要作用 加大稽查工作力度，严厉查处涉税违法案件，震慑和惩处涉税犯罪，重点查处伪造、倒卖、虚开增值税专用发票，利用作假账、多套账等账外经营手段偷逃税款，伪造、变造的增值税专用发票骗取出口退税款以及骗取农产品收购发票等手段骗取抵扣税款和组织协调，上级机关要直接指挥组织协调，有关地区要积极协助主办部门调查取证。对跨地区的大案要案要切实做好税收专项检查统一组织工作，深入开展各专项检查。 四、优化纳税服务 （四）优化服务方式，提高服务水平 要不断拓展服务领域，创新服务方式，加强与纳税人的沟通，加强和规范"12366"建设。加强对咨询服务人员的考核与培训，提高服务质量。进一步加强税务网站建设，积极开展纳税信用等级评定管理工作。认真贯彻《纳税信用等级评定管理试行办法》，促进纳税人依法纳税和税务机关依法行政。尚未开展评定管理工作的地区，要加快工作步伐。 五、整合信息资源 （一）加强现有信息资源的整合应用 整合工作中要充分发挥总局综合征管软件整合版的主体作用，在全国税务系统逐步推广应用总局综合征管软件整合版的基础上，实现基础征管数据与总局联网运行。

续表

序号	标题	发文日期	文号	需要修改的条款	修改后的条款
28	国家税务总局关于进一步加强税收征管工作的若干意见	2004.08.24	国税发〔2004〕108号	六、加强协调配合 (三)切实加强国税、地税部门间的协作配合 要认真贯彻《国家税务总局、地方税务局关于加强国家税务局、地方税务局协作配合工作的意见》(国税发〔2004〕4号)精神,切实抓好协作配合工作。各级国税局、地税局的主要领导是双方协作配合工作的第一责任人,要亲自抓好这项工作。要落实双方协作配合工作,协调解决工作中的问题,建立切实可行、行之有效的工作联系协调制度,大力提倡在有条件的地区实行统一税务登记、相互代征税款、共建共用办税服务厅、申报纳税同城通办等措施。 国税、地税局配合的核心在于信息的互通互联共享,包括税务登记信息、关联发票信息、增值税抵扣信息、所得税管辖信息、附征税费基础信息、委托代征信息、征管违章信息、税务稽查信息、司法救济信息等等,都要列入双方共享的范畴,通过信息资源互联共享,形成税收征合力,增强管理实效。	删除
29	国家税务总局关于印发《税控收款机推广应用实施意见》的通知	2004.08.24	国税发〔2004〕110号	附件《税控收款机推广应用实施意见》 二、明确推广应用范围,合理确定优先顺序 (一)《通知》规定,"凡从事商业零售、饮食业、娱乐业、服务业、交通运输业等适合使用税控收款机系列机具行业的,并具有一定规模和固定经营场所的纳税人(以下简称用户),必须按照本通知使用税控收款机"。购置使用税控收款机的用户应符合"具有一定经营规模和固定经营场所"的条件。由于各地经济发展状况不同,"具有一定经营规模和固定经营场所"用户的具体标准,由各省、自治区、直辖市计划单列市税务局提出,报本级人民政府根据本地实际情况确定。	附件《税控收款机推广应用实施意见》 二、明确推广应用范围,合理确定优先顺序 (一)《通知》规定,"凡从事商业零售、饮食业、娱乐业、服务业、交通运输业等适合使用税控收款机系列机具行业,并具有一定规模和固定经营场所的纳税人(以下简称用户),必须按照本通知的规定购置使用税控收款机"。购置使用税控收款机的用户应符合"具有一定经营规模和固定经营场所"的条件。由于各地经济发展状况不同,"具有一定经营规模和固定经营场所"用户的具体标准,由各省、自治区、直辖市计划单列市税务局提出,报本级人民政府根据本地实际情况确定。

续表

序号	标题	发文日期	文号	需要修改的条款	修改后的条款
29	国家税务总局关于印发《税控收款机推广应用实施意见》的通知	2004.08.24	国税发〔2004〕110号	附件《税控收款机推广应用实施意见》 三、分清推广职责，加强协作配合 为了避免在推行工作中的职责交叉，进而带来纳税人重复购置机具，明确推广工作的分工为：凡是缴纳增值税的纳税人，其购置税控收款机推广使用工作由国家税务局负责；凡是缴纳营业税的纳税人，其购置税控收款机推广使用工作由地方税务局负责。 既缴纳增值税又缴纳营业税的，应当分别购置税控收款机，按规定分别核算且不同时处理涉及增值税和营业税业务的，在同一台需要同时处理涉及增值税和营业税业务的，以主营业务确定税控收款机配置机型和管理机关。 国家税务局、地方税务局在工作中要紧密配合，加强协作，尤其是对既缴纳增值税又缴纳营业税的纳税人，要准确划清其所从事的业务范围，认定主营业务，避免重复购置，确保推广工作顺利进行。 四、推广应用的方法与步骤 （一）准备阶段（2004年10月底前） 各省、自治区、直辖市及计划单列市国家税务局、地方税务局应对本地区用户的经营情况做好充分的调查研究，以此为基础，就推行的行业、用户标准、方法步骤、招标选型、使用管理、优惠政策，报当地政府批准后实施。同时，充分利用报刊、电视广播等媒体，广泛宣传税控收款机推广使用的重要意义，以获得社会各界及用户的理解与支持，为推广应用工作创造一个良好的社会氛围。在国家税务总局公布第一批获得税控收款机生产许可证企业名单后，各地即可开始实施选型招标工作。	删除

续表

序号	标题	发文日期	文号	需要修改的条款	修改后的条款
29	国家税务总局关于印发《税控收款机推广应用实施意见》的通知	2004.08.24	国税发〔2004〕110号	附件《税控收款机推广应用实施意见》 八、加强领导,密切协作 （一）提高认识,加强监督。推广使用税控收款机是加强税收征管,强化税源监控,提高征管质量与效率的一项重要措施,各级税务机关特别是领导干部要充分认识到,把推广应用这项工作作为整顿和规范市场经济秩序的重要内容抓紧抓好。同时还要采取"标准化、市场化、行政监督"的工作思路抓紧抓好,力图摒弃行政审批操作,切实转变政府职能,维护有序竞争。推广使用税控收款机是一项涉及"公平、公正、公开"原则,难度及面广,带有强制性的工作,各级税务机关要成立推广税控收款机工作领导小组,密切与财政、信息产业、质检等部门的配合协作,按照《通知》明确的分工,协同推进此项工作。 （二）从实际出发稳步推行。各级税务局要制定出切实可行的推广应用实施方案,力求在符合当地协商的基础上,制定出切实可行的推广应用实施方案,力求实际,带有行业管理特点,同时也要考虑到税务机关实施推行工作也要考虑到税务机关实施推行其他行业管理工作的有效衔接和人力、物力的合理安排。推广应用工作中,要注意研究税控收款机推行中的难点问题,摸清、摸透用户的经营情况,既要注意解决共性问题,又要注意解决个性化问题,切忌工作简单化。	附件《税控收款机推广应用实施意见》 七、加强领导,密切协作 （一）提高认识,加强监督。推广使用税控收款机是加强税收征管,强化税源监控,提高征管质量与效率的一项重要措施,各级税务机关特别是领导干部要充分认识到,把推广应用这项工作作为整顿和规范市场经济秩序的重要内容抓紧抓好。同时还要采取"标准化、市场化、行政监督"的工作思路抓紧抓好,力图摒弃行政审批操作,切实转变政府职能,维护有序竞争。推广使用税控收款机是一项涉及"公平、公正、公开"原则,难度及面广,带有强制性的工作,各级税务机关要成立推广税控收款机工作领导小组,密切与财政、信息产业、质检等政府部门的配合协作,按照《通知》明确的分工,协同推进此项工作。 （二）从实际出发稳步推行。各级税务局要制定出切实可行的推广应用实施方案,同时要考虑到税控收款机本身,业务必出这次特别是总局提出这次整顿和规范工作,也是总结历史经验教训,力图摒弃行政审批操作,切实转变政府职能,维护有序竞争。推广使用税控收款机工作领导小组,密切与财政、信息产业、质检等政府部门的配合协作,按照《通知》明确的分工,协同推进此项工作。
30	国家税务总局关于建立增值税失控发票快速反应机制的通知	2004.09.23	国税发〔2004〕123号	三、业务流程 （五）数据撤消 总局在收到省国税机关的撤消失控发票书面申请后,经审核,对全国失控发票数据库表中的失控发票进行撤消,保存到总局的全国失控发票数据库表中。	三、业务流程 （五）数据撤消 总局在收到省税务机关的撤消失控发票书面申请后,经审核,对全国失控发票数据库表中的失控发票进行撤消,保存到总局的全国失控发票数据库表中。

续表

序号	标题	发文日期	文号	需要修改的条款	修改后的条款
31	国家税务总局关于印发《集贸市场税收分类管理办法》的通知	2004.11.24	国税发〔2004〕154号	第九条 负责集贸市场税收征管的国家税务局和地方税务局应加强合作，做好纳税人税务登记信息交换、业户停、复业手续办理以及漏征漏管户清理等工作。有条件的地方，可以按照《税务登记管理办法》所确定的原则，统一办理税务登记，统一开展税务登记管理工作。为方便纳税人和节约税收成本，有条件的地区，国家税务局与地方税务局可以互相委托代征集贸市场税收。	删除
				第十二条 对于实行定期定额征收的个体工商户，主管税务机关应按照定额核定程序，科学核定定额。各地应积极推行计算机核定定额工作，保证核定额的公正和公平。为区分不同行业，科学选取定额调整系数，运用统一软件进行核定。同时，各地要普遍实行定额公示制度。在定额核定工作中，国家税务局和地方税务局应加强协作，确保对共管户定额核定的统一。	第十一条 对于实行定期定额征收的个体工商户，主管税务机关应当严格按照定额核定程序，科学核定定额。为保证核定额的公正和公平，各地应积极推行计算机核定定额工作。为区分不同行业，科学选取定额调整参数，合理确定定额调整系数，运用统一软件进行核定。同时，各地要普遍实行定额公示制度。
				第十六条 各省、自治区、直辖市和计划单列市国家税务局和地方税务局可以根据本办法确定的原则制定具体实施办法。	第十五条 各省、自治区、直辖市和计划单列市税务局可以根据本办法确定的原则制定具体实施办法。
32	国家税务总局关于印发《税务机关代开增值税专用发票管理办法（试行）》的通知	2004.12.22	国税发〔2004〕153号	第十九条 各省、自治区、直辖市和计划单列市国家税务局可根据实际在本办法基础上制定实施细则。	第十九条 各省、自治区、直辖市和计划单列市税务局可以根据实际在本办法基础上制定实施细则。

323

续表

序号	标题	发文日期	文号	需要修改的条款	修改后的条款
33	国家税务总局关于加强税收违法检举案件管理信息系统管理工作的通知	2004.12.31	国税发〔2004〕167号	一、"案件系统"依托金税工程系统网络实行国家税务总局稽查局、省国家税务局稽查局、地（市）国家税务局稽查局、县（区）国家税务局稽查局四级检举案件信息管理。上级国家税务局稽查局通过"案件系统"对下级国家税务局稽查局受理、查处税收违法检举案件工作进行监督管理。 二、"案件系统"的运行和日常管理工作由各级国家税务局稽查局举报案件信息中心（以下简称"举报中心"）负责，同级国家税务局信息中心负责该系统的日常系统维护和技术支持。 三、"案件系统"在税收违法案件转办案件流程上设置了"举报业务人员"、"中心主任"、"稽查局局长"（分管稽查工作）、"税务局局长"（分管稽查工作）职责岗位。各级国家税务局应依照上述职责岗位配置相关机构和人员，即：省、地（市）国家税务局稽查局举报中心设主任一人、专职工作人员一至二人；县（区）国家税务局稽查局也应有人员具体负责案件举报工作，以确保案件管理信息系统正常运转。 八、对受理的检举案件，应在7日内将相关信息录入"案件系统"，提出处理意见，并按领导审批意见将案件分配到相应的部门。对由本级直接处理的检举案件以及转出案件，由负责该案件跟踪的举报业务人员在本系统内制作的案件纸质函件，送相关单位或部门；对转下级国家税务局的案件通过"案件系统"发送，需呈报上一级税务机关的案件通过"案件系统"发送；对跨地区案件，跨地区税务局系统的案件，由其通过"案件系统"转发。	一、"案件系统"依托金税工程系统网络实行国家税务总局稽查局、省税务局稽查局、地（市）税务局稽查局、县（区）税务局稽查局四级检举案件信息管理。上级税务局稽查局通过"案件系统"对下级税务局稽查局受理、查处税收违法检举案件工作进行监督管理。 二、"案件系统"的运行和日常管理工作由各级税务局稽查局举报案件信息中心（以下简称"举报中心"）负责，同级税务局信息中心负责该系统的日常系统维护和技术支持。 三、"案件系统"在税收违法案件转办案件流程上设置了"举报业务人员"、"中心主任"、"稽查局局长"（分管稽查工作），"税务局局长"（分管稽查工作）职责岗位。各级税务局应依照上述职责岗位配置相关机构和人员，即：省、地（市）税务局稽查局举报中心设主任一人、专职工作人员一至二人；县（区）税务局稽查局也应有人员具体负责案件举报工作，以确保案件管理信息系统正常运转。 八、对受理的检举案件，应在7日内将相关信息录入"案件系统"，提出处理意见，并按领导审批意见将案件分配到相应的部门。对由本级直接处理的检举案件以及转出案件，由负责该案件跟踪的举报业务人员在本系统内制作的案件纸质函件，送相关单位或部门；对转下级税务机关的案件通过"案件系统"发送，需呈报上一级税务机关的案件通过"案件系统"发送；对跨地区案件，跨地区税务局系统的案件，由其通过"案件系统"转发。

续表

序号	标题	发文日期	文号	需要修改的条款	修改后的条款
33	国家税务总局关于加强税收违法检举案件信息管理工作的通知	2004.12.31	国税发〔2004〕167号	十二、同级国家税务局稽查局举报中心负责对"案件系统"内的数据定期做备份，具体期限自行掌握，以防数据丢失。 十三、"案件系统"具有前后台三个层次的操作密码：1.服务器开机和操作密码；2.Oracle数据库管理员登录密码；3.案件管理系统不同层次涉及系统安全和数据安全，用户登录密码。其中1,2及第3层次密码中的系统超级管理员密码由各省、自治区、直辖市、计划单列市国家税务局稽查局举报中心掌握，第3层次密码中的用户登录密码由各级稽查局举报中心的举报业务人员自己掌握。 十四、各地行政区划有发生变更的，应立即将变更情况以电子和纸质信息上报国家税务总局稽查局举报中心。各省、自治区、直辖市、计划单列市国家税务局要严格按照局要求，做好税收违法检举案件管理信息系统的管理和维护工作，并及时上报存在的问题。	十二、同级税务局稽查局举报中心负责对"案件系统"内的数据定期做备份，具体期限自行掌握，以防数据丢失。 十三、"案件系统"具有前后台三个层次的操作密码：1.服务器开机和操作密码；2.Oracle数据库管理员登录密码；3.案件管理系统不同层次涉及系统安全和数据安全，用户登录密码。其中1,2及第3层次密码中的系统超级管理员密码由各省、自治区、直辖市、计划单列市各级稽查局的举报中心掌握，第3层次密码中的用户登录密码由各级稽查局举报业务人员自己掌握。 十四、各地行政区划有发生变更的，应立即将变更情况以电子和纸质信息上报税务总局稽查局举报中心。
34	国家税务总局 国家外汇管理局关于个人财产对外转移提交税收完税证明或者税收证明有关问题的通知	2005.01.31	国税发〔2005〕13号	一、税务机关在为申请人开具税收证明时，应当按其财产不同类别、来源，由收取税款的所在地国家税务局、地方税务局分别开具。 三、申请人申领取税收证明的程序如下： （一）申请人按照本通知第五条的规定提交相关资料，分别向国家税务局、地方税务局申请开具税收证明。 四、税务机关开具税收证明的内部工作程序由国家税务局、地方税务局明确。	一、税务机关在为申请人开具税收证明时，应当按申请人缴纳税款情况进行证明。税务机关为申请人所在地或财产所在地收取税款的规定不同类别、来源，由收取税款的所在地税务机关为申请人开具税收证明。 三、申请人申领取税收证明的程序如下： （一）申请人按照本通知第五条的规定提交相关资料，向税务机关申请开具税收证明。 四、税务机关开具税收证明的内部工作程序由省、自治区、直辖市和计划单列市税务局明确。

续表

序号	标题	发文日期	文号	需要修改的条款	修改后的条款
35	国家税务总局关于印发《纳税人财务会计报表报送管理办法》的通知	2005.03.01	国税发〔2005〕20号	二、统一报送，信息共享。今后凡依照法律、行政法规以及总局的规定（文号见附件2）要求纳税人报送的财务会计报表，均由《办法》规定的统一报送方式替代，不再分税种单独报送。即同一种报表纳税人按现行税收征收管理范围的划分，分别向主管国家税务局、地方税务局报送财务会计报表，按照"一户式"存储人信息系统，按照"一户式"存储的要求进行管理。目前，各省市在财务会计报表数据有部分重复报送的，一律取消，以避免重复报送。凡财务会计报表数据能够满足同类报表报送的特殊需要而报送数据又不能满足的，要立即修改报表内容并重新发布；凡财务会计报表数据报送特殊需要而报送数据又不能满足的，要立即修改报表内容并重新发布，以避免重复报送。与此同时，县级税务局可以统一确定由纳税人报送的所有财务会计报表，县级税务机关应当根据各部门工作职责，使用需求确定权限，授权使用，实行信息共享，并要切实加强各部门之间协调配合，深入细致地做好基础性工作，防止出现管理上的"真空"。	二、统一报送，信息共享。今后凡依照法律、行政法规以及总局的规定，均由《办法》规定的统一报送方式替代，不再分税种单独报送。即同一种报表纳税人按现行税收征收管理范围的划分，分别向主管税务机关集中录入信息系统，按照"一户式"存储进行管理。目前，各省市在财务会计报表数据有部分重复报送的，一律取消，以避免重复报送。凡财务会计报表数据能够满足同类报表报送的特殊需要而报送数据又不能满足的，要立即修改报表内容并重新发布；凡财务会计报表数据报送特殊需要而报送数据又不能满足的，要立即修改报表内容并重新发布，以避免重复报送。与此同时，县级税务局可以统一确定由纳税人报送的所有财务会计报表，县级税务机关应当根据各部门工作职责，使用需求确定权限，授权使用，实行信息共享，并要切实加强各部门之间协调配合，深入细致地做好基础性工作，防止出现管理上的"真空"。
				附件1《纳税人财务会计报表报送管理办法》 第五条 纳税人应当在规定期间，按照现行税收征收管理范围的划分，分别向主管国家税务局、地方税务局报送财务会计报表。除有特殊要求外，同样的报表只报送一次。	附件1《纳税人财务会计报表报送管理办法》 第五条 纳税人应当在规定期间，按照现行税收征收管理范围的划分，向主管税务机关报送财务会计报表。除有特殊要求外，同样的报表只报送一次。
				附件1《纳税人财务会计报表报送管理办法》 第七条第二款 适用不同会计制度报送财务会计报表的具体种类，由省、自治区、直辖市和计划单列市国家税务局和地方税务局联合确定。	附件1《纳税人财务会计报表报送管理办法》 第七条第二款 适用不同的会计制度报送财务会计报表的具体种类，由省、自治区、直辖市和计划单列市税务局确定。
				附件1《纳税人财务会计报表报送管理办法》 第八条 纳税人财务会计报表报送期间上按季度和年度报送。确需按月报送的，由省、自治区、直辖市和计划单列市国家税务局和地方税务局联合确定。	附件1《纳税人财务会计报表报送管理办法》 第八条 纳税人财务会计报表报送期间原则上按季度和年度确定。确需按月报送的，由省、自治区、直辖市和计划单列市税务局确定。

续表

序号	标题	发文日期	文号	需要修改的条款	修改后的条款
35	国家税务总局关于印发《纳税人财务会计报表报送管理办法》的通知	2005.03.01	国税发[2005]20号	附件1《纳税人财务会计报表报送管理办法》第十八条 有条件的地区，国家税务局和地方税务局可将各自采集的纳税人财务会计报表数据进行交换核对比，以提高财务数据的真实性和完整性。	删除
				附件1《纳税人财务会计报表报送管理办法》第三十一条 各省、自治区、直辖市和计划单列市国家税务局、地方税务局根据本办法制定具体实施细则，并报国家税务总局备案。	附件1《纳税人财务会计报表报送管理办法》第三十一条 各省、自治区、直辖市和计划单列市税务局根据本办法制定具体实施细则，并报国家税务总局备案。
				附件1《纳税人财务会计报表报送管理办法》中"征收管理司"的内容	修改为"征管和科技发展司"、"征科司"
36	国家税务总局关于印发《纳税评估管理办法（试行）》的通知	2005.03.11	国税发[2005]43号	第二十七条 各级国家税务局、地方税务局要加强纳税评估工作的协作，提高相关数据信息的共享程度，简化评估工作实效，最大限度方便纳税人。	第二十七条 各级税务局要加强纳税评估工作的协作，提高相关数据信息的共享程度，简化评估工作实效，最大限度方便纳税人。
37	国家税务总局关于印发《出口货物退（免）税管理办法（试行）》的通知	2005.03.16	国税发[2005]51号	第二条 出口商自营出口或委托出口并在财务上做销售核算的货物，除另有规定者外，可在货物报关出口并在财务上做销售核算后，凭有关凭证报送所在地税务所（以下简称税务机关）批准退还或免征其增值税、消费税。	第二条 出口商自营出口或委托出口并在财务上做销售核算的货物，除另有规定者外，可在货物报关出口并在财务上做销售核算后，凭有关凭证报送所在地税务机关（以下简称税务机关）批准退还或免征其增值税、消费税。
				第二十二条 税务机关应当建立出口货物退（免）税凭证、资料的档案管理制度。出口货物退（免）税凭证、资料应当保存10年。但是，法律、行政法规另有规定的除外。具体管理办法由各省级税务局制定。	第二十二条 税务机关应当建立出口货物退（免）税凭证、资料的档案管理制度。出口货物退（免）税凭证、资料应当保存10年。但是，法律、行政法规另有规定的除外。具体管理办法由各省税务局制定。
				第二十五条 出口商以假报出口或其他欺骗手段骗取国家出口退税款的，税务机关应当按照《中华人民共和国税收征收管理法》第六十六条规定处理。对骗取国家出口退税款的出口商，经省级以上（含本级）国家税务局批准，可以停止其六个月以上出口退税权。在出口退税权停止期间自营出口和代理出口的货物，一律不予办理退（免）税。	第二十五条 出口商以假报出口或其他欺骗手段骗取国家出口退税款的，税务机关应当按照《中华人民共和国税收征收管理法》第六十六条规定处理。对骗取国家出口退税款的出口商，经税务局批准，可以停止其六个月以上出口退税权。在出口退税权停止期间自营出口和代理出口的货物，一律不予办理退（免）税。

续表

序号	标题	发文日期	文号	需要修改的条款	修改后的条款
38	国家税务总局关于明确普通发票分类代码中年份代码各含义的通知	2005.03.18	国税函〔2005〕218号	二、发票代码和发票号码的印刷颜色可根据印刷设备的情况,由各省、自治区、直辖市国家税务局确定。 三、各省、自治区、直辖市国家税务局和计划单列市国家税务局应将年份代码和机动车销售统一发票规定和含义通告当地公安交管部门。如有问题应及时做好协调和解释工作。	二、发票代码和发票号码的印刷颜色可根据印刷设备的情况,由各省、自治区、直辖市和计划单列市税务局确定。 三、各省、自治区、直辖市和计划单列市税务局应将年份代码和机动车销售统一发票规定及时通告当地公安交管部门。如有问题应及时做好协调和解释工作。
39	国家税务总局关于进一步规范和完善个体税收征收管理工作的意见	2005.03.28	国税发〔2005〕48号	三、加快落实《集贸市场税收分类办法》 为进一步提高集贸市场税收分类管理的质量与效率,各级国税局和地税局要相互协作,按照《集贸市场税收分类管理办法》(国税发〔2004〕154号)所确定的税收分类人类型,科学划分集贸市场和纳税人,抓紧制定和完善相应的配套管理措施,尽快加以落实;要积极开展纳税户停业、复业和注销等信息的交换,联合开展定额核定工作,确保双方对同一纳税户核定定额的统一。 四、切实加强个体工商户个人所得税与个人所得税中"储蓄存款利息个人所得税"虽不属于个体经营收入的连续性,但为保持上报数据收入的连续性,各地税务局在向总局报送个体经营税收收入时应包含该税收收入,总局在规划核算司生成个体经营税收收入月度快报时再予以扣除。"	删除 三、切实加强个体税源分析中"储蓄存款利息个人所得税虽不属于个体经营收入的连续性,但为保持上报数据收入的连续性,各地税务局在向总局报送个体经营税收收入时应包含该税收收入,总局在规划核算司生成个体经营税收收入月度快报时再予以扣除。"
40	国家税务总局关于加强机动车辆税收管理有关问题的通知	2005.05.11	国税发〔2005〕79号	目前,机动车辆从生产、销售、购置到使用环节的税种主要涉及增值税、消费税、车辆购置税、车船使用税等税种。其中:车辆生产企业缴纳的增值税、消费税、车辆经销企业缴纳的增值税,车辆使用牌照税由地方税务局征收,车辆购置税由国家税务局分别在生产、销售、购买和使用环节征收。由于机动车辆使用税在各环节税收由不同部门独立征收,部门之间协调配合,各环节涉税信息没有共享,导致各环节的税收征管不到位存在漏洞,税收流失比较严重。	目前,机动车辆从生产、销售、购置到使用环节的税收主要涉及增值税、消费税、车辆购置税、车船税等税种。

328

续表

序号	标题	发文日期	文号	需要修改的条款	修改后的条款
40	国家税务总局关于加强机动车辆税收管理有关问题的通知	2005.05.11	国税发〔2005〕79号	一、车辆税收"一条龙"管理思路 加强机动车辆税收在生产、销售、购置各个征收环节沟通，实现上下各环节协调配合管理。以车辆购置税征收环节"必须抓住"的关键，与公安车辆管理部门密切配合，在车辆购置税征收环节才准上牌照，认证"机动车销售统一发票"（以下简称统一发票）。征税环节审核、记录车辆征税信息并将统一发票信息向前即增值税、消费税和日后稽查部门传递、经销企业或经销企业进行税源管理。向后即车船使用税、车辆使用牌照税征管环节传递，用于地方税务局税源管理。稽查部门有针对性地对生产、消费税、消费税企业进行稽查，强化增值税、消费税和针对性地对生产、消费税、消费税企业进行稽查，强化征管环节传递，用于地方税务局税源管理。稽查部门有针对性地对车船使用税、车辆使用牌照税征管形成一个有机的整体。 三、车辆购置税的管理 （一）各省、自治区、直辖市、计划单列市国家税务局应主动与公安车辆管理部门建立车辆登记注册信息交换通道，利用建立的车辆登记注册信息交换通道，获取从车管部门获取的机动车登记注册信息编制《机动车登记注册信息表》（见附件6），并将从车管部门获取的机动车登记注册信息分发给车辆购置税征收单位，供车辆购置税征收单位查询已登记注册但未缴纳车辆购置税的机动车信息，并依照征管法的有关规定实施查处。 三、车辆购置税的管理 （四）车辆购置税征收单位根据纳税人提供的资料采集生成《纳税人和车辆基础信息表》（见附件7），按照本地区国家税务局与地方税务局商定的方式和时间，将信息交换给地方税务局。	一、车辆税收"一条龙"管理思路 加强机动车辆税收在生产、销售、购置各个征收环节沟通，实现上下各环节协调配合管理。以车辆购置税征收环节"必须抓住"的关键，与公安车辆管理部门密切配合，在车辆购置税征收环节才准上牌照，认证"机动车销售统一发票"（以下简称统一发票）。征税环节审核、记录车辆征税信息并将统一发票信息向前即增值税、消费税和日后稽查部门传递、经销企业或经销企业进行税源管理。向后即车船税传递，用于税务局对生产、消费税、消费税企业进行稽查，强化增值税、消费税管理，纳税评估和日常检查、强化税源管理，使机动车辆税收征管形成一个有机的整体。 三、车辆购置税的管理 （一）各省、自治区、直辖市、计划单列市税务局应主动与公安车辆管理部门建立车辆登记注册信息交换通道，利用建立的机动车登记注册信息编制《机动车登记注册信息表》（见附件6），并将从车管部门获取的机动车登记注册信息定期交换给车辆购置税征收单位，供车辆购置税征收单位查询已登记注册但未缴纳车辆购置税的机动车信息，并依照征管法的有关规定实施查处。 删除

329

续表

序号	标题	发文日期	文号	需要修改的条款	修改后的条款
40	国家税务总局关于加强机动车辆税收管理有关问题的通知	2005.05.11	国税发〔2005〕79号	四、车船使用税和车船使用牌照税的管理 切实加强源泉管理，掌握纳税人和车辆的涉税信息，是实现车船使用牌照税征收科学化、精细化管理的基础。各级地方税务局要充分利用车辆使用牌照税和车辆购置税基础信息，完善车船使用牌照税的税源档案，夯实征管基础。 （一）各级地方税务局要主动与国家税务局联系，积极做好车辆购置税纳税人和车辆基础信息的接收工作。对已征收车辆购置税的资料，可从1995年1月1日起进行采集；在2005年7月底前完成历史资料的采集工作；没有车辆购置税（费）征收档案电子信息的，地方税务局负责组织人员将纸质的车辆购置税有关资料转换为电子信息。国税部门要予以配合。信息传递的具体方式和时间由各地国家税务局和地方税务局商定。 （二）各级地方税务局要建立或完善车船使用税和车船使用牌照税源数据档案库，并将接入的车辆使用牌照税、车船使用牌照税纳税人信息资料与车辆购置税税源和征收信息进行比对和分析，查找漏征漏管车辆，并要加大征管力度，采取强有力手段积极催缴。 （三）为方便纳税人，加强源泉控管，各地地方税务局根据征管的需要，对直接征收有困难，无法控制的机关代收机动车辆等，可委托国家税务局车辆购置税征收机关代征新购的机动车辆第一年的车船使用税和车船使用牌照税，并按规定支付代征手续费。	四、车船税的管理 切实加强源泉管理，掌握纳税人和车辆的涉税信息，是实现车船税征收科学化、精细化管理的基础。各级税务局要充分利用车船税征收环节采集的纳税人和车辆基础信息，完善车船税的税源档案，夯实征管基础。 四、车船税的管理 各级税务局要建立或完善车船税税源信息数据档案库，并将接入的车船税纳税人信息资料与车船税征收信息进行比对和分析，查找漏征漏管车辆，并要加大征管力度，采取强有力手段积极催缴。 删除

续表

序号	标题	发文日期	文号	需要修改的条款	修改后的条款
40	国家税务总局关于加强机动车辆税收管理有关问题的通知	2005.05.11	国税发〔2005〕79号	五、信息传递 各级税务机关，应按下列规定，传递、清分上月采集的《发票价格异常清单》和《车购税代码清单》电子信息。 在每月5日前，直辖市和计划单列市国家税务局向所属的区县国家税务局向市、地国家税务局传递； 在每月5日前，省、自治区国家税务局向所属的区县国家税务局向市、地国家税务局传递； 在每月7日前，省、自治区、直辖市和计划单列市国家税务局向省、自治区国家税务局传递； 在每月10日前，向国家税务总局传递异地传递异地《发票价格异常清单》电子信息； 在每月15日前，国家税务总局向开具发票价格异常清单一发票价格异常清单、车辆销售统一发票的企业所在地省、自治区、直辖市和计划单列市国家税务局传递《发票价格异常清单》电子信息；国家税务总局向车辆生产企业所在地省、自治区、直辖市和计划单列市国家税务局传递《车购税代码清单》电子信息。机动车销售企业、经销企业和车辆生产企业应及时从省、自治区、直辖市和计划单列市国家税务机关下载相关电子信息。 附件2《车辆购置税车辆识别代码清单》 1．本表"车辆购置税征收单位名称"为征收单位所在地的国家税务局代码号后加"c1"（超过一个征收点，按顺序递增）。 附件5《车辆购置税发票价格异常清单》 1．本表"车辆购置税征收单位名称"为征收单位所在地的国家税务局代码号后加"c1"（超过一个征收点，按顺序递增）。	五、信息传递 各级税务机关，应按下列规定，传递、清分上月采集的《发票价格异常清单》和《车购税代码清单》电子信息。 在每月5日前，直辖市和计划单列市税务局向所属的区县税务局向市、地税务局传递； 在每月5日前，省、自治区税务局向所属的区县税务局向市、地税务局传递； 在每月7日前，省、自治区、直辖市和计划单列市税务局向省、自治区税务局传递； 在每月10日前，向国家税务总局传递异地《发票价格异常清单》电子信息； 在每月15日前，国家税务总局向开具发票价格异常清单一发票价格异常清单、车辆销售统一发票的企业所在地省、自治区、直辖市和计划单列市税务局传递《发票价格异常清单》电子信息；国家税务总局向车辆生产企业所在地省、自治区、直辖市和计划单列市税务局传递《车购税代码清单》电子信息。机动车销售企业、经销企业和车辆生产企业应及时从省、自治区、直辖市和计划单列市税务机关下载相关电子信息。 附件2《车辆购置税车辆识别代码清单》 1．本表"车辆购置税征收单位名称"为征收单位所在地的税务局代码号后加"c1"（超过一个征收点，按顺序递增）。 附件5《车辆购置税发票价格异常清单》 1．本表"车辆购置税征收单位名称"为征收单位所在地的税务局代码号后加"c1"（超过一个征收点，按顺序递增）。

续表

序号	标题	发文日期	文号	需要修改的条款	修改后的条款
40	国家税务总局关于加强机动车辆税收管理有关问题的通知	2005.05.11	国税发〔2005〕79号	附件6《机动车辆登记注册信息表》 1. 本表"车辆购置税征收单位名称"为征收单位所在地的国家税务局代码号后加"c1"（超过一个征收点，按顺序递增）。 附件7《纳税人和车辆基础信息表》 1. 本表"车辆购置税征收单位名称"为征收单位所在地的国家税务局代码号后加"c1"（超过一个征收点，按顺序递增）。	附件6《机动车辆登记注册信息表》 1. 本表"车辆购置税征收单位名称"为征收单位所在地的税务局代码号后加"c1"（超过一个征收点，按顺序递增）。 附件7《纳税人和车辆基础信息表》 1. 本表"车辆购置税征收单位名称"为征收单位所在地的税务局代码号后加"c1"（超过一个征收点，按顺序递增）。
41	国家税务总局关于增值税抵扣凭证审核检查有关问题的批复	2005.05.24	国税函〔2005〕495号	第二条第二款 为方便国税机关对海关进出口增值税专用缴款书的审核检查工作，总局正在统计各地海关对应税务机关名称、地址等信息，供各级税务机关使用。	第二条第二款 为方便税务机关对海关进出口增值税专用缴款书的审核检查工作，总局正在统计各地海关对应税务机关名称、地址等信息，供各级税务机关使用。
42	国家税务总局 财政部 建设部关于加强房地产税收管理的通知	2005.05.27	国税发〔2005〕89号	一、各级地方税务、财政部门和房地产管理部门，要认真贯彻执行房地产税收有关法律、法规和政策规定，建立和完善情况通报制度，加强部门间的协作配合。各级地方税务、财政部门要切实加强房地产税收征管，并主动与当地的房地产管理部门取得联系；房地产管理部门要积极配合。 第二条中"对单位或个人将购买住房对外销售的，市、县房地产管理部门应在办理房屋权属登记的当月，向同级地方税务、财政部门提供房屋权属登记资料、房屋面积、产权人、成交价格等信息。市、县规划管理部门要将已批准供给地方税务、财政部门。新批住宅项目中容积率在1.0以下的住宅项目清单，一次性提供。新批住宅项目中容积率在1.0以下的，按月提供。地方税务、财政部门要将当月房地产管理部门获得的有关信息向市、县房地产管理部门提供。各级地方税务、财政部门从房地产管理部门获得的房地产交易登记资料，只能用于征税之目的，并有责任予以保密。违反规定的，要追究责任。"	一、各级税务、财政部门和房地产管理部门，要认真贯彻执行房地产税收有关法律、法规和政策规定，建立和完善情况通报制度，加强部门间的协作配合。各级税务、财政部门要切实加强房地产税收征管，并主动与当地的房地产管理部门取得联系；房地产管理部门要积极配合。 第二条中"对单位或个人将购买住房对外销售的，市、县房地产管理部门应在办理房屋权属登记的当月，向同级税务、财政部门提供房屋权属登记资料、房屋面积、产权人、成交价格等信息。市、县规划管理部门要将已批准供给同级税务、财政部门。新批住宅项目中容积率在1.0以下的住宅项目清单，一次性提供。新批住宅项目中容积率在1.0以下的，按月提供。税务、财政部门要将当月房地产管理部门获得的有关信息向市、县房地产管理部门提供。各级税务、财政部门从房地产管理部门获得的房地产交易登记资料，只能用于征税之目的，并有责任予以保密。违反规定的，要追究责任。"

332

续表

序号	标题	发文日期	文号	需要修改的条款	修改后的条款
42	国家税务总局、财政部关于加强房地产税收管理的通知	2005.05.27	国税发〔2005〕89号	三、各级地方税务、财政部门要严格执行调整后的个人住房营业税收政策。 (二)2005年6月1日后,个人将购买超过2年(含2年)的符合当地公布的普通住房标准的住房对外销售,应持该地方税务部门对外销售,应持该地方税务部门公布格式要求证明材料及坐落、容积率、房屋面积,向地方税务部门申请办理普通住房免征营业税手续。地方税务部门应根据当地规划管理部门和房地产管理部门提供的相关信息,对纳税人申请免税的有关材料进行审核,凡符合规定条件的,给予免征营业税。 (五)个人对外销售住房,应持依法取得的房屋权属证书,并到地方税务部门申请开具发票。 (六)对个人购买的非普通住房(含2年)对外销售时,在向地方税务部门申请缴纳营业税时,需提供购买房屋时取得的发票作为差额征税的扣除凭证。 (七)各级地方税务、财政部门要严格执行调整后的税收政策,对不符合减免营业税,确保调整后的营业税政策落实到位;对个人承受不享受税收优惠政策的住房,不得减免契税。对擅自变通政策、影响调整后的税收政策优惠,违反规定条件的个人住房给予税收优惠、影响政策落实的,要追究当事人的责任。对政策执行中出现的问题和有关情况,应及时上报国家税务总局。	三、各级税务、财政部门要严格执行调整后的个人住房营业税收政策。 (二)2005年6月1日后,个人将购买超过2年(含2年)的符合当地公布的普通住房标准的住房对外销售,应持该地方税务部门公布格式要求证明材料及坐落、容积率、房屋面积,向税务部门申请办理普通住房免征营业税手续。利用证明材料及房地产等材料,向税务部门申请免征营业税。税务部门应根据当地规划管理部门和房地产管理部门提供的相关信息,对纳税人申请免税的有关材料进行审核,凡符合规定条件的,给予免征营业税。 (五)个人对外销售住房,应持依法取得的房屋权属证书,开具发票。 (六)个人按其售房收入减去其购买房屋的价款后的差额缴纳营业税,对不符合差额缴纳营业税的发票不作为差额征税的扣除凭证。 (七)各级税务、财政部门要严格执行调整后的营业税政策,不得减免营业税,确保调整后的营业税政策落实到位。对调整后的税收优惠政策,影响调整后的税收优惠政策落实的,应当按照规定予以变通;对个人承受不符合规定条件的,不得减免契税。违反规定给予个人住房税收优惠、违反规定给予的,要追究当事人的责任。对政策执行中出现的问题和有关情况,应及时上报国家税务总局。

续表

序号	标题	发文日期	文号	需要修改的条款	修改后的条款
42	国家税务总局财政部建设部关于加强房地产税收管理的通知	2005.05.27	国税发〔2005〕89号	四、各级地方税务、财政部门要充分利用房地产交易与权属登记信息,加强房地产税收管理。要建立、健全房地产税收档案和税源数据库,并根据房地产交易与权属登记档案和税源登记资料等信息,与房地产税收征管信息进行比对,查找漏征税款,及时补查税款。各级地方税务、财政部门在房地产税收征管工作中,如发现纳税人未进行权属登记的,应及时将有关信息告知当地房地产管理部门,以便房地产管理部门加强房地产权属管理。 五、各级地方税务、财政部门要积极协商、创造条件,在房地产交易和权属登记等场所,设立房地产税收征收窗口,方便纳税人。 七、各级地方税务、财政部门应努力改进征缴税款的办法,减少现金收取,逐步实现税银联网,刷卡缴税。由于种种原因,仍需收取现金税款的,应规范解缴程序,加强安全管理。 九、各省地方税务、财政部门要积极参与本地区房地产市场分析监测工作,密切关注营业税政策调整后的政策执行效果,及时做出营业税政策调整对本地区的房地产市场产生影响的评估报告,并将分析评估报告按季上报国家税务总局。 十、各地地方税务、财政部门和房地产管理部门,可结合本地情况,共同协商研究制定贯彻落实本通知的具体办法。	四、各级税务、财政部门要充分利用房地产交易与权属登记信息,加强房地产税收管理。要建立、健全房地产税收档案和税源数据库,并根据房地产交易与权属登记档案和税源登记资料等信息,要定期将更新税源数据库的信息,与房地产税收征管信息进行比对,查找漏征税款,及时补查税款。各级税务、财政部门在房地产税收征管工作中,如发现纳税人未进行权属登记的,应及时将有关信息告知当地房地产管理部门,以便房地产管理部门加强房地产权属管理。 五、各级税务、财政部门和房地产管理部门要积极协商、创造条件,在房地产交易和权属登记等场所,设立房地产税收征收窗口,方便纳税人。 七、各级税务、财政部门应努力改进征缴税款的办法,减少现金收取,逐步实现税银联网,刷卡缴税。由于种种原因,仍需收取现金税款的,应规范解缴程序,加强安全管理。 九、各省税务部门要积极参与本地区房地产市场分析监测工作,密切关注营业税政策调整后的政策执行效果,及时做出营业税政策调整对本地区的房地产市场产生影响的评估报告,并将分析评估报告按季上报国家税务总局。 十、各地税务、财政部门和房地产管理部门,可结合当地情况,共同协商研究制定贯彻落实本通知的具体办法。

续表

序号	标题	发文日期	文号	需要修改的条款	修改后的条款
43	国家税务总局 财政部 国土资源部关于加强土地税收管理的通知	2005.07.01	国税发〔2005〕111号	一、各级地方税务、财政和国土资源管理部门，要认真贯彻执行国家土地税收和土地管理的法律、法规和政策规定，共同研究强化征管的办法和措施，通过席会议等多种形式沟通情况和信息，加强部门间的协作配合。各级地方税务、财政部门要主动与当地国土资源管理部门取得联系，积极研究强化征管的措施，信息共享方式，协作配合办法。 二、各级国土资源管理部门应根据当地地方税务、财政部门的需求，提供现有的地籍资料和相关地价资料，包括权利人名称、土地权属状况、等级、价格等情况，以便税务部门掌握土地的占有和使用情况，加强土地税收的管理。对于通过征用或者出让、转让方式取得的土地，以及出租土地使用权或变更土地登记的，国土资源管理部门在办理用地手续后，应及时把有关信息告知当地地方税务、财政部门。 各级地方税务、财政部门对从国土资源部门获取的地籍资料和相关地价资料，只能用于征税之目的，并有责任按照国土资源管理部门的要求予以保密。 三、各级地方税务、财政部门要充分利用地籍资料和相关地价资料，加强土地税收的管理。建立健全土地税收征管档案和土地税源数据库，并根据变化情况及时更新税源数据库内的信息。要定期将从国土资源部门取得的地籍资料等相关信息与房地产税收征管的有关信息进行比对，查找漏征漏管中存在的问题的原因，分析征管中存在的问题，提出解决问题的意见和办法，并进一步规范土地税收的征收管理办法，做到应收尽收。 各级土地登记、财政部门在征税工作中，如发现纳税人没有办理用地手续或未进行土地登记的，应及时将有关信息告知当地国土资源管理部门，以便国土资源管理部门加强土地管理。	一、各级地方税务、财政和国土资源管理部门，要认真贯彻执行国家土地税收和土地管理的法律、法规和政策规定，共同研究强化征管的办法和措施，通过席会议等多种形式沟通情况和信息，加强部门间的协作配合。各级地方税务、财政部门要主动与当地国土资源管理部门取得联系，积极研究强化征管的措施，信息共享方式，协作配合办法。 二、各级国土资源管理部门应根据当地地方税务、财政部门的需求，提供现有的地籍资料和相关地价资料，包括权利人名称、土地权属状况、等级、价格等情况，以便税务部门掌握土地的占有和使用情况，加强土地税收的管理。对于通过征用或者出让、转让方式取得的土地，以及出租土地使用权或变更土地登记的，国土资源管理部门在办理用地手续后，应及时把有关信息告知当地地方税务、财政部门。 各级地方税务、财政部门对从国土资源部门获取的地籍资料和相关地价资料，只能用于征税之目的，并有责任按照国土资源管理部门的要求予以保密。 三、各级地方税务、财政部门要充分利用地籍资料和相关地价资料，加强土地税收的管理。建立健全土地税收征管档案和土地税源数据库，并根据变化情况及时更新税源数据库内的信息。要定期将从国土资源征管取得的有关信息与房地产税收征管的有关信息进行比对，查找漏征漏管中存在的问题的原因，分析征管中存在的问题，提出解决问题的意见和办法，做到应收尽收。 各级土地登记、财政部门在征税工作中，如发现纳税人没有办理用地手续或未进行土地登记的，应及时将有关信息告知当地国土资源管理部门，以便国土资源管理部门加强土地管理。

续表

序号	标题	发文日期	文号	需要修改的条款	修改后的条款
43	国家税务总局 财政部 国土资源部关于加强土地税收管理的通知	2005.07.01	国税发〔2005〕111号	五、为了方便纳税人,各级地方税务、财政部门和国土资源管理部门要积极协商,创造条件,在土地登记、审批场所设立税收征收窗口。各级国土资源管理部门在进行地发现国土违法案件中,发现擅自转让(受让)土地的,除按有关规定进行处理外,还应查验土地使用人的完税(或减免税)凭证,对于不能出具完税(或减免税)凭证的,应将有关情况及时通报地方税务、财政部门。要切实做好地价评估、动态监测及基准地价确定更新等基础工作,规范土地市场交易行为和涉税评估行为,防止国家税收流失。地方税务、财政、国土资源管理部门应积极配合国土资源管理部门开展土地管理方面的检查。	五、为了方便纳税人,各级税务、财政部门和国土资源管理部门要积极协商,创造条件,在土地登记、审批场所设立税收征收窗口。各级国土资源管理部门在进行地发现国土违法案件中,发现擅自转让(受让)土地的,除按有关规定进行处理外,还应查验土地使用人的完税(或减免税)凭证,对于不能出具完税(或减免税)凭证的,应将有关情况及时通报税务、财政部门。要切实做好地价评估、动态监测及基准地价确定更新等基础工作,规范土地市场交易行为和涉税评估行为,防止国家税收流失。税务、财政、国土资源管理部门应积极配合国土资源管理部门开展土地管理方面的检查。
				六、各级地方税务、财政部门要充分利用国土资源管理部门已有的城镇土地分等定级、基准地价成果,合理地发挥城镇土地使用税收益的作用。要大力支持城镇土地使用税分等定级与基准地价经济和土地收益调节经济和土地收益的作用,及时提供更新有关房地产价值等信息。省级地方税务部门应根据国土资源管理部门提供的城镇土地分等定级的资料,对全省范围内的税额情况进行研究和分析,报经省级人民政府批准后,对各市、县、镇的税额标准进行综合平衡,使城镇土地使用税收能够客观反映各地间地段和土地收益的差别。各市、县、镇的土地定级资料,对本地区城镇土地使用税分等定级和适用税额情况进行研究分析,对等级划分不合理或税额偏低的,按照税收管理权限报经批准后适时做出调整。	六、各级税务、财政部门要充分利用国土资源管理部门已有的城镇土地分等定级、基准地价成果,合理地发挥城镇土地使用税收益的作用。要大力支持城镇土地使用税分等定级与基准地价经济和土地收益调节经济和土地收益的作用,及时提供更新有关房地产价值等信息。省级城镇土地使用税使用税额批准后,对全省范围内的土地分等定级情况进行研究分析,对省级划分不合理或税额偏低的,按省级税收管理权限报经批准后适时做出调整。各市、县、镇的城镇土地分等定级情况提供的税额情况进行研究分析,使城镇土地使用税分等定级能够客观反映各地间税收和土地定级的差别。
				八、各地方税务、财政部门和国土资源管理部门要结合本地情况,共同协商研究制定贯彻落实本通知的具体办法,并抄报国家税务总局、财政部和国土资源部。	八、各地区税务、财政部门和国土资源管理部门要结合本地情况,共同协商研究制定贯彻落实本通知的具体办法,并抄报国家税务总局、财政部。

续表

序号	标题	发文日期	文号	需要修改的条款	修改后的条款
44	国家税务总局关于统一二手车销售发票式样问题的通知	2005.07.05	国税函〔2005〕693号	三、《二手车发票》采用压感纸,由各省、自治区、直辖市和计划单列市国家税务局严格按照票样统一印制。 七、《二手车发票》从2005年10月1日开始启用,各地旧版发票同时停止使用。各地国税局应将《二手车发票》票样送公安机关备案。 八、《二手车发票》的开票软件暂由各省、自治区、直辖市和计划单列市国税局统一开发,并无偿提供给用户使用。在未使用税控收款机前,可不打印机打代码、机打号码,机器编号和税控码。	三、《二手车发票》采用压感纸,由各省、自治区、直辖市和计划单列市税务局严格按照票样统一印制。 七、《二手车发票》从2005年10月1日开始启用,各地旧版发票同时停止使用。各地税务局应将《二手车发票》票样同时停送公安机关备案。 八、《二手车发票》的开票软件暂由各省、自治区、直辖市和计划单列市税务局统一开发,并无偿提供给用户使用。在未使用税控收款机前,可不打印机打代码、机打号码和税控码。
45	国家税务总局关于印发《个人所得税管理办法》的通知	2005.07.06	国税发〔2005〕120号	附件《二手车销售统一发票(式样)》发票监制章中"国家税务局"的内容 第四十三条 各级税务机关在加强查账征收工作的基础上,对符合征管法第三十五条规定情形的,采取定期定额征收和核定应税所得率征收,以及其他合理的办法合理征收个人所得税。对共管个体工商户的应纳税经营额由国家税务局负责核定。	修改为"税务局" 第四十三条 各级税务机关在加强查账征收工作的基础上,对符合征管法第三十五条规定情形的,采取定期定额征收和核定应税所得率征收,以及其他合理的办法定期定额征收个人所得税。
46	国家税务总局关于印发《税控收款机管理系统业务操作规程》的通知	2005.08.02	国税发〔2005〕126号	一、税控收款机管理系统的安装及初始化代码设置工作流程 (一)系统安装 技术部门根据本单位管征数据集中的情况,安装部署税控收款机管理系统。国税系统必须以省级集中方式部署;地税系统尽量采用省级集中方式部署,网络条件差的区县可采用单机版。	一、税控收款机管理系统的安装及初始化代码的设置工作流程 (一)系统安装 技术部门根据本单位管征数据集中的情况,安装部署税控收款机管理系统,各省、自治区、直辖市和计划单列市税务局以省级集中方式部署。

337

续表

序号	标题	发文日期	文号	需要修改的条款	修改后的条款
47	国家税务总局关于加强出租房屋税收征管的通知	2005.08.03	国税发〔2005〕159号	三、构建出租房屋税收征管部门协作机制。各级地方税务机关要积极争取当地政府的支持,加强与外来人口管理、乡镇政府、街道办事处、居(家)委会、房地产管理等部门的协作配合,充分利用这些部门熟悉情况、联系广泛的特点,联合办公、委托代征等形式,构建出租房屋税收征管的部门协作机制,形成各方面齐抓共管、社会综合治税的局面。 四、进一步优化纳税服务。各级地方税务机关要采取多种方式,方便纳税人缴纳出租房屋的各项税收。	三、构建出租房屋税收征管部门协作机制。各级税务机关要积极争取当地政府的支持,加强与外来人口管理、乡镇政府、街道办事处、居(家)委会、房地产管理等部门的协作配合,充分利用这些部门熟悉情况、联系广泛的特点,通过联合办公、委托代征等形式,构建出租房屋税收征管的部门协作机制,形成各方面齐抓共管、社会综合治税的局面。 四、进一步优化纳税服务。各级税务机关要采取多种方式,方便纳税人缴纳出租房屋的各项税收。
48	国家税务总局关于印发《税务检查证管理暂行办法》的通知	2005.09.23	国税发〔2005〕154号	第七条 税务检查证由国家税务总局和省、自治区、直辖市、计划单列市税务局分别编号。 第八条 税务检查证由国家税务总局和省、自治区、直辖市、稽查局统一发放和归口管理。其中,稽查局专用的税务检查证,由国家税务局、地方税务局稽查局统一发放和归口管理;征管、管理部门专用的税务检查证由国家税务局、地方税务局稽查局统一发放和归口管理。 第九条第三款 国家税务总局选调税务人员需要使用税务检查证的,由国家税务总局核发相应有效期限的税务检查证,或者由执行税务检查公务所在省、自治区、直辖市、计划单列市税务局核发相应有效期限的税务检查证。 第九条第四款 省级国家税务局、地方税务局选调税务人员需要使用税务检查证的,由省级国家税务局、地方税务局核发相应有效期限的税务检查证。	第七条 税务检查证由国家税务总局和省、自治区、直辖市、计划单列市税务局编号。 第八条 税务检查证由国家税务总局统一发放和归口管理。其中,省、自治区、直辖市、计划单列市国家税务局稽查局、省、自治区、直辖市、计划单列市地方税务局稽查局专用的税务检查证由国家税务总局稽查局统一发放和归口管理;征管、管理部门专用的税务检查证由国家税务总局征收管理部门统一发放和归口管理。 第九条第三款 国家税务总局选调税务人员需要使用税务检查证的,由国家税务总局核发相应有效期限的税务检查证,或者由执行税务检查公务所在省、自治区、直辖市、计划单列市税务局核发相应有效期限的税务检查证。 第九条第四款 省税务局选调税务人员需要使用税务检查证的,由省税务局核发相应有效期限的税务检查证。

续表

序号	标题	发文日期	文号	需要修改的条款	修改后的条款
48	国家税务总局关于印发《税务检查证管理暂行办法》的通知	2005.09.23	国税发〔2005〕154号	第十三条 持证人因工作变动不属于规定的税务检查证发放范围的,应当在工作变动前将税务检查证缴回检查证主管部门。地(市)、县(区)国家税务主管部门、地方税务主管部门应当随时掌握税务检查证发放、收缴和持证人员变动情况,并及时逐级报告省级国家税务总局检查证主管部门、地方税务主管部门。省级国家税务总局检查证主管部门、地方税务主管部门每年三月十五日前向国家税务总局检查证主管部门报告上年度税务检查证发放、收缴和持证人员变动情况。	第十三条 持证人因工作变动不属于规定的税务检查证发放范围的,应当在工作变动前将税务检查证缴回检查证主管部门。地(市)、县(区)税务检查证主管部门应当随时掌握税务检查证发放、收缴和持证人员变动情况,并及时逐级报告省税务总局检查证主管部门。省税务局检查证主管部门每年三月十五日前向国家税务总局检查证主管部门报告上年度税务检查证发放、收缴和持证人员变动情况。
				第十五条 税务检查证发放、使用和年审的具体管理办法由省级国家税务局、地方税务局制定。	第十五条 税务检查证发放、使用和年审的具体管理办法由省税务局制定。
49	国家税务总局关于实施房地产税收一体化管理若干具体问题的通知	2005.10.07	国税发〔2005〕156号	一、对存量房交易环节所涉及的税收要实行"一窗式"征收。契税已划归地税部门管理的,在房地产交易场所设置的征收窗口,要做到归地税部门统管,即既负责办理契税和城市维护建设税和教育费附加,又负责办理营业税、城市维护建设税和教育费附加,个人所得税、土地增值税、印花税等相关税种的征收事项,契税后由财政部门征收的,财政部门和地税部门在房地产交易场所设置的征收窗口要合署办公,或者互相委托代征相关税种,避免交易后由纳税人单独到税务机关自行申报缴纳某一单一税种税收的做法。	删除
				四、加强协调和沟通。地税部门与征收契税的财政部门之间,以及各相关税种的协调和沟通,要加强经常性的协调和沟通,统一对房地产交易价格的认定,保持相关税种计税依据或计税价格的一致性。	三、加强协调和沟通。税务部门与相关部门之间,以及各相关税种的管理部门,要加强经常性的协调和沟通,统一对房地产交易价格的认定,保持相关税种计税依据或计税价格的一致性。

续表

序号	标题	发文日期	文号	需要修改的条款	修改后的条款
50	国家税务总局关于个人住房转让营业税征收政策执行中几个具体问题的通知	2005.10.20	国税发〔2005〕172号	四、个人将通过受赠、继承、离婚财产分割等非购买形式取得的住房对外销售的行为,也适用《通知》的有关规定。其购房时间按发生受赠、继承、离婚财产分割行为前的购房时间确定,其购房价格按发生受赠、继承、离婚财产分割行为前的购房原价确定。个人将其通过受赠、继承、离婚财产分割形式取得住房的合法、有效法律证明文书,到地方税务部门办理相关手续。	四、个人将通过受赠、继承、离婚财产分割等非购买形式取得的住房对外销售的行为,也适用《通知》的有关规定。其购房时间按发生受赠、继承、离婚财产分割行为前的购房时间确定,其购房价格按发生受赠、继承、离婚财产分割行为前的购房原价确定。个人将其通过受赠、继承、离婚财产分割形式取得住房的合法、有效法律证明文书,到税务机关办理相关手续。
51	国家税务总局关于开展个人实物黄金交易业务金融机构有关增值税问题的通知	2005.11.07	国税发〔2005〕178号	一、对于金融机构从事的实物黄金交易业务,实行金融机构各省级分行和直属一级分行所属地市级分行,支行按照规定的预征率预缴增值税,由省级分行和直属一级分行统一清算缴纳的办法。 (二)各支行申请办理税务登记。储蓄所应依法向机构所在地主管税务局申请办理税务登记。各支行应按月汇总所属的实物黄金销售额和本支行的实物黄金销售额,向主管税务机关申报缴纳增值税。 预征税额=销售额×预征率 (三)各省级分行和直属一级分行向机构所在地主管税务局申请认定一般纳税人资格,申请办理税务登记。按月汇总所属地市分行或支行上报的实物黄金销售额,按照一般纳税人方法计算增值税应纳税额,向主管税务机关申报缴纳。 (五)预征税率由各省级分行和直属一级分行所在地省国家税务局确定。	一、对于金融机构从事的实物黄金交易业务,实行金融机构各省级分行和直属一级分行所属地市级分行,支行按发票规定的预征率计算预征增值税额,向主管税务机关申报预缴税额,一级分行统一清算缴纳的办法。 (二)各支行、办事处、储蓄所应依法向机构所在地主管税务局申请办理税务登记。各支行应按月汇总所属分理处、储蓄所的实物黄金销售额和本支行的实物黄金销售额,向主管税务机关申报缴纳增值税。 预征税额=销售额×预征率 (三)各省级分行和直属一级分行应向机构所在地主管税务局申请办理税务登记,申请认定一般纳税人资格。按月汇总所属地市分行或支行上报的实物黄金销售额,按照一般纳税人方法计算增值税应纳税额,向主管税务机关申报缴纳。 (五)预征税率由各省级分行和直属一级分行所在地省税务局确定。
				三、各地在执行中遇到的问题,应及时向总局(流转税管理司)报告。	三、各地在执行中遇到的问题,应及时向总局(货物和劳务税司)报告。

续表

序号	标题	发文日期	文号	需要修改的条款	修改后的条款
52	国家税务总局 外交部关于驻外使领馆工作人员离任回国进境自用车辆免纳车辆购置税有关问题的通知	2005.11.09	国税发〔2005〕180号	六、国家税务总局每年年初定期将上年度馆员名单在总局服务器FTP://CENTRE、FTP://人事司服务器上公布,请消费税司、流转税司、车购税、驻外使领馆国人员名单下载,作为事后检查的核对资料。	六、国家税务总局每年年初定期将上年度馆员名单在总局服务器FTP://CEN-TRE、FTP://人事司服务器上公布,请消费税司、车购税、驻外使领馆国人员名单下载,各省、区、市税务局及时将本地区人员名单及时检查后核对资料。
53	国家税务总局关于换发稽查部门专用税务检查证的通知	2005.12.19	国税发〔2005〕203号	二、换发税务检查证的工作程序 (三)税务检查证的填制和换发。税务检查证内芯共包括8项内容。证号、姓名、工作单位、证号,其中照片为蓝色背景二寸着装免冠正面彩照;工作单位为持证人所在县级或县级以上税务机关全称,如××省(地)××市××县国税(地税)稽查局;证号:采用8位编码,字轨为省、自治区、直辖市和计划单列市国税简称加"稽",第1,2位方向(地、州、盟)局的编码采用《中国行政区划常用代码》,第3、4位为县(市、区、旗)局(分局)编码,上述编码均采用《中国行政区划常用代码》,第5、6、7、8位为顺序编号;发证职责编号;检查范围为所辖地的主管税务局;检查职责为《税务检查证管理暂行办法》第八条、第九条规定检查职责;有效期为检查证的起始日期和截止日期。颁证单位应按以上要求填写税务检查证应格审核把关,收缴的旧版税务检查证应清点数量报市领导批准后就地销毁。	二、换发税务检查证的工作程序 (三)税务检查服免证面彩照;工作单位为持证人所在县级或县级以上税务机关全称,如××省(地)××市××县国税(地税)稽查局;证号:采用8位编码,字轨为省、自治区、直辖市和计划单列市国税简称加"税",8位编码中,第1,2位方向(地、州、盟)局的编码采用《中国行政区划常用代码》第3、4位为县(市、区、旗)局(分局)编码,上述机关与省税务局稽查局,检查范围以上要求填写严格审核把关,收缴的旧版税务检查证应清点数量发给应清点数量的换发方式为以旧换新方式,对于新办人员应按以上要求填写严格颁证单列为方式,对于新办人员应领导批准后就地销毁。
54	国家税务总局关于印发《个人所得税全员全额扣缴申报管理暂行办法》的通知	2005.12.23	国税发〔2005〕205号	第二十三条 各省、自治区、直辖市和计划单列市国家税务局、地方税务局可以根据本办法,结合本地实际,制定具体实施办法,并报国家税务总局备案。	第二十三条 各省、自治区、直辖市和计划单列市国家税务局可以根据本办法,结合本地实际,制定具体实施办法,并报国家税务总局备案。

续表

序号	标题	发文日期	文号	需要修改的条款	修改后的条款
55	国家税务总局关于换发税务检查证的通知	2006.03.15	国税发[2006]36号	一、2005年版税务检查证换发时间为2006年3月15日至2006年4月30日。换证期间，原2000年版税务检查证已过有效期的可由省级国、地税务机关以征便函形式发文，延长有效期至2006年4月30日。2006年5月1日启用新版税务检查证后，旧版税务检查证同时作废。	删除
				二、各省征税、管理部门使用的税务检查证换发工作由各省（自治区、直辖市）国家税务局、地方税务局分别负责。税务检查证的规格、式样、质量要求、定购价格、货款支付方式等按照国家税务总局统一的合同样本规定执行。检查证件需用数量由各省国、地税务局分别向总局通过公开招标确定的供应商"福建鸿博印刷有限公司"提供并按规定签订印制合同（质量标准、合同样本、联系方式等详见附件）。	一、各省征收、管理部门使用的税务检查证换发工作由各省局征管部门统一负责。税务检查证的规格、式样、质量要求、定购价格、货款支付方式等由各省税务局向总局通过公开招标确定的供应商"福建鸿博印刷有限公司"提供并按规定签订印制合同（质量标准、合同样本、联系方式等详见附件）。
				三、税务检查证内芯包括照片、姓名、工作单位、证件编号、发证机关、检查职责、检查范围、有效期限共8项内容。工作单位为税务职责、检查范围、有效期限共8项内容。工作单位为×县（地方）税务局。证件编号采用字轨加8位编码，"国税"、第3、4位为县（市、区）局（分局）编码（上述编码均采用《中国行政区划常用代码》）；第5、6、7、8位为顺序编号。发证机关为省税务局。有效期为《税务检查证管理暂行办法》规定的主管税务机关。检查职责为所属地的主管税务机关。检查范围为所辖地区。各办证单位要按照以上要求填写税务检查证内芯。	二、税务检查证内芯包括照片、姓名、工作单位、证件编号、发证机关、检查职责、检查范围、有效期限共8项内容。其中，照片为县级以上税务机关以一寸正面免冠着蓝色背景彩色照。工作单位为县级以上税务机关全称，如：×省（自治区、直辖市）税务局、×市（地、州、盟）局编码；第5、6、7、8位为顺序编号。发证机关为省税务局。有效期为《税务检查证管理暂行办法》规定的主管税务机关。检查职责为所属地的主管税务机关。检查范围为所辖地的主管税务机关。检查职责为所辖地区。各办证单位要按照以上要求填写税务检查证内芯。
				附件1《税务检查证产品质量标准》4.1成品效果件，如果征管类检查证也使用此软件，印刷格式如下图所示（此软件各省国地税局均有）	附件1《税务检查证产品质量标准》4.1成品效果图注：税务系统各籍检查证的打印设计了专门的软件，印刷使用此软件，印刷格式如下图所示。

342

续表

序号	标题	发文日期	文号	需要修改的条款	修改后的条款
56	国家税务总局关于完善税务登记管理若干问题的通知	2006.03.16	国税发〔2006〕37号	二、纳税人识别号 单位纳税人识别号为15位码:行政区域码+组织机构代码。其中的行政区域码为纳税人生产经营地的行政区域码,对国家没有赋予行政区域码的各开发区,其行政区域码由省级国家税务局、地方税务局共同赋予第5、6位两位识别码,因税务机关调整管辖范围而使纳税人改变主管税务机关的,纳税人的纳税人识别号也不变。企业分支机构也应当领取组织机构代码证书,按照规定编制纳税人识别号,办理税务登记。	删除
				个体工商户以及持回乡证、通行证、护照办理税务登记的纳税人,其税务机关代码后加2位顺序码,为行政区域码组织机构代码加2位顺序码为纳税人识别号。已经取得组织机构代码的个体工商户的纳税人识别号为行政区域码加组织机构代码。 承包租赁经营的纳税人,应当以承包租赁人的名义办理税务登记。个人承包租赁经营的,以承包租赁人的身份证号码为基础加2位顺序码编制纳税人识别号;企业承包租赁经营的,以行政区域码加组织机构代码为纳税人识别号。	删除
				十、各省级国家税务局、地方税务局可以按照《税务登记管理办法》和本通知的规定制定具体的实施办法。	九、各省税务局可以按照《税务登记管理办法》和本通知的规定制定具体的实施办法。
57	国家税务总局关于换发税务登记证件的通知	2006.03.16	国税发〔2006〕38号	三、联合办理税务登记的范围 为了降低纳税人成本,为纳税人提供更好的服务,这次税务登记换证各地要积极创造条件,地方税务局联合办理税务登记证。确有困难的地方,国家税务局、地方税务局仍分别办理税务登记。联合办理税务登记的具体办法,由国家税务总局、地方税务局按要求按照《国家税务总局关于国家税务局与地方税务局联合办理税务登记有关问题的通知》(国税发〔2004〕57号)的规定进行。	删除

续表

序号	标题	发文日期	文号	需要修改的条款	修改后的条款
57	国家税务总局关于换发税务登记证件的通知	2006.03.16	国税发〔2006〕38号	六、税务登记证件的印制 国税系统使用的税务登记证件由总局统一纳入集中采购招标印制。地税系统使用的税务登记证件由省级地方税务局按照一式样、参照总局印制方式组织印制。各地国家税务局、地方税务局联合办理税务登记的，国税系统使用的税务登记证件由总局统一印制。	删除
				八、准备工作要求 （二）换证开始前各地国家税务局、地方税务局对各项工作要协调一致，并对共管户基本信息进行比对，补充完善纳税人基本信息。各地要严格按照税务登记管理办法和完善税务登记管理有关问题的通知等按原则编制纳税人识别号，以促进信息共享。	删除
				九、换发税务登记证件的程序 （一）纳税人应当在税务机关公告要求的期限内，持原税务登记证件到税务机关办理换证手续，填写《税务登记表》（见附件3）一式三份。没有实行联合办理税务登记的，纳税人应当分别到主管的国家税务局、地方税务局，填写《税务登记表》一式三份。	七、换发税务登记证件的程序 （一）纳税人应当在税务机关公告要求的期限内，持原税务登记证件到税务机关办理换证手续，填写《税务登记表》（见附件3）一式两份。
				九、换发税务登记证件的程序 （四）房屋、土地、车船登记 3. 实行联合办法的，要确定房屋、土地、车船登记信息的传递办法。地方税务局要主动与国家税务局联系，积极做好证书复印件的接收工作。国家税务局应当促进纳税人及时提交、整理、归集后移交地方税务局。	删除
				十、扣缴税款登记证的领发 （四）中"个人所得税扣缴税款登记证（式样内容见附件5）由省级地方税务局按照总局规定的式样标准、确定式样标准并组织印制"	八、扣缴税款登记证的领发 （四）中"个人所得税扣缴税款登记证（式样内容见附件5）由省税务局按照总局规定的式样内容，确定式样标准并组织印制。"

续表

序号	标题	发文日期	文号	需要修改的条款	修改后的条款
57	国家税务总局关于换发税务登记证件的通知	2006.03.16	国税发[2006]38号	十二、换发税务登记证件的工作要求 (二)宣传部署,协调配合 各地税务机关要求采取多种形式,广泛利用报纸、网站等媒体,积极向纳税人宣传换证工作的必要性、意义以及换证工作的程序。在换证工作中,国家税务局、地方税务局要密切配合,协同工作,积极争取工商、银行、技术监督、统计等部门的支持与配合,提高工作效率,并优化服务,便利纳税人。 附件3《税务登记表(适用单位纳税人)》表单及填表说明的相关内容	十、换发税务登记证件的工作要求 (二)宣传部署,协调配合 各地税务机关要求采取多种形式,广泛利用报纸、网站等媒体,积极向纳税人宣传换证工作的必要性、意义以及换证工作的程序。在总局规定的时间安排基础上,根据本地情况充分准备,合理部署。 附件3《税务登记表(适用单位纳税人)》表单内容修改如下: 1. 删除"组织机构代码"栏次; 2. 将"国税主管税务局"、"地税主管税务机关"栏次合并为"主管税务机关"; 3. 将"国税主管税务所(科)"、"地税主管税务所(科)"栏次合并为"主管税务所(科)"; 4. 删除"是否属于国税、地税共管户"栏次; 5. 将"国税经办人"、"地税经办人"栏次合并为"税务机关经办人"; 6. 将"国家税务登记机关"、"地方税务登记机关"栏次合并为"税务登记证机关"; 7. 将核准日期下面的"国税主管税务机关"、"地税主管税务机关"栏次合并为"主管税务机关"; 8. 将"国税核发《税务登记证副本》数量"、"地税核发《税务登记证副本》数量"栏次合并为"核发《税务登记证副本》数量"。 《税务登记表(适用单位纳税人)》填表说明修改如下: 1. 删除第三条中的"2. 组织机构代码证书印件及复印件"并调整后续事项序号;

续表

序号	标题	发文日期	文号	需要修改的条款	修改后的条款
57	国家税务总局关于换发税务登记证件的通知	2006.03.16	国税发[2006]38号	附件3《税务登记表(适用单位纳税人)》表单及填表说明的相关内容	2. 将第三条中的"7. 纳税人跨县(市)设立的分支机构办理税务登记时,还须提供总机构的税务登记证(国、地税)副本复印件"修改为"6. 纳税人跨县(市)设立的分支机构办理税务登记时,还须提供总机构的税务登记副本复印件"; 3. 将"六、本表一式二份(国地税联办税务登记的本表一式三份)"修改为"六、本表一式二份"; 4. 将第八条中的"国民经济行业分类标准(GB/T4754-2002)"修改为"国民经济行业分类标准(GB/T4754-2017)",并调整相关代码。
				附件3《税务登记表(适用个体经营)》表单及填表说明的相关内容	附件3《税务登记表(适用个体经营)》表单内容修改如下: 1. 将"国税主管税务局"、"地税主管税务机关"栏次合并为"主管税务机关"; 2. 将"国税主管税务所(科)"、"地税主管税务所(科)"栏次合并为"主管税务所(科)"; 3. 删除"是否属于国税、地税共管户"栏次; 4. 将"国税经办人"、"地税经办人"栏次合并为"税务机关经办人"; 5. 将"国家税务机关"、"地方税务机关"栏次合并为"税务登记机关"; 6. 将核准日期下面的"国税主管税务机关"、"地税主管税务机关"栏次合并为"主管税务机关"; 7. 将"国税核发《税务登记证副本》数量"、"地税核发《税务登记证副本》数量"栏填表说明修改为"《税务登记证副本》数量"; 《税务登记表(适用个体经营)》填表说明修改如下: 1. 将"六、本表一式二份(国地税联办税务登记的本表一式三份)"修改为"六、本表一式二份"; 2. 将第八条中的"国民经济行业分类标准(GB/T4754-2002)"修改为"国民经济行业分类标准(GB/T4754-2017)",并调整相关代码。

续表

序号	标题	发文日期	文号	需要修改的条款	修改后的条款
57	国家税务总局关于换发税务登记证件的通知	2006.03.16	国税发〔2006〕38号	附件3《税务登记表（适用临时税务登记纳税人）》表单及填表说明的相关内容	附件3《税务登记表（适用临时税务登记纳税人）》表单内容修改如下： 1. 删除"组织机构代码"； 2. 将"国税主管税务局"、"地税主管税务所（科）"栏次合并为"主管税务机关"栏次； 3. 将"国税主管税务所（科）"、"地税主管税务所（科）"栏次合并为"主管税务所（科）"； 4. 删除"是否属于国税、地税共管户"栏次； 5. 将"国税经办人"、"地税经办人"栏次合并为"税务经办"； 6. 将"国家税务机关"、"地方税务机关"栏次合并为"税务登记机关"； 7. 将核准日期下面的"国税主管税务机关"、"地税主管税务机关"栏次合并为"主管税务机关"； 8. 将"国税核发《税务登记证副本》数量"、"地税核发《税务登记证副本》数量"栏次合并为"核发《税务登记证副本》数量"。 《税务登记表（适用临时税务登记纳税人）》填表说明修改如下： 1. 将"六、本表一式二份（国地税联办税务登记的本表一式三份）"修改为"六、本表一式二份"； 2. 本表第八条中的"国民经济行业分类标准（GB/T4754－2002）"修改为"国民经济行业分类标准（GB/T4754－2017）"，并调整相关代码。
				附件4《个人所得税扣缴税款登记表》的填表说明中"本表一式三份，分别报送国税、地税主管机关一份，纳税人留存一份"。	附件4《个人所得税扣缴税款登记表》的填表说明中"本表一式二份，报送主管税务机关一份，纳税人留存一份"。

续表

序号	标题	发文日期	文号	需要修改的条款	修改后的条款
58	国家税务总局关于加强新牌号、新规格卷烟消费税计税价格管理有关事项的通知	2006.04.24	国税函[2006]373号	四、各级国家税务局在办理新牌号、新规格卷烟消费税计税价格申请事宜时,应将书面申请和卷烟包装样品、扫描图像认真进行核对,确保无误。本文自2006年5月1日起执行。2005年5月1日以后生产的并且已上报国家税务总局申请核定卷烟消费税计税价格的,无论国家税务总局是否已经批复,均齐补扫描图像,并于2006年5月30日之前填写《_____省(区、市)国家税务局补报卷烟包装样品清单》(附件2),加盖公章后随卷烟包装样品和扫描图像(电子文件)以特快专递形式寄至国家税务总局(流转税管理司)。 附件2《_____省(区、市)国家税务局补报卷烟包装样品清单》填表说明 1.本表由各省、自治区、直辖市和计划单列市国家税务局或各省、自治区、直辖市国家税务局核定的卷烟消费税计税价格填写。 6.本表第6栏"消费税计税价格"为国家税务总局或各省、自治区、直辖市国家税务局核定的卷烟消费税计税价格。尚未核定计税价格的,此栏空缺。 7.本表第7栏"核定计税价格发文号"为国家税务总局或各省、自治区、直辖市国家税务局下发的卷烟消费税计税价格发文号。	四、各级税务局在办理新牌号、新规格卷烟消费税计税价格申请事宜时,应将书面申请和卷烟包装样品、扫描图像认真进行核对,确保无误。本文自2006年5月1日起执行。2005年5月1日以后生产的并且已上报国家税务总局申请核定卷烟消费税计税价格的,无论国家税务总局是否已经批复,均齐补扫描图像,并于2006年5月30日之前填写《_____省(区、市)税务局补报卷烟包装样品清单》(附件2),加盖公章后随卷烟包装样品和扫描图像(电子文件)以特快专递形式寄至国家税务总局(货物和劳务税司)。 附件2《_____省(区、市)税务局补报卷烟包装样品清单》填表说明 1.本表由各省、自治区、直辖市税务局或各省、自治区、直辖市消费税计税价格核定的卷烟消费税计税价格填写。 6.本表第6栏"消费税计税价格"为国家税务总局或各省、自治区、直辖市税务局核定的卷烟消费税计税价格。尚未核定计税价格的,此栏空缺。 7.本表第7栏"核定计税价格发文号"为国家税务总局或各省、自治区、直辖市税务局下发的卷烟消费税计税价格发文号。
59	国家税务总局关于加强普通发票集中印制和管理的通知	2006.05.08	国税函[2006]431号	一、税务机关辖管的所有普通发票,除总局有特殊规定者外,一律由各省、自治区、直辖市国家税务局、地方税务局实施集中统一印制,实行政府采购管理。	一、税务机关辖管的所有普通发票,除总局有特殊规定者外,一律由各省、自治区、直辖市税务局实施集中统一印制,实行政府采购管理。

续表

序号	标题	发文日期	文号	需要修改的条款	修改后的条款
59	国家税务总局关于加强普通发票集中印制和管理的通知	2006.05.08	国税函[2006]431号	二、各省、自治区、直辖市和计划单列市国家税务局、地方税务局可根据本地区普通发票的印制数量，即印制量在一亿份以上省市的印制企业不超过6家，印制量在一亿份以下的省市的不超过3家，印制企业的印制资格按《中华人民共和国政府采购法》的规定方式加以确定，并颁发票准印证。招标工作要严格执行。请各地于2007年4月1日前将通过招标确定的印制企业名称、主要印制设备及数量情况报总局(征管司和国税科技发展司、集中采购中心)备案。对现有印制企业未到合同期满的，可在合同期满后再进行招标。	二、各省、自治区、直辖市和计划单列市国家税务局可根据本地区普通发票的印制数量，即印制量在一亿份以上省市的不超过6家。印制量在一亿份以下的省市不超过3家。印制企业的印制资格应通过招标方式加以《中华人民共和国政府采购法》的规定，并颁发票准印证。招标工作于2007年4月1日前将通过招标确定的印制企业名称、主要印制设备及数量情况报总局(征管司和国税科技发展中心)备案。对现有印制企业未到合同期满的，可在合同期满后再进行招标。
60	国家税务总局关于使用新版机动车销售统一发票有关问题的通知	2006.05.22	国税函[2006]479号	六、为了保证《机动车发票》相关数据采集认证的准确性，《机动车发票》采用于式复写纸(其中报税联、抵扣联采用52克，发票联、注册登记联、记账联采用45克)，发票号由各省、自治区、直辖市和计划单列市国家税务局定点企业印制；发票代码、发票号码应严格按照全国统一的编码规则编印。各地的《机动车发票》票样(一式三份)要报总局审查批准后方可投入使用，并送同级公安和工商行政管理机关备案。 附件《机动车销售统一发票》票样《发票监制章》的内容	六、为了保证《机动车发票》相关数据采集认证的准确性，《机动车发票》采用于式复写纸(其中报税联、抵扣联采用52克，发票联、注册登记联、记账联采用45克)，发票号由各省、自治区、直辖市和计划单列市国家税务局定点企业印制；发票代码、发票号码应按照《机动车发票》的编码规则编印。各地同级公安和工商行政管理机关备案。 修改为"税务" "国家税务局"
61	国家税务总局关于印发《车辆购置税价格信息管理办法(试行)》的通知	2006.06.22	国税发[2006]93号	为加强车辆购置税征收管理，进一步规范价格信息采集工作，总局制定了《车辆购置税价格信息管理办法(试行)》，对在试行过程中遇到的情况和问题，请及时报告总局(流转税司)。 第三条 车价信息管理工作由省、自治区、直辖市国家税务局流转税管理部门负责组织实施，生产企业所在地主管税务机关负责信息采集，计算机技术管理部门负责提供技术支持。总局负责车辆最低计税价格的核定、下发。各级国家税务局应指定专人负责车价信息管理工作。	为加强车辆购置税征收管理，进一步规范价格信息采集工作，总局制定了《车辆购置税价格信息管理办法(试行)》，现印发给你们，请遵照执行。对在试行过程中遇到的情况和问题，请及时报告总局(货物和劳务税司)。 第三条 车价信息管理工作由省、自治区、直辖市国家税务局货物和劳务税管理部门负责组织实施，生产企业所在地主管税务机关负责信息采集，计算机技术管理部门提供技术支持。总局负责车辆最低计税价格的核定、下发。各级税务局应指定专人负责信息管理工作。

续表

序号	标题	发文日期	文号	需要修改的条款	修改后的条款
61	国家税务总局关于印发《车辆购置税价格信息管理办法（试行）》的通知	2006.06.22	国税发[2006]93号	第十条 车价信息每年采集6次，采集期分别为2月、4月、6月、8月、10月、12月，具体采集时点由各省、自治区、直辖市、计划单列市国家税务局流转税管理司确定。 第十一条 主管税务机关根据《车辆购置税车辆（国产）价格信息采集表》和《车辆购置税车辆（进口）价格信息采集表》填表说明及《"序列号"编码规则》的要求，对采集的车价信息进行审核后，逐级汇总上传至省、自治区、直辖市、计划单列市国家税务局流转税管理司。 各省、自治区、直辖市、计划单列市国家税务局流转税管理司于1月3月5月7月9月11月每月7日前（节假日顺延），将汇总后的车价信息电子文件上传至国家税务总局流转税管理司。 附件2《车辆购置税车辆（进口）价格信息采集表》填表说明 1. 本表由北京、天津、上海、大连、广东、深圳省（市）国家税务局填写。 附件3 "序列号"编码规则 三、"序列号"代码各位表示的含义和编制方法： 2. "序列号"中第5-6位表示车辆生产（改装）企业的代码。 国产车辆的生产（改装）企业所属的各省、自治区、直辖市、计划单列市国家税务局统一编制。 4. "序列号"中第9-10位表示车辆的商标代码。 国产车辆的商标代码由各省、自治区、直辖市、计划单列市国家税务局负责办分生产（改装）企业编制； 进口车辆的商标代码由国家税务总局统一编制。	第十条 车价信息每年采集6次，采集期分别为2月、4月、6月、8月、10月、12月，具体采集时点由各省、自治区、直辖市、计划单列市税务局货物和劳务税管理部门确定。 第十一条 主管税务机关根据《车辆购置税车辆（国产）价格信息采集表》和《车辆购置税车辆（进口）价格信息采集表》填表说明及《"序列号"编码规则》的要求，对采集的车价信息进行审核后，逐级汇总上传至省、自治区、直辖市、计划单列市税务局货物和劳务税管理部门。 各省、自治区、直辖市、计划单列市税务局于1月、3月、5月、7月、9月、11月每月7日前（节假日顺延），将汇总后的车价信息电子文件上传至国家税务总局货物和劳务税司。 附件2《车辆购置税车辆（进口）价格信息采集表》填表说明 1. 本表由北京、天津、上海、大连、广东、深圳省（市）税务局填写。 附件3 "序列号"编码规则 三、"序列号"代码各位表示的含义和编制方法： 2. "序列号"中第5-6位表示车辆生产（改装）企业的代码。 国产车辆的生产（改装）企业所属的各省、自治区、直辖市、计划单列市税务局或车辆商标代码或车辆生产（改装）企业所属的各省、自治区、直辖市、计划单列市税务局负责编制。 4. "序列号"中第9-10位表示车辆的商标代码。 国产车辆的商标代码由各省、自治区、直辖市、计划单列市税务局（改装）企业编制； 进口车辆的商标代码由国家税务总局统一编制。

续表

序号	标题	发文日期	文号	需要修改的条款	修改后的条款
62	国家税务总局 铁道部关于铁路运货凭证印花税若干问题的通知	2006.07.12	国税发〔2006〕101号	四、税款缴纳 （一）铁路局（含广铁集团、青藏铁路公司）应纳印花税，依照铁路体制改革前所属原汇总缴纳印花税单位2004年印花税款占铁路局印花税款的地方税比例计算（见附表），按季向原汇总缴纳单位所在地的地方税务机关缴纳。对采用异地汇款方式缴纳税款的，原汇总缴纳单位所在地的税务机关应通知铁路局将税款直接汇入税务机关在国库开设的"待缴库税款"专户。 五、地方税务机关根据国家有关规定，按代征印花税税款金额的5%付给铁路部门代征手续费，手续费由税务机关按规定及时付给付，铁路部门不得从代征税款中直接扣除。	四、税款缴纳 （一）铁路局（含广铁集团、青藏铁路公司）应纳印花税，依照铁路体制改革前所属原汇总缴纳印花税单位2004年印花税款占铁路局印花税款的地方税比例计算（见附表），按季向原汇总缴纳单位所在地的税务机关缴纳。对采用异地汇款方式缴纳税款的，原汇总缴纳单位所在地的税务机关应通知铁路局将税款直接汇入税务机关在国库开设的"待缴库税款"专户。 五、税务机关根据国家有关规定，按代征印花税税款的5%付给铁路部门代征手续费。手续费由税务机关按规定及时付给，铁路部门不得从代征税款中直接扣除。
63	国家税务总局关于发税务登记证件有关问题的补充通知	2006.07.13	国税发〔2006〕104号	一、分类疏导 各地税务机关可按照行业、规模、区域、纳税信用等标准，结合纳税人的意愿，将纳税人进行分类，分时分批欲换证，减少纳税人等候时间，避免办税服务厅排队拥挤。 税务登记表格发放可提前时发放。报送（收取）应在《国家税务总局关于换发税务登记证件的通知》（国税发〔2006〕38号）（以下简称《国家税务总局关于换发税务登记证件的通知》）规定的时间内进行。税务机关应当自收到有关表格和资料之日起30日内审核完毕，并为符合条件的纳税人换发税务登记证件。	一、分类疏导 各地税务机关可按照行业、规模、区域、纳税信用等标准，结合纳税人的意愿，将纳税人进行分类，分时分批欲换证，减少纳税人等候时间，避免办税服务厅排队拥挤。 税务登记表格发放可提前开始，也可以通过网络、邮寄或者税收管理员下户等方式发放；有条件的地方，可以在纳税人到税务机关办理纳税申报和涉税事项时发放。报送（收取）应在《国家税务总局关于换发税务登记证件的通知》（国税发〔2006〕38号）（以下简称《国家税务总局关于换发税务登记证件的通知》）规定的时间内进行。

续表

序号	标题	发文日期	文号	需要修改的条款	修改后的条款
63	国家税务总局关于换发税务登记证件有关问题的补充通知	2006.07.13	国税发〔2006〕104号	二、编码原则 国税局、地税局赋予同一纳税人的识别号必须一致，不一致的，应按照《国家税务总局关于完善税务登记管理若干问题的通知》(国税发〔2006〕37号)的规定协商统一。 个体工商户的纳税人识别号为其个人身份证件号码加两位顺序码，即某个体工商户办第一家经营单位时，其纳税人识别号为其身份证件号码，从开办第二家经营单位起，其纳税人识别号为其身份证件号码加两位识别号，以区分同一纳税人的不同经营单位。例如："个人身份证件号码+01、02、……、99"。 税务登记证号为：省（市）国（地）税字+纳税人识别号。如北京市某个体工商户开办的第二家经营单位的地税登记证为：京地税字12345678910123412301号。 三、业务处理 对未领取工商营业执照的纳税人及其分支机构，不得发放临时税务登记证件，但要按规定征税，并责成其发为办理营业执照和组织机构代码，再办理税务登记。 对外来经营的纳税人（包括超过180天的），只办理报验登记，不再办理临时税务登记。 个人独资企业、一人有限公司，应按照单位纳税人办理税务登记。 换发税务登记证副本登记后，纳税人在银行开户时，开户银行必须按规定在税务登记副本登录新的账号。对原有账号暂不作登录要求，但纳税人必须向税务机关报告。	删除 三、业务处理 对外来经营的纳税人（包括超过180天的），只办理报验登记，不再办理临时税务登记。 个人独资企业、一人有限公司，应按照单位纳税人办理税务登记。 换发税务登记证副本登记后，纳税人在银行开户时，开户银行必须按规定在税务登记副本登录新的账号。对原有账号暂不作登录要求，但纳税人必须向税务机关报告。

续表

序号	标题	发文日期	文号	需要修改的条款	修改后的条款
63	国家税务总局关于换发税务登记证件有关问题的补充通知	2006.07.13	国税发[2006]104号	五、印制准备 各地国税局所需税务登记证件由总局按照2005年底统计数据加今明两年预增数招标印制。各省国税局要及时向中标商说明各地市的登记证件数量、种类、送达地点、联系人、到货后严格组织验收。由于变更需求等原因，此前，集中印制的税务登记证件估计要到8月底才能到货，各地国税局要做好分类领导。税务登记表发放及收取、审核工作。 发证税务机关的印章，国税系统可以套印与中标商协商，直接套印，也可以验收后再自行或组织加盖。副本内芯在确定套印后沿中间缝合成订本式。地税系统可以在确定印制厂家时提出套印的后缝的需求。	删除
				六、工本费收取 税务登记证工本费应按规定收取。纳税人不需要税务登记证外框、副本封皮的，税务机关不另行核征税，副本封皮比照2006年上半年新办税务登记的规定不收工本费。2006年7月新办税务登记的，比照2006年上半年新办税务登记的规定不收工本费。	删除
64	国家税务总局关于个人住房转让所得征收个人所得税有关问题的通知	2006.07.18	国税发[2006]108号	三、纳税人未提供完整、准确的房屋原值凭证，不能正确计算房屋原值和应纳税额的，税务机关可根据《中华人民共和国税收征收管理法》第三十五条的规定，即按纳税人住房转让收入的一定比例核定征收，具体比例由省级地方税务局根据纳税人出售住房的所处区域、地理位置、建造时间、房屋类型、住房平均价格水平等因素，在住房转让收入1%-3%的幅度内确定。	三、纳税人未提供完整、准确的房屋原值凭证，不能正确计算房屋原值和应纳税额的，税务机关可根据《中华人民共和国税收征收管理法》第三十五条的规定，对其实行核定征税，即按纳税人住房转让收入的一定比例核定应纳个人所得税额，对实行核定征收的，即按纳税人住房转让收入的一定比例核定纳个人所得税额。具体比例由省级地方税务局根据纳税人出售住房的所处区域、地理位置、建造时间、房屋类型、住房平均价格水平等因素，在住房转让收入1%-3%的幅度内确定。

353

续表

序号	标题	发文日期	文号	需要修改的条款	修改后的条款
64	国家税务总局关于个人住房转让所得征收个人所得税有关问题的通知	2006.07.18	国税发〔2006〕108号	四、各级税务机关要严格执行《国家税务总局关于进一步加强房地产税收征收管理的通知》(国税发〔2005〕82号)和《国家税务总局关于实施房地产税收一体化管理若干具体问题的通知》(国税发〔2005〕156号)的规定。为方便出售住房的个人依法履行纳税义务,加强税收征管,主管税务机关要在房地产交易场所设置征收窗口,个人转让环节应缴纳的个人所得税、营业税、土地增值税等税收一并办理;地方税务机关没有条件在房地产交易场所设置税收征收窗口的,应委托契税征收部门一并征收个人所得税等税收。	四、各级税务机关要严格执行《国家税务总局关于进一步加强房地产税收征收管理的通知》(国税发〔2005〕82号)和《国家税务总局关于实施房地产税收一体化管理若干具体问题的通知》(国税发〔2005〕156号)的规定。为方便出售住房的个人依法履行纳税义务,加强税收征管,主管税务机关要在房地产交易场所设置征收窗口,个人转让环节应缴纳的个人所得税、营业税、土地增值税等税收一并办理;税务机关没有条件在房地产交易场所设置税收征收窗口的,应委托契税征收部门一并征收个人所得税等税收。
65	国家税务总局关于加强发票保证金管理的通知	2006.07.28	国税函〔2006〕735号	六、各省、自治区、直辖市国家税务局、地方税务局要根据本地实际,建立健全发票保证金的具体管理制度。各级税务机关应做好宣传工作,加强对税务人员和纳税人的培训,确保新规定贯彻执行到位。执行中如有问题,请及时报告总局(流转税管理司)。	六、各省、自治区、直辖市税务局要根据本地实际,建立健全发票保证金管理制度。各级税务机关应做好宣传工作,加强对税务人员和纳税人的培训,确保新规定贯彻执行到位。执行中如有问题,请及时报告总局。
66	国家税务总局关于修订《增值税专用发票使用规定》的通知	2006.10.17	国税发〔2006〕156号	第六条 《发票领购簿》到主管税务机关办理初始发行,是指主管税务机关将一般纳税人的下列信息载入空白金税卡和IC卡的行为。 (一)企业名称; (二)税务登记代码; (三)开票限额; (四)购票限量; (五)购票人员姓名、密码; (六)开票机数量; (七)国家税务总局规定的其他信息。	第六条 一般纳税人领购专用发票专用设备后,凭《最高开票限额申请单》、《发票领购簿》到主管税务机关办理初始发行。(最高开票限额申请、一般纳税人专用发票最高开票限额申请、确保新规定贯彻到位。)初始发行,是指主管税务机关将一般纳税人的下列信息载入空白金税卡和IC卡的行为。 (一)企业名称; (二)税务登记代码; (三)开票限额; (四)购票限量; (五)购票人员姓名、密码; (六)开票机数量; (七)国家税务总局规定的其他信息。

续表

序号	标题	发文日期	文号	需要修改的条款	修改后的条款
66	国家税务总局关于修订《增值税专用发票使用规定》的通知	2006.10.17	国税发[2006]156号	第八条 一般纳税人有下列情形之一的，不得领购开具专用发票：（一）会计核算不健全，不能向税务机关准确提供增值税销项税额、进项税额、应纳税额数据及其他有关增值税税务资料的。上列其他有关增值税税务资料的内容，由省、自治区、直辖市和计划单列市国家税务局确定。	第八条 一般纳税人有下列情形之一的，不得领购开具专用发票：（一）会计核算不健全，不能向税务机关准确提供增值税销项税额、进项税额、应纳税额数据及其他有关增值税税务资料的。上列其他有关增值税税务资料的内容，由省、自治区、直辖市和计划单列市国家税务局确定。
67	国家税务总局关于印发《个人所得税自行纳税申报办法（试行）》的通知	2006.11.06	国税发[2006]162号	第四十一条 纳税申报表由各省、自治区、直辖市和计划单列市地方税务局按照国家税务总局规定的式样统一印制。	第四十一条 纳税申报表由各省、自治区、直辖市和计划单列市地方税务局按照国家税务总局规定的式样统一印制。
68	国家税务总局关于国家开发银行使用金融业专用发票等问题的通知	2006.12.11	国税函[2006]1189号	二、《专用发票》的式样、规格，内容由北京市国家税务局确定，并组织印制。《专用发票》由国家开发银行应按照《中华人民共和国发票管理办法》，下发各分行使用。国家开发银行向主管税务机关领购、开具、保管《专用发票》，并定期向主管税务机关报告发票领、用、存情况。	二、《专用发票》的式样、规格，内容由北京市税务局确定，并组织印制。《专用发票》由国家开发银行应按照《中华人民共和国发票管理办法》，下发各分行使用。国家开发银行向北京市税务局及北京市税务局有关税务机关领购、开具、保管《专用发票》，并定期向主管税务机关报告发票领、用、存情况。
69	国家税务总局关于房地产开发企业土地增值税清算管理有关问题的通知	2006.12.28	国税发[2006]187号	四、土地增值税的扣除项目（二）房地产开发企业办理土地增值税清算所附送的前期工程费、建筑安装工程费、基础设施费、开发间接费用的凭证或资料不符合清算要求或不实的，地方税务机关可参照当地建设工程造价管理部门公布的建安造价定额资料，结合房屋结构、用途、区位等因素，核定上述四项开发成本的单位面积金额标准，并据以计算扣除。具体核定方法由省税务机关确定。	四、土地增值税的扣除项目（二）房地产开发企业办理土地增值税清算所附送的前期工程费、建筑安装工程费、基础设施费、开发间接费用的凭证或资料不符合清算要求或不实的，地方税务机关可参照当地建设工程造价管理部门公布的建安造价定额资料，结合房屋结构、用途、区位等因素，核定上述四项开发成本的单位面积金额标准，并据以计算扣除。具体核定方法由省税务机关确定。

续表

序号	标题	发文日期	文号	需要修改的条款	修改后的条款
70	国家税务总局关于做好我国企业境外投资与缴纳税收服务管理工作的意见	2007.03.20	国税发〔2007〕32号	二、为我国企业境外投资提供优质税收服务 (二)畅通我国企业境外投资税收宣传和咨询渠道。税务总局在门户网站上,已经开设我国企业境外投资税收服务指南;各省国、地税局应在门户网站上设立相应的宣传和咨询专栏,公布规范的税收宣传和咨询专栏、公布规范的税收服务指南,帮助我国企业及时了解和掌握境外投资税收法律法规和征管措施,对其境外投资提供税收指引;境外投资企业数量较多的地区,可在办税服务厅设置的综合服务类窗口中设置专门的咨询席,专业的税收咨询业务。	二、为我国企业境外投资提供优质税收服务 (二)畅通我国企业境外投资税收宣传和咨询渠道。税务总局在门户网站上,已经开设我国企业境外投资税收服务指南;各省国、地税局应在门户网站上设立相应的宣传和咨询专栏,公布规范的税收宣传和咨询专栏,帮助我国企业及时了解和掌握境外投资税收法律法规和征管措施,对其境外投资提供税收指引;境外投资企业数量较多的地区,可在办税服务厅设置的综合服务类窗口中设置专门的咨询席,为企业提供快捷、方便、专业的税收咨询业务。
71	国家税务总局关于调整国家开发银行缴纳城市维护建设税和教育费附加办法的通知	2007.05.08	国税函〔2007〕484号	为便于管理,保证税款及时入库,现决定自2007年1月1日起,将国家开发银行缴纳的城市维护建设税和教育费附加由"集中划转、返还各地、各地入库"的缴纳方式改为由国家开发银行各省(区、市)分行直接向各地税务机关申报缴纳。现将有关事项通知如下: 一、国家开发银行各分行应纳的城市维护建设税和教育费附加由国家开发银行总行季度终了后的10日内统一计算,通知各分行,各分行向当地地方税务机关申报缴纳。 二、具体缴纳事宜,由各省、自治区、直辖市和计划单列市地方税务局同国家开发银行各分行联系确定。2007年第一季度国家开发银行应纳的城市维护建设税和教育费附加于本通知发文之日起15日内申报缴纳。	为便于管理,保证税款及时入库,现决定自2007年1月1日起,将国家开发银行缴纳的城市维护建设税和教育费附加由"集中划转、返还各地、各地入库"的缴纳方式改为由国家开发银行各省(区、市)分行直接向各地税务机关申报缴纳。现将有关事项通知如下: 一、国家开发银行各分行应纳的城市维护建设税和教育费附加由国家开发银行总行季度终了后的10日内统一计算,通知各分行,各分行向当地地方税务机关申报缴纳。 二、具体缴纳事宜,由各省、自治区、直辖市和计划单列市地方税务局同国家开发银行各分行联系确定。2007年第一季度国家开发银行应纳的城市维护建设税和教育费附加于本通知发文之日起15日内申报缴纳。
72	国家税务总局关于取消部分地方税行政审批项目的通知	2007.06.11	国税函〔2007〕629号	以上行政审批项目取消后,各地地方税务机关应依据相关条例的有关规定做好相关税种的征收管理工作,严格按照条例规定和税务总局《税收减免管理办法(试行)》的具体要求加强减免的管理,并将有关情况及时上报税务总局(地方税司)。	以上行政审批项目取消后,各地税务机关应依据相关条例的有关规定做好相关税种的征收管理工作,严格按照条例规定及相关规定的具体要求加强减免税的管理,并将有关情况及时上报税务总局。

续表

序号	标题	发文日期	文号	需要修改的条款	修改后的条款
73	国家税务总局关于进一步加强资源税管理工作的通知	2007.07.06	国税发〔2007〕77号	一、进一步提高对做好资源税工作重要性的认识 我国是一个自然资源相对短缺的国家。近年来，随着经济持续、快速发展，对资源产品日益增长的需求与资源有限、稀缺的矛盾越来越突出。实现资源节约型、环境友好型社会建设已经成为我国今后一段时期的国家发展战略。当前，资源税正在加快、促进社会和谐发展的步伐受到全社会的广泛关注，资源税制改革对于落实科学发展观、实现国家经济社会发展战略有着非常重要的意义。为此，各级地方税务机关要进一步提高思想认识，更加重视相关税种管理工作，按照"科学化、精细化"的要求，结合其他相关税种管理统筹安排，强化资源税征管，有效提高征税质量与效率。 二、加强资源税税源管理 （二）抓好纳税人户籍管理。要进一步落实纳税户籍管理的各类信息，建立资源税户籍管理档案，建立资源和分析户籍管理的管理盲点。及时归纳、整理和分析户籍管理的管理盲点，税局在户籍管理上的协调配合机制，实现户籍管理的信息共享，定期开展户籍信息比对，对发现的管理盲点，要及时纳入税收管理。	一、进一步提高对做好资源税工作重要性的认识 我国是一个自然资源相对短缺的国家。近年来，随着经济持续、快速发展，对资源产品日益增长的需求与资源有限、稀缺的矛盾越来越突出。实现资源节约型、环境友好型社会建设已经成为我国今后一段时期的国家发展战略。当前，资源税正在加快、促进社会和谐发展的步伐受到全社会的广泛关注，资源税制改革对于落实科学发展观、实现国家经济社会发展战略有着非常重要的意义。为此，各级税务机关要进一步提高思想认识，更加重视相关税种管理，统筹安排，强化资源税种管理，有效提高征管质量与效率。 二、加强资源税税源管理 （二）抓好纳税人户籍管理。要进一步落实纳税户籍管理的"一户式"管理。要进一步落实纳税人户籍管理的各类信息，建立健全资源税户籍档案，及时纳、整理和分析户籍管理的管理盲点，对发现的管理盲点，要及时纳入税收管理。
				二、加强资源税税源管理 （四）加强对资源税征管数据的统计和分析，在管信息"一体化"建设中，绘制税源分布图，形成动态的企业档案。绘制资源税政策研究和加强征管的基本信息来源。具体可通过以下途径掌握资源税的静态和动态变化情况： 1. 将纳税人办理税务登记、纳税申报等涉税事项业已提供的数据进行分类、计算取得，包括利用税务总局下传的矿山企业增值税信息等。	二、加强资源税税源管理 （四）加强对资源税征管数据的统计和分析，在管信息"一体化"建设中，绘制税源分布图，形成动态的企业档案。绘制资源税政策研究和加强征管的基本信息来源。具体可通过以下途径掌握资源税的静态和动态变化情况： 1. 将纳税人办理税务登记、纳税申报等涉税事项业已提供的数据进行分类、计算取得，包括利用税务总局下传的矿山企业增值税信息等。

文件清理

357

序号	标题	发文日期	文号	需要修改的条款	修改后的条款
				2. 通过税源调查或普查的方式取得。 3. 从相关的互联网站（如矿业、国税、统计、国税、公安、工商、安全生产、物价管理、电力等部门获取。 4. 从国土资源、矿管、统计、公安、工商、安全生产、物价管理、电力等部门获取。 5. 从矿产资源评估等中介机构以及探矿权、采矿权交易市场获取。 6. 其他渠道。	2. 通过税源调查或普查的方式取得。 3. 从相关的互联网站（如矿业、经济网站）中取得。 4. 从国土资源、矿管、统计、公安、工商、安全生产、物价管理、电力等部门获得。 5. 从矿产资源评估等中介机构以及探矿权、采矿权交易市场获取。 6. 其他渠道。
73	国家税务总局关于进一步加强资源税征收管理工作的通知	2007.07.06	国税发[2007]77号	三、强化小矿山企业管理 鉴于小矿山开采户多而分散，财务制度不健全的状况，各级地方税务机关要高度重视其应税矿产品课税数量的认定工作，在销售和自用量难以准确掌握的情况下，应结合本地实际，根据矿产品赋存和生产条件，了解其采掘量、剥采比、回采率、选矿比、选矿产品贫化率等指标，参照用电量、用炸药量等参数，科学、合理地选择确定应税矿产品课税数量的核定方法。核定程序和标准，提高纳税遵从度。对不能准确提供课税资源税收数量的，可因地制宜选用以下一种或多种核定方式征收资源税：	三、强化小矿山企业管理 鉴于小矿山开采户多而分散，财务制度不健全的状况，各级税务机关要高度重视其应税矿产品课税数量的认定工作，在销售和自用量难以准确掌握的情况下，应结合本地实际，根据矿产品赋存和生产条件，了解其采掘量、剥采比、回采率、选矿比、贫化率等指标，参照用电量、用炸药量等参数，科学、合理地选择确定应税矿产品课税数量的核定方法。核定程序和标准，立足公平、公正、合理的基础上，提高纳税遵从度。对不能准确提供课税资源税数量的，可因地制宜选用以下一种或多种核定方式征收资源税。
				四、加强零星分散税源管理 对零星分散税源实施代扣代缴，是加强资源税管理、防止税收流失的重要举措。各级税务机关要重视代扣代缴工作，要根据《中华人民共和国资源税代扣代缴管理办法》《国税发[1998]49号》的精神，制定和完善适合本地情况的细化措施，并落到实处。要根据资源税征收法的要求，加强对扣缴义务人履行纳税义务情况的管理，严密程序，加强监管，严厉打击偷逃税和伪造管理证明的违法行为；对跨地区收购款，各地要高度重视，加强指导与监管，各地税务机关要加强协作，密切配合；要加强国资源主产品的地区要加强对本地区收购款的督查与指导，防止非矿产资源主产品的地区也要逐级加强对下级税务机关代扣代缴工作中存在问题的督查与指导，确保代扣代缴办法落到实处。	四、加强零星分散税源管理 对零星分散税源实施代扣代缴，是加强资源税管理、防止税收流失的重要举措。各级税务机关要重视代扣代缴工作，要根据《中华人民共和国资源税代扣代缴管理办法》《国税发[1998]49号》的精神，制定和完善适合本地情况的细化措施，并落到实处。要根据资源税征收法的要求，要加强对扣缴义务人履行纳税义务情况的管理，严密程序，加强监管，严厉打击偷逃税和伪造管理证明的违法行为；对跨地区收购款，各地要高度重视，加强指导与监管，各地税务机关要加强协作，密切配合；要加强国资源主产品的地区要加强对本地区收购款的督查与指导，防止非矿产资源主产品的地区也要逐级加强对下级税务机关代扣代缴工作中存在问题，制定措施，加强管理，确保代扣代缴办法的正确贯彻落实。

续表

序号	标题	发文日期	文号	需要修改的条款	修改后的条款
73	国家税务总局关于进一步加强资源税管理工作的通知	2007.07.06	国税发〔2007〕77号	五、积极推进纳税评估试点工作 各地要按照《国家税务总局关于印发〈纳税评估管理办法(试行)〉的通知》(国税发〔2005〕43号)的精神,积极推动资源税纳税评估试点工作。要通过深入调查研究,找出矿山企业资源税管理的内在规律,建立科学合理的适合不同产品和地区特点的评估模型,加强国地税评估信息沟通,了解企业市场价格变动情况,及时、准确掌握企业产、销、存情况及市场价格变动情况,积极、稳妥地开展资源税纳税评估工作,并通过纳税评估加强日常管理,帮助纳税人自查自纠,发现异常情况,及时进行检查,发现涉嫌偷、逃税款的,应移交稽查部门查处,堵塞税收漏洞。 六、建立健全资源税协税护税体系 我国矿产品种多,开采地点分散,矿山行业专业性强,要真正管好、管住资源税,仅靠税务机关的努力,不仅征收成本高,而且很难建立。为此,各级地方税务机关应主动争取当地公安、工商、安全生产、矿管、电力、物价等部门和单位的支持与配合,建立完善的矿山企业办、产、销、变动、关闭等方面的信息,村委会等部门协作机制,充分发挥协税护税网络的作用,及时获取矿山企业办、产、销、变动、关闭等方面的信息,防止漏征漏管。	五、积极推进纳税评估试点工作 各地要按照《国家税务总局关于印发〈纳税评估管理办法(试行)〉的通知》(国税发〔2005〕43号)的精神,积极推动资源税纳税评估试点工作。要通过深入调查研究,找出矿山企业资源税管理的内在规律,建立科学合理的适合不同产品和地区特点的评估模型,了解企业货物和劳务税评估情况及市场价格变动情况,积极、稳妥地开展资源税纳税评估工作,并通过纳税评估加强日常管理,帮助纳税人自查自纠,发现异常情况,及时进行检查,发现涉嫌偷、逃税款的,应移交稽查部门查处,堵塞税收漏洞。 六、建立健全资源税协税护税体系 我国矿产品种多,开采地点分散,矿山行业专业性强,要真正管好、管住资源税,仅靠税务机关的努力,不仅征收成本高,而且很难建任。为此,各级税务机关应主动争取当地公安、工商、安全生产、矿管、电力、物价、技术监督、村委会等部门和单位的支持与配合,建立完善的矿山企业办、产、销、变动、关闭等方面的信息,防止漏征漏管。
74	国家税务总局 国土资源部 财政部关于进一步加强土地税收管理工作的通知	2008.01.23	国税发〔2008〕14号	《国家税务总局 国土资源部 财政部关于加强土地税收管理的通知》(国税发〔2005〕111号)下发以后,各地税、财政和国土资源管理部门通过开展多种形式的信息共享和配合,提高了土地管理和土地税收征管工作的水平。 一、为了堵塞税收征管漏洞,防止税款流失,各级地税部门负责收契税等税种的财政部门(以下简称财政部门)和国土资源部门要密切合作,共同组织开展对纳税人土地占用情况及土地税收缴纳情况的清查工作。	《国家税务总局 财政部 国土资源部关于加强土地税收管理的通知》(国税发〔2005〕111号)下发以后,各级税务、财政和国土资源管理部门通过开展多种形式的信息共享和配合,提高了土地管理和土地税收征管工作的水平。 一、为了堵塞税收征管漏洞,防止税款流失,各级地税部门、财政部门和国土资源部门要密切合作,共同组织开展对纳税人土地占用情况及土地税收缴纳情况的清查工作。

续表

序号	标题	发文日期	文号	需要修改的条款	修改后的条款
74	国家税务总局财政部国土资源部关于进一步加强土地税收管理工作的通知	2008.01.23	国税发[2008]14号	三、继续严格执行"先税后证"的政策，没有财税部门发放的契税和土地增值税完税凭证或免税凭证，国土资源部门一律不得办理土地登记手续。为了方便纳税人，各级地方税务局和国土资源部门要积极做好协商，创造条件，在土地登记、审批场所设立税收征收窗口，使纳税环节前移，从源头控制税源。	三、继续严格执行"先税后证"的政策，没有财税部门发放的契税和土地增值税完税凭证或免税凭证，国土资源部门一律不得办理土地登记手续。为了方便纳税人，各级税务部门和国土资源部门要积极做好协商，创造条件，在土地登记、审批场所设立税收征收窗口，使纳税环节前移，从源头控制税源。
75	国家税务总局关于印发《企业所得税核定征收办法（试行）》的通知	2008.03.06	国税发[2008]30号	六、国家税务局和地方税务局密切配合。要联合开展核定征收企业所得税工作，共同确定分行业的应纳所得税额，共同协商确定分户的应纳所得税额，做到分属国家税务局和地方税务局管辖，生产经营地点、经营规模、经营范围基本相同的纳税人，核定的应纳所得税额和应纳所得税率基本一致。	删除
				《企业所得税核定征收办法（试行）》	《企业所得税核定征收办法（试行）》
				第十六条 各省、自治区、直辖市和计划单列市国家税务局，地方税务局，根据本办法的规定联合制定具体实施办法，并报国家税务总局备案。	第十六条 各省、自治区、直辖市税务局，根据本办法的规定制定具体实施办法，并报税务总局备案。
76	国家税务总局关于停止为骗取出口退税企业办理出口退税期限有关问题的通知	2008.03.25	国税发[2008]32号	二、对拟停止为其办理出口退税的骗税企业，由其主管税务机关或稽查局逐级上报省、自治区、直辖市和计划单列市国家税务局批准后按规定程序作出《税务行政处罚决定书》。停止办理出口退税的时间以作出《税务行政处罚决定书》的决定之日为起点。	二、对拟停止为其办理出口退税的骗税企业，由其主管税务机关或稽查局逐级上报省、自治区、直辖市税务局，根据本办法的规定制定具体实施办法，并报税务总局备案。《企业所得税核定征收办法（试行）》第十六条 各省、自治区、直辖市税务局，根据本办法的规定制定具体实施办法，并报税务总局备案。二、对拟停止为其办理出口退税的骗税企业，由其主管税务机关按后批准后按规定程序作出《税务行政处罚决定书》的决定之日为起点。

续表

序号	标题	发文日期	文号	需修改的条款	修改后的条款	
77	国家税务总局关于开展打击制售假发票和非法代开发票专项整治行动有关问题的通知	2008.04.21	国税发[2008]40号	二、密切配合，综合治理 各地国税、地税机关要按照专项整治通知的要求，积极与公安机关进行协调沟通，迅速统一部署的联合行动，国税、地税机关要参与的联合实施方案、地税机关要参与专项整治领导小组，下设专项整治办公室，研究制订计划和相关案例，地税机关要主动协调好各相关方面的落实情况，及时解决工作中的困难与问题。专项整治工作中，国税、地税机关领导要亲自抓专项整治工作计划和实施方案的落实情况，及时解决工作中的困难和问题。发现案源、公安、税务机关要及时互相通报、移送、联合行动，步调一致，充分发挥领导小组的协调指挥作用。同时，要加强与其他相关部门的沟通和协作，取得相关部门的密切支持，努力建立起各部门齐抓共管、打防、宣传教育相结合的综合治理机制。	二、密切配合，综合治理 各地税务机关要按照专项整治通知的要求，成立由公安机关牵头、税务机关参与的联合专项整治领导小组，上报专项整治办公室，研究制订计划和实施方案，税务机关参与专项整治工作中遇到困难与问题随时了解掌握。专项整治工作中，税务机关领导要主动协调好各相关方面，经常督促落实情况，及时解决工作中的困难和问题。发现案源，公安、税务机关要及时互通情况，步调一致，充分发挥相关部门的协调沟通和协作，取得相关部门齐抓共管、打防、宣传教育相结合的综合治理机制。	
				五、认真总结，按时上报 各级税务机关在专项整治行动中要严格执行工作报告制度，按照两部局通知的要求，按时上报具体工作进展情况，并于每月7日前向国家税务总局上报相关数据资料，国税、地税要联合填报《打击制售假发票和非法代开发票工作情况》（见附件1）；重要事项和重大案件专项整治行动查办的案件要快办快结，认真总结上报。国家税务总局将加强对专项整治行动的督办，对发现问题提出改进意见，专项整治行动结束后，按时上报工作总结。	五、认真总结，按时上报 各级税务机关在专项整治行动中要严格执行工作报告制度，按照两部局通知的要求，每月7日前向国家税务总局上报工作进展情况，并上报具体案例和重大案件的报告，重要事项和重大案件专项整治行动查办的案件要随时报告，国家税务总局将加强对专项整治情况、重要事项和数据资料，专项整治处查处的案件要快办快结，认真总结将加强对专项整治情况，对发现的问题要提出改进意见，专项整治行动结束后，按时上报工作总结。	
				附件《打击制售假发票和非法代开发票工作情况表》	删除	

续表

序号	标题	发文日期	文号	需要修改的条款	修改后的条款
78	国家税务总局中国民用航空总局关于印发《航空客票行程单电子发票管理办法（暂行）》的通知	2008.05.19	国税发[2008]54号	二、民航各地区管理局及其派出机构负责所辖地区的公共航空运输企业代理销售运输环节的监督检查，发放、开具、保管缴销《行程单》的领购，及其派出机构在查处《行程单》案件时，可提请民航各地区管理局及相关税务机关共同参与检查。对违反《发票管理办法》的行为，应提请税务机关依规定对违法行为进行处罚。相关主管税务机关应按《发票管理办法》的规定对违法行为进行查处。各省、自治区、直辖市和计划单列市地方税务局可根据本通知的规定，结合实施检查或案件发生的区域确定相关的主管税务机关。	二、民航各地区管理局及其派出机构负责所辖地区的公共航空运输企业、航空运输销售代理企业的领购、发放、开具、保管等环节的监督检查。民航各地区管理局及其派出机构在查处《行程单》案件时，可提请税务机关缴销查件时，应提请民航各地区管理办法》的行为，应提请民航各地区管理办法》的行为，应提请民航各地区主管税务机关共同进行处理。相关主管税务机关应依《发票管理办法》规定对违法行为进行查处。各省、自治区、直辖市和计划单列市税务局可依据本通知的规定，根据实施检查或案件发生的区域确定相关的主管税务机关。
79	国家税务总局关于进一步加强普通发票管理工作的通知	2008.07.22	国税发[2008]80号	五、加快税控机具推广，配套推行有奖发票（二）建立有奖发票和举报奖励制度。凡已推广应用税控收款机地区的国家税务局，应按照《通知》的要求，报经税务总局向财政部申请有奖发票资金，适时开展"有奖发票"和"发票举报有奖"活动；地方财政给予有关支持。要通过开展"有奖发票"和"发票举报有奖"活动，鼓励消费者主动索要发票，积极检举发票违法行为，促使纳税人依法开具、使用发票。	五、加快税控机具推广，配套推行有奖发票（二）建立有奖发票和举报奖励制度。凡已推广应用税控收款机地区的税务局，应按照《通知》的要求，报经税务总局向财政部申请有奖发票资金，适时开展"有奖发票"活动。要通过开展"有奖发票"和"发票举报有奖"活动，鼓励消费者主动索要发票，积极检举发票违法行为，促使纳税人依法开具、使用发票。
80	国家税务总局关于加强企业所得税管理的意见	2008.08.18	国税发[2008]88号	二、总体要求（三）核实税基1.税源基础管理通过企业办理设立、变更、注销、外出经营等事项的税务登记，及时掌握纳税人认定工作，正确判定法人企业和非居民企业、正常纳税企业和减免税企业、独立纳税企业和汇总（合并）纳税企业、居民企业和非居民企业。加强与税务部门之间的协调配合、全面掌握户籍信息。充分发挥税收管理员职能作用，实行税源动态信息采集与动态情况调查相结合，及时掌握税源动态和纳税人变化动态。引导企业健全财务会计核算制度，实行会计核算方法备案管理。	二、总体要求（三）核实税基1.税源基础管理通过企业办理设立、变更、注销、外出经营等事项的税务登记，及时掌握企业分支机构、境内外投资、关联关系企业等等相关信息。加强对法人企业和非居民企业认定工作，正确判定法人企业和非居民企业、独立纳税企业和减免税企业，加强与财政部门之间的协调配合、全面掌握户籍信息。充分发挥税收管理员职能作用，实行税源动态信息采集与动态情况调查相结合，及时掌握税源动态和纳税人变化动态。引导企业健全财务会计核算制度，实行会计核算方法备案管理。

续表

序号	标题	发文日期	文号	需要修改的条款	修改后的条款
80	国家税务总局关于加强企业所得税管理的意见(续)	2008.08.18	国税发〔2008〕88号	4. 关联交易管理 对企业所得税实际税负有差别或有盈有亏的关联企业，建立关联企业管理台账，对关联交易业务往来价格、费用标准等实行备案管理。拓宽会价格和盈利等分析渠道，行业协会利用国内外大型商业数据库数据等信息开展关联交易行为调查，审核关联交易是否符合独立交易原则，加强关联利用不同所得税政策以及不同盈亏情况而转移定价和不合理分摊费用。加强对跨省市大企业和集团关联交易管理，实行由税务总局牵头、上下联动、国税和地税互动的联合纳税评估和检查。 二、总体要求 (五)强化评估 3.完善评估工作制度 构建重点评估、专项评估，日常评估相结合的企业所得税纳税评估工作体系。实行企业所得税与流转税及其他税种的联合评估，跨地区联合评估和国税和地税联合评估。总结企业所得税纳税评估经验和做法，建立纳税评估案例库，交流纳税评估工作经验。	4. 关联交易管理 对企业所得税实际税负有差别或有盈有亏的关联企业，建立关联企业管理台账，对关联交易业务往来价格、费用标准等实行备案管理。拓宽关联交易价格和盈利等分析数据来源渠道，充分利用国家宏观经济数据、行业协会价格和盈利等分析数据、国内外大型商业数据库数据等信息开展关联交易行为调查，审核关联交易是否符合独立交易原则，防止企业利用不同所得税政策以及不同盈亏情况而转移定价和不合理分摊费用。加强对跨省市大企业和企业集团关联交易管理，实行由税务总局牵头、上下联动关联交易管理和检查。 二、总体要求 (五)强化评估 3.完善评估工作制度 构建重点评估、专项评估，日常评估相结合的企业所得税纳税评估工作体系。实行企业所得税与货物和劳务税及其他税种的联合评估和跨地区联合评估，建立纳税评估经验做法，建立纳税评估案例库，交流纳税评估工作经验。

续表

序号	标题	发文日期	文号	需要修改的条款	修改后的条款
80	国家税务总局关于加强企业所得税管理的意见（续）	2008.08.18	国税发[2008]88号	三、保障措施 （一）组织保障 3. 加强协同管理 建立各税种联动、国税和地税协同、部门间配合、国际性合作的协同配合机制。利用企业所得税与货物和劳务税、个人所得税、社会保险费的内在关联和相互对应关系，加强企业所得税与流转税、国际地区税利税之间的工作协同与合作，加强税务机关内部各部门间与国外对应的管理联动，形成管理合力。基层税务机关要注意整合企业所得税的其他税种的管理要求，统一落实到具体管理工作中。加强企业所得税稽查，各地每年选择1至2个行业进行重点稽查，加大打击偷逃企业所得税违法力度。配合加强税收发票规范发票管理工作，严格审核税款征收行等工作，反避税工作等方面相互沟通，加强与外部相关部门的协调配合，逐步实现有关涉税信息共享，注意加强与外国税务当局和有关国际组织合作，积极开展税收情报交换，促进税收征管互助。 （二）信息化保障 1. 加快专项应用功能建设 完善涵盖企业所得税管理所有环节的专项应用功能，全面实现企业所得税管理信息化。增强现有税收综合征管系统中企业所得税评估、纳税管理、台账管理、纳税评估、收入预测分析、统计查询等模块功能。加强对地税部门企业所得税管理信息系统建设的指导和支持。统一全国企业所得税管理数据接口标准。	三、保障措施 （一）组织保障 3. 加强协同管理 建立各税种联动、国税和地税协同、部门间配合、国际性合作的协同配合机制。利用企业所得税与货物和劳务税、个人所得税、社会保险费之间的内在关联和相互对应关系，加强企业所得税与货物和劳务税、国际地区税之间的工作协同与合作，加强税务机关内部各部门间与国外对应的管理联动，形成管理合力。基层税务机关要注意整合企业所得税管理与其他税种的管理要求，统一落实到具体管理工作中。加强企业所得税稽查，各地每年选择1至2个行业进行重点稽查，加大打击偷逃企业所得税违法力度。配合加强税收发票规范发票管理工作，严格审核税款征收行等工作，积极加强与外部相关部门的协调配合，逐步实现有关涉税信息共享，注意加强与外国税务当局和有关国际组织合作，积极开展税收情报交换，促进税收征管互助。 （二）信息化保障 1. 加快专项应用功能建设 完善涵盖企业所得税管理所有环节的专项应用功能，全面实现企业所得税管理信息化。增强现有税收综合征管系统中企业所得税评估、台账管理、纳税评估、收入预测分析、统计查询等模块功能。统一全国企业所得税管理数据接口标准。

续表

序号	标题	发文日期	文号	需要修改的条款	修改后的条款
81	国家税务总局关于境内区外企业进入海关特殊监管区域货物有关同题的通知	2008.09.24	国税发〔2008〕91号	三、主管国家税务局应及时向主管海关了解区内加工企业违反10号文件第三条规定的情况。 四、区内生产加工企业应按季将《海关特殊监管区域不征收出口关税及退税货物审批表》(复印件、加盖企业公章)报送主管国家税务局,并每半年一次(7月10日前和1月10日前)将按照本通知第二条规定办理退(免)税货物的使用情况报送当地国家税务局。对上述退(免)税货物,税务机关有权进入区内企业进行实地核查。	三、主管税务局应及时向主管海关了解区内加工企业违反10号文件第三条规定的情况。 四、区内生产加工企业应按季将《海关特殊监管区域不征收出口关税及退税货物审批表》(复印件、加盖企业公章)报送主管税务局,并每半年一次(7月10日前和1月10日前)将按照本通知第二条规定办理退(免)税货物的使用情况报送当地税务局。对上述退(免)税货物,税务机关有权进入区内企业进行实地核查。
82	国家税务总局关于印发《纳税人涉税保密信息管理暂行办法》的通知	2008.10.09	国税发〔2008〕93号	第二十六条 本办法由国家税务总局负责解释。各省、自治区、直辖市国家税务局,地方税务局可根据本办法,制定具体实施办法。	第二十六条 本办法由国家税务总局负责解释。各省、自治区、直辖市税务局可根据本办法,制定具体实施办法。
83	国家税务总局关于推行机动车销售统一发票税控系统有关工作的紧急通知	2008.12.15	国税发〔2008〕117号	七、推行准备工作 推行准备工作包括税务端运行环境准备、企业端运行环境准备、税控系统安装、培训准备和技术支持等五个方面,具体要求如下: (二)企业端运行环境准备 税控系统企业端开票软件继续使用已有机动车开票软件运行环境。企业在开票前须领购买税控盘,根据需要自愿购置税控盘/传输盘,并向所在税务机关进行初始化。 为确保税控系统推行工作进度,各省国税局应尽快组织税控盘/传输盘购买相关工作,确保企业能如期购置税控盘/传输盘。(税控盘/传输盘产品详见附件) 考虑到货运发票税控系统推行工作时间紧迫,并且各省国税局已推行了货运发票税控盘/传输盘,各省国税局可建议本地机动车零售企业使用与货运发票企业同一厂商的税控盘产品。	七、推行准备工作 推行准备工作包括税务端运行环境准备、企业端运行环境准备、税控系统安装、培训准备和技术支持等五个方面,具体要求如下: (二)企业端运行环境准备 税控系统企业端开票软件继续使用已有机动车开票软件运行环境。企业在开票前须领购买税控盘,根据需要自愿购置税控盘,并向所在税务机关进行初始化。 为确保税控系统推行工作进度,各省税务局应尽快组织税控盘购买相关工作,确保企业能如期购置税控盘。(税控盘产品详见附件) 考虑到货运发票税控系统推行工作时间紧迫,并且各省税务局已推行了货运发票税控盘/传输盘,各省税务局可建议本地机动车零售企业使用与货运发票企业同一厂商的税控盘产品。

续表

序号	标题	发文日期	文号	需要修改的条款	修改后的条款
84	国家税务总局关于印发《非居民企业所得税汇算清缴管理办法》的通知	2009.01.22	国税发〔2009〕6号	附件3《非居民企业汇总申报企业所得税证明》 "国(地)税汇证〔　〕号" "国家(地方)税务局"	附件3《非居民企业汇总申报企业所得税证明》 "税汇证〔　〕号" "　　　　税务局"
85	国家税务总局关于印发《非居民企业所得税汇算清缴工作规程》的通知	2009.02.09	国税发〔2009〕11号	三、《办法》及本规程所涉及的文书，由各省、自治区、直辖市和计划单列市国家税务局和相关地方税务局按照规定式样自行印制。 附件1《非居民企业汇总申报纳税事项协查函》 "国(地)税协〔　〕号" "　　　　国家(地方)税务局" 附件2《非居民企业汇总申报纳税事项处理联络函》 "国(地)税处〔　〕号" "　　　　国家(地方)税务局"	三、《办法》及本规程所涉及的文书，由各省、自治区、直辖市和计划单列市税务局按照规定式样自行印制。 附件1《非居民企业汇总申报纳税事项协查函》 "税协〔　〕号" "　　　　税务局" 附件2《非居民企业汇总申报纳税事项处理联络函》 "税处〔　〕号" "　　　　税务局"
86	国家税务总局关于印发《房地产开发经营业务企业所得税处理办法》的通知	2009.03.06	国税发〔2009〕31号	第八条　企业销售未完工开发产品的计税毛利率由各省、自治区、直辖市和计划单列市国家税务局、地方税务局按下列规定进行确定： (一)开发项目位于省、自治区、直辖市和计划单列市人民政府所在地城市城区和郊区的，不得低于15%。 (二)开发项目位于地级市城区及郊区的，不得低于10%。 (三)开发项目位于其他地区的，不得低于5%。 (四)属于经济适用房、限价房和危改房的，不得低于3%。	第八条　企业销售未完工开发产品的计税毛利率由各省、自治区、直辖市和计划单列市税务局按下列规定进行确定： (一)开发项目位于省、自治区、直辖市和计划单列市人民政府所在地城市城区及郊区的，不得低于15%。 (二)开发项目位于地级市城区及郊区的，不得低于10%。 (三)开发项目位于其他地区的，不得低于5%。 (四)属于经济适用房、限价房和危改房的，不得低于3%。

续表

序号	标题	发文日期	文号	需要修改的条款	修改后的条款
87	国家税务总局关于进一步加强非居民税收管理工作的通知	2009.03.09	国税发[2009]32号	二、突出重点,加大税收管理力度 (三)加强非居民企业所得税源泉扣缴管理工作。各地应按照《国家税务总局关于印发〈非居民企业所得税源泉扣缴管理暂行办法〉的通知》(国税发[2009]3号)规定,落实扣缴义务人及时准确扣缴应纳税款,辅导扣缴义务人建立合同备案管理档案,建立管理台账和管理档案,追缴漏税。尤其是对股权转让交易双方均为非居民企业为抓手,以税务变更登记为抓手,以税务变更登记目在境外交易的行为,应以控制点,防范税收流失。各地税务局和地税机关要按照《国家税务总局关于调整新增企业所得税征管范围问题的通知》(国税发[2008]120号)和《国家税务总局关于明确非居民企业所得税征管范围的补充通知》(国税函[2009]50号)要求,抓好对所管辖企业所得税企业的源泉扣缴工作。 二、突出重点,加大税收管理力度 (七)加强协调配合。各地国税局和地税局应加强非居民税收管辖权及财务支付效率的一致性,联合出具对外支付税务证明,联合开展税务审计,提高非居民税收管理效率;各地应做好汇总申报纳税的非居民税收管理协调配合力度,强化异地域间的非居民税收管理协调配合力度,强化异地区域间的非居民税收管理协调意识和工作力度,防范非居民税收差异避税纳税义务,相关部门配合,拓宽与非居民税收管理有关的政府机关,相关部门配合,拓宽非居民税涉税信息的获取渠道,主动寻找非居民税源。	二、突出重点,加大税收管理力度 (三)加强非居民企业所得税源泉扣缴管理工作。各地应按照《国家税务总局关于印发〈非居民企业所得税源泉扣缴管理暂行办法〉的通知》(国税发[2009]3号)规定,落实扣缴义务人及时准确扣缴应纳税款,辅导扣缴义务人建立合同备案管理档案,建立管理台账和管理档案,追缴漏税。尤其是对股权转让交易双方均为非居民企业为抓手,以税务变更登记目在境外交易的行为,应以控制点,防范税收流失。各地税务局要按照《国家税务总局关于调整新增企业所得税征管范围问题的通知》(国税发[2008]120号)和《国家税务总局关于明确非居民企业所得税征管范围的补充通知》(国税函[2009]50号)要求,抓好对所管辖企业所得税企业的源泉扣缴工作。 二、突出重点,加大税收管理力度 (七)加强协调配合。各地税务局应加强跨区域间的税收管理,强化异地追缴税款义务;加强与非居民税收管理的协助意识和工作力度,做好汇总申报纳税企业利用地域差异避税纳税义务;加强非居民涉税信息的配合,拓宽非居民涉税信息的配合,拓宽非居民涉税信息获取渠道,相关部门的配合,拓宽非居民涉税信息获取渠道,主动寻找非居民税源。

续表

序号	标题	发文日期	文号	需要修改的条款	修改后的条款
88	国家税务总局关于印发《企业所得税汇算清缴管理办法》的通知	2009.04.16	国税发〔2009〕79号	第二十四条 汇算清缴工作结束后,各级税务机关应认真总结,写出书面总结报告逐级上报。省、自治区、直辖市和计划单列市国家税务局、地方税务局应在每年7月底前将汇算清缴工作总结报告、年度企业所得税汇总报表报送国家税务总局(所得税司)。总结报告的内容应包括: (一)汇算清缴工作的基本情况; (二)企业所得税税源结构的分布情况; (三)企业所得税收入增减变化及原因; (四)企业所得税政策和征管制度贯彻落实中存在的问题和改进建议。 第二十六条 各省、自治区、直辖市国家税务局、地方税务局可根据本办法制定具体实施办法。	第二十四条 汇算清缴工作结束后,各级税务机关应认真总结,写出书面总结报告逐级上报。各省、自治区、直辖市和计划单列市税务局应在每年7月底前将汇算清缴工作总结报告、年度企业所得税汇总报表报送国家税务总局(所得税司)。总结报告的内容应包括: (一)汇算清缴工作的基本情况; (二)企业所得税税源结构的分布情况; (三)企业所得税收入增减变化及原因; (四)企业所得税政策和征管制度贯彻落实中存在的问题和改进建议。 第二十六条 各省、自治区、直辖市税务局可根据本办法制定具体实施办法。
89	国家税务总局关于烟类应税消费品消费税征收管理有关问题的通知	2009.05.25	国税函〔2009〕272号	三、主管税务机关应向烟类应税消费品生产企业和卷烟批发单位派驻厂组(员),深入企业了解生产经营情况,进行消费税计税依据、监控纳税辅导,核实消费税征收管理,加强消费税征收管理,确保消费税款及时入库。 各省、自治区、直辖市国家税务局应充分利用本地卷烟批发环节消费税纳税人信息,监控纳税人之间交易业务,准确划分应税与非应税项目。	三、主管税务机关应向烟类应税消费品生产企业和卷烟批发单位派驻厂组(员),深入企业了解生产经营情况,进行消费税计税依据、监控纳税辅导,核实消费税征收管理,加强消费税征收管理,确保消费税款及时入库。 各省、自治区、直辖市税务局应充分利用本地卷烟批发环节消费税纳税人信息,监控纳税人之间交易业务,准确划分应税与非应税项目。
90	国家税务总局关于转发《国家发展改革委关于降低税控专用设备和防伪税控系统技术维护费价格的通知》的通知	2009.06.30	国税函〔2009〕343号	二、各省国税服务管理、纳税服务、技术等部门组成的联合检测工作机构,负责处理纳税人申请重新检测中的问题。在进行重新检测时,要通知服务单位相关人员到场。经过重新检测,属于纳税人计算机问题,不能正常安装使用防伪税控开票系统的,应告知纳税人自行更换计算机;属于技术服务人员手建不准作假的,应立即进行纠正,并督促服务单位对相关责任人员进行严肃处理。	二、各省税务局要在地市或者区县税务机关成立由增值税管理、纳税服务、技术等部门组成的联合检测工作机构,负责处理纳税人申请重新检测中的问题。在进行重新检测时,要通知服务单位相关人员到场。经过重新检测,属于纳税人计算机问题,不能正常安装使用防伪税控开票系统的,应告知纳税人自行更换计算机;属于技术服务人员手建不准作假的,应立即进行纠正,并督促服务单位对相关责任人员进行严肃处理。

续表

序号	标题	发文日期	文号	需要修改的条款	修改后的条款
90	国家税务总局关于转发《国家发展改革委关于降低增值税专用发票和防伪税控系统技术维护价格的通知》的通知	2009.06.30	国税函〔2009〕343号	附件《安装使用增值税防伪税控开票系统有关事项告知书》 纳税人可自行选择购买通用设备（计算机、打印机），任何单位和个人不得限制纳税人购买通用设备的渠道。纳税人提供的发票及具体检测不通过验机的书面原因报告，形及具体检测不通过验机的书面申请重新检测的，可向国税机关申请重新检测（联系人：_____，电话_____）。	附件《安装使用增值税防伪税控开票系统有关事项告知书》 纳税人可自行选择购买通用设备（计算机、打印机），任何单位和个人不得限制纳税人购买通用设备的渠道。纳税人对验机结果有异议的，可向税务机关申请重新检测（联系人：_____，电话_____）。
91	国家税务总局关于加强白酒消费税征收管理的通知	2009.07.17	国税函〔2009〕380号	《白酒消费税最低计税价格核定管理办法（试行）》 第七条 除税务总局已核定消费税最低计税价格的白酒外，其他符合本办法第二条需要核定消费税最低计税价格的白酒，消费税最低计税价格由各省、自治区、直辖市和计划单列市国家税务局核定。 第十二条 白酒生产企业未按本办法规定上报销售单位销售价格征收消费税。 附件2《白酒消费税最低计税价格核定申请表》中"国家税务局"的内容	《白酒消费税最低计税价格核定管理办法（试行）》 第七条 除税务总局已核定消费税最低计税价格的白酒外，其他符合本办法第二条需要核定消费税最低计税价格的白酒，消费税最低计税价格由各省、自治区、直辖市税务局核定。 第十二条 白酒生产企业未按本办法规定上报销售单位销售价格征收消费税。 修改为"税务局"
92	国家税务总局关于进一步规范办税服务厅内部有关问题的通知	2009.09.21	国税函〔2009〕524号	二、标识主要类别 （三）服务设施标识"各类标识的材质由各省、自治区、直辖市国家税务局、地方税务局自行确定。" 三、有关要求 （一）统筹规划，逐步规范。各省、自治区、直辖市国家税务局、地方税务局应当根据名称、颜色、字体等标识基本元素规定，结合实际，统一制定标识应用方案，并报总局纳税服务司备案。	二、标识主要类别 （三）服务设施标识"各类标识的材质由各省、自治区、直辖市税务局自行确定。" 三、有关要求 （一）统筹规划，逐步规范。各省、自治区、直辖市税务局应当根据名称、颜色、字体等标识基本元素规定，结合实际，统一制定标识应用方案，并报总局纳税服务司备案。

续表

序号	标题	发文日期	文号	需要修改的条款	修改后的条款
93	国家税务总局关于印发《全国普通发票简并票种统一式样工作实施方案》的通知	2009.09.30	国税发〔2009〕142号	三、简并方案的基本内容 票种设置按照发票的填开方式,将发票简并为通用机打发票、通用手工发票和通用定额发票三大类。发票名称为"××省××税务局通用手工发票"、"××省××税务局通用机打发票"、"××省××税务局通用定额发票"。各省、自治区、直辖市可计划单列市税务局,地方税务局可根据本地使用的票种情况,在通用发票中选择本地实际使用的票种和规格。 三、简并方案的基本内容 (一)通用机打发票 通用机打发票分为平推式发票和卷式发票。平推式发票按规格分为:210mm×297mm;241mm×177.8mm;210mm×139.7mm;190mm×101.6mm(过路过桥发票式样见附件)。票面为镂空设计。除"开票日期"、"行业类别"打印内容外,其他内容全部通过打印发票代码"、"发票号码"、"开票日期"、"行业类别"打印内容由总局统一控制和打印。"行业类别",如"工业"、"商业"、"税务机关代开"等。"保险业"、"娱乐业"、"餐饮业"、"收购业"、"银行代开"等。税务软件,开票软件和打印内容由省局统一规定。打印内容应满足发票基本要素和数据采集的要求,打印软件应有开发、规定、机打发票基本联次为三联,即存根联、发票联、记账联。各地可根据实际情况增减联次。 国家税务总局对已颁布的全国统一使用通用机打发票,并按照普通发票软件使用的税务机关代开发票重新明确规格和要求。除国家税务系统对综合征管软件进行调整外,其他地发票由开票软件可由各地税务机关改为普通发票(包括寿险发票)、银票单位自行开发。例如保险业专用发票,国际货运输专用发票、代理业专用发票报关代理业专用发票等。	三、简并方案的基本内容 票种设置按照发票的填开方式,将发票简并为通用机打发票、通用手工发票,通用定额发票三大类。发票名称为"××省××税务局通用手工发票"、"××省××税务局通用机打发票"、"××省××税务局通用定额发票"。各省、自治区、直辖市和计划单列市税务局可根据本地实际情况,在通用发票中选择本地使用的票种和规格。 三、简并方案的基本内容 (一)通用机打发票 通用机打发票分为平推式发票和卷式发票。平推式发票按规格分为:210mm×297mm;241mm×177.8mm;210mm×139.7mm;190mm×101.6mm;82mm×101.6mm(过路过桥发票)共5种规格(式样见附件)。票面为镂空设计。除"开票日期"、"行业类别"打印内容外,其他内容全部通过打印发票代码"、"发票名称"、"发票联"、"发票号码"、"开票日期"、"行业类别"打印内容由总局统一控制和打印。"行业类别",如"工业"、"商业"、"税务机关代开"规定。"保险业"、"娱乐业"、"餐饮业"、"收购业"、"银行代开"等。税务软件,开票软件和打印内容由省局统一规定。打印内容应满足发票基本要素和数据采集的要求,打印软件应有开发具限额控制。机打发票基本联次为三联,即存根联、发票联、记账联。各地可根据实际情况增减联次。 国家税务总局按照简并明确规格和要求,统一使用已颁布的全国统一使用通用机打发票,将按照普通发票简并票种规格和要求。

370

续表

序号	标题	发文日期	文号	需要修改的条款	修改后的条款
93	国家税务总局关于印发《全国普通发票简并票种统一式样工作实施方案》的通知	2009.09.30	国税发〔2009〕142号	六、工作要求 （四）加强协作，密切配合 普通发票简并票种统一工作要求高、难度大，既涉及税务机关业务和技术部门，又涉及全体纳税人。各地应加强税务机关内部国地税部门之间、税务机关与纳税人之间以及税务机关内部各部门的沟通协作，建立互动协作机制，确保简并统一工作落实到位。	六、工作要求 （四）加强协作，密切配合 普通发票简并票种统一工作要求高、难度大，既涉及税务机关业务和技术部门，又涉及全体纳税人。各地应加强税务机关内部国地税部门之间的沟通协作，建立互动协作机制，确保简并统一工作落实到位。
94	国家税务总局关于纳税人权利与义务的公告	2009.11.06	国家税务总局公告2009年第1号	附件《票样》发票监制章中"地方税务局"的内容 六、申请延期缴纳税款权 如您因有特殊困难，不能按期缴纳税款的，经省、自治区、直辖市国家税务局、地方税务局批准，可以延期缴纳税款，但是最长不得超过三个月。计划单列市国家税务局、地方税务局应当加强联系协调，及时进行信息交流与共享，对同一征查对象尽量实施联合检查，并分别作出处理决定。	修改为"税务局" 六、申请延期缴纳税款权 如您因有特殊困难，不能按期缴纳税款的，经省、自治区、直辖市税务局批准，可以延期缴纳税款，但是最长不得超过三个月。计划单列市税务局可以参照省税务局级税务机关的批准权限，审批您的延期缴纳税款申请。
95	国家税务总局关于印发《税务稽查工作规程》的通知	2009.12.24	国税发〔2009〕157号	第四条　稽查局在所属税务局领导下开展税务稽查工作。 上级稽查局对下级稽查局的稽查业务进行管理、指导、考核和监督，对执法办案进行指导和协调。 各级国家税务局、地方税务局稽查局应当加强联系协作，及时进行信息交流与共享，对同一征查对象一律合检查尽量实施联合检查，并分别作出处理决定。 第十二条第一款　省、自治区、直辖市和计划单列市国家税务局、地方税务局稽查局可以充分利用税源管理和税收违法案件分析成果，结合本地实际，按照以下标准在管辖区域范围内实施分级分类稽查： 第十七条　国家税务总局和各级国家税务局、地方税务局稽查局设立税收违法案件举报中心，负责受理单位和个人对税收违法行为的检举。	第四条　稽查局在所属税务局领导下开展税务稽查工作。 上级稽查局对下级稽查局的稽查业务进行管理、指导、考核和监督，对执法办案进行指导和协调。 第十二条第一款　省、自治区、直辖市和计划单列市税务局稽查局，按照以下实际，按照以下标准在管辖区域范围内实施分级分类稽查： 第十七条　国家税务总局和各级税务局稽查局设立税收违法案件举报中心，负责受理单位和个人对税收违法行为的检举。

续表

序号	标题	发文日期	文号	需要修改的条款	修改后的条款
95	国家税务总局关于印发《税务稽查工作规程》的通知	2009.12.24	国税发〔2009〕157号	第二十二条 检查前,应当通知被查对象检查时间,需要准备的资料等,但预先通知有碍检查的除外。检查应当由两名以上检查人员共同实施,并向被查对象出示税务检查证和《税务检查通知书》。检查应当自实施税务检查之日起60日内完成,确需延长检查时间的,应当经稽查局长批准。	第二十二条 检查前,应当告知被查对象检查时间,需要准备的资料等,但预先通知有碍检查的除外。检查应当由两名以上检查人员实施,并向被查对象出示税务检查证和《税务检查通知书》。检查应当自实施检查之日起60日内完成,确需延长检查时间的,应当经稽查局长批准。
96	国家税务总局关于印发《外国企业常驻代表机构税收管理暂行办法》的通知	2010.02.20	国税发〔2010〕18号	第十二条 各省、自治区、直辖市和计划单列市国家税务局和地方税务局可按照本办法规定制定具体操作规程,并报国家税务总局(国际税务司)备案。	第十二条 各省、自治区、直辖市和计划单列市税务局可按照本办法规定制定具体操作规程,并报国家税务总局(国际税务司)备案。
97	国家税务总局关于印发《非居民企业所得税核定征收管理办法》的通知	2010.02.20	国税发〔2010〕19号	第十一条 各省、自治区、直辖市和计划单列市国家税务局可按照本办法第五条规定确定适用的核定利润率幅度,并根据本办法规定制定具体操作规程,报国家税务总局(国际税务司)备案。	第十一条 各省、自治区、直辖市和计划单列市税务局可按照本办法第五条规定确定适用的核定利润率幅度,并根据本办法规定制定具体操作规程,并报国家税务总局(国际税务司)备案。
98	国家税务总局关于跨地区经营建筑企业所得税征收管理问题的通知	2010.04.19	国税函〔2010〕156号	八、建筑企业在同一省、自治区、直辖市和计划单列市设立的跨地(市、县)项目部,其企业所得税的征收管理办法,由各省、自治区、直辖市和计划单列市国家税务局、地方税务局共同制定,并报国家税务总局备案。	八、建筑企业在同一省、自治区、直辖市和计划单列市设立的跨地(市、县)项目部,其企业所得税的征收管理办法,由各省、自治区、直辖市和计划单列市税务局制定,并报国家税务总局备案。

续表

序号	标题	发文日期	文号	需要修改的条款	修改后的条款
99	国家税务总局关于跨境贸易人民币结算试点企业评审以及出口货物退（免）税有关事项的通知	2010.06.29	国税函〔2010〕303号	一、试点企业评审工作要求 （二）试点地区地（市）税务机关应严格遵照上述标准，逐项对试点出口企业加以评审，填写《跨境贸易人民币结算试点企业评审表》（见附件1）。据此，由省国家税务局将本地区拟同意跨境贸易人民币结算试点企业评审汇总表》（见附件2）上报国家税务总局（货物劳务税司）。 附件1《跨境贸易人民币结算试点企业评审表》 "地（市）国家税务局名称" "备注：1. 负责人应为地（市）级国家税务局分管局领导；" 附件2《跨境贸易进出口税企业评审汇总表》 "省国税局出口退税局分管局长（签字）；" "省国税局分管出口退税局领导（签字）；"	一、试点企业评审工作要求 （二）试点地区地（市）税务机关应严格遵照上述标准，逐项对试点出口企业加以评审，填写《跨境贸易人民币结算试点企业评审表》（见附件1）。据此，由省税务局将本地区拟同意跨境贸易人民币结算试点企业名单及《跨境贸易人民币结算试点企业评审汇总表》（见附件2）上报国家税务总局（货物劳务税司）。 附件1《跨境贸易人民币结算试点企业评审表》 "地（市）税务局名称" "备注：1. 负责人应为地（市）级税务局分管局领导；" 附件2《跨境贸易进出口税企业评审汇总表》 "省税务局出口退税处处长（签字）；" "省税务局分管出口退税局领导（签字）；"
100	国家税务总局关于发布《企业资产损失所得税税前扣除管理办法》的公告	2011.03.31	国家税务总局公告2011年第25号	第五十一条 省、自治区、直辖市和计划单列市国家税务局、地方税务局可以根据本办法制定具体实施办法。	第五十一条 省、自治区、直辖市和计划单列市税务局可以根据本办法制定具体实施办法。
101	国家税务总局关于印发《境外注册中资控股居民企业所得税管理办法（试行）》的公告	2011.07.27	国家税务总局公告2011年第45号	第三十一条 本办法由国家税务总局负责解释。各省、自治区、直辖市和计划单列市国家税务局、地方税务局可以根据本办法制定具体操作规程。	第三十一条 本办法由国家税务总局负责解释。各省、自治区、直辖市和计划单列市税务局可以根据本办法制定具体操作规程。

续表

序号	标题	发文日期	文号	需要修改的条款	修改后的条款
102	国家税务总局关于逾期增值税扣税凭证抵扣问题的公告	2011.09.14	国家税务总局公告 2011 年第 50 号发布，国家税务总局公告 2017 年第 36 号修改	一、增值税一般纳税人发生真实交易但由于客观原因造成增值税扣税凭证（包括增值税专用发票和机动车销售统一发票）未按照规定期限办理认证、确认或者稽核比对的，经主管税务机关核实，逐级上报，由国家税务总局认证并稽核比对后，对比对相符的增值税扣税凭证，允许纳税人继续抵扣其进项税额。增值税一般增值税由于除本公告第二条规定以外的其他原因造成增值税扣税凭证逾期的，仍应按照增值税扣税凭证抵扣期限有关规定执行。	一、增值税一般纳税人发生真实交易但由于客观原因造成增值税扣税凭证（包括增值税专用发票和机动车销售统一发票）未能按照规定期限办理认证、确认或者进口增值税专用缴款书稽核比对的，海关进口增值税专用缴款书稽核比对的，经主管税务机关核实，逐级上报，由省税务局认证并稽核比对并对比对相符的增值税扣税凭证，允许纳税人继续抵扣其进项税额。增值税一般增值税由于除本公告第二条规定以外的其他原因造成增值税扣税凭证逾期的，仍应按照增值税扣税凭证抵扣期限有关规定执行。
				附件《逾期增值税扣税凭证抵扣管理办法》四、主管税务机关应认真核实纳税人所报资料，重点核查纳税人逾期的原因是否真实发生、第三方证明或说明所述时间是否具有逻辑性，资料信息是否与印件与原件是否一致等。主管税务机关核实无误后，应向上级税务机关上报，并将逾期增值税扣税凭证电子信息，逾期增值税扣税凭证复印件逐级上报至省税务局。五、省国家税务局对上报的资料进行复核，并对逾期信息进行认证，对资料符合条件、稽核结果相符的，允许纳税人继续抵扣逾期增值税扣税凭证所注明或计算的税额。	附件《逾期增值税扣税凭证抵扣管理办法》四、主管税务机关应认真核实纳税人所报资料，重点核查纳税人逾期的原因是否真实发生、造成逾期的原因是否属于客观原因、第三方证明或说明所述时间是否具有逻辑性，资料信息是否与税务复印件与原件是否一致等。主管税务机关核实无误后，应向上级税务机关上报，并将逾期增值税扣税凭证电子信息，逾期增值税扣税凭证复印件逐级上报至省税务局。五、省税务局对上报的资料进行复核，并对逾期信息进行认证，对资料符合条件、稽核结果相符的，允许纳税人继续抵扣逾期增值税扣税凭证上所注明或计算的税额。
103	国家税务总局关于一般纳税人注销有关增值税问题的公告	2011.12.19	国家税务总局公告 2011 年第 71 号	附件《增值税一般纳税人注销移交进项税额转移单》（编号：×××县（市、区）国税留抵税额转移通知××号）	附件《增值税一般纳税人注销移交进项税额转移单》（编号：×××县（市、区）税务留抵税额转移通知××号）

续表

序号	标题	发文日期	文号	需要修改的条款	修改后的条款
104	国家税务总局关于未按期申报抵扣增值税扣税凭证有关问题的公告	2011.12.30	国家税务总局公告2011年第78号	附表3《未按期申报抵扣增值税扣税凭证允许继续抵扣通知单》（编号：××县(市,区)国税局抵扣通知××号）（××国税局印章）	附表3《未按期申报抵扣增值税扣税凭证允许继续抵扣通知单》（编号：××县(市,区)税务局抵扣通知××号）（××税务局印章）
105	国家税务总局关于国家税务总局认定企业技术中心和中小企业公共技术服务示范平台核查纳税情况有关问题的公告	2012.06.15	国家税务总局公告2012年第26号	三、各地进出口税收管理处（货物和劳务税处）牵头负责国家税务总局认定和复审工作，请各地国家税务局配合，切实作好技术中心和示范平台的相关单位积极配合核查情况。	三、各地进出口税收管理处（货物和劳务税处）牵头负责本地技术中心和示范平台的认定和复审工作，请各地税务局切实作好技术中心和示范平台依法纳税的核查情况。
106	国家税务总局关于发布《用于生产石脑油、芳烃类化工产品的石脑油、燃料油退(免)消费税暂行办法》的公告	2012.07.12	国家税务总局公告2012年第36号	第三条 境内使用石脑油、燃料油生产乙烯、芳烃类化工产品的企业，包括将自产石脑油、燃料油用于连续生产乙烯、芳烃类化工产品的企业（以下简称使用企业），符合财税[2011]87号文件规定且需要申请退(免)消费税的，须按本办法规定向当地主管国家税务机关（以下简称主管国家税务机关）办理退(免)消费税资格备案（以下简称资格备案）。未经资格备案的使用企业，不得申请退(免)消费税。 第十一条 主管国家税务机关变更和注销上报和注销资格备案信息（包括已备案、变更和注销）上报地市国家税务局，由地市国家税务局汇总上报省国家税务局备案。省国家税务局汇总报国家税务总局。 第二十八条 当地国税稽查部门和货物劳务税管理部门，每季度要对其退税业务的真实性进行检查，防止企业骗取退税款。检查的内容主要包括：	第三条 境内使用石脑油、燃料油生产乙烯、芳烃类化工产品的企业，包括将自产石脑油、燃料油用于连续生产乙烯、芳烃类化工产品的企业（以下简称使用企业），符合财税[2011]87号文件规定且需要申请退(免)消费税的，须按本办法规定向当地主管税务机关（以下简称主管税务机关）办理退(免)消费税资格备案（以下简称资格备案）。未经资格备案的使用企业，不得申请退(免)消费税。 第十一条 主管税务机关每月底将资格备案信息（包括已备案、变更和注销）上报地市税务局，由地市税务局汇总上报省税务局备案。省税务局汇总报国家税务总局。 第二十八条 主管税务机关应加强石脑油、燃料油退(免)消费税的日常管理，对已办理退税企业，当地税务稽查部门和货物劳务税管理部门，每季度要对其退税业务的真实性进行检查，防止企业骗取退税款。检查的内容主要包括：

375

续表

序号	标题	发文日期	文号	需要修改的条款	修改后的条款
106	国家税务总局关于发布《用于生产乙烯、芳烃类化工产品的石脑油、燃料油退（免）消费税暂行办法》的公告	2012.07.12	国家税务总局公告 2012 年第 36 号	第三十二条 本办法由国家税务总局负责解释。各省、自治区、直辖市、计划单列市国家税务局可依据本办法制定具体实施办法。	第三十二条 本办法由国家税务总局负责解释。各省、自治区、直辖市、计划单列市税务局可依据本办法实施办法。
107	国家税务总局关于发布《废弃电器电子产品处理基金征收管理规定》的公告	2012.08.20	国家税务总局公告 2012 年第 41 号	第四条 基金由国家税务局负责征收。	第四条 基金由税务局负责征收。 第十五条 税务局征收基金应收使用税收票证。
108	国家税务总局关于纳税人资产重组增值税留抵税额处理有关问题的公告	2012.12.13	国家税务总局公告 2012 年第 55 号	附件1《增值税一般纳税人资产重组进项留抵税额转移单》（编号：×××县（市、区）国税资产重组留抵通知××号）	附件1《增值税一般纳税人资产重组进项抵税额转移单》（编号：×××县（市、区）税务资产重组留抵通知××号）
109	国家税务总局印发《跨地区经营汇总纳税企业所得税征收管理办法》的公告	2012.12.27	国家税务总局公告 2012 年第 57 号	第三十二条 居民企业在中国境内跨地区设有不具有法人资格分支机构（以下简称同一地区）仅在同一省、自治区、直辖市和计划单列市内设立不具有法人资格分支机构的，其企业所得税征收管理办法，由各省、自治区、直辖市国家税务局、地方税务局参照本办法联合制定。	第三十二条 居民企业在中国境内没有跨地区设有不具有法人资格分支机构（以下简称同一地区）仅在同一省、自治区、直辖市和计划单列市内设立不具有法人资格分支机构的，其企业所得税征收管理办法，由各省、自治区、直辖市税务局参照本办法制定。

续表

序号	标题	发文日期	文号	需要修改的条款	修改后的条款
110	国家税务总局关于出口企业申报出口货物退（免）税提供有关收汇资料汇总问题的公告	2013.06.09	国家税务总局公告2013年第30号	十、省国家税务局应设立评估指标、预警值，按照人民银行、外汇管理局提供的出口收汇数据，对出口企业的出口货物流、资金流进行定期评估，预警、资金流或数据异常的，应进行核查，发现违规的，由稽查部门查处。税的出口货物结汇数据异常的，按报退（免）税按规定处理；属于偷骗税的，由稽查部门查处。	十、省税务局应设立评估指标、预警值，按照人民银行、外汇管理局提供的出口收汇数据，对出口企业的出口货物流、资金流进行定期评估，预警、资金流或数据异常的，应进行核查，发现违规的，由稽查部门查处。税的出口货物结汇数据异常的，按报退（免）税按规定处理；属于偷骗税的，由稽查部门查处。
111	国家税务总局关于实施《税收票证管理办法》若干问题的公告	2013.06.24	国家税务总局公告2013年第34号	一、关于未纳入《办法》的几种相关税证凭证的使用 税务机关按照《税务代保管资金账户管理办法》（国税发〔2005〕181号）、《国家税务总局 中国人民银行 财政部 关于税务代保管资金账户管理有关问题的通知》（国税发〔2007〕12号）收取税务代保管资金时使用的《税务代保管资金专用收据》及"税务代保管资金收款时使用的财政部门统一制发的罚款收据（以下简称《罚款收据》），按照《中华人民共和国车辆购置税暂行条例》和《车辆购置税征收管理办法》（国家税务总局令第33号公布，国家税务总局令第38号修改）开具的《车辆购置税完税证明》，继续执行原有规定。 税务机关应当将《税务代保管资金专用收据》、对人税收证范围，并且参照《办法》的规定，对《税务代保管资金专用收据》及当场处罚收据按照同现金收纳税款后，银行为纳税人打印的《电子缴款付款凭证》和税收证自开具税务机关网上开票系统自开具并加盖收讫章的《电子缴款付款凭证》，不属于税收证范畴，但是，经银行确认无误的《电子缴款凭证》可以作为纳税人的记账核算凭证。	一、关于未纳入《办法》的几种相关税证凭证的使用 税务机关按照《税务代保管资金账户管理办法》（国税发〔2005〕181号）、《国家税务总局 中国人民银行 财政部 关于税务代保管资金账户管理有关问题的通知》（国税发〔2007〕12号）收取税务代保管资金时使用的《税务代保管资金专用收据》及"税务代保管资金收款时使用的财政部门统一制发的罚款收据（以下简称《罚款收据》），按照《中华人民共和国车辆购置税暂行条例》和《车辆购置税征收管理办法》（国家税务总局令第33号公布，国家税务总局令第38号修改）开具的《车辆购置税完税证明》，继续执行原有规定。 税务机关应当将《税务代保管资金专用收据》、对人税收证范围，并且参照《办法》的规定，对《税务代保管资金专用收据》及当场处罚收据按照同现金收纳税款后，银行为纳税人打印的《电子缴款付款凭证》和税收证自开具税务机关网上开票系统自开具并加盖收讫章的《电子缴款付款凭证》，不属于税收证范畴，但是，经银行确认无误的《电子缴款凭证》可以作为纳税人的记账核算凭证。

续表

序号	标题	发文日期	文号	需要修改的条款	修改后的条款
111	国家税务总局关于实施《税收票证管理办法》若干问题的公告	2013.06.24	国家税务总局公告2013年第34号	二、关于几种税收完税凭证的使用管理 （二）《出口货物完税分割单》的使用管理 已经取得购进货物的《税收缴款书（出口货物劳务专用）》或《出口货物完税分割单》的企业将购进货物再销售给其他出口企业时，应当由销售货物的县（区）级国家税务局申请开具《出口货物完税分割单》第一联，到所在地的原购进货物的《税收缴款书（出口货物劳务专用）》第一联，必须先收回原《税收缴款书（出口货物劳务专用）》或原《出口货物完税分割单》第一联。	二、关于几种税收完税凭证的使用管理 （二）《出口货物完税分割单》的使用管理 已经取得购进货物的《税收缴款书（出口货物劳务专用）》或《出口货物完税分割单》的企业将购进货物再销售给其他出口企业时，应当由销售货物的县（区）级税务机关开具《出口货物完税分割单》第一联。税务机关在开具《出口货物完税分割单》时，必须先收回原《税收缴款书（出口货物劳务专用）》或原《出口货物完税分割单》第一联。
112	国家税务总局 国家外汇管理局关于服务贸易等项目对外支付税务备案有关问题的公告	2013.07.01	国家税务总局 国家外汇管理局公告2013年第40号	一、境内机构和个人向境外单笔支付等值5万美元以上（不含等值5万美元，下同）下列外汇资金，除本公告第三条规定的情形外，均应向所在地主管国税机关（以下称备案人为地税机关，以下同）进行税务备案，主管税务机关办理对外支付税务备案时，相关交易须提交加盖公章的合同（协议）或相关《服务贸易等项目对外支付税务备案表》（一式三份，以下简称《备案表》，见附件1）。 五、备案人可通过以下方法获取《备案表》： （一）在主管国税机关办税服务厅窗口领取； （二）从主管国税机关官方网站下载。 六、《备案表》填写完整的，主管国税机关无须进行纳税事项审核、全《备案表》填写完整，应编制《备案表》流水号，在《备案表》上盖章，1份退还备案人，1份留存，1份于收讫后10日前以邮寄或其他方式传递给备案人主管地税机关。	一、境内机构和个人向境外单笔支付等值5万美元以上（不含等值5万美元，下同）下列外汇资金，除本公告第三条规定的情形外，均应向所在地主管税务机关进行税务备案： 二、境内机构和个人（以下称备案人）在办理对外支付税务备案时，应向主管税务机关提交加盖公章的合同（协议）或相关《服务贸易等项目对外支付税务备案表》（一式两份，以附报《服务贸易等项目对外支付税务备案表》（外文文本应同时附送中文译本），并填报《备案表》，见附件1）。 五、备案人可通过以下方法获取《备案表》： （一）在主管税务机关办税服务厅窗口领取； （二）从主管税务机关官方网站下载。 六、备案事项齐全、《备案表》填写完整的，主管税务机关无须当场进行纳税事项审核，应在《备案表》上盖章，1份当场退还备案人，1份留存。

续表

序号	标题	发文日期	文号	需要修改的条款	修改后的条款
					《备案表》流水号具体格式为：年份（2位）+税务机关代码（6位）+顺序号。"年份"指公历年度后两位数字，"顺序号"为本年度的自然顺序号。 七、备案人完成税务备案手续后，持主管税务机关盖章的《备案表》，按照外汇指管理的规定，到外汇指定银行办理付汇核审手续。 八、主管税务机关应自收到《备案表》后15个工作日内，对备案人提交的《备案表》及所附资料进行审查，并可要求备案人进一步提供相关资料。 十、主管税务机关应加强对外支付税务备案事项的管理，填写《服务贸易等项目对外支付税务备案情况及税收征管情况统计表》（见附件2），并于次年1月31日前层报税务总局（国际税务司）。
112	国家税务总局 国家外汇管理局关于服务贸易等项目对外支付税务备案有关问题的公告	2013.07.01	国家税务总局 国家外汇管理局公告2013年第40号	附件1《服务贸易等项目对外支付税务备案表》"主管地税机关"、"地税机关管理码"栏次	删除
				附件1《服务贸易等项目对外支付税务备案表》 二、告知事项 本表仅适用于服务贸易等项目对外支付税务备案。以上付汇金额应向主管国家税务局、地方税务局进行纳税申报或做出必要说明。上述呈报如有不实，主管税报机关有权依据税收法律法规及相关规定进行处理。 主管国家税务机关盖章 年 月 日 说明：2. 本表一式三份，一份交备案人，二份存国家税务机关。	附件1《服务贸易等项目对外支付税务备案表》 二、告知事项 本表仅适用于纳税申报行税务备案。以上付汇金额应向主管税务机关申报。上述呈报如有不实，主管税务机关有权依据税收法律法规及相关规定进行处理。 主管税务机关盖章 年 月 日 说明：2. 本表一式两份，一份交备案人，一份存税务机关。

续表

序号	标题	发文日期	文号	需要修改的条款	修改后的条款
113	国家税务总局关于全国开展营业税改征增值税试点有关征收管理问题的公告	2013.07.10	国家税务总局公告2013年第39号	二、关于税控系统使用问题 (三)货运专票税控系统及专用设备管理,按照现行防伪税控系统有关规定执行。 三、关于增值税专用发票(增值税税控系统)最高开票限额审批问题 最高开票限额由一般纳税人申请,区县税务机关依法审批。一般纳税人申请最高开票限额时,需填报《增值税专用发票最高开票限额申请单》(附件2)。主管税务机关受理纳税人申请以后,根据需要进行实地查验。实地查验的范围和方法由各省国税机关确定。	二、关于税控系统使用问题 (三)货运专票税控系统及专用设备管理,按照现行防伪税控系统有关规定执行。各省税务机关可对现行内税控文书作适当调整。 三、关于增值税专用发票(增值税税控系统)最高开票限额审批 最高开票限额由一般纳税人申请,区县税务机关依法审批。一般纳税人申请最高开票限额时,需填报《增值税专用发票最高开票限额申请单》(附件2)。主管税务机关受理纳税人申请以后,根据需要进行实地查验。实地查验的范围和方法由各省税务机关确定。
114	国家税务总局关于发布《税收协定相互协商程序实施办法》的公告	2013.09.24	国家税务总局公告2013年第56号	第四条 省、自治区、直辖市和计划单列市国家税务局(以下简称省税务机关)及以下各级税务机关或地方税务局(以下简称省税务机关)及以下各级税务机关负责协助税务总局处理相互协商程序涉及的本辖区内事务。	第四条 省、自治区、直辖市和计划单列市税务局(以下简称省税务机关)及以下各级税务机关负责协助税务总局处理相互协商程序涉及的本辖区内事务。
				第十二条 负责申请人个人所得税征收的省税务机关为受理相互协商申请的省税务机关。申请人就类似的非所得税类征收或非所得税收的相似税收的,负责与该税收相似的省税务局为受理申请的省税务机关。	删除
				第十四条 (五)申请相互协商的事项不存在本办法第十九条规定的情形。	第十三条 (五)申请相互协商的事项不存在本办法第十八条规定的情形。
				第三十三条 省以下税务机关在适用税收协定的情形,发现本办法第三十一条规定的情形的,应层报税务总局。	第三十二条 (五)申请相互协商的事项不存在本办法第十条规定的情形时,发现本办法第三十一条规定的情形,认为有必要向缔约对方主管税务当局提起相互协商请求的,应层报税务总局。

续表

序号	标题	发文日期	文号	需要修改的条款	修改后的条款
115	国家税务总局关于出口货物劳务增值税和消费税有关问题的公告	2013.11.13	国家税务总局公告2013年第65号	附件1《申请注销退（免）税资格认定企业未结清退（免）税确认书》、附件2《出口货物放弃退（免）税声明》、附件4《委托出口货物证明》中"国家税务局"的内容	修改为"税务局"
116	国家税务总局关于非居民企业股权转让适用特殊性税务处理有关问题的公告	2013.12.12	国家税务总局公告2013年第72号	六、非居民企业发生股权转让的，应区分以下两种情形的，应区分以下两种情形予以处理：（一）受让方和被转让企业在同一省同属国税机关或地税机关管辖的，按照本公告第五条规定执行。（二）受让方和被转让企业不在同一省所辖的，受让方所在地省税务机关收到主管税务机关意见后30日内，应向被转让企业股权转让适用特殊性税务处理告知函》（见附件2）。附件2《非居民企业股权转让适用特殊性税务处理告知函》中"省（市）地方税务局"的内容	六、非居民企业发生股权转让的，应区分以下两种情形予以处理：（一）受让方和被转让企业在同一省的，按照本公告第七条第（二）项情形的，应区分以下两种情形予以处理：（一）受让方和被转让企业在同一省的，按照本公告第五条规定执行。（二）受让方和被转让企业不在同一省的，受让方所在地省税务机关收到主管税务机关意见后30日内，应向被转让企业所在地省税务机关发出《非居民企业股权转让适用特殊性税务处理告知函》（见附件2）。修改为"省（市）税务局"
117	国家税务总局关于中国铁路运输企业营改增征增值税及邮政服务税控系统及发票使用问题的统一的公告	2013.12.18	国家税务总局公告2013年第76号	一、发票使用问题（二）中国铁路总公司及其所属运输企业（含分支机构）可暂适用其自行印制的铁路票据，其他提供铁路运输服务的纳税人以及提供邮政服务的纳税人，其普通发票的使用由各省国税局确定。	一、发票使用问题（二）中国铁路总公司及其所属运输企业（含分支机构）可暂适用其自行印制的铁路票据，其他提供铁路运输服务的纳税人以及提供邮政服务的纳税人，其普通发票的使用由各省税务局确定。
118	国家税务总局关于下放城镇土地使用税困难减免税审批权限有关事项的公告	2014.01.08	国家税务总局公告2014年第1号	全文中"地方税务机关"的内容	修改为"税务机关"

续表

序号	标题	发文日期	文号	需要修改的条款	修改后的条款
119	国家税务总局关于发布《邮政企业增值税征收管理办法》的公告	2014.01.20	国家税务总局公告2014年第5号	第二条 经省、自治区、直辖市国家税务局（局）和国家税务总局（局），适用本办法。 第十五条 分支机构的预征率由省、自治区、直辖市或者计划单列市国家税务局商同级财政部门确定。	第二条 经省、自治区、直辖市财政厅（局）和省、自治区、直辖市或者计划单列市税务局批准，可以汇总申报缴纳增值税的邮政企业，适用本办法。 第十五条 分支机构的预征率由省、自治区、直辖市或者计划单列市税务局商同级财政部门确定。
120	国家税务总局关于简化增值税发票领用和使用程序有关问题的公告	2014.03.24	国家税务总局公告2014年第19号	二、简化专用发票审批手续 一般纳税人申请增值税专用发票（包括增值税专用发票和货物运输业增值税专用发票，下同）最高开票限额不超过十万元的，主管税务机关不需事前进行实地查验。各省国税机关在此基础上适当扩大此不需事前实地查验的范围和方法由各省税务机关确定。 五、支行分类分级规范化管理 对增值税发票实行分类分级规范化管理，提高工作效率，减少办税环节。 （一）以下纳税人可一次领取增值税发票用量，手续齐全的，按照纳税人需要即时办理： 1. 纳税信用等级评定为A类的纳税人； 2. 地市国税局确定的纳税信用好、税收风险等级低的其他类型纳税人。	二、简化专用发票审批手续 一般纳税人申请增值税专用发票（包括增值税专用发票和货物运输业增值税专用发票，下同）最高开票限额不超过十万元的，主管税务机关事前不需实地查验的，按照纳税人需要即时办理。 五、支行分类分级规范化管理 对增值税发票实行分类分级规范化管理，提高工作效率，减少办税环节。 （一）以下纳税人可一次领取不超过3个月的增值税发票用量，手续齐全的，按照纳税人需要即时办理： 1. 纳税信用等级评定为A类的纳税人； 2. 地市税务局确定的纳税信用好、税收风险等级低的其他类型纳税人。
121	国家税务总局关于发布《电信企业增值税征收管理办法》的公告	2014.05.14	国家税务总局公告2014年第26号	第二条 经省、自治区、直辖市或者计划单列市国家税务局（局）和国家税务总局（局），适用本办法。 第十四条 分支机构的预征率由省、自治区、直辖市或者计划单列市国家税务局商同级财政部门确定。 第十七条 电信企业普通发票的适用暂由省、自治区、直辖市和计划单列市国家税务局确定。	第二条 经省、自治区、直辖市财政厅（局）和省、自治区、直辖市或者计划单列市税务局批准，可以汇总申报缴纳增值税的电信企业，适用本办法。 第十四条 分支机构的预征率由省、自治区、直辖市或者计划单列市税务局商同级财政部门确定。 第十七条 电信企业普通发票的适用暂由省、自治区、直辖市和计划单列市税务局确定。

续表

序号	标题	发文日期	文号	需要修改的条款	修改后的条款
122	国家税务总局关于发布《非居民企业从事国际运输业务税收管理暂行办法》的公告	2014.06.30	国家税务总局公告2014年第37号	第四条 除执行税收协定涉及的其他税种外,本办法仅适用于企业所得税。本办法所称主管税务机关是指主管国税机关。	第四条 除执行税收协定涉及的其他税种外,本办法仅适用于企业所得税。
123	国家税务总局关于发布《纳税信用评价指标和评价方式（试行）》的公告	2014.08.25	国家税务总局公告2014年第48号	国/地税稽查无问题年份（比如:2011年,2012年,……）	税务稽查无问题年份（比如:2011年,2012年,……）
124	国家税务总局关于《启运港退(免)税管理办法》的公告	2014.08.28	国家税务总局公告2014年第52号	第三条 符合适用启运港退(免)税政策条件的运输企业及运输工具由其所在地的省级国家税务局会同当地财政、海关等部门认定。第四条 省级国家税务局应在本公告发布后将认定的符合条件的运输企业及运输工具名单上报国家税务总局,之后本地区新增及调整的符合条件的运输企业及运输工具名单应在每年的6月底和12月底上报国家税务总局。由国家税务总局汇总发布。名单上报格式见附件。	第三条 符合适用启运港退(免)税政策条件的运输企业及运输工具由其所在地当地财政、海关等部门认定。第四条 省级国家税务局应在本公告发布后将认定的符合适用启运港退(免)税政策条件的运输企业及运输工具名单上报国家税务总局,之后本地区新增及调整的符合条件的运输企业及运输工具名单应在每年的6月底和12月底上报国家税务总局。由国家税务总局汇总发布。名单上报格式见附件。
				附件1《符合适用启运港退(免)税政策条件的运输企业名单》、附件2《符合适用启运港退(免)税政策条件的运输工具名单》中"××省(市、自治区)国家税务局(公章)"内容	修改为"××省(市、自治区)税务局(公章)"

续表

序号	标题	发文日期	文号	需要修改的条款	修改后的条款
125	国家税务总局关于发布《融资租赁货物出口退税管理办法》的公告	2014.10.08	国家税务总局公告2014年第56号	第二条 享受出口退税政策的融资租赁企业(以下简称融资租赁出租方)的负责国家税务局负责融资租赁出口货物、融资租赁海洋工程结构物(以下简称融资租赁出口货物)的出口退税的认定及融资租赁出口退税审核、融资租赁海洋工程结构物办理国家税务局出口退税及出口申报融资租赁出口货物的主管税务机关办理融资租赁货物出口退(免)税资格认定后,方可申报融资租赁出口退税。 第四条 融资租赁出租方所在地主管税务局办理融资租赁货物出口退(免)税资格认定后,方可申报融资租赁出口退税。 第五条 融资租赁出租方应在首份融资租赁合同签订之日起30日内,到主管税务局办理出口退(免)税资格认定,除提供《国家税务总局关于发布〈出口货物劳务增值税和消费税管理办法〉的公告》(国家税务总局公告2012年第24号)规定的资料外(仅经营海洋工程结构物融资租赁的,可不提供《中华人民共和国海关进出口货物收发货人报关注册登记证书》或《中华人民共和国外商投资企业批准证书》),还应提供以下资料: (一)从事融资租赁业务的资质证明; (二)融资租赁合同(有法律效力的中文版); (三)税务机关要求提供的其他资料。 本办法发布前已签订融资租赁合同的融资租赁出租方,可向主管税务局申请补办融资租赁出口退税资格的认定手续。 第七条 融资租赁出租方应在融资租赁货物报关出口之日或收取融资租赁首笔租金开具发票之日次月至次年4月30日前将各项增值税申报期内,收齐有关凭证,向主管国家税务局办理融资租赁货物增值税、消费税退税申报。 第十一条 主管国家税务局按照财税〔2014〕62号文件规定的计算方法审核、审批融资租赁货物退税。	第二条 享受出口退税政策的融资租赁企业(以下简称融资租赁出租方)的税务机关负责融资租赁出口货物(以下简称融资租赁出口货物)的出口退(免)税资格认定及出口退税审核、融资租赁海洋工程结构物办理海洋工程结构物出口退税登记及出口退税管理等工作。 第四条 融资租赁出租方在所在地主管税务机关办理融资租赁货物出口退税登记及出口退税登记及出口申报融资租赁货物出口退税资格认定后,方可申报融资租赁出口退税。 第五条 融资租赁出租方应在首份融资租赁合同签订之日起30日内,到主管税务局办理出口退(免)税资格认定,除提供《国家税务总局关于发布〈出口货物劳务增值税和消费税管理办法〉的公告》(国家税务总局公告2012年第24号)规定的资料外(仅经营海洋工程结构物融资租赁的,可不提供《中华人民共和国海关进出口货物收发货人报关注册登记证书》或《中华人民共和国外商投资企业批准证书》),还应提供以下资料: (一)从事融资租赁业务的资质证明; (二)融资租赁合同(有法律效力的中文版); (三)税务机关要求提供的其他资料。 本办法发布前已签订融资租赁合同的融资租赁出租方,可向主管税务局申请补办融资租赁业务的认定手续。 第七条 融资租赁出租方应在融资租赁货物报关出口之日或收取融资租赁首笔租金开具发票之日次年4月30日前至次年4月30日前的各项增值税纳税申报期内,收齐有关凭证,向主管税务机关按照财税〔2014〕62号文件规定办理融资租赁货物退税。 第十一条 主管税务机关应按照财税〔2014〕62号文件规定的计算方法审核、审批融资租赁货物退税。

续表

序号	标题	发文日期	文号	需要修改的条款	修改后的条款
125	国家税务总局关于发布《融资货物出口退税管理办法》的公告	2014.10.08	国家税务总局公告2014年第56号	第十二条 对融资租赁出租方申报退税提供的增值税专用发票，如融资租赁专用增值税专用发票在增值税专用发票稽核信息比对无误前，主管国家税务局应如融资租赁货为一般增值税一般纳税人，主管国家税务局应如融资租赁货为非增值税一般纳税人，按规定申报纳税后，方可办理退税。函调查，在确认融资租赁专用发票真实、按规定申报纳税后，方可办理退税。第十三条 对承租期未满前发生退租货物，并按下列规定补缴已退税款：（一）对上述融资租赁出口货物再复进口时，主管国家税务局应按规定退还融资租赁出租方的已退税证明；（二）对融资租赁海洋工程结构物发生退租的，主管国家税务局应按规定补税或未退税款。	第十二条 对融资租赁出租方申报退税提供的增值税专用发票，如融资租赁专用增值税专用发票在增值税专用发票稽核信息比对无误前，主管税务局应如融资租赁货为一般增值税一般纳税人，主管税务局应如融资租赁货为非增值税一般纳税人，按规定申报纳税后，方可办理退税。函调查，在确认融资租赁专用发票真实、按规定申报纳税后，方可办理退税。第十三条 对承租期未满前发生退租货物，并按下列规定补缴已退税款：（一）对上述融资租赁出口货物再复进口时，主管税务局应按规定退还融资租赁出租方的已退税证明；（二）对融资租赁海洋工程结构物发生退租的，主管税务局应按规定补税或未退税款。
126	国家税务总局关于发布《横琴、平潭有关增值税和消费税退税管理办法（试行）》的公告	2014.11.27	国家税务总局公告2014年第70号	第二条 中华人民共和国境内其他地区（以下简称区外）销往横琴、平潭（以下简称区内）适用增值税和消费税退税政策的货物（包括水、电力、蒸汽、燃气），视同出口，由区内从区外购买货物的企业（以下简称区内企业）向主管国家税务机关申报办理退增值税和消费税。第五条 区内企业应在购进自用（退税专用）上注明的出口日期次月起至次年4月30日前的各增值税纳税申报期内，提供以下资料向主管国家税务机关进行区外购进货物增值税退税申报。逾期的不得申报。（一）《区内企业退税汇总申报表》（见附件1）；（二）《区内企业退税进货明细申报表》（见附件2），在"业务类型"一栏填写"GHQYTS"；（三）《区内企业退税区货明细申报表》（见附件3），在"退（免）税业务类型"一栏填写"GHQYTS"；	第二条 中华人民共和国境内其他地区（以下简称区外）销往横琴、平潭（以下简称区内）适用增值税和消费税退税政策的货物（包括水、电力、蒸汽、燃气），视同出口，由区内从区外购买货物的企业（以下简称区内企业）向主管税务机关申报办理退增值税和消费税。第五条 区内企业应在购进自用（退税专用）上注明的出口日期次月起至次年4月30日前的各增值税纳税申报期内，提供以下资料向主管税务机关进行区外购进货物增值税退税申报。逾期的不得申报。（一）《区内企业退税汇总申报表》（见附件1）；（二）《区内企业退税进货明细申报表》（见附件2），在"业务类型"一栏填写"GHQYTS"；（三）《区内企业退税区货明细申报表》（见附件3），在"退（免）税业务类型"一栏填写"GHQYTS"；

续表

序号	标题	发文日期	文号	需要修改的条款	修改后的条款
126	国家税务总局关于发布《横琴、平潭有关增值税和消费税退税管理办法(试行)》的公告	2014.11.27	国家税务总局公告2014年第70号	(四)区外货物增值税、消费税退税正式申报电子数据； (五)下列原始凭证： 1. 从区外销售企业取得的出口货物报关单(出口退税专用)； 2. 进货货物备案清单(复印件加盖海关印章)； 3. 增值税专用发票(抵扣联)、出口退税进货分批申报单； 4. 属应税消费品的，还应提供消费税专用缴款书或分割单； 5. 主管国税机关要求提供的其他资料。 第六条 区内水电气向区外购进的用于区内与生产有关的水、蒸汽、电力、燃气、增值税专用发票的开具之月次月至4月30日前的各增值税纳税申报期内，提供以下资料向主管国税机关申报退税。逾期的不得申报退税。 第七条 区内水电及区内水电气企业在正式申报退税前，应向主管国税机关进行预申报，在主管国税机关确认申报凭证的内容与应管理部门电子申报凭证与电子信息或预申报内容与电子信息比对不符，无法完成预申报的，按照《国家税务总局关于调整出口退(免)税申报办法的公告》(国家税务总局公告2013年第61号)第四条规定处理。 第十条 主管国税机关对已电子信息审核无误后，按规定程序办理退税。 第十一条 主管国税机关发现区内购买企业将购进货物用于商业性房地产开发项目的，应追缴已退税款。	(四)区外货物增值税、消费税退税正式申报电子数据； (五)下列原始凭证： 1. 从区外销售企业取得的出口货物报关单(出口退税专用)； 2. 进货货物备案清单(复印件加盖海关印章)； 3. 增值税专用发票(抵扣联)、出口退税进货分批申报单； 4. 属应税消费品的，还应提供消费税专用缴款书或分割单； 5. 主管税务机关要求提供的其他资料。 第六条 区内水电气企业向区外购进的用于区内与生产有关的水、蒸汽、电力、燃气，应在取得购进水、蒸汽、电力、燃气增值税专用发票的开具之月次月起至次年4月30日前的各增值税纳税申报期内，提供以下资料向主管税务机关申报退税。逾期的不得申报退税。 第七条 区内水电及区内水电气企业申报退税前，应向主管税务机关进行预申报，在主管税务机关确认申报内容与应管理部门电子信息或预调整出口退(免)税申报办法的公告》(国家税务总局公告2013年第61号)第四条规定处理。 在退税申报截止日前，如果企业申报退税凭证仍没有对应信息或调整出口退(免)税申报办法的公告》(国家税务总局公告2013年第61号)第四条规定处理。 第十条 主管税务机关对电子信息审核无误后，按规定程序办理退税。 第十一条 主管税务机关发现区内购买企业将购进货物用于商业性房地产开发项目的，已办理退税的，应追缴已退税款。

续表

序号	标题	发文日期	文号	需要修改的条款	修改后的条款
127	国家税务总局关于发布《股权转让所得个人所得税管理办法（试行）》的公告	2014.12.07	国家税务总局公告2014年第67号	第十九条 个人股权转让所得个人所得税以被投资企业所在地地税机关为主管税务机关。第二十六条 税务机关应当落实好国税部门、地税部门之间的信息交换与共享制度，不断提升股权登记信息应用能力。第三十一条 各省、自治区、直辖市和计划单列市地方税务局可以根据本办法，结合本地实际，制定具体实施办法。	第十九条 个人股权转让所得个人所得税以被投资企业所在地税务机关为主管税务机关。删除 第三十条 各省、自治区、直辖市和计划单列市税务局可以根据本办法，结合本地实际，制定具体实施办法。
128	国家税务总局关于推行增值税发票系统升级版有关问题的公告	2014.12.29	国家税务总局公告2014年第73号	三、系统使用（三）纳税人因网络故障等原因无法在线开具发票时限和离线开票范围内仍可开票，超限将无法开具发票。纳税人开具已上传已开方可开票，也将无法连通网络上传发票后方可开票。纳税人需连通网络到税务机关专用设备携带专用设备到税务机关进行征期申报税后方可开票。纳税人已开具未上传的增值税发票为离线发票。离线开票时限是指自第一份离线发票开具时间起至离线开票可开具发票开票金额总额累计不含税金额、离线开票金额按离线开票不同票种分别计算。离线开票时限、离线开票金额总额的设定标准及方法由各省、自治区、直辖市和计划单列市国税局确定。	三、系统使用（三）纳税人因网络故障等原因无法在线开具发票时限和离线开票范围内仍可开票，在税务机关设定的离线开票时限和离线开票金额范围内仍可开票，超限将无法开具发票。纳税人开具发票次月仍未连通网络上传已开发票的，也将无法连通网络开票，纳税人需连通网络到税务机关进行征期申报税后方可开票。纳税人已开具未上传的增值税发票为离线发票。离线开票时限是指自第一份离线发票开具时间起至离线发票上传之日的最长时限。离线开票金额总额是指开票不含税金额，离线开票金额按离线开票不同票种分别计算。离线开票时限、离线开票金额总额的设定标准及方法由各省、自治区、直辖市和计划单列市税务局确定。
129	国家税务总局关于车辆购置税征收管理有关问题的公告	2015.01.30	国家税务总局公告2015年第4号	九、办法第九条第五项规定，纳税人提供的有效价格证明注明的价格明显偏低的，核定计税价格的方法如下：核定计税价格＝车辆销售企业车辆进价（进货合同或者发票注明的价格）×（1＋成本利润率）成本利润率，由省、自治区、直辖市和计划单列市国税务局确定。附件5《设置固定装置费运输车辆信息表》	九、办法第九条第五项规定，纳税人提供的有效价格证明注明的价格明显偏低的，主管税务机关核定计税价格的方法如下：核定计税价格＝车辆销售企业车辆进价（进货合同或者发票注明的价格）×（1＋成本利润率）成本利润率，由省、自治区、直辖市和计划单列市税务局确定。删除

续表

序号	标题	发文日期	文号	需要修改的条款	修改后的条款
130	国家税务总局关于电池、涂料消费税征收管理有关问题的公告	2015.01.30	国家税务总局公告2015年第5号	一、符合《通知》第一条规定的纳税人，应当按规定到所在地主管税务机关办理税种登记。税种登记的办理流程和时限要求由各省、自治区、直辖市、计划单列市国家税务局确定。	一、符合《通知》第一条规定的纳税人，应当按规定到所在地主管税务机关办理税种登记。税种登记的办理流程和时限要求由各省、自治区、直辖市、计划单列市税务局确定。
131	国家税务总局关于部分税务行政审批事项取消后有关管理问题的公告	2015.02.04	国家税务总局公告2015年第8号	三、关于取消"对办理税务登记（开业、变更、验证和换证）的核准"后的有关管理问题 税务机关应当不断创新服务方式，推进税务登记方式多样化，提供国税局地税局联合办理、多部门联合办理和"电子登记"等多种方式，为纳税人办理税务登记提供多种选择和便利；另一方面，推进税务登记手续简便化，税务机关内部资料转行，办税窗口只对纳税人提交的申请材料进行形式核对，收取相关资料即时办理税务登记，发给税务登记证件，赋予纳税人识别号，减少纳税人等待时间，提高办理效率。	三、关于取消"对办理税务登记（开业、变更、验证和换证）的核准"后的有关管理问题 税务机关应当不断创新服务方式，推进税务登记方式多样化，提供多部门联合办理和"电子登记"等多种方式，为纳税人办理税务登记提供多种选择和便利；另一方面，推进税务登记手续简便化，税务机关内部对申请材料进行核对，收取相关资料后即时办理税务登记，发给税务登记证件，赋予纳税人识别号，减少纳税人等待时间，提高办理效率。
				五、关于取消"以上市公司股权出资不征证券交易印花税的认定"后的有关管理问题 （一）证券市场所在地主管税务机关（即北京、上海、深圳市国家税务局）在证券公司营业部结算公司股权出资印花税股权过户情况登记簿（以下简称《登记簿》，见附件）。	五、关于取消"以上市公司股权出资不征证券交易印花税的认定"后的有关管理问题 （一）证券市场所在地主管税务机关（即北京、上海、深圳市税务局）在证券公司营业部柜台建立《以上市公司股权出资印花税股权交易印花税股权过户情况登记簿》（以下简称《登记簿》，见附件）。
132	国家税务总局关于全面推行增值税发票系统升级版有关问题的公告	2015.03.30	国家税务总局公告2015年第19号	一、推行范围 目前尚未使用增值税发票系统升级版的增值税纳税人，推行工作按照先一般纳税人和定点征收以上小规模纳税人，后起征点以下小规模纳税人和使用税控收款机纳税人的顺序进行，具体推行方案由各省国税局根据本地区的实际情况制定。	一、推行范围 目前尚未使用增值税发票系统升级版的增值税纳税人，推行工作按照先一般纳税人和定点征收以上小规模纳税人，后起征点以下小规模纳税人的顺序进行，具体推行方案由各省税务局根据本地区的实际情况制定。

续表

序号	标题	发文日期	文号	需要修改的条款	修改后的条款
132	国家税务总局关于全面推行增值税发票系统升级版有关问题的公告	2015.03.30	国家税务总局公告2015年第19号	三、系统使用 （三）纳税人因网络故障等原因无法在线开票的，在税务机关设定的离线开票时限和离线开票总金额范围内仍可开票，超限将无法开具发票。纳税人开票次月仍未连通网络上传已开具发票明细数据的，也将无法开具发票。纳税人需连通网络上传发票数据到税务机关进行征期报税或非征期报税后方可开票。 纳税人已开具未上传的增值税发票为离线发票。离线开票时限是指自第一份离线发票开具时间起开始计算可开具的最长时限。离线开票总金额是指按不含税金额分别计算离线开票累计不含税金额。离线开票时限和离线开票总金额的设定标准及方法由各省、自治区、直辖市和计划单列市国家税务局确定。	三、系统使用 （三）纳税人因网络故障等原因无法在线开票的，在税务机关设定的离线开票时限和离线开票总金额范围内仍可开票，超限将无法开具发票。纳税人开票次月仍未连通网络上传已开具发票明细数据的，也将无法连通网络上传发票数据到税务机关进行征期报税非征期报税后方可开票。纳税人需连通网络专用设备到税务机关进行征期报税或非征期报税后的需携带专用设备到税务机关所在地税务所开具发票。 纳税人已开具未上传的增值税发票为离线发票。离线开票时限是指自第一份离线发票开具时间起开始计算可开具的最长时限。离线开票总金额是指按不含税金额，离线开票累计不含税金额。离线开票时限和离线开票总金额的设定标准及方法由各省、自治区、直辖市和计划单列市税务局确定。
133	国家税务总局关于个人非货币性资产投资有关个人所得税征管问题的公告	2015.04.08	国家税务总局公告2015年第20号	三、纳税人以不动产投资的，以不动产所在地地税机关为主管税务机关；纳税人以其持有的企业股权对外投资的，以该企业所在地地税机关为主管税务机关；纳税人以其他非货币资产投资的，以被投资企业所在地地税机关为主管税务机关。	三、纳税人以不动产投资的，以不动产所在地税务机关为主管税务机关；纳税人以其持有的企业股权对外投资的，以该企业所在地税务机关为主管税务机关；纳税人以其他非货币资产投资的，以被投资企业所在地税务机关为主管税务机关。
134	国家税务总局 国家能源局关于落实煤炭资源税改革优惠政策若干事项的公告	2015.04.03	国家税务总局 国家能源局公告2015年第21号	十、本公告未尽事宜，由省、自治区、直辖市地方税务局会同同级煤炭行业管理部门确定。	十、本公告未尽事宜，由省、自治区、直辖市税务局会同同级煤炭行业管理部门确定。

续表

序号	标题	发文日期	文号	需要修改的条款	修改后的条款
135	国家税务总局关于出口退（免）税有关问题的公告	2015.04.30	国家税务总局公告2015年第29号	一、出口企业或其他单位办理出口退（免）税资格认定时，《出口退（免）税资格认定申请表》中的"退税开户银行账号"从税务登记的银行账号中选择一个填报，不再提供银行开户许可证。 二、生产企业办理进料加工业务核销，按规定向主管国税机关报送《已核销手（账）册海关数据调整报告表（进口报关单/出口报关单）》时，不再提供向报关海关查询情况的书面说明。 三、委托出口的货物，除国家取消出口退税的货物外，委托方不再向主管国税机关报送《委托出口货物证明》时，不再提供委托方主管国税机关签章的《委托出口货物证明》。 四、企业在申报铁路运输服务免抵退税时，应当提供《国际客运（含香港直通车）旅客、行李包裹运输清算路单明细表》（见附件1）；属于货运的，应当提供《中国铁路总公司国际货物运输明细表》（见附件2），或者提供列明本企业清算后的国际联运货运收入的《清算资金通知单》。申报税务机关对留存企业备查的原始凭证应当定期进行抽查。 六、以双委托加工出口业务方式（生产企业进口料件，出口成品均委托出口企业办理）从事进料加工出口业务的，委托方在申报出口免抵退税前，应按代理进口、出口协议及进料加工贸易手册载明的进口总值、出口总值和计划分配率填明的进料加工企业进口总值及出口计划分配率备案表》及其电子数据。	一、出口企业或其他单位办理出口退（免）税资格认定时，《出口退（免）税资格认定申请表》中的"退税开户银行账号"从税务登记的银行账号中选择一个填报，不再提供银行开户许可证。 二、生产企业办理进料加工业务核销，按规定向主管税务机关报送《已核销手（账）册海关数据调整报告表（进口报关单/出口报关单）》时，不再提供向报关海关查询情况的书面说明。 三、委托出口的货物，除国家取消出口退税的货物外，委托方不再向主管税务机关报送《委托出口货物证明》，此前未报送《委托出口货物证明》的不再报送；受托方申请开具《代理出口货物证明》时，不再提供《委托出口货物证明》。 四、企业在申报铁路运输服务免抵退税时，应当提供《国际客运（含香港直通车）旅客、行李包裹运输清算路单明细表》（见附件1）；属于货运的，应当提供《中国铁路总公司国际货物运输清算明细表》（见附件2），或者提供列明本企业清算后的国际联运货运收入的《清算资金通知单》。主管税务机关对留存企业备查的原始凭证应当定期进行抽查。 六、以双委托加工出口业务方式（生产企业进口料件，委托方在申报出口免退税前，出口成品均委托出口企业办理）从事进料加工出口业务的，委托方在申报出口免退税前，应按代理进口、出口协议及进料加工贸易手册载明的进口总值、出口总值和计划分配率，向主管税务机关报送《进料加工企业进口总值及出口计划分配率备案表》及其电子数据。

续表

序号	标题	发文日期	文号	需要修改的条款	修改后的条款
136	国家税务总局关于明确部分增值税优惠政策审批事项取消后有关管理事项的公告	2015.05.19	国家税务总局公告2015年第38号	七、各省、自治区、直辖市和计划单列市国家税务局，可按本公告规定，补充制定本地区上述增值税优惠政策涉及的税收审核、审批工作程序取消后的后续管理措施。	七、各省、自治区、直辖市和计划单列市税务局，可按本公告规定，补充制定本地区上述增值税优惠政策涉及的税收审核、审批工作程序取消后的后续管理措施。
137	国家税务总局关于发布《境外旅客购物离境退税管理办法（试行）》的公告	2015.05.25	国家税务总局公告2015年第41号	全文及附件1《境外旅客购物离境退税商店备案表》中"国家税务局"、"国税局"、"主管国税机关"的内容	修改为"税务局"、"税务局"、"主管税务机关"
138	国家税务总局关于国有粮食购销企业销售粮食增值税审批事项取消后有关管理事项的公告	2015.05.22	国家税务总局公告2015年第42号	二、享受免征增值税优惠政策的国有粮食购销企业（以下统称纳税人），按以下规定，分别向所在地县（市）国家税务局及同级粮食管理部门备案。（一）纳税人应在享受税收优惠政策的首个纳税申报期内，将备案材料送所在地县（市）国家税务局及同级粮食管理部门备案。（二）纳税人在享受税收优惠条件期间内，备案资料内容不发生变化的，可进行一次性备案。（三）纳税人提交的备案资料内容发生变化，应在发生变化的次月纳税申报期内，向所在地县（市）国家税务局及同级粮食管理部门进行变更备案。如不再符合免税规定，应当停止享受免税，按照规定进行纳税申报。五、所在地县（市）国家税务局及同级粮食管理部门对纳税人提供的备案材料的完整性进行审核，不改变纳税人真实申报的责任。七、各省、自治区、直辖市和计划单列市国家税务局，可按本公告规定，补充制定本地区承担粮食收储任务的国有粮食购销企业享受免征增值税优惠政策审核确定工作程序取消后的后续管理措施。	二、享受免征增值税优惠政策的国有粮食购销企业（以下统称纳税人），按以下规定，分别向所在地县（市）税务局及同级粮食管理部门备案。（一）纳税人应在享受税收优惠政策的首个纳税申报期内，将备案材料送所在地县（市）税务局及同级粮食管理部门备案。（二）纳税人在享受税收优惠条件期间内，备案资料内容不发生变化的，可进行一次性备案。（三）纳税人提交的备案资料内容发生变化，应在发生变化的次月纳税申报期内，向所在地县（市）税务局及同级粮食管理部门进行变更备案。如不再符合免税规定，应当停止享受免税，按照规定进行纳税申报。五、所在地县（市）税务局及同级粮食管理部门对纳税人提交的备案材料进行审核，不改变纳税人真实申报的责任。七、各省、自治区、直辖市和计划单列市税务局，可按本公告规定，补充制定本地区承担粮食收储任务的国有粮食购销企业享受免征增值税优惠政策审核确定工作程序取消后的后续管理措施。

续表

序号	标题	发文日期	文号	需要修改的条款	修改后的条款
139	国家税务总局关于明确纳税信用补评和复评事项的公告	2015.06.19	国家税务总局公告 2015 年第 46 号	一、纳税人因《办法》第十七条第三、四、五项所列情形解除，或对当期未予评价的有异议的，可申请补评。纳税人申请，地税机关应当按《办法》第三章的规定开展纳税信用补评工作，相互传递补评申请，按《办法》第三章的规定自受理申请之日起15个工作日内完成纳税信用评价工作，并向纳税人反馈纳税信用评价结果的自我查询服务。 二、纳税人对纳税信用评价结果有异议的，填写《纳税信用复评申请表》（附件3），向主管税务机关申请复评。作出评价的税务机关应按《办法》第三章规定对评价结果进行复查核。主管国税机关、地税机关应及时沟通，相互传递复评申请，并自受理申请之日起15个工作日内完成复评工作，并向纳税人反馈纳税信用复评信息（附件4）或提供复评结果的自我查询服务。	一、纳税人因《办法》第十七条第三、四、五项所列情形解除，或对当期未予评价的有异议的，可填写《纳税信用补评申请表》（附件1），向主管税务机关申请补充评价。纳税人申请，按照《办法》第三章的规定开展纳税信用补评工作，并向主管税务机关规定自受理申请之日起15个工作日内完成纳税信用评价工作，并向纳税人反馈纳税信用评价结果（附件2）或提供评价结果的自我查询服务。 二、纳税人对纳税信用评价结果有异议的，可在纳税信用评价确定的当年内，填写《纳税信用复评申请表》（附件3），向主管税务机关申请复评。作出评价的税务机关应按《办法》第三章规定对评价结果进行复核。主管税务机关自受理申请之日起15个工作日内完成复评工作，并向纳税人反馈复评信息（附件4）或提供复评结果的自我查询服务。
				附件1《纳税信用补评申请表》、附件2《_____年度纳税信用复评申请表》、附件3《纳税信用复评信息》、附件4《_____年度纳税主管税务机关》中的"国税主管税务机关"的内容	修改为"主管税务机关"，并合并相关表格栏次。
140	国家税务总局关于企业重组业务企业所得税征收管理若干问题的公告	2015.06.24	国家税务总局公告 2015 年第 48 号	十一、税务机关应对适用特殊性税务处理的企业重组做好统计和相关资料的归档工作。各省、自治区、直辖市和计划单列市税务局应于每年 8 月底前将《企业重组所得税特殊性税务处理统计表》（详见附件3）上报税务总局（所得税司）。	十一、税务机关应对适用特殊性税务处理的企业重组做好统计和相关资料的归档工作。各省、自治区、直辖市和计划单列市税务局应于每年 8 月底前将《企业重组所得税特殊性税务处理统计表》（详见附件3）上报税务总局（所得税司）。

续表

序号	标题	发文日期	文号	需要修改的条款	修改后的条款
141	国家税务总局关于修订《纳税服务投诉管理办法》的公告	2015.06.26	国家税务总局公告2015年第49号	第三十九条 各省、自治区、直辖市和计划单列市国家税务局、地方税务局可以根据本办法制定具体的实施办法。	第三十九条 各省、自治区、直辖市和计划单列市税务局可以根据本办法制定具体的实施办法。
142	国务院总局关于发布《煤炭资源税征收管理办法(试行)》的公告	2015.07.01	国家税务总局公告2015年第51号	第九条 纳税人申报的原煤或洗选煤销售价格明显偏低且无正当理由的,或者有视同销售原煤或洗选煤行为而无销售价格的,主管税务机关应按下列顺序确定计税价格: (一)按纳税人最近时期同类原煤或洗选煤的平均销售价格确定。 (二)按其他纳税人最近时期同类原煤或洗选煤的平均销售价格确定。 (三)组成计税价格=成本×(1+成本利润率)÷(1-资源税税率) 公式中的成本利润率由省、自治区、直辖市地方税务局按同类税煤炭的平均成本利润率确定。 (四)按其他合理方法确定。 第十六条 省、自治区、直辖市地方税务机关可依托信息化管理技术,参照全国性或主要港口煤炭即时价格指数以及当地煤炭工业主管部门已有的网上煤炭即时价格信息,建立本地煤炭资源税价格监控体系。	第九条 纳税人申报的原煤或洗选煤销售价格明显偏低且无正当理由的,或者有视同销售原煤或洗选煤行为而无销售价格的,主管税务机关可以按下列顺序确定计税价格: (一)按纳税人最近时期同类原煤或洗选煤的平均销售价格确定。 (二)按其他纳税人最近时期同类原煤或洗选煤的平均销售价格确定。 (三)组成计税价格=成本×(1+成本利润率)÷(1-资源税税率) 公式中的成本利润率由省、自治区、直辖市税务局按同类煤炭的平均成本利润率确定。 (四)按其他合理方法确定。 第十六条 省、自治区、直辖市税务机关可依托信息化管理技术,参照全国性或主要港口煤炭即时价格指数以及当地煤炭工业主管部门已有的网上煤炭即时价格信息,建立本地煤炭资源税价格监控体系。
				第十八条 各级国税机关应当加强信息共享,省、自治区、直辖市增值税开票信息等相关煤炭销售数据按月传递给当地地税机关。	删除
				第十九条 各省、自治区、直辖市和计划单列市地方税务局可以结合本地实际,制定具体实施办法。	第十八条 各省、自治区、直辖市和计划单列市税务局可以结合本地实际,制定具体实施办法。

续表

序号	标题	发文日期	文号	需要修改的条款	修改后的条款
143	国家税务总局关于部分税务行政审批事项取消后有关管理问题的公告	2015.08.03	国家税务总局公告2015年第56号	全文及附件1《出口退（免）税备案表》附件3《以边境小额贸易方式代理出口外国企业、外国自然人报关出口货物备案表》中"主管国税机关"、"国家税务局"、"国税务登记证"、"国税税务登记表"的内容	修改为"主管税务机关"、"税务局"、"税务登记证"、"税务登记表"
				五、关于取消"企业享受符合条件的固定资产加速折旧或缩短折旧年限所得税优惠的核准"后的有关管理问题 《财政部 国家税务总局关于完善固定资产加速折旧企业所得税政策的通知》（财税〔2014〕75号）、《国家税务总局关于固定资产加速折旧税收政策有关问题的公告》（国家税务总局公告2014年第64号）规定的重点行业享受《企业所得税优惠政策事项办理办法》规定的企业所得税优惠事项备案表》，同时可以在季度预缴折旧事项备案表》，同时可以在季度预缴折旧事项备案表》，同时可以在季度预缴折旧事项备案，对于税法与会计核算不一致的，在汇算清缴时享受该项优惠政策。另外，纳税人应当将以下资料留存备查：（一）固定资产的功能，预计使用年限短于规定计算折旧的最低年限的理由、证明资料及有关情况的说明；（二）固定资产加速折旧方法和折旧额的说明；（三）集成电路生产企业认定证书复印件（集成电路生产企业适用本项优惠时提供）；（四）缩短折旧或加速折旧年限情况说明（外购软件缩短折旧或摊销年限时提供）；（五）明细表（适用于预缴申报表之附1-2《固定资产加速折旧（扣除）明细表》（适用于财税〔2014〕75号文件规定政策）。	删除

续表

序号	标题	发文日期	文号	需要修改的条款	修改后的条款
143	国家税务总局关于取消"企业从事农林牧渔业项目所得享受税收优惠核准"后续管理有关问题的公告	2015.08.03	国家税务总局公告2015年第56号	六、关于取消"企业从事农林牧渔业项目所得享受税收优惠核准"后的备案管理问题 企业从事农林牧渔业项目所得享受所得税优惠，纳税人应当在汇算清缴期内，向主管税务机关提供《企业所得税优惠事项备案表》，同时可以在年度预缴环节享受该项优惠政策。 另外，纳税人应当将以下资料留存备查： （一）经营业务属于《国民经济行业分类》中的农、牧、渔业具体项目的说明； （二）有效期内的远洋渔业企业资格证书复印件（从事远洋捕捞业务的提供）； （三）县级以上农、牧、渔业政府主管部门的确认意见（进行农产品的再种植、养殖是否可以视为农产品种植、养殖项目享受税收优惠难以确定时提供）； （四）从事农作物新品种选育有的认定证书复印件（从事农作物新品种选育有的提供）。	删除
144	国家税务总局关于发布《非居民纳税人享受税收协定待遇管理办法》的公告	2015.08.27	国家税务总局公告2015年第60号	第四条 本办法所称主管税务机关，是指按国内税收法律规定，对非居民纳税人在中国的纳税义务负有征管职责的国家税务机关或地方税务局。	第四条 本办法所称主管税务机关，是指按国内税收法律规定，对非居民纳税人在中国的纳税义务负有征管职责的税务局。
145	国家税务总局非税行政许可取消后有关管理问题的公告花税非行政许可审批取消后有关管理问题的公告	2015.09.14	国家税务总局公告2015年第63号	一、证券市场登记结算公司营业部柜合建立《上市公司国有股转让无偿印花税股权过户情况登记簿》和《四家金融资产管理公司出让上市公司国有股权无偿印花税股权过户情况登记簿》（以下统称《登记簿》）（股票）交易印花税股股权过户情况登记簿，见附件）。	一、证券市场所在地主管税务机关（北京、上海、深圳市税务局）在证券登记结算公司营业部柜合建立《上市公司国有股转让无偿印花税股权过户情况登记簿》和《四家金融资产管理公司出让上市公司国有股权无偿印花税股权过户情况登记簿》（以下统称《登记簿》），见附件）。

续表

序号	标题	发文日期	文号	需要修改的条款	修改后的条款
146	国家税务总局关于发布《车船税管理规程（试行）》的公告	2015.11.26	国家税务总局公告2015年第83号	第十九条第二款 地方税务机关与国家税务机关应当积极协作，落实国地税合作规范，在纳税人因质量原因发生车辆退货时，国家税务机关应当向地方税务机关提供车辆退货发票信息，减轻纳税人办税负担。	删除
				第二十条 各省、自治区、直辖市地方税务机关可根据本规程制定具体实施意见。	第二十四条 各省、自治区、直辖市税务机关可根据本规程制定具体实施意见。
147	国家税务总局关于推行通过增值税电子发票系统开具的增值税电子普通发票有关问题的公告	2015.11.26	国家税务总局公告2015年第84号	附件1《×× 增值税电子普通发票（票样）》发票监制章中"国家税务局"的内容	修改为"税务局"
148	国家税务总局关于明确纳税信用管理若干业务口径的公告	2015.12.02	国家税务总局公告2015年第85号	八、关于发布A级纳税人名单 （一）按照推评评价的原则，谁确定、谁发布的原则，纳税人主管税务机关负责推评、确定评价结果。国税主管税务机关、地税主管税务机关分别发布评价结果，不在联合发布，不在发布通告中联合落款。 （二）国税主管税务机关统一规定的时间以通告的形式对外发布A级纳税人信息。纳税人信息发布内容包括：纳税人识别号、纳税人名称、省税务机关、市税务机关。税务总局、省税务机关的A级纳税人信息，纳税人通过门户网站（或不网站）汇总公布管辖范围内的A级名单的，应发布变化情况通告，及时更新公告栏、公布内容，及时更新公告栏，及时报税务总局（纳税服务司）。	八、关于发布A级纳税人名单 （一）按照推评评价，谁确定、谁发布的原则，纳税人主管税务机关负责推评、确定评价结果。上级税务机关汇总公布评价结果。 （二）主管税务机关于每年4月按照税务总局统一规定的时间以通告的形式对外发布A级纳税人信息。纳税人信息发布内容包括：纳税人识别号、纳税人名称、市税务机关负责纳税信用的评价、动态调整等原因门户网站（或）对外发布A级纳税人信息。税务总局、省税务机关A级纳税人信息，纳税人通过门户网站、动态调整等原因需要调整A级名单的，应公布变化情况通告，及时更新公告栏、公布内容，并层报税务总局（纳税服务司）。

续表

序号	标题	发文日期	文号	需要修改的条款	修改后的条款
149	国家税务总局关于《适用增值税零税率应税服务退（免）税管理办法》的补充公告	2015.12.09	国家税务总局公告2015年第88号	三、增值税零税率应税服务提供者收齐有关凭证后，可在财务作销售收入次月起至主管国税机关申报期内向主管国税机关申报期内向主管国税机关申报，逾期申报的，不再按退（免）税申报，改按免税申报的，应按规定缴纳增值税。 四、实行免抵退办法的增值税零税率应税服务、设计服务，新纳税人零税率应税服务范围的应税服务的，应在申报办理免抵退税时，向主管国税机关提供以下申报资料： （六）下列资料及原始凭证的原件及复印件： 1.提供增值税零税率应税服务所开具的发票（经主管国税机关认可，可只提供电子数据，原始凭证留存备查）。 5.从与之签订提供增值税零税率应税服务合同的境外单位取得收入的收款凭证。 跨国公司经中国人民银行批准开办经常项下跨境人民币集中收付管理的，其成员公司在批准的有效期内，可凭银行出具给跨国公司资金集中运营（收付）公司符合下列规定的收款凭证，向主管国税机关申报退（免）税。 （七）主管国税机关要求提供的其他资料及凭证。 五、实行免退税办法的增值税零税率应税服务提供者，应在申报免退税时，向主管国税机关提供以下申报资料： 六、主管国税机关受理审核增值税零税率应税服务退（免）税申报的，应及时办理退（免）税；不符合规定的，不予办理退（免）税；经审核，不符合规定的，按有关规定处理；对应退的退（免）税，按税暂缓办理，待排除疑点后，方可办理。 七、主管国税机关对申报对外提供研发、设计服务范围的应税服务范围的新纳税人零税率应税服务退（免）税，应审核以下内容：	三、增值税零税率应税服务提供者应收齐有关凭证后，可在财务作销售收入次月至次年4月30日前的各增值税纳税申报期内向主管税务机关申报，逾期的，不再按退（免）税申报，改按免税申报，未按规定申报免税的，应按规定缴纳增值税。 四、实行免抵退办法的增值税零税率应税服务、设计服务，新纳税人零税率应税服务范围的应税服务的，应在申报办理免抵退税时，向主管税务机关提供以下申报资料： （六）下列资料及原始凭证的原件及复印件： 1.提供增值税零税率应税服务所开具的发票（经主管税务机关认可，可只提供电子数据，原始凭证留存备查）。 5.从与之签订提供增值税零税率应税服务合同的境外单位取得收入的收款凭证。 跨国公司经外汇管理部门批准实行跨境外汇资金集中运营管理或经中国人民银行批准实行经常项下跨境人民币集中收付管理的，其成员公司在批准的有效期内，可凭银行出具跨国公司资金集中运营（收付）公司符合下列规定的收款凭证，向主管税务机关申报退（免）税。 （七）主管税务机关要求提供的其他资料及凭证。 五、实行免退税办法的增值税零税率应税服务提供者，应在申报免退（免）税时，向主管税务机关提供以下申报资料： 六、主管税务机关受理增值税零税率应税服务退（免）税申报后，应按规定进行审核，对符合规定的，应及时办理退（免）税；不符合规定的，不予办理；经审核处理，对有关规定处理；存在其他审核疑点的，待排除疑点后，应按规定进行审核；存在其他审核疑点，待排除疑点后，方可办理。 七、主管税务机关对申报对外提供研发、设计服务以及新纳税人零税率应税服务范围的应税服务退（免）税，应审核以下内容：

397

续表

序号	标题	发文日期	文号	需要修改的条款	修改后的条款
150	国家税务总局关于发布《市场采购贸易方式出口货物免税管理办法（试行）》的公告	2015.12.17	国家税务总局公告2015年第89号	第四条 委托出口的市场采购贸易经营户应与市场采购贸易经营者签订《委托代理出口货物协议》，受托出口的期限内向主管国税机关申请开具《代理出口货物证明》。 第六条 市场经营户应在货物报关出口次月的增值税纳税申报期内按规定向主管国税机关办理市场采购贸易出口货物免税申报；委托出口货物的，市场采购贸易经营者可以代为办理免税申报手续。 第八条 市场经营户未按本办法规定在市场采购贸易综合管理系统中录入相关内容，办理免税申报或者签订《委托代理出口货物协议》或者存在其他违反税收征管法、主管国税机关可以告知主管部门停止其使用市场采购贸易综合管理系统。 第九条 市场采购贸易经营者未按本办法规定申请开具《代理出口货物证明》或者本办法实施细则规定进行处理外，主管国税机关可以告知其主管部门停止其使用市场采购贸易综合管理系统。	第四条 委托出口的市场经营户应与市场采购贸易经营者签订《委托代理出口货物协议》，受托出口的市场采购贸易经营者在货物报关出口后，应在规定的期限内向主管税务机关申请开具《代理出口货物证明》。 第六条 市场经营户应在货物报关出口次月的增值税纳税申报期内向主管税务机关办理市场采购贸易出口货物免税申报；委托出口的，市场采购贸易经营者可以代为办理免税申报手续。 第八条 市场经营户 办理免税申报相关内容，办理免税申报行为时，主管税务机关可以告知有关主管部门停止其使用市场采购贸易综合管理系统。 第九条 市场采购贸易经营者未按本办法规定申请开具《代理出口货物证明》或者在商品名称《中华人民共和国税收征收管理法》及其实施细则规定进行处理外，可告知有关主管部门停止其使用市场采购贸易综合管理系统。
151	国家税务总局关于发布《社会保险费及其他基金规费文书式样》的公告	2015.12.31	国家税务总局公告2015年第98号	附件《社会保险费及其他基金规费文书式样》中"地方税务局"、"地税"、"地税主管机关"、"地税规字〔 〕号"的内容	修改为"税务局"、"税务"、"税务主管机关"、"税规字〔 〕号"、"税社字〔 〕号"

续表

序号	标题	发文日期	文号	需要修改的条款	修改后的条款
152	国家税务总局关于进一步加强出口退(免)税审中事后管理有关问题的公告	2016.01.07	国家税务总局公告2016年第1号	一、集团公司需要收购视同自产货物申报免抵退税的,集团公司总部或其控股的生产企业向主管国税机关备案的《出口退(免)税备案的生产企业向主管国税机关备案的《出口退(免)税资格认定表》(或《出口企业或其他单位出口退(免)税资格认定表》)复印件。二、出口企业或其他单位办理撤回出口退(免)税备案事项时,如果向主管国税机关声明放弃未申报但尚未办理申报出口退(免)税的,视同已结清出口退税款。因合并、分立、改制重组等原因撤回备案的出口企业或其他单位(以下简称撤回备案企业),经主管国税机关核对无误后,视同已结清出口退(免)税款:(一)企业撤回出口退(免)税备案结清退(免)税确认书(附件1);(二)合并、分立、改制重组企业决议、章程及相关部门批件;(三)承继撤回备案企业权利和义务的企业(以下简称承继企业)在撤回备案企业所在地的开户银行名称及账号。撤回备案事项办结后,主管国税机关将撤回备案企业的应退税款退还至承继企业账户,如发生需要追缴多退税款的,向承继企业追缴。附件1《企业撤回出口退(免)税备案结清退(免)税确认书》附件3《来料加工免税证明》中"____国家税务局"的内容	一、集团公司需要收购视同自产货物申报免抵退税的,集团公司总部或其控股的生产企业向主管税务机关备案,不再提供集团公司总部及其控股的生产企业的《出口退(免)税备案表》(或《出口企业或其他单位出口退(免)税资格认定表》)复印件。二、出口企业或其他单位办理撤回出口退(免)税备案的出口企业或其他单位办理撤回出口退(免)税备案事项时,如果向主管税务机关声明放弃未申报但尚未办理申报出口退(免)税并按规定申报免抵税款的,视同已结清出口退税款。因合并、分立、改制重组等原因撤回备案的出口企业,可向主管税务机关提供以下资料,经主管税务机关核对无误后,视同已结清出口退(免)税款:(一)企业撤回出口退(免)税备案结清退(免)税确认书(附件1);(二)合并、分立、改制重组企业决议、章程及相关部门批件;(三)承继撤回备案企业权利和义务的企业(以下简称承继企业)在撤回备案企业所在地的开户银行名称及账号。撤回备案事项办结后,主管税务机关将撤回备案企业的应退税款退还至承继企业账户,如发生需要追缴多退税款的,向承继企业追缴。"____税务局"修改为"____税务机关"
153	国家税务总局关于发布《耕地占用税管理规程(试行)》的公告	2016.01.15	国家税务总局公告2016年第2号	全文及附件中"地税机关"、"地方税务机关"的内容第四十六条 耕地占用税减免实施备案管理的其他事项按照《税收减免管理办法》(国家税务总局公告2015年第43号发布)的有关规定执行。	修改为"税务机关"删除

399

续表

序号	标题	发文日期	文号	需要修改的条款	修改后的条款
154	国家税务总局关于纳税信用A级纳税人取消增值税发票认证有关问题的公告	2016.02.04	国家税务总局公告2016年第7号	一、纳税人取得销售方使用增值税发票系统升级版开具的增值税发票(包括增值税专用发票、货物运输业增值税专用发票、机动车销售统一发票,下同),可以不再进行扫描认证,通过增值税发票查询平台查询、查对用于申报抵扣或者出口退税的增值税发票信息。 增值税发票查询平台的登录网址由各省国税局确定并公布。 四 取消增值税发票认证,简化办税流程,是深入开展"便民办税春风行动"的一项重要举措。各地国税机关要认真落实工作部署,精心组织做好宣传、培训等各项工作,及时、准确维护纳税人档案信息,确保此项工作顺利实施。	一、纳税人取得销售方使用增值税发票系统升级版开具的增值税发票(包括增值税专用发票、货物运输业增值税专用发票、机动车销售统一发票,下同),可以不再进行扫描认证,通过增值税发票查询平台查询、查对用于申报抵扣或者出口退税的增值税发票信息。 增值税发票查询平台的登录网址由各省税务局确定并公布。 四 取消增值税发票认证,简化办税流程,将明显减轻纳税人和基层税务机关负担,是深入开展"便民办税春风行动"的一项重要举措。各地税务机关要认真落实工作部署,精心组织做好宣传、培训等各项工作,及时、准确维护纳税人档案信息,确保此项工作顺利实施。
155	国家税务总局关于完善纳税信用管理有关事项的公告	2016.02.17	国家税务总局公告2016年第9号	一、关于税务机关对纳税人的纳税信用级别实行动态调整的方法和程序 (一)因纳税人的主管税务机关检查等发现其相应纳税信用评价年度评价指标得分评价年度信用级别为D级的,该D级评价不保留至下一年度。对检查等发现纳税信用评价年度存在需扣减纳税信用评价年度得分情形的,主管税务机关应调整其相应纳税信用级别动态调整工作,相互传递动态调整信息。 (二)主管国税机关、地税机关应及时沟通,相互传递动态调整信息,协同完成动态调整工作,并为纳税人提供信息的自我查询服务。 附件1《年度纳税信用级别动态调整信息》中"国税主管税务机关和地税主管税务机关"的内容	一、关于税务机关对纳税人的纳税信用级别实行动态评价的方法和程序 (一)因纳税人的主管税务机关检查等发现其相应纳税信用评价年度评价指标得分评价年度信用级别为D级的,该D级评价不保留至下一年度(附件1)。对检查等发现纳税信用评价年度存在需扣减纳税信用评价年度得分情形的,主管税务机关应调整其相应纳税信用级别动态调整工作,并记录纳税人以前纳税信用评价结果和记录。 (二)主管税务机关按月开展纳税信用级别动态调整工作,并为纳税人提供信息的自我查询服务。 修改为"主管税务机关"

续表

序号	标题	发文日期	文号	需要修改的条款	修改后的条款
156	国家税务总局关于更新税务行政许可事项目录的公告	2016.02.28	国家税务总局公告2016年第10号	附件《税务行政许可事项目录》中"对纳税人延期缴纳税款的核准"对应的"审批部门"栏次"省、自治区、直辖市、计划单列市国家税务局，地方税务局"的内容	修改为"省、自治区、直辖市、计划单列市税务局"
157	国家税务总局关于全面推开营业税改征增值税试点后增值税纳税申报有关事项的公告	2016.03.31	国家税务总局公告2016年第13号	二、纳税申报资料 (三)纳税申报表及其附列资料要求由各省、自治区、直辖市和计划单列市国家税务局确定。 三、纳税人跨县(市)提供建筑服务、房地产开发企业预售自行开发的房地产项目，纳税人出租与机构所在地不同一县(市)的不动产，按规定需要在项目所在地主管国税机关预缴税款的，需填写《增值税预缴税款表》，表样及填写说明详见附件5至附件6。 附件6《增值税预缴税款表》填写说明 一、本表适用于纳税人发生以下情形按规定在所在地国税机关预缴增值税时填写。 三、(二)房地产开发企业预售自行开发的房地产项目 1.第1列"销售额"：填写本期预收取得的预缴期取得的全部预收款含税(含税)，包括在取得预收款当月或主管国税机关确定的预缴期取得的全部预收款和价外费用。	二、纳税申报资料 (三)纳税申报表及其附列资料为必报资料。纳税申报表及其附列资料报备要求由各省、自治区、直辖市和计划单列市税务局确定。 三、纳税人跨县(市)提供建筑服务、房地产开发企业预售自行开发的房地产项目，纳税人出租与机构所在地不同一县(市)的不动产，按规定需要在项目所在地主管税务机关预缴税款的，需填写《增值税预缴税款表》，表样及填写说明详见附件5至附件6。 附件6《增值税预缴税款表》填写说明 一、本表适用于纳税人发生以下情形按规定在所在地税务机关预缴增值税时填写。 三、(二)房地产开发企业预售自行开发的房地产项目 1.第1列"销售额"：填写本期预收取得的预缴期取得的全部预收款(含税)，包括在取得预收款当月或主管税务机关确定的预缴期取得的全部预收款和价外费用。
158	国家税务总局关于公布《纳税人转让不动产增值税征收管理暂行办法》的公告	2016.03.31	国家税务总局公告2016年第14号	全文中"地税机关"、"国税机关"的内容	修改为"税务机关"

401

续表

序号	标题	发文日期	文号	需要修改的条款	修改后的条款
159	国家税务总局关于发布《纳税人提供不动产经营租赁服务增值税征收管理暂行办法》的公告	2016.03.31	国家税务总局公告2016年第16号	全文中"地税机关"、"国税机关"、"国家税务局"的内容	修改为"税务机关"
160	国家税务总局关于发布《纳税人跨县(市、区)提供建筑服务增值税征收管理暂行办法》的公告	2016.03.31	国家税务总局公告2016年第17号	全文中"国税机关"、"国家税务局"的内容	修改为"税务机关"、"税局"
161	国家税务总局关于发布《房地产开发企业销售自行开发的房地产项目增值税征收管理暂行办法》的公告	2016.03.31	国家税务总局公告2016年第18号	第十二条 一般纳税人应在取得预收款的次月纳税申报期向主管国税机关预缴税款。第十四条 一般纳税人销售自行开发的房地产项目适用一般计税方法计税的,应按照《营业税改征增值税试点实施办法》(财税〔2016〕36号文件印发,以下简称《试点实施办法》)第四十五条规定的纳税义务发生时间,以当期销售额和11%的适用税率计算当期应纳税额,抵减已预缴税款后,向主管国税机关申报纳税。未抵减完的预缴税款可以结转下期继续抵减。第十五条 一般纳税人销售自行开发的房地产项目适用简易计税方法计税的,应按照《试点实施办法》第四十五条规定的纳税义务发生时间,以当期销售额和5%的征收率计算当期应纳税额,抵减已预缴税款后,向主管国税机关申报纳税。未抵减完的预缴税款可以结转下期继续抵减。	第十二条 一般纳税人应在取得预收款的次月纳税申报期向主管税务机关预缴税款。第十四条 一般纳税人销售自行开发的房地产项目适用一般计税方法计税的,应按照《营业税改征增值税试点实施办法》(财税〔2016〕36号文件印发,以下简称《试点实施办法》)第四十五条规定的纳税义务发生时间,以当期销售额和11%的适用税率计算当期应纳税额,抵减已预缴税款后,向主管税务机关申报纳税。未抵减完的预缴税款可以结转下期继续抵减。第十五条 一般纳税人销售自行开发的房地产项目适用简易计税方法计税的,应按照《试点实施办法》第四十五条规定的纳税义务发生时间,以当期销售额和5%的征收率计算当期应纳税额,抵减已预缴税款后,向主管税务机关申报纳税。未抵减完的预缴税款可以结转下期继续抵减。

续表

序号	标题	发文日期	文号	需要修改的条款	修改后的条款
161	国家税务总局关于发布《房地产开发企业销售自行开发的房地产项目增值税征收管理暂行办法》的公告	2016.03.31	国家税务总局公告2016年第18号	第二十一条 小规模纳税人应在取得预收款的次月纳税申报期或主管国税机关核定的纳税期限向主管国税机关预缴税款。 第二十二条 小规模纳税人销售自行开发的房地产项目，应按照《试点实施办法》第四十五条规定的纳税义务发生时间，以当期销售额和5%的征收率计算当期应纳税额，抵减已预缴税款后，向主管国税机关申报纳税。未抵减完的预缴税款可以结转下期继续抵减。 第二十三条 小规模纳税人销售自行开发的房地产项目，自行开具增值税普通发票。购买方需要增值税专用发票的，小规模纳税人向主管国税机关申请代开。 第二十八条 房地产开发企业销售自行开发的房地产项目，未按本办法规定预缴或缴纳税款的，由主管国税机关按照《中华人民共和国税收征收管理法》及相关规定进行处理。	第二十一条 小规模纳税人应在取得预收款的次月纳税申报期或主管税务机关核定的纳税期限向主管税务机关预缴税款。 第二十二条 小规模纳税人销售自行开发的房地产项目，应按照《试点实施办法》第四十五条规定的纳税义务发生时间，以当期销售额和5%的征收率计算当期应纳税额，抵减已预缴税款后，向主管税务机关申报纳税。未抵减完的预缴税款可以结转下期继续抵减。 第二十三条 小规模纳税人销售自行开发的房地产项目，自行开具增值税普通发票。购买方需要增值税专用发票的，小规模纳税人向主管税务机关申请代开。 第二十八条 房地产开发企业销售自行开发的房地产项目，未按本办法规定预缴或缴纳税款的，由主管税务机关按照《中华人民共和国税收征收管理法》及相关规定进行处理。
162	国家税务总局关于修订《重大税收违法案件信息公布办法（试行）》的公告	2016.04.16	国家税务总局公告2016年第24号	第十六条 本办法所称税务机关，是指国家税务总局，省以下国家税务局、地方税务局。	第十六条 本办法所称税务机关，是指国家税务总局和省以下税务局。
163	国家税务总局关于全面推开营业税改征增值税试点有关税收征收管理事项的公告	2016.04.19	国家税务总局公告2016年第23号	三、发票使用 （三）增值税普通发票（卷式）启用前，纳税人可通过新系统使用国税机关发放的现有卷式发票。	删除

续表

序号	标题	发文日期	文号	需要修改的条款	修改后的条款
163	国家税务总局关于全面推开营业税改征增值税试点有关税收征收管理事项的公告	2016.04.19	国家税务总局公告2016年第23号	三、发票使用 （四）门票、过路（过桥）费发票、定额发票、客运发票继续使用。 （五）采取汇总缴地市级机构统一领取增值税电子普通发票，增值税省县及以下分支机构可以使用地市级机构统一领取的增值税专用发票、增值税普通发票。 三、发票使用 （六）国税机关、地税机关使用新系统代开增值税专用发票和增值税普通发票，代开增值税专用发票使用五联票。 三、发票使用 （七）自2016年5月1日起，地税机关不再向试点纳税人发放发票。试点纳税人已领取地税机关印制的发票以及印有本单位名称的发票，可继续使用至2016年6月30日，特殊情况经省国税局确定，可适当延长使用期限，最迟不超过2016年8月31日。 纳税人在地税机关已申报营业税未开具发票，2016年5月1日以后需要补开发票的，可于2016年12月31日前开具增值税普通发票（税务总局另有规定的除外）。 四、增值税发票开具 （八）国税机关为跨县（市、区）提供不动产经营租赁服务、建筑服务的小规模纳税人（不包括其他个人），代开增值税普通发票时，在发票备注栏中自动打印"YD"字样。	三、发票使用 （三）门票、过路（过桥）费发票、定额发票、客运发票和二手车销售统一发票继续使用。 （四）采取汇总缴纳的金融机构，省、自治区所辖地市以下分支机构可以使用总机构统一领取的增值税专用发票、增值税普通发票、增值税电子普通发票；直辖市、计划单列市以下分支机构可以使用直辖市、计划单列市国税机构统一领取的增值税专用发票、增值税普通发票、增值税电子普通发票。 三、发票使用 （五）税务机关使用新系统代开增值税专用发票和增值税普通发票，代开增值税专用发票使用五联票。 删除 四、增值税发票开具 （八）税务机关为跨县（市、区）提供不动产经营租赁服务、建筑服务的小规模纳税人（不包括其他个人），代开增值税普通发票时，在发票备注栏中自动打印"YD"字样。

续表

序号	标题	发文日期	文号	需要修改的条款	修改后的条款
163	国家税务总局关于全面推开营业税改征增值税试点有关税收征收管理事项的公告	2016.04.19	国家税务总局公告2016年第23号	六、其他纳税事项 （一）原以地市一级机构汇总缴纳营业税的金融机构，营改增后继续以地市一级机构汇总缴纳增值税。 同一省（自治区、直辖市、计划单列市）范围内的金融机构，经省（自治区、直辖市、计划单列市）国家税务局和财政厅（局）批准，可以由总机构汇总向总机构所在地的主管国税机关申报缴纳增值税。	六、其他纳税事项 （一）原以地市一级机构汇总缴纳营业税的金融机构，营改增后继续以地市一级机构汇总缴纳增值税。 同一省（自治区、直辖市、计划单列市）范围内的金融机构，经省（自治区、直辖市、计划单列市）税务局和财政厅（局）批准，可以由总机构汇总向总机构所在地的主管税务机关申报缴纳增值税。
164	国家税务总局关于明确营改增试点若干征管问题的公告	2016.04.26	国家税务总局公告2016年第26号	一、餐饮行业增值税一般纳税人购进农业生产者自产农产品，可以使用国税机关监制的农产品收购发票，按照现行规定计算抵扣进项税额。 四、营改增后，门票、过路（过桥）费发票属于手工保留的票种，自2016年5月1日起，由国税机关监制管理。原地税机关监制的上述两类发票，可以延用至2016年6月30日。	一、餐饮行业增值税一般纳税人购进农业生产者自产农产品，可以使用税务机关监制的农产品收购发票，按照现行规定计算抵扣进项税额。 四、营改增后，门票、过路（过桥）费发票属于手工保留的票种，由税务机关监制管理。
165	国家税务总局关于发布《营业税改征增值税跨境应税行为增值税免税管理办法（试行）》的公告	2016.05.06	国家税务总局公告2016年第29号	第八条 纳税人发生免征增值税跨境应税行为，除提供第二条第（二十）项所列服务外，应在各省、自治区、直辖市和计划单列市国家税务局规定的申报征期后的其他期限内，到主管税务机关办理跨境应税行为免税备案手续，同时提交以下备案材料： 第九条 纳税人发生本办法第二条第（二十）项所列应税行为的，应在各省、自治区、直辖市和计划单列市国家税务局规定的申报征期后的其他期限内，到主管税务机关办理免税备案手续，同时提交以下备案材料： 附件2《放弃适用增值税零税率声明》中"国家税务局"的内容	第八条 纳税人发生免征增值税跨境应税行为，除提供第二条第（二十）项所列服务外，应在各省、自治区、直辖市和计划单列市税务局规定的申报征期后的其他期限内，到主管税务机关办理跨境应税行为免税备案手续，同时提交以下备案材料： 第九条 纳税人发生本办法第二条第（二十）项所列应税行为的，应在各省、自治区、直辖市和计划单列市税务局规定的申报征期后的其他期限内，到主管税务机关办理免税备案手续，同时提交以下备案材料： 修改为"税务局"

续表

序号	标题	发文日期	文号	需要修改的条款	修改后的条款
166	国家税务总局关于发布《促进残疾人就业增值税优惠政策管理办法》的公告	2016.05.27	国家税务总局公告2016年第33号	第十五条 各省、自治区、直辖市和计划单列市国家税务局、地方税务局,应定期或不定期在征管系统中对残疾人信息进行比对,发现异常的,按相关规定处理。	第十五条 各省、自治区、直辖市和计划单列市税务局,应定期或不定期在征管系统中对残疾人信息进行比对,发现异常的,按相关规定处理。
167	国家税务总局关于开具《中国税收居民身份证明》有关事项的公告	2016.06.28	国家税务总局公告2016年第40号	二、申请人向其主管所得税的县国家税务局、地方税务局(以下统称主管税务机关)申请开具《税收居民证明》。 附件1《中国税收居民身份证明》中"_____ 国家税务局/地方税务局 Office of SAT/Local Tax Bureau)"的内容	二、申请人向主管其所得税的县主管税务机关申请开具《税收居民证明》。 修改为"_____ (Director of _____)"
168	国家税务总局关于个人保险代理人税收征管有关问题的公告	2016.07.07	国家税务总局公告2016年第45号	三、接受税务机关委托代征税款的保险企业,向个人保险代理人支付佣金费用后,可代个人保险代理人统一向主管国税机关申请汇总代开增值税普通发票或增值税专用发票。 四、保险企业代个人保险代理人申请汇总代开增值税发票时,应向主管税务机关代开票的详细清单。 五、主管国税机关为个人保险代理人汇总代开增值税发票时,应在备注栏内注明"个人保险代理人汇总代开"字样。	三、接受税务机关委托代征税款的保险企业,向个人保险代理人支付佣金费用后,可代个人保险代理人统一向主管税务机关申请汇总代开增值税普通发票或增值税专用发票。 四、保险企业代个人保险代理人申请汇总代开增值税发票时,应向主管税务机关提供个人保险代理人的姓名、身份证号、联系方式、付款时间、付款金额、代征税款的详细清单。 五、主管税务机关为个人保险代理人汇总代开增值税发票时,应在备注栏内注明"个人保险代理人汇总代开"字样。
169	国家税务总局关于发布修订后的《出口退(免)税企业分类管理办法》的公告	2016.07.13	国家税务总局公告2016年第46号	全文及附件1《生产型出口企业生产能力情况报告》、附件2《出口退(免)税企业内部风险控制体系建设情况报告》、附件3《出口退(免)税企业管理类别评定表》中"国税机关"、"国家税务局"的内容	修改为"税务机关"、"税务局"

续表

序号	标题	发文日期	文号	需要修改的条款	修改后的条款
170	国家税务总局关于营改增试点若干征管问题的公告	2016.08.18	国家税务总局公告2016年第53号	八、《纳税人跨县（市、区）提供建筑服务增值税征收管理暂行办法》（国家税务总局公告2016年第17号发布）第七条规定调整为：纳税人跨县（市、区）提供建筑服务，在向建筑服务发生地主管国税机关预缴税款时，需填报《增值税预缴税款表》，并出示以下资料：（一）与发包方签订的建筑合同复印件（加盖纳税人公章）；（二）与分包方签订的分包合同复印件（加盖纳税人公章）；（三）从分包方取得的发票复印件（加盖纳税人公章）。	八、《纳税人跨县（市、区）提供建筑服务增值税征收管理暂行办法》（国家税务总局公告2016年第17号发布）第七条规定调整为：纳税人跨县（市、区）提供建筑服务，在向建筑服务发生地主管税务机关预缴税款时，需填报《增值税预缴税款表》，并出示以下资料：（一）与发包方签订的建筑合同复印件（加盖纳税人公章）；（二）与分包方签订的分包合同复印件（加盖纳税人公章）；（三）从分包方取得的发票复印件（加盖纳税人公章）。
171	国家税务总局外交部关于发布《外国驻华使（领）馆及其馆员在华购买货物和服务增值税退税管理办法》的公告	2016.08.31	国家税务总局外交部公告2016年第58号	全文中"北京市国家税务局"的内容	修改为"北京市税务局"
172	国家税务总局关于纳税人申请代开增值税发票办理流程的公告	2016.08.31	国家税务总局公告2016年第59号	现将纳税人代开发票（纳税人销售取得的不动产和其他个人出租不动产由地税机关代开增值税发票除外）办理流程公告如下：一、办理流程（一）在地税局委托国税服务厅代征费的办税服务厅，纳税人按照以下顺序办理：1.在国税局办税服务厅窗口（1）提交《代开增值税发票缴纳税款申报单》（见附件）；	现将纳税人代开发票（纳税人销售取得的不动产和其他个人出租不动产代开增值税发票（纳税人销售取得的不动产除外）办理流程公告如下：一、办理流程（一）在办税服务厅指定窗口

407

续表

序号	标题	发文日期	文号	需要修改的条款	修改后的条款
172	国家税务总局关于增值税纳税人申请代开增值税发票办理流程的公告	2016.08.31	国家税务总局公告2016年第59号	(1) 提交《代开增值税发票缴纳税款申报单》(见附件); (2) 自然纳税人申请代开发票,提交身份证件及复印件;其他纳税人(或税务登记证或加载统一社会信用代码的营业执照)、经办人身份证件及复印件。 2. 在同一窗口申报缴纳增值税。 3. 在同一窗口领取发票。 (二) 在国税地税合作、共建的办税服务厅,纳税人按照以下次序办理: 1. 在办税服务厅国税指定窗口: (1) 提交《代开增值税发票缴纳税款申报单》; (2) 自然纳税人申请代开发票,提交身份证件及复印件;其他纳税人(或税务登记证或加载统一社会信用代码的营业执照)、经办人身份证件及复印件。 2. 在同一窗口申报缴纳增值税。 3. 到地税指定窗口申报缴纳有关税费。 4. 到国税指定窗口凭相关纳税缴费凭证明领取发票。	1. 提交《代开增值税发票缴纳税款申报单》; 2. 自然纳税人申请代开发票,提交身份证件及复印件;其他纳税人(或税务登记证或加载统一社会信用代码的营业执照)、经办人身份证件及复印件,经办有关税费、领取发票。
173	国家税务总局关于进一步优化外贸综合服务企业出口货物退(免)税管理的公告	2016.09.19	国家税务总局公告2016年第61号	全文中"国税机关"、"国家税务"的内容	修改为"税务机关"、"税务局"
174	国家税务总局关于完善预约定价安排管理有关事项的公告	2016.10.11	国家税务总局公告2016年第64号	十、(四)国家税务局和地方税务局与企业共同签署的预约定价安排,在执行期间,企业应当分别向国家税务局和地方税务局报送年度报告和实质性变化报告。国家税务局和地方税务局应当对企业执行预约定价安排的情况,实施联合监控。	删除

续表

序号	标题	发文日期	文号	需要修改的条款	修改后的条款
174	国家税务总局关于完善预约定价安排有关事项的公告	2016.10.11	国家税务总局公告2016年第64号	十七、预约定价安排同时涉及两个或者两个以上省、自治区、直辖市和计划单列市地方税务机关，或者同时涉及国家税务总局和地方税务机关的，由国家税务总局统一组织协调。 十八、单边预约定价安排涉及一个省、自治区、直辖市和计划单列市内两个或者两个地方税务机关的，由省、自治区、直辖市和计划单列市主管税务机关相应组织协调。 附件4《单边预约定价安排（参照文本）》 第九条 争议的解决 如双方就本预约定价安排的实施和解释发生歧义，应先协商解决。经协商不能解决的，双方均可向上一级税务机关申请协调；预约定价安排同时涉及两个或两个以上国家税务总局和省、自治区、直辖市和计划单列市地方税务机关的，或者同时涉及国家税务总局可向国家税务总局申请协调。如果企业不能接受协调调整结果，可以考虑修订或者终止本预约定价安排。	十七、预约定价安排同时涉及两个或者两个以上省、自治区、直辖市和计划单列市税务局的，由国家税务总局统一组织协调。 十八、单边预约定价安排涉及一个省、自治区、直辖市和计划单列市内两个或者两个地方税务机关，由省、自治区、直辖市和计划单列市税务局相应组织协调。 附件4《单边预约定价安排（参照文本）》 第九条 争议的解决 如双方就本预约定价安排的实施和解释发生歧义，应先协商解决。经协商不能解决的，双方均可向上一级税务机关申请协调；预约定价安排同时涉及两个或两个以上国家税务总局和省、自治区、直辖市和计划单列市税务局的，双方均可向国家税务总局申请协调。如果企业不能接受协调调整结果，可以考虑修订或者终止本预约定价安排。
175	国家税务总局关于在境外提供建筑服务等有关问题的公告	2016.11.04	国家税务总局公告2016年第69号	十、全面开展住宿业小规模纳税人自行开具增值税专用发票试点。月销售额超过3万元（或季销售额超过9万元）的住宿业小规模纳税人提供住宿服务，销售货物或者发生其他增值税应税行为，需要开具增值税专用发票的，可以通过增值税发票管理新系统自行开具，主管税务机关不再为其代开。 住宿业小规模纳税人销售其取得的不动产，需要开具增值税专用发票的，仍须向地税机关申请代开。	十、全面开展住宿业小规模纳税人自行开具增值税专用发票试点。月销售额超过3万元（或季销售额超过9万元）的住宿业小规模纳税人提供住宿服务，销售货物或者发生其他增值税应税行为，需要开具增值税专用发票的，可以通过增值税发票管理新系统自行开具，主管税务机关不再为其代开。 住宿业小规模纳税人销售其取得的不动产，需要开具增值税专用发票的，仍须向税务机关申请代开。
176	国家税务总局关于发布《印花税管理规程（试行）》的公告	2016.11.29	国家税务总局公告2016年第77号	第九条 一份凭证应纳税额超过500元的，纳税人可以采取将税收缴款书、完税证明其中一联粘贴在凭证上或加注完税标记代替贴花。	第九条 一份凭证应纳税额超过500元的，纳税人可以采取将税收缴款书、完税证明其中一联由税务机关在凭证上或加注完税标记代替贴花。

409

续表

序号	标题	发文日期	文号	需要修改的条款	修改后的条款
177	国家税务总局关于发布《税务行政处罚裁量权行使规则》的公告	2016.11.30	国家税务总局公告2016年第78号	第九条 省国税局、地税局应当联合制定本地区统一适用的税务行政处罚裁量基准。第二十五条 国税机关、地税机关应当强化执法协作，健全信息交换和执法合作机制，保证同一地区对基本相同的税收违法行为的行政处罚一致。	第九条 省税务机关应当制定本地区统一适用的税务行政处罚裁量基准。删除
178	国家税务总局 国土资源部关于落实资源税改革优惠政策若干事项的公告	2017.01.24	国家税务总局 国土资源部公告2017年第2号	十三、各省、自治区、直辖市地方税务局会同省国土资源部门根据本公告制定具体实施办法。	十三、各省、自治区、直辖市税务局会同省国土资源部门根据本公告制定具体实施办法。
179	国家税务总局关于开展货物运输业增值税小规模纳税人自开增值税专用发票试点工作有关事项的公告	2017.02.22	国家税务总局公告2017年第4号	一、试点内容（一）全国范围内月销售额超过3万元（或季销售额超过9万元）的鉴证咨询业增值税小规模纳税人（以下简称"试点纳税人"）提供认证服务、鉴证服务、咨询服务，销售货物或发生其他增值税应税行为，需要开具增值税专用发票的，可以通过增值税发票管理新系统自行开具。试点纳税人销售其取得的不动产，需要开具增值税专用发票的，仍须向地税机关申请代开。	一、试点内容（一）全国范围内月销售额超过3万元（或季销售额超过9万元）的鉴证咨询业增值税小规模纳税人（以下简称"试点纳税人"）提供认证服务、鉴证服务、咨询服务，销售货物或发生其他增值税应税行为，需要开具增值税专用发票的，可以通过增值税发票管理新系统自行开具。试点纳税人销售其取得的不动产，需要开具增值税专用发票的，仍须向税务机关申请代开。
180	国家税务总局关于发布《研发机构采购国产设备增值税退税管理办法》的公告	2017.03.14	国家税务总局公告2017年第5号	全文中"主管国税机关"、"国家税务局"的内容	修改为"主管税务机关"、"税局"

续表

序号	标题	发文日期	文号	需要修改的条款	修改后的条款
181	国家税务总局关于使用印有本单位名称的增值税普通发票（卷票）有关问题的公告	2017.04.14	国家税务总局公告2017年第9号	一、纳税人可按照《中华人民共和国发票管理办法》及其实施细则要求，书面向国税机关要求使用印有本单位名称的增值税普通发票（卷票），国税机关按规定确认印有该单位名称的增值税普通发票（卷票）的种类和数量。三、印有本单位名称的增值税普通发票（卷票）发票代码及号码按照《国家税务总局关于启用印有增值税普通发票（卷票）有关事项的公告》（国家税务总局公告2016年第82号）规定的编码规则编制。发票代码的第8—10位代表批次，由省国税机关在501—999范围内统一编制。	一、纳税人可按照《中华人民共和国发票管理办法》及其实施细则要求，书面向税务机关要求使用印有本单位名称的增值税普通发票（卷票）。纳税人通过增值税发票管理新系统开具印有本单位名称的增值税普通发票（卷票）的种类和数量。三、印有本单位名称的增值税普通发票（卷票）发票代码及号码按照《国家税务总局关于启用印有增值税普通发票（卷票）有关事项的公告》（国家税务总局公告2016年第82号）规定的编码规则编制。发票代码的第8—10位代表批次，由省税务机关在501—999范围内统一编制。
182	国家税务总局关于进一步明确营改增有关征管问题的公告	2017.04.20	国家税务总局公告2017年第11号	八、实行实名办税的地区，已由税务机关实现场采集法定代表人（业主、负责人）实名信息的纳税人，申请增值税专用发票最高开票限额不超过十万元的，有条件的主管国税机关即时办结，即时办结的，主管国税机关即时办结，直接出具和送达《准予税务行政许可决定书》，不再出具《税务行政许可受理通知书》。九、自2017年6月1日起，将建筑业增值税小规模纳税人（以下称"建筑业自开票纳税人"）自行开具增值税专用发票试点范围，扩大到销售额超过3万元（或季销售额9万元）的建筑业自开票增值税小规模纳税人。自开票纳税人发生其他增值税应税行为，需要开具增值税专用发票的，应当向主管国税机关申请代开。自开具专用发票的，仍向原地税机关申请代开。自开具增值税专用发票当期的纳税申报期时，应当在《增值税纳税申报表》（小规模纳税人适用）第2栏和第5栏"税务机关代开的增值税专用发票不含税销售额"相应栏次中。	八、实行实名办税的地区，已由税务机关实现场采集法定代表人（业主、负责人）实名信息的纳税人，申请增值税专用发票最高开票限额不超过十万元的，有条件的主管税务机关即时办结，即时办结的。主管税务机关即时办结的，直接出具和送达《准予税务行政许可决定书》，不再出具《税务行政许可受理通知书》。九、自2017年6月1日起，将建筑业增值税小规模纳税人（或季销售额超过9万元）（以下称"自开票纳税人"）提供建筑服务、销售货物或发生其他增值税应税行为，通过增值税发票管理新系统自行开具。自开票纳税人销售其取得的不动产，需要开具增值税专用发票的，应当按照有关规定向不动产所在地税务机关申请代开。自开票纳税人所开具的增值税专用发票应缴纳的税款，在填写增值税纳税申报表时，应当在《增值税纳税申报表》（小规模纳税人适用）第2栏和第5栏"税务机关代开的增值税专用发票不含税销售额"的"本期数"相应栏次中。

411

续表

序号	标题	发文日期	文号	需要修改的条款	修改后的条款
182	国家税务总局关于进一步明确营改增有关征管问题的公告	2017.04.20	国家税务总局公告2017年第11号	十、自2017年7月1日起,增值税一般纳税人取得的2017年7月1日及以后开具的增值税专用发票和机动车销售统一发票,应自开具之日起360日内认证或登录增值税发票选择确认平台进行确认,并在规定的纳税申报期内,向主管国税机关申报抵扣进项税额。增值税一般纳税人取得的2017年7月1日及以后开具的海关进口增值税专用缴款书,应自开具之日起360日内向主管国税机关报送《海关完税凭证抵扣清单》,申请稽核比对。纳税人取得的2017年6月30日前开具的增值税扣税凭证,仍按《国家税务总局关于问题的通知》(国税函〔2009〕617号)执行。	十、自2017年7月1日起,增值税一般纳税人取得的2017年7月1日及以后开具的增值税专用发票和机动车销售统一发票,应自开具之日起360日内认证或登录增值税发票选择确认平台进行确认,并在规定的纳税申报期内,向主管税务机关申报抵扣进项税额。增值税一般纳税人取得的2017年7月1日及以后开具的海关进口增值税专用缴款书,应自开具之日起360日内向主管税务机关报送《海关完税凭证抵扣清单》,申请稽核比对。纳税人取得的2017年6月30日前开具的增值税扣税凭证,仍按《国家税务总局关于问题的通知》(国税函〔2009〕617号)执行。
183	国家税务总局关于简化税务行政许可事项办理程序的公告	2017.05.23	国家税务总局公告2017年第21号	附件1《税务行政许可文书样式》中文书字轨"(国、地)税"的内容	修改为"( )税"
				附件2《税务行政许可文书样式》中文落款"国家税务局、地方税务局"的内容	修改为"税务局"
184	国家税务总局关于跨境税收备案等增值税问题的公告	2017.08.14	国家税务总局公告2017年第30号	附件2《税务行政许可项目分项目实施机关》第2项"实施机关"栏次的"省(自治区、直辖市)、计划单列市国家税务局、地方税务局"的内容	修改为"省(自治区、直辖市)、计划单列市税务局"
				三、其他个人委托房屋中介、住房租赁企业等单位出租不动产,需要向承租方开具增值税发票的,可以由受托单位代其向主管税务机关申请代开增值税发票。	三、其他个人委托房屋中介、住房租赁企业等单位出租不动产,需要向承租方开具增值税发票的,可以由受托单位代其向主管税务机关代开增值税发票。
185	国家税务总局关于发布《税务师事务所行政登记规程(试行)》的公告	2017.08.04	国家税务总局公告2017年第31号	附件1《税务师事务所行政登记证书(式样)》中"××省国家税务局(印章)、××省地方税务局(印章)"的内容	修改为"××省税务局(印章)"

续表

序号	标题	发文日期	文号	需要修改的条款	修改后的条款
186	国家税务总局关于调整完善外贸综合服务企业办理出口货物退（免）税有关事项的公告	2017.09.13	国家税务总局公告 2017 年第 35 号	九、"各省（区、市）国家税务局可根据本省实际情况规定综服企业其他应履行代办退税风险管控职责，并对本条第（三）、（四）项规定需实地核查覆盖率进行调整。"二十一、本公告未尽事宜，按照现行出口退（免）税和增值税相关规定执行。各省（区、市）国家税务局可以根据本公告规定，结合本地实际，制定具体操作办法。	九、"各省（区、市）税务局可根据本省实际情况规定综服企业其他应履行代办退税内部风险管控职责，并对本条第（三）、（四）项税务核查覆盖率进行调整。"办代退税需实地核查覆盖率的生产企业内部税务核查覆盖率，并对本条第（三）、（四）项企业核查覆盖率进行调整。"二十一、本公告未尽事宜，按照现行出口退（免）税和增值税相关规定执行。各省（区、市）税务局可以根据本公告规定，结合本地实际，制定具体操作办法。
187	国家税务总局关于进一步优化消费税增值税涉税事项办理程序的公告	2017.10.13	国家税务总局公告 2017 年第 36 号	一、自 2018 年 1 月 1 日起，逾期增值税扣税凭证继续抵扣事项由省国税局核准。允许继续抵扣的客观原因类型及报送资料等要求，按照修改后的《国家税务总局关于逾期增值税扣税凭证抵扣问题的公告》（国家税务总局公告 2011 年第 50 号附件《逾期增值税扣税凭证继续抵扣管理办法》（以下简称《管理办法》）相关规定执行。各省国家税务局应在修改后的国家税务总局公告 2011 年第 50 号相关规定基础上，按照"放管服"改革、优化税收环境的要求，以方便纳税人、利于税收管理为原则，进一步细化流程、明确时限、简化资料、改进服务。三、对《国家税务总局关于逾期增值税扣税凭证抵扣问题的公告》（国家税务总局公告 2011 年第 50 号）作如下修改：（一）第一条第二款修改为："增值税一般纳税人发生真实交易但由于客观原因造成增值税专用发票（包括增值税专用发票和机动车销售统一发票）未能按照规定期限办理认证、确认或者稽核比对的，经主管税务机关审核，逐级上报，由省国税局认证并稽核比对，对比对相符的增值税扣税凭证，允许纳税人继续抵扣其进项税额"。	一、自 2018 年 1 月 1 日起，逾期增值税扣税凭证继续抵扣事项由省税务局核准。允许继续抵扣的客观原因类型及报送资料等要求，按照修改后的《国家税务总局关于逾期增值税扣税凭证抵扣问题的公告》（国家税务总局公告 2011 年第 50 号附件《逾期增值税扣税凭证继续抵扣管理办法》（以下简称《管理办法》）相关规定执行。各省税务局应在修改后的国家税务总局公告 2011 年第 50 号相关规定基础上，按照"放管服"改革、优化税收环境的要求，以方便纳税人、利于税收管理为原则，进一步细化流程、明确时限、简化资料、改进服务。三、对《国家税务总局关于逾期增值税扣税凭证抵扣问题的公告》（国家税务总局公告 2011 年第 50 号）作如下修改：（一）第一条第二款修改为："增值税一般纳税人发生真实交易但由于客观原因造成增值税专用发票（包括增值税专用发票和机动车销售统一发票）未能按照规定期限办理认证、确认或者稽核比对的，经主管税务机关审核，逐级上报，由省税务局认证并稽核比对，对比对相符的增值税扣税凭证，允许纳税人继续抵扣其进项税额"。

续表

序号	标题	发文日期	文号	需要修改的条款	修改后的条款
187	国家税务总局关于进一步简化税费有关涉税事项办理程序的公告	2017.10.13	国家税务总局公告2017年第36号	（三）将《管理办法》第四条第二款改为："主管税务机关实无误后，应向上级税务机关上报，并将增值税扣税凭证逾期情况说明、第三方证明或电子信息、逾期增值税扣税凭证复印件逐级上报至省国税局"。（四）将《管理办法》第五条修改为："省国税局对上报的资料进行案头复核，并对逾期增值税扣税凭证信息进行认证，稽核比对结果相符的，稽核比对结果相符合条件，允许纳税人继续抵扣逾期增值税扣税凭证上所注明或计算的税额"。	（三）将《管理办法》第四条第二款修改为："主管税务机关实无误后，应通过税务机关向上级税务机关上报，并将增值税扣税凭证逾期情况说明、第三方证明或上报电子信息、逾期增值税扣税凭证复印件逐级上报至省级税务局"。（四）将《管理办法》第五条修改为："省税务局对上报的资料进行案头复核，对资料符合条件，并对逾期增值税扣税凭证信息进行认证，稽核比对结果相符的，允许纳税人继续抵扣逾期增值税扣税凭证上所注明或计算的税额"。
188	国家税务总局关于非居民企业所得税源泉扣缴有关问题的公告	2017.10.17	国家税务总局公告2017年第37号	十六、扣缴义务人所在地主管税务机关为扣缴义务人所得税主管税务机关。对企业所得税法实施条例第七条规定的不同所得，所得发生地主管税务机关按以下原则确定：（一）不动产转让所得，为不动产所在地国税机关。附件《非居民企业税务事项联络函》中"国家（地方）税务局"的内容	十六、扣缴义务人所在地主管税务机关为扣缴义务人所得税主管税务机关。对企业所得税法实施条例第七条规定的不同所得，所得发生地主管税务机关按以下原则确定：（一）不动产转让所得，为不动产所在地税务机关。修改为"税务局"
189	国家税务总局关于简化建筑服务增值税简易计税方法备案事项的公告	2017.11.26	国家税务总局公告2017年第43号	二、纳税人应在按简易计税方法首次办理纳税申报前，向机构所在地主管国税机关办理备案手续，并提交以下资料：（一）为建筑工程老项目提供的建筑服务，办理备案手续时应提交《建筑工程施工许可证》（复印件）或建筑工程承包合同（复印件）；（二）为甲供工程提供的建筑服务，办理备案手续时应提交建筑工程承包合同（复印件）。四、纳税人跨县（市）提供建筑服务向机构所在地主管国税机关，应按上述规定计税的，备案，建筑服务发生地主管国税机关无需备案。	二、纳税人应在按简易计税方法首次办理纳税申报前，向机构所在地主管税务机关办理备案手续，并提交以下资料：（一）为建筑工程老项目提供的建筑服务，办理备案手续时应提交《建筑工程施工许可证》（复印件）或建筑工程承包合同（复印件）；（二）为甲供工程提供的建筑服务，办理备案手续时应提交建筑工程承包合同（复印件）。四、纳税人跨县（市）提供建筑服务选择适用简易计税方法计税的，应向机构所在地主管税务机关备案，建筑服务发生地主管税务机关无需备案。

续表

序号	标题	发文日期	文号	需要修改的条款	修改后的条款
190	国家税务总局关于增值税普通发票管理若干事项的公告	2017.12.05	国家税务总局公告2017年第44号	二、印有本单位名称的增值税普通发票(折叠票) (一)纳税人可按照《中华人民共和国发票管理办法》及其实施细则规定,书面向国税机关要求使用印有本单位名称的增值税普通发票(折叠票)。纳税人通过国税机关发票管理新系统开具印有本单位名称的增值税普通发票(折叠票)。 (三)印有本单位名称的增值税普通发票(折叠票)的发票代码按照本公告第一条规定的编码规则编制。发票代码的第8-10位代表批次,由省国税机关在501-999范围内统一编制。	二、印有本单位名称的增值税普通发票(折叠票) (一)纳税人可按照《中华人民共和国发票管理办法》及其实施细则规定,书面向税务机关要求使用印有本单位名称的增值税普通发票(折叠票)。纳税人通过税务机关发票管理新系统开具印有本单位名称的增值税普通发票(折叠票)。 (三)印有本单位名称的增值税普通发票(折叠票)的发票代码按照本公告第一条规定的编码规则编制。发票代码的第8-10位代表批次,由省税务机关在501-999范围内统一编制。
191	国家税务总局关于增值税发票管理若干事项的公告	2017.12.18	国家税务总局公告2017年第45号	二、扩大增值税小规模纳税人自行开具增值税专用发票试点范围 试点纳税人销售其取得的不动产,需要开具增值税专用发票的,应当按照有关规定向地税机关申请代开。	二、扩大增值税小规模纳税人自行开具增值税专用发票试点范围 试点纳税人销售其取得的不动产,需要开具增值税专用发票的,应按照有关规定向税务机关申请代开。
192	国家税务总局关于发布《货物运输业小规模纳税人申请代开增值税专用发票管理办法》的公告	2017.12.29	国家税务总局公告2017年第55号	第三条 纳税人在境内提供公路或内河货物运输服务,需要开具增值税专用发票的,可在税务登记地、货物起运地、货物到达地或运输业务承揽地(含互联网物流平台所在地)中任何一地,就近向国税机关(以下称代开单位)申请代开增值税专用发票。 第十五条 各省、自治区、直辖市和计划单列市国家税务局可根据本办法制定具体实施办法。 附件《货物运输业代开增值税专用发票缴纳税款申报单》中"_____国税局"的内容	第三条 纳税人在境内提供公路或内河货物运输服务,需要开具增值税专用发票的,可在税务登记地、货物起运地、货物到达地或运输业务承揽地(含互联网物流平台所在地)中任何一地,就近向税务机关(以下称代开单位)申请代开增值税专用发票。 第十五条 各省、自治区、直辖市和计划单列市税务局可根据本办法制定具体实施办法。 修改为"_____税务机关"

"国税局"、"国税机关"修改为"税务局"、"税务机关"

续表

序号	标题	发文日期	文号	需要修改的条款	修改后的条款
193	国家税务总局关于发布《办税事项"最多跑一次"清单》的公告	2018.02.23	国家税务总局公告2018年第12号	二、对《清单》所列办税事项，各地税务机关和地税机关应全面实现"最多跑一次"。各省国税机关和地税机关可通过推行网上办税、邮寄配送、上门办税等多种方式，在税务总局《清单》的基础上增列"最多跑一次"办税事项，地国税局、地税局的办税事项"最多跑一次"清单并向社会公告实施。	二、对《清单》所列办税事项，各地税务机关应全面实现"最多跑一次"。各省税务机关可通过推行网上办税、邮寄配送、上门办税等多种方式，在税务总局《清单》的基础上增列"最多跑一次"办税事项，形成本省税务局的办税事项"最多跑一次"清单并向社会公告实施。
				附件《办税事项"最多跑一次"清单》中的"受理税务机关"	删除"受理税务机关"列次。
				附件《办税事项"最多跑一次"清单》中的"代开增值税发票（国税）"和"代开增值税发票（地税）"	修改为"代开增值税发票"
				附件《办税事项"最多跑一次"清单》中的"企业所得税优惠备案"	删除"企业所得税优惠备案"列次

国家税务总局关于公布全文失效废止
和部分条款失效废止的税收规范性
文件目录的公告

2018年6月15日　国家税务总局公告2018年第33号

根据《第十三届全国人民代表大会第一次会议关于国务院机构改革方案的决定》、《全国人民代表大会常务委员会关于国务院机构改革涉及法律规定的行政机关职责调整问题的决定》、《国务院关于国务院机构改革涉及行政法规规定的行政机关职责调整问题的决定》（国发〔2018〕17号）以及《税收规范性文件制定管理办法》（国家税务总局令第41号公布）的有关规定，国家税务总局对税收规范性文件进行了清理。清理结果已经2018年6月5日国家税务总局局务会议审议通过，现将《全文失效废止的税收规范性文件目录》和《部分条款失效废止的税收规范性文件目录》予以公布。

国税机构和地税机构合并前，需要适用本公告公布失效和废止的税收规范性文件的，按照原规定执行。

特此公告。

附件：1. 全文失效废止的税收规范性文件目录
　　　2. 部分条款失效废止的税收规范性文件目录

附件1

全文失效废止的税收规范性文件目录

序号	标题	发文日期	文号
1	国家税务总局关于调整国家税务局、地方税务局税收征管范围若干具体问题的通知	1996.03.01	国税发〔1996〕37号
2	国家税务总局关于进一步明确契税纳税人有关法律责任的通知	1998.11.10	国税发〔1998〕195号
3	国家税务总局关于印发《农业税收会计制度》的通知	1998.12.14	国税发〔1998〕216号
4	国家税务总局关于加强出口货物退税专用税票电子信息管理工作的通知	2000.06.22	国税发〔2000〕117号
5	国家税务总局　国家质量技术监督局关于印发《关于停止生产销售非税控加油机和非税控计价器的通告》的通知	2000.12.22	国税发〔2000〕198号
6	国家税务总局　对外贸易经济合作部关于外（工）贸改制企业出口货物退（免）税有关问题的通知	2001.08.01	国税发〔2001〕84号
7	国家税务总局　国家质量监督检验检疫总局关于个体加油站赋码和换发税务登记证的通知	2002.06.03	国税发〔2002〕66号
8	国家税务总局关于加强纳税服务工作的通知	2003.04.09	国税发〔2003〕38号

续表

序号	标题	发文日期	文号
9	国家税务总局关于增值税专用发票和其他抵扣凭证开展审核检查的通知	2004.10.25	国税发明电〔2004〕59号
10	国家税务总局 国家质量监督检验检疫总局关于调整税控加油机、出租汽车税控计价器型式批准和制造许可证办理程序的通知	2004.05.25	国税函〔2004〕662号
11	国家税务总局关于印发《耕地占用税契税减免管理办法》的通知	2004.08.03	国税发〔2004〕99号
12	国家税务总局关于加强和规范税务机关代开普通发票工作的通知	2004.09.02	国税函〔2004〕1024号
13	国家税务总局关于取消出口货物退（免）税清算的通知	2005.12.09	国税发〔2005〕197号
14	国家税务总局关于促进注册税务师行业规范发展的若干意见	2006.04.12	国税发〔2006〕58号
15	国家税务总局关于进行公路、内河货运发票税控系统试点工作的通知	2006.06.30	国税发〔2006〕95号
16	国家税务总局关于加强货物运输企业纳税申报管理工作的通知	2006.07.10	国税发〔2006〕99号
17	国家税务总局关于非涉税中介机构从事涉税鉴证业务有关问题的批复	2006.07.13	国税函〔2006〕682号
18	国家税务总局关于进一步明确纳税人识别号有关编码规则的通知	2006.09.12	国税函〔2006〕820号
19	国家税务总局关于报送注册税务师行业年度报表有关问题的通知	2006.09.22	国税函〔2006〕875号
20	国家税务总局关于推行车辆购置税征收管理系统后会统核算和税款征收有关问题的通知	2007.01.19	国税函〔2007〕99号
21	国家税务总局关于公路内河货物运输业发票税控系统应用中有关问题的通知	2007.03.12	国税函〔2007〕315号
22	国家税务总局关于进一步加强个体工商户税务登记管理的通知	2007.05.18	国税函〔2007〕505号
23	国家税务总局关于认证稽核系统涉嫌违规公路内河货物运输业发票处理有关问题的通知	2007.06.27	国税函〔2007〕722号
24	国家税务总局关于河北省部分地区毛皮产品出口退税有关问题的通知	2008.04.10	国税函〔2008〕319号
25	国家税务总局关于四川省遭受地震灾害地区出口货物退（免）税有关问题的通知	2008.06.04	国税函〔2008〕555号
26	国家税务总局关于进一步加强国家税务局、地方税务局稽查工作协作的意见	2008.08.20	国税函〔2008〕741号
27	国家税务总局关于调整新增企业所得税征管范围问题的通知	2008.12.16	国税发〔2008〕120号
28	国家税务总局关于明确非居民企业所得税征管范围的补充通知	2009.01.23	国税函〔2009〕50号
29	国家税务总局关于进一步做好税收征管工作的通知	2009.02.26	国税发〔2009〕16号
30	国家税务总局关于加强税种征管 促进堵漏增收的若干意见	2009.04.29	国税发〔2009〕85号
31	国家税务总局关于印发《进一步加强税收征管若干具体措施》的通知	2009.07.27	国税发〔2009〕114号

续表

序号	标题	发文日期	文号
32	国家税务总局关于印发《办税服务厅管理办法（试行）》的通知	2009.08.31	国税发〔2009〕128号
33	国家税务总局关于印发《全国税务系统2010—2012年纳税服务工作规划》的通知	2009.09.10	国税发〔2009〕131号
34	国家税务总局关于注册税务师行业基础信息共享有关问题的通知	2009.12.31	国税函〔2009〕763号
35	国家税务总局关于逾期未办理的出口退（免）税可延期办理有关问题的公告	2014.04.04	国家税务总局公告2014年第20号
36	国家税务总局关于营业税改征增值税委托地税机关代征税款和代开增值税发票的公告	2016.03.31	国家税务总局公告2016年第19号
37	国家税务总局关于延长2016年出口退（免）税相关业务申报期限的公告	2016.04.07	国家税务总局公告2016年第22号

附件2

部分条款失效废止的税收规范性文件目录

序号	标题	发文日期	文号	失效废止条款
1	国家税务总局关于进一步加强土地增值税征收管理工作的通知	1996.12.10	国税发〔1996〕227号	第二条
2	国家税务总局关于贯彻《中华人民共和国税收征收管理法》及其实施细则若干具体问题的通知	2003.04.23	国税发〔2003〕47号	第一条
3	国家税务总局关于驻外使领馆工作人员离任回国进境自用车辆缴纳车辆购置税问题的补充通知	2006.02.16	国税函〔2006〕160号	第三条
4	国家税务总局关于变更税务登记证规格标准的通知	2006.05.26	国税函〔2006〕491号	各地方税务局接到本通知后，要按变更后的规格标准组织印制。国家税务局系统使用的副本套（封皮）仍由总局统一招标印制。目前，在保证2006年7月31日前新办税务登记的需要外，各地不得再加印旧版的税务登记证件。换证开始后，各地应首先将现有库存副本套（封皮）继续发放使用完，再启用新的副本套（封皮）。
				各地要向物价部门报批分项的收费标准，对新办税务登记的纳税人收取整套税务登记证件工本费，对换发税务登记证的纳税人要区分是否换领正本外框和副本套（封皮）的情况收取工本费。
5	国家税务总局关于统一使用办税服务厅标识有关问题的通知	2008.03.12	国税发〔2008〕29号	第六条
6	国家税务总局关于贯彻落实从事农、林、牧、渔项目企业所得税优惠政策有关事项的通知	2008.10.17	国税函〔2008〕850号	第三条

续表

序号	标题	发文日期	文号	失效废止条款
7	国家税务总局关于印发《特别纳税调整实施办法(试行)》的通知	2009.01.08	国税发〔2009〕2号	第一百一十一条
8	国家税务总局办公厅关于税务登记中企业登记注册类型有关问题的通知	2009.04.20	国税办函〔2009〕198号	同时,请各地地方税务局相应修订综合征管信息系统。
9	国家税务总局关于进一步完善税务登记管理有关问题的公告	2011.03.21	国家税务总局公告2011年第21号	第三条
10	国家税务总局关于发布《纳税信用管理办法(试行)》的公告	2014.7.4	国家税务总局公告2014年第40号	第七条
11	国家税务总局关于发布《特别纳税调查调整及相互协商程序管理办法》的公告	2017.03.17	国家税务总局公告2017年第6号	第四十一条第二款
12	国家税务总局关于发布《涉税专业服务信用评价管理办法(试行)》的公告	2017.12.26	国家税务总局公告2017年第48号	第三条第二款
13	国家税务总局关于采集涉税专业服务基本信息和业务信息有关事项的公告	2017.12.26	国家税务总局公告2017年第49号	第三条第三款

国家税务总局关于修改部分税务部门规章的决定

2018年6月15日　国家税务总局令第44号

《国家税务总局关于修改部分税务部门规章的决定》,已经2018年6月5日国家税务总局2018年度第1次局务会议审议通过,现予公布,自公布之日起施行。

附件:1. 欠税公告办法(试行)(编者略)

2. 电力产品增值税征收管理办法(编者略)

3. 个体工商户税收定期定额征收管理办法(编者略)

4. 个体工商户建账管理暂行办法(编者略)

5. 中华人民共和国发票管理办法实施细则(编者略)

6. 卷烟消费税计税价格信息采集和核定管理办法(编者略)

7. 税收执法督察规则(编者略)

8. 网络发票管理办法(编者略)

9. 个体工商户个人所得税计税办法(编者略)

10. 税务登记管理办法(编者略)

11. 车辆购置税征收管理办法(编者略)

12. 税务行政复议规则(编者略)
13. 金银首饰消费税征收管理办法(编者略)
14. 机动出租车驾驶员个人所得税征收管理暂行办法(编者略)
15. 演出市场个人所得税征收管理暂行办法(编者略)
16. 建筑安装业个人所得税征收管理暂行办法(编者略)
17. 广告市场个人所得税征收管理暂行办法(编者略)
18. 邮寄纳税申报办法(编者略)
19. 中华人民共和国资源税代扣代缴管理办法(编者略)
20. 境外所得个人所得税征收管理暂行办法(编者略)
21. 税务违法案件公告办法(编者略)
22. 税收会计制度(编者略)
23. 增值税防伪税控系统管理办法(编者略)

国家税务总局局长:王 军
2018年6月15日

国家税务总局关于修改部分税务部门规章的决定

根据《第十三届全国人民代表大会第一次会议关于国务院机构改革方案的决定》、《全国人民代表大会常务委员会关于国务院机构改革涉及法律规定的行政机关职责调整问题的决定》、《国务院关于国务院机构改革涉及行政法规规定的行政机关职责调整问题的决定》(国发〔2018〕17号),税务部门规章规定的国税地税机关的职责和工作,调整适用相关规定,由新的税务机关承担。

经对税务部门规章进行清理,国家税务总局决定对23部税务部门规章部分条款予以修改,具体内容如下:

一、将《欠税公告办法(试行)》(国家税务总局令第9号公布)第六条第三款中"国家税务局、地方税务局"修改为"税务局";

将第十二条中"《国家公务员暂行条例》和《人事部关于国家公务员纪律惩戒有关问题的通知》"修改为"《中华人民共和国公务员法》"。

二、将《电力产品增值税征收管理办法》(国家税务总局令第10号公布)第四条第四项第1目中"省级国家税务局"修改为"省、自治区、直辖市、计划单列市税务局";

将第四条第四项第2目中"省级国家税务局"修改为"省、自治区、直辖市、计划单列市税务局";

将"附件2:发、供电企业税收检查情况通报单＿＿＿＿区(县)国家税务局"修改为"附件2:发、供电企业税收检查情况通报单＿＿＿＿区(县)税务局";

将"附件2:发、供电企业税收检查情况通报单＿＿＿＿区(县)国家税务局(公章)"修改为"附件2:发、供电企业税收检查情况通报单＿＿＿＿区(县)税务局(公章)"。

三、删去《个体工商户税收定期定额征收管理办法》（国家税务总局令第16号公布）第四条；

将第五条第二款、第六条第一款、第十四条、第十八条、第十九条中"省级税务机关"修改为"省税务机关"，并改为第四条第二款、第五条第一款、第十三条、第十七条、第十八条；

将第二十七条中"国家税务局、地方税务局"修改为"税务局"，并改为第二十六条。

四、将《个体工商户建账管理暂行办法》（国家税务总局令第17号公布）第三条第三项、第四条第三项中"省级税务机关"修改为"省税务机关"；

删去第十五条；

将第十七条修改为"依照本办法规定应当设置账簿的个体工商户违反有关法律、行政法规和本办法关于账簿设置、使用和保管规定的，由税务机关按照税收征管法的有关规定进行处理"，并改为第十六条；

将第二十条中"国家税务局、地方税务局"修改为"税务局"，并改为第十九条。

五、将《中华人民共和国发票管理办法实施细则》（国家税务总局令第25号公布，国家税务总局令第37号修改并公布）第二条第二款中"国家税务局、地方税务局（以下简称省税务机关）"修改为"税务局（以下简称省税务局）"；

将第六条第一款、第七条第一款、第九条第一款、第二十三条、第二十五条、第三十条中"省税务机关"修改为"省税务局"。

六、将《卷烟消费税计税价格信息采集和核定管理办法》（国家税务总局令第26号公布）第七条中"国家税务局"修改为"税务局"；

将第十四条第二项第3目中"国家税务局"修改为"税务局"；

将附件表2：卷烟批发企业月份销售明细汇总表填表说明中"1. 本表为月报，由省（自治区、直辖市、计划单列市）国家税务局汇总填报"修改为"1. 本表为月报，由省（自治区、直辖市、计划单列市）税务局汇总填报"；

将附件表4：卷烟生产企业年度销售明细汇总表填表说明中"1. 本表为年报，由省（自治区、直辖市、计划单列市）国家税务局汇总填报"修改为"1. 本表为年报，由省（自治区、直辖市、计划单列市）税务局汇总填报"。

七、将《税收执法督察规则》（国家税务总局令第29号公布）第五十四条中"国家税务局、地方税务局"修改为"税务局"。

八、将《网络发票管理办法》（国家税务总局令第30号公布）第三条中"国家税务局、地方税务局"修改为"税务局"。

九、将《个体工商户个人所得税计税办法》（国家税务总局令第35号公布）第四十二条中"地方税务局"修改为"税务局"。

十、将《税务登记管理办法》（国家税务总局令第7号公布，国家税务总局令第36号修改并公布）第三条中"国家税务局（分局）、地方税务局（分局）"修改为"税务局（分局）"；

将第五条修改为"县以上税务局（分局）按照国务院规定的税收征收管理范围，实施属地管理。有条件的城市，可以按照'各区分散受理、全市集中处理'的原则办理税务登记"；

删去第六条；

将第七条第一款中"国家税务局（分局）、地方税务局（分局）"修改为"税务局（分局）"，

"国家税务局、地方税务局"修改为"税务局",并改为第六条第一款;

删去第八条;

将第十二条修改为"税务机关对纳税人税务登记地点发生争议的,由其共同的上级税务机关指定管辖",并改为第十条;

将第三十七条修改为"税务机关应当加强税务登记证件的管理,采取实地调查、上门验证等方法,进行税务登记证件的管理",并改为第三十五条;

将第四十八条中"国家税务局、地方税务局"修改为"税务局",并改为第四十六条。

十一、将《车辆购置税征收管理办法》(国家税务总局令第33号公布,国家税务总局令第38号修改并公布)第二十九条中"国家税务局"修改为"税务局"。

十二、将《税务行政复议规则》(国家税务总局令第21号公布,国家税务总局令第39号修改并公布)第十三条修改为"行政复议工作人员应当具备与履行行政复议职责相适应的品行、专业知识和业务能力。

"税务机关中初次从事行政复议的人员,应当通过国家统一法律职业资格考试取得法律职业资格。"

将第十六条修改为"对各级税务局的具体行政行为不服的,向其上一级税务局申请行政复议。

"对计划单列市税务局的具体行政行为不服的,向国家税务总局申请行政复议。"

将第十七条修改为"对税务所(分局)、各级税务局的稽查局的具体行政行为不服的,向其所属税务局申请行政复议。"

将第十九条修改为"对下列税务机关的具体行政行为不服的,按照下列规定申请行政复议:

"(一)对两个以上税务机关以共同的名义作出的具体行政行为不服的,向共同上一级税务机关申请行政复议;对税务机关与其他行政机关以共同的名义作出的具体行政行为不服的,向其共同上一级行政机关申请行政复议。

"(二)对被撤销的税务机关在撤销以前所作出的具体行政行为不服的,向继续行使其职权的税务机关的上一级税务机关申请行政复议。

"(三)对税务机关作出逾期不缴纳罚款加处罚款的决定不服的,向作出行政处罚决定的税务机关申请行政复议。但是对已处罚款和加处罚款都不服的,一并向作出行政处罚决定的税务机关的上一级税务机关申请行政复议。

"申请人向具体行政行为发生地的县级地方人民政府提交行政复议申请的,由接受申请的县级地方人民政府依照行政复议法第十五条、第十八条的规定予以转送。"

将第二十条第一款修改为"合伙企业申请行政复议的,应当以核准登记的企业为申请人,由执行合伙事务的合伙人代表该企业参加行政复议;其他合伙组织申请行政复议的,由合伙人共同申请行政复议。"

十三、将《金银首饰消费税征收管理办法》(国税发〔1994〕267号)第四条第二款中"国家税务局"修改为"税务局",并改为第三条。

十四、将《机动出租车驾驶员个人所得税征收管理暂行办法》(国税发〔1995〕050号)第十二条中"国家税务局、地方税务局"修改为"税务局"。

十五、将《演出市场个人所得税征收管理暂行办法》(国税发〔1995〕171号)第三条第二款中"地方税务机关"修改为"税务局";

将第十九条中"地方税务局"修改为"税务局",并改为第十八条;

将第二十条中"文化部"修改为"文化和旅游部",并改为第十九条。

十六、将《建筑安装业个人所得税征收管理暂行办法》(国税发〔1996〕127号)第十七条中"地方税务局"修改为"税务局",并改为第十五条;

将第十八条中"地方税务局"修改为"税务局",并改为第十六条。

十七、将《广告市场个人所得税征收管理暂行办法》(国税发〔1996〕148号)第十四条中"地方税务局"修改为"税务局",并改为第十一条。

十八、将《邮寄纳税申报办法》(国税发〔1997〕147号)第一段中的"邮电部"修改为"国家邮政局";

将第四条中"邮电管理局"修改为"邮政管理局";

将第五条中"邮电部门"修改为"邮政部门";

将第六条中"邮电管理局"修改为"邮政管理局","国家税务局、地方税务局"修改为"税务局","邮电部"修改为"国家邮政局";

将第七条中"邮电部"修改为"国家邮政局","国家税务局、地方税务局"修改为"税务局","邮电管理局"修改为"邮政管理局"。

十九、将《中华人民共和国资源税代扣代缴管理办法》(国税发〔1998〕49号)第六条第四款中"地方税务局"修改为"税务局";

将十九条中"地方税务局"修改为"税务局";

将"资源税管理甲种证明(×××地方税务局 资税证字NO.)"修改为"资源税管理甲种证明(×××税务局 资税证字NO.)";

将"资源税管理乙种证明(×××地方税务局 资税证字NO.)"修改为"资源税管理乙种证明(×××税务局 资税证字NO.)"。

二十、将《境外所得个人所得税征收管理暂行办法》(国税发〔1998〕126号)第二十条中"地方税务局"修改为"税务局",并改为第十六条。

二十一、将《税务违法案件公告办法》(国税发〔1998〕156号)第六条中"国家税务局、地方税务局"修改为"税务局"。

二十二、将《税收会计制度》(国税发〔1998〕186号)第三十三条中"国家税务局和地方税务局"修改为"税务局"。

二十三、将《增值税防伪税控系统管理办法》(国税发〔1999〕221号)"附件一:增值税防伪税控系统使用通知书＿＿＿＿＿国家税务局"修改为"附件一:增值税防伪税控系统使用通知书＿＿＿＿＿税务局";

将"附件八:认证结果通知书＿＿＿＿＿国家税务局(盖章)"修改为"附件七:认证结果通知书＿＿＿＿＿税务局(盖章)"。

以上被修改的规章根据本决定重新公布,相关规章中的条文顺序作相应调整。

本决定自公布之日起施行。国税机构和地税机构合并前,需要适用本决定修改的规章的,按照修改前的规定执行。

国家税务总局关于修改《纳税人存款账户账号报告表》式样的公告

2018年6月26日　国家税务总局公告2018年第35号

为适应税务机构改革需要,国家税务总局对《纳税人存款账户账号报告表》进行了修改,现公告如下:

一、从事生产、经营的纳税人依法向主管税务机关报告其银行账号时,使用修改后的《纳税人存款账户账号报告表》(见附件)。

二、本公告自2018年7月5日起施行。国税机构和地税机构合并前,仍按照《国家税务总局关于印发全国统一税收执法文书式样的通知》(国税发〔2005〕179号)的规定执行。

特此公告。

附件:纳税人存款账户账号报告表(编者略)

国家税务总局关于修订个体工商户定额信息采集相关文书的公告

2018年6月26日　国家税务总局公告2018年第36号

为适应税务机构改革需要,国家税务总局对个体工商户定额信息采集相关文书进行了修订,现公告如下:

一、对实行定期定额征收方式的商业、工业生产及来料加工业、修理修配业的个体工商户,税务机关在采集纳税人信息时应分别使用修订后的《个体工商户定额信息采集表(商业)》、《个体工商户定额信息采集表(工业生产及来料加工业)》、《个体工商户定额信息采集表(修理修配业)》(见附件)。

二、本公告自2018年7月5日起施行。国税机构和地税机构合并前,仍按照《国家税务总局关于印发个体工商户税收定期定额征收管理文书的通知》(国税函〔2006〕1199号)的规定执行。

特此公告。

附件:1. 个体工商户定额信息采集表(商业)(编者略)
　　　2. 个体工商户定额信息采集表(工业生产及来料加工业)(编者略)
　　　3. 个体工商户定额信息采集表(修理修配业)(编者略)

国家税务总局关于公布一批全文废止的税收规范性文件目录的公告

2018年9月29日　国家税务总局公告2018年第47号

根据《税收规范性文件制定管理办法》(国家税务总局令第41号公布)有关规定,国家税务总局对税收规范性文件进行了清理。现将《全文废止的税收规范性文件目录》予以公布。

特此公告。

附件:全文废止的税收规范性文件目录

附件

全文废止的税收规范性文件目录

序号	标题	发文日期	文号
1	国家税务总局关于海洋石油税务系统管理体制调整问题的通知	1994年11月3日	国税发〔1994〕238号
2	国家税务总局印发《关于进一步加强税务稽查工作的意见》的通知	1998年5月19日	国税发〔1998〕75号
3	国家税务总局关于注册税务师行业建立公告制度的通知	2006年11月2日	国税发〔2006〕161号
4	国家税务总局关于发布《税务师事务所职业风险基金管理办法》的公告	2010年9月14日	国家税务总局公告2010年第14号

国家税务总局关于废止和修改部分税收规范性文件的公告

2018年12月29日　国家税务总局公告2018年第67号

根据《国家税务总局关于取消20项税务证明事项的公告》(国家税务总局公告2018年第65号),国家税务总局决定废止和修改部分税收规范性文件,现公告如下:

一、废止《国家税务总局关于调整饲料生产企业饲料免征增值税审批程序的通知》(国税发〔2003〕114号)。

二、废止《国家税务总局关于取消饲料产品免征增值税审批程序后加强后续管理的通知》(国税函〔2004〕884号印发,国家税务总局公告2018年第31号修改)第一条。

三、修改《国家税务总局关于简化税务行政许可事项办理程序的公告》(国家税务总局公告2017年第21号发布,国家税务总局公告2018年第31号修改)(修改内容见附件1),并根据本公告重新发布(附件2)。

四、本公告自发布之日起施行。

特此公告。

附件:1. 修改内容一览表
　　　2. 国家税务总局关于简化税务行政许可事项办理程序的公告(编者略)

附件1

修改内容一览表

序号	标题	发文日期	文号	需要修改的内容	修改后的内容
1	国家税务总局关于简化税务行政许可事项办理程序的公告	2017年5月23日	国家税务总局公告2017年第21号发布，国家税务总局公告2018年第31号修改	附件1 税务行政许可文书样式 许可文书之十五：税务行政许可申请材料接收清单"申请材料接收清单"栏次 对纳税人延期缴纳税款的核准 2. 纳税人申请延期缴纳税款报告（详细说明申请延期原因，人员工资、社会保险费支出情况，连续3个月缴纳税款情况） 6. 因不可抗力，导致纳税人发生较大损失，正常生产经营活动受到较大影响的，应报送公安机关或公安机关出具的灾情报告或事故证明	附件1 税务行政许可文书样式 许可文书之二十一：税务行政许可申请材料"申请材料"栏次 二、对纳税人延期缴纳税款的核准 □2. 纳税人申请延期缴纳税款报告（详细说明申请延期原因，人员工资、社会保险费支出情况，连续3个月缴纳税款情况，正常生产经营活动受到较大影响，因不可抗力，导致纳税人发生较大损失，以上情况属实，特此承诺。") □6. 因不可抗力对不可抗力情况进行说明并承诺："以上情况属实，特此承诺。" 删除第6项。
				附件1 税务行政许可文书样式 许可文书之十五：税务行政许可申请材料接收清单"申请材料接收清单"栏次 对纳税人延期缴纳税款的核准 2. 纳税人申请延期缴纳税款报告（详细说明申请延期原因，人员工资、社会保险费支出情况，连续3个月缴纳税款情况） 6. 因不可抗力，导致纳税人发生较大影响的，应报送公安机关出具的灾情报告或事故证明	附件1 税务行政许可文书样式 许可文书之二十二：税务行政许可申请材料接收清单"申请材料接收清单"栏次 对纳税人延期缴纳税款的核准 2. 纳税人申请延期缴纳税款报告（详细说明申请延期原因，人员工资、社会保险费支出情况，连续3个月缴纳税款情况，正常生产经营活动受到较大影响，因不可抗力，导致纳税人发生较大损失，在报告中对不可抗力情况进行说明并承诺："以上情况属实，特此承诺。") 删除第6项。
				附件2 序号2 对纳税人延期缴纳税款的核准"申请材料目录"列次 6. 纳税人申请延期缴纳税款报告（详细说明申请延期原因，人员工资、社会保险费支出情况，连续3个月缴纳税款情况） 10. 因不可抗力，导致纳税人发生较大影响的，应报送公安机关出具的灾情报告或事故证明	附件2 税务行政许可项目分项表 序号2 对纳税人延期缴纳税款的核准"申请材料目录"列次 6. 纳税人申请延期缴纳税款报告（详细说明申请延期原因，人员工资、社会保险费支出情况，连续3个月缴纳税款情况，正常生产经营活动受到较大影响，因不可抗力，导致纳税人发生较大损失，在报告中对不可抗力情况进行说明并承诺："以上情况属实，特此承诺。") ；删除第10项。

注释：

条款失效。附件2《国家税务总局关于简化税务行政许可事项办理程序的公告》所附《税务行政许可文书样式》和《税务行政许可项目分项表》更新。参见：《国家税务总局关于进一步简化税务行政许可事项办理程序的公告》(国家税务总局公告2019年第34号)。

条款失效。附件2《国家税务总局关于简化税务行政许可事项办理程序的公告》所附《税务行政许可文书样式》和《税务行政许可项目分项表》更新。参见：《国家税务总局关于公布已取消税务行政许可事项的公告》(国家税务总局公告2019年第11号)。

国家税务总局关于公布取消一批税务证明事项以及废止和修改部分规章规范性文件的决定

2019年7月24日　国家税务总局令第48号

《国家税务总局关于公布取消一批税务证明事项以及废止和修改部分规章规范性文件的决定》，已经2019年7月8日国家税务总局2019年第3次局务会议审议通过，现予公布，自公布之日起施行。

附件：1. 取消的税务证明事项目录
2. 中华人民共和国发票管理办法实施细则（编者略）
3. 税收票证管理办法（编者略）
4. 税务登记管理办法（编者略）

国家税务总局局长：王　军
2019年7月24日

国家税务总局关于公布取消一批税务证明事项以及废止和修改部分规章规范性文件的决定

为深入贯彻落实党中央、国务院关于持续开展"减证便民"的要求，进一步深化税务系统"放管服"改革，优化税务执法方式，改善税收营商环境，税务总局决定再公布取消一批税务证明事项。同时，对本决定以及《国家税务总局关于取消一批税务证明事项的决定》(国家税务总局令第46号公布)取消的税务证明事项涉及的税务部门规章、税收规范性文件，税务总局一并进行了清理，决定废止和修改部分税务部门规章、税收规范性文件。现公布如下：

一、取消一批税务证明事项

取消25项税务证明事项（附件1）。其中，12项（附件1所列第1-12项）自本决定公布之日起停止执行；13项（附件1所列13-25项）根据《中华人民共和国车辆购置税法》、《财政部　税务总局关于高校学生公寓房产税　印花税政策的通知》（财税〔2019〕14号）、《财政部　税务总局关于公共租赁住房税收优惠政策的公告》（财政部　税务总局公告2019年第61号）、《财政部　税务总局关于继续实行农村饮水安全工程税收优惠政策的公告》（财政部　税务总局公告2019年第67号）、《国家税务总局关于城镇土地使用税等"六税一费"优惠事项资料留存备查的公告》（国家税务总局公告2019年第21号）的有关规定停止执行。

二、废止和修改部分规章、规范性文件

（一）废止1件税务部门规章

废止《中华人民共和国资源税代扣代缴管理办法》（国税发〔1998〕49号文件印发，国家税务总局令第44号修改）。

（二）修改3件税务部门规章

1. 删去《中华人民共和国发票管理办法实施细则》（国家税务总局令第25号公布，国家税务总局令第37号、第44号修改）第三十一条中的"并登报声明作废"。

2. 将《税收票证管理办法》（国家税务总局令第28号公布）第四十六条修改为："纳税人遗失已完税税收票证需要税务机关另行提供的，如税款经核实确已缴纳入库或从国库退还，税务机关应当开具税收完税证明或提供原完税税收票证复印件。"

3. 删去《税务登记管理办法》（国家税务总局令第7号公布，国家税务总局令第36号、第44号修改）第十七条第一项中的"及工商营业执照"。

以上被修改的规章根据本决定重新公布（附件2、3、4）。

（三）废止1件税收规范性文件

废止《国家税务总局关于被盗、丢失增值税专用发票有关问题的公告》（国家税务总局公告2016年第50号）。

各级税务机关应认真落实取消税务证明事项有关工作，对已取消的，不得保留或变相保留；没有法律法规依据，一律不得新设证明事项。同时，要通过制度创新，进一步优化税务执法方式，推进建立证明事项告知承诺制，既增进办税缴费便利，又还权明责于纳税人、缴费人。要不断完善"信用+风险"动态管理，充分发挥大数据和信息化作用，加快推进信息归集共享和部门协同共治，切实加强事中事后公平公正严格监管，着力打造法治化、便利化的税收营商环境，不断增强纳税人、缴费人的获得感和满意度。

附件 1

取消的税务证明事项目录

(共计 25 项)

序号	证明名称	证明用途	取消后的办理方式
1	发票丢失登报作废声明	使用发票的单位和个人发生发票丢失情形,应当于发现丢失当日书面报告税务机关,并登报声明作废,向税务机关提供刊登遗失声明的报刊版面。	不再提交。取消登报要求。
2	税收票证遗失登报声明	纳税人遗失已完税收票证需要税务机关另行提供的,需提供原持有联次遗失登报声明。	不再提交。取消登报要求。
3	税务登记证件	3.1 已办理税务登记或扣缴税款登记,但未办理文化事业建设费登记的缴纳人、扣缴人,在办理文化事业建设费缴费信息登记时,需提供税务登记证件。	不再提交。改为部门内部核查。
		3.2 纳税人办理发票真伪鉴定时,需提供税务登记证件。	
		3.3 纳税人办理印制有本单位名称发票手续时,需提供税务登记证件。	
		3.4 境内机构和个人向非居民发包工程作业或劳务项目,自项目合同签订之日起 30 日内向主管税务机关报告时,需提供非居民的税务登记证。	
4	营业执照	纳税人在市场监管部门办理变更登记后,向原税务登记机关申报办理变更税务登记时,需提供营业执照。	不再提交。通过部门间信息共享替代。
5	组织机构代码证	5.1 企业、农民专业合作社及个体工商户在办理税务登记事项时,需提供组织机构代码证。	不再提交。通过部门间信息共享替代。
		5.2 有组织机构代码证的企事业单位、社会团体等申请车船税退抵税时,需提供组织机构代码证。	
6	投资、联营双方资质证明	企业因改制、资产整合,办理免征土地增值税核准时,需提供投资、联营双方的资质证明。	不再提交。改为纳税人自行留存备查。
7	旧房转为改造安置住房的证明材料	企事业单位、社会团体以及其他组织转让旧房作为保障性住房且增值额未超过扣除项目金额 20%,办理免征土地增值税备案时,需提供政府部门将有关旧房转为改造安置住房的证明材料。	不再提交。改为纳税人自行留存备查。
8	开发立项证明	纳税人建造普通标准住宅出售且增值率不超过 20%,办理免征土地增值税核准时,需提供开发立项证明。	不再提交。改为纳税人自行留存备查。
9	软件产品、动漫软件检测证明材料	纳税人办理软件产品、动漫软件增值税即征即退手续时,需提供省级软件产业主管部门认可的软件检测机构出具的检测证明材料。	不再提交。主管税务机关应加强后续管理,必要时可委托第三方检测机构对产品进行检测,一经发现不符合免税条件的,应及时纠正并依法处理。

续表

序号	证明名称	证明用途	取消后的办理方式
10	有机肥产品质量技术检测合格报告	纳税人办理生产销售和批发、零售有机肥产品免征增值税备案时,需提供通过相关资质认定的肥料产品质量检验机构一年内出具的有机肥产品质量技术检测合格报告。	不再提交。有机肥产品应当符合有关国家标准、行业标准。主管税务机关应加强后续管理,必要时可委托第三方检测机构对产品进行检测,一经发现不符合免税条件的,应及时纠正并依法处理。
11	有机肥产品外省备案证明	纳税人办理生产销售和批发、零售有机肥产品免征增值税备案,在省、自治区、直辖市外销售有机肥产品的,需提供在销售使用地省级农业行政主管部门办理备案的证明。	不再提交。
12	滴灌带和滴灌管产品质量技术检测合格报告	纳税人办理生产、批发和零售滴灌带和滴灌管产品免征增值税备案时,需提供通过省以上质量技术监督部门的相关资质认定的产品质量检验机构出具的质量技术检测合格报告。	不再提交。滴灌带和滴灌管产品应当符合国家有关质量技术标准。主管税务机关应加强后续管理,必要时可委托第三方检测机构对产品进行检测,一经发现不符合免税条件的,应及时纠正并依法处理。
13	补办车辆购置税完税证明相关材料	纳税人车辆购置税完税证明发生丢失损毁,办理车辆购置税完税证明补发时,根据不同情形,需提供车辆合格证明、机动车行驶证、机动车登记证书、居民身份证或者居民户口簿或者军人(含武警)身份证明、香港、澳门特别行政区、台湾地区居民或外国人入境的身份证明和居住证明、组织机构代码证或者税务登记证件或者其他有效机构证明、车辆购置税完税凭证收据联。	不再提交。根据2019年7月1日起施行的《中华人民共和国车辆购置税法》,自2019年7月1日起,全面实现车辆购置税电子完税信息部门间信息共享。纳税人办理车辆购置税有关纳税业务以及在公安机关交通管理部门办理车辆注册登记,不再需要提供纸质车辆购置税完税证明。据此,纳税人车辆购置税完税证明发生丢失损毁的,已无补办必要。
14	占用耕地证明	14.1 纳税人占用耕地建设铁路线路、公路线路、飞机场跑道、停机坪、港口、航道等交通运输设施,办理减征耕地占用税备案时,需提供交通运输设施占用耕地证明。	不再提交。根据《国家税务总局关于城镇土地使用税等"六税一费"优惠事项资料留存备查的公告》(国家税务总局公告2019年第21号),自2019年5月28日起,纳税人享受该项税收优惠方式由备案改为直接申报享受。纳税人根据政策规定自行判断是否符合优惠条件,符合条件的,申报时无需向税务机关提供有关资料,可直接享受税收优惠,并将有关资料自行留存备查。
		14.2 纳税人占用耕地建设军事设施,办理免征耕地占用税备案时,需提供军事设施占用耕地证明。	
		14.3 农村居民占用耕地新建住宅,办理减征耕地占用税备案时,需提供农村居民新建住宅占用耕地证明。	
		14.4 纳税人占用耕地建设学校、幼儿园、养老院、医院,办理免征耕地占用税备案时,需要提交学校、幼儿园、养老院、医院占用耕地证明。	

续表

序号	证明名称	证明用途	取消后的办理方式
15	公共交通车船证明	纳税人办理公共交通车船减免车船税备案时,需提供单位证明、车船产权证(行驶证)和公共交通经营许可证明。	不再提交。根据《国家税务总局关于城镇土地使用税等"六税一费"优惠事项资料留存备查的公告》(国家税务总局公告2019年第21号),自2019年5月28日起,纳税人享该项税收优惠方式由备案改为直接申报享受。纳税人根据政策规定自行判断是否符合优惠条件,符合条件的,申报时无需向税务机关提供有关资料,可直接享受税收优惠,并将有关资料自行留存备查。
16	农村居民车船证明	纳税人办理农村居民拥有并主要在农村地区使用的摩托车、三轮汽车和低速载货汽车减免车船税备案时,需提供农村居民个人身份证明、户籍证明和车船产权证(行驶证)。	不再提交。根据《国家税务总局关于城镇土地使用税等"六税一费"优惠事项资料留存备查的公告》(国家税务总局公告2019年第21号),自2019年5月28日起,纳税人享该项税收优惠方式由备案改为直接申报享受。纳税人根据政策规定自行判断是否符合优惠条件,符合条件的,申报时无需向税务机关提供有关资料,可直接享受税收优惠,并将有关资料自行留存备查。
17	单位性质、个人身份证明	17.1 农村居民等困难群体办理减免耕地占用税备案时,需提供个人身份证明。 17.2 个人销售或购买住房,办理暂免征收印花税备案时,需提供个人身份证明。 17.3 纳税人办理个人出租、承租住房签订的租赁合同免征印花税备案时,需提供个人身份证明。 17.4 纳税人办理免征改造安置住房经营管理单位、开发商与改造安置住房相关的印花税以及购买安置住房的个人涉及的印花税备案时,需提供安置住房购买人的个人身份证明。 17.5 房地产管理部门与个人订立的租房合同,用于生活居住的,办理免征印花税备案时,需提供租赁人个人身份证明。 17.6 纳税人办理外国政府或者国际金融组织向我国政府及国家金融机构提供优惠贷款所书立的合同免征印花税备案时,需提供国际金融组织和国家金融机构单位性质证明。 17.7 纳税人办理财产所有人将财产赠给政府、社会福利单位、学校所立的书据免征印花税备案时,需提供财产所有人身份证明、受赠单位性质证明。	不再提交。根据《国家税务总局关于城镇土地使用税等"六税一费"优惠事项资料留存备查的公告》(国家税务总局公告2019年第21号),自2019年5月28日起,纳税人享该项税收优惠方式由备案改为直接申报享受。纳税人根据政策规定自行判断是否符合优惠条件,符合条件的,申报时无需向税务机关提供有关资料,可直接享受税收优惠,并将有关资料自行留存备查。

续表

序号	证明名称	证明用途	取消后的办理方式
17	单位性质、个人身份证明	17.8 纳税人办理无息、贴息贷款合同免征印花税备案时,需提供合同书立双方单位性质证明、个人身份证明。	不再提交。根据《国家税务总局关于城镇土地使用税等"六税一费"优惠事项资料留存备查的公告》(国家税务总局公告2019年第21号),自2019年5月28日起,纳税人享受该项税收优惠方式由备案改为直接申报享受。纳税人根据政策规定自行判断是否符合优惠条件,符合条件的,申报时无需向税务机关提供有关资料,可直接享受税收优惠,并将有关资料自行留存备查。
		17.9 纳税人办理农民专业合作社与本社成员签订的农业产品和农业生产资料购销合同免征印花税备案时,需提供合同书立双方单位性质证明、个人身份证明。	
		17.10 纳税人办理国家指定的收购部门与村民委员会、农民个人书立的农副产品收购合同免征印花税备案时,需提供合同书立双方的单位性质证明、个人身份证明。	
		17.11 纳税人办理公共租赁住房租赁双方签订租赁协议免征印花税备案时,需提供租赁双方单位性质证明、个人身份证明。	不再提交。根据《财政部 税务总局关于公共租赁住房税收优惠政策的公告》(财政部 税务总局公告2019年第61号),自2019年1月1日起,该项资料取消。
		17.12 纳税人办理农村饮水安全工程运营管理单位为建设农村饮水安全工程取得土地使用权而签订的产权转移书据,以及与施工单位签订的建设工程承包合同免征印花税备案时,需提供合同书立双方单位性质证明、个人身份证明。	不再提交。根据《财政部 税务总局关于继续实行农村饮水安全工程税收优惠政策的公告》(财政部 税务总局公告2019年第67号),自2019年1月1日起,纳税人享受该项税收优惠方式由备案改为直接申报享受。纳税人根据政策规定自行判断是否符合优惠条件,符合条件的,申报时无需向税务机关提供有关资料,可直接享受税收优惠,并将有关资料自行留存备查。
18	发行单位资格证明	纳税人办理各类发行单位之间,以及发行单位与订阅单位或个人之间书立的征订凭证免征印花税备案时,需提供发行单位资格相关证明。	不再提交。根据《国家税务总局关于城镇土地使用税等"六税一费"优惠事项资料留存备查的公告》(国家税务总局公告2019年第21号),自2019年5月28日起,纳税人享受该项税收优惠方式由备案改为直接申报享受。纳税人根据政策规定自行判断是否符合优惠条件,符合条件的,申报时无需向税务机关提供有关资料,可直接享受税收优惠,并将有关资料自行留存备查。
19	不动产权属证明	19.1 纳税人办理与高校学生签订的高校学生公寓租赁合同免征印花税备案时,需提供不动产权属证明。	不再提交。根据《财政部 税务总局关于高校学生公寓房产税 印花税政策的通知》(财税〔2019〕14号),自2019年1月1日起,纳税人享受该项税收优惠方式由备案改为直接申报享受。纳税人根据政策规定自行判断是否符合优惠条件,符合条件的,申报时无需向税务机关提供有关资料,可直接享受税收优惠,并将有关资料自行留存备查。
		19.2 企事业单位、社会团体、其他组织转让旧房作为公共租赁住房房源,且增值额未超过扣除项目金额20%的,办理免征土地增值税备案时,需提供不动产权属证明。	不再提交。根据《财政部 税务总局关于公共租赁住房税收优惠政策的公告》(财政部 税务总局公告2019年第61号),自2019年1月1日起,纳税人享受该项税收优惠方式由备案改为直接申报享受。纳税人根据政策规定自行判断是否符合优惠条件,符合条件的,申报时无需向税务机关提供有关资料,可直接享受税收优惠,并将有关资料自行留存备查。

续表

序号	证明名称	证明用途	取消后的办理方式
20	土地用途、性质证明	纳税人办理农村饮水安全工程承受土地使用权免征契税备案时,需提供土地用途证明、承受土地性质证明。	不再提交。根据《财政部 税务总局关于继续实行农村饮水安全工程税收优惠政策的公告》(财政部 税务总局公告2019年第67号),自2019年1月1日起,纳税人享受该项税收优惠方式由备案改为直接申报享受。纳税人根据政策规定自行判断是否符合优惠条件,符合条件的,申报时无需向税务机关提供有关资料,可直接享受税收优惠,并将有关资料自行留存备查。
21	改造安置住房、公共租赁住房证明	21.1 纳税人办理免征改造安置住房经营管理单位、开发商与改造安置住房相关的印花税以及购买安置住房的个人涉及的印花税备案时,需提供改造安置住房相关材料。	不再提交。根据《国家税务总局关于城镇土地使用税等"六税一费"优惠事项资料留存备查的公告》(国家税务总局公告2019年第21号),自2019年5月28日起,纳税人享受该项税收优惠方式由备案改为直接申报享受。纳税人根据政策规定自行判断是否符合优惠条件,符合条件的,申报时无需向税务机关提供有关资料,可直接享受税收优惠,并将有关资料自行留存备查。
		21.2 纳税人办理免征公共租赁住房经营管理单位建设、管理、在其他住房项目中配套建设公共租赁住房涉及的印花税,以及购买住房作为公共租赁住房涉及的契税、印花税备案时,需提供公共租赁住房相关材料。	不再提交。根据《财政部 税务总局关于公共租赁住房税收优惠政策的公告》(财政部 税务总局公告2019年第61号),自2019年1月1日起,纳税人享受该项税收优惠方式由备案改为直接申报享受。纳税人根据政策规定自行判断是否符合优惠条件,符合条件的,申报时无需向税务机关提供有关资料,可直接享受税收优惠,并将有关资料自行留存备查。
		21.3 企事业单位、社会团体、其他组织转让旧房作为公共租赁住房房源,且增值额未超过扣除项目金额20%的,办理免征土地增值税备案时,需提供公共租赁住房相关材料。	
22	已缴纳印花税凭证	纳税人办理已缴纳印花税的凭证的副本或者抄本免征印花税备案时,需提供已缴纳印花税的凭证。	不再提交。根据《国家税务总局关于城镇土地使用税等"六税一费"优惠事项资料留存备查的公告》(国家税务总局公告2019年第21号),自2019年5月28日起,纳税人享受该项税收优惠方式由备案改为直接申报享受。纳税人根据政策规定自行判断是否符合优惠条件,符合条件的,申报时无需向税务机关提供有关资料,可直接享受税收优惠,并将有关资料自行留存备查。
23	撤销金融机构证明	纳税人办理被撤销金融机构接收债权、清偿债务过程中签订的产权转移书据免征印花税备案时,需提供中国人民银行撤销该金融机构及分设于各地分支机构的证明材料。	不再提交。根据《国家税务总局关于城镇土地使用税等"六税一费"优惠事项资料留存备查的公告》(国家税务总局公告2019年第21号),自2019年5月28日起,纳税人享受该项税收优惠方式由备案改为直接申报享受。纳税人根据政策规定自行判断是否符合优惠条件,符合条件的,申报时无需向税务机关提供有关资料,可直接享受税收优惠,并将有关资料自行留存备查。

续表

序号	证明名称	证明用途	取消后的办理方式
24	改制证明	纳税人办理企业改制过程中按规定不再贴花的资金账簿、合同,以及因改制签订的产权转移书据免征印花税备案时,需提供企业改制的有关批准文件。	不再提供。根据《国家税务总局关于城镇土地使用税等"六税一费"优惠事项资料留存备查的公告》(国家税务总局公告2019年第21号),自2019年5月28日起,纳税人享受该项税收优惠方式由备案改为直接申报享受。纳税人根据政策规定自行判断是否符合优惠条件,符合条件的,申报时无需向税务机关提供有关资料,可直接享受税收优惠,并将有关资料自行留存备查。
25	重大水利工程建设证明	纳税人办理国家重大水利工程建设基金免征城市维护建设税和教育费附加备案时,需提供国家重大水利工程建设相关证明材料。	不再提供。根据《国家税务总局关于城镇土地使用税等"六税一费"优惠事项资料留存备查的公告》(国家税务总局公告2019年第21号),自2019年5月28日起,纳税人享受该项税收优惠方式由备案改为直接申报享受。纳税人根据政策规定自行判断是否符合优惠条件,符合条件的,申报时无需向税务机关提供有关资料,可直接享受税收优惠,并将有关资料自行留存备查。

财政部公告2020年第7号(节录)

2020年1月23日　财政部公告2020年第7号

根据《财政部规章和规范性文件清理工作规则》,我部对现行财政规章和规范性文件进行了全面清理。现将财政部现行有效规章目录予以公布。

特此公告。

附件:财政部现行有效规章目录(93件)

附件

财政部现行有效规章目录(93件)

序号	制定机关	规章名称	公布日期	施行日期	文号
…………					
2	财政部	中华人民共和国印花税暂行条例施行细则	1988年9月29日	1988年10月1日	(88)财税字第255号
…………					
8	财政部	中华人民共和国土地增值税暂行条例实施细则	1995年1月27日	1995年1月27日	财法字〔1995〕6号
…………					
13	财政部、中宣部	文化事业建设费使用管理办法	1997年4月11日	1997年1月1日	财文字〔1997〕243号

续表

序号	制定机关	规章名称	公布日期	施行日期	文号
…………					
16	财政部	中华人民共和国契税暂行条例细则	1997年10月28日	1997年10月1日	财法字〔1997〕52号
…………					
21	财政部、监察部、国家计委、审计署、人民银行	行政事业性收费和罚没收入实行"收支两条线"管理的若干规定	1999年6月14日	1999年6月14日	财综字〔1999〕87号
…………					
46	财政部、海关总署、税务总局	科学研究和教学用品免征进口税收规定	2007年1月31日	2007年2月1日	财政部、海关总署、税务总局令第45号
…………					
49	财政部、税务总局	中华人民共和国增值税暂行条例实施细则	2008年12月15日	2009年1月1日	财政部、税务总局令第50号
50	财政部、税务总局	中华人民共和国消费税暂行条例实施细则	2008年12月15日	2009年1月1日	财政部、税务总局令第51号
…………					
59	财政部、海关总署、国家税务总局	关于修改《科技开发用品免征进口税收暂行规定》和《科学研究和教学用品免征进口税收规定》的决定	2011年6月14日	2011年1月1日	财政部、海关总署、国家税务总局令第63号
60	财政部、国家税务总局	关于修改《中华人民共和国增值税暂行条例实施细则》和《中华人民共和国营业税暂行条例实施细则》的决定	2011年10月28日	2011年11月1日	财政部、国家税务总局令第65号
61	财政部、国家税务总局	中华人民共和国资源税暂行条例实施细则	2011年10月28日	2011年11月1日	财政部、国家税务总局令第66号
…………					
82	财政部	关于修改《文化事业建设费使用管理办法》的决定	2017年11月29日	2018年1月1日	财政部令第91号
…………					
84	财政部、海关总署、税务总局	关于修改《科学研究和教学用品免征进口税收规定》的决定	2017年12月20日	2018年1月1日	财政部、海关总署、税务总局令第93号
…………					

财政部关于公布废止和失效的财政规章和规范性文件目录（第十三批）的决定（节录）

2020年1月23日　财政部令第103号

《财政部关于公布废止和失效的财政规章和规范性文件目录（第十三批）的决定》已经2020年1月19日第一次部务会议审议通过，现予公布，自公布之日起施行。

部长　刘昆
2020年1月23日

财政部关于公布废止和失效的财政规章和规范性文件目录（第十三批）的决定

为了适应依法行政、依法理财的需要，根据《财政部规章和规范性文件清理工作规则》，我部对截至2017年12月底发布的现行财政规章和规范性文件进行了全面清理。经过清理，确定废止和失效的财政规章和规范性文件共796件，其中，废止的财政规章24件，失效的财政规章3件，废止的财政规范性文件521件，失效的财政规范性文件248件。现将废止和失效的财政规章和规范性文件的目录予以公布。

附件：废止和失效的财政规章和规范性文件目录（第十三批）

附件

废止和失效的财政规章和规范性文件目录（第十三批）

（796件）

一、废止的财政规章目录（24件）

序号	文件名称	制定机关	文号	公布日期
1	国家农业综合开发资金和项目管理办法	财政部	财政部令第84号	2016年9月6日
2	关于修改《会计从业资格管理办法》的决定	财政部	财政部令第82号	2016年5月11日
3	会计从业资格管理办法	财政部	财政部令第73号	2012年12月10日
4	资产评估机构审批和监督管理办法	财政部	财政部令第64号	2011年8月11日
5	关于修改《国家农业综合开发资金和项目管理办法》的决定	财政部	财政部令第60号	2010年9月4日

续表

序号	文件名称	制定机关	文号	公布日期
6	中华人民共和国营业税暂行条例实施细则	财政部、国家税务总局	财政部、国家税务总局令第52号	2008年12月15日
7	中华人民共和国耕地占用税暂行条例实施细则	财政部、国家税务总局	财政部、国家税务总局令第49号	2008年2月26日
8	国际金融组织和外国政府贷款赠款管理办法	财政部	财政部令38号	2006年7月3日
9	国家农业综合开发资金和项目管理办法	财政部	财政部令第29号	2005年8月22日
10	中外合作经营企业外国合作者先行回收投资审批办法	财政部	财政部令第28号	2005年6月9日
11	会计师事务所审批和监督暂行办法	财政部	财政部令第24号	2005年1月18日
12	政府采购供应商投诉处理办法	财政部	财政部令第20号	2004年8月11日
13	政府采购信息公告管理办法	财政部	财政部令第19号	2004年8月11日
14	政府采购货物和服务招标投标管理办法	财政部	财政部令第18号	2004年8月11日
15	排污费资金收缴使用管理办法	财政部、环保总局	财政部、环保总局令第17号	2003年3月20日
16	国际金融组织贷款债务清偿办法	财政部	财际字〔1999〕224号	1999年11月8日
17	社会保障基金财政专户会计核算暂行办法	财政部	财社字〔1999〕118号	1999年8月4日
18	社会保障基金财政专户管理暂行办法	财政部	财社字〔1999〕117号	1999年8月4日
19	社会保险基金会计制度	财政部	财会字〔1999〕20号	1999年6月21日
20	测绘事业单位会计制度	财政部	财会字〔1999〕1号	1999年1月5日
21	地质事业单位财务制度	财政部	财基字〔1998〕26号	1998年4月2日
22	中央水利建设基金财务管理暂行办法	财政部	财农字〔1997〕158号	1997年7月28日
23	粮食政策性财务挂账利息补贴专户管理办法	财政部、中国农业发展银行	财商字〔1996〕140号	1996年6月25日
24	地质勘查单位财务制度	财政部	财基字〔1996〕88号	1996年4月12日

二、失效的财政规章目录(3件)
　　……

三、废止的财政规范性文件目录(521件)
　　……

税收及非税收入类

序号	文件名称	制定机关	文号	公布日期
10	关于进一步做好全国重点企业税源调查快报工作的通知	财政部	财税〔2017〕70号	2017年9月7日
11	关于扩大小型微利企业所得税优惠政策范围的通知	财政部、国家税务总局	财税〔2017〕43号	2017年6月6日
12	关于创业投资企业和天使投资个人有关税收试点政策的通知	财政部、国家税务总局	财税〔2017〕38号	2017年4月28日

续表

序号	文件名称	制定机关	文号	公布日期
13	关于新增中国服务外包示范城市适用技术先进型服务企业所得税政策的通知	财政部、国家税务总局、商务部、科技部、国家发展改革委	财税〔2016〕108号	2016年10月12日
14	关于保险保障基金有关税收政策问题的通知	财政部、国家税务总局	财税〔2016〕10号	2016年2月3日
15	关于征收工业企业结构调整专项资金有关问题的通知	财政部	财税〔2016〕6号	2016年1月19日
16	关于实施商业健康保险个人所得税政策试点的通知	财政部、国家税务总局、保监会	财税〔2015〕126号	2015年11月27日
17	关于进一步扩大小型微利企业所得税优惠政策范围的通知	财政部、国家税务总局	财税〔2015〕99号	2015年9月2日
18	关于石油石化企业办社会支出有关企业所得税政策的通知	财政部、国家税务总局	财税〔2015〕85号	2015年7月24日
19	关于印发《挥发性有机物排污费试点办法》的通知	财政部、国家发展改革委、环境保护部	财税〔2015〕71号	2015年6月18日
20	关于推广中关村国家自主创新示范区税收试点政策有关问题的通知	财政部、国家税务总局	财税〔2015〕62号	2015年6月9日
21	关于高新技术企业职工教育经费税前扣除政策的通知	财政部、国家税务总局	财税〔2015〕63号	2015年6月9日
22	关于开展商业健康保险个人所得税政策试点工作的通知	财政部、国家税务总局、保监会	财税〔2015〕56号	2015年5月8日
23	关于节约能源 使用新能源车船车船税优惠政策的通知	财政部、国家税务总局、工业和信息化部	财税〔2015〕51号	2015年5月7日
24	关于调整铁矿石资源税适用税额标准的通知	财政部、国家税务总局	财税〔2015〕46号	2015年4月27日
25	关于小型微利企业所得税优惠政策的通知	财政部、国家税务总局	财税〔2015〕34号	2015年3月13日
26	关于金融企业贷款损失准备金企业所得税税前扣除有关政策的通知	财政部、国家税务总局	财税〔2015〕9号	2015年1月15日
27	关于金融企业涉农贷款和中小企业贷款损失准备金税前扣除有关问题的通知	财政部、国家税务总局	财税〔2015〕3号	2015年1月15日
28	关于完善技术先进型服务企业有关企业所得税政策问题的通知	财政部、国家税务总局、商务部、科技部、国家发展改革委	财税〔2014〕59号	2014年10月8日
29	关于扩大启运港退税政策试点范围的通知	财政部、海关总署、国家税务总局	财税〔2014〕53号	2014年7月30日
30	关于占用草地苇田征收耕地占用税政策的通知	财政部、国家税务总局	财税〔2014〕20号	2014年3月18日
31	关于非营利组织免税资格认定管理有关问题的通知	财政部、国家税务总局	财税〔2014〕13号	2014年1月29日
32	关于中国农业银行三农事业部涉农贷款营业税优惠政策的通知	财政部、国家税务总局	财税〔2014〕5号	2014年1月10日
33	关于调整岩金矿石等品目资源税税额标准的通知	财政部、国家税务总局	财税〔2013〕109号	2013年12月20日
34	关于研究开发费用税前加计扣除有关政策问题的通知	财政部、国家税务总局	财税〔2013〕70号	2013年9月29日

续表

序号	文件名称	制定机关	文号	公布日期
35	关于营业税改征增值税试点有关文化事业建设费征收管理问题的通知	财政部、国家税务总局	财综〔2013〕88号	2013年8月29日
36	关于享受资源综合利用增值税优惠政策的纳税人执行污染物排放标准有关问题的通知	财政部、国家税务总局	财税〔2013〕23号	2013年4月1日
37	关于苏州工业园区技术先进型服务企业所得税试点政策有关问题的通知	财政部、国家税务总局、商务部、科技部、国家发展改革委	财税〔2013〕6号	2013年1月31日
38	关于营业税改征增值税试点中文化事业建设费征收有关问题的补充通知	财政部、国家税务总局	财综〔2012〕96号	2012年12月3日
39	关于营业税改征增值税试点中文化事业建设费征收有关问题的通知	财政部、国家税务总局	财综〔2012〕68号	2012年8月29日
40	关于中小企业信用担保机构有关准备金企业所得税税前扣除政策的通知	财政部、国家税务总局	财税〔2012〕25号	2012年4月11日
41	关于技工院校占用耕地免征耕地占用税的通知	财政部、国家税务总局	财税〔2012〕22号	2012年3月22日
42	关于证券行业准备金支出企业所得税税前扣除有关政策问题的通知	财政部、国家税务总局	财税〔2012〕11号	2012年2月16日
43	关于调整锡矿石等资源税适用税率标准的通知	财政部、国家税务总局	财税〔2012〕2号	2012年2月1日
44	关于金融企业贷款损失准备金企业所得税税前扣除政策的通知	财政部、国家税务总局	财税〔2012〕5号	2012年1月29日
45	关于重庆江北等5家机场民航国际航班使用进口保税航空燃油有关税收政策的通知	财政部、国家税务总局	财税〔2011〕123号	2011年12月28日
46	关于延长金融企业涉农贷款和中小企业贷款损失准备金税前扣除政策执行期限的通知	财政部、国家税务总局	财税〔2011〕104号	2011年10月19日
47	关于房屋 土地权属由夫妻一方所有变更为夫妻双方共有契税政策的通知	财政部、国家税务总局	财税〔2011〕82号	2011年8月31日
48	关于工业产品生产许可证审查费有关问题的通知	财政部、国家发展改革委	财综〔2011〕3号	2011年1月12日
49	关于技术先进型服务企业有关企业所得税政策问题的通知	财政部、国家税务总局、商务部、科技部、国家发展改革委	财税〔2010〕65号	2010年11月5日
50	关于石油石化企业办社会支出有关企业所得税政策的通知	财政部、国家税务总局	财税〔2010〕93号	2010年10月25日
51	关于调整耐火粘土和萤石资源税适用税额标准的通知	财政部、国家税务总局	财税〔2010〕20号	2010年5月11日
52	关于金融企业涉农贷款和中小企业贷款损失准备金税前扣除政策的通知	财政部、国家税务总局	财税〔2009〕99号	2009年8月21日
53	关于金融企业贷款损失准备企业所得税税前扣除有关问题的通知	财政部、国家税务总局	财税〔2009〕64号	2009年4月30日

续表

序号	文件名称	制定机关	文号	公布日期
54	关于技术先进型服务企业有关税收政策问题的通知	财政部、国家税务总局、商务部、科技部、国家发展改革委	财税〔2009〕63号	2009年4月24日
55	关于发布第三批免征营业税的改制铁路房建生活单位名单的通知	财政部、国家税务总局	财税〔2009〕21号	2009年2月25日
56	关于耕地占用税减免税补征税款等问题的批复	财政部、国家税务总局	财税〔2009〕19号	2009年2月17日
57	关于调整硅藻土 珍珠岩 磷矿石和玉石等资源税税额标准的通知	财政部、国家税务总局	财税〔2008〕91号	2008年9月16日
58	关于公布节能节水专用设备企业所得税优惠目录(2008年版)和环境保护专用设备企业所得税优惠目录(2008年版)的通知	财政部、国家税务总局、国家发展改革委	财税〔2008〕115号	2008年8月20日
59	关于嵌入式软件增值税政策的通知	财政部、国家税务总局	财税〔2008〕92号	2008年6月30日
60	关于下发第二批铁路房建生活单位改制后企业名单的通知	财政部、国家税务总局	财税〔2008〕18号	2008年2月4日
61	关于耕地占用税平均税额和纳税义务发生时间问题的通知	财政部、国家税务总局	财税〔2007〕176号	2007年12月28日
62	关于在苏州工业园区进一步做好鼓励技术先进型服务企业发展试点工作有关税收政策的通知	财政部、国家税务总局、商务部、科技部	财税〔2007〕143号	2007年12月5日
63	关于调整铅锌矿石等税目资源税适用税额标准的通知	财政部、国家税务总局	财税〔2007〕100号	2007年7月5日
64	关于促进残疾人就业税收优惠政策的通知	财政部、国家税务总局	财税〔2007〕92号	2007年6月15日
65	关于将西部地区旅游景点和景区经营纳入西部大开发税收优惠政策范围的通知	财政部、国家税务总局	财税〔2007〕65号	2007年5月22日
66	关于调整盐资源税适用税额标准的通知	财政部、国家税务总局	财税〔2007〕5号	2007年1月24日
67	关于在苏州工业园区进行鼓励技术先进型服务企业发展试点工作有关政策问题的通知	财政部、国家税务总局、商务部、科技部	财税〔2006〕147号	2006年12月31日
68	关于调整工业产品生产许可证收费政策有关问题的通知	财政部、国家发展改革委	财综〔2006〕69号	2006年12月30日
69	关于设备监理单位资格评审收费等问题的复函	财政部、国家发展改革委	财综〔2006〕62号	2006年12月18日
70	关于钒矿石资源税有关政策的通知	财政部、国家税务总局	财税〔2006〕120号	2006年8月30日
71	关于同意文化部文化市场发展中心收取音像制品防伪标识费的复函	财政部、国家发展改革委	财综〔2006〕15号	2006年5月20日
72	关于印发《关于烟叶税若干具体问题的规定》的通知	财政部、国家税务总局	财税〔2006〕64号	2006年5月18日
73	关于调整钼矿石等品目资源税政策的通知	财政部、税务总局	财税〔2005〕168号	2005年12月12日
74	关于出口货物退(免)税若干具体问题的补充通知	财政部、国家税务总局	财税〔2005〕34号	2005年3月8日

续表

序号	文件名称	制定机关	文号	公布日期
75	关于石油石化企业办社会有关企业所得税问题的通知	财政部、国家税务总局	财税〔2004〕207号	2004年12月31日
76	关于调整东北老工业基地部分矿山 油田企业资源税税额的通知	财政部、国家税务总局	财税〔2004〕146号	2004年9月13日
77	关于葛洲坝电站电力产品增值税政策问题的通知	财政部、国家税务总局	财税〔2002〕168号	2002年12月4日
78	关于公布保留的政府性基金项目的通知	财政部	财综〔2002〕33号	2002年5月20日
79	关于批准收取统计人员岗位培训费的通知	财政部	财规〔2000〕475号	2000年10月13日
80	关于批准医师资格考试和执业医师注册收费的函	财政部、国家计委	财综字〔1999〕176号	1999年10月27日
81	关于批准收取出版物条形码胶片费等有关问题的通知	财政部、国家计委	财综字〔1999〕128号	1999年8月23日
82	关于变更新药审批费等收费项目归属的通知	财政部、国家计委	财综字〔1999〕5号	1999年1月27日
83	关于国际组织驻华代表机构及其官员购买中国产物品有关退税问题的通知	财政部、国家税务总局	财税字〔1998〕71号	1998年4月16日
84	关于外国驻华使(领)馆及其外交人员购买中国产物品有关退税问题的通知	财政部、国家税务总局	财税字〔1997〕81号	1997年12月23日
85	关于同意收取知识产权海关保护备案费ATA单证册调整费的通知	财政部、国家计委	(96)财综字第68号	1996年7月9日
86	关于江苏海盐改按南方海盐征收资源税问题的批复	财政部、国家税务总局	财税字〔1996〕24号	1996年2月26日
87	关于征收城市公用事业附加的几项规定	财政部	财预王字〔64〕第380号	1964年6月26日

关税类

序号	文件名称	制定机关	文号	公布日期
88	关于调整进口天然气税收优惠政策有关问题的通知	财政部、海关总署、国家税务总局	财关税〔2016〕16号	2016年3月4日
89	关于调整2015年进口种子种源免税政策执行方式有关问题的通知	财政部、海关总署、国家税务总局	财关税〔2015〕38号	2015年9月14日
90	关于调整煤炭进口关税的通知	国务院关税税则委员会	税委会〔2014〕27号	2014年10月8日
91	关于科技类民办非企业单位适用科学研究和教学用品进口税收政策的通知	财政部、科技部、民政部、海关总署、国家税务总局	财关税〔2012〕54号	2012年11月12日
92	关于恢复征收硫磺进口环节增值税的通知	财政部	财关税〔2009〕35号	2009年5月22日
93	关于调整矿产品进口环节增值税率的通知	财政部、国家税务总局	财关税〔2008〕99号	2008年12月19日
94	关于调整音像制品和电子出版物进口环节增值税税率的通知	财政部、国家税务总局	财关税〔2007〕65号	2007年9月3日
95	关于调整工业盐和食用盐进口环节增值税税率的通知	财政部、国家税务总局	财关税〔2007〕61号	2007年8月27日

续表

序号	文件名称	制定机关	文号	公布日期
96	关于印发《扶贫 慈善性捐赠物资免征进口税收暂行办法》的通知	财政部、国家税务总局、海关总署	财税〔2000〕152号	2001年1月15日

....

社会保障类

序号	文件名称	制定机关	文号	公布日期
287	关于印发《促进就业工作先进地区激励实施办法(试行)》的通知	财政部、人力资源社会保障部	财社〔2017〕1号	2017年1月10日
288	关于《中央财政困难群众基本生活救助补助资金管理办法》的补充通知	财政部、民政部	财社〔2016〕220号	2016年12月13日
289	关于《中央财政流浪乞讨人员救助补助资金管理办法》的补充通知	财政部、民政部	财社〔2016〕219号	2016年12月9日
290	关于孤儿基本生活费专项补助资金管理办法的补充通知	财政部、民政部	财社〔2016〕201号	2016年12月7日
291	关于印发《医疗服务能力提升补助资金管理暂行办法》的通知	财政部、卫生计生委、中医药局	财社〔2016〕231号	2016年11月30日
292	关于修订《公共卫生服务补助资金管理暂行办法》的通知	财政部、卫生计生委、食品药品监管总局、中医药局	财社〔2016〕229号	2016年11月30日
293	关于修订《计划生育服务补助资金管理暂行办法》的通知	财政部、卫生计生委	财社〔2016〕228号	2016年11月30日
294	关于修订《基层医疗卫生机构实施国家基本药物制度补助资金管理办法》的通知	财政部、卫生计生委	财社〔2016〕227号	2016年11月30日
295	关于《中央财政残疾人事业发展补助资金管理办法》的补充通知	财政部、中国残联	财社〔2016〕221号	2016年11月30日
296	关于印发《优抚安置事业单位专项补助资金使用管理办法》的通知	财政部、民政部	财社〔2016〕132号	2016年9月2日
297	关于印发《中央财政困难群众基本生活救助补助资金管理办法》的通知	财政部、民政部	财社〔2016〕87号	2016年7月1日
298	关于机关事业单位基本养老保险基金财务管理有关问题的通知	财政部、人力资源社会保障部	财社〔2016〕101号	2016年6月30日
299	关于印发《就业补助资金管理暂行办法》的通知	财政部、人力资源社会保障部	财社〔2015〕290号	2015年12月30日
300	关于印发《公共卫生服务补助资金管理暂行办法》的通知	财政部、卫生计生委、食品药品监管总局、中医药局	财社〔2015〕255号	2015年12月4日
301	关于印发《计划生育服务补助资金管理暂行办法》的通知	财政部、卫生计生委	财社〔2015〕257号	2015年11月30日
302	关于印发《公立医院补助资金管理暂行办法》的通知	财政部、卫生计生委、中医药局	财社〔2015〕256号	2015年11月24日
303	关于修订《城镇居民基本医疗保险和新型农村合作医疗中央财政补助资金拨付办法》的通知	财政部、人力资源社会保障部、卫生计生委	财社〔2015〕229号	2015年10月29日

续表

序号	文件名称	制定机关	文号	公布日期
304	关于修订《基层医疗卫生机构实施国家基本药物制度补助资金管理办法》的通知	财政部、卫生计生委	财社〔2015〕169号	2015年7月22日
305	关于城镇居民基本医疗保险和新型农村合作医疗中央财政补助资金审核事项的补充通知	财政部、人力资源社会保障部、卫生计生委	财社〔2015〕9号	2015年2月6日
306	关于印发《中央财政困难群众基本生活救助补助资金管理办法》的通知	财政部、民政部	财社〔2015〕1号	2015年1月6日
307	关于印发《基层医疗卫生机构实施国家基本药物制度补助资金管理办法》的通知	财政部、卫生计生委	财社〔2014〕139号	2014年9月24日
308	关于印发《中央财政流浪乞讨人员救助补助资金管理办法》的通知	财政部、民政部	财社〔2014〕71号	2014年7月7日
309	关于印发《中国残疾人事业"十二五"发展纲要专项资金管理办法》的通知	财政部、中国残联	财社〔2013〕1号	2013年1月8日
310	关于印发《孤儿基本生活费专项补助资金管理办法》的通知	财政部、民政部	财社〔2012〕226号	2012年12月25日
311	关于加强和规范社会保障基金财政专户管理有关问题的通知	财政部	财社〔2012〕3号	2012年2月15日
312	关于中央财政新型农村和城镇居民社会养老保险试点专项补助资金管理有关问题的通知	财政部、人力资源社会保障部	财社〔2011〕323号	2011年12月31日
313	关于印发《中央专项彩票公益金支持残疾人事业项目资金管理办法》的通知	财政部、中国残联	财社〔2011〕228号	2011年12月7日
314	关于完善人口和计划生育投入保障机制的意见	财政部、人口计生委	财教〔2011〕558号	2011年11月16日
315	关于印发《中央农村危房改造补助资金管理暂行办法》的通知	财政部、国家发展改革委、住房城乡建设部	财社〔2011〕88号	2011年6月22日
316	关于印发《新型农村社会养老保险基金财务管理暂行办法》的通知	财政部、人力资源社会保障部	财社〔2011〕16号	2011年3月3日
317	关于印发《全国计划生育家庭特别扶助专项资金管理暂行办法》的通知	财政部、人口计生委	财教〔2010〕244号	2010年7月22日
318	关于印发《西部地区计划生育"少生快富"工程专项资金管理暂行办法》的通知	财政部、人口计生委	财教〔2010〕242号	2010年7月22日
319	关于印发《高校毕业生"三支一扶"计划中央补助专项经费管理办法》的通知	财政部、人力资源社会保障部	财行〔2009〕494号	2009年11月13日
320	关于未纳入国有资本经营预算试行范围的困难中央企业离休干部医药费补助申请拨付有关问题的通知	财政部	财社〔2008〕297号	2008年12月10日
321	关于优抚对象医疗补助资金使用管理有关问题的通知	财政部、民政部、劳动和社会保障部	财社〔2008〕35号	2008年2月3日
322	关于印发《新型农村合作医疗基金财务制度》的通知	财政部、卫生部	财社〔2008〕8号	2008年1月22日
323	关于印发《中央社会保障部门项目支出绩效考评暂行办法》的通知	财政部	财社〔2005〕99号	2005年9月1日

续表

序号	文件名称	制定机关	文号	公布日期
324	关于印发《全国农村部分计划生育家庭奖励扶助专项资金管理办法（试行）》的通知	财政部、人口计生委	财教〔2005〕77 号	2005 年 8 月 2 日
325	关于加强社会保险基金财务管理有关问题的通知	财政部、劳动保障部	财社〔2003〕47 号	2003 年 5 月 14 日
326	关于印发《中央补助地方计划生育事业专项经费使用管理办法》的通知	财政部、国家计生委	财教〔2002〕25 号	2002 年 3 月 21 日
327	关于加强财政社会保障补助资金专户管理若干问题的通知	财政部、中国人民银行	财社〔2002〕4 号	2002 年 1 月 17 日
328	关于加强国有企业下岗职工基本生活保障 城镇居民最低生活保障资金和企业离退休人员基本养老金使用管理问题的补充通知	财政部	财社字〔2000〕67 号	2000 年 5 月 31 日
329	关于加强国有企业下岗职工基本生活保障 城镇居民最低生活保障资金和企业离退休人员基本养老金使用管理问题的通知	财政部、劳动和社会保障部、民政部	财社字〔1999〕131 号	1999 年 9 月 1 日
330	关于印发《社会保险基金财务制度》的通知	财政部、劳动和社会保障部	财社字〔1999〕60 号	1999 年 6 月 15 日
331	关于机关事业单位社会保险制度改革有关问题的通知	财政部	(94)财社字第 66 号	1994 年 12 月 7 日

··········

四、失效的财政规范性文件目录(248 件)

··········

税收及非税收入类

序号	文件名称	制定机关	文号	公布日期
4	关于下达 2017 年"母亲健康快车"项目流动医疗车免征车辆购置税指标的通知	财政部、国家税务总局	财税〔2017〕93 号	2017 年 12 月 25 日
5	关于下达 2017 年防汛专用车免征车辆购置税指标的通知	财政部、国家税务总局	财税〔2017〕92 号	2017 年 12 月 25 日
6	关于下达 2017 年森林消防专用车免征车辆购置税指标的通知	财政部、国家税务总局	财税〔2017〕91 号	2017 年 12 月 25 日
7	关于减征 1.6 升及以下排量乘用车车辆购置税的通知	财政部、国家税务总局	财税〔2016〕136 号	2016 年 12 月 13 日
8	关于 2016 年"母亲健康快车"项目流动医疗车免征车辆购置税的通知	财政部、国家税务总局	财税〔2016〕128 号	2016 年 11 月 24 日
9	关于 2016 年防汛专用车免征车辆购置税的通知	财政部、国家税务总局	财税〔2016〕123 号	2016 年 11 月 16 日
10	关于在服务贸易创新发展试点地区推广技术先进型服务企业所得税优惠政策的通知	财政部、国家税务总局、商务部、科技部、国家发展改革委	财税〔2016〕122 号	2016 年 11 月 10 日
11	关于 2016 年森林消防专用车免征车辆购置税的通知	财政部、国家税务总局	财税〔2016〕102 号	2016 年 9 月 18 日

续表

序号	文件名称	制定机关	文号	公布日期
12	关于中央电视台广告费和有线电视费收入企业所得税政策问题的通知	财政部、国家税务总局	财税〔2016〕80号	2016年7月13日
13	关于铁路债券利息收入所得税政策问题的通知	财政部、国家税务总局	财税〔2016〕30号	2016年3月10日
14	关于继续实行农村饮水安全工程建设运营税收优惠政策的通知	财政部、国家税务总局	财税〔2016〕19号	2016年2月25日
15	关于开展2016年度重点企业税源调查快报工作的通知	财政部	财税〔2016〕24号	2016年2月22日
16	关于继续实行农产品批发市场 农贸市场房产税 城镇土地使用税优惠政策的通知	财政部、国家税务总局	财税〔2016〕1号	2016年1月13日
17	关于2015年母亲健康快车项目流动医疗车免征车辆购置税的通知	财政部、国家税务总局	财税〔2015〕134号	2015年12月29日
18	关于2015年森林消防专用车免征车辆购置税的通知	财政部、国家税务总局	财税〔2015〕133号	2015年12月28日
19	关于2015年防汛专用车免征车辆购置税的通知	财政部、国家税务总局	财税〔2015〕132号	2015年12月28日
20	关于减征1.6升及以下排量乘用车车辆购置税的通知	财政部、国家税务总局	财税〔2015〕104号	2015年9月29日
21	关于继续实施物流企业大宗商品仓储设施用地城镇土地使用税优惠政策的通知	财政部、国家税务总局	财税〔2015〕98号	2015年8月31日
22	关于进一步支持企业事业单位改制重组有关契税政策的通知	财政部、国家税务总局	财税〔2015〕37号	2015年3月31日
23	关于企业改制重组有关土地增值税政策的通知	财政部、国家税务总局	财税〔2015〕5号	2015年2月2日
24	关于中国扶贫基金会小额信贷试点项目继续参照执行农村金融有关税收政策的通知	财政部、国家税务总局	财税〔2015〕12号	2015年1月5日
25	关于延续并完善支持农村金融发展有关税收政策的通知	财政部、国家税务总局	财税〔2014〕102号	2014年12月26日
26	关于苏州工业园区继续试点有限合伙制创业投资企业法人合伙人企业所得税政策的通知	财政部、国家税务总局	财税〔2014〕110号	2014年12月24日
27	关于金融机构与小型微型企业签订借款合同免征印花税的通知	财政部、国家税务总局	财税〔2014〕78号	2014年10月24日
28	关于进一步支持小微企业增值税和营业税政策的通知	财政部、国家税务总局	财税〔2014〕71号	2014年9月25日
29	关于中关村国家自主创新示范区有关股权奖励个人所得税试点政策的通知	财政部、国家税务总局、科技部	财税〔2014〕63号	2014年8月30日
30	关于促进公共租赁住房发展有关税收优惠政策的通知	财政部、国家税务总局	财税〔2014〕52号	2014年8月11日
31	关于免征新能源汽车车辆购置税的公告	财政部、国家税务总局、工业和信息化部	公告2014年第53号	2014年8月1日
32	关于继续实施支持和促进重点群体创业就业有关税收政策的通知	财政部、国家税务总局、人力资源社会保障部	财税〔2014〕39号	2014年4月29日

续表

序号	文件名称	制定机关	文号	公布日期
33	关于调整完善扶持自主就业退役士兵创业就业有关税收政策的通知	财政部、国家税务总局、民政部	财税〔2014〕42号	2014年4月29日
34	关于小型微利企业所得税优惠政策有关问题的通知	财政部、国家税务总局	财税〔2014〕34号	2014年4月8日
35	关于国家大学科技园税收政策的通知	财政部、国家税务总局	财税〔2013〕118号	2013年12月31日
36	关于科技企业孵化器税收政策的通知	财政部、国家税务总局	财税〔2013〕117号	2013年12月31日
37	关于免征新疆国际大巴扎项目营业税的通知	财政部、国家税务总局	财税〔2013〕77号	2013年10月17日
38	关于支持芦山地震灾后恢复重建有关税收政策问题的通知	财政部、海关总署、国家税务总局	财税〔2013〕58号	2013年9月30日
39	关于广告费和业务宣传费支出税前扣除政策的通知	财政部、国家税务总局	财税〔2012〕48号	2012年5月30日
40	关于保险公司准备金支出企业所得税税前扣除有关政策问题的通知	财政部、国家税务总局	财税〔2012〕45号	2012年5月15日
41	关于支持农村饮水安全工程建设运营税收政策的通知	财政部、国家税务总局	财税〔2012〕30号	2012年4月24日
42	关于保险公司农业巨灾风险准备金企业所得税税前扣除政策的通知	财政部、国家税务总局	财税〔2012〕23号	2012年3月29日
43	关于生产和装配伤残人员专门用品企业免征企业所得税的通知	财政部、国家税务总局、民政部	财税〔2011〕81号	2011年10月20日
44	关于揭阳潮汕机场减征耕地占用税问题的批复	财政部、国家税务总局	财税〔2009〕126号	2009年10月23日
45	关于专项用途财政性资金有关企业所得税处理问题的通知	财政部、国家税务总局	财税〔2009〕87号	2009年6月16日
46	关于邮政企业代办金融业务免征营业税的通知	财政部、国家税务总局	财税〔2009〕7号	2009年1月4日
47	关于试点企业集团缴纳企业所得税有关问题的通知	财政部、国家税务总局	财税〔2008〕119号	2008年10月17日
48	关于贯彻落实国务院关于实施企业所得税过渡优惠政策有关问题的通知	财政部、国家税务总局	财税〔2008〕21号	2008年2月4日
49	关于贯彻落实新修订的《中华人民共和国耕地占用税暂行条例》有关工作的通知	财政部、国家税务总局、中央编办	财税〔2007〕163号	2007年12月3日
50	关于印发《全国税收调查专项补助经费管理办法》的通知	财政部	财税〔2007〕106号	2007年7月26日
51	关于完善城镇社会保障体系试点中有关所得税政策问题的通知	财政部、国家税务总局	财税〔2001〕9号	2001年3月8日

关税类

序号	文件名称	制定机关	文号	公布日期
52	关于实施中国-韩国 中国-澳大利亚自由贸易协定协定税率的通知	国务院关税税则委员会	税委会〔2015〕25号	2015年12月10日
53	关于科研机构进口医疗检测分析仪器有关税收事项的通知	财政部、海关总署、国家税务总局	财关税〔2015〕23号	2015年6月3日

续表

序号	文件名称	制定机关	文号	公布日期
54	关于调整自动柜员机用出钞器产品税目及进口暂定税率的通知	国务院关税税则委员会	税委会〔2014〕9号	2014年4月25日
55	关于修改营运支线飞机航线的国内航空公司维修用航空器材进口税收暂行规定有关条文的通知	财政部	财关税〔2014〕7号	2014年3月10日
56	关于中国—阿拉伯国家博览会等展会相关留购展品免征进口关税的通知	财政部	财关税〔2013〕64号	2013年9月9日
57	关于国家中小企业公共技术服务示范平台适用科技开发用品进口税收政策的通知	财政部、工业和信息化部、海关总署、国家税务总局	财关税〔2011〕71号	2011年11月21日
58	关于调整进境物品税税目税率的通知	国务院关税税则委员会	税委会〔2011〕3号	2011年1月24日

……

社会保障类

序号	文件名称	制定机关	文号	公布日期
159	关于印发《优抚安置事业单位专项补助资金使用管理办法》的通知	财政部、民政部	财社〔2016〕132号	2016年9月2日
160	关于印发《优抚事业单位专项补助资金使用管理办法》的通知	财政部、民政部	财社〔2014〕202号	2014年11月25日
161	关于提高2014年新型农村合作医疗和城镇居民基本医疗保险筹资标准的通知	财政部、国家卫计委、人力资源社会保障部	财社〔2014〕14号	2014年4月25日
162	关于技师培训项目补贴资金使用管理有关问题的通知	财政部、人力资源社会保障部	财社〔2013〕141号	2013年9月26日
163	关于印发《残疾人假肢矫形器装配及辅助器具流动服务车彩票公益金使用管理办法》的通知	财政部	财社〔2009〕248号	2009年12月17日
164	关于印发《中央财政补助地方劳动力市场建设专项资金管理暂行办法》的通知	财政部、劳动保障部	财社〔2007〕70号	2007年6月26日

……

国家税务总局关于公布一批全文失效废止的税务规范性文件目录的公告

2020年4月15日 国家税务总局公告2020年第8号

为进一步优化税收营商环境,根据《税务规范性文件制定管理办法》(国家税务总局令第41号公布,第50号修改),国家税务总局对税务规范性文件进行了清理。现将《全文失效废止的税务规范性文件目录》予以公布。

特此公告。
附件:全文失效废止的税务规范性文件目录

附件

全文失效废止的税务规范性文件目录

序号	标题	发文日期	文号
1	国家税务总局关于进一步加强出口卷烟税收管理的通知	1998年8月31日	国税发〔1998〕123号
2	国家税务总局关于出口退税单证录入方式有关问题的通知	1999年1月8日	国税函〔1999〕17号
3	国家税务总局关于使用增值税专用发票电子信息审核出口退税有关事项的通知	2003年9月1日	国税函〔2003〕995号
4	国家税务总局关于出口货物退(免)税管理有关问题的通知	2004年5月31日	国税发〔2004〕64号
5	国家税务总局关于进一步加强出口货物退(免)税审核管理的通知	2005年1月21日	国税函〔2005〕82号
6	国家税务总局关于加强机动车辆税收管理有关问题的通知	2005年5月11日	国税发〔2005〕79号
7	国家税务总局关于昆明机场海关签发出口货物报关单有关退税问题的通知	2005年7月28日	国税函〔2005〕785号
8	国家税务总局关于出口退(免)税相关核准和审批权限问题的批复	2006年2月13日	国税函〔2006〕148号
9	国家税务总局关于开展下放出口货物退(免)税审批权限试点工作的通知	2006年5月29日	国税函〔2006〕502号
10	国家税务总局关于机动车辆生产企业和经销企业增值税纳税评估有关问题的通知	2006年6月6日	国税函〔2006〕546号
11	国家税务总局关于加强以农产品为主要原料生产的出口货物退税管理的通知	2006年7月12日	国税函〔2006〕685号
12	国家税务总局关于下放出口货物退(免)税审批权限试点工作要求的通知	2006年9月28日	国税函〔2006〕891号
13	国家税务总局关于加强出口货物退(免)税评估工作的通知	2007年1月20日	国税发〔2007〕4号
14	国家税务总局关于免税出口卷烟计划实行分类管理的通知	2007年3月6日	国税函〔2007〕318号
15	国家税务总局关于加强列名生产企业外购产品出口试行免抵退税管理的通知	2007年4月30日	国税函〔2007〕468号
16	国家税务总局关于出口货物税收函调系统(1.0版)试运行有关事项的通知	2007年12月20日	国税函〔2007〕1271号
17	国家税务总局关于启用2007年版出口退税软件中增值税小规模纳税人出口货物免税管理相关业务功能的通知	2007年12月29日	国税函〔2007〕1325号
18	国家税务总局关于规范和简化出口退税人工审核的意见	2007年12月29日	国税函〔2007〕1350号
19	国家税务总局关于白银及其制品出口有关退税问题的通知	2008年1月2日	国税函〔2008〕2号
20	国家税务总局关于调整出口卷烟税收管理办法的通知	2008年1月8日	国税发〔2008〕5号
21	国家税务总局关于做好上海世博会退税函调工作的通知	2009年4月29日	国税函〔2009〕217号
22	国家税务总局关于加强计算机中央处理器(CPU)等电子产品出口退(免)税管理的通知	2009年5月12日	国税函〔2009〕245号
23	国家税务总局关于应用电子传输系统出口退税子系统(2.0版)有关事项的通知	2009年5月12日	国税函〔2009〕248号
24	国家税务总局办公厅关于税务师事务所设立审批备案有关问题的通知	2009年5月26日	国税办发〔2009〕55号

续表

序号	标题	发文日期	文号
25	国家税务总局关于做好出口货物报关单扩大数据项应用工作的通知	2009年6月5日	国税函〔2009〕316号
26	国家税务总局关于开展出口退税业务提醒工作的通知	2009年8月20日	国税函〔2009〕448号
27	国家税务总局关于采集出口退税审核特别关注信息的通知	2010年2月9日	国税函〔2010〕65号
28	国家税务总局关于税务师事务所公告栏有关问题的公告	2011年12月2日	2011年第67号
29	国家税务总局关于发布增值税发票税控开票软件数据接口规范的公告	2014年3月14日	2014年第17号
30	国家税务总局关于发布增值税发票系统升级版与电子发票系统数据接口规范的公告	2015年7月20日	2015年第53号
31	国家税务总局关于发布增值税发票系统升级版与税控收款机数据接口规范的公告	2015年11月11日	2015年第77号
32	国家税务总局关于发布增值税发票税控开票软件数据接口规范的公告	2016年4月25日	2016年第25号

国家税务总局关于公布全文和部分条款失效废止的税务规范性文件目录的公告

2021年7月9日　国家税务总局公告2021年第22号

为贯彻落实中办、国办印发的《关于进一步深化税收征管改革的意见》,优化税收营商环境,规范税务执法,国家税务总局对税务规范性文件进行了清理。现将《全文和部分条款失效废止的税务规范性文件目录》予以公布。

特此公告。

附件:全文和部分条款失效废止的税务规范性文件目录

附件

全文和部分条款失效废止的税务规范性文件目录

序号	标题	发文日期	文号	失效废止内容	备注
1	国家税务局关于对印花税暂行条例施行前书立、领受的凭证贴花问题的规定	1988年10月12日	(88)国税地字第13号印发	全文	第二条已被《国家税务总局关于资金账簿印花税问题的通知》(国税发〔1994〕25号)修改
2	国家税务局关于税收协定独立个人劳务条款执行解释问题的通知	1990年6月12日	国税函发〔1990〕609号	全文	

续表

序号	标题	发文日期	文号	失效废止内容	备注
3	国家税务总局关于税收协定中有关确定雇主问题的通知	1997年8月8日	国税发〔1997〕124号	全文	
4	国家税务总局关于税收协定中有关国际运输问题解释的通知	1998年4月17日	国税函〔1998〕241号	全文	
5	国家税务总局关于农药出口退税政策的通知	2003年10月22日	国税函〔2003〕1158号	全文	
6	国家税务总局关于取消资源税扣缴义务人资格审批事项的通知	2004年6月23日	国税函〔2004〕817号	全文	
7	国家税务总局关于转让定价税收管理工作中资本性调整问题的通知	2005年7月28日	国税函〔2005〕745号	全文	
8	国家税务总局关于出口豆腐皮等产品适用征、退税率问题的批复	2005年10月18日	国税函〔2005〕944号	全文	
9	国家税务总局关于车辆购置税《设有固定装置免税车辆图册》有关问题的通知	2005年11月1日	国税函〔2005〕1019号	全文	
10	国家税务总局关于税收协定常设机构认定等有关问题的通知	2006年3月14日	国税发〔2006〕35号	全文	
11	国家税务总局关于加强新牌号、新规格卷烟消费税计税价格管理有关事项的通知	2006年4月24日	国税函〔2006〕373号印发,国家税务总局公告2018年第31号修改	全文	
12	国家税务总局关于进一步明确西部大开发税收优惠政策适用目录变更问题的通知	2006年12月20日	国税函〔2006〕1231号	全文	
13	国家税务总局关于企业财产损失所得税前扣除中有关涉税鉴证业务问题的通知	2006年12月26日	国税发〔2006〕185号	全文	
14	国家税务总局关于卷烟消费税计税价格管理有关问题的通知	2009年1月22日	国税函〔2009〕41号	全文	

续表

序号	标题	发文日期	文号	失效废止内容	备注
15	国家税务总局关于印发《非居民企业所得税汇算清缴工作规程》的通知	2009年2月9日	国税发〔2009〕11号印发，国家税务总局公告2018年第31号修改	全文	
16	国家税务总局关于印发《2008年版企业年度关联业务往来报告表业务需求》的通知	2009年2月17日	国税函〔2009〕72号	全文	
17	国家税务总局关于实施高新技术企业所得税优惠有关问题的通知	2009年4月22日	国税函〔2009〕203号	全文	
18	国家税务总局关于卷烟消费税计税依据有关问题的通知	2009年5月25日	国税函〔2009〕271号	全文	
19	国家税务总局关于核定卷烟生产企业部分牌号规格卷烟消费税计税价格的通知	2009年7月3日	国税函〔2009〕355号	全文	
20	国家税务总局关于印发《增值税一般纳税人资格认定管理办法》宣传材料的通知	2010年4月7日	国税函〔2010〕138号	全文	
21	国家税务总局关于发布修订后的《资源税纳税申报表》的公告	2016年6月22日	国家税务总局公告2016年第38号	全文	附件1、附件2、附件3、附件4已废止
22	国家税务总局关于实施违规开具机动车销售统一发票的机动车企业名单公示制度的公告	2016年9月27日	国家税务总局公告2016年第63号	全文	
23	国家税务总局关于印发《税务行政处罚听证程序实施办法（试行）》、《税务案件调查取证与处罚决定分开制度实施办法（试行）》的通知	1996年9月28日	国税发〔1996〕190号	废止《税务案件调查取证与处罚决定分开制度实施办法（试行）》	

续表

序号	标题	发文日期	文号	失效废止内容	备注
24	国家税务总局关于酒类产品消费税政策问题的通知	2002年8月26日	国税发〔2002〕109号	二、关于粮食白酒的适用税率问题 （一）对以粮食原酒作为基酒与薯类酒精或薯类酒进行勾兑生产的白酒应按粮食白酒的税率征收消费税。 （二）对企业生产的白酒应按照其所用原料确定适用税率。凡是既有外购粮食、或者有自产或外购粮食白酒（包括粮食酒精），又有自产或外购薯类和其他原料酒（包括酒精）的企业其生产的白酒凡所用原料无法分清的，一律按粮食白酒征收消费税。	第一条、第四条已废止
25	国家税务总局关于纳税人申请代开增值税发票办理流程的公告	2016年8月31日	国家税务总局公告2016年第59号发布，国家税务总局公告2018年第31号修改	三、纳税人销售取得的不动产和其他个人出租不动产代开增值税发票业务所需资料，仍然按照《国家税务总局关于加强和规范税务机关代开普通发票工作的通知》（国税函〔2004〕1024号）第二条第（五）项执行。	

国家税务总局关于修订部分税务执法文书的公告

2021年7月16日　国家税务总局公告2021年第23号

为贯彻落实中办、国办印发的《关于进一步深化税收征管改革的意见》，严格规范税务执法行为，并与新修订实施的《中华人民共和国行政处罚法》等法律规定相衔接，国家税务总局修订了部分税务执法文书，现将修订后的税务执法文书式样予以公布。

本公告自2021年8月11日起施行。《国家税务总局关于印发全国统一税收执法文书式样的通知》（国税发〔2005〕179号）、《国家税务总局关于发布〈税务稽查执法文书式样〉的公告》（2012年第2号）、《国家税务总局关于发布〈社会保险费及其他基金规费文书式样〉的公告》（2015年第98号）、《国家税务总局关于修订税务行政处罚（简易）执法文书的公告》（2017年第33号）中附件对应的文书同时废止。

特此公告。
附件：修订后的税务执法文书式样（编者略）

国家税务总局关于公布全文和部分条款失效废止的税务规范性文件目录的公告

2022年11月27日　国家税务总局公告2022年第24号

为深入学习贯彻党的二十大精神，落实中办、国办印发的《关于进一步深化税收征管改革的意见》，推进税收法治化建设，优化税收营商环境，国家税务总局对部分税务规范性文件进行了清理。现将《全文和部分条款失效废止的税务规范性文件目录》予以公布。

特此公告。
附件：全文和部分条款失效废止的税务规范性文件目录

附件

全文和部分条款失效废止的税务规范性文件目录

序号	标题	文件字号	发布时间	失效废止内容	失效废止原因
1	国家税务总局关于印发《土地增值税纳税申报表》的通知	国税发〔1995〕90号	1995年5月17日	全文	已被新规定替代。
2	国家税务总局关于组建省级注册税务师管理机构有关问题的通知	国税发〔1998〕6号	1998年1月16日	全文	不适应征管需要。
3	国家税务总局关于印发《全国税务系统办税服务厅规范化服务要求》的通知	国税发〔1998〕78号	1998年5月22日	全文	已被新规定替代。
4	国家税务总局关于省级注册税务师管理机构管理体制有关问题的通知	国税发〔1999〕234号	1999年12月13日	全文	不适应征管需要。
5	国家税务总局关于印花税票改版的通知	国税发〔2002〕37号	2002年4月8日	第二条、第三条	不适应征管需要。
6	国家税务总局关于注册税务师管理体制有关问题的通知	国税发明电〔2005〕4号	2005年1月27日	全文	不适应征管需要。
7	国家税务总局关于印发烟叶税纳税申报表式样的通知	国税发〔2006〕77号	2006年6月2日	全文	已被新规定替代。

续表

序号	标题	文件字号	发布时间	失效废止内容	失效废止原因
8	国家税务总局关于印发《"十一五"时期中国注册税务师行业发展的指导意见》的通知	国税发〔2006〕115号	2006年7月31日	全文	文件内容已过时效。
9	国家税务总局关于停止使用车船使用税标志的通知	国税发〔2007〕8号	2007年1月29日	全文	不适应征管需要。
10	国家税务总局关于印发税务机关征收社会保险费表证单书（样式）的通知	国税函〔2005〕891号	2005年9月15日	全文	已被新规定替代。
11	国家税务总局关于2007年度税务师事务所及注册税务师年检工作的通知	国税函〔2008〕117号	2008年1月30日	全文	文件内容已过时效。
12	国家税务总局关于实施《税收票证管理办法》若干问题的公告	国家税务总局公告2013年第34号	2013年6月24日	废止第一条中"按照《中华人民共和国车辆购置税暂行条例》和《车辆购置税征收管理办法》（国家税务总局令第33号公布，国家税务总局令第38号修改）开具的《车辆购置税完税证明》"	已被新规定替代。
13	国家税务总局关于3项企业所得税事项取消审批后加强后续管理的公告	国家税务总局公告2015年第6号	2015年2月2日	第一条	已被新规定替代。
14	国家税务总局关于发布《营业税减免税明细申报表》的公告	国家税务总局公告2015年第27号	2015年4月28日	全文	已被新规定替代。
15	国家税务总局关于明确纳税信用管理若干业务口径的公告	国家税务总局公告2015年第85号	2015年12月2日	第四条第（二）项	已被新规定替代。

国家税务总局关于公布全文和部分条款失效废止的税务规范性文件目录的公告

2023年5月26日　国家税务总局公告2023年第8号

为全面贯彻党的二十大精神,深入开展学习贯彻习近平新时代中国特色社会主义思想主题教育,认真落实中办、国办印发的《关于进一步深化税收征管改革的意见》,持续深化中央巡视整改,推进税收法治建设,优化税收营商环境,国家税务总局对部分税务规范性文件进行了清理。现将《全文和部分条款失效废止的税务规范性文件目录》予以公布。

特此公告。

附件:全文和部分条款失效废止的税务规范性文件目录

附件

全文和部分条款失效废止的税务规范性文件目录

序号	标题	文件字号	发布时间	失效废止内容
1	国家税务总局关于外商投资企业在筹办期间取得的会员费有关税务处理问题的通知	国税发〔1996〕84号	1996年5月22日	全文
2	国家税务总局关于外资金融机构有关税收业务问题的通知	国税发〔1997〕123号	1997年7月25日	全文
3	国家税务总局关于外商投资企业和外国企业的雇员的境外保险费有关所得税处理问题的通知	国税发〔1998〕101号	1998年6月26日	全文
4	国家税务总局关于广告代理业征收文化事业建设费问题的批复	国税函〔1999〕353号	1999年5月28日	全文
5	国家税务总局关于印发《清理整顿税务代理行业实施方案》的通知	国税发〔1999〕145号	1999年8月6日	全文
6	国家税务总局关于印发《税务机关公职人员离职从事税务代理的意见》和《税务代理机构脱钩改制中有关财产处理的意见》的通知	国税发〔1999〕154号	1999年8月13日	全文
7	国家税务总局关于印发《注册税务师执业准则(试行)》和《税务代理从业人员守则(试行)》的通知	国税发〔1999〕193号	1999年10月10日	全文
8	国家税务总局关于实行税务检查计划制度的通知	国税发〔1999〕211号	1999年11月12日	全文
9	国家税务总局关于从事房地产业务的外商投资企业若干税务处理问题的通知	国税发〔1999〕242号	1999年12月21日	全文

续表

序号	标题	文件字号	发布时间	失效废止内容
10	国家税务总局关于印发《税务稽查案件复查暂行办法》的通知	国税发〔2000〕54号	2000年3月22日	全文
11	国家税务总局关于国务院各部门机关后勤体制改革有关税收政策具体问题的通知	国税发〔2000〕153号	2000年8月30日	全文
12	国家税务总局关于融资租赁业务征收流转税问题的补充通知	国税函〔2000〕909号	2000年11月15日	全文
13	国家税务总局关于印发《欠缴税金核算管理暂行办法》的通知	国税发〔2000〕193号	2000年11月28日	第六章
14	国家税务总局关于印发《税务代理业务规程(试行)》的通知	国税发〔2001〕117号	2001年10月8日	全文
15	国家税务总局关于改进和规范税务稽查工作的实施意见	国税发〔2001〕118号	2001年10月22日	全文
16	国家税务总局关于税务机关征收社会保险费工作的指导意见	国税发〔2002〕124号	2002年9月29日	全文
17	国家税务总局关于加强税务机关征收社会保险费宣传工作的通知	国税函〔2003〕408号	2003年4月15日	全文
18	国家税务总局关于加强货物运输业税收征收管理有关问题的通知	国税发明电〔2003〕55号	2003年12月12日	全文
19	国家税务总局关于进一步落实税收优惠政策 促进农民增加收入的通知	国税发〔2004〕13号	2004年1月20日	全文
20	国家税务总局关于转发《国务院办公厅对〈中华人民共和国城市维护建设税暂行条例〉第五条的解释的复函》的通知	国税函〔2004〕420号	2004年3月31日	全文
21	国家税务总局关于纳税人遗失完税凭证后处理办法的批复	国税函〔2004〕761号	2004年6月10日	全文
22	国家税务总局关于取消"货运业自开票纳税人和代开票纳税人营业税减免认定"后有关税收管理问题的通知	国税函〔2004〕824号	2004年6月25日	全文
23	国家税务总局关于货物运输业若干税收问题的通知	国税发〔2004〕88号	2004年7月8日	全文
24	国家税务总局关于办理2003年12月31日前出口货物累计欠退税有关问题的通知	国税函〔2004〕905号	2004年7月20日	全文
25	国家税务总局关于印发《公路、内河货物运输业税收管理操作规程》的通知	国税发〔2004〕135号	2004年10月13日	全文
26	国家税务总局关于试行税务机关向扣缴义务人实行明细申报后的纳税人开具个人所得税完税证明的通知	国税发〔2005〕8号	2005年1月21日	全文
27	国家税务总局关于印发《纳税人财务会计报表报送管理办法》的通知	国税发〔2005〕20号	2005年3月1日	附件第九条

续表

序号	标题	文件字号	发布时间	失效废止内容
28	国家税务总局关于澳门企业在内地经营运输业务营业税问题的批复	国税函〔2005〕219号	2005年3月18日	全文
29	国家税务总局关于启用增值税普通发票有关问题的通知	国税发明电〔2005〕34号	2005年8月19日	全文
30	国家税务总局关于换发稽查部门稽查专用税务检查证的通知	国税发〔2005〕203号	2005年12月19日	全文
31	国家税务总局关于加强含金成份产品出口退（免）税管理的通知	国税函〔2005〕1211号	2005年12月20日	全文
32	国家税务总局关于进一步加强货物运输业税收征收管理的通知	国税函〔2006〕102号	2006年1月25日	全文
33	国家税务总局关于增值税网上申报有关问题的通知	国税发〔2006〕20号	2006年2月5日	全文
34	国家税务总局关于印发《调整和完善消费税政策征收管理规定》的通知	国税发〔2006〕49号	2006年3月31日	第一条、第二条第三项
35	国家税务总局关于酒店产权式经营业主税收问题的批复	国税函〔2006〕478号	2006年5月22日	文中"应按照'服务业－租赁业'征收营业税"
36	国家税务总局关于印发《车辆购置税价格信息管理办法（试行）》的通知	国税发〔2006〕93号	2006年6月22日	全文
37	国家税务总局关于转发《国家发展改革委关于降低增值税防伪税控系统专用产品价格的通知》的通知	国税函〔2006〕683号	2006年7月17日	全文
38	国家税务总局关于关联企业间业务往来转让定价税收管理有关问题的通知	国税函〔2006〕901号	2006年9月28日	全文
39	国家税务总局关于印发《企业财产损失所得税税前扣除鉴证业务准则（试行）》的通知	国税发〔2007〕9号	2007年2月2日	全文
40	国家税务总局关于印发《企业所得税汇算清缴纳税申报鉴证业务准则（试行）》的通知	国税发〔2007〕10号	2007年2月2日	全文
41	国家税务总局关于加强消费税收入分析工作的通知	国税函〔2007〕228号	2007年2月25日	全文
42	国家税务总局关于公路 内河货物运输业发票税控系统有关问题的批复	国税函〔2007〕353号	2007年3月23日	全文
43	国家税务总局关于进一步做好增值税纳税评估工作的通知	国税函〔2007〕441号	2007年4月20日	全文
44	国家税务总局关于进一步加强公路 内河货物运输业税收征收管理的通知	国税函〔2007〕504号	2007年5月18日	全文
45	国家税务总局关于进一步加强资源税管理工作的通知	国税发〔2007〕77号	2007年7月6日	全文

续表

序号	标题	文件字号	发布时间	失效废止内容
46	国家税务总局关于发票核定和最高开票限额审批有关问题的批复	国税函〔2007〕868号	2007年8月24日	全文
47	国家税务总局关于修订扩大增值税抵扣范围相关报表的通知	国税函〔2007〕1231号	2007年12月10日	全文
48	国家税务总局关于下发协定股息税率情况一览表的通知	国税函〔2008〕112号	2008年1月29日	全文
49	国家税务总局关于印发《新企业所得税法精神宣传提纲》的通知	国税函〔2008〕159号	2008年2月5日	第二十五条
50	国家税务总局关于贯彻落实从事农、林、牧、渔业项目企业所得税优惠政策有关事项的通知	国税函〔2008〕850号	2008年10月17日	全文
51	国家税务总局关于加强成品油消费税征收管理有关问题的通知	国税函〔2008〕1072号	2008年12月30日	第一条
52	国家税务总局关于印发《特别纳税调整实施办法(试行)》的通知	国税发〔2009〕2号	2009年1月8日	第七十八条
53	国家税务总局关于印发注册税务师执业基本准则的通知	国税发〔2009〕149号	2009年12月2日	全文
54	国家税务总局关于出口企业延期提供出口收汇核销单有关问题的通知	国税函〔2010〕89号	2010年3月2日	全文
55	国家税务总局关于进一步明确企业所得税过渡期优惠政策执行口径问题的通知	国税函〔2010〕157号	2010年4月21日	第一条第四款、第二条
56	国家税务总局关于国寿投资控股有限公司相关税收问题的公告	国家税务总局公告2013年第2号	2013年1月7日	第三条、第四条
57	国家税务总局关于增值税普通发票印制供应有关事项的公告	国家税务总局公告2013年第51号	2013年9月9日	全文
58	国家税务总局关于车辆购置税征收管理有关问题的公告	国家税务总局公告2015年第4号	2015年1月30日	全文
59	国家税务总局关于发布第一批税务行政处罚权力清单的公告	国家税务总局公告2015年第10号	2015年2月16日	全文
60	国家税务总局关于执行《西部地区鼓励类产业目录》有关企业所得税问题的公告	国家税务总局公告2015年第14号	2015年3月10日	全文
61	国家税务总局关于卷烟消费税政策调整后纳税申报有关问题的公告	国家税务总局公告2015年第35号	2015年5月12日	全文
62	国家税务总局关于3项个人所得税事项取消审批实施后续管理的公告	国家税务总局公告2016年第5号	2016年1月28日	第二条第二项
63	国家税务总局关于股权激励和技术入股所得税征管问题的公告	国家税务总局公告2016年第62号	2016年9月28日	第一条第三项中"员工在一个纳税年度中……执行。"
64	国家税务总局关于高档化妆品消费税征收管理事项的公告	国家税务总局公告2016年第66号	2016年10月19日	第一条
65	国家税务总局关于提高科技型中小企业研究开发费用税前加计扣除比例有关问题的公告	国家税务总局公告2017年第18号	2017年5月22日	全文
66	国家税务总局关于明确国别报告有关事项的公告	国家税务总局公告2017年第46号	2017年12月19日	全文

续表

序号	标题	文件字号	发布时间	失效废止内容
67	国家税务总局关于长期来华定居专家免征车辆购置税有关问题的公告	国家税务总局公告2018年第2号	2018年1月2日	第一段
68	国家税务总局关于支持新型冠状病毒感染的肺炎疫情防控有关税收征收管理事项的公告	国家税务总局公告2020年第4号	2020年2月10日	第一条至第九条、第十一条、第十二条
69	国家税务总局关于小型微利企业和个体工商户延缓缴纳2020年所得税有关事项的公告	国家税务总局公告2020年第10号	2020年5月19日	全文
70	国家税务总局关于进一步落实研发费用加计扣除政策有关问题的公告	国家税务总局公告2021年第28号	2021年9月13日	第一条

国家税务总局关于公布废止的税务部门规章目录的决定

2023年6月1日　国家税务总局令第55号

根据《规章制定程序条例》有关规定,国家税务总局对税务部门规章进行了清理。清理结果已经2023年5月23日国家税务总局2023年度第1次局务会议审议通过。现将《废止的税务部门规章目录》予以公布。

国家税务总局局长：王　军

2023年6月1日

废止的税务部门规章目录

序号	制定机关	文件名称	文号和日期	废止原因
1	国家税务总局	境外所得个人所得税征收管理暂行办法	1998年8月12日国税发〔1998〕126号公布,2010年11月29日国家税务总局令第23号确认,2016年5月29日国家税务总局令第40号修改,2018年6月15日国家税务总局令第44号修改。	不适应新个人所得税制,全文废止。
2	国家税务总局	税务违法案件公告办法	1998年9月28日国税发〔1998〕156号公布,2010年11月29日国家税务总局令第23号确认,2018年6月15日国家税务总局令第44号修改。	已被新的税收规定替代,全文废止。

国家税务总局关于公布部分失效废止的规范性文件目录的公告

2023年6月16日　国家税务总局公告2023年第10号

为推进税收法治建设,优化税收营商环境,根据《税务规范性文件制定管理办法》有关规定,国家税务总局对部分规范性文件进行了清理。现将《部分失效废止的规范性文件目录》予以公布。

特此公告。

附件:部分失效废止的规范性文件目录

附件

部分失效废止的规范性文件目录

序号	标题	文件字号	发布时间	失效废止内容
1	国家税务总局关于印发《营业税税目注释(试行稿)》的通知	国税发〔1993〕149号	1993年12月27日	全文
2	国家税务总局关于经营房地产收入纳税义务发生时间的通知	国税发〔1994〕086号	1994年4月7日	全文
3	国家税务总局关于营业税若干征税问题的通知	国税发〔1994〕159号	1994年7月18日	全文
4	国家税务总局关于电力调整试验收入适用税目问题的批复	国税函发〔1994〕552号	1994年10月10日	全文
5	国家税务总局关于中外合作开发房地产征收营业税问题的批复	国税函发〔1994〕644号	1994年12月6日	全文
6	国家税务总局关于印发《营业税问题解答(之一)》的通知	国税函发〔1995〕156号	1995年4月17日	全文
7	国家税务总局关于营业税若干问题的通知	国税发〔1995〕076号	1995年4月26日	全文
8	国家税务总局关于印发《增值税问题解答(之一)》的通知	国税函发〔1995〕288号	1995年6月2日	第二条、第四条
9	国家税务总局关于油气田所属单位为本油气田提供劳务征收营业税问题的通知	国税发〔1995〕132号	1995年7月6日	全文
10	国家税务总局关于电力建设资金有偿使用利息收入征收营业税的通知	国税函〔1996〕15号	1996年1月9日	全文
11	国家税务总局关于原油管理费缴纳营业税问题的复函	国税函〔1996〕101号	1996年3月13日	全文
12	国家税务总局关于成品油管理费缴纳营业税问题的通知	国税函〔1996〕562号	1996年9月24日	全文
13	国家税务总局关于有偿转让资产使用权的行为征收营业税问题的批复	国税函〔1996〕636号	1996年11月6日	全文
14	国家税务总局关于"免征营业税的博物馆"范围界定问题的批复	国税函〔1996〕679号	1996年11月21日	全文

续表

序号	标题	文件字号	发布时间	失效废止内容
15	国家税务总局关于电信业务征收营业税问题的通知	国税函〔1996〕685号	1996年11月22日	全文
16	国家税务总局关于非电信部门开办电话咨询业务适用税目问题的批复	国税函〔1996〕700号	1996年12月3日	全文
17	国家税务总局关于技术转让征收营业税问题的批复	国税函〔1996〕743号	1996年12月31日	全文
18	国家税务总局关于重油调拨手续费营业税问题的通知	国税函〔1997〕85号	1997年2月12日	全文
19	国家税务总局关于合作开采海洋石油提供应税劳务适用营业税税目、税率问题的通知	国税发〔1997〕42号	1997年3月26日	全文
20	国家税务总局关于经营公用电话征收营业税问题的通知	国税发〔1997〕161号	1997年10月11日	全文
21	国家税务总局关于销售不动产兼装修行为征收营业税问题的批复	国税函〔1998〕53号	1998年1月25日	全文
22	国家税务总局关于农业土地出租征税问题的批复	国税函〔1998〕82号	1998年2月10日	全文
23	国家税务总局关于融资租赁业务如何征收营业税问题的批复	国税函〔1998〕553号	1998年9月21日	全文
24	国家税务总局关于有线电视台有关收费征收营业税问题的批复	国税函〔1998〕748号	1998年12月9日	全文
25	国家税务总局关于物业管理企业的代收费用有关营业税问题的通知	国税发〔1998〕217号	1998年12月15日	全文
26	国家税务总局关于以房屋抵顶债务应征收营业税问题的批复	国税函〔1998〕771号	1998年12月15日	全文
27	国家税务总局关于有奖游艺和代销彩票征收营业税问题的批复	国税函〔1999〕90号	1999年2月14日	全文
28	国家税务总局关于交通部门转让公路桥梁收费权征收营业税问题的批复	国税函〔1999〕145号	1999年3月23日	全文
29	国家税务总局关于饮食娱乐场所内设吧台销售烟酒征收营业税问题的批复	国税函〔1999〕587号	1999年8月27日	全文
30	国家税务总局关于外国企业转让无形资产有关营业税问题的通知	国税发〔2000〕70号	2000年4月24日	全文
31	国家税务总局关于融资租赁业务征收流转税问题的通知	国税函〔2000〕514号	2000年7月7日	全文
32	国家税务总局关于证券交易所征收营业税问题的批复	国税函〔2000〕542号	2000年7月14日	全文
33	国家税务总局关于从事租赁业务取得的赔偿金征收营业税问题的批复	国税函〔2000〕563号	2000年7月27日	全文
34	国家税务总局关于航空运输企业包机业务征收营业税问题的通知	国税发〔2000〕139号	2000年8月3日	全文
35	国家税务总局关于电信部门有关业务征收营业税问题的通知	国税发〔2000〕143号	2000年8月10日	全文
36	国家税务总局关于电信部门销售电话号码簿征收营业税问题的通知	国税函〔2000〕698号	2000年9月7日	全文
37	国家税务总局关于明确外国企业和外籍个人技术转让收入免征营业税范围问题的通知	国税发〔2000〕166号	2000年10月8日	全文
38	国家税务总局关于出版物广告收入有关增值税问题的通知	国税发〔2000〕188号	2000年11月17日	全文

续表

序号	标题	文件字号	发布时间	失效废止内容
39	国家税务总局关于电视收视费征收营业税问题的通知	国税发〔2001〕22号	2001年2月26日	全文
40	国家税务总局关于中小企业信用担保、再担保机构免征营业税的通知	国税发〔2001〕37号	2001年4月5日	全文
41	国家税务总局关于转让著作权征收营业税问题的通知	国税发〔2001〕44号	2001年4月16日	全文
42	国家税务总局关于新闻产品征收流转税问题的通知	国税发〔2001〕105号	2001年9月13日	全文
43	国家税务总局关于财政资金增值收入征收营业税问题的批复	国税函〔2001〕1007号	2001年12月29日	全文
44	国家税务总局关于管道煤气集资费(初装费)征收营业税问题的批复	国税函〔2002〕105号	2002年1月28日	全文
45	国家税务总局关于印发《金融保险业营业税申报管理办法》的通知	国税发〔2002〕9号	2002年1月30日	全文
46	国家税务总局关于贷款业务征收营业税问题的通知	国税发〔2002〕13号	2002年2月10日	全文
47	国家税务总局关于交通运输企业征收营业税问题的通知	国税发〔2002〕25号	2002年3月12日	全文
48	国家税务总局关于林地使用权转让行为征收营业税问题的批复	国税函〔2002〕700号	2002年8月1日	全文
49	国家税务总局关于对已缴纳过营业税的递延收入不再征收营业税问题的通知	国税发〔2002〕138号	2002年11月5日	全文
50	国家税务总局关于代理业营业额问题的通知	国税发〔2003〕69号	2003年6月18日	全文
51	国家税务总局关于加强货物运输业税收征收管理的通知	国税发〔2003〕121号	2003年10月17日	全文
52	国家税务总局关于印发《国家税务总局关于加强货物运输业税收管理及运输发票增值税抵扣管理的公告》的通知	国税发〔2003〕120号	2003年10月18日	全文
53	国家税务总局关于广播电视有线数字付费频道业务征收营业税问题的通知	国税函〔2004〕141号	2004年1月20日	全文
54	国家税务总局关于取消"单位和个人从事技术转让、技术开发业务免征营业税审批"后有关税收管理问题的通知	国税函〔2004〕825号	2004年6月25日	全文
55	国家税务总局关于污水处理费不征收营业税的批复	国税函〔2004〕1366号	2004年12月14日	全文
56	国家税务总局关于西气东输管道运输业务营业税纳税地点问题的通知	国税函〔2004〕1434号	2004年12月30日	全文
57	国家税务总局关于客运飞机腹舱联运收入营业税问题的通知	国税函〔2005〕202号	2005年3月9日	全文
58	国家税务总局关于纳税人提供泥浆工程劳务征收流转税问题的批复	国税函〔2005〕375号	2005年4月27日	全文
59	国家税务总局关于代销商品房业务征收营业税问题的批复	国税函〔2005〕917号	2005年9月27日	全文
60	国家税务总局关于垃圾处置费征收营业税问题的批复	国税函〔2005〕1128号	2005年11月30日	全文

续表

序号	标题	文件字号	发布时间	失效废止内容
61	国家税务总局关于交通部门有偿转让高速公路收费经营权征收营业税的批复	国税函〔2005〕1146号	2005年12月6日	全文
62	国家税务总局关于印发《营业税纳税人纳税申报办法》的通知	国税发〔2005〕202号	2005年12月16日	全文
63	国家税务总局关于印发《饮食业、娱乐业税控收款机系统营业税"票表比对"管理操作规程》的通知	国税发〔2006〕16号	2006年1月25日	全文
64	国家税务总局关于劳务承包行为征收营业税问题的批复	国税函〔2006〕493号	2006年5月24日	全文
65	国家税务总局关于增加试点物流企业名单的通知	国税函〔2006〕575号	2006年6月14日	全文
66	国家税务总局关于加强一年期以上返还性人身保险业务营业税征收管理的通知	国税函〔2006〕796号	2006年8月18日	全文
67	国家税务总局关于印发《不动产、建筑业营业税项目管理及发票使用管理暂行办法》的通知	国税发〔2006〕128号	2006年8月24日	全文
68	国家税务总局关于勘察设计劳务征收营业税问题的通知	国税函〔2006〕1245号	2006年12月22日	全文
69	国家税务总局关于加强代理报关业务营业税征收管理有关问题的通知	国税函〔2006〕1310号	2006年12月31日	全文
70	国家税务总局关于无船承运业务有关营业税问题的通知	国税函〔2006〕1312号	2006年12月31日	全文
71	国家税务总局关于受托种植植物 饲养动物征收流转税问题的通知	国税发〔2007〕17号	2007年2月15日	全文
72	国家税务总局关于港口设施保安费税收政策问题的通知	国税发〔2007〕20号	2007年2月26日	全文
73	国家税务总局关于水利工程水费征收流转税问题的批复	国税函〔2007〕461号	2007年4月29日	全文
74	国家税务总局关于代理业营业税计税依据确定问题的批复	国税函〔2007〕908号	2007年8月24日	全文
75	国家税务总局关于新版公路 内河货物运输业统一发票有关使用问题的通知	国税发〔2007〕101号	2007年8月26日	全文
76	国家税务总局关于下发试点物流企业名单(第三批)的通知	国税函〔2007〕1019号	2007年9月28日	全文
77	国家税务总局关于风景名胜区景点经营收入征收营业税问题的批复	国税函〔2008〕254号	2008年3月21日	全文
78	国家税务总局关于土地使用者将土地使用权归还给土地所有者行为营业税问题的通知	国税函〔2008〕277号	2008年3月27日	全文
79	国家税务总局关于互联网广告代理业务营业税问题的批复	国税函〔2008〕660号	2008年7月6日	全文
80	国家税务总局关于餐饮公司送餐业务有关税收问题的批复	国税函〔2009〕233号	2009年6月6日	全文
81	国家税务总局关于政府收回土地使用权及纳税人代垫拆迁补偿费有关营业税问题的通知	国税函〔2009〕520号	2009年9月17日	全文
82	国家税务总局关于处置危险废物取得收入征免营业税问题的批复	国税函〔2009〕587号	2009年10月22日	全文
83	国家税务总局关于进一步落实不动产、建筑业营业税项目管理及发票使用管理办法的通知	国税函〔2009〕630号	2009年11月16日	全文
84	国家税务总局关于融资性售后回租业务中承租方出售资产行为有关税收问题的公告	2010年第13号	2010年9月8日	第一条中"和营业税"

续表

序号	标题	文件字号	发布时间	失效废止内容
85	国家税务总局关于发布试点物流企业名单（第六批）的公告	2010年第18号	2010年10月25日	全文
86	国家税务总局关于纳税人销售自产货物并同时提供建筑业劳务有关税收问题的公告	2011年第23号	2011年3月25日	全文
87	国家税务总局关于纳税人资产重组有关营业税问题的公告	2011年第51号	2011年9月26日	全文
88	国家税务总局关于铁路运输企业之间合作完成运输业务有关营业税问题的公告	2011年第52号	2011年9月26日	全文
89	国家税务总局关于发布试点物流企业名单（第七批）的公告	2011年第55号	2011年10月25日	全文
90	国家税务总局关于发布试点物流企业名单（第八批）的公告	2012年第34号	2012年7月12日	全文
91	国家税务总局关于将北京东方信捷物流有限责任公司等企业纳入物流企业营业税差额纳税试点范围的公告	2012年第48号	2012年11月28日	全文
92	国家税务总局关于纳税人投资政府土地改造项目有关营业税问题的公告	2013年第15号	2013年4月15日	全文
93	国家税务总局关于铁路货运组织改革后两端物流服务有关营业税和增值税问题的公告	2013年第55号	2013年9月24日	全文
94	国家税务总局关于金融商品转让业务有关营业税问题的公告	2013年第63号	2013年11月6日	全文
95	国家税务总局关于转让小火电机组容量指标营业税问题的公告	2013年第74号	2013年12月13日	全文
96	国家税务总局关于纳税人开发回迁安置用房有关营业税问题的公告	2014年第2号	2014年1月8日	全文
97	国家税务总局关于国际货物运输代理服务有关增值税问题的公告	2014年第42号	2014年7月4日	全文
98	国家税务总局关于债券买卖业务营业税问题的公告	2014年第50号	2014年8月28日	全文
99	国家税务总局关于小微企业免征增值税和营业税有关问题的公告	2014年第57号	2014年10月11日	全文
100	国家税务总局关于简化个人无偿赠与不动产 土地使用权免征营业税手续的公告	2015年第50号	2015年6月29日	全文
101	国家税务总局关于一年期以上返还性人身保险产品免征营业税审批事项取消后有关管理问题的公告	2015年第65号	2015年9月18日	全文
102	国家税务总局关于中小企业信用担保机构免征营业税审批事项取消后有关管理问题的公告	2015年第69号	2015年9月21日	全文
103	国家税务总局关于明确若干营业税问题的公告	2015年第92号	2015年12月25日	全文
104	国家税务总局关于融资融券业务营业税问题的公告	2016年第20号	2016年3月31日	全文

财政部关于公布废止和失效的财政规章和规范性文件目录（第十四批）的决定（节录）

2024年1月20日　财政部令第114号

《财政部关于公布废止和失效的财政规章和规范性文件目录（第十四批）的决定》已于2023年12月29日经财政部部务会议审议通过，现予公布，自公布之日起施行。

部长　蓝佛安
2024年1月20日

财政部关于公布废止和失效的财政规章和规范性文件目录（第十四批）的决定

为了适应依法行政、依法理财的需要，根据《财政部规章和规范性文件清理工作规则》，我部对截至2022年12月底发布的现行财政规章和规范性文件进行了全面清理。经过清理，确定废止和失效的财政规章和规范性文件共718件，其中，废止的财政规章14件，废止的财政规范性文件447件，失效的财政规范性文件257件。现将废止和失效的财政规章和规范性文件的目录予以公布。

附件：废止和失效的财政规章和规范性文件目录（第十四批）

附件

废止和失效的财政规章和规范性文件目录（第十四批）

（718件）

一、废止的财政规章目录（14件）

序号	文件名称	制定机关	文号	公布日期
	…………			
2	关于修改《科学研究和教学用品免征进口税收规定》的决定	财政部、海关总署、税务总局	财政部　海关总署　税务总局令第93号	2017年12月20日
	…………			
5	中华人民共和国资源税暂行条例实施细则	财政部、税务总局	财政部　税务总局令第66号	2011年10月28日

续表

序号	文件名称	制定机关	文号	公布日期
6	关于修改《科技开发用品免征进口税收暂行规定》和《科学研究和教学用品免征进口税收规定》的决定	财政部、海关总署、税务总局	财政部 海关总署 税务总局令第63号	2011年6月14日
	…………			
9	科学研究和教学用品免征进口税收规定	财政部、海关总署、税务总局	财政部 海关总署 税务总局令第45号	2007年1月31日
	…………			
12	中华人民共和国契税暂行条例细则	财政部	财法字〔1997〕52号	1997年10月28日
13	中华人民共和国印花税暂行条例施行细则	财政部	(88)财税字第255号	1988年9月29日
	…………			

二、废止的财政规范性文件目录(447件)

综合类

序号	文件名称	制定机关	文号	公布日期
8	关于运用政府和社会资本合作模式推进公共租赁住房投资建设和运营管理的通知	财政部、国土资源部、住房城乡建设部、中国人民银行、税务总局、中国银监会	财综〔2015〕15号	2015年4月21日
	…………			

税收及非税收入类

序号	文件名称	制定机关	文号	公布日期
13	关于加大支持科技创新税前扣除力度的公告	财政部、税务总局、科技部	公告2022年第28号	2022年9月22日
14	关于进一步提高科技型中小企业研发费用税前加计扣除比例的公告	财政部、税务总局、科技部	公告2022年第16号	2022年3月23日
15	关于明确先进制造业增值税期末留抵退税政策的公告	财政部、税务总局	公告2021年第15号	2021年4月23日
16	关于进一步完善研发费用税前加计扣除政策的公告	财政部、税务总局	公告2021年第13号	2021年3月31日
17	关于明确部分先进制造业增值税期末留抵退税政策的公告	财政部、税务总局	公告2019年第84号	2019年8月31日
18	关于调整铁路和航空运输企业汇总缴纳增值税总分机构名单的通知	财政部、税务总局	财税〔2019〕1号	2019年1月2日
19	关于中国邮政储蓄银行三农金融事业部涉农贷款增值税政策的通知	财政部、税务总局	财税〔2018〕97号	2018年9月12日
20	关于进一步扩大小型微利企业所得税优惠政策范围的通知	财政部、税务总局	财税〔2018〕77号	2018年7月11日
21	关于延续宣传文化增值税优惠政策的通知	财政部、税务总局	财税〔2018〕53号	2018年6月5日

续表

序号	文件名称	制定机关	文号	公布日期
22	关于对营业账簿减免印花税的通知	财政部、税务总局	财税〔2018〕50号	2018年5月3日
23	关于调整湖南省砂石资源税适用税率的批复	财政部、税务总局	财税〔2018〕9号	2018年1月25日
24	关于境外投资者以分配利润直接投资暂不征收预提所得税政策问题的通知	财政部、税务总局、国家发展改革委、商务部	财税〔2017〕88号	2017年12月21日
25	关于延续小微企业增值税政策的通知	财政部、税务总局	财税〔2017〕76号	2017年10月20日
26	关于调整铁路和航空运输企业汇总缴纳增值税分支机构名单的通知	财政部、税务总局	财税〔2017〕67号	2017年8月22日
27	关于广告费和业务宣传费支出税前扣除政策的通知	财政部、税务总局	财税〔2017〕41号	2017年5月27日
28	关于继续执行有线电视收视费增值税政策的通知	财政部、税务总局	财税〔2017〕35号	2017年4月28日
29	关于垃圾填埋沼气发电列入《环境保护、节能节水项目企业所得税优惠目录（试行）》的通知	财政部、税务总局、国家发展改革委	财税〔2016〕131号	2016年12月1日
30	关于继续执行研发机构采购设备增值税政策的通知	财政部、商务部、税务总局	财税〔2016〕121号	2016年11月16日
31	关于收费公路通行费增值税抵扣有关问题的通知	财政部、税务总局	财税〔2016〕86号	2016年8月3日
32	关于城市公交企业购置公共汽电车辆免征车辆购置税的通知	财政部、税务总局	财税〔2016〕84号	2016年7月25日
33	关于资源税改革具体政策问题的通知	财政部、税务总局	财税〔2016〕54号	2016年5月9日
34	关于全面推进资源税改革的通知	财政部、税务总局	财税〔2016〕53号	2016年5月9日
35	关于公益性捐赠税前扣除资格确认审批有关调整事项的通知	财政部、税务总局、民政部	财税〔2015〕141号	2015年12月31日
36	关于完善港口建设费征收政策有关问题的通知	财政部、交通运输部	财税〔2015〕131号	2015年12月18日
37	关于影视等出口服务适用增值税零税率政策的通知	财政部、税务总局	财税〔2015〕118号	2015年10月30日
38	关于调整铁路和航空运输企业汇总缴纳增值税分支机构名单的通知	财政部、税务总局	财税〔2015〕87号	2015年8月10日
39	关于印发《资源综合利用产品和劳务增值税优惠目录》的通知	财政部、税务总局	财税〔2015〕78号	2015年6月12日
40	关于实施稀土 钨 钼资源税从价计征改革的通知	财政部、税务总局	财税〔2015〕52号	2015年4月30日
41	关于新疆维吾尔自治区煤炭资源税适用税率的批复	财政部、税务总局	财税〔2014〕147号	2014年12月25日
42	关于青海省煤炭资源税适用税率的批复	财政部、税务总局	财税〔2014〕146号	2014年12月25日
43	关于宁夏回族自治区煤炭资源税适用税率的批复	财政部、税务总局	财税〔2014〕145号	2014年12月25日
44	关于甘肃省煤炭资源税适用税率的批复	财政部、税务总局	财税〔2014〕144号	2014年12月25日
45	关于陕西省煤炭资源税适用税率的批复	财政部、税务总局	财税〔2014〕143号	2014年12月25日
46	关于云南省煤炭资源税适用税率的批复	财政部、税务总局	财税〔2014〕142号	2014年12月25日

续表

序号	文件名称	制定机关	文号	公布日期
47	关于贵州省煤炭资源税适用税率的批复	财政部、税务总局	财税〔2014〕141号	2014年12月25日
48	关于四川省煤炭资源税适用税率的批复	财政部、税务总局	财税〔2014〕140号	2014年12月25日
49	关于重庆市煤炭资源税适用税率的批复	财政部、税务总局	财税〔2014〕139号	2014年12月25日
50	关于广西壮族自治区煤炭资源税适用税率的批复	财政部、税务总局	财税〔2014〕138号	2014年12月25日
51	关于湖南省煤炭资源税适用税率的批复	财政部、税务总局	财税〔2014〕137号	2014年12月25日
52	关于湖北省煤炭资源税适用税率的批复	财政部、税务总局	财税〔2014〕136号	2014年12月25日
53	关于河南省煤炭资源税适用税率的批复	财政部、税务总局	财税〔2014〕135号	2014年12月25日
54	关于山东省煤炭资源税适用税率的批复	财政部、税务总局	财税〔2014〕134号	2014年12月25日
55	关于江西省煤炭资源税适用税率的批复	财政部、税务总局	财税〔2014〕133号	2014年12月25日
56	关于福建省煤炭资源税适用税率的批复	财政部、税务总局	财税〔2014〕132号	2014年12月25日
57	关于安徽省煤炭资源税适用税率的批复	财政部、税务总局	财税〔2014〕131号	2014年12月25日
58	关于江苏省煤炭资源税适用税率的批复	财政部、税务总局	财税〔2014〕130号	2014年12月25日
59	关于黑龙江省煤炭资源税适用税率的批复	财政部、税务总局	财税〔2014〕129号	2014年12月25日
60	关于吉林省煤炭资源税适用税率的批复	财政部、税务总局	财税〔2014〕128号	2014年12月25日
61	关于辽宁省煤炭资源税适用税率的批复	财政部、税务总局	财税〔2014〕127号	2014年12月25日
62	关于山西省煤炭资源税适用税率的批复	财政部、税务总局	财税〔2014〕126号	2014年12月25日
63	关于内蒙古自治区煤炭资源税适用税率的批复	财政部、税务总局	财税〔2014〕125号	2014年12月25日
64	关于河北省煤炭资源税适用税率的批复	财政部、税务总局	财税〔2014〕124号	2014年12月25日
65	关于北京市煤炭资源税适用税率的批复	财政部、税务总局	财税〔2014〕123号	2014年12月25日
66	关于华夏航空有限公司及其分支机构增值税计算缴纳问题的通知	财政部、税务总局	财税〔2014〕76号	2014年10月17日
67	关于调整原油、天然气资源税有关政策的通知	财政部、税务总局	财税〔2014〕73号	2014年10月9日
68	关于实施煤炭资源税改革的通知	财政部、税务总局	财税〔2014〕72号	2014年10月9日
69	关于铁路运输企业汇总缴纳增值税的补充通知	财政部、税务总局	财税〔2014〕54号	2014年8月5日
70	关于扩大启运港退税政策试点范围的通知	财政部、海关总署、税务总局	财税〔2014〕53号	2014年7月30日
71	关于实施全国中小企业股份转让系统挂牌公司股息红利差别化个人所得税政策有关问题的通知	财政部、税务总局、中国证监会	财税〔2014〕48号	2014年6月27日
72	关于国际水路运输增值税零税率政策的补充通知	财政部、税务总局	财税〔2014〕50号	2014年6月13日
73	关于在全国中小企业股份转让系统转让股票有关证券（股票）交易印花税政策的通知	财政部、税务总局	财税〔2014〕47号	2014年5月27日
74	关于转让优先股有关证券（股票）交易印花税政策的通知	财政部、税务总局	财税〔2014〕46号	2014年5月27日

续表

序号	文件名称	制定机关	文号	公布日期
75	关于将电信业纳入营业税改征增值税试点的通知	财政部、税务总局	财税〔2014〕43号	2014年4月29日
76	关于深圳前海深港现代服务业合作区个人所得税优惠政策的通知	财政部、税务总局	财税〔2014〕25号	2014年3月28日
77	关于广东横琴新区个人所得税优惠政策的通知	财政部、税务总局	财税〔2014〕23号	2014年3月28日
78	关于首次公开发行股票时公司股东公开发售股份有关印花税政策的通知	财政部、税务总局	财税〔2014〕3号	2014年1月13日
79	关于中国农业银行三农金融事业部涉农贷款营业税优惠政策的通知	财政部、税务总局	财税〔2014〕5号	2014年1月10日
80	关于夫妻之间房屋土地权属变更有关契税政策的通知	财政部、税务总局	财税〔2014〕4号	2013年12月31日
81	关于铁路运输和邮政业营业税改征增值税试点有关政策的补充通知	财政部、税务总局	财税〔2013〕121号	2013年12月30日
82	关于铁路运输企业汇总缴纳增值税的通知	财政部、税务总局	财税〔2013〕111号	2013年12月30日
83	关于延续宣传文化增值税和营业税优惠政策的通知	财政部、税务总局	财税〔2013〕87号	2013年12月25日
84	关于将铁路运输和邮政业纳入营业税改征增值税试点的通知	财政部、税务总局	财税〔2013〕106号	2013年12月12日
85	关于对部分营业税纳税人免征文化事业建设费的通知	财政部、税务总局	财综〔2013〕102号	2013年12月3日
86	关于动漫产业增值税和营业税政策的通知	财政部、税务总局	财税〔2013〕98号	2013年11月28日
87	关于部分航空运输企业总分机构增值税计算缴纳问题的通知	财政部、税务总局	财税〔2013〕86号	2013年10月24日
88	关于同意南京港长江大桥以上港区减半征收港口建设费的批复	财政部、交通运输部	财综〔2012〕40号	2012年6月6日
89	关于免征客滚运输港口建设费的通知	财政部、交通运输部	财综〔2011〕100号	2011年10月18日
90	关于继续执行研发机构采购设备税收政策的通知	财政部、商务部、海关总署、税务总局	财税〔2011〕88号	2011年10月10日
91	关于调整个体工商户业主个人独资企业和合伙企业自然人投资者个人所得税费用扣除标准的通知	财政部、税务总局	财税〔2011〕62号	2011年7月29日
92	关于购房人办理退房有关契税问题的通知	财政部、税务总局	财税〔2011〕32号	2011年4月26日
93	关于印发《港口建设费征收使用管理办法》的通知	财政部、交通运输部	财综〔2011〕29号	2011年4月25日
94	关于调整房地产交易环节契税 个人所得税优惠政策的通知	财政部、税务总局、住房城乡建设部	财税〔2010〕94号	2010年9月29日
95	关于公益性捐赠税前扣除有关问题的补充通知	财政部、税务总局、民政部	财税〔2010〕45号	2010年7月21日
96	关于公布环境保护节能节水项目企业所得税优惠目录(试行)的通知	财政部、税务总局、国家发展改革委	财税〔2009〕166号	2009年12月31日
97	关于通过公益性群众团体的公益性捐赠税前扣除有关问题的通知	财政部、税务总局	财税〔2009〕124号	2009年12月8日

续表

序号	文件名称	制定机关	文号	公布日期
98	关于上市公司高管人员股票期权所得缴纳个人所得税有关问题的通知	财政部、税务总局	财税〔2009〕40号	2009年5月4日
99	关于公益性捐赠税前扣除有关问题的通知	财政部、税务总局、民政部	财税〔2008〕160号	2008年12月31日
100	关于企业改制过程中以国家作价出资（入股）方式转移国有土地使用权有关契税问题的通知	财政部、税务总局	财税〔2008〕129号	2008年10月22日
101	关于公布《安全生产专用设备企业所得税优惠目录(2008年版)》的通知	财政部、税务总局、安全监管总局	财税〔2008〕118号	2008年8月20日
102	关于公布资源综合利用企业所得税优惠目录(2008年版)的通知	财政部、税务总局、国家发展改革委	财税〔2008〕117号	2008年8月20日
103	关于土地使用权转让契税计税依据的批复	财政部、税务总局	财税〔2007〕162号	2007年12月11日
104	关于对买卖封闭式证券投资基金继续予以免征印花税的通知	财政部、税务总局	财税〔2004〕173号	2004年11月5日
105	关于改变印花税按期汇总缴纳管理办法的通知	财政部、税务总局	财税〔2004〕170号	2004年11月5日
106	关于农用三轮车免征车辆购置税的通知	财政部、税务总局	财税〔2004〕66号	2004年9月7日
107	关于国有土地使用权出让等有关税问题的通知	财政部、税务总局	财税〔2004〕134号	2004年8月3日
108	关于房屋附属设施有关契税政策的批复	财政部、税务总局	财税〔2004〕126号	2004年7月23日
109	关于做好取消城市维护建设税审批项目后续管理工作的通知	财政部、税务总局	财税〔2003〕230号	2003年11月10日
110	关于三峡电站电力产品增值税税收政策问题的通知	财政部、税务总局	财税〔2002〕24号	2002年2月4日
111	关于社会力量办学契税政策问题的通知	财政部、税务总局	财税〔2001〕156号	2001年9月8日
112	关于对中国农业发展银行各级机构购买办公房屋恢复征收契税的通知	财政部、税务总局	财税〔2001〕63号	2001年4月16日
113	关于公有制单位职工首次购买住房免征契税的通知	财政部、税务总局	财税〔2000〕130号	2000年11月29日
114	关于同意收取国际注册内部审计师报名考务费的函	财政部、国家计委	财综字〔1999〕144号	1999年9月16日
115	关于契税征收中几个问题的批复	财政部、税务总局	财税字〔1998〕96号	1998年5月29日
116	关于微山湖地区煤炭资源税纳税地点意见的函	财政部、税务总局	财税字〔1997〕55号	1997年4月2日
117	关于军队干部工资薪金收入征收个人所得税的通知	财政部、税务总局	财税字〔1996〕14号	1996年2月14日
118	关于铁路系统征收资源税问题的通知	财政部、税务总局	财税字〔1995〕75号	1995年9月30日
119	关于修订《中外合作开采陆上石油资源缴纳矿区使用费暂行规定》的通知	财政部、税务总局	财税字〔1995〕63号	1995年7月28日
120	关于银行部门以超过国家利率支付给储户的揽储奖金征收个人所得税问题的批复	财政部、税务总局	财税字〔1995〕64号	1995年7月6日
121	关于城建税征收问题的通知	财政部	(93)财法字第42号	1993年12月29日

续表

序号	文件名称	制定机关	文号	公布日期
122	关于对外籍人员、华侨、港、澳、台同胞拥有的房产如何征收房产税问题的批复	财政部	(87)财税外字第230号	1987年8月11日
123	关于缴纳城市维护建设税问题的复函	财政部、税务总局	(86)财税地字第4号	1986年5月31日
124	关于跨省油田和管道局缴纳城市维护建设税问题的答复	财政部、税务总局	(85)财税地字第5号	1985年6月25日
125	关于城市维护建设税几个具体问题的补充规定	财政部	(85)财税字第143号	1985年6月4日
126	关于城市维护建设税几个具体问题的规定	财政部	(85)财税字第69号	1985年3月22日
127	关于《中华人民共和国城市维护建设税暂行条例》执行日期等问题的通知	财政部	(85)财税字第55号	1985年2月15日

关税类

序号	文件名称	制定机关	文号	公布日期
128	关于调整重大技术装备进口税收政策有关目录的通知	财政部、工业和信息化部、海关总署、税务总局、国家能源局	财关税〔2019〕38号	2019年11月26日
129	关于调整重大技术装备进口税收政策有关目录的通知	财政部、国家发展改革委、工业和信息化部、海关总署、税务总局、国家能源局	财关税〔2018〕42号	2018年11月14日
130	关于调整重大技术装备进口税收政策有关目录的通知	财政部、工业和信息化部、海关总署、税务总局	财关税〔2017〕39号	2017年12月22日
131	关于调整重大技术装备进口税收政策有关目录及规定的通知	财政部、国家发展改革委、工业和信息化部、海关总署、税务总局、国家能源局	财关税〔2015〕51号	2015年12月1日
132	关于调整集成电路生产企业进口自用生产性原材料 消耗品免税商品清单的通知	财政部、国家发展改革委、工业和信息化部、海关总署、税务总局	财关税〔2015〕46号	2015年11月11日
133	关于科研机构进口医疗检测 分析仪器有关税收事项的通知	财政部、海关总署、税务总局	财关税〔2015〕23号	2015年6月3日
134	关于调整重大技术装备进口税收政策的通知	财政部、国家发展改革委、工业和信息化部、海关总署、税务总局、国家能源局	财关税〔2014〕2号	2014年2月18日
135	关于驻外使领馆工作人员离任回国所携自用车辆进口税收政策问题的通知	财政部	财关税〔2005〕11号	2005年2月24日
136	关于线宽小于0.8微米(含)集成电路企业进口自用生产性原材料 消耗品享受税收优惠政策的通知	财政部、海关总署、税务总局、信息产业部	财关税〔2004〕45号	2004年10月10日

续表

序号	文件名称	制定机关	文号	公布日期
137	关于部分集成电路生产企业进口净化室专用建筑材料等物资税收政策问题的通知	财政部	财税〔2002〕152号	2002年9月26日
138	关于部分集成电路生产企业进口自用生产性原材料、消耗品税收政策的通知	财政部	财税〔2002〕136号	2002年8月24日

…………

三、失效的财政规范性文件目录(257件)
…………

税收及非税收入类

序号	文件名称	制定机关	文号	公布日期
14	关于缓缴涉及企业、个体工商户部分行政事业性收费的公告	财政部、国家发展改革委	公告2022年第29号	2022年9月28日
15	关于快递收派服务免征增值税的公告	财政部、税务总局	公告2022年第18号	2022年4月29日
16	关于对增值税小规模纳税人免征增值税的公告	财政部、税务总局	公告2022年第15号	2022年3月24日
17	关于促进服务业领域困难行业纾困发展有关增值税政策的公告	财政部、税务总局	公告2022年第11号	2022年3月3日
18	关于实施小微企业和个体工商户所得税优惠政策的公告	财政部、税务总局	公告2021年第12号	2021年4月2日
19	关于明确增值税小规模纳税人免征增值税政策的公告	财政部、税务总局	公告2021年第11号	2021年3月31日
20	关于延续实施应对疫情部分税费优惠政策的公告	财政部、税务总局	公告2021年第7号	2021年3月17日
21	关于延长港口建设费和船舶油污损害赔偿基金减免政策执行期限的公告	财政部、交通运输部	公告2020年第30号	2020年6月4日
22	关于暂免征收国家电影事业发展专项资金政策的公告	财政部、国家电影局	公告2020年第26号	2020年5月13日
23	关于延长小规模纳税人减免增值税政策执行期限的公告	财政部、税务总局	公告2020年第24号	2020年4月30日
24	关于继续实施物流企业大宗商品仓储设施用地城镇土地使用税优惠政策的公告	财政部、税务总局	公告2020年第16号	2020年3月13日
25	关于减免港口建设费和船舶油污损害赔偿基金的公告	财政部、交通运输部	公告2020年第14号	2020年3月13日
26	关于支持个体工商户复工复业增值税政策的公告	财政部、税务总局	公告2020年第13号	2020年2月28日
27	关于新型冠状病毒感染的肺炎疫情防控期间免征部分行政事业性收费和政府性基金的公告	财政部、国家发展改革委	公告2020年第11号	2020年2月6日
28	关于继续执行沪港、深港股票市场交易互联互通机制和内地与香港基金互认有关个人所得税政策的公告	财政部、税务总局、中国证监会	公告2019年第93号	2019年12月4日
29	关于部分国家储备商品有关税收政策的公告	财政部、税务总局	公告2019年第77号	2019年6月28日

续表

序号	文件名称	制定机关	文号	公布日期
30	关于实施小微企业普惠性税收减免政策的通知	财政部、税务总局	财税〔2019〕13号	2019年1月17日
31	关于继续执行内地与香港基金互认有关个人所得税政策的通知	财政部、税务总局、中国证监会	财税〔2018〕154号	2018年12月17日
32	关于进一步落实重点群体创业就业税收政策的通知	财政部、税务总局、人力资源社会保障部	财税〔2018〕136号	2018年11月23日
33	关于延长对废矿物油再生油品免征消费税政策实施期限的通知	财政部、税务总局	财税〔2018〕144号	2018年12月7日
34	关于境外机构投资境内债券市场企业所得税 增值税政策的通知	财政部、税务总局	财税〔2018〕108号	2018年11月7日
35	关于去产能和调结构房产税 城镇土地使用税政策的通知	财政部、税务总局	财税〔2018〕107号	2018年9月30日
36	关于物流企业承租用于大宗商品仓储设施的土地城镇土地使用税优惠政策的通知	财政部、税务总局	财税〔2018〕62号	2018年6月1日
37	关于继续实施企业改制重组有关土地增值税政策的通知	财政部、税务总局	财税〔2018〕57号	2018年5月16日
38	关于继续支持企业 事业单位改制重组有关契税政策的通知	财政部、税务总局	财税〔2018〕17号	2018年3月2日
39	关于继续执行沪港股票市场交易互联互通机制有关个人所得税政策的通知	财政部、税务总局、中国证监会	财税〔2017〕78号	2017年11月1日
40	关于继续实施支持和促进重点群体创业就业有关税收政策的通知	财政部、税务总局、人力资源社会保障部	财税〔2017〕49号	2017年6月12日
41	关于继续实施物流企业大宗商品仓储设施用地城镇土地使用税优惠政策的通知	财政部、税务总局	财税〔2017〕33号	2017年4月26日
42	关于大型客机和大型客机发动机整机设计制造企业房产税 城镇土地使用税政策的通知	财政部、税务总局	财税〔2016〕133号	2016年11月28日
43	关于生产和装配伤残人员专门用品企业免征企业所得税的通知	财政部、税务总局、民政部	财税〔2016〕111号	2016年10月24日
44	关于国家大学科技园税收政策的通知	财政部、税务总局	财税〔2016〕98号	2016年9月5日
45	关于继续执行光伏发电增值税政策的通知	财政部、税务总局	财税〔2016〕81号	2016年7月25日
46	关于部分国家储备商品有关税收政策的通知	财政部、税务总局	财税〔2016〕28号	2016年3月11日
47	关于城市公交站场 道路客运站场 城市轨道交通系统城镇土地使用税优惠政策的通知	财政部、税务总局	财税〔2016〕16号	2016年2月4日
48	关于公共租赁住房税收优惠政策的通知	财政部、税务总局	财税〔2015〕139号	2015年12月30日
49	关于中国华融资产管理股份有限公司改制过程中有关印花税政策的通知	财政部、税务总局	财税〔2015〕109号	2015年10月16日
50	关于继续执行小微企业增值税和营业税政策的通知	财政部、税务总局	财税〔2015〕96号	2015年8月27日
51	关于扩大企业吸纳就业税收优惠适用人员范围的通知	财政部、税务总局、人力资源社会保障部	财税〔2015〕77号	2015年7月10日

续表

序号	文件名称	制定机关	文号	公布日期
52	关于组建中国铁路总公司有关印花税政策的通知	财政部、税务总局	财税〔2015〕57号	2015年5月25日
53	关于支持和促进重点群体创业就业税收政策有关问题的补充通知	财政部、税务总局、人力资源社会保障部、教育部	财税〔2015〕18号	2015年1月27日
54	关于支持鲁甸地震灾后恢复重建有关税收政策问题的通知	财政部、海关总署、税务总局	财税〔2015〕27号	2015年1月26日
55	关于继续实施支持文化企业发展若干税收政策的通知	财政部、海关总署、税务总局	财税〔2014〕85号	2014年11月27日
56	关于继续实施文化体制改革中经营性文化事业单位转制为企业若干税收政策的通知	财政部、税务总局、中央宣传部	财税〔2014〕84号	2014年11月27日
57	关于免收货物原产地证书费有关问题的通知	财政部、国家发展改革委	财综〔2014〕24号	2014年5月6日
58	关于飞机租赁企业有关印花税政策的通知	财政部、税务总局	财税〔2014〕18号	2014年3月3日
59	关于大型水电企业增值税政策的通知	财政部、税务总局	财税〔2014〕10号	2014年2月12日
60	关于2014年继续免收出口商品检验检疫费的通知	财政部、国家发展改革委	财综〔2014〕6号	2014年1月27日
61	关于对废矿物油再生油品免征消费税的通知	财政部、税务总局	财税〔2013〕105号	2013年12月12日
62	关于光伏发电增值税政策的通知	财政部、税务总局	财税〔2013〕66号	2013年9月23日
63	关于免收出口商品检验检疫费等有关问题的通知	财政部、国家发展改革委	财综〔2013〕85号	2013年8月15日
64	关于第二届夏季青年奥林匹克运动会等三项国际综合运动会税收政策的通知	财政部、海关总署、税务总局	财税〔2013〕11号	2013年1月22日
65	关于继续免征国产抗艾滋病毒药品增值税的通知	财政部、税务总局	财税〔2011〕128号	2011年12月14日
66	关于继续执行边销茶增值税政策的通知	财政部、税务总局	财税〔2011〕89号	2011年12月7日
67	关于天然林保护工程(二期)实施企业和单位房产税 城镇土地使用税政策的通知	财政部、税务总局	财税〔2011〕90号	2011年9月26日
68	关于全国社会保障基金理事会回拨已转持国有股有关证券(股票)交易印花税问题的通知	财政部、税务总局	财税〔2011〕65号	2011年8月23日
69	关于减免出口农产品出入境检验检疫费等有关问题的通知	财政部、国家发展改革委	财综〔2011〕42号	2011年5月26日
70	关于中国国际贸易促进委员会和地方贸促机构行政事业性收费征收管理有关问题的通知	财政部	财综〔2011〕17号	2011年4月11日
71	关于中国信达资产管理股份有限公司改制过程中有关契税和印花税问题的通知	财政部、税务总局	财税〔2011〕2号	2011年1月24日
72	关于明确中国邮政集团公司邮政速递物流业务重组改制过程中有关契税和印花税政策的通知	财政部、税务总局	财税〔2010〕92号	2010年10月25日

续表

序号	文件名称	制定机关	文号	公布日期
73	关于减免出口农产品和纺织服装产品出入境检验检疫费的通知	财政部、国家发展改革委	财综〔2010〕22号	2010年4月13日
74	关于加强南水北调工程基金征缴工作的通知	财政部、国家发展改革委、审计署、国务院南水北调办	财综〔2010〕21号	2010年4月1日
75	关于北京德国文化中心·歌德学院（中国）在华房产有关契税和印花税问题的通知	财政部、税务总局	财税〔2009〕159号	2009年12月29日
76	关于印发《育林基金征收使用管理办法》的通知	财政部、国家林业局	财综〔2009〕32号	2009年5月25日
77	关于减免出口农产品和纺织服装产品出入境检验检疫费的通知	财政部、国家发展改革委、国家质检总局	财综〔2009〕25号	2009年4月24日
78	关于调整南水北调工程基金分年度上缴额度及有关问题的通知	财政部、国家发展改革委、国务院南水北调办、审计署	财综〔2009〕21号	2009年3月23日
79	关于对欧洲鳗鲡及其产品免征水生野生动物资源保护费和野生动植物进出口管理费的通知	财政部、国家发展改革委	财综〔2009〕18号	2009年3月2日
80	关于上海世博会境外参展国工作人员个人所得税问题的通知	财政部、税务总局	财税〔2008〕85号	2008年9月10日
81	关于对汶川地震受灾严重地区减免部分行政事业性收费等问题的通知	财政部、国家发展改革委	财综〔2008〕50号	2008年7月15日
82	关于提供政府公开信息收取费用等有关问题的通知	财政部、国家发展改革委	财综〔2008〕44号	2008年6月11日
83	关于对美国驻华使馆购买馆员住宅免征印花税的通知	财政部、税务总局	财税〔2006〕101号	2006年8月18日
84	关于同意免收"三农"和少数民族文字出版物条形码胶片费的复函	财政部、国家发展改革委	财综〔2006〕23号	2006年7月3日
85	关于同意设立投资建设项目管理师职业水平考试收费项目等有关问题的通知	财政部、国家发展改革委	财综〔2006〕22号	2006年6月23日
86	关于中国石油化工集团公司受让部分国有股权有关证券（股票）交易印花税政策的通知	财政部、税务总局	财税〔2006〕31号	2006年3月24日
87	关于免征中央汇金投资有限责任公司资金账簿印花税的通知	财政部、税务总局	财税〔2005〕16号	2005年2月16日
88	关于明确三峡发电资产有关印花税问题的通知	财政部、税务总局	财税〔2004〕183号	2004年11月29日
89	关于继续免征三峡工程建设基金的城市维护建设税、教育费附加的通知	财政部、税务总局	财税〔2004〕79号	2004年5月28日
90	关于中国对外贸易运输（集团）总公司有关印花税政策的通知	财政部、税务总局	财税〔2003〕7号	2003年1月23日
91	关于免征中国华润总公司有关新增实收资本资本公积印花税的通知	财政部、税务总局	财税〔2001〕155号	2001年9月4日
92	关于本溪金岛生态农业发展有限公司承受农村集体土地使用权征收契税的批复	财政部、税务总局	财税字〔2000〕26号	2000年2月28日

续表

序号	文件名称	制定机关	文号	公布日期
93	关于民办非企业单位登记收费有关问题的复函	财政部、国家计委	财综字〔1999〕119号	1999年8月9日
94	关于批准收取植物新品种保护权申请费、审查费、年费有关问题的通知	财政部、国家计委	财综字〔1998〕160号	1998年11月28日
95	关于对方缔约国居民个人在华停留天数计算问题的批复	财政部、海洋石油税务局	（87）财税油政字第26号	1987年12月10日
96	关于对司法部所属的劳改劳教单位征免房产税问题的补充通知	财政部	（87）财税地字第29号	1987年12月1日
97	关于对司法部所属的劳改劳教单位征免房产税问题的通知	财政部	（87）财税地字第21号	1987年9月19日

关税类

序号	文件名称	制定机关	文号	公布日期
98	关于对美加征关税商品第九次排除延期清单的公告	国务院关税税则委员会	税委会公告2022年第10号	2022年11月25日
99	关于对美加征关税商品第八次排除延期清单的公告	国务院关税税则委员会	税委会公告2022年第7号	2022年6月28日
100	关于对美加征关税商品第七次排除延期清单的公告	国务院关税税则委员会	税委会公告2022年第4号	2022年4月14日
101	关于2022年暂免征收加工贸易企业内销税款缓税利息的公告	财政部	公告2021年第38号	2021年12月28日
102	关于对美加征关税商品第六次排除延期清单的公告	国务院关税税则委员会	税委会公告2021年第9号	2021年12月24日
103	关于对美加征关税商品第五次排除延期清单的公告	国务院关税税则委员会	税委会公告2021年第7号	2021年9月16日
104	关于对美加征关税商品第四次排除延期清单的公告	国务院关税税则委员会	税委会公告2021年第5号	2021年5月16日
105	关于因新冠肺炎疫情不可抗力出口退运货物税收规定的公告	财政部、海关总署、税务总局	公告2020年第41号	2020年11月2日
106	关于2020年中国国际服务贸易交易会展期内销售的进口展品税收优惠政策的通知	财政部、海关总署、税务总局	财关税〔2020〕36号	2020年9月4日
107	关于适当延长《进口不予免税的重大技术装备和产品目录（2018年修订）》适用时间的通知	财政部、工业和信息化部、海关总署、税务总局、国家能源局	财关税〔2020〕28号	2020年6月16日
108	关于暂免征收加工贸易企业内销税款缓税利息的通知	财政部	财关税〔2020〕13号	2020年4月10日
109	关于取消陆上特定地区石油（天然气）开采项目免税进口额度管理的通知	财政部、海关总署、税务总局	财关税〔2020〕6号	2020年3月9日
110	关于取消海洋石油（天然气）开采项目免税进口额度管理的通知	财政部、海关总署、税务总局	财关税〔2020〕5号	2020年3月9日
111	关于防控新型冠状病毒感染的肺炎疫情进口物资免税政策的公告	财政部、海关总署、税务总局	公告2020年第6号	2020年2月1日
112	关于取消"十三五"进口种子种源税收政策免税额度管理的通知	财政部、海关总署、税务总局	财关税〔2020〕4号	2020年1月23日

续表

序号	文件名称	制定机关	文号	公布日期
113	关于取消新型显示器件进口税收政策免税额度管理的通知	财政部、海关总署、税务总局	财关税〔2019〕50号	2019年12月17日
114	关于第二届中国国际进口博览会展期内销售的进口展品税收优惠政策的通知	财政部、海关总署、税务总局	财关税〔2019〕36号	2019年11月4日
115	关于2019年度种子种源免税进口计划的通知	财政部、海关总署、税务总局	财关税〔2019〕7号	2019年2月11日
116	关于首届中国国际进口博览会展期内销售的进口展品税收优惠政策的通知	财政部	财关税〔2018〕43号	2018年10月31日
117	关于第二批享受进口税收优惠政策的中资"方便旗"船舶清单的通知	财政部、海关总署、税务总局	财关税〔2017〕21号	2017年8月1日
118	关于2017年种子种源免税进口计划的通知	财政部、海关总署、税务总局	财关税〔2017〕19号	2017年7月21日
119	关于支持科技创新进口税收政策管理办法的通知	财政部、教育部、国家发展改革委、科技部、工业和信息化部、民政部、商务部、海关总署、税务总局、国家新闻出版广电总局	财关税〔2016〕71号	2017年1月14日
120	关于"十三五"期间在我国海洋开采石油（天然气）进口物资免征进口税收的通知	财政部、海关总署、税务总局	财关税〔2016〕69号	2016年12月29日
121	关于"十三五"期间在我国陆上特定地区开采石油（天然气）进口物资税收政策的通知	财政部、海关总署、税务总局	财关税〔2016〕68号	2016年12月29日
122	关于公布进口科学研究、科技开发和教学用品免税清单的通知	财政部、海关总署、税务总局	财关税〔2016〕72号	2016年12月27日
123	关于"十三五"期间支持科技创新进口税收政策的通知	财政部、海关总署、税务总局	财关税〔2016〕70号	2016年12月27日
124	关于扶持新型显示器件产业发展有关进口税收政策的通知	财政部、海关总署、税务总局	财关税〔2016〕62号	2016年12月5日
125	关于"十三五"期间煤层气勘探开发项目进口物资免征进口税收的通知	财政部、海关总署、税务总局	财关税〔2016〕45号	2016年9月28日
126	关于动漫企业进口动漫开发生产用品税收政策的通知	财政部、海关总署、税务总局	财关税〔2016〕36号	2016年8月1日
127	关于"十三五"期间进口种子种源税收政策的通知	财政部、税务总局	财关税〔2016〕26号	2016年4月29日
128	关于鼓励科普事业发展进口税收政策的通知	财政部、海关总署、税务总局	财关税〔2016〕6号	2016年2月4日
129	关于给予尼日尔共和国97%税目产品实施最不发达国家零关税的通知	国务院关税税则委员会	税委会〔2015〕24号	2015年12月3日
130	关于对2011—2020年期间进口天然气及2010年底前"中亚气"项目进口天然气按比例返还进口环节增值税有关问题的通知	财政部、海关总署、税务总局	财关税〔2011〕39号	2011年8月1日

……